ROBERTO CARLOS
OUTRA VEZ

PAULO CESAR DE ARAÚJO

ROBERTO CARLOS OUTRA VEZ
VOLUME 1
1941-1970

1ª EDIÇÃO | 2021
EDITORA RECORD

CIP-BRASIL. CATALOGAÇÃO NA PUBLICAÇÃO
SINDICATO NACIONAL DOS EDITORES DE LIVROS, RJ

A69r
Araújo, Paulo Cesar de, 1962-
Roberto Carlos outra vez - volume 1: 1941-1970 / Paulo Cesar de Araújo.
1. ed. - Rio de Janeiro: Record, 2021.

ISBN: 978-85-01-10776-3

1. Carlos, Roberto, 1941-. 2. Compositores - Biografia - Brasil. 3. Música popular - Brasil. I. Título.

21-69563

CDD: 927.81640981
CDU: 929:78.071(81)

Camila Donis Hartmann - Bibliotecária - CRB-7/6472

Copyright © Paulo Cesar de Araújo, 2021

CONSULTORIA MUSICAL: Maestro Randolf Miguel
PESQUISA ICONOGRÁFICA: Mônica Médici
FOTOS: p. 31 (Roberto Carlos criança), 71 (Roberto Carlos criança e Lady Laura), 87, 103, 123 (compacto "João e Maria"), 167 (capas dos discos *Louco por você* e *To each his own*), 189 (compacto "Malena"), 211, 243 (capa do disco *Splish Splash*), 263 (capa do disco *É proibido fumar* e Roberto Carlos autografando), 299 (Roberto Carlos no estúdio e capa do disco *As 14 mais vol. 14)*, 311 (capa do disco *Canta para a juventude* e Magda Fonseca), 345 (capa do disco *Jovem Guarda*), 359 (capa do cordel *Carta do Satanás a Roberto Carlos*), 387, 431 (capa do disco *As 14 mais (vol. 18)*, 459 (capa do disco *Roberto Carlos*), 559 (capa do disco *Roberto Carlos em ritmo de aventura* e Roberto Carlos ao lado de Nice Rossi), 595 (compacto "Canzone per te"), 631 (capa do disco *O inimitável*), 657, 671 (Roberto Carlos com irmã Fausta), 721 (Capa do disco *Roberto Carlos*), 831 (capa do disco *Roberto Carlos narra Pedro e o lobo, op 67* e Carlos Manga): Acervo do autor | p. 31: Arquivo Nacional, BR RJANRIO EH.0.FOT, EVE.2720 (11) | p. 53: Brunini/IBGE | p. 123: Diário Carioca/Biblioteca Nacional Digital | p. 145: Radiolândia/Biblioteca Nacional Digital | p. 145 (Roberto Carlos, Cleyde Alves e George Freedman): Revista do Rock/Acervo do autor | p. 189: Evandro Ribeiro/Acervo do autor | p. 229: Revista do Rádio/Biblioteca Nacional Digital | p. 243: Acervo de Neuza Carminatti | p. 281: Arquivo/CB/D.A. Press | p. 327: Paulo Salomão/Contigo | p. 345 e 671: Célio Pereira/Acervo de Sandra Rodrigues | p. 1, 359 419, 405 537: Arquivo O Cruzeiro/EM/D.A. Press | p. 373, 491 (Roberto Carlos olhando para baixo), 611, 643, 749 e 799: Acervo/Estadão Conteúdo | p. 399: Diários Associados/APESP | p. 399 (Roberto Carlos saindo do carro), 491 (Carro sendo içado) e 575: CPDoc JB | p. 445: Contigo | p. 459: Oswaldo Amorim/O Cruzeiro/EM/D.A. Press | p. 473: José Medeiros/Instituto Moreira Salles | p. 425: Wilman/Acervo UH/Folhapress | p. 473: Darcy Trigo/O Cruzeiro/EM/D.A Press. p. 537: Arquivo O Cruzeiro/D.A.Press p. 611: Última Hora/Apesp (estreia do filme *Roberto Carlos em ritmo de aventura*) | p. 631 (Paulo Sérgio): Nilton Ricardo | p. 691: Última Hora/APESP | p. 707 e 853: Paulo Salomão/Abril Comunicações S.A. | p. 721 (Pedra da Gávea: @zeluizfotos | p. 735: Arquivo Nacional, BR RJANRIO PH.0.FOT.14662 (7) | p. 767: Acervo UH/Folhapress | p. 779: J. Ferreira da Silva/Abril Comunicações S.A. | p. 811: Thereza Eugênia | p. 904: Alfredo Rizzutti/Estadão Conteúdo. Todos os esforços foram feitos para localizar os fotógrafos das imagens reproduzidas neste livro. A editora compromete-se a dar os devidos créditos numa próxima edição, caso os autores as reconheçam e possam provar sua autoria. Nossa intenção é divulgar o material iconográfico e musical que marcou uma época, sem qualquer intuito de violar direitos de terceiros.

Todos os direitos reservados. Proibida a reprodução, armazenamento ou transmissão de partes deste livro, através de quaisquer meios, sem prévia autorização por escrito.

Texto revisado segundo o novo Acordo Ortográfico da Língua Portuguesa.

Direitos exclusivos desta edição reservados pela
EDITORA RECORD LTDA.
Rua Argentina, 171 – Rio de Janeiro, RJ – 20921-380 – Tel.: (21) 2585-2000.

Impresso no Brasil

ISBN 978-85-01-10776-3

Seja um leitor preferencial Record.
Cadastre-se no site www.record.com.br e receba informações sobre nossos lançamentos e nossas promoções.

Atendimento e venda direta ao leitor:
sac@record.com.br

EDITORA AFILIADA

SUMÁRIO

Apresentação: A canção do Roberto — 9
1. **O divã** — 33
2. **Meu pequeno Cachoeiro** — 55
3. **Lady Laura** — 73
4. **Aquela casa simples** — 89
5. **Minha tia** — 105
6. **João e Maria** — 125
7. **Brotinho sem juízo** — 147
8. **Louco por você** — 169
9. **Malena** — 191
10. **Susie** — 213
11. **Splish splash** — 231
12. **Parei na contramão** — 245
13. **É proibido fumar** — 265
14. **O calhambeque** — 283
15. **História de um homem mau** — 301
16. **Não quero ver você triste** — 313
17. **Festa de arromba** — 329

18.	**Mexerico da Candinha**	347
19.	**Quero que vá tudo pro inferno**	361
20.	**Eu te darei o céu**	375
21.	**Como é grande o meu amor por você**	389
22.	**Namoradinha de um amigo meu**	401
23.	**Querem acabar comigo**	421
24.	**É papo firme**	433
25.	**Negro gato**	447
26.	**Nossa canção**	461
27.	**Por isso corro demais**	475
28.	**Você não serve pra mim**	493
29.	**Só vou gostar de quem gosta de mim**	507
30.	**Quando**	523
31.	**Maria, carnaval e cinzas**	539
32.	**Eu sou terrível**	561
33.	**Jovens tardes de domingo**	577
34.	**Canzone per te**	597
35.	**Ninguém vai tirar você de mim**	613
36.	**Eu te amo, te amo, te amo**	633
37.	**Se você pensa**	645
38.	**As canções que você fez pra mim**	659
39.	**Madrasta**	673
40.	**As flores do jardim da nossa casa**	693
41.	**Sentado à beira do caminho**	709
42.	**O diamante cor-de-rosa**	723

43.	**É preciso saber viver**	737
44.	**As curvas da estrada de Santos**	751
45.	**Sua estupidez**	769
46.	**Não vou ficar**	781
47.	**Oh! Meu imenso amor**	801
48.	**120... 150... 200 km por hora**	813
49.	**Ana**	833
50.	**Jesus Cristo**	855
	Fontes e bibliografia	871
	Índice onomástico	887

Para minha mãe Alzerina (Dona Zina) e minhas filhas
Amanda e Lara, com amor e alegria.

APRESENTAÇÃO
A CANÇÃO DO ROBERTO

"É difícil imaginar minha vida sem minhas canções, mas eu não poderia imaginar minhas canções sem a vida que eu vivi."
Roberto Carlos

Há algo de muito singular na trajetória artística de Roberto Carlos, e não apenas o sucesso popular, o maior da história da nossa música. Falo da singularidade de sua tripla formação musical — o que também ajuda explicar o seu enorme sucesso e penetração em todas as classes sociais. O artista foi moldado por três estilos de música popular já estabelecidos ao longo dos anos 1950: o rock'n'roll, a bossa nova e o hoje chamado brega (expressão aqui entendida não como adjetivo, mas como substantivo, um estilo musical, naquele tempo representado principalmente por gêneros latinos como bolero, tango e guarânia). Sim, Roberto Carlos é fruto do brega, da bossa e do rock. Essa é sua essência e o que ele expressa na sua voz e em suas canções. Como veremos neste livro, o artista cresceu no interior do Brasil, em plena Era do Rádio, ouvindo cantores demasiadamente românticos como Gregorio Barrios, Nelson Gonçalves, Fernando Albuerne e Albertinho Fortuna. Aí está sua influência primeira e visceral, sua matriz no sentimento, no romantismo e na lágrima da voz. A ênfase nas emoções. Porém, aos 16 anos, já morando no Rio de Janeiro, ele se encantou com o trepidante rock'n'roll de Elvis Presley e, pouco depois, em 1958, com a sofisticada bossa nova de João Gilberto. Não por acaso, ao se apresentar pela primeira vez no rádio, aos 9 anos, em 1950, Roberto Carlos cantou um bolero; ao estrear na televisão, aos 16, em 1957, cantou um rock; e ao gravar seu primeiro disco, em 1959, interpretou temas de bossa nova.

O brega e a bossa, os dois extremos da canção brasileira — a nossa música mais simples e popular e a mais sofisticada e elitizada —, mais o rock, a música pop internacional nascida no centro do capitalismo mundial. Para além da música, o rock inseriu o jovem interiorano Roberto Carlos no contexto da contracultura, da revolução sexual, do blue jeans, do cabelo comprido e outros signos da juventude rebelde. Em uma entrevista em 1998, o escritor peruano Jaime Bayly quis saber do cantor se ele ainda se considerava um roqueiro. "Até hoje", respondeu. "Porque eu costumo gravar canções românticas com um tratamento musical de rock'n'roll. O rock faz parte da minha vida, está no sangue." Por sua vez, a estética da bossa nova, que também permanece nele, se expressa especialmente na sua forma de cantar, lisa, quase falada, sem vibrato, em estilo claro e despojado, como aprendeu nos discos de João Gilberto.

No centenário do cantor Anísio Silva — pioneiro da música brega no Brasil nos anos 1950 —, o jornalista Joaquim Ferreira dos Santos escreveu em *O Globo* que pouca gente iria se lembrar daquela efeméride, em 2020. "Mas tenho certeza que Roberto Carlos, em sua cobertura na Urca, acenderá hoje uma vela de saudade e agradecimento pelo centenário dele." Sim, Roberto pode mesmo ter feito isso, se não especificamente por Anísio Silva, pelo estilo romântico e sentimental que ele tão bem representava. Ocorre que para ser justo, Roberto teria que acender igualmente uma vela de saudade e agradecimento nas efemérides de Elvis Presley e João Gilberto, porque ele não seria quem é sem a existência desses dois outros artistas. Nisso, repito, está a singularidade do chamado "rei" da música brasileira: uma formação musical que passa pelo estilo de um ícone brega como Anísio Silva, pelo do rei do rock, Elvis Presley, e pelo do papa da bossa nova, João Gilberto. De quem mais se poderia afirmar isso na nossa música popular?

Pense-se, por exemplo, em Caetano Veloso. Ao recordar sua adolescência no livro *Verdade tropical*, afirma que se dependesse dele "Elvis

Presley e Marilyn Monroe nunca se teriam tornado estrelas", justificando que o intérprete de "Jailhouse rock" soava-lhe desinteressante por seu "vozeirão másculo e cheio de vibratos". Se se imaginar que sem Elvis não existiria Beatles — conforme dizia o próprio John Lennon —, o jovem Caetano teria estancado o rock'n'roll no nascedouro. Ele preferia ouvir jazz e bossa nova. Pense-se também no caso de Agnaldo Timóteo, para quem "dizer que João Gilberto canta é de um cinismo que não tem tamanho. João Gilberto não canta, não interage, não sorri", afirmou numa entrevista. Ou seja, se também dependesse de Timóteo, João Gilberto jamais teria se tornado um astro. Essas duas opiniões explicitam não apenas as diferenças entre Caetano e Agnaldo Timóteo — e o lugar de cada um deles na nossa música —, mas revelam igualmente suas diferenças com Roberto Carlos, que sempre percebeu Elvis e João Gilberto como gigantes da música de seu tempo, fundamentais para a sua formação.

O desprezo pela cultura do pop-rock norte-americano dos anos 1950 era compartilhado por outros futuros ídolos da MPB. Gilberto Gil, por exemplo, foi formado pelo baião e pela bossa, embora se valesse mais tarde do rock para criar a Tropicália com Caetano. Porém, a música que tinha em Elvis o seu rei nunca foi da essência desses dois artistas baianos — como seria para Roberto Carlos, que imitava Elvis nas roupas, no topete e no ritmo. Chico Buarque, por sua vez, foi moldado pelo samba e pela bossa; não pelo rock, nem pelo brega. Já Jorge Ben Jor bebeu na fonte do rock, que misturou com a bossa, porém, não com o brega. Raul Seixas se entendia muito bem com o diabo do rock'n'roll, e até com o brega, mas não com a bossa. Odair José também não, mas sim com o rock e principalmente com o brega. E isso se constata em vários outros artistas da era moderna da nossa música popular, de Elis Regina a Waldick Soriano; de Ivan Lins a Sérgio Reis; passando por Gonzaguinha, Rita Lee, Belchior, Tim Maia, Maria Bethânia, Fagner, Carlos Lyra, Gal Costa, Sidney Magal, Marisa Monte, Cazuza, Renato Russo — cada um influenciado pela bossa ou pelo rock ou pelo brega ou, no máximo, por dois desses estilos musicais. O único que teve a tripla formação foi Roberto Carlos — e que em distintas fases e gravações incorporou também outras sonoridades, como o soul, o fox, o country, o sertanejo, o samba-canção e até o rap e o funk.

Quando Caetano Veloso, em um verso da música "Baby", do período áureo do tropicalismo, sugeriu "ouvir aquela canção do Roberto", ele falava de um quase gênero da música brasileira, algo que se firmou à parte dentro dela, como expliquei no livro *O réu e o rei*. "É aquele hit forte, com clareza, beleza, facilmente identificável, que chega ao ouvido de todos, mesmo de quem não quer ou de quem não procura, e que depois se firma no imaginário coletivo, a despeito da opinião da crítica." Essa "canção do Roberto", hoje um patrimônio da música brasileira, construída sob o tripé do brega, da bossa e do rock, opera uma espécie de sincretismo entre estes estilos, e também não por acaso representantes de cada um deles gravaram discos dedicados ao repertório de Roberto Carlos. Em 1978, por exemplo, Nara Leão, a "musa da bossa nova", surpreendeu com o álbum *E que tudo mais vá pro inferno*, produzido por Roberto Menescal, com a releitura de hits como "Proposta", "Cavalgada", "Se você pensa" e a provocante faixa-título. O ídolo brega Waldick Soriano fez o mesmo em 1984, com o LP *Waldick Soriano interpreta Roberto Carlos*, também com releituras de "Proposta", "Cavalgada", "Café da manhã" e outras treze canções. Anos depois, foi a vez de Lulu Santos, estrela do rock Brasil, juntar sua voz e guitarra a temas como "Se você pensa", "Emoções" e "As curvas da estrada de Santos" no álbum *Lulu canta & toca Roberto e Erasmo*. Certamente que esses três artistas, com trajetórias e estilos tão distintos entre si, identificaram algo comum e reconhecível nesse repertório de canções consagradas pelo povo brasileiro.

Ressalte-se que Roberto Carlos foi o primeiro cantor de sua geração a lançar um disco de bossa nova. Como veremos em detalhes nesse livro, o futuro rei da Jovem Guarda começou sua carreira discográfica em 1959 — um ano após o lançamento da revolucionária gravação de "Chega de saudade", por João Gilberto. Representantes da turma da Bossa Nova, como Carlos Lyra e Roberto Menescal, lançaram seus primeiros discos a partir de 1960, e o da cantora Nara Leão saiu apenas em 1964. Outros discípulos de João, como Chico Buarque, Gal Costa e Caetano Veloso, vão estrear em disco em 1965, ou seja, sete anos depois de "Chega de saudade". Aí já havia um distanciamento maior entre criador e criatura que tornava possível assimilar e processar melhor a influência. Já Roberto Carlos gravou no calor da hora, e pagaria um preço por isso. Um crítico comentou que "agora é que a coisa vai piorar. Vão aparecer mil e um cantores tipo João Gilberto e ninguém vai aguentar mais", opinando que Roberto fazia uma "sátira interessante" de João, "porém, falta alguma coisa ao jovem cantor". Sim, faltava a "canção do Roberto", que ainda não estava pronta naquele seu primeiro disco, nem no segundo ou terceiro.

Na época, Carlos Imperial deu uma festa em seu apartamento no Rio para mostrar "os novos talentos da bossa nova" que estava promovendo. Convidado, Roberto Menescal se dirigiu até lá, mas, segundo Ruy Castro, "quando viu que um dos 'novos talentos' era Roberto Carlos, achou que já tinha ouvido aquele disco e foi pescar". Ou seja: o violonista, compositor e futuro produtor musical Roberto Menescal virou as costas para o cantor que se tornaria o mais popular da música brasileira em todos os tempos. "Ninguém tem uma bola de cristal para saber o futuro de um artista", disse o produtor João Araújo, ao justificar, anos depois, por que a Polydor dispensara Roberto Carlos após o seu primeiro disco. "Ele gravou, não vendeu e foi desligado", resumiu. Claro, ninguém podia prever o futuro, nem a Polydor, nem Menescal, nem vários outros que conheceram Roberto Carlos nessa época e não lhe deram colher de chá.

Veremos mais à frente que, em 1959, o cantor atuou por cerca de nove meses na badalada boate Plaza, em Copacabana. Era um espaço frequentado pelos chamados descobridores de talento: produtores musicais, diretores artísticos, críticos, jornalistas. Antônio Maria, por exemplo, influente compositor e cronista da noite carioca, durante a semana se hospedava no próprio hotel Plaza, e praticamente toda noite estava na boate à procura de assunto para sua coluna. Pois por inúmeras vezes esteve também diante do dono da voz que se tornaria a mais ouvida na história do rádio no Brasil e o recordista de vendagem de discos na nossa música popular. No entanto, não se encontram na coluna de Maria — que especulava sobre tudo que via e ouvia — comentários pró ou contra o jovem artista. Roberto Carlos parecia invisível para o autor de "Ninguém me ama". Nessa fase do Plaza, os poucos que escreveram sobre ele na imprensa o fizeram por amizade ou parentesco com Carlos Imperial — caso, por exemplo, dos colunistas Eusthorgio de Carvalho, mais conhecido como Mister Eco, e de J. Pirilampo, pseudônimo de Francisco Imperial, irmão de Carlos.

No futuro, quando este ex-crooner do Plaza se tornar um artista famoso, a crítica especializada irá exaltar suas qualidades de intérprete. Zuza Homem de Mello, por exemplo, dirá que Roberto Carlos é "inegavelmente um grande, um dos maiores cantores brasileiros de todos os tempos". O crítico Tárik de Souza também afirmará que é um "irrepreensível cantor, discípulo de João Gilberto e Orlando Silva; enfim, da melhor música brasileira". Vinicius de Moraes também comentará sobre Roberto Carlos numa entrevista em 1970: "É um cantor extraordinário." Certamente Roberto aprimorou seu canto até lá, mas já era um profissional da música e influenciado pela sofisticada escola da bossa nova quando Menescal e Antônio Maria o conheceram. Mas, ao que parece, Roberto Carlos era um cantor que precisava de sua própria "canção" para melhor se revelar. Só com a lâmina da voz não conseguia. Daí talvez por que muitos que o viram cantar nessa fase inicial, inclusive o grande público, não manifestaram qualquer entusiasmo.

Roberto Carlos compôs sua primeira música, ou um esboço dela, por volta dos 13 anos. "'Era uma tarde linda, lá, lá, rá, lá...' Era um negócio falando da tarde, da namorada...", contou. Depois criou um tema, estilo samba-canção, que também nunca gravaria. "Perto de mim seu rosto / Perto de você minha boca / Perto de mim seus olhos / Perto de nós o amor." Aos 18 anos, coassinou com Carlos Imperial a bossa nova "João e Maria" e, um pouco mais tarde, com o amigo Edson Ribeiro, o rock "Susie". Em 1963, começaria a parceria com Erasmo Carlos, compondo "Parei na contramão". Porém, até ali ainda não estava definida a "canção do Roberto", nem em versões como as de "Splish splash" e "O calhambeque", que apenas revelaram o cantor jovem, cantando para o público jovem. Se a carreira de Roberto Carlos tivesse se encerrado em 1964 — com três LPs gravados até então e tendo como maior hit "O calhambeque" —, creio que ele ocuparia na história um lugar não muito diferente ao dos pioneiros Celly Campello (dos hits "Estúpido cupido", "Banho de lua" e "Lacinhos cor-de-rosa") e Sérgio Murilo ("Marcianita", "Broto legal") — ambos artistas sustentados basicamente por versões, sem terem criado uma linguagem própria para o rock nacional.

O grande diferencial do cantor capixaba foi a "canção do Roberto", mas esta só surgiria no seu quarto álbum, *Roberto Carlos canta para a juventude*, lançado em abril de 1965 — meses antes do início do programa *Jovem Guarda* e de toda a onda que se seguiria a partir daí. Apareceu na quinta faixa do lado B daquele disco: "Não quero ver você triste." É um iê-iê-iê romântico, como tantos que os Beatles gravavam, mas com a letra declamada — algo mais comum na música brega — e com uma leveza e harmonia um pouco mais sofisticada, características da bossa nova. Só um artista com essa tripla formação para conceber uma canção assim. Nela Roberto Carlos radicaliza a proposta do canto falado, sussurrado, *à la* João Gilberto: "O que é que você tem? / Conta pra mim..." Semanas antes de lançá-la, ele se apresentou no palco de um cinema na cidade de Araras, interior de São Paulo. Nos bastidores, ao indicar que incluiria este número no show, ouviu um alerta de sua então divulgadora, Edy Silva. "Pelo amor de Deus, Roberto, não faça isso." Ela temia porque era uma música ainda inédita, lenta, declamada, e isto talvez pudesse provocar impaciência e reações negativas da plateia. Mas Roberto estava determinado a se testar e testar a nova canção ali. E interpretou "Não quero ver você triste" num banquinho e com um violão, ora declamando, ora assobiando a melodia. Resultado: "Nem as moscas voavam dentro daquele cinema. Ninguém deu um pio. E quando ele acabou de cantar, a plateia se levantou e o aplaudiu. Pra mim foi o maior teste de Roberto Carlos. Foi aí que tive certeza que ele ia ser o artista de maior sucesso do Brasil", afirmou Edy Silva.

A reverência da plateia talvez indicasse algo mais profundo. Naquele dia, o público do cinema em Araras testemunhou o surgimento de algo novo na música brasileira: a tal "canção do Roberto", apenas insinuada em seus discos anteriores. É também significativo que "Não quero ver você triste" seja a primeira composição dele com Erasmo a despertar a atenção de artistas de outras gerações de nossa música. "Existe uma canção que eu fico com o ouvido juntinho ao rádio quando toca. É aquela maravilha que o Roberto Carlos gravou: 'Não quero ver você triste.' É linda", disse na época a cantora Dalva de Oliveira. Orlando Silva, o outrora "cantor das multidões", intérprete de "Rosa" e "Carinhoso", manifestou o mesmo entusiasmo num encontro com o próprio Roberto, em 1966. "Orlando me disse que gosta muito dessa música e isso me deixa envaidecido", comentou o então ídolo da Jovem Guarda. Cauby Peixoto logo incluiria "Não quero ver você triste" num disco gravado ao vivo na boate Drink. A cantora Sylvia Telles, precursora da bossa nova, também se apaixonou por essa canção e decidiu gravá-la com nova letra e arranjo — como veremos em capítulo mais adiante. E assim, a partir daí, estava definida e identificada a "canção do Roberto" — que o jovem cantor-compositor seguiria produzindo, às vezes igualmente baladeira ("Como é grande o meu amor por você"), outras vezes mais roqueira ("Quero que vá tudo pro inferno"), numa sucessão de hits que o consagraria definitivamente. É com a "canção do Roberto" que se dá a explosão da Jovem Guarda, e é com ela que Roberto Carlos se torna o mais popular artista do país e condutor da grande locomotiva da indústria fonográfica nacional.

Quando ele gravou seu primeiro disco, em 1959, o Brasil era governado por um presidente democraticamente eleito, tinha uma economia ainda agrária e uma população majoritariamente rural. Quando Roberto lançou o álbum de 1970 com o hit "Jesus Cristo" — música tema do último capítulo deste livro —, o país vivia sob uma ditadura militar, crescente industrialização e com maioria da população já morando nas cidades. As canções do Roberto foram a trilha sonora do povo brasileiro nessa fase de aceleradas transformações políticas, sociais, culturais e comportamentais no país. Em agosto de 1967, dois meses antes de se projetar no festival da Record com "Alegria, alegria", Caetano Veloso se dizia um pouco perplexo com nosso cenário musical, revelando ter várias dúvidas. "Uma delas é não saber até que ponto Roberto Carlos não estará dando um rumo novo à nossa música popular." Após a bem-sucedida intervenção tropicalista, que eletrificou a MPB — mediada, entre outros, pela Jovem Guarda —, ele não teria mais dúvida. Anos depois, ao analisar aquele período, Caetano garantia que Roberto foi "o precursor de todas as mudanças importantes na música popular brasileira". Sim, e o grande agente disso foi a "canção do Roberto", conforme concebida, interpretada e gravada nos discos do cantor.

Na canção-manifesto "Tropicália", de 1968, Caetano diz: "O monumento é bem moderno / Não disse nada do modelo do meu terno / E que tudo mais vá pro inferno, meu bem" — citando a música que o fez se aproximar do universo do rock'n'roll, até então desprezado por ele. Num primeiro momento, assim como na percepção sobre o rock de Elvis Presley, a "canção do Roberto" parecera a Caetano igualmente vulgar e desinteressante. "São as armaduras sociais que usamos", explicou. "São também os mistérios da poesia. Quando li García Lorca pela primeira vez, achei simplório. O clima vem em algum momento. Amigos inteligentes e mais livres ajudam. Foi uma revelação: aquela ("Quero que vá tudo pro inferno") e, logo depois, tantas outras canções do Roberto me arrebataram como Lorca tinha feito antes. Agradeço a Maria Bethânia, Rogério Duarte, Godard e Edgar Morin. Agradeço ao povo brasileiro, que produziu o homem Roberto Carlos e depois o decifrou."

As canções do Roberto influenciariam também a geração de cantores bregas do pós-Jovem Guarda (Paulo Sérgio, Odair José, Fernando Mendes); cantores sertanejos que eletrificaram o som caipira (Léo Canhoto & Robertinho, Chitãozinho & Xororó); a nova geração da MPB dos anos 1970 (Fagner, Djavan, Zé Ramalho); e futuros ídolos do rock Brasil da década de 1980. "Quando chegava o dia de *Jovem Guarda* eu me paramentava todo", contou Lulu Santos. "Eu era menino, tinha 11 ou 12 anos no máximo, e colocava a roupa mais tremendona que eu tinha, pendurava meu violão, sentava na frente da televisão e assistia àquilo como quem quer tomar parte." Para o cantor Paulo Ricardo, que também gravaria um álbum só com canções do Roberto, a referência era absoluta. "Roberto Carlos foi o meu primeiro ídolo. Quando eu era molequinho, sabia tudo de *Em ritmo de aventura*, *O inimitável*, 'Eu sou terrível'... Sei de cor e salteado, de trás para a frente, invertendo os versos." A "canção do Roberto" influenciaria até o pagode romântico dos anos 1980-1990, de grupos como Raça Negra e Só Pra Contrariar.

Sua intervenção é, portanto, definitiva e definidora nos rumos da música brasileira, para o bem ou para o mal, segundo a avaliação de cada um. Como dissemos, Roberto Carlos é um cantor que precisou de sua canção para melhor se revelar. Mas, quando isto aconteceu, a crítica optou por valorizar o cantor em detrimento da canção. Em resumo, muitos afirmavam que ele era um intérprete bem maior que sua obra. O já citado Tárik de Souza, por exemplo, nos anos 1970, dizia que ele "insiste em dissolver-se num repertorio redundante". Na mesma época o crítico e jornalista Sérgio Cabral opinava que Roberto Carlos "é ótimo cantor, sem dúvida, mas que deveria gravar coisas melhores".

Constata-se assim o incômodo de setores da elite cultural com a "canção do Roberto", e por diferentes motivos, ao longo do tempo. Na fase mais roqueira dos 1960, incomodavam a linguagem pop, as guitarras elétricas, algo associado ao imperialismo americano, num momento em que a crítica militante pretendia afirmar uma modernidade brasileira e de oposição ao regime militar. Acreditava-se também que ele fosse um artista meramente forjado pela máquina publicitária, apenas um produto da televisão. "A crítica demorou anos para reconhecer o Roberto compositor", diz Nelson Motta. "Isso até que ele acumulou mais *standards* do que Chico, Gil, Caetano e Milton Nascimento juntos. Ignorá-lo ficou impossível." Em seu estudo sobre essa complexa relação da crítica com o cantor, o pesquisador Tito Guedes destaca que a rejeição também decorre do fato de a obra de Roberto ficar num "espaço fronteiriço entre o bom e o mau gosto, entre o requintado e o cafona". Realmente, e por isso é mais fácil elogiar o cantor do que a canção, porque no primeiro a influência da bossa nova salta logo aos ouvidos.

Registre-se que a "canção do Roberto" não é necessariamente um tema composto por ele ou em parceria com Erasmo. A produção autoral constitui a maior e mais significativa parte de seu repertório, mas o cantor também desenvolveu grande faro e talento para escolher composições de outros autores — que na sua voz e concepção de arranjo tornam-se também uma "canção do Roberto". É o caso, por exemplo, de hits como "Nossa canção", de Luiz Ayrão, "Negro gato", de Getúlio Côrtes, "Meu pequeno Cachoeiro", de Raul Sampaio, "Como vai você", de Antônio Marcos e Mário Marcos, "Outra vez", de Isolda, "Falando sério", de Maurício Duboc e Carlos Colla, e "Força estranha", de Caetano Veloso. Num programa de televisão, em 1967, Erasmo perguntou a Agostinho dos Santos quando ele gravaria uma música de sua autoria com Roberto Carlos. A resposta: "Quando vocês fizerem outra tão bonita como 'Nossa canção'." Indicava assim que, para o cantor de "Manhã de carnaval", aquele iê-iê-iê romântico só podia ser uma canção do próprio Roberto. Aliás, no arranjo de "Baby" para o álbum *Tropicália*, em 1968, o maestro Rogerio Duprat fez uma sutil citação a "Nossa canção", quando Gal Costa canta o verso "aquela canção do Roberto".

Embora todos os autores escrevam sobre aquilo que conhecem, alguns fantasiam menos, outros mais. Sobre Fernando Pessoa, por exemplo, seu biógrafo José Paulo Cavalcanti Filho diz, de forma provocativa, que ele era "um poeta sem imaginação". No sentido de que tudo o que Pessoa escreveu em prosa e verso teve quase sempre, como tema, ele mesmo ou o que lhe era próximo: a família, os amigos, as angústias, as admirações literárias... Num de seus poemas clássicos, "A tabacaria", há cinco personagens e todos realmente existiram e eram próximos do poeta. "Ele viveu tudo o que escreveu, não inventou nada", enfatiza o biógrafo, para quem a obra de Fernando Pessoa é uma transcrição do mundo a seu redor — como num outro poema em que diz: "Estou tão cansado no meu abandono. Vai buscar, ó vento, a minha mãe. Leva-me na noite para a casa que não conheci."

De certa forma, Roberto Carlos é também um compositor "sem imaginação", porque sua obra musical é igualmente centrada na sua vida. Ele fala da mãe, do pai, dos filhos, dos amigos, da sua infância, de seus traumas, de sua fé e, principalmente, de seus amores. Romântico nas canções, Roberto Carlos é igualmente assim na vida. "Eu sou um cara que, quando ama, ama mesmo", disse numa entrevista. E ele sempre expressou isso nos temas que compôs para as mulheres que amou, porque aquilo que Roberto Carlos vive intensamente ele divide com o público nos discos e no palco. "É difícil imaginar minha vida sem minhas canções, mas eu não poderia imaginar minhas canções sem a vida que eu vivi", afirma o cantor. "Se alguém quer conhecer meu pai ou saber o que pensa ou já pensou, é só ouvir suas músicas", assegurava também o filho Dudu Braga. Mesmo uma canção como "Caminhoneiro", cujo tema parece distante do universo de um ídolo pop, nasceu de reminiscências da infância do artista: os caminhões que ele via passar nas ruas de sua cidade e o desejo que o menino Roberto acalentou de um dia dirigir um veículo daqueles.

John Lennon também era assim, sempre falando mais dele mesmo, desde o tempo dos Beatles e por toda a carreira solo. Ele cantava suas angústias (como em "Help", "I'm a loser"), suas lembranças ("In my life", "Strawberry fields forever"), sua mãe ("Julia", "Mother"), seu filho ("Beautiful boy") e seu amor ("Oh Yoko!", "Dear Yoko", "The ballad of John and Yoko"). Já Paul McCartney, embora também escreva sobre si próprio, é dado a inventar histórias, como em "Yellow submarine", "Maxwell's silver hammer", "Ob-la-di, ob-la-da", "Rocky raccoon", "Honey pie", "Band on the run" e a de outra banda, liderada por um veterano militar, no clássico "Sgt. Pepper's Lonely Hearts Club Band". No caso da dupla Roberto e Erasmo, se o primeiro está mais para o estilo de John Lennon, o segundo espelha Paul McCartney, pois o Tremendão é também inventor de histórias, como demonstrou nas versões de "Splish splash" e "O calhambeque", gravadas por Roberto, e em composições lançadas por ele próprio, como "Johnny Furacão", "Mané João", "Haroldo, o robô doméstico", "Billy Dinamite" e "Cachaça mecânica" — esta última com a incrível história de um sambista que chegou bêbado para o desfile, tombou na avenida e acabou morrendo pisoteado pela escola de samba.

Não se quer dizer que uma temática é melhor ou mais importante do que a outra, mas constatar que mesmo trabalhando em dupla os compositores expressam sentimentos artísticos distintos — e, nesse sentido, se completam, somam, enriquecem a própria parceria. Quando Roberto e Erasmo se reúnem para compor, geralmente chegam com um tema definido, a melodia ou as primeiras frases. O parceiro então sugere estrofes e até algumas alterações na melodia do outro. Às vezes a mensagem que Erasmo Carlos quer passar numa canção não é aquela que Roberto gostaria, mas um se transporta para o tema e ajuda o parceiro a compor a mensagem do jeito que o outro quer. A parceria deles funciona bem exatamente porque há um acordo tácito de que um não deve interferir ou patrulhar a mensagem do outro. "Quando a música é minha, o início, o meio e o fim da mensagem quem conduz sou eu. Se quiser matar o personagem no final da história, eu mato, porque a música sou eu que vou gravar", afirma Erasmo. Já quando o tema é proposto por Roberto Carlos e será gravado no disco dele, Erasmo ajuda fazer aquilo do jeito que o amigo quer, com as palavras que prefere, com a moral da história que deseja transmitir. "Eu não imponho a minha história na música de Roberto; ele não impõe a história dele na minha música. Então não há choque. Isto é muito respeitado entre nós dois", enfatiza.

Um aspecto importante é que, mesmo "sem imaginação", falando basicamente de si mesmo em suas músicas, Roberto Carlos o faz de um jeito que todos se identificam com ele. Numa entrevista ao jornalista José Maria dos Santos o cantor explicou: "O meu tipo de música é a que fala do cotidiano. Dentro desta trajetória, fui evoluindo nos temas. Quando compus 'Detalhes' e 'A montanha', muitas pessoas disseram que era exatamente aquilo que gostariam de dizer. Por isso, acho que sou como o povo, com a diferença de que assimilo detalhes que passam despercebidos. Na verdade, digo o que todo mundo já sabe, mas nem sempre consegue captar. E jamais coloco em minhas músicas coisas em que não acredito. Por isso, acho que elas são carregadas de grande sinceridade." É isso, o artista como uma espécie de "antena da raça", no conceito do poeta Ezra Pound, no sentido de ser emissor e receptor, o que fala por si e por outros, e, no caso de Roberto, se não como um inventor ou revolucionário, como um mestre da canção popular.

Ferreira Gullar contou que ouvia Roberto Carlos com frequência quando vagava exilado por Chile, Argentina e Uruguai, nos anos 1970. No relato de sua primeira viagem a Cuba, Fernando Morais diz que ao se aproximar do aeroporto José Martí, num voo vindo de Madri, se surpreendeu ao ouvir dos alto-falantes do avião a voz de Roberto cantando "Jesus Cristo". Mais recentemente, o filósofo José Crisóstomo de Souza também se disse impressionado com a presença do cantor entre a população da América Latina. "Ele fez mais pelo Mercosul, pela união sul-americana, do que toda a diplomacia brasileira. É o verdadeiro embaixador do Brasil para a massa latino-americana. É fantástica a empatia dele com esse sentimento comum da gente da América espanhola." O filósofo observa que o ídolo brasileiro "é mais moderno, mais urbano, ao tempo que se mistura com o espírito mais hispânico, conservador do grande público latino. É como se Roberto pegasse esse sentimento latino um pouco cafona, esteticamente conservador, sentimentaloide, e o expressasse de forma moderna, atualizada. Assim, vejo Roberto Carlos como uma espécie de civilizador da América espanhola, pois consegue penetrar no coração latino-americano menos moderno", diz.

Isso é possível não apenas por Roberto ser brasileiro — que tem uma veia latina com outros temperos, uma face cultural mais plástica, aberta —, mas fundamentalmente por sua tripla formação musical, integrando o brega, de raiz latina, ao rock e à bossa nova. O cantor Nelson Ned, por exemplo, foi outro brasileiro de grande sucesso na América Espanhola, mas que talvez não tenha desempenhado esse papel "civilizador", "atualizador", porque sua música expressava essencialmente o romantismo brega, comum aos demais latino-americanos. O processo "civilizador" de Roberto Carlos resultou até num ídolo moderno da música latina, o cantor-compositor uruguaio Jorge Drexler, vencedor do Oscar de melhor canção em 2004. Ele tinha 5 anos quando se impressionou com a imagem de um cantor cabeludo num programa de televisão em

Montevidéu. Era Roberto Carlos cantando: "Eu quero ter um milhão de amigos / E bem mais forte poder cantar..." Quando o garoto Drexler foi estudar piano, disse que queria tocar aquela música que ouvira na televisão. No outro dia, sua professora lhe trouxe a partitura de "Eu quero apenas", a primeira que ele aprenderia no piano. "Até hoje, quando escuto esta música eu me emociono", afirmou numa entrevista.

No lançamento de seu livro *Saudades do século XX*, Ruy Castro afirmou que tinha uma dívida com Frank Sinatra. "Já pensou quantas gerações namoraram ao som dele? São trilhões de horas de romances embaladas por aquela voz." Sim, mas e o que dizer das gerações de brasileiros e demais latino-americanos, mais africanos e europeus da Itália, Espanha ou de Portugal, que também amam ao som das canções de Roberto Carlos? O ator Sérgio Maciel, por exemplo, ex-namorado de Cazuza, conta que o romance deles começou numa noite de 1981, depois de mais um encontro no Baixo Leblon, no Rio. "Cazuza me ofereceu uma carona e, quando parou o carro no sinal, me agarrou. Lembro que tocava 'Cavalgada', com Roberto Carlos. Dali, já fomos para a casa dele e ficamos juntos por quatro anos." O empresário Abílio Diniz, dono do Grupo Pão de Açúcar, casou-se pela segunda vez em 2004, numa cerimônia em sua mansão, em São Paulo. Conforme relato da imprensa, a subida com a noiva ao altar foi ao som de "Como é grande o meu amor por você". Antes ou depois deles, há os que também namoraram ou se casaram ouvindo "Olha", "Emoções", "Além do horizonte" e outros temas românticos de Roberto Carlos. "Eu adoro saber como as pessoas usam minhas músicas em acontecimentos assim, principalmente em casamentos, que são uma celebração do amor. Eu fico muito feliz com essas coisas", comentou o cantor.

Ocorre que a "canção do Roberto" não está presente apenas na "celebração do amor". É também ouvida na hora da briga, da separação e até do divórcio — como relatou o *Jornal do Brasil*, em dezembro de 1977, com a lei recém-aprovada no país. "Ao som da música 'Não se esqueça de mim', cantada por Roberto Carlos, a escrivã Marli Nereides de Moura comemorou a homologação de seu divórcio — o primeiro do Rio de Janeiro — efetuada às 19h de ontem pelo juiz da 1ª Vara de

Família." A música dele está também em momentos trágicos, como em maio de 1995, quando uma bala perdida tirou a vida da estudante Simone Rayol Cesário, sentada próxima à janela, numa escola pública, no Rio. Segundo relato da revista *Manchete*, a menina foi atingida no momento em que "cantava 'Debaixo dos caracóis dos seus cabelos' durante uma aula de literatura". Mas, assim como na morte, a "canção do Roberto" também se faz presente no embalo de uma nova vida. A atriz Glória Menezes lembra que quando nasceu seu filho, em agosto de 1964, em São Paulo, voltou da maternidade no banco de trás do automóvel conduzido pelo marido Tarcísio Meira. "E o que tocava no rádio do carro? 'O calhambeque, bi, bi'. E eu ali com meu filho no colo, levando Tarcisinho para casa."

Dos lugares privados aos espaços públicos, lá está a "canção do Roberto", também ecoando nos estádios de futebol. A torcida do Corinthians fez até uma adaptação da letra de "Amigo" — "Não para, não para, não para! / Vai pra cima, timão!" —, cantando-a a pleno pulmões nas arquibancadas. Na Colômbia, esta música, na versão em espanhol, também animava as torcidas do Atlético Nacional de Medellín e do América de Cali. No livro *Os colombianos*, o historiador Andrew Traumann relata que lá é igualmente comum se cantar em velórios, numa celebração ao estilo de vida do falecido, e que "Amigo" é "um grande hit funerário" no país de Gabriel García Márquez. No Brasil, em julho de 2021, outra "canção do Roberto" seria ouvida no sepultamento de Ambrósio Azevedo, antigo e popular morador da cidade de São Paulo do Potengi, interior do Rio Grande do Norte. "Um cortejo percorreu os vários pontos da cidade ao som da canção 'Meu querido, meu velho, meu amigo'", relatou o jornal *Tribuna do Norte*.

Por sua vez, a canção "Nossa Senhora", de 1993, é desde então cantada em missas e grandes procissões, como a do Círio de Nazaré, em Belém. Outras repercutem em manifestações de protestos ecológicos. Num domingo de agosto de 1979, por exemplo, centenas de pessoas marcharam contra a poluição do lago Igapó, em Londrina, no Paraná, e, segundo a *Folha de S.Paulo*, durante o ato "os manifestantes cantavam a música 'O progresso', de Roberto Carlos". Até em meio às investigações da Operação Lava Jato apareceu música dele. Foi em maio de 2015, quando a doleira Nelma Kodama depôs na CPI da Petrobrás. Indagada se era amante do doleiro Alberto Youssef, preso no ano anterior, respondeu que amante não era algo ruim e, para surpresa dos investigadores, cantou o refrão de "Amada amante" em pleno auditório da Justiça Federal, em Curitiba.

A letra desta e a de outras canções do Roberto, como "Todos estão surdos" e "De tanto amor", foram temas de vestibular em universidades cariocas nos anos 1970. Na mesma época, pesquisas apontavam que suas músicas eram as mais ouvidas em motéis do Rio e de São Paulo. Mas não apenas em locais de prazer, porque elas estão também em clínicas e hospitais, usadas como musicoterapia. Em agosto de 2018, por exemplo, viralizou nas redes sociais um vídeo de Luciana Nogueira, médica de um hospital de Xapuri, no Acre. Nas imagens, ela aparece cantando "Como é grande o meu amor por você", junto com uma paciente de 92 anos. "Ela estava muito debilitada, meio desorientada e sonolenta. Aquele foi o momento que ela melhorou e acordou", contou a médica. Em sua tese de doutorado, a psicóloga Ana Paula Fujisaka traz o depoimento de uma mãe que cuidou de um filho que nascera com uma doença rara que atingiu o cérebro e o impedia de falar, ouvir e de se movimentar plenamente. Num caso que surpreendeu a medicina, o filho viveu até os 23 anos, sempre com cuidados especiais. "Aí eu cantava pra ele a música do Roberto Carlos 'Como é grande o meu amor por você'. E era incrível que, quando eu cantava, o olho dele mexia. Eu ia trocá-lo e cantava e ele sorria. E eu falava: 'Eu sei que você ama do mesmo jeito', e ele sorria...", relatou a mãe.

Composta para a primeira esposa de Roberto — como veremos em um capítulo deste livro —, mas com mensagem abrangente, "Como é grande o meu amor por você" é um tema que muitos outros pais costumam cantar para seus bebês. Em 1998, o ator Edson Celulari disse que ele e a então esposa Claudia Raia faziam isso desde quando ela estava grávida do primeiro filho, que então já completava 1 ano. "E, hoje, quando Enzo ouve essa música, ele desperta, porque tem uma memória disso", afirmava o ator. Outro exemplo é o da atriz Dira Paes, que foi mãe pela primeira vez aos 39 anos, em 2008, depois de uma gravidez complicada e com parto prematuro. Na época, ela falou que cantava esta canção todos os dias antes do filho Inácio dormir. "E sempre me dá aquele nó na garganta de emoção quando vem o refrão 'Nunca se esqueça nenhum segundo / Que eu tenho o amor maior do mundo'. É o amor incondicional", enfatizou. Numa entrevista em 2018, o cantor Michel Teló disse que ele e a esposa também sempre cantavam esses versos para ninar a filha Melinda, então com 2 anos. "Um dia, minha filha falou: 'Papai, canta a musiquinha do amor.' E pede sempre, agora."

Assim, temos uma nova geração de brasileiros que não foi mais acalentada com o "Boi da cara preta", e sim com uma "canção do Roberto". Mas "Como é grande o meu amor por você" está também na memória de avós que a escutam dos netos, e na dos netos, filhos e sobrinhos que a cantam para seus entes queridos; está na memória de professores que a escutam dos alunos e na dos alunos que a cantam para professores, colegas e namorados. Por essa imensa penetração social e afetiva, ela é hoje talvez a canção mais conhecida no Brasil, porque atinge crianças que estão sendo acalentadas agora, jovens que o foram no passado recente e pessoas mais velhas que ouvem este tema desde a década de 1960. Talvez não exista um brasileiro, de qualquer idade ou classe social, que não saiba o que vem depois desta primeira frase musical: "Eu tenho tanto pra lhe falar..."

E o que dizer de versos como "detalhes tão pequenos de nós dois..." ou "eu parei em frente ao portão...", de canções que vêm embalando romances desde os anos 1970? Políticos de diversas tendências não se avexam de também se valer delas para sensibilizar seus eleitores. O presidente venezuelano Nicolás Maduro fez isto em 2013, ao veicular na televisão uma propaganda de si próprio com o título "Nicolás Maduro, *detalles de un humanista*" — usando como fundo sonoro a canção "Detalhes", do disco de Roberto Carlos. No ano seguinte, foi a vez do palhaço Tiririca fazer uma paródia da música "O portão" na sua campanha de reeleição a deputado federal por São Paulo. Apesar da notória indiferença do artista pelo tema, o colunismo político também recorre à "canção do Roberto". Em julho de 1991, por exemplo, o jornalista Carlos Chagas afirmava que, enquanto o PSDB parecia hesitar entre aderir ou se opor ao governo do presidente Fernando Collor, o "PT continua como Roberto Carlos, querendo que tudo o mais vá para o inferno".

Enfim, a "canção do Roberto" está por toda parte — via rádio, disco, televisão, internet ou na voz das próprias pessoas. Está nos campos e nas cidades; na praça e na roça; num barracão e numa mansão; nos casamentos e nas separações; nos bares, nos motéis e nos bordéis, na hora da morte e no ninar de uma criança; nas pistas de dança e nos automóveis; nos filmes e nas novelas; mas também nas igrejas e nas procissões, nas festas e nos velórios; nos estádios de futebol e nos protestos de rua; nos concursos de vestibular; nos hospitais, nas campanhas políticas e até numa CPI parlamentar. Mas, como se fosse pouco, está também no exato momento de um assalto, conforme relato da imprensa, em agosto de 1969: "Morador em Belford Roxo, na Baixada Fluminense, voltava da casa de sua namorada assobiando feliz a música 'Sentado à beira do caminho', ocasião em que três indivíduos entraram de sola na música modificando a letra com o clássico 'é um assalto!'. Sem outra alternativa, o rapaz entregou aos bandidos a carteira e um cordão de ouro." Mas assim como é ouvida em um assalto, ela aparece também no momento da fuga de detentos de uma delegacia de Vitória, no Espírito Santo — conforme relato do *Jornal do Brasil*, em setembro de 1970. "Os presos furaram a parede da delegacia com um cano de chumbo tirado do vaso sanitário. O ruído era abafado pela cantoria de músicas de Roberto Carlos; o proprietário de uma padaria vizinha disse que o grupo cantava bem e era muito afinado."

Se está presente até num assalto e numa fuga de presos, onde mais poderia ecoar uma "canção do Roberto"? Nos porões das ditaduras militares da América Latina. Sim, nos anos 1970, músicas dele eram tocadas em meio ao suplício cruel, desumano e degradante dos presos políticos. Em depoimento à historiadora Katia Chornik, a chilena Ana María Jiménez revelou que foi torturada na ditadura do general Pinochet, no Chile, ao som de canções como "Yo sólo quiero (Un millón de amigos)", então recente sucesso de Roberto. E, como veremos neste livro, algo semelhante aconteceu no Brasil durante o governo do general Médici, envolvendo outro hit do cantor, o soul "Jesus Cristo".

Qual outro artista de música popular tem sua obra presente em momentos tão distintos do nosso cotidiano, e durante tanto tempo? As músicas de Roberto Carlos fazem parte da vida de cada um de nós, nas lembranças do passado e nas descobertas do presente. Para aqueles que nasceram a partir da década de 1960, elas têm cheiro, textura e sabor de infância. Um internauta expressou esse sentimento no comentário a um vídeo com antigos hits dele: "Quando ouço essas canções do Roberto, lembro de minha infância humilde, pobre, mas muito feliz. Havia uma rádio que tocava essas canções na hora de me arrumar pra escola. Eu tomava banho de bacia escutando estas músicas e cantarolava e prestava atenção e sonhava, e ia pra escola cheiroso, penteado e apaixonado pela coleguinha da sala." A cantora Cássia Eller também falou sobre isso numa entrevista em 1994: "Me lembro que eu tinha 6 anos e escutava muito o Roberto. A minha mãe comprava todos os discos dele. Hoje eu boto algumas daquelas músicas e todo mundo aqui em casa dança e canta junto. Adoro 'História de um homem mau'".

Da roqueira aos sambistas, as lembranças são praticamente as mesmas. "Todo ano, minha irmã comprava um disco do Roberto. Qualquer música que ele cantar eu sei, não importa de qual ano seja", garante Zeca Pagodinho. Noel Rosa dizia que ninguém aprende samba no colégio; as canções do Roberto também não, pois, muito antes de entrar para a escola, Teresa Cristina já sabia cantá-las de cor. A sambista também até gravaria um disco pop dedicado ao repertório de Roberto Carlos, a partir da sua memória afetiva de hits como "À janela", "Proposta" e "Ilegal, imoral ou engorda". Por sua vez o pagodeiro Xande de Pilares, nascido em 1969, cita o rock "Eu sou terrível", como uma de suas primeiras lembranças musicais. "Foi quando meu avô me flagrou imitando Roberto Carlos. Eu era apaixonado por essa música. Ele me flagrou com uma toalha amarrada na cabeça e um desodorante fazendo de microfone." Lembranças semelhantes aparecem nos depoimentos de ídolos do sertanejo como Zezé di Camargo; do brega como Amado Batista e até do hip-hop como Mano Brown.

Nascida em 1967, de uma família da alta classe média carioca, Marisa Monte atribui aos empregados da casa a sua introdução ao universo de Roberto Carlos. "Me lembro que as pessoas que cuidavam de mim tinham imagens do Rei como papel de parede no quarto, forrado mesmo. Dali, passei a assimilar a referência." Ou seja, ninguém escapava.

Na década de 1960, a maioria dos fãs de Roberto Carlos se situava nas camadas mais jovens e mais pobres da população. Aos poucos ele foi atraindo também um público de maior poder aquisitivo, além de muitas crianças e até pessoas idosas. A cantora Elizeth Cardoso contava que sua mãe era fã do ídolo da Jovem Guarda e que, "entre os seus segredos de baú, guardava os discos do cantor". Por sua vez, o economista Hélio Beltrão, então ministro do Planejamento do governo Costa e Silva, dizia que seu filho Hélio Marcos, na época com pouco mais de 2 anos, sabia de cor "trechos inteiros das músicas de Roberto". Personalidades como Gilberto Freyre, Nelson Rodrigues, Carlos Drummond de Andrade, Fernanda Montenegro, Augusto de Campos, Carlos Lacerda, Rubem Braga, Pelé... Todos de alguma forma foram também tocados pelas canções do Roberto. Para o poeta Affonso Romano de Sant'Anna, Roberto Carlos é uma espécie de "herói cultural" brasileiro porque "ele é o lado *kitsch* (popular) dos ouvintes mais sofisticados e é o lado mais sofisticado dos ouvintes mais *kitsch*".

Mas como este artista construiu sua carreira e uma obra musical tão forte e perene? De onde ele veio e qual a sua formação? A quem influenciou e por quem foi influenciado? Em que contexto social e político ele emergiu? Como nasceram suas canções? Como foram pensadas e gravadas? Quais as dores e delícias retratadas em suas letras? Qual a repercussão, o fracasso ou sucesso de cada um de seus discos? Quem contribuiu para a feitura deles? Sem esquecer as polêmicas, os conflitos e as contradições que envolveram o artista. E, afinal, qual o significado da sua obra no contexto da música brasileira? Esta biografia, em dois volumes, toma para si este desafio: contar a história do cantor--compositor Roberto Carlos a partir de seu nascimento, e toda a sua trajetória artística, desde o início, disco a disco, canção por canção, detalhe por detalhe... tudo outra vez.

1

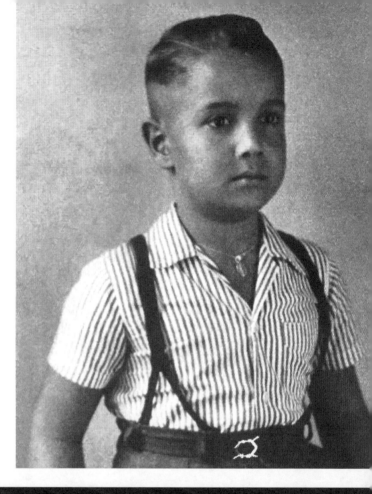

O DIVÃ

"Relembro a casa com varanda
Muitas flores na janela,
Minha mãe lá dentro dela"
Do álbum *Roberto Carlos*, 1972

Temas natalinos ecoavam dos rádios e serviços de alto-falantes da pequena cidade de Cachoeiro de Itapemirim, no sul do Espírito Santo. Era uma tarde de dezembro, fim dos anos 1940, e um menino chamado Roberto Carlos, em torno de 7 anos, caminhava pelas ruas do centro. Ele então parou em frente à loja Ao Preço Fixo, o principal magazine do lugar, com suas vitrines repletas de bijuterias, perfumarias, louças, vidros e brinquedos, muitos brinquedos. "Sempre gostei de ver vitrines", disse o cantor numa entrevista. "Ficava, muitas vezes, vinte, trinta minutos flertando com os artigos que não podia comprar." Pois, naquele dia, ele viu um jipe de pedal, daqueles para a criança rodar pelo quintal da casa. Seus olhos infantis brilharam. Puxa, como queria ter um jipe daquele! Voltou para casa falando nisso e, à noite, na hora do jantar, pediu ao pai para lhe dar aquele carro de presente. Roberto Carlos insistiu tanto que seu Robertino foi com ele até o magazine. Porém, ao saber o preço do tal jipe de pedal — muito além do que imaginava —, explicou ao filho que não tinha dinheiro suficiente para comprá-lo. O menino não chorou. "Eu senti vergonha. De repente, descobri que não deveria ter pedido tanto", afirmou.

Foi motivado por lembranças como esta que, no início de 1972, no auge do sucesso, Roberto Carlos compôs uma de suas canções mais biográficas e confessionais, "O divã", gravada naquele ano no estúdio da CBS, em Nova York. "Fiz essa música quando vivia um momento de muita angústia no Rio, era um momento difícil. Fiquei lá quarenta dias, e por uma série de razões depois voltei a São Paulo. Deitei no divã porque era um desafio. Porque todo mundo sabe que não gosto de falar disso." Registre-se que na época ele ainda não fazia análise, mas fantasiou no título da canção e especialmente no trecho em que se refere ao analista/ouvinte: "Eu venho aqui, me deito e falo / Pra você que só escuta."

Com arranjo do maestro americano Jimmy Wisner, "O divã" começa com um delicado toque de violão, seguido de contrabaixo e bateria, que ilustram a parte mais leve das recordações. O primeiro trecho mais denso é pontuado pelo som de um fagote, e, na passagem da primeira para a segunda estrofe, entram os violinos, que parecem trazer lá do fundo da mente as lembranças mais dolorosas do artista. É uma linda canção evocativa da infância, com citações ao pai, à mãe, aos irmãos e ao local onde Roberto Carlos morava em Cachoeiro de Itapemirim. "Relembro a casa com varanda / Muitas flores na janela, minha mãe lá dentro dela", diz no início da letra, enfatizando mais adiante que "minha casa era modesta / Mas eu estava seguro." Essa sensação de segurança numa pacata cidade do interior era reforçada (ou talvez ameaçada) por algo que o artista não citou na música, mas que revelaria anos depois. "Eu cresci vendo meu pai com uma arma em casa. Ele guardava numa gavetinha com chave. Eu não mexia porque não tinha acesso. Mas à noite ele tirava essa arma da gaveta e botava perto dele, na cabeceira. Era a preocupação que ele tinha com qualquer tipo de violência ou invasão. Ele protegia a nossa casa dessa forma."

Era uma casa simples, de três quartos e cozinha com fogão a lenha. No quintal, havia um pé de amora e outra árvore alta que dava uma fruta pegajosa, cujo leite, quando seco, Roberto mastigava como chiclete. "Esse quintal era pra mim o paraíso. Mil brincadeiras. Mil amiguinhos. Me lembro que a primeira coisa que fazia depois de acordar era dar uma voltinha pelo quintal, visitar meu cachorrinho, sentar perto daquela árvore que dava uma fruta engraçada. Mas a festa não durava muito: dali a pouco mamãe chamava para escovar os dentes e tomar café com leite." Para chegar até a casa subia-se uma ladeira, que terminava em uma escadinha de poucos degraus e em uma porta que se abria para a sala de tábuas corridas. Na rua tinha uma bica de água natural muito falada pelos moradores. Fonte perene, quando faltava água em Cachoeiro, muitas famílias iam lá pegar água para abastecer suas casas. Daí o local ser mais conhecido como rua da Biquinha do que pelo nome oficial, Índios Crenaques — mais tarde rebatizada de João de Deus Madureira. Embora estreita, sem saída e sem calçamento, é uma rua próxima do centro da cidade, começando na linha do trem da Leopoldina e terminando ao pé do morro Farias.

Os pais de Roberto Carlos se conheceram em Mimoso do Sul, no extremo sul do Espírito Santo, onde moravam, e ali se casaram, em março de 1931. Robertino Braga — terceiro de oito filhos do imigrante português José Fernandes Braga e sua esposa Maria — era ourives e relojoeiro, na época com 34 anos; e Laura Moreira Braga — caçula de onze filhos do casal mineiro Joaquim Moreira e Anna Luiza — já era costureira, com 17 anos. Ela aprendera o ofício com sua irmã mais velha, Jovina Moreira, a Dindinha, que praticamente a criou. Moça bonita, prendada e faceira, Laura tinha outros pretendentes, mas optou pelo homem sério e trabalhador que identificou no relojoeiro Robertino, mesmo com a diferença de dezessete anos entre eles. Robertino soube cortejá-la, inclusive presenteando-a com brincos, anéis e pulseiras que ele mesmo confeccionava com sua habilidade de ourives.

No ano seguinte ao casamento deles, nasceu o primeiro filho, Lauro Roberto; na sequência, mais um menino, Carlos Alberto, e depois uma menina, Norma — todos na pequena Mimoso do Sul. A família parecia definida; entretanto, para surpresa do casal, quando a caçula já tinha 5 anos, Laura descobriu que estava novamente grávida. A chegada de um filho temporão — ao qual dariam o nome de Roberto Carlos — fez a família se mexer, pois o tempo era de dureza. Meses antes de a criança nascer, decidiram se mudar para Cachoeiro de Itapemirim, maior cidade da região, onde Robertino vislumbrava melhores oportunidades para o seu ofício e o da esposa. De fato, ali residiam parentes de Laura, como seu irmão Augusto, funcionário da Rede Ferroviária Federal, que arranjaria uma grande clientela para o relojoeiro e a costureira recém-estabelecidos na cidade.

Roberto Carlos nasceu como se nascia naquele tempo: em casa. Porta do quarto fechada, bacias com água morna, toalhas brancas, um pouco de álcool, com dona Mariana, a parteira de sua mãe, cuidando de tudo. Eram 5 horas da manhã de um sábado, dia 19 de abril de 1941. A criança chegou saudável e robusta, e, quando tomava o primeiro banho, de sua casa ouviram-se salvas de tiros. Dali a pouco, sinos repicaram, bandas começaram a tocar e bandeiras foram hasteadas em todas as escolas da cidade. Naquele sábado, Cachoeiro de Itapemirim acordou em festa junto com o Brasil. Não por ser o Dia do Índio, mas porque era a data de aniversário do então presidente Getúlio Vargas, que completava 58 anos. O país vivia sob a ditadura do Estado Novo, que estimulava o culto à personalidade do chefe da nação. Como relata Lira Neto, biógrafo de Getúlio, na época "escolas e bibliotecas eram inundadas com folhetos e cartilhas verde-amarelas, em que sobressaíam as mensagens ufanistas. Biografias edulcoradas do presidente da República, a maioria destinada ao público infantojuvenil, eram produzidas em série". Daí que, no dia do seu aniversário, havia também intensa comemoração, como na pequena Cachoeiro de Itapemirim, com desfiles escolares, discursos, declamações, hinos patrióticos e muita gente nas ruas com bandeiras e retratos de Getúlio nas mãos.

Enquanto a festa seguia lá fora, seu Robertino, naquela altura com 44 anos, recebia os amigos para comemorar o nascimento do filho temporão. Um dos convidados, mais eufórico, e certamente getulista, gritou na sala. "Viva o Brasil! Viva a bandeira nacional! Viva o neném gorducho!" Eram tempos de ufanismo e de repressão, mas também de mudanças sociais, com a promulgação das primeiras leis trabalhistas. Nada de essencial faltava para a família Braga, embora, como vimos, o orçamento modesto não permitisse aos filhos adquirir brinquedos mais caros. "Vivíamos quase sempre sem dinheiro", afirmaria Roberto.

"Mas o que nos faltava em dinheiro minha mãe compensava em carinho e compreensão. Lembro até hoje que, enquanto meu pai saía para trabalhar, ela ficava comigo horas inteiras, procurando entender meus problemas." Embora sempre ocupada com sua máquina de costura e os afazeres domésticos, dona Laura dedicava muito carinho aos filhos, especialmente ao caçula, que crescia gordinho e bochechudo. "Todas as mães sabem que o filho caçula é o que custa mais a crescer", dizia ela. E, no caso de Roberto Carlos, isto ficou ainda mais evidente porque só largou a chupeta aos 8 anos. "Foi uma luta para fazê-lo desistir da chupeta", contou o pai.

O menino logo ganhou da família o apelido de Zunga, nome relativamente comum no Espírito Santo. Havia vários outros Zunguinhas por lá naquela época. No seu caso, a origem talvez seja do verbo "zungar", "assobiar", porque antes de aprender a falar Roberto Carlos já assobiava, encantando a todos. Mas seus irmãos também tinham apelidos: Carlos Alberto era chamado de Gadia; Lauro Roberto era Nain; e Norma era carinhosamente chamada de Mada ou Futeza. O quarto dos meninos era pintado de azul, e Zunga dormia numa cama menor, com crucifixo na cabeceira, perto da janela que dava para a rua. Dos seus três irmãos, ele se relacionava mais com Norma, porque era quem cuidava dele, dando-lhe banho na bacia, pois não havia chuveiro em casa. "Minha irmã era uma companheirona. A gente pintava o sete. Mamãe só ficava louca da vida quando fazíamos guerra de travesseiros no quarto", lembra o cantor — que também escreveu na segunda estrofe da letra de "O divã": "Meus irmãos à minha volta e o meu pai sempre de volta / Trazia o suor no rosto, nenhum dinheiro no bolso / Mas trazia esperanças."

O relojoeiro Robertino, conhecido na cidade como "seu Braga", possuía uma pequena loja de uma porta na praça Dr. Luiz Tinoco, no centro. O filho caçula admirava, curioso, o pai consertando os relógios com pinças e uma possante lente de aumento. "Um dia olhei na lente, parecia uma gigantesca oficina, um cérebro eletrônico", contou Roberto. Já a costureira Laura atendia a clientela na própria residência, num tempo em que quase não se vendia roupa pronta nas lojas.

Na infância, Zunga e os irmãos se acostumaram a dormir acalentados pela máquina de costura da mãe, que trabalhava até alta madrugada, costurando para os funcionários da Rede Ferroviária Federal — sua principal clientela na cidade. Portanto, as reminiscências de "O divã" são de uma voz vinda do Brasil profundo, mais pobre, maior.

Aquele desejo de dar um jipinho de pedal ao filho não saiu da cabeça de seu Robertino. O problema é que o orçamento realmente não permitia. Dois anos antes, um dos jornais da cidade, de tendência socialista, denunciara esta dificuldade da maioria das famílias no período natalino em Cachoeiro de Itapemirim. "Papai Noel desta vez teve pouco trabalho porque o elevado preço dos artigos de Natal e o quase inacessível custo dos brinquedos fizeram com que o lar do pobre não pudesse ser visitado pelo velhinho de barbas brancas com quem todas as crianças sonham", relatou o jornal *A Época*, explicando que aquela era uma cidade "essencialmente de operários de parcos recursos". E fazia então um apelo filantrópico. "Se um industrial bem-intencionado não se resolver a instalar anexa a uma das nossas serrarias uma oficina onde aprendizes e oficiais possam fabricar brinquedos acessíveis ao filho do pobre, Papai Noel acabará riscando do seu mapa a cidade de Cachoeiro de Itapemirim."

Pois foi exatamente um brinquedo feito em uma dessas serrarias o que o pai de Roberto Carlos pôde dar de presente ao filho naquele Natal: um jipinho, não de pedal, e sim de madeira, amarrado num barbante para a criança puxar. "Fiquei feliz e mostrei o presente para todos os meus colegas", lembrou Roberto, que assim finalmente adquiriu o seu primeiro carro, que saía arrastando pelas ruas, subindo e descendo o morro Farias. Acontece que esse jipinho de madeira durou pouco, porque, num dia de chuva, Zunga o arrastou no meio das poças de água. E só quando entrou em casa se deu conta do estrago: o carro estava todo bambo e logo desmontou. "Acertamos com tachinhas, esparadrapos e barbante, mas não ficou mais como antes", recordou-se. "Eu perdi meu jipinho de madeira, e jamais ganhei o jipinho de pedal."

Se as coisas já não eram fáceis para a família Braga, ficaram ainda mais complicadas após o grave acidente que vitimou seu filho caçula, quando tinha apenas 6 anos. "Não gosto de falar sobre isso", repetiu Roberto, em agosto de 1968, a um jornalista argentino que o indagara sobre suas lembranças do acidente. O pouco que falou foi sempre depois de provocado pela imprensa, sobretudo a estrangeira, porque entre os brasileiros havia certo tabu. Mas, no começo da década de 1970, parece que o artista sentiu a necessidade de expor o que lhe roía as entranhas. Daí que, pela primeira vez, de forma espontânea, dividiu com o público-analista aquele momento triste de sua vida. Fez isso na letra de "Traumas", lançada em 1971, e, no ano seguinte, de forma mais explícita e com cores mais fortes, na terceira estrofe da canção "O divã": "Relembro bem a festa, o apito / E na multidão um grito, o sangue no linho branco", trecho no qual reconstituiu o clima festivo que havia em Cachoeiro de Itapemirim no momento da tragédia, a chegada do trem, o desespero e a mancha de seu sangue na roupa do homem que lhe prestou socorro.

Assim como no dia em que nasceu, também havia festa na cidade quando o menino Roberto Carlos quase morreu. Era o Dia de Cachoeiro, feriado municipal, sempre comemorado em 29 de junho, data em que o padroeiro da cidade, São Pedro, teria sido crucificado em Roma, durante o reinado do imperador Nero, no ano 65 d.C. Cachoeirenses residentes em outros lugares do Brasil aproveitavam a data para visitar a cidade, a família e os amigos. Aliás, esta foi a ideia que motivou a realização da festa, a partir do fim dos anos 1930: uma celebração para o reencontro do lugar com seus conterrâneos de fora. A cada ano uma comissão elegia o "Cachoeirense Ausente" — alguém que representava os demais visitantes, polarizando as homenagens. O cronista Rubem Braga, por exemplo, que saiu de Cachoeiro de Itapemirim no seu tempo de ginásio, foi homenageado na festa em 1951 e compareceu levando uma caravana de amigos do Rio, entre os quais Vinicius de Moraes, Millôr Fernandes, Fernando Sabino e Otto Lara Resende.

O evento era celebrado com um vasto e diversificado programa com cerimônias cívicas, religiosas e culturais. Concurso de miss, exposição de gado, parada escolar, missa campal, procissões, quermesse, competições esportivas, leilões e queima de fogos de artifício — tudo isso acontecia no Dia de Cachoeiro, que era então notícia na grande imprensa do país. O jornal *O Globo*, por exemplo, informava que aquele evento era "a festa nº 1 do estado do Espírito Santo". Em junho de 1945, *O Estado de S. Paulo* chegou a afirmar que "não sabemos de outra festa popular no Brasil com as características do Dia de Cachoeiro". "A cidade se enfeita, há mais luz, vem gente de toda parte, e tudo é festa, é alegria", propagava o jornal carioca *A Noite*.

Em 29 de junho de 1947, mais uma vez Cachoeiro de Itapemirim se mobilizou para realizar sua grande festa, que naquele ano caía num domingo. Na véspera, a imprensa informava que já não havia mais vagas nos hotéis e que a cidade estava "cheia de forasteiros, empolgados pela magnificência promissora dos festejos". O evento contaria com a presença do governador do estado Carlos Lindemberg e, como atração extra, o time do Vasco da Gama para disputar um amistoso com um combinado local. Uma grande faixa na praça central de Cachoeiro trazia a mensagem: "Visitante, seja bem-vindo." A programação indicava parada escolar, às 7 horas, seguida de missa solene na praça central, com sermão do reverendo Aristides Ticiano. Pela primeira vez haveria uma exibição de luta de boxe na cidade, evento organizado por Renato Spínola e Castro, gerente do Banco de Crédito Real de Minas Gerais, que praticava boxe nas horas vagas. Ele organizou, conseguiu o patrocínio e os pugilistas que se exibiriam num palanque armado na praça principal. Como a cidade ainda não tinha emissora de rádio, naquele dia um automóvel da Companhia Sidney Ross, com poderosos alto-falantes, faria uma espécie de programa radiofônico ambulante, apresentando calouros e tocando músicas pelas ruas — tudo pretexto para divulgar produtos como a Pílula do Dr. Ross, o Talco Ross e o popular jingle "Melhoral, Melhoral. É melhor e não faz mal".

Uma salva de 21 tiros, às 6 horas, anunciou o início das comemorações. O menino Roberto Carlos acordou animado para ver a festa, ainda mais porque estaria de roupa e sapatos novos que sua mãe comprara especialmente para a ocasião. Seus três irmãos saíram de casa bem antes dele porque iriam marchar pela escola. Roberto iria para lá em companhia da amiguinha Eunice Solino, a Fifinha, uma menina da sua idade, da família de José Solino, que morava próximo de sua casa. "Aos 5 anos, ele já dizia que namorava a Fifinha", contou a irmã Norma. "Todos os domingos, ele pedia para eu ir buscar a Fifinha, porque ele queria passear na praça com ela." Isso tinha que ser à tarde, porque a família Solino era de religião evangélica, e aos domingos de manhã sempre ia para a igreja presbiteriana, onde congregava. "Fifinha foi a minha grande companheira da infância", disse o cantor. Morava ali também a família do seu Sylvestre Vianna, pai de Vilminha, da mesma idade deles. Aliás, Zunga, Fifinha e Vilminha tinham em comum o fato de serem os caçulas da família e bem mais novos que seus irmãos. Por isso, os três estavam sempre brincando juntos. Mas, naquela manhã de domingo, Vilminha não apareceu na rua, mas Fifinha sim, porque não haveria escola dominical na igreja por causa da festa da cidade.

Ela e Zunga desceram juntos até a pracinha, logo abaixo da rua onde moravam, e onde costumavam passear. Ali bandas faziam retreta e a garotada brincava em volta do coreto ao som das marchinhas. Estudantes em desfile, balizas e muitos balões coloriam o céu do pequeno Cachoeiro, ao mesmo tempo que locomotivas se movimentavam para lá e para cá. Construída na época dos barões do café, no século XIX — quando a cidade era um paradouro de trem de carga —, a Estrada de Ferro Leopoldina Railways atravessava Cachoeiro de Itapemirim de ponta a ponta. Na praça (atual Pedro Cuevas), havia um pátio cheio de trilhos e, para liberar a linha principal, o maquinista fazia uma manobra para estacionar o trem em outro trilho. "Inicialmente nós ficamos antes da linha do trem, mas não conseguíamos ver o desfile direito porque um trem atrapalhava nossa visão. Aí depois nós atravessamos para depois dos trilhos. E ficamos ali, entre a rua e a linha do trem, distraidinhos, vendo o desfile", lembrou Fifinha em depoimento ao autor.

A parada escolar transcorria na rua Capitão Deslandes, em frente à praça. Lá pelas tantas, Roberto Carlos avistou seus irmãos marchando pelo Liceu Muniz Freire, e entrou no meio do desfile para cutucá-los. "Sai daqui, Zunga, volta pra calçada, que a professora vai ralhar com você", disse-lhe um deles. Roberto então retornou para o lugar onde estava com Fifinha. Nesse momento, atrás deles, uma velha locomotiva começou a fazer uma manobra relativamente lenta para pegar outro trilho. Uma das professoras, de longe, gritou com as duas crianças, preocupada por vê-las próximas de um trem em movimento. Percebendo o risco iminente, ela correu até lá para pegá-las e alcançou Fifinha. "Ela me puxou pelo braço, e eu cheguei a cair na calçada." Já Roberto se assustou com aquele gesto brusco da professora e recuou, talvez até pensando que ela brigava por ele ter invadido o desfile.

De repente ouvem-se gritos, o apito do trem, um corre-corre. "Me lembro da professora na frente do trem, gritando para o maquinista parar", disse Fifinha. "Mais um pouco e ela também podia ter sido atropelada, porque se desesperou, coitada. Guardo até hoje essa imagem comigo." Várias pessoas logo cercaram o local, comentando que uma criança tinha sido atropelada e ficado presa debaixo do vagão. Os primeiros voluntários se movimentaram para socorrer a vítima. Quem seria? Uma pequena multidão foi se formando ali. A confirmação não demorou. "É o Zunga, um menino que mora na rua da Biquinha." Sua perna direita ficara imprensada sob as pesadas rodas de metal. A professora se retirou dali inconsolada, pois, na tentativa de proteger duas crianças, acabou provocando o acidente com uma delas. Parece ter havido um excesso de zelo porque, segundo Fifinha, ela e Roberto estavam mais próximos da calçada do que da linha do trem. "Quando a professora me puxou, caí na beirada do desfile. Eram os meninos que marchavam na hora, pois me recordo das pernas de calças compridas, calças cáqui." Logo atrás vinha marchando a ala das meninas, onde estava Elaine Manhães, então com 15 anos, futura professora de piano de Roberto Carlos. "Lembro que eu desfilava toda prosa de luvas e de uniforme quando houve aquele alvoroço e o desfile dispersou. Todo mundo correu para ver. É uma coisa de que jamais me esqueci". Outra testemunha do acidente foi o ex-ferroviário Argemiro Bueno. "Quando desci do morro onde morava e cheguei mais ou menos em frente ao Hotel Alvorada, vi que a máquina estava parada e que havia um menino debaixo dela. Pensei que fosse o meu filho, Tutuca. Fiquei até meio perturbado." O condutor do trem, Walter Sabino, parecia muito abalado, e explicou que não tinha visto ninguém na linha férrea ao fazer a manobra para pegar outro trilho e seguir viagem. Quando percebeu alguma coisa, numa fração de segundos, a máquina já tinha atingido o garoto.

Enquanto uns levantavam a locomotiva com um macaco mecânico, outros, como Manoel Moringueiro, um fazedor de panelas de barro, e o ferroviário Argemiro Bueno, entravam debaixo do vagão para suspender o tirante do freio que se apoiava sobre o peito da criança. Com muita dificuldade ela foi retirada de baixo da pesada máquina carregada de minério de ferro. "Eu estava ali deitado, me esvaindo em sangue", recordaria o cantor numa entrevista a Ronaldo Bôscoli. "Mesmo machucado, Zunga não perdeu os sentidos, e, quando lhe perguntavam de quem era filho, dizia que do Sr. Braga", contou sua irmã Norma. Naquele momento um rapaz moreno e forte atravessou apressado a multidão. "Será uma loucura esperarmos a ambulância", gritou. Era o bancário e boxer Renato Spínola e Castro, organizador da luta de boxe da festa e um dos poucos moradores da cidade que possuía automóvel. Providencialmente ele tirou seu paletó e deu um garrote na perna ferida do garoto, estancando a hemorragia. O "sangue no linho branco", da letra de "O divã", é uma referência à cor da roupa de Renato Spínola. "Até hoje me lembro do sangue empapando aquele paletó. E só então percebi a extensão do meu desastre", revelou Roberto na mesma entrevista.

Havia uma farmácia na praça, e o farmacêutico aplicou os primeiros medicamentos. Em seguida, Renato Spínola pegou Roberto Carlos nos braços e colocou-o no banco de seu velho Ford. "A paz de quem carregava / Em seus braços quem chorava", reflete o cantor em outro verso de "O divã". E dali Renato partiu a toda velocidade rumo à Santa Casa de Misericórdia de Cachoeiro de Itapemirim, o único hospital da região. "Foi uma longa viagem. 'Traumas', uma de minhas composições, conta bem isso", revelaria Roberto, citando a outra canção confessional, composta, segundo ele, numa noite de 1971, em Nova York. "Esta música surgiu de uma revolta dentro de mim, é baseada nos problemas que ficam escondidos dentro da gente. Saiu como uma explosão, pois não conseguia mais segurar as coisas que se passavam comigo naquele momento. No fim da letra, eu já compreendia melhor os problemas."

Embora lançada um ano antes, "Traumas" é uma espécie de continuação de "O divã". Se nesta o autor relata o instante do acidente, "a festa e o apito" do trem, naquela recorda o momento seguinte, quando já estava no hospital — como nos versos que falam do "delírio da febre que ardia / No meu pequeno corpo que sofria / Sem nada entender". A Santa Casa de Misericórdia de Cachoeiro de Itapemirim era uma instituição fundada havia quase cinquenta anos e, na época, segundo um jornal da cidade, tinha um orçamento "maior que o da maioria dos municípios espírito-santenses". Outro hospital como aquele só havia na capital, Vitória. O chefe do departamento médico era o doutor Dalton Penedo — que entrevistei em sua casa, em outubro de 2005, lúcido, aos 96 anos. "Me lembro perfeitamente bem do acidente. Naquela ocasião, meu primeiro filho, que é um pouco mais velho do que Roberto Carlos, desfilava no grupo escolar quando houve o atropelamento." Mas quem estava de plantão no hospital quando Renato Spínola chegou lá com a criança era o cirurgião Romildo Gonçalves, então com 36 anos. Na sua lembrança, o garoto não chorava muito porque não estaria sentindo dor. "Quando o trem esmagou a perna dele, arrancou todos os nervos e tirou a sensibilidade", explicou numa entrevista ao jornalista Ivan Finotti. Ele também contou que o menino parecia ainda não ter percebido a dimensão do acidente. "Em certo momento, ele apontou para o sapato que estava na perna acidentada e me disse: 'Doutor, cuidado para não sujar muito o meu sapato porque é novo'."

O pai de Roberto Carlos chegou logo depois ao hospital e parecia inconformado. A sua primeira reação foi de revolta contra o maquinista Walter Sabino. Seu Robertino estava convencido de que o filho fora vítima da imprudência do condutor e queria fazer justiça com as próprias mãos. "Ele ficou tão fora de si que disse que ia matar meu marido. Walter teve que se esconder dentro da estação até que Robertino se acalmasse", recordou Anita Sabino, viúva do maquinista. Mas este não pôde permanecer muito tempo também na estação, pois enfrentaria reações de alguns de seus próprios colegas de profissão — como o já citado Argemiro Bueno. "Procurei o maquinista para lhe dar uma forra, mas não o encontrei." Poucos anos depois, entretanto, outra tragédia acabaria vitimando o próprio Walter Sabino, quando a maria-fumaça que conduzia descarrilou e tombou numa ferrovia do Espírito Santo. "O Walter estava voltando para casa depois de uma viagem de alguns dias", contou a viúva, informando que o carvão da caldeira caiu sobre ele, que morreria horas depois no hospital.

Acidentes ferroviários não eram raridade em Cachoeiro de Itapemirim. Há inúmeros registros desde os primórdios, envolvendo principalmente pedestres bêbados na periferia. "É preciso que os senhores maquinistas da Leopoldina tomem cuidados maiores com as travessias das linhas férreas", alertava um dos jornais da cidade em janeiro de 1946. Portanto, o acidente com Roberto Carlos foi apenas mais um, com a diferença de que atingiu uma criança, no centro da cidade e no dia dos festejos do padroeiro, quando havia muitas pessoas nas ruas — entre as quais um repórter e um fotógrafo da popular revista carioca *A Noite Ilustrada*. Eles foram à cidade especialmente para cobrir a festa cachoeirense que ganhava cada vez mais projeção nacional.

Ocupando duas páginas da revista, a reportagem intitulada "A festa de Cachoeiro de Itapemirim" dava um panorama do que acontecera naquele domingo na pequena cidade. Lá estão em imagens e textos (não creditados) informações sobre a presença do governador do estado, do rádio-ambulante da Sidney Ross, da exposição agropecuária, da estação ferroviária e do povo nas ruas; uma "verdadeira multidão, reunida em praça pública, participou dos festejos", diz uma das legendas. Porém, a reportagem nada diz acerca do trem que avançou sobre uma criança, dispersando o desfile escolar. Certamente o repórter soube do acontecimento. Afinal, estava lá. Mas, como era comum na época, sua matéria tem um tom laudatório, oficialesco, citando apenas aspectos positivos da cidade e da festa. Diz, por exemplo, que "toda a comissão dos festejos foi incansável", destacando a participação do então prefeito Antenor Moreira Fraga, que, para a revista, cuidava "dos problemas do povo da cidade, com o sentido patriótico de resolvê-los".

Este caráter oficial da reportagem certamente impediu o jornalista de citar o fato que, para a posteridade, seria o mais importante daquele domingo em Cachoeiro de Itapemirim.

O sentimento religioso que marcará o futuro ídolo da música brasileira já pode ser antevisto no menino Zunga, especialmente após a tragédia. "Nos dias em que permaneci no hospital criei minha estrutura, inventei orações que repito até hoje", revelou ele. Naquela manhã de domingo, o médico que o atendia aplicou uma anestesia local antes da cirurgia. Para distrair um pouco a criança, doutor Romildo usava uma folha de papel em branco que ia recortando na forma de bichinhos — gatos, peixes, patos, lagartixas — e dando para ele. Segundo especialistas em traumatologia, hoje uma vítima de grave lesão por esmagamento pode ter melhor sorte, porque a atual tecnologia médica reconstruiria todo o membro usando metais e músculos de outras partes do corpo. Mas naquele tempo, e num hospital do interior, a única solução era a amputação. Menos mal que o Dr. Romildo Gonçalves estava atualizado sobre um estudo americano de ciência médica que indicava o menor corte possível dos membros acidentados. Ele então decidiu pela amputação entre o terço médio e o superior da canela — apenas um pouco acima de onde a roda do trem havia atingido. Deu mais trabalho, exigiu maior perícia do cirurgião, mas com essa providência, Roberto Carlos não perdeu os movimentos do joelho direito.

A cirurgia exigiu também acompanhamento cuidadoso, e, por cerca de quatro meses, Romildo e o diretor médico da Santa Casa, Dalton Penedo, fizeram curativos quase diários na perna da criança. Tudo acompanhado com grande expectativa pelos pais, os parentes, os amigos e o próprio Zunga, que passaria a andar de muletas, só adquirindo a primeira prótese na adolescência. "No princípio me desesperei. Mas pouco a pouco fui me acostumando", afirmou Roberto Carlos numa entrevista à imprensa argentina. "Naquele tempo eu tinha um hobby, a pintura. Passava o dia inteiro borrando papéis e cartolinas com tinta azul e vermelha, que são as minhas cores preferidas." Ele começaria sua vida escolar no ano seguinte, aos 7 anos, como determinava a legislação da época. Uma de suas professoras do curso primário, irmã Margarida

Maria, do Ginásio Jesus Cristo Rei, contou que explicava às outras crianças que o coleguinha tinha sofrido um acidente e que isso podia ter acontecido a qualquer um. "Assim, eu ensinei que respeitassem o problema de Zunguinha, sem jamais o constranger."

A família soube também trabalhar muito bem a autoestima dele, encorajando-o em todas as adversidades. Apesar da mutilação estigmatizante, ele não perderia o humor nem ficaria avesso ao convívio social. "Naquela época, eu me acostumei a ver Roberto sempre rindo, brincando com a gente, com a avó dele, com as professoras. Ele era bem descontraído", lembrou sua amiga Fifinha. Rogério Franzotti, colega dele na escola, disse que Zunga "era terrível, levado, extrovertido". Outra testemunha é José Azevedo, companheiro de pelada dos irmãos de Roberto Carlos. "Nós jogávamos bola num campinho improvisado, num terreno baldio que ficava no topo do morro. Zunga estava sempre lá. Mesmo quando saiu do hospital, subia o morro e, às vezes, até jogava no gol. Não era muito escalado porque era bem menor do que nós. Só jogava quando faltava alguém. Mas de uma coisa me lembro bem: ele nunca exigiu tratamento especial."

Leon Tolstoi escreveu que "todas as famílias felizes se parecem entre si; as infelizes são infelizes cada uma à sua maneira". Sim, e no caso da família Braga houve a particularidade de a infelicidade ter um final feliz, mas até lá foi dura a prova. Seguiu-se uma fase difícil para dona Laura e o esposo, agravada porque o orçamento deles andava no limite e sem um fundo de reserva para uma emergência daquela. Cioso de seus compromissos, Robertino preocupava-se com uma dívida contraída com o comerciante José Silva, um fornecedor de peças de relógio da cidade mineira de Ubá. Sem condições de pagar a duplicata, decidiu escrever ao credor explicando-lhe os motivos do atraso. A resposta do comerciante mineiro — datada de 19 de julho de 1947, ou seja, vinte dias depois do acidente — emocionou a família de Roberto Carlos: "Prezado amigo Robertino: Tenho em mãos sua última carta à qual respondo. Com grande pesar soube do acontecido com teu idolatrado filho, que pedimos a Deus pelo pronto restabelecimento. São essas atribuições que o Poderoso Deus nos dá, e temos que nos conformar e sermos de ânimo forte, conforme é o bom amigo. Minha esposa ficou também contristada com o acontecido [...]. Peço a Deus que o pequeno logo se restabeleça e neste mês se Deus quiser irei visitá-lo. Para a sua senhora o choque deve ter sido tremendo, conforme nós pais que tudo fazemos para os nossos filhos. Robertino, o seu pequeno débito fica cancelado. Compre doces e brinquedos para o pequeno."

Além de fazer isso, seu Robertino costumava contar histórias ao filho, e algumas delas acabariam reforçando o espírito supersticioso de Roberto Carlos, pois desde pequeno era atraído pelo universo do sobrenatural, os fantasmas, as assombrações. "Todas as minhas superstições nasceram na infância", afirmou. A origem da superstição com a cor marrom, por exemplo, veio de uma história que seu pai contava sobre o avô de Zunga, o matuto José Fernandes Braga. Seu Robertino dizia que o velho era um homem muito valente que se embrenhava pelas matas e rios do sertão enfrentando animais, tempestades e outros cavaleiros. Tal qual o personagem da música "Disparada", de Geraldo Vandré, ele tinha laço firme e braço forte, rodando o mundo nas patas de seu cavalo. Zunga ouvia o pai com curiosa atenção, e o menor suspense bastava para que arregalasse os olhos e abrisse ligeiramente a boca, abismado com as histórias. Principalmente quando ouvia que seu avô vencia todas as adversidades porque jamais montava a cavalo vestido de marrom. O velho acreditava que, no dia em que cavalgasse usando aquela cor, cairia da montaria. "Por causa disso, o marrom ficou em meu espírito até hoje. Não consigo ver essa cor sem me lembrar de meu avô."

Outra importante personagem da infância de Roberto Carlos foi sua avó materna, Anna Luiza da Conceição, que todos chamavam de vovó Don'Anna. "Lembro que ela era uma mulher alta, de cabelos negros e que Roberto adorava brincar com ela", afirmou a amiga Fifinha. Don'Anna costumava cantar para o neto dormir e também lhe dava alguns conselhos, como um que dizia: "Guarde o seu tesouro." Ao que Zunga indagou-lhe: "O que é tesouro, vovó?" "Tesouro é a beleza da vida." "Meu cavalinho de pau é um tesouro, vovó?", perguntou, conforme relato do próprio Roberto Carlos. "É, sim. Seu cavalinho é um tesouro", respondeu a avó. "Mas ele quebra, vovó, ele acaba um dia." E então a avó lhe ensinou: "Escreva, meu filho, o que ele vale pra você. Guarde num papelzinho e o cavalinho será sempre seu." "Eu vou fazer isto, vovó." E, segundo Roberto, a partir daí ele adquiriu o hábito de fazer pequenas anotações, começando por uma que dizia: "O meu cavalinho é bonito. O meu cavalinho é só meu. Eu não quero que ninguém ponha o dedo nele..."

Atrás da casa de Roberto Carlos ficava o morro Farias, um espaço lúdico para a garotada do bairro. Dali costumavam descer cinco ou seis meninos, todos em cima de um carrinho de madeira, de quatro rodinhas e uma espécie de volante, que só parava num monte de terra lá embaixo. "O carro do meu irmão era o mais veloz do bairro", contou Roberto. "Mas ele foi crescendo, começou a namorar, e eu passei a andar no carro dele. Bacana: a gente descia o morro naquela velocidade, não via nada, só o carrinho e a terra passando embaixo da gente." Quando não tinham carrinhos, os garotos escorregavam num simples pedaço de papelão. Em casa, dona Laura costurava aos sobressaltos, preocupada com o filho caçula, que estava sempre subindo e descendo aquele morro, antes e depois do acidente. "Acho que ali cultivei a minha paixão por carros e pela velocidade." De fato, pois desde essa época já remexia em tudo ligado a automóvel, colava, desenhava, coloria. "Fiz até um álbum próprio com figurinhas de diversas marcas de automóveis, recortadas de revistas e jornais."

Certa vez seu pai chegou em casa prometendo adquirir uma máquina de verdade. O velho explicou que iria trocar um relógio Ômega por uma motocicleta Indian, um pouco enferrujada e barulhenta, mas ainda potente. "Nem consegui dormir naquela noite", lembrou o cantor. Para sua grande decepção, porém, no dia seguinte o pai chegou do trabalho a pé, pois o negócio não fora concretizado. Certamente o dono do veículo queria mais do que um relógio pela troca. "Talvez a impossibilidade de ter um carro me tenha feito gostar tanto deles. Naquele tempo, mesmo aquela motocicleta me serviria." Ou até menos que isso. Uma oficina mecânica exibia uma enorme carcaça de trator. Pois Zunga aparecia sempre ali com um ou outro amigo tentando mexer na máquina. O dono da oficina não gostava daquela insistência e acabava botando as crianças para correr. "Roberto tinha a mania de se deitar embaixo do carro que nem mecânico", lembrou o amigo Edson Ribeiro, o Edinho, que o acompanharia também na carreira artística, compondo canções na época da Jovem Guarda. Órfão de pai, e com a mãe lavadeira, na adolescência Edson Ribeiro trabalharia de engraxate nas ruas de Cachoeiro de Itapemirim. "Já comi sopa de banana verde em água de sal porque não tinha mais nada pra botar", disse em depoimento ao autor. Sua mãe lavava roupa para a família Braga desde que Edinho tinha apenas 5 anos, e Roberto, 3. Portanto, cresceram praticamente juntos.

Havia na cidade um italiano muito habilidoso que tinha montado uma carroceria sobre o chassi de um Buick modelo 1938. Esse automóvel era uma sensação em Cachoeiro de Itapemirim, e, quando passava assobiando no asfalto, atiçava Zunga, que prometera a si mesmo e aos amigos ir lá qualquer dia fuçá-lo. E então aconteceu numa arriscada tentativa junto com o parceiro Edson Ribeiro. Só que o dono não foi insensível à vontade daqueles meninos de brincar no automóvel. Para alegria deles, em vez de serem expulsos dali, foram convidados a entrar no carro. O bom italiano colocou Roberto e Edinho no banco dianteiro e saiu rodando com eles pela cidade. "Sentindo o gostoso da máquina carregando a gente, ventinho alegre, quase tão alegre quanto eu, brincando nos meus cabelos rebeldes, o povo passando por nós, as árvores, as casas, como se nós é que estivéssemos parados", disse Roberto sobre a sensação de rodar de automóvel nessa época. "Desde aquele dia em que passeei no carro do italiano prometi a mim mesmo que teria um automóvel espetacular."

Outro grande amigo de Zunga era João Francisco, que morava no alto do morro Farias, atrás de sua casa. Havia também Nélio Marinho e Jorge Marão — todos também muito pobres e com quem costumava vagar pelas ruas. "Em duas coisas Roberto era bem melhor do que nós da turma", afirmou Edinho. "Ele sabia rolar pneus como ninguém pelas ladeiras da cidade. E também era um artista para fazer os barquinhos de madeira." Nessa rolagem de pneus, segundo o próprio

Roberto, as mãos deles ficavam pretas de graxa, os pés vermelhos de barro e o corpo verde de mato. Só que um dia o pneu de Zunga sumiu. "Norminha, você viu meu pneu?", perguntou para a irmã. "Mãe, cadê meu pneu?", repetiu para dona Laura. "Como é que vou saber, filho? Você não sabe onde guarda suas coisas? Se não estiver lá no fundo do quintal, vai ver se você largou na casa de algum amigo. Afinal, todo dia você me aborrece com esse pneu. Procura bem que você acha."

Ele foi à casa dos amigos, mas lá também não encontrou o pneu. Tanto insistiu que a mãe largou a máquina de costura para ajudá-lo a procurar. "Olhamos o quintal todo, no quartinho de despejo, em cima da coberta do tanque. Nada. Olhamos até embaixo das camas", lembrou Roberto. "Eu gostava tanto daquele pneu que seria capaz de qualquer coisa para protegê-lo." Já com cara de choro, Zunga perguntou uma última vez: "Mãe, cadê o meu pneu?" Dona Laura não tinha outra resposta. "É, filho, o seu pneu sumiu." "Eu não disse nada", relatou Roberto Carlos. "Saí quietinho e fui chorar em silêncio no fundo do quintal, deitado no chão, barriga para cima, olhando as andorinhas que riscavam o azul. Lágrimas tristes, aquelas lágrimas de menino que perdeu um amigo", concluindo que "a partida do meu pneu foi um sinal de que minha infância terminara."

A capa do álbum que traz a música "O divã" é uma das mais bonitas da discografia de Roberto Carlos. De autoria do fotógrafo Armando Canuto, exibe o cantor com um semblante demasiadamente triste. Tão triste que nos faz lembrar da tristeza de Cristo pregado na cruz. "Talvez eu tenha a expressão um pouco marcada, porque desde cedo me habituei a enfrentar dramas. O acidente com minha perna e outros fatos semelhantes vão marcando a vida da gente", afirmou, admitindo que aquela tragédia lhe deixou marcas emocionais e psicológicas. "Essas recordações me matam / Essas recordações me matam", canta no refrão de "O divã", e a canção termina com a repetição persistente desta frase até sumir. Ele voltaria a cantar essa música apenas na sua segunda temporada no Canecão, em 1973, com novo arranjo feito pelo maestro Chiquinho de Morais. Depois disso, o silêncio. Numa entrevista, em junho de 1985, o jornalista Miguel de Almeida, então da *Folha de S.Paulo*, perguntou a Roberto se "O divã" era uma referência ao seu acidente na infância. O cantor respondeu que a canção nascera num momento de tristeza e que, nesse contexto, "você usa um tema que não tem a ver com aquele momento" e que a questão do acidente "é uma coisa superadíssima". O jornalista, porém, insistiu. "Mas é uma referência? Você acha? A imagem é muito bonita." "Pode ter sido. Talvez", desconversou.

Além de uma versão instrumental com a Orquestra Brasileira de Espetáculo, "O divã" tem apenas uma regravação autorizada por Roberto Carlos: a da cantora Nara Leão, em 1978, numa versão em forma de seresta, com violão, violão de sete cordas, bandolim, cavaquinho e clarinete. Anos depois, Reginaldo Rossi quis também gravá-la, mas o autor não autorizou. "'O divã' é uma música que adoro", disse o cantor pernambucano. "Quando ouço eu choro, porque é a minha vida. Eu nunca passei fome, mas éramos pobres, morávamos numa casa modesta. E, quando ouço 'O divã', vejo a minha infância. É uma música com quatro estrofes, tem três que me matam e tem uma que é só de Roberto – a que fala do acidente." A cantora Fernanda Takai chegou a gravar lindamente esta música para o seu álbum, em 2007, só que Roberto Carlos mais uma vez não liberou o lançamento dela, como se quisesse esquecer "O divã".

Sua primeira ideia para o título dessa música foi exatamemte "Recordações", mas ele achou muito banal e resolveu complicar com "O divã" — palavra que não aparece na letra e cujo significado grande parte de seu público não entendia. Um exemplo está no nome de registro do ex-jogador do Vasco e da seleção brasileira, o zagueiro Odvan. Nascido numa família humilde do interior do estado do Rio, ele ganhou esse nome por sugestão de um tio, fã de Roberto Carlos, que ouvia "O divã" no rádio e entendia o título como um nome próprio, assim como Djavan. A mãe de Odvan, outra fã de Roberto, gostou da ideia e batizou assim o filho, parecendo também ignorar que o título da música era uma referência ao sofá sem encosto reservado aos pacientes nos consultórios de psicanálise.

2

MEU PEQUENO CACHOEIRO

"Eu passo a vida recordando
De tudo quanto aí deixei
Cachoeiro, Cachoeiro,
Vim ao Rio de Janeiro
Pra voltar e não voltei"
Do álbum *Roberto Carlos*, 1970

O Itapemirim é um rio imenso, largo, cheio de pedras — daí a origem tupi de seu nome "pedra-chata-pequena" —, e com uma sucessão de saltos, pequenas cachoeiras, que desembocam no mar. A cidade de Cachoeiro de Itapemirim se formou de um lado e de outro deste rio. A população mais pobre se estabeleceu na margem direita; a mais rica, na margem esquerda. Uma grande ponte liga essa cidade partida e cercada de montanhas, onde nasceram, além de Roberto Carlos, figuras célebres como o cronista Rubem Braga, o compositor Carlos Imperial e a dançarina Luz del Fuego. Aliás, na época, Cachoeiro de Itapemirim — "A princesa do Sul" — tinha fama de ser uma cidade de mulheres bonitas e liberadas. "Morena boa lá de Cachoeiro", dizia uma canção do compositor Pedro Caetano. "E se você não embarcar depressa / Não sei, morena, o que será de mim. / Eu abandono o Rio de Janeiro / E vou pra Cachoeiro de Itapemirim." "No auge do tabu da virgindade, muitas garotinhas de Cachoeiro transavam tranquilamente. Era uma loucura. Amigos meus iam para Cachoeiro por causa de sua liberação sexual", afirmava Carlos Imperial.

Talvez o clima quente e a proximidade com o Rio tenham influenciado essa postura liberal da mulher cachoeirense — cujo grande exemplo foi mesmo a dançarina Dora Vivacqua, a Luz del Fuego, famosa nos anos 1950 por dançar quase nua com o corpo envolto por cobras. "O ser humano precisa ver o sexo de seu próximo", justificou ao criar o primeiro clube de nudismo no Brasil. E ao tentar lançar o Partido Naturalista Brasileiro (PNB), a plataforma de Luz del Fuego foi "mais pão e menos roupa". Por sinal, outro aspecto no qual Cachoeiro de Itapemirim se destacava era o da agitação política, que atingia grande parte da população. Tudo ali era motivo para greves, passeatas, comícios ou quebra-quebras. Esse clima de contestação e politização, fortalecido por um aguerrido núcleo local do Partido Comunista Brasileiro (PCB), fazia Cachoeiro ser chamada de "cidade vermelha".

Além das locomotivas, ali era muito intenso também o movimento de carroças de tração animal. Usadas principalmente para o transporte de carga, elas passavam o dia subindo e descendo as ladeiras do lugar. E era comum encontrar algum burro ou mula cansado ou arriado com o peso da carga, enquanto o carroceiro açoitava-lhe violentamente as costas. Junto com eles também vagavam pelas ruas alguns mendigos da infância de Roberto Carlos: Pedro Pé Inchado, Pinto-Pelado e Tenerá — este um homem alto que andava pelas ruas com um bastão rodeado de cachorros. As meninas tinham muito medo dele; já os garotos se divertiam provocando o mendigo com uma quadrinha: "Tenerá bico de pato / Três vezes oito vinte quatro / Coração de carrapato", e Tenerá saía correndo atrás dos versionistas para bater-lhes com a bengala.

Na infância, além de cantar e descer de carrinho no morro, Roberto Carlos adorava pular nas águas do rio Itapemirim. Em companhia do pai ou dos irmãos, ali ele desenvolveu o gosto pela pescaria. Era comum vê-lo à beira do rio, sem camisa, mexendo com anzóis, minhocas, caniços. Ou então brincando com miniaturas de barcos — que, como diziam os amigos, Zunga fabricava com mestria. O rio ficava o dia inteiro povoado de meninos de calças curtas, pernas queimadas pelo sol. Um desses meninos, que brincava ali bem antes de Roberto Carlos nascer, seria o futuro cronista Rubem Braga, que escreveu: "Nasci em Cachoeiro, em uma casa à beira de um córrego, poucos metros antes de sua entrada no rio Itapemirim"; outro, o compositor Raul Sampaio, que criaria a música "Meu pequeno Cachoeiro", também com lembranças da cidade e do rio da sua infância. "Mas te confesso na saudade / As dores que arranjei pra mim / Pois todo o pranto destas mágoas / Ainda irei juntar às águas / Do teu Itapemirim."

Esta canção, tão identificada à história de Roberto Carlos, não foi composta por ele nem feita para ele. O cachoeirense Raul Sampaio, treze anos mais velho que Roberto, deixou a cidade no fim dos anos 1940 para tentar a vida artística no Rio de Janeiro. Na década seguinte, iniciou sua carreira, compondo boleros e sambas-canções de sucesso como "Nono mandamento", "Meu pranto rolou", "Lembranças" e "Quem eu quero não me quer". Embora bem-sucedido no grande centro, Sampaio sempre se sentiu um exilado de sua terra, uma espécie de Gonçalves Dias cachoeirense. "De maneira geral todos gostam do lugar onde nasceram, mas eu sempre tive uma paixão acentuada pela minha cidade, talvez porque os troncos das minhas famílias são muito antigos na região. São famílias pioneiras, vêm do tempo em que Cachoeiro de Itapemirim era apenas uma vila", afirmou.

Num fim de tarde, em meados de 1962, Raul Sampaio estava em sua casa, no Rio, quando, ao tocar alguns acordes no violão, de repente, lhe surgiu um refrão. Assim como na frase atribuída a Tolstoi, "Se queres ser universal, canta a tua aldeia", Raul Sampaio decidiu exaltar a dele: "Meu pequeno Cachoeiro / Vivo só pensando em ti / Ai que saudade dessas terras / Entre as serras / Doce terra onde eu nasci." O verso surgiu musicado, letra e melodia juntas. "E aquilo me encheu de muita emoção. De tal forma que comecei a chorar intensamente no momento da composição", lembrou Raul, que logo chamaria a mulher para mostrar o que tinha composto. Ao perceber as lágrimas do marido, ela ainda brincou: "Que homem bobo. Chorando por causa de uma cidadezinha dessas."

Mas tudo que ele tinha era este refrão, que fixou na memória, sem ainda conseguir desenvolver as demais estrofes. A inspiração ressurgiu dias depois, ao voltar com dois amigos do Espírito Santo para o Rio, no banco de trás de um fusquinha. O carro seguia devagar, pois chovia muito na estrada, e, enquanto os amigos conversavam, Raul meditava. Quando estavam próximos da cidade de Campos, ele criou a melodia e os versos da primeira parte da composição: "Eu passo a vida recordando / De tudo quanto aí deixei / Cachoeiro, Cachoeiro." E outros versos que diziam: "Recordo a casa onde eu morava / O muro alto, o laranjal." A chuva continuava cada vez mais forte, e, no banco de trás do automóvel, o compositor repetia as novas estrofes para não as esquecer. Ao chegar em casa, logo pegou lápis e papel, e, no mesmo sofá onde havia composto o refrão, escreveu a letra completa de "Meu Cachoeiro" — título original da música.

Nem passou pela cabeça de Raul oferecer esta canção a outro cantor, como costumava fazer com seus boleros e sambas-canções, geralmente lançados por nomes como Cauby Peixoto, Maysa e Nelson Gonçalves. Aquele era um tema tão biográfico e pessoal que o imaginava incompatível com outra voz. Em 1962, Roberto Carlos ainda era um artista praticamente anônimo que Raul não conhecera nem mesmo em Cachoeiro de Itapemirim, pois se mudara de lá antes de Zunga começar a cantar no rádio. Portanto, o próprio Raul Sampaio decidiu lançar sua nova composição em disco, ainda assim enfrentando a oposição do diretor da gravadora RGE. "De que adianta gravar isso? É uma faixa perdida que só vai interessar a quem for de Cachoeiro", disse-lhe José Scatena. Mas ele insistiu e gravou a canção como uma toada no estilo daquelas que Mazzaropi cantava em seus filmes. "Meu Cachoeiro", de fato, não fez qualquer sucesso para além da cidade do compositor. A repercussão por lá foi tanta que, em julho de 1966, tornou-se o hino oficial de Cachoeiro de Itapemirim, através de lei municipal assinada pelo então prefeito Abel Santana.

Naquela altura, Roberto Carlos já estava no topo das paradas de sucesso com a Jovem Guarda e tinha até gravado o antigo fado "Coimbra", clássico do repertório de Amália Rodrigues em homenagem à cidade portuguesa. Foi quando começou um movimento, partindo de Cachoeiro de Itapemirim, para que também gravasse aquela composição de Raul Sampaio em homenagem à sua cidade natal. A primeira dificuldade: Roberto Carlos nunca tinha escutado a música. Isso seria resolvido em junho de 1967, quando ele esteve na cidade para receber o título de "Cachoeirense Ausente" na grande festa de aniversário do município que completava 100 anos de fundação.

Haveria uma vasta e diversificada programação com cerimônias cívicas, religiosas e culturais. "Quando recebi o programa, não pude conter a emoção", disse o cantor, "e, por momentos, pratiquei uma agradável digressão à minha infância em Cachoeiro." Sim, sobretudo porque a homenagem ocorreria exatos vinte anos depois daquela "festa" e "apito" que Roberto Carlos retratou na letra de "O divã". Como já vimos, foi durante as comemorações do Dia de Cachoeiro, em junho de 1947, que ocorreu o acidente com o menino Roberto Carlos, que quase morreu, aos 6 anos, debaixo de um trem. Agora ele estaria no alto de um palanque na praça, aos 26 — e consagrado como o artista mais popular do país. Roberto permaneceria dois dias em Cachoeiro de Itapemirim, recebendo homenagens e revendo familiares e amigos. "Estou certo de que esses dois dias deixarão em mim imagens inesquecíveis", comentou.

Não era a sua primeira visita à cidade após se mudar para o Rio de Janeiro aos 15 anos. No início da carreira, o cantor esteve mais de uma vez em Cachoeiro de Itapemirim, inclusive se apresentando num cineteatro do centro cantando "O calhambeque" — porém, sem ainda provocar aglomerações. O diferencial em 1967 é que seria a primeira visita dele após a explosão do sucesso da Jovem Guarda. E dessa vez parece que todos os moradores da cidade foram à praça para vê-lo, ouvi-lo, homenageá-lo. Mais do que em anos anteriores, cachoeirenses residentes em outros lugares do Brasil aproveitaram a festa para também visitar a cidade, a família e os amigos. O público delirou quando o artista surgiu no grande palanque montado na praça central. Ele brindaria os conterrâneos com um show e, antes de cantar, acenaria, emocionado, para a multidão.

Do palco, Roberto Carlos tinha uma visão geral de tudo: os desfiles escolares, a banda de música, as balizas, as evoluções, os balões e as crianças brincando despreocupadamente próximas da linha do trem. Quantas lembranças mexeram com o coração do jovem artista naquele momento? Houve um desfile de calhambeques e de todas as escolas primárias em sua honra com os alunos percorrendo o mesmo trajeto de Zunga no seu tempo de menino. Foi aí que Roberto Carlos ouviu pela primeira vez o público cantar uma música recém-tornada hino oficial da cidade: "Eu passo a vida recordando / De tudo quanto aí deixei / Cachoeiro, Cachoeiro / Vim ao Rio de Janeiro pra voltar e não voltei".

O compositor Raul Sampaio estava lá, e aproveitou a oportunidade para entregar a Roberto uma fita cassete com a gravação da música. Além do show na praça, o cantor participara, ao lado dos pais, de uma cerimônia na Câmara Municipal, quando lhe entregaram oficialmente o título de "Cachoeirense Ausente". "Não sei falar, cantar ainda canto. Só posso dizer que estou muito satisfeito em receber esse diploma barra-limpa", afirmou ao pegar o canudo de papel. Em seguida, houve um banquete com a presença de autoridades do município e do estado – como se a elite política da região não quisesse deixar nada para depois. Naquela semana, Roberto Carlos foi literalmente de Cachoeiro de Itapemirim para o mundo, pois dali seguiu para a Itália, onde permaneceria também por dois dias, participando do I Festival Internacional de Veneza — mostra musical não competitiva, transmitida para toda a Europa, através da Eurovision.

Enquanto isso, Raul Sampaio seguia sua maratona, mostrando "Meu Cachoeiro" também para pessoas próximas de Roberto Carlos. E todas concordavam que ele deveria gravá-la. A cantora Emilinha Borba, por exemplo, fez uma campanha nesse sentido, falando diretamente com o colega. "Roberto, você tem que gravar esta música do Raul. Você é hoje a figura maior de Cachoeiro de Itapemirim e esta música conta a sua história." Raul Sampaio contou ainda com o importante apoio do Tremendão Erasmo Carlos, que era da mesma gravadora, RGE, e gostou muito de "Meu Cachoeiro". Dona Laura também se emocionara com a canção e pedia que o filho a gravasse. Da mesma forma, o produtor Evandro Ribeiro e o chefe de divulgação da CBS, Othon Russo, porque ambos achavam aquele tema comercial na voz de Roberto Carlos.

Mas tudo parecia inútil, porque o artista relutava. Certa vez Raul foi ao encontro de Roberto na gravadora CBS. "Ouviu a minha música?" "Ih, rapaz, esqueci a fita lá em São Paulo." Raul Sampaio então lhe entregou mais uma cópia em cassete. "Não sei por quê. Tive de dar várias fitas, uma depois da outra, com a minha música, para Roberto Carlos ouvir. Cada vez que encontrava com ele, entregava uma fita." O principal motivo para a hesitação do artista era que pensava em ele próprio compor uma canção sobre o tema. Chegara a esboçar uma letra falando que "todos os caminhos levam a Cachoeiro". Num encontro com Raul Sampaio, nos bastidores da TV Tupi, confessou que estava mesmo com ideia de escrever uma música em homenagem à sua cidade. "Aquilo me deu um frio na espinha", contou Raul, que, no mesmo instante, rebateu. "Pô, Roberto, mas eu já fiz a música pra Cachoeiro e você podia gravá-la." Aproveitou e deixou mais uma fita nas mãos do cantor, que sempre dizia ter perdido ou não se lembrar da fita anterior.

E assim ele lançou os álbuns *Roberto Carlos em ritmo de aventura* (1967), *O inimitável* (1968) e *Roberto Carlos* (1969), sem gravar "Meu Cachoeiro". Mas foram tantos os pedidos e tantas fitas recebidas que, no fim de 1970, o cantor decidiu finalmente incluir essa música em seu disco. Ele se convenceu de que as coisas que tinha a dizer sobre aquele tema estavam mesmo nos versos da composição de Raul Sampaio. "É o que eu realmente sinto pela cidade onde nasci. Com essa letra ele traduziu tudo o que poderia ser dito sobre o assunto." Era o que todo mundo lhe falava havia pelo menos três anos: que o texto daquela música parecia ter sido feito para ele, pois é um registro das lembranças e da afetividade de sua cidade natal: o rio Itapemirim, as montanhas, a casa, a rua, o quintal e a escola. Por coincidência, ele e Raul Sampaio estudaram até no mesmo colégio, embora em épocas diferentes.

O início da vida escolar de Roberto Carlos ocorreu num contexto em que o ensino primário passara a ter uma importância nunca antes vista no Brasil. Em janeiro de 1946, no bojo das transformações com o fim da ditadura do Estado Novo, foi promulgada a Lei Orgânica do Ensino Primário, um marco na história da educação nacional, que reformulou o ensino fundamental, incorporando os princípios inovadores da Escola Nova. Uma das determinações da lei era o ensino primário com cinco anos de duração, dividido em quatro séries elementares e uma complementar. A educadora Dulcinéa Campos Silva destaca que, a partir daí, o ensino fundamental objetivava "não apenas ensinar a ler e escrever, mas desenvolver padrões de comportamentos sociais adequados à nova ordem social, política e econômica".

Roberto Carlos foi alfabetizado aos 7 anos no Grupo Escolar Graça Guardia, nome em homenagem à pianista e compositora cachoeirense. Era uma escola pública que atendia várias centenas de crianças pobres da cidade. Da primeira vez, a mãe chamou Zunga para uma conversa e explicou-lhe que os dias soltos no quintal iam acabar por causa da escola. Na hora, ele não reclamou, mas, ao se aproximar o início das aulas, começou a resistir. Dirce Alcântara, uma moça vizinha de quem ele gostava, ofereceu-se para acompanhá-lo no primeiro dia de aula e assim reforçar seu ânimo. "Sua figura era alegre. Me fazia rir muito", lembra Roberto. Mas ainda não havia mesmo condições de Zunga frequentar com regularidade as aulas — o acidente ocorrera havia pouco mais de seis meses —, e a então diretora da escola, Maria de Moraes Rattes, montou um esquema especial para ele ser alfabetizado basicamente em casa.

No ano seguinte, 1949, dona Laura se desdobrou com sua máquina de costura e seu Robertino com suas lupas de relojoeiro para matricular o filho caçula no Ginásio Jesus Cristo Rei, instituição particular da cidade, que ficava mais perto de sua casa. Sob a guarda das freiras, ele poderia receber uma educação melhor e maiores cuidados nas aulas presenciais. Como Roberto não havia frequentado de forma regular a escola anterior, sua mãe o matriculou novamente na primeira série do curso primário. Porém, a sua primeira professora no Cristo Rei, irmã Cecília do Rosário, logo constatou que o menino estava bem avançado em relação aos demais coleguinhas, e que, portanto, não havia necessidade de ele repetir o ano. Foi então transferido para a turma da professora irmã Fausta de Jesus, que comandava a segunda série. A partir daí, Roberto Carlos se acostumaria à rotina escolar, especialmente pelo ótimo entrosamento com a nova professora, que duas décadas depois lhe daria de presente a medalha com o símbolo do Sagrado Coração de Jesus, usada por ela desde que fizera os votos de noviça. "Olheiras azuladas, rosto claro, um ar angelical. Era a imagem da meiguice. Tinha um carinho especial com a turma toda. Parecia que todo mundo era filho dela. Irmã Fausta gostava muito de mim", disse Roberto.

Natural de Sergipe, então com 27 anos, irmã Fausta de Jesus (no registro Maria da Conceição Ramos) se mudara para Cachoeiro de Itapemirim em 1941, mesmo ano do nascimento do cantor. Ali se integrou à Congregação das Irmãs de Jesus na Eucaristia, fundada na cidade na década de 1920, e que tinha como símbolo essa peça dourada que todo dia Zunga via sobre o hábito da sua professora — certamente sem imaginar que, no futuro, ele, Roberto Carlos, é que estaria com aquele medalhão no peito diante de multidões gritando seu nome. "Eu não me lembro de Roberto cantando na escola. Naquela época ele gostava muito era de desenhar carrinhos", afirmou irmã Fausta. "Eu sempre desenhei bem", confirmou o cantor, "e acho que podia fazer algo relacionado com desenho artístico ou publicitário." Das matérias do currículo escolar, Roberto gostava de português, era razoável em ciência e penava em matemática — o que fazia dele um aluno apenas mediano para as freiras. "Realmente, ali eu não era um modelo de aluno. Estudava apenas o suficiente para passar."

Ele frequentou o Ginásio Jesus Cristo Rei só até o quarto ano primário, porque ao completar 10 anos todo garoto tinha que deixar a escola. "As freiras me disseram que a partir desta idade os meninos começam a perturbar muito as meninas." Sim, e o próprio Zunga era um exemplo disso, pois, antes mesmo de completar 10 anos, sua mãe já recebia reclamações das freiras por ele andar cercando meninas para namorar. Deu-se então uma guinada na sua trajetória escolar, pois saiu de uma instituição católica para estudar numa protestante: o Colégio Americano, administrado pela Igreja Batista de Cachoeiro de Itapemirim, onde completaria o curso primário, na época de cinco anos. Seus pais preferiram manter o filho numa boa escola particular, mesmo que ligada a uma religião diferente. Lá também estudava sua amiguinha Eunice Solino, a Fifinha, e muitas vezes, a caminho da aula, ela até carregava o material escolar dele. "Zunga era folgado à beça", contou. Em termos de nota, a transferência trouxe também bons resultados para Roberto Carlos. "Talvez por ter mudado de escola, achei que deveria estudar um pouco mais, porque diziam que aquele era um colégio mais difícil. Então eu realmente comecei a estudar muito ali." Com esta postura, chegou a ser o primeiro aluno da classe, desbancando Fifinha, que foi para o segundo lugar, destacando-se sobretudo em português. Uma das professoras, Nazira Rohr, tecia elogios às suas redações sobre plantas e flores.

Mesmo com todo o esforço, os pais de Roberto não puderam continuar lhe oferecendo os estudos em escola particular, porque, com o crescente interesse pela música, precisavam lhe pagar também aulas de violão, violino e depois piano. Zunga foi então cursar o ginasial (atual ensino fundamental 2) no Liceu Muniz Freire, principal colégio público da cidade. Ali ele não manteve o bom desempenho anterior, suas médias diminuíram e chegou até a ser reprovado na segunda série ginasial. "Comecei a relaxar um pouco porque passei a me envolver muito mais com a música, cada vez mais. Então não continuei o bom aluno que eu era, não", justificou. Nessa época as suas melhores notas eram em canto e desenho — o que pelo menos já revelava uma clara tendência artística. O compositor Raul Sampaio também tinha estudado no Liceu Muniz Freire, e esta é a escola a que se refere na letra de "Meu Cachoeiro".

Ao decidir gravar esta música, Roberto Carlos quis também fazer algumas mudanças, a começar pelo título, ampliado para "Meu pequeno Cachoeiro". Mudou também o arranjo e o ritmo, que na gravação original era uma toada, com a melodia em notas baixas. A pedido do cantor, o maestro Alexandre Gnattali preparou um arranjo com notas altas, subindo a melodia — o que a deixaria realmente mais bonita. Roberto Carlos, porém, quis fazer mais uma alteração: num trecho da letra que, na versão original, dizia: "O meu bom jenipapeiro / Bem no centro do terreiro / Dando sombra no quintal" — referência ao enorme pé de jenipapo que havia no quintal da casa de Raul Sampaio.

Começou então uma segunda batalha, porque o autor não queria tirar aquele jenipapeiro da música. Raul argumentava que a canção era o hino oficial de Cachoeiro de Itapemirim e que todos ali já a conheciam com esse verso. "Sim, mas jenipapo não é uma fruta muito conhecida e Roberto acha melhor mudar", insistiu o produtor Evandro Ribeiro. Meio contrariado, Raul Sampaio prometeu pensar no assunto, embora decidido a não trocar qualquer palavra da canção. "Tive muita dificuldade de fazer isso por uma questão de foro íntimo. Essa música foi feita sob lágrimas, e aquele jenipapeiro no quintal é uma imagem marcante da minha infância. Havia uma escola atrás da minha casa e os alunos esticavam as mãos para pegar jenipapo no nosso quintal. Enfim, tudo que eu relato na música existiu realmente e eu não achava necessário mudar nada."

O maestro já tinha feito o arranjo, a orquestra já tinha gravado a base, faltava apenas Roberto Carlos colocar sua voz — o que ele só iria fazer depois de mudada a letra. Para tentar convencê-lo a gravar os versos originais, Raul Sampaio foi até um fruteiro na praça Mauá e comprou quatro jenipapos verdes. Ele levou as frutas para o estúdio da CBS e as colocou sobre a mesa de gravação. Quando Roberto Carlos se aproximou de Raul, perguntou: "Jenipapo, bicho?" "Pois é, Roberto, você diz que é difícil encontrar jenipapo. Eu comprei esses ali no centro da cidade." Na verdade, o problema não era o jenipapo ser uma fruta conhecida ou não. Isso fora uma desculpa de Evandro Ribeiro. A questão principal era que Roberto Carlos achava feia a palavra "jenipapeiro", e pior ainda aquela rima com "terreiro" — expressões que poderiam soar naturais na voz de uma sambista como Clementina de Jesus, não na de um ídolo da música pop.

Na CBS ninguém tinha dúvida: "Meu Cachoeiro" não entraria no disco de Roberto Carlos se o autor não concordasse com a mudança. A partir daí a pressão mudou de lado, e todos os que antes insistiam para Roberto gravar a canção agora pediam para Raul Sampaio não ser intolerante com a exigência do cantor. Othon Russo foi enfático. "Deixa de ser otário, Raul. Muda isso aí logo, senão o homem desiste de gravar sua música." A esposa do compositor fez o mesmo pedido e o editor da música, Vicente Mangione, até implorou: "Pelo amor de Deus, Raul, muda esse trecho aí. É tão fácil pra você fazer a mudança. Essa gravação vai dar muito dinheiro pra gente." "Mas não é só dinheiro o que quero, rapaz. E se Roberto Carlos não quiser gravar, não grava. Não vou mudar uma vírgula na minha música", disse Raul Sampaio, chateado e decidido.

O impasse estava então formado, e o editor até ligou para Evandro Ribeiro para confirmar se aquela mudança seria mesmo fundamental. "Sim, Roberto não vai botar no disco dele uma música que fala de jenipapeiro no terreiro", garantiu o produtor, aí já falando também por si próprio e reclamando da teimosia do compositor. Portanto, para Raul Sampaio, era pegar ou largar. "Eu estava realmente decidido a não mudar nada daquela letra, mas tanto me infernizaram que acabei concordando." E foi com muita dor que cortou o jenipapeiro e plantou um flamboyant no seu lugar, criando um novo verso: "Meu flamboyant na primavera / que bonito que ele era / dando sombra no quintal." A rigor, no Brasil, o flamboyant é uma árvore menos conhecida do que a outra, mas a palavra soou realmente melhor na canção. E a rima "primavera" com "era" também ficou melhor do que a original. "É isso aí, bicho. É assim que eu quero", disse Roberto Carlos quando Raul lhe mostrou a nova versão.

Numa terça-feira, no fim de outubro de 1970, Raul Sampaio compareceu ao estúdio da CBS, no Rio, para acompanhar a gravação da música. Roberto Carlos compôs um pequeno texto para declamar no meio da canção, que Raul leu e achou perfeito. Mas nada foi fácil, porque Roberto começava a cantar, as lágrimas desciam e ele interrompia a gravação. O artista tentou três, quatro vezes, mas sua voz ficava sempre muito embargada ao dizer: "Eu passo a vida recordando / De tudo quanto aí deixei / Cachoeiro, Cachoeiro / Vim ao Rio de Janeiro / Pra voltar e não voltei."

Naquele dia, o cantor tinha gravado, sem problemas, outra faixa do disco, o soul "Uma palavra amiga", composição de Getúlio Côrtes. Porém, a de Raul Sampaio se tornara bem mais complicada. "Evandro, não estou conseguindo cantar. Vamos deixar isso para a semana que vem", disse Roberto ao produtor, encerrando aquela sessão de estúdio. "Eu senti outro frio na espinha e pensei: 'Se ele não gravou hoje, será que vai gravar na próxima semana?'", lembra Raul Sampaio, que até arrisca uma explicação para as lágrimas de Roberto. "Eu entendo que tudo que nós fazemos deixa a nossa presença fixada. Assim como fica a impressão digital, fica também o fluido da pessoa em tudo o que faz. Como 'Meu Cachoeiro' foi feita aos prantos, com lágrimas e nostalgia, ficou impregnada disso aí. De tal forma que Roberto Carlos, também trazendo saudades daquele lugar, não conseguia cantar sem chorar."

Na semana seguinte, lá estava Raul Sampaio novamente na CBS, acompanhando a gravação de dentro do aquário da técnica. E, como da outra vez, Roberto Carlos tentava cantar, mas as lágrimas não permitiam. Lá pelas tantas, o cantor pediu para Raul não ficar à vista dele no estúdio. "Sai daí do vidro, bicho, esconde o rosto, porque eu fico olhando pra você e me dá agonia. Me traz mais lembranças da cidade." Raul Sampaio se afastou e aí finalmente Roberto Carlos fez a gravação que ficaria valendo, mas com a voz ainda um pouco embargada, como se observa no momento em que pronuncia o nome da cidade como "cajueiro" logo após o trecho declamado. Meses depois, a gravadora CBS lançou um compacto duplo com mais uma versão de "Meu pequeno Cachoeiro" com Roberto Carlos, dessa vez apenas com voz e violão.

Resultado: a música, que antes atingia apenas os moradores da cidade homenageada, ao ganhar a voz do Rei, emocionou todo o Brasil, tornando-se mais um de seus retumbantes sucessos. O crítico José Lino Grünewald opinou que a gravação dele "deu alta voltagem melódica à canção, que já merece tornar-se um clássico na conjunção voz-música". O severo e ranzinza Flávio Cavalcanti deu nota dez para "Meu pequeno Cachoeiro": "Lindíssima esta última canção de Roberto Carlos. Uma letra simples, sem truques, sem rebuscados, de uma poesia ingênua. Roberto não poderia homenagear melhor sua terra. Cachoeiro entrou em definitivo na nossa música." Isso acabou chamando atenção para a vasta obra do compositor capixaba Raul Sampaio, que passou a ser regravado também por outros nomes da nova geração da música brasileira. Em 1971, por exemplo, Paulinho da Viola resgatou o antigo samba "Mal de amor", e Maria Bethânia, o samba-canção "Solução". Em 1973, Bethânia gravou outro velho hit de Sampaio, "Lembranças", e, em 1975, foi a vez de Toquinho e Vinicius redescobrirem, com sucesso, o samba "Meu pranto rolou", lançado dez anos antes por Orlando Silva. "Meu pranto rolou mais do que água na cachoeira / Depois que ela me abandonou..."

Mas, de todas as regravações, a que mais rendeu a Raul Sampaio foi mesmo a de "Meu pequeno Cachoeiro" — que Roberto Carlos voltaria a gravar em 2005, agora com uma sonoridade sertaneja, mais próxima da versão original do autor. O artista comentaria o motivo da releitura. "A ideia foi regravá-la com um som novo, atual. Ela foi gravada antigamente com apenas três canais, e a gente fica com vontade de fazer alguma coisa com os sessenta, setenta, cem canais de hoje, e propiciar a esta música uma qualidade técnica que gostaríamos de ter dado naquela época. Eu fiquei muito contente com o resultado do som, do arranjo, enfim, com todo o conjunto desta nova gravação, além do prazer de falar de Cachoeiro novamente." Ironia da história: a música que inicialmente Roberto Carlos relutou em gravar se tonaria a única em toda a sua discografia a ganhar três diferentes versões em estúdio: uma com acompanhamento de orquestra (1970), outra apenas com voz e violão (1971) e esta terceira num arranjo com viola caipira (2005).

Como previsível, "Meu pequeno Cachoeiro" tornou-se um número obrigatório em todos os shows de Roberto Carlos na sua cidade. Porém, algumas surpresas também aconteceriam. Após incluí-la em seu disco, ele a cantou pela primeira vez lá num show em 1971. E, nessa nova visita à cidade, decidiu fazer um passeio sentimental, na tarde do dia do show. Chamou seu secretário, o assessor, alguns músicos e saiu rodando de carro pelos lugares da sua infância, mostrando para eles a sua rua, a sua casa, a escola, a igreja, a praça... Roberto ia com a cabeça para fora do carro a fim de localizar melhor e apontar os lugares. Lá pelas tantas, até comentou: "Olha lá, hein, pessoal. Isso aqui me dá um prazer danado. Mas acho que para vocês não significa nada. Se eu estiver chateando, é só avisar." Claro que nenhum deles disse que aquele passeio nostálgico com o patrão era uma chatice. Ao chegar na rua da Biquinha, Roberto Carlos desceu do carro, pois ainda havia pouca gente no local naquela tarde. Ficou ali olhando para a casa onde morara, estranhando as modificações na fachada e nas cores. De repente, alguém se aproximou dele e disse: "Você não me conhece, mas eu sou o cara que mora na sua casa." Era o comerciante Gil de Mattos, que comprara a casa do pai de Roberto após este se mudar para o Rio com a família. "Puxa, bicho. Você estragou a minha casa", comentou o cantor, rindo. "Não. Só estraguei na frente. Por dentro continua a mesma coisa", respondeu, também rindo.

Em seguida, Roberto Carlos fez o mesmo percurso da infância. Caminhou a pé até o alto do morro Farias, atrás da casa, onde brincava de carrinhos de madeira com os amigos. "Subi sozinho e fiquei lá em cima, curtindo a vista da cidade lá embaixo, tranquila como sempre. Quando percebi, havia uma porção de gente me olhando. Mas o gozado é que todos estavam em silêncio, ninguém fez barulho, para não me atrapalhar. Comecei a sentir aquele familiar nó na garganta. Não deu para continuar o passeio." Era dia 28 de junho, véspera de mais um aniversário da cidade, de mais um Dia de Cachoeiro. Segundo Roberto Carlos, aquele passeio à tarde o enfraqueceu emocionalmente para a apresentação à noite. "Tanto que, na hora do show, eu estava com um pouco de medo de não conseguir cantar." E foi o que quase aconteceu, pois no começo do espetáculo a voz dele saiu meio tremida. "Dei uma olhada e vi muitos rostos conhecidos no ginásio lotado. Naquela altura, já dava para chorar de leve." Sim, lá estavam parentes, amigos, colegas da escola, ex-professores, ex-namoradas... "É fogo cantar para pessoas que são tão importantes para a gente, os amigos da infância que estão afastados e de repente ressuscitam à nossa frente, revivendo aquilo que estava escondido e que a gente nunca imaginava encontrar. Os meus bons fantasmas", comentou. Registre-se que foi depois dessa visita em que reviveu seus "fantasmas" que ele gravou canções evocativas da infância, como "Traumas" e "O divã".

Naquela noite, complicou mesmo foi quando a banda tocou a introdução de "Meu pequeno Cachoeiro" e toda a plateia começou a cantar o então recente sucesso. "Percebi que não ia chegar até o fim. Resolvi pensar em futebol, em pescaria, para desviar as ideias." Não adiantou, porque aquele passeio da tarde estava ainda muito fresco na sua mente e as lembranças da infância afloravam a todo momento, impedindo-o de se concentrar na interpretação. Quando chegou naquela estrofe da letra — "Recordo a casa onde eu morava / O muro alto, o laranjal / Meu flamboyant na primavera" —, ele foi definhando e não conseguiu pronunciar a última palavra. Pulou para a estrofe seguinte, que começa com o verso "A minha escola, a minha rua". Aí foi o baque definitivo. "Eu caí em choro, mas num choro de soluçar, de tremer, de me balançar inteiro", lembrou Roberto, que, naquela hora, escondeu o rosto com as mãos, largou o microfone e virou-se de costas, com vergonha de chorar tanto na frente do público. Este, por sua vez, seguiu também chorando e cantando "Meu pequeno Cachoeiro". O autor Raul Sampaio, que estava na plateia, subiu ao palco para ajudá-lo a levar a canção adiante. Dois dos filhos mais ilustres de Cachoeiro de Itapemirim prestavam sua homenagem na véspera do aniversário da cidade natal. Aquilo nem parecia mais choro. "As lágrimas saíam em esguicho", disse Roberto Carlos. "Ele chorava tanto que chegou a empapar o palco de lágrimas. Alguém corria lá e passava um pano no chão porque as lágrimas dele pingavam como se fossem uma cachoeira", afirmou Raul Sampaio, que no finalzinho da música conseguiu trazê-lo de volta ao microfone para o arremate juntos. Como se vê, "Meu pequeno Cachoeiro" é mesmo uma canção impregnada de lágrimas: quando foi composta, quando foi gravada e quando foi cantada por Roberto Carlos na terra onde nasceu.

3

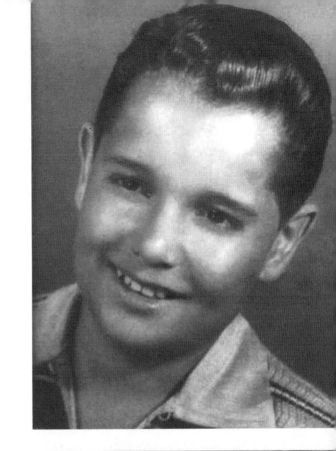

LADY LAURA

"Tenho às vezes vontade de ser
Novamente um menino
E na hora do meu desespero
Gritar por você"
Do álbum *Roberto Carlos*, 1978

Diz-se que toda mãe que ama e cuida bem de seu filho pode fazer dele um vencedor. A costureira Laura Moreira Braga foi uma mãe exatamente assim para Roberto Carlos. Ela aceitou a prova e não reprimiu aquilo que o filho mais sonhava: ser um cantor do rádio, embora, como a maioria das mães, inicialmente desejasse para ele a carreira de medicina. Tanto que, na primeira infância, quando alguém lhe perguntava o que ia ser quando crescer, devidamente orientado, Zunga respondia: médico. Mas hoje ele próprio admite que isso era só da boca para fora, porque no seu íntimo cultivava outros desejos: ser aviador, caminhoneiro, depois desenhista e, por fim, cantor, um artista da música brasileira.

A intensa religiosidade de Roberto Carlos foi também influência de dona Laura, que era devota de Nossa Senhora da Penha, Cosme e Damião e São Judas Tadeu. "Lembro-me de minha mãe caminhando para a missa de domingo nas manhãs frias de Cachoeiro. Velhas de preto carregando terços longos, marchando em silêncio nas manhãs de domingo", contou. Mas ele teria outra grande influência religiosa em casa: o espiritismo, religião de seu pai, que costumava lhe falar de reencarnação, da comunicação com os mortos e de outros fenômenos da doutrina formulada pelo francês Allan Kardec. Falava também de um certo brasileiro chamado Chico Xavier, que escrevia mensagens ditadas do além. Por causa dessa duplicidade de religiões na família, Roberto Carlos não foi batizado ao nascer. Sua mãe apenas o ofereceu por voto a Nossa Senhora da Penha. Dona Laura e seu Robertino optaram por deixar que mais tarde o filho escolhesse onde, como e por quem seria batizado. Zunga então crescia absorvendo elementos do catolicismo e do espiritismo, compartilhando daquele sincretismo religioso tipicamente brasileiro.

A influência da mãe, porém, seria mais forte, e aos 7 anos ele manifestou sua vontade de ser batizado na Igreja católica e ter como padrinho Renato Spínola e Castro, o bancário que o pegou gravemente ferido na linha do trem e o levou para o hospital. "Escolhi aquele homem que um dia me salvou. Só podia ser ele", justificou o cantor, optando por alguém que um dia lhe apareceu como um anjo da guarda. O problema é que, àquela altura, Renato já havia se mudado de vez com a família para São Paulo. Zunga foi até aconselhado a escolher outro padrinho, uma pessoa mais próxima dele, para poder realizar logo o batismo. Mas o garoto estava determinado e preferiu adiar a cerimônia até o dia em que pudesse se reencontrar com Renato Spínola.

Além da religião, dona Laura influenciou o filho no amor pela natureza e até mesmo em algumas excentricidades. O hábito de conversar com flores e animais, por exemplo, Roberto Carlos herdou da mãe. Certa vez, em Recife, um repórter observou que dona Laura ficara por mais de dez minutos acariciando a cabeça de um jegue; outros também a viram num mercado conversando com uma cesta de caranguejos. "Sempre conversei com as flores e os animais e procurei passar isso aos meus filhos", afirmou. Unidos pelo amor e pela fé, ela e Roberto Carlos mantinham uma relação intensa, e que era visível a todos. "Uma coisa que me encantava no Roberto era vê-lo, já adulto, sentado no colo da mãe, como se fosse uma criança. Os dois conversavam abraçados", afirmou a cantora Wanderléa. "Quem vive em mim é minha mãe. Não que meu pai não me tivesse dado amor como ela, não. Gosto de ambos. Mas é minha mãe quem está sempre na minha lembrança. Ela volta sempre nos meus sonhos, me dando conselhos, me falando, me pedindo para não fazer isto, para não fazer aquilo. Seu colo ainda vive em meu rosto, seus cabelos negros e sua presença. Às noites, quando durmo, naquele minuto que separa o sono da vigília, vejo sua visão de olhos bem acesos", revelou numa entrevista. Dona Laura, por sua vez, cultivava também lembranças do filho, especialmente da fase pré-acidente, em dias de férias no litoral capixaba. "Recordo de seu tempo de menino, correndo despreocupado na praia de Marataízes."

A influência de dona Laura seria decisiva não apenas na personalidade, mas também no destino artístico do filho caçula. Foi ela quem ensinou a Roberto Carlos os primeiros acordes no violão — instrumento que tocava desde mocinha, numa época em que as moças das famílias mais abastadas tocavam piano. Mas na casa de seus pais, em Mimoso do Sul, interior do Espírito Santo, só havia o rude violão dos homens, que ela aprendeu a manejar com facilidade. Nos fins de tarde, dona Laura costumava reunir os filhos para tocar canções tirolesas e rancheiras no velho violão que havia trazido de sua cidade natal. "Mostrei para eles as primeiras posições e ensinei-lhes notas como o lá maior, fá menor e assim por diante. A partir daí, o talento natural de Roberto se impôs e ele buscou se aprimorar." De fato, cada vez mais interessado pelo instrumento, Zunga foi aprender novos acordes, se valendo do tradicional método do violonista Américo Jacomino, o Canhoto, então muito usado. A primeira canção que dona Laura ensinou Roberto a tocar foi a valsa "E o destino desfolhou", sucesso de Carlos Galhardo, em 1937: "O nosso amor traduzia felicidade e afeição / Suprema glória que um dia / Tive ao alcance da mão / Mas veio um dia o ciúme / E o nosso amor se acabou."

Reinava na sala da família Braga um aparelho de rádio da marca Philco, de válvulas, gabinete de madeira, com bonito visor e uma antena interna para melhor captar as emissoras do Rio de Janeiro. Tão logo chegava da escola, Roberto Carlos colava nesse rádio para ouvir músicas ou seus programas favoritos. Um deles era o seriado *Jerônimo, o herói do sertão*, apresentado diariamente no fim da tarde na

Rádio Nacional sob o patrocínio do Melhoral e do Leite de Magnésia Phillips. Criação de Moysés Weltman, tinha um marcante tema de abertura que Zunga até sabia de cor: "Quem passar pelo sertão / Vai ouvir alguém falar / No herói desta canção / Que eu venho aqui cantar / Se é pro bem vai encontrar / Com Jerônimo protetor / Se é pro mal vai enfrentar / O Jerônimo lutador."

A partir do fim dos anos 1940, crescera a audiência do público infantojuvenil, pois as emissoras passaram a investir em uma programação de heróis, a maioria importada dos Estados Unidos. São também dessa época seriados como *Buck Rogers*, *Fantasma voador*, *Homem pássaro*, *Tapete mágico* e *O vingador*. Era a maior emoção acompanhar o seriado *O Sombra*, transmitido pela Rádio Nacional nas noites de terça-feira. Muitos garotos tremiam de medo ao ouvir a voz cavernosa do locutor Saint-Clair Lopes na vinheta do programa: "Quem sabe o mal que se esconde nos corações humanos? O Sombra sabe, há-há-há-há-há." A sonoplastia mexia com a imaginação das crianças, que também se assustavam ao ouvir o *Incrível, fantástico, extraordinário*, programa noturno da Rádio Tupi no qual o famoso Almirante contava histórias fantasmagóricas, místicas, eletrizantes. Os vários efeitos sonoros que Roberto Carlos usaria em suas gravações na Jovem Guarda foram certamente influência dessa memória dos programas de rádios da sua infância. Numa época em que ainda não havia televisão, computador, brinquedos eletrônicos e shopping centers, sobravam tempo e imaginação para a garotada ouvir rádio, o grande veículo de comunicação de então.

Nem todo mundo tinha um aparelho em casa, por isso era comum as pessoas se aglomerarem na calçada de algum vizinho ou na sala de algum amigo para ouvir radionovelas, seriados ou as transmissões de jogos de futebol, especialmente os dos clubes cariocas. Era o tempo das vozes de locutores como Antônio Cordeiro, da Rádio Nacional, Oduvaldo Cozzi, da Rádio Mayrink Veiga, ou Gagliano Neto, da Rádio Clube do Brasil. Com seus estilos épicos, grandiloquentes, esses locutores transformavam qualquer partida numa grande epopeia. Por força dessas transmissões, que alcançavam todo o país, os times da então capital federal ganharam projeção nacional, sobretudo Vasco, Flamengo, Fluminense e Botafogo.

Zunga acompanhava ao pé do rádio os jogos do campeonato carioca junto com o pai e os irmãos. Mas, ao contrário deles, que se firmaram desde o início num único clube de coração, Roberto Carlos namorou dois times antes de se tornar vascaíno. "Quando eu era menininho torcia para o Flamengo, aos 4 anos de idade virei Botafogo e aos 8 passei pro Vasco e não saí mais", revelou. Convenhamos que antes da idade de 4 anos não conta muito. Mas o que teria feito Roberto Carlos trocar de clube aos 8 anos? Ele tinha essa idade em 1949, justo quando estava no auge o chamado Expresso da Vitória, time do Vasco que seria a base da seleção brasileira na Copa de 1950. Com jogadores como Ademir, Danilo, Eli, Ipojucan, Maneco e Chico, o Vasco fez uma campanha arrasadora no campeonato carioca daquele ano, aplicando goleadas históricas. Por exemplo: 5 × 2 no Flamengo, 8 × 2 no América, 5 × 3 no Fluminense e 11 × 0 no São Cristóvão. Foi demais para Zunga. E, no último jogo, o Vasco se tornou campeão invicto derrotando o Botafogo por 2 × 1. Depois de tudo isso, o coração botafoguense de Roberto Carlos não resistiu e ele se bandeou definitivamente para o Vasco.

O garoto vivia num ambiente musical, porque, além da mãe, o pai Robertino também tocava um pouco de violão, e seu irmão, Lauro Roberto, 8 anos mais velho, já avançava bastante bem no instrumento. E Zunga não perdia a oportunidade de ouvir o toque de violão de Hermes Santos, um ajudante de caminhão que trabalhava num depósito da Coca-Cola perto de sua casa. "Eu gostava demais de ouvi-lo tocar aqueles sambas de breque estilo Moreira da Silva." O interesse pela música parecia algo latente em Roberto Carlos. "Eu era muito pequeno quando descobri que cantava. Minha mãe disse que nasci cantando." E, como já vimos, antes de falar, assobiava. "Uma nota só", mas assobiava, afirmou ele. "Foi o primeiro instrumento que Zunga tocou", disse seu pai. Mas depois dessa fase do assobio de uma nota só, o garoto começou a soltar a voz, e aos 4 anos já divertia a família fazendo imitações do cantor Bob Nelson — o primeiro ídolo do menino

Roberto Carlos. "Eu usava os cabelos do jeito que Bob Nelson usava e procurava também imitar suas roupas de caubói."

O paulista Nelson Roberto Perez, mais conhecido como Bob Nelson, se projetara em 1944 com uma versão de "Oh! Suzana", tema dos vaqueiros do Velho Oeste americano. De chapéu, botas e lenço no pescoço, ele entrava no auditório da Rádio Nacional como se estivesse atravessando o Monument Valley cercado de índios. Era famoso pelo uso do canto tirolês — ure-lei-itii — com aquele movimento das cordas vocais que passa rapidamente da voz normal para o falsete. O figurino de Bob Nelson fora copiado do mocinho Gene Autry, conhecido como "The Singing Cowboy", o caubói cantor. Na sequência de "Oh! Suzana" ele lançou outros sucessos, como "Alô, xerife", "Vaqueiro alegre" e, principalmente, "Vaca Salomé", composição do próprio Bob Nelson que Zunga vivia cantando pela casa: "Na minha fazenda tem um boi / Esse boi se chama Barnabé / Sabe, moço, ele anda se babando / Pela minha linda vaca Salomé." Era a maior graça, tanto que, quando chegava uma visita, dona Laura apresentava o filho caçula e pedia para ele cantar "Vaca Salomé". "Envergonhado, eu cantava escondido atrás da porta."

Partiram também de dona Laura a ideia e o incentivo para ele se apresentar pela primeira vez no rádio, aos 9 anos, em 1950, marco do início de sua gloriosa carreira. "Meu filho, por que você não vai cantar na rádio? Lá tem um programa para crianças domingo de manhã", sugeriu num meio de semana. Ela se referia ao *Programa infantil*, recém-estreado na Rádio Cachoeiro de Itapemirim, a única da região. Como o próprio título do programa indica, era uma atração destinada exclusivamente a artistas de calças curtas, e ia ao ar todo domingo, às 9 horas, sob o patrocínio da fábrica de doces Esperança, que distribuía balas entre os participantes e a garotada da plateia. Ali, a cada semana, era escolhido o melhor calouro em votação decidida na hora pelo auditório. Pois naquele domingo de manhã lá estava o menino Roberto Carlos, trajando uma roupinha nova que sua mãe costurara especialmente para a ocasião.

De propriedade do empresário Alceu Fonseca, a Rádio Cachoeiro de Itapemirim, prefixo ZYL-9, fora inaugurada três anos antes, em setembro de 1947. Seguindo o modelo das grandes emissoras da capital, tinha também seu auditório com capacidade para duzentas pessoas. A audiência da rádio visava os 81.082 habitantes da cidade (segundo o censo daquele ano), sendo 43.846 na sede e o restante nos distritos de Burarama, Canduru, Jaciguá, Marapé, Palotuba e Vargem Alta — onde a emissora também chegava. Portanto, era nessa região que moravam as testemunhas dessa primeira e histórica apresentação do menino cantor Roberto Carlos. Por acaso, Jair Teixeira, o locutor titular do *Programa infantil*, faltou ao trabalho justamente naquele dia — sendo substituído pelo locutor reserva Ary Marques. Os músicos do Regional L-9 (referência ao prefixo da emissora), liderados pelo violonista Mozart Cerqueira, também não compareceram. Embora fossem contratados para tocar com as atrações da rádio, a maioria tirou sua folga semanal naquele dia. No palco, para acompanhar os cantores-mirins, apenas o violonista José Nogueira, de 22 anos, recém--contratado pela emissora. Mesmo com os desfalques, o programa transcorreu animado, e, ao ser anunciado por Ary Marques, Roberto Carlos se aproximou do microfone, ouviu o tom no violão e soltou sua voz, que, pela primeira vez, subia aos céus do Brasil. "Tú no sabes cuanto te quiero / Tú no sabes lo que yo tengo para ti / Tú no sabes que yo te espero para darte / Amor, amor, amor y más amor".

Porque achava chique cantar em espanhol, ele escolheu para sua estreia no rádio o dançante bolero "Amor y más amor", composição do porto-riquenho Bobby Capó que ouvia na Rádio Nacional na voz de Fernando Albuerne. Bastante popular no seu tempo, este cantor cubano vinha com frequência ao Brasil para temporadas em boates e nos auditórios das rádios. Em agosto de 1950, sua gravação de "Amor y más amor" era um dos sucessos do momento, repercutindo em Cachoeiro de Itapemirim. Havia então uma forte presença da música latina entre nós. O sambista Nei Lopes, que tem a idade de Roberto Carlos, lembra que, assim como hoje se formam grupos de rap ou de funk, nos seus tempos de garoto no subúrbio carioca, a onda eram os grupos de rumba. "Era uma febre", disse ele. Isso certamente contribuiu para Zunga ter escolhido "Amor y más amor", que era também tocada no rádio com o cantor paulista Ruy Ray — "El Trovador de Las Americas" — e sua orquestra de rumbas.

Ao final da apresentação de Roberto Carlos, o locutor e o violonista cumprimentaram o calouro, eleito o melhor daquele domingo pelo público. "Eu estava muito nervoso, mas muito contente de cantar no rádio. Ganhei um punhado de balas, que era como o programa premiava as crianças que lá se apresentavam. Foi um dia lindo", afirmou. Ao retornar para casa também ganhou beijos e abraços bem carinhosos da mãe, que exclamou: "Meu filho, você cantou tão bonito!" De pronto, Zunga respondeu: "Pois é, mãe. Mas eu não quero mais ser médico, não. Agora eu quero ser cantor." "É mesmo, meu filho? Então está bem. Vamos ver se você vai continuar com essa vocação", respondeu. Segundo Roberto, a partir daí ele nunca mais pensou em estudar medicina ou ser aviador ou desenhista. "A música entrou irremediavelmente no meu sangue. Deixei tudo para trás, e médico, só mesmo para consultas."

De fato, o tempo passou, sua carreira musical prosperou e, 26 anos depois, em outubro de 1976, ele estava num quarto de hotel em Nova York, para onde tinha ido a fim de gravar seu novo disco pela multinacional CBS. Era tarde da noite e, por alguma razão, se sentia deprimido. Roberto Carlos então se lembrou mais uma vez da mãe, àquela altura já com 65 anos de idade. "Sabe quando a gente está triste e pensa em alguém que pudesse te fazer um carinho, te deixar colocar a cabeça no ombro e chorar as mágoas? Pois comecei a lembrar dos tempos de criança e de como as coisas aconteciam." Nesse momento, Roberto Carlos pegou o violão e foi compondo uma nova canção, com letra e melodia nascendo juntas: "Tenho às vezes vontade de ser / Novamente um menino / E na hora do meu desespero / Gritar por você / Te pedir que me abrace / E me leve de volta pra casa / Que me conte uma história bonita / E me faça dormir" — versos que mais uma vez evocam a lembrança do acidente na infância.

O artista compôs boa parte de "Lady Laura" em Nova York e terminou a letra em São Paulo, após se encontrar com o parceiro Erasmo Carlos. Inicialmente a canção estava programada para o álbum de 1977, porém foi difícil achar um ritmo para ela. Diversas bases foram testadas e nenhuma agradou ao artista. A canção acabou ficando para o álbum do ano seguinte com arranjo encomendado ao maestro Jimmy Wisner. Por coincidência, Roberto Carlos gravou "Lady Laura" no dia 12 de outubro, dia da padroeira do Brasil. No momento de colocar a voz, no estúdio da CBS, houve algumas interrupções porque, muito emocionado, o cantor não conseguia cantar a letra da música até o fim. "Quando ele parava de cantar a gente percebia que estava chorando. Deixávamos a fita rolando e depois voltávamos a gravar", afirmou o técnico Eugênio de Carvalho.

Lançada no fim de 1978, "Lady Laura" tornou-se uma das faixas de maior sucesso do novo álbum de Roberto Carlos, alcançando repercussão também no exterior, principalmente na Espanha. Anos depois, o maestro Ray Conniff a incluiu no álbum *Do Ray para o Rei*, em que sua orquestra e coro interpretam temas de Roberto e Erasmo Carlos. Registre-se que "Lady Laura" é o mesmo título de uma canção de 1974 do cantor irlandês Joe Dolan, com uma letra de queixa amorosa que enfatiza no refrão: "Oh Lady Laura / O que você fez comigo." No caso da música de Roberto Carlos, o tema de exaltação deixou bastante feliz a homenageada. "Quando ouvi "Lady Laura" pela primeira vez, senti uma emoção muito grande, muito forte mesmo, não dá nem para explicar", afirmou dona Laura, que só a partir daí começou a ser chamada também de Lady, inclusive pela imprensa. "Isso foi demais. Sinto-me muito envaidecida de ser Lady Laura. A música, hoje, pertence a todos, mas todas as vezes que Roberto Carlos a canta penso que é só para mim. Não bastassem todos os presentes que meu filho me deu, ainda mais este."

Um exemplo de como a música passou a pertencer a todos foi captado pelo repórter Koichiro Matsuo, da *Folha de S.Paulo*, ao visitar, em 1979, um canteiro de obras na capital paulista. Ele narra que "ao som das marteladas e serras elétricas, o sol quente trazendo o suor ao seu rosto, o pedreiro Armindo Santana, baiano de Vitória da Conquista, 24 anos, cantarola 'Lady Laura', de Roberto Carlos", justificando que é porque "faz lembrar muito a mãe da gente". Mas não apenas o povo trabalhador foi tocado por essa canção de Roberto. "Outro dia ouvi 'Lady Laura' e chorei", disse Nara Leão no mesmo ano. Outro admirador desta música foi o escritor Nelson Rodrigues, ele próprio sempre generoso com a memória da mãe — como no relato que fez dos primeiros tempos da família num subúrbio do Rio. "Não tínhamos empregada e minha mãe precisou ir pro tanque. Fazia todo o serviço, varria, espanava... Os filhos mais velhos tomavam conta dos menores. De vez em quando a vizinha tocava no gramofone uma valsa. Então minha mãe valsava, sozinha. Neste momento ela se dilacerava de felicidade. Eu achava minha mãe a pessoa mais linda do mundo. Eu achava parecidíssima com qualquer imagem da Virgem Maria." Certamente que essa intensa relação de Nelson com a mãe deve ter contribuído para sua identificação com o tema de Roberto Carlos. "Gosto de todas as músicas dele, principalmente 'Lady Laura'. E gosto também do seu jeito de cantar. É um sujeito sofrido", comentou.

Como em tantas outras vezes, neste caso Nelson Rodrigues estava na contramão das nossas elites culturais, para as quais uma canção como "Lady Laura" não teria muito valor — e não apenas pela forma, mas, principalmente, pelo conteúdo. Por algum motivo, para esse segmento da sociedade brasileira, parece não ser de bom-tom exaltar a figura materna numa música; o bonito e chique é evocar apenas o pai, o homem, ficando a mãe como uma espécie de tema marginal, restrito a artistas bregas como Agnaldo Timóteo, Nelson Ned e Teixeirinha. Afinal, são geralmente deles as canções de melodias tristes e letras longas centradas na figura materna. Timóteo, por exemplo, gravou temas como "Mamãe, estou tão feliz", "Mãezinha querida", e "Obrigado, mãe". Por sua vez, Teixeirinha é autor de "Coração de luto", popularmente conhecida como "Churrasquinho de mãe", por narrar a trágica e real história de sua mãe, morta num incêndio. Não se esquecendo de Vicente Celestino, o mais antigo de todos, criador da também trágica "Coração materno".

Já no campo da chamada MPB — que atinge majoritariamente os extratos de classe média universitária —, é nítida a preferência pela exaltação da figura paterna. Paulinho da Viola, por exemplo, recorda o pai no samba autobiográfico "14 anos"; mesma temática de João

Nogueira e Paulo César Pinheiro em "Espelho". Em "Avôhai", Zé Ramalho faz uma homenagem a seu avô-pai, e, em "Naquela mesa", o compositor Sérgio Bittencourt também exalta o pai, o músico Jacob do Bandolim. De forma ainda mais radical, numa de suas canções mais conhecidas, a toada "Paratodos", Chico Buarque diz: "O meu pai era paulista / Meu avô pernambucano / Meu tataravô baiano", e por aí ele segue sem fazer qualquer referência à mãe ou à avó.

Por tudo isso, na época do lançamento de "Lady Laura", um repórter do *Jornal do Brasil* perguntou a Roberto Carlos se não era constrangedor cantar a própria mãe numa música. "Eu gosto da minha mãe e não tenho vergonha nenhuma", respondeu o cantor. "Não sou um cara que se preocupa em falar da mãe com menos amor, menos carinho, para que alguém não pense que sou careta. A grande caretice é não querer ser o que se é", disse em outra entrevista. O curioso é que pergunta semelhante provavelmente nunca foi feita a artistas como John Lennon e Paul McCartney, que, assim como Roberto, não se envergonharam de exaltar suas mães em discos. Foi em homenagem à sua mãe que John Lennon compôs "Julia", faixa do *Álbum branco* dos Beatles, de 1968, e "Mother", canção do seu primeiro álbum solo, em 1970 — mesmo ano do lançamento de "Let it be", clássico dos Beatles que nasceu numa fase em que Paul McCartney andava com os nervos à flor da pele, em permanente conflito com seus companheiros de banda, num prenúncio do fim. Pois numa daquelas noites, diz ele, sonhou com sua mãe Mary — falecida quando Paul tinha apenas 13 anos. Ele conta que a mãe apareceu no sonho aconselhando e confortando: "Não se preocupe demais, filho, deixa estar, vai dar tudo certo." No dia seguinte Paul sentou-se ao piano e compôs "Let it be". "Eu me senti abençoado por ter tido aquele sonho. Ela me fez compor a canção."

Nota-se que a temática de "Let it be" é a mesma de "Lady Laura": em ambas os autores evocam a presença materna num momento de angústia e tristeza. Em sua canção Paul McCartney diz: "Quando estou com problemas / Minha mãe, Mary, vem em meu auxílio / dando-me bons conselhos / Deixa estar, deixa estar / E nas minhas horas negras / Ela está sempre à minha frente / Dando-me bons conselhos / Deixa estar, deixa estar". Em "Lady Laura", Roberto Carlos também se conforta com a presença da mãe ao dizer: "Quantas vezes me sinto perdido / No meio da noite / Com problemas e angústias / Que só gente grande é que tem / Me afagando os cabelos / Você certamente diria: / Amanhã de manhã / Você vai se sair muito bem." Ou seja, deixa estar...

Na última entrevista que concedeu à imprensa, para uma reportagem do Dia das Mães, em 2004, dona Laura ouviu a seguinte pergunta da jornalista Carla Ghermandi: "Qual a sua música preferida entre as tantas que seu filho compôs?" "Gosto de todas", respondeu. A jornalista insistiu que dona Laura pelo menos citasse o trecho da letra de uma. "Então tá, uma que me emociona muito é 'A estação'", citando a canção que o filho também compôs em sua homenagem, em 1974 — portanto, antes de "Lady Laura". Ocorre que, ao contrário desta, "A estação" não cita explicitamente dona Laura, e na época do lançamento o público ouvia imaginando tratar-se apenas de mais uma canção de romance amoroso. A própria jornalista que fez a pergunta não percebeu que na resposta de dona Laura estava mais uma homenagem do filho para a mãe.

Roberto Carlos compôs "A estação" certa noite após levar dona Laura até a rodoviária de São Paulo — ela tinha medo de avião. Dona Laura retornava para o Rio depois de passar alguns dias na casa do filho. No momento em que a mãe se despediu e desceu do carro para pegar o ônibus, o cantor sentiu uma grande tristeza, uma saudade antecipada. Ele seguiu para sua casa no Morumbi com esse sentimento, e ainda no carro surgiu a ideia da canção. Roberto Carlos seguia pensando na mãe ao mesmo tempo que versos e uma nova melodia se insinuavam na sua cabeça. Ao chegar em casa, pegou o violão para desenvolver o tema, que descrevia exatamente aquele momento da despedida na rodoviária: o afago dela, o silêncio, a tristeza, o beijo, o adeus e o aceno. A canção ganhou o título "A estação", muito mais poético do que "A rodoviária". Como a palavra pode se referir tanto a uma estação de trem, de barco ou de ônibus, Roberto Carlos deixou a questão em aberto na letra da música: "Lembrei de tudo como era antes / Sem despedida e vidas tão distantes / Parado ainda na estação ela me viu / Me acenou mais uma vez, depois partiu."

Em outra entrevista, anos antes, indagada sobre como se sentia por ter gerado um artista tão importante, dona Laura respondeu: "Não conquistei o mérito de ser mãe dele. Foi uma dádiva divina." Mas, orgulhosa do filho famoso, dizia: "Esteja em que parte do mundo estiver, Roberto sempre me telefona para uma palavra de carinho." Na sexta-feira, dia 17 de abril de 2010, o cantor estava novamente em Nova York, onde compôs "Lady Laura", desta vez para um show comemorativo dos seus cinquenta anos de carreira. O espetáculo seria no tradicional e grandioso Radio City Music Hall, no Rockefeller Center. Mais do que nunca Roberto Carlos desejava falar com a mãe ou tê-la ao seu lado naquele momento especial da carreira; ela que lhe ensinara os primeiros acordes de violão, ela que o incentivara a cantar pela primeira vez no rádio e mais tarde também o acompanharia na Jovem Guarda, em especiais de televisão e em tantas outras apresentações pelo país afora.

Naquele dia, entretanto, dona Laura estava internada no Hospital Copa D'Or, no Rio de Janeiro, com grave enfermidade — o que já tinha feito o cantor até cancelar alguns shows da turnê semanas antes. Bastante preocupado com a saúde da mãe, às 21 horas o artista iniciou seu espetáculo no Radio City Music Hall, que tinha no roteiro a canção "Lady Laura", como uma espécie de oração pela saúde dela. Pouco antes, porém, já se ouvia um burburinho em parte da plateia. "Roberto estava cantando, mas a gente já sabia o que tinha acontecido, e ele, não", contaria depois a maquiadora Neyde de Paula. Três horas antes, o empresário de Roberto Carlos recebera o comunicado da morte de dona Laura, mas decidira só informá-lo após o espetáculo. Durante o show, quando a orquestra tocou a marcante introdução de "Lady Laura", o artista comentou com o público que a mãe, hospitalizada, estava "melhorzinha", e soltou a voz emocionado — sem saber que, na verdade, pela primeira vez cantava esta música após a morte dela: "Lady Laura, me leve pra casa / Lady Laura, me abrace forte / Lady Laura, me faça dormir..."

4

AQUELA CASA SIMPLES

"E na cidade grande
Tristeza e alegria
Uma saudade imensa
E a solidão que eu ainda não conhecia"
Do álbum *Roberto Carlos*, 1986

O pai de Roberto Carlos caminhava ao seu lado, indo para a estação onde o filho, com uma mala e um violão, pegaria um trem para o futuro. A manhã do dia em que foi embora de sua cidade natal — cena comum na vida de milhões de pessoas —, o cantor narra na modinha "Aquela casa simples", faixa do álbum de 1986 com delicado arranjo do maestro Chiquinho de Morais. O título faz nova referência à moradia da família, localizada bem perto da estação da Leopoldina. "Não foi fácil gravar essa música", disse Roberto, que chorou muito no estúdio no momento de cantar os versos que recordavam um fato biográfico ocorrido exatos trinta anos antes. Foi numa manhã de março de 1956, próximo de completar 15 anos, que ele deixou Cachoeiro de Itapemirim para tentar a carreira artística no Rio de Janeiro. "Toda a minha bagagem / Num banco da estação / Era de amor, coragem / As bênçãos do meu pai, a fé e um violão", diz a letra.

Na véspera da viagem, Roberto Carlos quis se despedir de seus colegas da Rádio Cachoeiro, onde começara a carreira aos 9 anos. Ele agradava tanto que logo se tornou uma atração fixa do *Programa infantil* e o mais famoso cantor mirim da cidade. Na época, sua mãe levava para a catedral de São Pedro as muitas flores que o filho ganhava no auditório. Todos na escola e no bairro o elogiavam e davam dicas de músicas para que interpretasse no programa. E assim constata-se que, antes de comandar as jovens tardes de domingo na TV Record, nos anos 1960, Roberto Carlos viveu as infantis manhãs de domingo na Rádio Cachoeiro, uma década antes. Ali, ele foi aos poucos perdendo a timidez e ganhando intimidade com o palco, com o público e com o microfone. Ganhava também as primeiras fãs mais ardorosas — uma delas, Gercy Volpato, uma moça então com 19 anos, que morava no distrito de Cobiça, área rural a 7 quilômetros de Cachoeiro de Itapemirim. Ela contou que, ao ouvir Roberto Carlos no *Programa infantil*, desejou conhecê-lo ao vivo no auditório. "Perguntei ao meu pai no sábado se eu podia ir lá na Rádio e ele deixou." Então, no dia seguinte, Gercy se arrumou, chamou uma de suas irmãs para acompanhá-la, e caminharam duas horas, seguindo a linha do trem, até a sede da Rádio Cachoeiro. Passaram a repetir esse ritual a cada vez que Roberto Carlos se apresentava. "Eu o conheci quando ele era apenas um menino de muletas", disse em entrevista ao jornalista Jotabê Medeiros.

Como ainda não havia música infantil nem a tal da música jovem, os cantores mirins tinham mesmo que se virar com o repertório adulto: sambas, marchinhas, valsas, foxes, além de tangos e boleros com seus dramas passionais, traições e juras de vingança. Mas, já com forte veia romântica, Roberto Carlos tirava isso tudo de letra — como ao cantar o tango "Aventureira" ("El choclo"), lançado no Brasil pelo cantor Francisco Carlos, ou o bolero "Abrázame así", composição do argentino Mario Clavell, que Roberto gravaria décadas depois, lembrando-se das suas jovens manhãs de domingo na Rádio Cachoeiro: "Abrázame así que esta noche yo quiero sentir / De tu pecho el inquieto latir / Cuando estás a mi lado." Quando não cantava um tango ou bolero, ele mandava ver nos sambas-canções de Nelson Gonçalves — outra das referências musicais de sua infância. Poderia ter sido Orlando Silva, mas, nessa época, o intérprete de "Carinhoso" já estava em franca decadência, tendo seu posto ocupado exatamente pelo outro ídolo do rádio.

O *Programa infantil* ficou pequeno para Roberto Carlos e ele ganhou a chance de cantar também em outros programas da emissora, como o *Vendaval de alegria*, comandado nas noites de domingo pelo cantor Genaro Ribeiro — "a voz romântica de Cachoeiro" —, e o *Às suas ordens*, programa de dedicatórias musicais apresentado pelo locutor Jair Teixeira. Ali, por vezes, Roberto era acompanhado pelo Regional L-9 completo, com Mozart Cerqueira (violão de seis cordas), Zé Nogueira (violão de sete cordas), Ângelo Santos (cavaquinho), Valdir de Oliveira (acordeom), Moacir Borges (contrabaixo) e os ritmistas Carlos Cesar, Zuzu e Hamilton Silva, que fazia piruetas no pandeiro. "Eu gostava muito do Hamilton, um crioulo simpático, tipo malandro de morro. Ele fazia aquele gênero, calça boquinha, sapato duas cores, andava com toda aquela ginga de malandro", lembrou o cantor.

Desde essa época Roberto Carlos já se comportava como um profissional da música, um compenetrado cantor do rádio. "Ele costumava chegar antes da gente para se preparar melhor", afirmou Zé Nogueira, que também orientava o garoto no aprendizado do violão. Como os dedos dele ainda eram pequenos, tinha dificuldade de fazer os acordes com pestana — por exemplo, o fá maior, que exige pressionar várias cordas ao mesmo tempo em uma casa do violão. Zé Nogueira então o ensinava a fazer o acorde sem pestana, tocando da quarta corda para baixo. "E é a mesma coisa?", perguntava Zunga, que numa caderneta desenhava os acordes, anotava os tons maiores, menores e escrevia a letra das músicas. E, sempre cauteloso, observava se o violão estava afinado e conferia seus tons de voz. "Era um garoto muito caprichoso", afirmou Zé Nogueira.

Logo ganharia um programa semanal só para ele, aos domingos, ao meio-dia e meia, na ZYL-9. O detalhe curioso é que Roberto Carlos entrava no ar na Rádio Cachoeiro imediatamente após o programa de Francisco Alves, na Rádio Nacional. Era uma dobradinha não combinada entre o famoso "Rei da Voz", então com 54 anos, e o futuro "rei" da música popular brasileira, então com apenas 11. O programa do outro tinha uma pomposa introdução com efeito de sonoplastia: "Ao soar o carrilhão das doze badaladas, ao se encontrarem os ponteiros na metade do dia, os ouvintes da Rádio Nacional também se encontram com Francisco Alves, o Rei da Voz." O de Roberto era bem mais simples, mas, acompanhado pelos violões de Zé Nogueira e Mozart Cerqueira, desfilava um repertório semelhante ao do próprio Francisco Alves e de outros cantores românticos daqueles tempos, como Albertinho Fortuna e Fernando Borel. No ano seguinte, Zunga passou a apresentar dois programas semanais, às quintas e domingos, no comecinho da noite. Era tanto trabalho que já recebia até cachê na emissora. "Eu ganhava 600 cruzeiros velhos, que naquele tempo eram novos e representavam muito na minha vida", afirmou.

Além do dinheiro, algo importante aconteceu a Roberto Carlos, deixando-o todo prosa: aos 12 anos, ele teve seu nome citado pela primeira vez num veículo da grande imprensa nacional. Foi em junho de 1953, no número 197 da popularíssima *Revista do Rádio*, que naquela edição trazia na capa o cantor Dick Farney. O jornalista Jorge Augusto assinava a coluna "Rádio nos estados", dedicada à programação radiofônica para além de Rio e São Paulo. Na ocasião, ele escreveu uma pequena nota informando que "Roberto Carlos Braga" era a "revelação do rádio capixaba". A revista não dizia a idade do cantor-mirim. Apenas indicava o dia e o horário de seu programa na emissora de Cachoeiro de Itapemirim, o que foi suficiente para a alegria de todos ali quando a publicação chegou às bancas. Afinal, a *Revista do Rádio* era a segunda publicação mais lida do país, ficando atrás apenas da badalada *O Cruzeiro*.

Nessa época, sobretudo entre as famílias de classe média, o desenvolvimento musical de um garoto era retardado por conta de um duplo preconceito: não tocar violão por ser um instrumento identificado com vagabundos, malandros; e não aprender piano porque seria algo próprio para meninas ou afeminados. Até Tom Jobim compartilhava desse preconceito na adolescência. "Eu queria deixar o piano lá de casa para minha irmã estudar, porque achava que aquilo era coisa de moça", contou. Assim, para dar vazão à sua vocação musical, muitos meninos se viram obrigados a estudar acordeom, popularizado no Brasil pelo rei do baião Luiz Gonzaga. Este sim era um instrumento de macho, sem identificação com a malandragem, como o violão. É isso que explica o fato de tantos jovens de classe média — como, por exemplo, Edu Lobo, Marcos Valle, Gilberto Gil, Roberto Menescal, Eumir Deodato e Francis Hime — terem se iniciado na música tocando acordeom. Foi somente após a eclosão da bossa nova, em 1958, que o violão (por conta de João Gilberto) e que o piano (por influência de Tom Jobim) ganharam a liberdade de serem tocados por todas as classes e sexos sem distinção.

Mas, sem esperar por isso, Roberto Carlos já praticava os dois instrumentos na adolescência, pois, ao constatar a vocação cada vez maior do filho, sua mãe o matriculara no Conservatório de Música de Cachoeiro de Itapemirim. Ali, a partir do começo de 1954, duas vezes por semana, Zunga estudava piano com as professoras Maria Helena Gonçalves e Elaine Manhães. Nesse sentido, seus pais foram avançados. Não se opunham a que o filho tocasse o violão dos malandros nem o piano das meninas — o que acabou tirando de Roberto o acordeom que tanto pesou nos ombros de seus colegas de geração. As professoras insistiam para que o novo aluno aprendesse a ler partitura, mas ele teimava em tocar piano sempre de ouvido — àquela altura já bastante apurado para um garoto de 13 anos.

Confirmando a regra da época, dentre os 45 alunos da turma no conservatório em Cachoeiro, além de Roberto Carlos, havia apenas dois do sexo masculino. Para ele isso não era problema, pois sempre se sentira muito bem entre as mulheres. Cuidadoso e vaidoso, procurava se manter impecavelmente arrumado. "As calças deviam ter dois bolsos para ele colocar as mãos, pois, do contrário, ele não usava", contou sua irmã Norma. Ao sair de casa, ele costumava olhar sua sombra na parede. Se notasse um cabelinho levantado, voltava para ajeitar em frente ao espelho. E a preocupação continuava ao longo do dia. "Roberto andava com um pente no bolso e de quinze em quinze minutos passava aquele pente nos cabelos", lembrou o violonista Zé Nogueira. "Quando menino eu tinha um redemoinho nos cabelos e me sentia mal com isso", admitiu Roberto. "Comprei Gumex. E ficava bem chateado quando não havia Gumex para acabar com aquele redemoinho." Enfim, Roberto Carlos andava nos trinques, como se dizia, indo às aulas de piano geralmente de calça e camisa brancas, suspensório e sapato pretos. "As meninas do conservatório eram gamadas por Roberto porque ele era muito bonitinho, de bochechinha rosada, arrumadinho, sempre limpinho. E, além disso, já era um artista do rádio", afirmou a professora Maria Helena. A amiga Fifinha também enfatiza esse dom-juanismo precoce do cantor. "Roberto atraía muito as meninas. As colegas da escola ficavam ainda mais minhas amigas só para chegar perto dele."

Seria justamente no grande elenco feminino do Conservatório de Música que Zunga encontraria a sua primeira namorada: Sirlene Oliveira, uma típica menina da boa família cachoeirense — e que por isso mesmo estava ali estudando piano. "Sirlene foi o meu primeiro amorzinho", confirmou o cantor numa entrevista. "Nosso relacionamento era muito tranquilo. Não me esquecerei jamais, pois foi uma paixão que nasceu quando estava despertando para a vida." Na época do namoro, Roberto Carlos tinha 13 anos, e Sirlene, 12, mas com um ano à sua frente no estudo do piano. Enquanto Roberto tomava as primeiras noções de aula prática, Sirlene já estudava teoria. E como geralmente a aula de Roberto terminava antes, ele ficava na porta esperando a namoradinha. "Os dois chegavam juntinhos e sempre saíam juntinhos", contou a professora Maria Helena em depoimento ao autor.

Num texto dos anos 1960, Roberto Carlos recordou o primeiro beijo numa noite na praça em Cachoeiro de Itapemirim. Ele não cita o nome de Sirlene, mas certamente evocava o tempo do namoro deles. "Pingo de luar nos teus olhinhos tímidos. Arrepio de coragem nas tuas mãozinhas que fugiam, querendo ficar junto das minhas. E o bater agitado de nossos corações, ainda muito jovens para o amor, mas assaltados pela ternura. Por que o tempo não parou naquela noite? Por que teus olhos não ficaram nos meus, e as tuas mãos nas minhas? Mas ficou sim, uma saudade interminável, saudade daquele instante, em que a lua, escondida entre as nuvens, trouxe penumbra ao banco da praça. E como o voo do beija-flor sobre as rosas, eu beijei a tua boca pura e meiga."

Em Cachoeiro de Itapemirim havia dois cinemas: o Cine Central, mais caro, da elite, e o Cine Brasil, mais popular, ambos localizados na praça Jerônimo Monteiro. As matinês no Central eram um ponto de encontro dos brotos da cidade. Num tempo em que as pessoas pouco se beijavam publicamente, o famoso "escurinho do cinema" era o local mais indicado para namorar. E ali, algumas vezes também se encontraram Zunga e Sirlene. "Aprendi muito do que sei indo ao cinema. Assistia principalmente a filmes musicais, deles extraindo novas ideias", afirmou o cantor. Um dos filmes marcantes dessa fase de Roberto Carlos foi a chanchada *Aviso aos navegantes*, dirigida por Watson Macedo, que lotou o Cine Central. "Deste filme lembro-me de Adelaide Chiozzo e Eliana cantando 'Beijinho doce'", disse ele.

Em paralelo à sua atuação no rádio, Roberto Carlos acompanhava o violonista Zé Nogueira em apresentações com um conjunto de baile na Casa do Estudante de Cachoeiro de Itapemirim. Ali, aos domingos à tarde, dois crooners profissionais se revezavam no palco, mas sempre deixando uma brecha para o menino-cantor também se mostrar ao público. Concentradíssimo diante do microfone, ele interpretava temas como a valsa "Maria Bonita", do mexicano Agustín Lara, ou o fado "Coimbra", sucesso de Amália Rodrigues — que anos depois Roberto Carlos gravaria em ritmo de iê-iê-iê. "Coimbra do choupal / Ainda és capital / Do amor em Portugal, ainda." Outros fados, tangos e boleros que gravaria no futuro foram também ensaiados bem antes, nessa sua fase de cantor mirim. Por exemplo: "Solamente una vez", de Agustín Lara (do álbum de 1977) "Volver", de Carlos Gardel (do álbum de 1988) e "Adiós", de Enric Madriguera (do álbum *Canciones que amo*, de 1997).

Aos poucos, a voz de Roberto Carlos começava a se expandir para além de sua cidade, pois a Rádio Cachoeiro costumava levar seu elenco de músicos e cantores para se apresentar em outras regiões. Era a chamada Caravana Musical, que animava feiras e eventos culturais. A emissora então pedia autorização a dona Laura ou a seu Robertino, se responsabilizando por Zunga. E este já saía de casa vestido como um Gregorio Barrios, sempre com ternos muito bem cortados e passados, porque feitos com o capricho de sua mãe costureira. Certa vez ele viajou para uma apresentação em Mimoso do Sul acompanhado do próprio dono da rádio, o empresário Alceu Fonseca. "Ele me levou no carro dele. Me lembro que era um carrão bonito, uma Mercury, uma beleza." Em março de 1955 — perto de completar 14 anos —, Roberto viajou novamente, dessa vez para se apresentar na cidade de Juiz de Fora, em Minas Gerais. O jornal *Folha Mineira* informou a presença da caravana cachoeirense na cidade, citando entre os artistas visitantes o "cantor de boleros Roberto Carlos".

A emoção de entrar num estúdio para gravar um disco estava ainda um pouco distante. O máximo que ele conseguiu foi ter sua voz gravada num acetato (discos de alumínio usados para gravações sonoras experimentais). Seu colega de rádio, o cantor Genaro Ribeiro, comprara quatro acetatos na capital para gravar sua própria voz, mas, generoso, dera um para o menino Roberto Carlos. A gravação ocorreu na oficina de um técnico em eletrônica, o único capaz de realizar aquela operação em Cachoeiro de Itapemirim. O técnico fez da sala da oficina um estúdio improvisado, acomodando o cantor e os músicos do Regional L-9. Roberto Carlos gravou uma canção inédita, o bolero "Deusa", composição de Joel Pinto, redator da Rádio Cachoeiro que se aventurava pelos caminhos da música. Como o título indica, "Deusa" é um bolero de exaltação à mulher amada, naquele estilo de "Rosa", de Pixinguinha. "Não gostei quando ouvi minha voz gravada", afirmou Roberto, talvez porque a gravação coincidira com a fase de mudança de sua voz, algo comum aos meninos no período da puberdade. Roberto Carlos até pensou que teria de parar de cantar quando surgiram aqueles falsetes e desafinos inesperados. Porém, depois ele mesmo constatou que aquilo fora apenas uma fase de transição. Logo sua voz ficou definida e novamente afinada.

Os pais de Roberto Carlos começavam a se preocupar com o crescente envolvimento do filho no mundo do rádio. Temiam pela saúde dele, pelo seu futuro, porque Zunga parecia cada vez menos interessado nos estudos (repetira a segunda série ginasial) e começava a dormir tarde da noite. Na época, prevalecia a visão de que o ambiente radiofônico era dominado por pessoas rudes, sem estudo, de vidas desregradas e muitas vezes doentes de tuberculose. Definitivamente não era isso que dona Laura e seu Robertino queriam para o filho. Mas a preocupação deles não se traduzia em proibição, e sim em alerta para que ele tivesse cuidado com tudo à sua volta. E o sinal vermelho piscou quando um dos colegas de Roberto na Rádio Cachoeiro, o jovem cantor Genaro Ribeiro, foi diagnosticado com tuberculose. Sim, a "maldita", que já havia vitimado Noel Rosa, Sinhô, Nilton Bastos, Vassourinha e tantos outros artistas do rádio, estava ali, bem próxima do menino cantor Roberto Carlos. Um dos mais queridos artistas da cidade — e uma promessa de carreira vitoriosa no futuro —, Genaro Ribeiro acabaria morrendo num leito de hospital. Assim, a Rádio Cachoeiro perdia prematuramente uma de suas principais atrações. Mas as perdas da emissora não pararam aí, porque meses depois chegou a vez de Roberto Carlos também deixar definitivamente os microfones da ZYL-9.

Depois de atuar ali durante quase seis anos, o cantor passou a sonhar com algo maior: fazer parte do cast de alguma grande emissora do Rio de Janeiro. Antes, procurou se aconselhar com Mozart Cerqueira, o violonista, disc jockey e chefe do Regional L-9, que ele muito admirava. "O Mozart era um cobra e eu adorava vê-lo tocar", afirmou. "Mozart, você acha que eu tenho condições de tentar a carreira de cantor profissional no Rio? O que você acha disto?" O músico deu a resposta que Roberto Carlos queria e precisava ouvir. "Acho que você tem condições, sim, Roberto. Você tem uma vozinha bonitinha, canta no ritmo. Vai firme e se Deus quiser vai dar tudo certo." O violonista Zé Nogueira também lhe disse o mesmo, assim como os demais músicos e cantores da emissora. Não seria por falta de incentivo dos colegas que o garoto deixaria de ir em busca de seu sonho.

Imperava então a Era do Rádio, sob o comando de badalados locutores como Cesar de Alencar, Paulo Gracindo e Renato Murce. Todos os principais cartazes da nossa música popular eram contratados de alguma emissora, batendo ponto e com carteira assinada. Dorival Caymmi, por exemplo, atuava na Rádio Tupi; Emilinha Borba, na Rádio Nacional; e Silvio Caldas, na Rádio Mayrink Veiga. E quem não era contratado queria ser. Os cantores precisavam exibir ali sua voz e seu ritmo para serem notados. Até porque o rádio era a principal referência para as gravadoras. Só depois de brilhar nos auditórios um cantor conseguia um bom contrato para gravar um disco, que iria confirmar ou não o seu sucesso. Aquele aviso que aparecia nos rótulos dos discos — "proibida a radiodifusão" — era então uma realidade. O vinil era para ser ouvido apenas em casa. As rádios tocavam música ao vivo, pois todas tinham orquestra, auditório e cantores contratados ou convidados.

Às vezes, quando ia ao Rio, o pai de Roberto Carlos o levava a alguns programas de calouros, como o popular *Papel carbono*, apresentado por Renato Murce, na Rádio Nacional, que permitia aos iniciantes imitar artistas consagrados. Certa vez Roberto se apresentou ali imitando o cantor de tango Albertinho Fortuna. Da primeira vez que entrou na Rádio Nacional, Zunga atravessou deslumbrado aqueles corredores e se espantou com o tamanho do auditório (mais de seiscentos lugares) e do estúdio, ambos bem maiores do que os da emissora da sua cidade. Mas Roberto Carlos entendia que ir apenas uma vez ou outra não seria suficiente. Para obter uma chance maior na carreira, teria que comparecer ali diariamente, conhecer os bastidores da produção, travar contato com outros artistas. E, além da poderosa Nacional, havia também a Rádio Tupi, a Rádio Mayrink Veiga, a Rádio Tamoio, a Rádio Clube do Brasil... todas também com seus auditórios, músicos e cantores. Não dava para percorrer tudo isso residindo em Cachoeiro de Itapemirim. Roberto Carlos tanto insistiu que seus pais deixaram que ele fosse morar em Niterói, na casa de sua tia Jovina Moreira, a Dindinha, irmã de dona Laura. Dali bastaria atravessar a Baía de Guanabara para chegar aos corredores das emissoras. Os pais concordaram com a mudança, desde que o filho se matriculasse em uma escola em Niterói e continuasse os estudos regularmente. Isso não seria problema, garantiu Zunga, porque havia bons colégios lá, e ele saberia conciliar os estudos com a música.

Tudo acertado, chegou então o dia da viagem, naquela manhã de março de 1956, que Roberto Carlos narra na letra de "Aquela casa simples": "Ainda não era dia, e você me dizia: / Deus te abençoe, te guarde / Se mantenha sempre em sua companhia", trecho em que lembra as palavras da mãe no momento da despedida. Num verso mais adiante ele recorda o pai o acompanhando até a estação da Leopoldina para pegar o trem que sairia às quatro e meia da manhã: "E andando pela rua / Meu pai bem junto a mim / Olhava com ternura / A lágrima manchar meu paletó de brim." No ano do lançamento desta canção, Roberto Carlos gravou um clipe para o seu especial da TV Globo, que foi ao ar precedido de um texto do cronista Rubem Braga: "A música é simples, a letra também é muito simples. Mas é bem possível que alguns de vocês fiquem misteriosamente comovidos, porque o rapazinho do violão, com seu paletó de brim, se chama Roberto Carlos." No clipe, ele aparece viajando num trem, e imagens da sua cidade são intercaladas com a da humilde casa onde nasceu. Dentro dela está o menino Alan Campos interpretando o cantor na infância. Na época, a prefeitura de Cachoeiro de Itapemirim anunciou o tombamento dessa casa como "patrimônio municipal", e mais tarde criou ali a Casa de Cultura Roberto Carlos.

Ao chegar a Niterói o cantor logo se matriculou no tradicional Colégio Brasil, no bairro Fonseca, onde morava sua tia. Optou por estudar no horário noturno, deixando o dia livre para se dedicar à carreira artística. Em companhia do primo Alédio Moreira, ele saía com seu violão promovendo serenatas no bairro. Em 1956, estava no auge um jovem cantor chamado Cauby Peixoto, e por várias vezes Roberto Carlos cantou aquele seu famoso samba-canção: "Conceição, eu me lembro muito bem / Vivia no morro a sonhar / Com coisas que o morro não tem." Em Niterói, Roberto Carlos conheceu um jovem violonista, Luiz Fernandes, que lhe ensinou os primeiros acordes dissonantes do violão. Acostumado ao estilo regional dos músicos da Rádio Cachoeiro, ele descobria, entusiasmado, novas possibilidades para o instrumento. Foi quando passou a se interessar pelo repertório de artistas mais modernos, como Tito Madi, Dolores Duran, Lúcio Alves, Sylvia Telles, Luiz Claudio — isso dois anos antes de surgir seu ídolo maior, João Gilberto. Suas primeiras tentativas no meio artístico carioca foram cantando sambas-canções de Tito Madi, como "Chove lá fora", "Eu e você" e "Não diga não".

Na letra de "Aquela casa simples", Roberto Carlos também revela suas primeiras emoções de, já morando em Niterói, percorrer as emissoras de rádio do Rio de Janeiro. "E na cidade grande / Tristeza e alegria / Uma saudade imensa / E a solidão que eu ainda não conhecia". É o relato de alguém de origem interiorana que perdera a sua base e ainda não conseguira restabelecê-la no grande centro. Desde pequeno Roberto Carlos se acostumou a andar sempre em grupo, com os irmãos e os amigos. Agora, em Niterói, contava apenas com a companhia de um primo. Nenhuma daquelas pessoas que seriam importantes na sua trajetória artística, como Carlos Imperial, Erasmo Carlos e Tim Maia, tinham ainda cruzado seu caminho.

Quase aconteceu um encontro com alguém improvável: o futuro ídolo Caetano Veloso. Coincidentemente, naquele mesmo ano de 1956, Caetano, aos 14 anos, saíra de sua cidade, Santo Amaro da Purificação, na Bahia, para passar uma temporada no Rio. Ele também estava hospedado na casa de uma tia, em Guadalupe, na zona norte, e, sem muito o que fazer, ia com frequência ao auditório da Rádio Nacional, na praça Mauá, que Roberto frequentava quase diariamente. Ali Caetano disputava os poucos mais de seiscentos lugares do auditório, enquanto o outro ficava mais nos bastidores, tentando uma chance de se apresentar. Naquele sobe e desce quase diário ao 7º andar do edifício da emissora não teria havido um encontro entre os adolescentes futuros ídolos? "É bem possível que tenhamos nos esbarrado ali", conjecturou Caetano Veloso, numa entrevista ao autor.

Além de amigos, faltava também a Roberto Carlos alguém que conhecesse os meandros do mundo artístico e pudesse apresentá-lo aos comunicadores ou diretores das principais rádios cariocas. Mesmo assim, quase todos os dias, ele pegava a barca para tentar a sorte do outro lado da baía. Numa cena de seu especial da TV Globo em 1977, ele aparece a bordo da barca Rio-Niterói, em plena Baía de Guanabara, recordando: "Começou aqui. Quem sabe nesta mesma barca. Eu saía de Niterói cheio de esperanças." Sim, e lá ia ele com um surrado violão na expectativa de agradar a Paulo Tapajós, diretor artístico da Rádio Nacional; J. Antônio D'Ávila, diretor da Rádio Tupi, ou Jair de Taumaturgo, da Rádio Mayrink Veiga. Essas três grandes emissoras ficavam perto umas das outras, na zona portuária do Rio — o que era bom para Roberto, que não tinha condições de caminhar muito. E quem sabe um daqueles diretores não se interessaria em contratá-lo? Para conseguir isso, o cantor tinha que arriscar, se mostrar, pedir uma chance na base da cara de pau que, decididamente, não tinha.

Logo Roberto Carlos percebeu que seria difícil ocupar um lugar na constelação de astros da então capital federal. Que diferença em relação a Cachoeiro de Itapemirim. Lá tudo parecia mais simples; ele mal batia e as portas já iam se abrindo. Agora, tinha que começar praticamente do zero. Mas até quando Zunga continuaria sozinho nessa batalha? Dona Laura andava muito preocupada com o filho e frequentemente lhe escrevia cartas indagando sobre sua saúde, seus estudos e sua carreira. "E veio a primavera / E as flores do jardim / Enchiam de perfume / As cartas que chegavam de você pra mim", relata o cantor, referindo-se à mãe, num verso de "Aquela casa simples".

No fim daquele ano, Roberto Carlos não tinha boas notícias para dar aos pais: não conseguira emprego no rádio e não obtivera bom desempenho na escola. "Se em Cachoeiro eu era mau aluno, em Niterói me tornei péssimo. Prova disso eram as anotações, cada vez mais constantes, em minha caderneta, que não tinha mais espaço para notas vermelhas", confessaria. Era impossível conciliar a batalha pela carreira no Rio com as aulas em Niterói, e ele acabou sendo reprovado também no terceiro ano ginasial. Por tudo isso, o cantor atravessou a virada do ano novo de 1957 bastante pensativo. Precisava tomar uma decisão: continuar em Niterói ou voltar para Cachoeiro de Itapemirim? Sim, pensou em voltar para casa, para sua rádio, para sua escola, para os seus amigos. E comentou isso numa carta para sua grande amiga Eunice Solino, a Fifinha — a garota que estava com ele naquele dia do acidente na linha do trem. Datada de 20 de janeiro de 1957, a carta que lhe escreveu trata de assuntos comuns aos dois, mas no final Roberto Carlos faz um pedido à amiga: "Fifinha, se não lhe causar incômodo, peço-lhe para saber no Liceu quando é e o que é preciso para uma nova matrícula e exame de seleção. Peço-lhe também para não contar nada a ninguém sobre isso, pois não é certa ainda a minha volta. Sem mais, aqui vou terminar enviando-lhe um abraço e votos de felicidades do seu amiguinho Zunga."

E talvez Roberto tivesse mesmo voltado para casa se os pais não resolvessem tomar a decisão oposta: sair de Cachoeiro de Itapemirim para morar no Rio de Janeiro. Àquela altura, seus dois filhos maiores, Carlos Alberto e Lauro Roberto, já tinham também deixado a cidade, depois de ingressarem na Aeronáutica. Na época, as duas maiores chances de trabalho em Cachoeiro eram a ferrovia para os homens e a fábrica de tecidos para as mulheres. E, dada a proximidade da fábrica com a estação de trem, era comum o casamento de ferroviários com as moças da tecelagem — ofício que Norma, irmã de Roberto, provavelmente iria exercer. Mas dona Laura e seu Robertino criaram outras perspectivas ao se mudar dali. "Acho que eles decidiram fazer isso também por minha causa", afirmou Roberto Carlos, que, em meados de 1957, foi então morar com a família em outra casa simples, agora no Lins de Vasconcelos, subúrbio da zona norte carioca.

Àquela altura, ele já colocara a primeira prótese, ainda precária, de madeira, com a qual caminhava sem chamar a atenção. Por trabalhar no comércio, seu Robertino recorreu ao hospital do Instituto de Aposentadorias e Pensões dos Comerciários, no Rio, e soube de um médico que poderia implantar a prótese de seu filho. Era o dr. Donato D'Ângelo, chefe da ortopedia do hospital. Ele ingressara no curso de medicina aos 14 anos, formando-se aos 20, em 1939, e era considerado "o médico mais jovem do Brasil". Logo se notabilizaria como um dos grandes ortopedistas do país. Com técnicas desenvolvidas na Itália do pós-guerra, e recém-trazidas ao Brasil, dr. D'Ângelo submeteu o garoto à cirurgia reparadora, e providenciou um lugar para que dona Laura pudesse dormir ao lado do filho, na enfermaria. A Nelson Motta e Patrícia Andrade, o artista contou que após colocar a primeira prótese "saiu correndo, tropeçando, e foi correr pela praia. No dia seguinte, foi a um baile e dançou a noite inteira".

The Sputniks em sua primeira formação: da esquerda para a direita, Tim, Wellington, Arlênio Lívio e Roberto Carlos

5

MINHA TIA

"Titia Amélia, há quanto tempo
A gente não se vê
Mas acredite, eu me lembro
Sempre muito de você"
Do álbum *Roberto Carlos*, 1976

Gonçalves Dias vivia em Coimbra, Portugal, quando compôs, em julho de 1843, sua obra mais famosa, o poema ufanista "Canção do exílio". Da mesma forma seu discípulo Casimiro de Abreu escreveu em Lisboa grande parte dos poemas do livro *As primaveras*, de 1859, que traz o popular "Meus oito anos", dos versos: "Oh! que saudades que eu tenho / Da aurora da minha vida / Da minha infância querida / Que os anos não trazem mais." Pois algumas das canções mais confessionais de Roberto Carlos foram também compostas no exterior, mais especificamente nas cidades de Nova York e Los Angeles, nos Estados Unidos, onde ele costumava gravar seus discos. Parece que ali, na solidão de um hotel, distante de tudo e de todos, ele ficava mais sensível para remoer fatos e angústias do passado. "Sempre que viajo penso na minha infância em Cachoeiro de Itapemirim", disse o cantor, com o ar nostálgico de um poeta do romantismo brasileiro. Como um exilado, de repente, Roberto Carlos também se vê mergulhado em recordações da meninice, da cidade natal, da família, que renderam temas como "Traumas" e "Lady Laura", já comentados neste livro.

A balada "Minha tia", lançada em 1976, é outra de suas canções biográficas que nasceu nesta mesma circunstância.

A inspiração lhe veio certa noite daquele ano, quando o artista descansava num quarto de hotel em Los Angeles. A televisão estava ligada em um programa de variedades, e lá pelas tantas apareceu alguém falando sobre os tios, o significado e a importância de um tio ou de uma tia na família. Aquilo despertou a atenção de Roberto Carlos, que na hora pensou: "Caramba, eu nunca fiz uma homenagem para uma tia ou um tio meu." Nesse momento ele começou a se lembrar de alguns deles e se fixou na imagem de sua tia Amélia Moreira, outra das irmãs de sua mãe, que seria enfim homenageada em música pelo sobrinho famoso. Em um dos versos de "Minha tia" ele diz: "Eu não me esqueço aquele tempo / E a saudade me machuca / Quando eu ficava em sua casa / Numa vila da Tijuca."

É uma referência à sua fase de calouro, recém-chegado de Cachoeiro de Itapemirim. O cantor morava em Niterói, na casa de sua tia Jovina, mas às vezes, depois de percorrer diversas rádios, ficava tarde para voltar, e ele então dormia na casa da sua tia Amélia, que residia exatamente numa vila na rua Haddock Lobo, na Tijuca, no Rio. Ela o tratava com muito carinho e tinha aquele cuidado de reservar um franguinho assado com batata para quando o sobrinho chegasse tarde da noite. Dona Amélia costumava também lhe emprestar dinheiro para alguma necessidade mais urgente. Tudo isso lhe veio à mente naquela noite, no hotel em Los Angeles. "E eu comecei a chorar à beça, porque as recordações brotavam, né? Aquelas coisas todas do passado, aquela luta toda. E eu comecei a me emocionar muito. E entre um choro e outro foram pintando as frases", lembrou.

Em uma das estrofes da música ele diz para a tia: "Você sabia que eu queria ser cantor profissional / E vinha lá de Niterói para ir à Rádio Nacional." Aqui ele faz explícita referência à mais importante emissora da época, a PRE-8, Rádio Nacional do Rio de Janeiro, que, como já vimos, conhecera quando ainda morava em Cachoeiro de Itapemirim, levado pelo pai aos programas de calouros. Nessa fase em Niterói, Roberto Carlos almejava programas mais sérios, como o apresentado por Cesar de Alencar, nos sábados à tarde. Era a atração de maior audiência da rádio brasileira, com um grande público no auditório, orquestra no palco e os maiores cartazes ao microfone.

Outra atração para Roberto Carlos era o programa de Paulo Gracindo (futuro ator de TV, marcante pelo papel do prefeito Odorico Paraguaçu em *O bem-amado*). Este era o líder de audiência aos domingos, às 10 horas da manhã, também na Rádio Nacional. "Está na hora louca de cantar assim sorrindo / Faz nascer na boca o nome do Programa Paulo Gracindo", dizia a vinheta de abertura. Pois quase toda semana Roberto Carlos chegava lá com seu violão e um repertório de sambas-canções na esperança de ser escalado. Porém, muitos outros cantores queriam a mesma coisa, e a competição era acirrada. Roberto falava com a produção, com os secretários, com os assistentes do apresentador, e nada conseguia.

Quem sabe o próprio Paulo Gracindo fosse mais atencioso? O cantor ficava então ali pelo corredor esperando uma chance de abordá-lo. "Me lembro do Roberto, bem rapazinho, encostado com um violão, sempre triste", contou Gracindo. Nem sempre era possível falar diretamente com o apresentador. Uma brecha era nos intervalos comerciais, quando Gracindo deixava o estúdio para tragar um cigarro no corredor. "Seu Paulo, será que eu podia cantar hoje no programa?", perguntava timidamente Roberto Carlos. "Desculpe, meu filho, mas hoje não dá", respondia o locutor, já apagando o cigarro. "Às vezes não dava tempo mesmo porque os contratados da Rádio Nacional tinham prioridade. E eu tinha que escalá-los no programa", justificou anos depois.

Nada conseguindo na Rádio Nacional, na praça Mauá, Roberto Carlos seguia para a avenida Venezuela, ali próximo, sede da PRG-3, Rádio Tupi, onde atuavam apresentadores como Aérton Perlingeiro, Julio Rosemberg e Abelardo Barbosa, o Chacrinha. "Mas que esperança! Meu nome jamais constava entre os artistas escalados. E mais uma vez eu saía triste dali, e voltava no dia seguinte, quando enfrentava mais uma desilusão atroz", confessou numa entrevista. Em um texto sobre este período, aprofundou. "Aquele prédio me figurava como um grande castelo. Lá dentro tudo de bom deveria existir. Eu o rondava, como dizia Olavo Bilac, em 'A cidadela': 'Nunca entrarei jamais o teu recinto:

/ Na sedução e no fulgor que exalas, [...] / Amo-te, cobiçando-te... E, faminto, / Adivinho o esplendor das tuas salas, / E todo o aroma dos teus parques sinto / E ouço a música e o sonho em que te embalas.' Sim, eu rondava aquele prédio, como Romeu à janela de Julieta. Não tem importância. Amanhã eu volto."

Na letra de "Minha tia" o artista recorda essa fase difícil, obscura da carreira, ao mesmo tempo que comenta, em contraste, o seu cotidiano de astro pop, que agora viajava em excursão pelo mundo: "Titia, o meu endereço é uma grande confusão / Estou morando atualmente dentro de um avião / Não se preocupe que problemas / Você sabe muito bem / Em Niterói, Tijuca ou Londres / Todo mundo sempre tem." Ao citar novamente a Tijuca, Roberto Carlos homenageia não apenas o local onde morava sua tia, mas também o bairro onde encontrou sua primeira turma no Rio, pois ali também repercutira como uma bomba o grito de "A-wop-bop-a-loo-bop-a-wop-bam-boom", emitido por Elvis Presley e Little Richard lá dos Estados Unidos, em meados dos anos 1950.

No Brasil, o rock já era comentado antes mesmo de as pessoas ouvirem. Falava-se de um ritmo novo que provocava tamanha excitação e perturbação nos jovens americanos que resultava em quebra-quebra nos cinemas. "Eu me lembro que ia à praia e escutava um zum-zum--zum. 'Vem aí um ritmo alucinante.' Isso já me deixava assustado. Deus me livre! Eu não fazia a menor ideia do que fosse um ritmo alucinante", contou Paulinho da Viola. Era a repercussão da música "Rock around the clock", com Bill Haley & His Comets, que se ouvia no filme *Sementes de violência*, produção de 1955 dirigida por Richard Brooks. A música tocava apenas durante a apresentação dos créditos, mas foi o suficiente para acender o rastilho da explosão do rock'n'roll. Composta por Max C. Freedman e James E. Myers, o primeiro um nova-iorquino, então com 62 anos, e gravada por Bill Haley, com 30, "Rock around the clock" atingiu o primeiro lugar na parada americana em 9 de julho de 1955 — data que hoje muitos consideram o marco zero da era do rock'n'roll.

Menos de um ano depois, veio o próprio filme *Rock around the clock* (no Brasil, *Ao balanço das horas*), musical que explorava o sucesso da gravação de Bill Haley, ampliando a onda de quebra-quebra nos cinemas. Mas não em todas as sessões ou lugares, a julgar pelo que disse John Lennon, que viu o filme aos 15 anos, em Liverpool. "Eu tinha lido que as pessoas gritavam e pulavam pelos corredores. Acho que fizeram tudo isso antes que eu fosse assistir. Eu estava pronto para rasgar o estofamento também, mas ninguém aderiu." Roberto Carlos também não viu nada de mais durante a exibição de *Ao balanço das horas*, no Cine Santa Helena, no Lins de Vasconcelos. "Bati palma como todo mundo, mas não chegou a ter quebra-quebra, não." Em São Paulo, porém, um juiz proibiu a fita para menores de 18 anos sob a justificativa de que "o novo ritmo é excitante, frenético, alucinante e mesmo provocante, de estranha sensação e de trejeitos exageradamente imorais". Erasmo ouviu a música de Bill Haley pela primeira vez numa noite de sábado, quando vagava pela rua Afonso Pena, na Tijuca, atraído por um som vindo de uma casa. "Nunca vou esquecer esse dia. Fiquei paralisado. Todo arrepiado. Parei em frente da festa e disse: 'Meu Deus, o que é que é isso? Que coisa bonita!'. Nunca senti nada tão forte."

A explosão de "Rock around the clock" abriu o caminho para a chegada do fenômeno Elvis Presley, então com 21 anos, em 1956. A partir de sucessos como "Heartbreak Hotel" e "Tutti frutti", ele foi logo coroado o "rei do rock", e fez também seus primeiros filmes, *Love me tender* (Ama-me com ternura), *Loving you* (A mulher que eu amo) e *Jailhouse rock* (O prisioneiro do rock'n'roll). Para garotos como Roberto Carlos, John Lennon, Paul McCartney, Raul Seixas, Erasmo Carlos, Mick Jagger e tantos outros da época, Elvis surgia como uma iluminação e influência definitiva, como se o rock finalmente ganhasse uma voz e um corpo adequados ao ritmo alucinante. Uma jovem brasileira que assistira a um show dele nos Estados Unidos disse à revista *O Cruzeiro*: "A gente fica fascinada, e, quando o homem acaba de cantar, necessita-se ou de um banho de chuveiro ou de um psicanalista." Surpreso e encantado com o novo ídolo, Roberto ia frequentemente aos cinemas para ver e ouvir Elvis Presley. No filme *A mulher que eu amo*, conheceu a música-tema, "Loving you", composição da dupla

Jerry Leiber e Mike Stoller que regravaria anos depois no original em inglês. "Eu sentia uma alegria, uma vontade de dançar e principalmente de cantar. As guitarras coloridas também me impressionavam muito", disse, sobre os primeiros filmes de Elvis. E assim Roberto Carlos foi descobrindo o novo ritmo e o novo som. O garoto que crescera cantando boleros, tangos e sambas-canções finalmente parecia se identificar com uma música do seu tempo e da sua idade.

Naquele momento, algo também se movia num bairro da zona norte do Rio. "Que turma mais maluca / Aquela turma da Tijuca / Nessa eterna sensação de gol / Muitas brigas e o nascer do rock'n'roll", cantaria anos depois Erasmo Carlos na canção "Turma da Tijuca". Nem todos nasceram ou moravam ali, mas o point era em frente ao Bar Divino, na esquina da rua do Matoso com Haddock Lobo, ao lado do cinema Madrid. Espécie de Memphis do rock nacional, aquela esquina atraía garotos como Tim Maia, Erasmo Carlos, Lafayette, Arlênio Lívio, Luiz Ayrão, Liebert Ferreira (do futuro Fevers), Renato Barros (futuro Blue Caps) e Jorge Ben Jor, morador do Rio Comprido, que antes de criar seus próprios sambas-rock cantava ali, num inglês rudimentar, o rock "Bop-a-lena", do cantor Ronnie Self: "Bop-a-lena, bop-a-lena / She's my gal / Oh bop-a-lena, bop-a-lena, / Yeah she's my gal", o que acabou lhe valendo o apelido de Babulina. Segundo Jorge, seu irmão mais velho, oficial da Marinha, trouxera-lhe dos Estados Unidos o disco de Ronnie Self com esta música e uma camisa com o título dela estampado. "Eu cantava isso, dava a entender que era Babulina e usava a camisa. Então o apelido pegou, na Tijuca e no Rio Comprido."

A gênese da turma da Tijuca — porque estes, sim, vieram ao mundo neste bairro — foram os amigos Erasmo e Tim Maia, que moravam próximos e se viam desde os 4 anos de idade. "Eu conheço Erasmo do tempo em que ele trocava o 'r' pelo 'l'. Ele falava 'Elasmo', 'galoto', 'lalanja'", contou Tim em depoimento ao autor. Erasmo lembra que, na falta de maiores opções, uma das brincadeiras da garotada do bairro era apostar quem tinha coragem de lamber o pneu dos automóveis ou, bem mais barra pesada, quem topava molhar a língua na água suja do meio-fio. Segundo ele, Tim Maia sempre ganhava ambas as apostas, mas ganhava também na arte musical. Foi Tim quem ensinou a Erasmo os três primeiros acordes de violão, com os quais tocaria e criaria vários temas de rock'n'roll.

Não havia uma única turma na Tijuca nem apenas pretendentes à carreira artística. "Em frente ao cinema Imperator, todos os domingos de manhã, fazia-se uma roda e botavam um som para se dançar rock. Dali surgiu a turma do Imperator, uma turma brabíssima, pessoal das lambretas que brigava. Tinha também a turma do Palheta, que quando se encontrava com a do Imperator saíam no pau", contou Renato Barros. "Conheço uma série de delegados e policiais que faziam parte da turma da rua do Matoso", afirmou Arlênio Lívio. Um deles foi Renato Caravita, que se tornaria delegado da 16ª DP, no Rio. "Metade da turma virou músico e a outra metade virou policial", contava ele com exagero. Dos músicos, não se pode dizer que faziam rock de garagem, porque todos cresceram sem automóvel e entre pessoas que também não tinham. O que aqueles garotos faziam era rock de rua, e, como tocavam até tarde, acabavam provocando a ira dos moradores, que frequentemente os atacavam com baldes de água jogada janela abaixo. Ou, o que era pior: alguns chamavam a radiopatrulha. "Nós passamos várias noites na delegacia por causa dessas noitadas de rock", afirmou Erasmo. Anos depois, Tim Maia também faria uma música com lembranças desse período: "Haddock Lobo, esquina com Matoso / Foi lá que toda a confusão começou."

O capixaba Roberto Carlos só se juntaria a eles em meados de 1957, quando já residia na zona norte do Rio. Instalada num sobrado da rua Pelotas, no Lins de Vasconcelos, a família do cantor procurava se adaptar à nova realidade. Seu Robertino e dona Laura continuaram no mesmo ofício que exerciam em Cachoeiro de Itapemirim, mas agora trabalhando dobrado, porque o custo de vida era mais alto na então capital federal. "Meu pai saía cedo, voltava à noite. Minha mãe passava o dia na máquina de costura. A situação era ruim, e, assim como meus irmãos, eu precisava fazer alguma coisa", afirmou Roberto Carlos, o único que ainda não contribuía com as despesas. Seus irmãos começaram a cobrar dele uma atividade que lhe rendesse um salário no fim mês, mesmo que continuasse cantando diletantemente por aí. Mas fazer o quê? Ele não podia trabalhar de office boy, o emprego mais comum para um garoto na sua idade, nem de vendedor, que exigiria muitas horas em pé. Seu Robertino disse que tinha contatos para conseguir um emprego público, desde que o filho aprendesse a escrever a máquina. Num dia de domingo, apareceu nos jornais o anúncio de um curso de datilografia no Colégio Ultra, ali mesmo na zona norte. Era uma promoção especial com as primeiras aulas e com matrícula grátis. Pronto, disseram os irmãos, eis aí um bom ofício para Zunga aprender: datilógrafo. Dona Laura também incentivou o filho a fazer o curso. Já que ele parecia mesmo não ter vocação para a medicina, e a carreira artística era tão incerta, que garantisse seu futuro aprendendo alguma profissão.

O cantor foi então fazer o tal curso no Colégio Ultra, num sobrado na praça da Bandeira. Os alunos ficavam numa grande sala com mais de trinta máquinas de escrever, enquanto um professor circulava dando orientações básicas a cada um. A partir daí, uma nova frente iria mesmo se abrir para Roberto Carlos, mas não exatamente pela habilidade adquirida com as teclas das máquinas Remington, e sim pelos contatos que estabeleceria. Um deles com o jovem Otávio Terceiro, que era assistente de direção de Chianca de Garcia, produtor do programa *Teletur*, na TV Tupi. "O quê?! Você trabalha na televisão?!", exclamou Roberto, de olhos arregalados, quando o colega lhe disse isso. "Pois eu sou cantor", informou em seguida. "Ah! É mesmo? Que bacana. Então aparece lá na TV um dia", convidou-o Otávio, oferecendo seu cartão com o endereço da produtora, num prédio na avenida Rio Branco, no centro do Rio. Para Roberto Carlos, aquilo foi o que de melhor o curso de datilografia poderia lhe proporcionar. Nunca ele estivera tão próximo de alguém que trabalhava na televisão. Já que não vinha obtendo muitas oportunidades no rádio, tentaria a sorte nesse novo veículo, inaugurado havia apenas sete anos no Brasil.

Nesse ínterim, ele pediu ao pai para lhe comprar um violão novo. Os violões que Roberto Carlos usava até então eram surrados, pois haviam pertencido antes à sua mãe ou a seus irmãos. Por isso desejava ter um violão novo, e escolhido ao seu gosto. Seu Robertino fez um esforço e foi com ele até a tradicional loja de instrumentos A Guitarra de Prata, na rua da Carioca, no centro do Rio. "Deu um trabalhão, porque ele experimentou todos os violões, até escolher o que queria", lembraria o pai. Demorou, mas o garoto soube escolher: um modelo da Di Giorgio, um dos mais caros da loja, comprado com pagamento à prestação por seu Robertino. A mãe jamais se esqueceria do dia em que o filho chegou em casa sorrindo com o lustroso violão novo. "Percebi que nada mais poderia mudar sua vida. Era um sorriso de vitória, de quem luta para ter alguma coisa. Ele havia conseguido. Desde aquele dia, só pude desejar-lhe sucesso", contou dona Laura. O investimento valeu mesmo a pena, porque com este violão Roberto Carlos iria compor as suas primeiras canções de sucesso.

E não demorou para ele aparecer na produtora com seu violão de capa preta nas costas à procura de Otávio Terceiro. O cantor fez um rápido teste com o próprio Otávio e foi escalado para cantar "Tutti frutti", hit de Elvis Presley. O *Teletur* era um programa de variedades, espécie de precursor do *Fantástico*, que ia ao ar às segundas-feiras à noite, na TV Tupi. Roberto Carlos cantou a música sentado em uma lambreta, num cenário que tinha como tema a juventude. "Ele estava felicíssimo e muito à vontade no vídeo. Roberto comunicou com muita simpatia", lembrou Otávio. "Para mim, que vivia sonhando em entrar para o rádio, aquilo foi bárbaro, porque eu achava televisão um negócio muito difícil de conseguir", disse o cantor. De fato, para ele era difícil até mesmo para assistir, porque em sua casa não havia aparelho. Nem seus pais, nem seus irmãos, nem seus vizinhos no Lins de Vasconcelos puderam vê-lo naquela apresentação no *Teletur*. Um televisor era algo restrito ao público de alto poder aquisitivo. Mas, para Roberto, o importante mesmo foi estrear na televisão. "Ali ganhei meu primeiro cachê no Rio: 200 cruzeiros velhos, que entreguei à minha mãe. Deixei tudo na mão dela. Eu era menino e aquilo era dinheiro demais pra mim."

O cantor aproveitou que já estava indo ao Colégio Ultra e também cursou ali o Artigo 91 (espécie de supletivo, o ginásio em seis meses). Na sala de aula, conheceria outro importante personagem da sua história:

Arlênio Lívio, jovem morador da Tijuca, também filho de operários, que, inicialmente, nem sabia que o colega era artista, pois ainda não tinham muita conversa. Mas, um dia, Roberto Carlos apareceu no colégio de violão, porque depois da aula ia se apresentar numa rádio em Niterói. Isso chamou a atenção de Arlênio, que então lhe falou de um grupo de amigos que frequentava o Bar Divino. Disse que era uma turma da pesada, que também gostava de música, especialmente de rock. Era o que faltava para Roberto naquele momento: encontrar uma turma, trocar experiências com outros garotos, compartilhar daquela descoberta do universo do rock'n'roll. O tijucano Arlênio Lívio foi o responsável por isso.

Ele levou Roberto Carlos até o Divino e o apresentou a Edson Trindade, a José Roberto, o China, e a um gordo chamado Sebastião, depois famoso como Tim Maia. "No dia em que o conheci, Tim estava com uma máscara de borracha na cara, pois havia brigado com um guarda e tinha levado uma porrada na testa", lembrou o cantor. Toca daqui, toca dali, ele ouviria Tim fazer um som que o deixou deslumbrado: uma determinada batida de violão ao cantar o rock "Long tall sally", de Little Richard. "Ouvi atentamente, fui para casa e fiquei tocando a noite inteira. Aquilo mudou minha forma de tocar", afirmou Roberto. Para quem desde criança só cantava boleros e sambas-canções ao violão, foi uma revelação poder tirar aquele som metálico, pulsante. Ele entenderia melhor aquilo que Tim Maia tocava anos mais tarde, ao conhecer James Brown, Otis Redding, Marvin Gaye e outros astros da soul music. Mas era como se tudo já estivesse ali naquela esquina da rua do Matoso com Haddock Lobo. "Tim Maia e a turma da Tijuca me fizeram cancelar saudosas recordações de Tito Madi. Com eles descobri o meu caminho", afirmou Roberto Carlos, que logo depois formaria com Tim Maia um grupo musical, os Sputniks, nome tirado do noticiário sobre voos orbitais: Sputnik era o nome do primeiro satélite artificial lançado pela então União Soviética, em outubro de 1957.

Do grupo também participariam Arlênio Livio e outro colega da Tijuca, Wellington Oliveira — todos sob a liderança musical de Tim Maia. "Mas ele era um líder muito desorganizado. Os nossos ensaios eram muito conturbados, brigávamos pra burro. Tim ficava muito nervoso e às vezes partia para a agressão", afirmou Arlênio em entrevista ao autor. Os ensaios eram no porão da casa de Tim, uma pensão que seu pai, Altivo Maia, mantinha na rua Barão de Itapagipe. "A pensão do seu Altivo era a mais conceituada daquela área da Tijuca. Tinha um movimento extraordinário, porque as madames todas comiam na pensão e ele servia mais de duzentas marmitas por dia", contou Arlênio. Por isso, não faltavam salgadinhos, sanduíches ou rabanadas que o próprio Altivo preparava para os garotos durante os ensaios. "Às vezes meu pai mandava descer mesmo era uma panela de feijão com arroz, batata e carne. E aí todo mundo caía de boca. Roberto Carlos principalmente. Ele comeu muitas vezes na minha casa. O bacana é que não foi uma, nem duas, nem três, nem quatro vezes. Roberto Carlos comeu várias e várias vezes lá em casa. Mais ou menos umas 30 mil refeições. Inclusive, ele está me devendo uma grana legal, porque nunca pagou nada", brincava Tim Maia.

As primeiras apresentações públicas do quarteto foram em dezembro daquele ano, ali mesmo pela Tijuca. Os Sputniks tinham no máximo dois violões, um tocado por Tim, mais rítmico, pulsante, outro por Roberto, mais harmônico. Todos cantavam em harmonia vocal, com as vozes bem distribuídas, mas o crooner principal não era nem Tim nem Roberto, mas Wellington Oliveira, o único que sabia falar um pouquinho de inglês — algo fundamental para um grupo que só interpretava músicas americanas. O destaque era a canção "Little darling", sucesso dos Diamonds, que eles reproduziam com todas as firulas vocais do original: "Ah, ya ya ya ya / Little darling, oh little darling / O-oh, oh-oh-oh / where a are you?" Quando a apresentavam, os Sputniks também usavam uma canequinha e uma colher, tocadas por Wellington, para fazer a percussão — aquele plec, plec, plec do arranjo original. E a isto se resumia o grupo: quatro vozes, dois violões, uma canequinha e a colher.

No início de 1958, os Sputniks alcançaram sua maior façanha: se apresentar na televisão, no programa *Clube do Rock*, que ia ao ar ao meio-dia de terça-feira, na TV Tupi do Rio. Era a primeira atração do gênero na televisão brasileira, apresentada pelo jovem Carlos Eduardo da Corte Imperial. Nascido em Cachoeiro de Itapemirim, herdara o imponente sobrenome do bisavô baiano, que certa vez hospedara o imperador D. Pedro II em sua chácara, em Salvador. Isso lhe valeria o singelo título de "moço da Corte Imperial". "Aí alguém muito inteligente da minha família teve a ideia de incorporar este título de nobreza ao nosso sobrenome", gabava-se Carlos Imperial, que aos 7 anos se mudou para o Rio, onde seu pai comandaria importantes instituições financeiras. A partir daí o garoto viveria como um típico integrante da zona sul carioca, morando com a família em um luxuoso apartamento tríplex, em Copacabana. Até que, aos 22 anos, em 1957, mergulhou no universo proletário do rock'n'roll, iniciando-se na carreira artística como dançarino e apresentador de televisão. "E agora com vocês o tão esperado *Clube do Rock*: one, two, three, four, five, six, seven", dizia na abertura do programa, sempre ao som de "Rock around the clock", e com imagens de bailarinos dançando o ritmo da moda. Ali, Roberto Carlos, Tim, Arlênio e Wellington cantaram o principal número dos Sputniks, "Little darling", com seus dois violões, a canequinha e a colher. "A gente cantou vocalizando bonitinho. Era bonitinho mesmo, pois a gente era muito caprichoso com a vocalização", afirmou Roberto.

Entretanto, essa acabou sendo a primeira e última apresentação dos Sputniks na televisão. O pau quebrou logo após o programa, porque, enquanto seus colegas lanchavam num bar ao lado, Roberto abordava Imperial lá fora, se dizendo também de Cachoeiro de Itapemirim e fã de Elvis Presley. Acabou conseguindo dele a chance de fazer um número solo, imitando Elvis, no *Clube do Rock* seguinte. Tim Maia não gostou e foi tirar satisfações. "Eu boto você no meu conjunto e você quer ir cantar sozinho, porra!", berrava para quem quisesse ouvir. Os Sputniks praticamente acabaram ali, e, na semana seguinte, lá estava Roberto Carlos sozinho na televisão, de violão na mão, sacudindo e cantando "Jailhouse rock". "Eu sofria muito a influência dos trejeitos de Elvis quando cantava, fazia até aquele jogo de pernas", afirma. Sua irmã Norma confirmou que "Roberto se vestia, se penteava com aquele topete de Elvis e o imitava até no jeito. Tinha até um blusão igual ao dele". Com tudo isso, o cantor passaria a ser anunciado por Imperial como o "Elvis Presley brasileiro". Tim Maia, por sua vez, apareceria ali como o "Little Richard brasileiro". Mais um pouco e surgia uma nova atração, Wilson Simonal, o "Harry Belafonte brasileiro", pois começaria sua carreira cantando calipso e chá-chá-chá, no rastro do cantor norte-americano de ascendência jamaicana. Carlos Imperial tinha então sob suas asas uma trinca que faria história na MPB; três garotos suburbanos e talentosos, enfrentando toda barra de preconceitos para se firmar como ídolos da música popular — e todos integrantes fixos do *Clube do Rock*, que reunia músicos, cantores e dançarinos comandados por Imperial.

"Com seus 3 milhões e tanto de habitantes, o Rio apresenta uma curiosidade", dizia a *Revista do Rádio*, em julho de 1958. "Tudo o que se faça sobre ou em torno de rock'n'roll está ligado a uma pessoa e a uma entidade. A entidade é o Clube do Rock e a pessoa é Carlos Imperial, fundador do clube." Sim, mas registre-se que não havia apenas um único "clube do rock". Jovens de vários bairros e cidades do Rio de Janeiro também formavam sua entidade. Havia o Clube do Rock do Méier, o Clube do Rock da Ilha do Governador, o de Icaraí, em Niterói, e o de Mutuá, em São Gonçalo — todos igualmente com seus músicos, cantores e dançarinos. Em alguns bairros faltavam postos de saúde, mas havia um "clube do rock". O jornal *Tribuna da Imprensa* informava que no bairro do Irajá, por exemplo, "tem um clube de rock em pleno funcionamento — mas ainda não tem uma igreja". É fato, porém, que a entidade de Carlos Imperial era a principal referência. Daí que, quando se precisava de um grupo de rock para um show, uma festa, um filme ou peça publicitária, era a ele que se recorria. Aconteceu assim durante a visita de Bill Haley & His Comets ao Rio, em 1958. A turma de Carlos Imperial foi contratada para fazer o pré-show do astro americano, com a estreia no Teatro República, em 29 de abril, e a despedida, quatro dias depois, no Maracanãzinho.

Roberto Carlos iria cantar o hit "Hound dog", de Elvis Presley, mas estava sem a letra para ensaiá-la corretamente. Na época, era uma dificuldade arranjar a letra de uma música internacional quando não se sabia o idioma para tirá-la de ouvido. No entanto, essa dificuldade acabaria por finalmente aproximar Roberto de outro garoto da Tijuca, Erasmo Esteves, então com 17 anos. Os dois já se conheciam de vista, e Erasmo costumava ver o cantor na televisão. Mas o encontro para valer aconteceu numa tarde de abril, dias antes do show de Bill Haley. Mais uma vez, Arlênio Lívio esteve em ação. Ele disse a Roberto que conhecia a pessoa certa para arranjar a letra de "Hound dog": um garoto ali do bairro que colecionava tudo sobre Elvis Presley. Junto com outro colega da turma, Edson Trindade, Arlênio então levou Roberto até a casa de Erasmo. E, de fato, o cara possuía mesmo tudo sobre o rei do rock: discos, fotos, figurinhas, pôsteres e um álbum com todas as letras de suas músicas. E tinha também outra coisa que logo chamava a atenção: a maneira de andar, o jeito de corpo de Erasmo era igual ao de Elvis Presley. "Eu via todos os filmes de Elvis e prestava atenção aos mínimos detalhes", explicou. Como Roberto também assistia àqueles filmes, imediatamente identificou os movimentos à la Elvis que Erasmo fazia. "E quanto mais a gente comentava, mais ele fazia parecido", comentou Roberto, que ao final do encontro agradeceu pela letra de "Hound dog", deixando um convite ao outro: "Apareça lá na televisão." Na terça-feira, dia do *Clube do Rock*, lá estava Erasmo à procura de Roberto Carlos, na TV Tupi. E assim ele passou a frequentar os bastidores da televisão, se oferecendo para ir comprar sanduíche para os artistas, os produtores e até para o porteiro da TV. Não demorou muito e já atuava como contrarregra do programa. Mais um pouco, já estava até namorando umas das dançarinas do *Clube do Rock*. "Eu fui entrando ali como um câncer. É como um câncer que a gente vai entrando no ambiente de que quer fazer parte", comparou.

No pré-show da estreia de Bill Haley no Teatro República, Roberto foi novamente anunciado como o "Elvis Presley brasileiro", entrando com a letra de "Hound dog" na ponta da língua, mais as de "Tutti frutti" e "Jailhouse rock", e com uma "cabeleira de leão", segundo comentário de *O Globo*. O jornal *Última Hora* opinou que a participação do grupo de Carlos Imperial "foi deveras valiosa e apreciável, por isso mesmo arrancaram entusiásticos aplausos da plateia". E quando Bill Haley entrou em cena com seus cometas para um show de pouco mais de meia hora, o público já estava devidamente aquecido pelo dobro do tempo da apresentação do Clube do Rock. Entre as dançarinas do grupo, estava a morena Maria Gladys, uma garota do Grajaú, então com 18 anos — futura estrela do filme *Os fuzis*, de Ruy Guerra, e do cinema marginal dos anos 1970. Num breve perfil dela, Ruy Castro diz que Gladys "era uma espécie de pré-Leila Diniz: debochada, inconformista, pronta para tudo". Desde a adolescência ela chamava a atenção na pista de dança, sendo cortejada pelos rapazes. Daí para o Clube do Rock de Carlos Imperial foi um pulo, e ali conheceu Roberto Carlos. Nessa noite do pré-show de Bill Haley, os dois saíram juntos para comemorar a apresentação. "Conversamos rapidamente e me apaixonei", disse Gladys. "Ele tinha um beijinho muito gostoso." Roberto e Maria Gladys iniciaram ali um romance, que se estenderia pelas próximas apresentações do Clube do Rock. "Como a época era de vacas magras, não fazíamos grandes programas. Após as apresentações no programa de Carlos Imperial, na TV Tupi, íamos para Copacabana comer queijo-quente com guaraná e namorar um pouco. Depois eu seguia para o Grajaú, e Roberto para o Lins de Vasconcelos", contou.

Após aquele primeiro encontro de Roberto e Erasmo, em abril de 1958, os dois foram descobrindo afinidades e estreitando a amizade em meio a músicas e brigas. O sucesso dos roqueiros da zona norte entre as meninas da Urca provocava ciúmes nos rapazes do bairro. E a turma da Urca era a mais violenta, pois dela faziam parte alguns membros da família Gracie, de lutadores de jiu-jítsu. Um dia, tomados de ciúme, eles fizeram um cerco aos rapazes do Clube do Rock e Roberto Carlos recebeu o primeiro soco. Aí Erasmo pulou à frente. "Ninguém bate nele. Quem quiser confusão vai ter de brigar comigo." Os agressores talvez não contassem com a reação do rapaz alto, 1,81 metro de altura, e forte, pesando 100 quilos, porque Erasmo ainda era novo ali. Ele então foi para o meio da roda formada e a briga seguiu feia, só acabando com a chegada da polícia. Mas, desde esse dia, Erasmo transmitiu uma sensação de segurança e proteção a Roberto Carlos. Numa entrevista em 1980, o próprio Tremendão comentou: "Outro dia eu estava conversando com o Roberto. Descobrimos que ficamos amigos íntimos durante aquelas muitas brigas. Aquilo nos uniu definitivamente."

Da amizade, seguiu-se depois uma longa parceria musical, e 23 anos depois eles trabalhavam em uma nova canção, "Minha tia". Assim que rabiscou os primeiros versos da letra, em Los Angeles, Roberto Carlos ligou para o parceiro, no Rio. Falou-lhe da ideia da nova canção, contou detalhes da sua relação com a tia Amélia e de algumas das recordações do tempo da Tijuca. "Ficamos um tempão no telefone, foi uma conta altíssima", lembrou Roberto Carlos. Erasmo anotou as frases que o amigo já tinha feito e ficou de pensar no tema para dar algumas sugestões depois. Neste processo, mergulhou em suas próprias lembranças de menino pobre da Tijuca — algo que já havia feito anos antes ao compor o rock "Largo da Segunda-Feira", do álbum *Sonhos e memórias*: "Largo da Segunda-Feira / Onde eu morei um dia / Meus remédios, minhas pipas, meus colégios / Matoso, praça da Bandeira / Meu caldo de cana / As entradas, as bandeiras."

Erasmo Carlos nascera na rua do Matoso, na Tijuca, em junho de 1941, menos de dois meses depois de Roberto Carlos. O curioso é que o Tremendão quase foi baiano. Sua mãe, Maria Diva, tinha acabado de chegar de Salvador — de onde saíra porque estava grávida de um homem que se recusou a assumir a criança. Numa época de grande preconceito contra a figura da mãe solteira, ela preferiu ter o filho longe dos amigos e vizinhos baianos. E, para preservar o filho de maiores traumas ou preconceitos, contava a Erasmo que seu pai tinha morrido antes de ele nascer. Assim, Erasmo Carlos cresceu como "filho único de mãe solteira", como ele mesmo define, e cercado de baianos, porque sua mãe veio para o Rio de navio acompanhada da avó dele, de sua tia e do tio. "Absorvi a cultura baiana a ponto de fazer as minhas primeiras orações para o Senhor do Bonfim, que era o papai do céu para mim. E, em dias de festa, lá em casa comia-se caruru, vatapá, munguzá com canela na sobremesa, e até de feijão de coco que minha avó fazia."

Tudo isso deve ter aflorado novamente em Erasmo enquanto pensava na música que Roberto Carlos havia proposto. E, dois dias depois daquela conversa com o parceiro, ele ligou de volta para falar da nova composição. "Roberto, eu fiz uma parte aqui, talvez você goste. Que tal falar que você tem saudade de algumas coisas que sua tia fazia, como 'aquela sua comidinha eu não encontro em restaurantes' e 'a minha roupa limpa tem um jeito de lavanderia'?" "Bicho, está ótimo. Está perfeito isso. É exatamente a história que eu te contei", respondeu Roberto Carlos, que incluiria essas frases na letra da música. E juntos acrescentaram outras, como a referência ao "antigo e tão surrado / Meu blusão de couro". Esta indumentária era quase obrigatória para eles no tempo da Tijuca, muito influenciados por ícones como Marlon Brando, que usava um blusão assim no filme *O selvagem*.

Aliás, o triunvirato de consumo cultural daqueles garotos era formado basicamente por filmes, discos e revistas em quadrinhos americanos. Seus ídolos eram os mesmos — e todos americanos: Elvis Presley, Marlon Brando, Little Richard, Marilyn Monroe, James Dean, Superman, Capitão América... Para aquela turma, Tio Sam era o seu profeta e os Estados Unidos a sua Meca. E o sonho de todos era um dia conhecer o país. A vontade era tanta que Tim Maia não quis esperar e se mandou para Nova York aos 16 anos, em fevereiro de 1959. Lá, conseguiu alojamento com o casal Lilian e William O'Meara, conhecidos de um freguês de seu pai. Tim mandava cartas a seu amigo Erasmo com frequência, e na primeira delas, datada de 23 de abril daquele ano, contou as novidades. "Erasmo velho, it's not mole, irmão. Estou aqui, morando com uma família muito bacana, os O'Meara, que me tratam como filho. Até uma guitarra já compraram para mim. Trabalho doze horas por dia e à noite, com uns caras legais e muito afinados, vou ensaiando para ver se consigo algo por aqui. Formamos um quarteto e qualquer dia destes estaremos mandando brasa sentida. Tchau!"

Em 1976, durante a composição de "Minha tia", era a vez de Roberto Carlos também se comunicar com Erasmo dos Estados Unidos, mas em condições bem melhores que as do adolescente Tim Maia. E assim, com frases de um e de outro, a canção foi finalizada pelo telefone, pois o cantor queria incluí-la a tempo no seu disco de fim de ano.

Com arranjo do maestro Charlie Calello, "Minha tia" seria gravada no estúdio Larrabee Sound, ali mesmo em Los Angeles, e se tornaria uma das faixas de destaque do novo álbum de Roberto Carlos. "É uma música bastante verdadeira, aquilo realmente acontecia", contou. O parceiro Erasmo Carlos, porém, não gostou do resultado — o que às vezes acontece em canções assinadas por duplas. "Com todo o respeito à tia dele, eu não curto essa música. É uma composição que não me diz muita coisa. Mas talvez por não ser a minha tia, e sim a dele", brincou.

Devido ao suspense que cercava as gravações de Roberto, a tia homenageada só soube da música depois que o disco foi lançado, próximo do Natal. Dona Amélia recebeu um LP autografado dele e se surpreendeu com a homenagem, pois nem de longe imaginava que pudesse ser tema de uma canção do sobrinho — algo que provavelmente também ocorrera a Albert McCartney, tema da canção "Uncle Albert/ Admiral Halsey", hit de 1971, presente do sobrinho Paul McCartney, que comentou sobre o tio: "Ele é alguém de quem me lembro com carinho, e quando a música estava chegando foi como uma coisa nostálgica." No caso de Roberto Carlos, ele ainda não tinha homenageado ninguém citando explicitamente o nome, nem mesmo sua mãe, que só ganharia "Lady Laura" dois anos depois. "Titia Amélia dizia que não podia ouvir essa música porque sempre chorava muito. Mas ela ouvia."

6

JOÃO E MARIA

"Li no almanaque a versão
Nova da história do João
Levou Maria ao bosque passear
E borboletas lindas apanhar"
Do single Roberto Carlos, 1959

Quando o cinema nacional descobriu que havia um tal de rock'n'roll, os diretores logo procuraram Carlos Imperial, pedindo seus músicos e dançarinos no set de filmagem. E para lá ia a turma do Clube do Rock fazer figuração em chanchadas como *De vento em popa*, de Carlos Manga, *Alegria de viver*, de Watson Macedo, e *Sherlock de araque*, de Victor Lima. O diretor Aloísio Teixeira de Carvalho quis o mesmo para a comédia *Minha sogra é da polícia*, produção de 1958 estrelada pela atriz Violeta Ferraz. Ela interpreta uma policial veterana, bancando a transviada, que usa jeans, anda de lambreta e dança rock'n'roll. Cauby Peixoto tem uma participação especial no filme, cantando "That's Rock", composição de Imperial que o cantor jamais lançaria em disco. Num palco montado nos estúdios da Brasil Vita Filmes, na Tijuca, Cauby é acompanhado por um conjunto com Roberto Carlos no violão, o próprio Imperial em outro, Erasmo no saxofone e mais alguns músicos — todos dublando em cena. Uma turma dança, incluindo a sogra policial, fazendo par com um "possuído" Paulo Silvino — outro integrante do Clube do Rock —, bailando como se estivesse num terreiro de macumba. Em momentos distintos, o filme conta também com participações dos cantores Paulo Molin, Lana Bittencourt e El Cubanito, mas era o nome de Cauby Peixoto que aparecia com destaque nas chamadas publicitárias. Para o jovem Roberto Carlos, era o máximo estar num filme com o cantor de "Conceição", então no auge do sucesso, aos 27 anos — dez a mais que o figurante. *Minha sogra é da polícia* foi lançado em grande circuito, mais de trinta cinemas, inclusive no Cine Santa Helena, no Lins de Vasconcelos. Roberto tanto falou, que seus pais, irmãos e vizinhos foram lá para vê-lo na tela grande. Todavia, tiveram que se contentar com apenas cerca de trinta segundos de imagens dele, e, ainda assim, só no canto esquerdo da tela, quase saindo fora dela com seu violão. O astro era mesmo o cantor Cauby Peixoto, cantando todo serelepe, num pulôver moderninho.

A julgar por essa cena, a música brasileira continuaria por muito tempo ainda dominada pelos cantores do rádio e seus vozeirões herdeiros do *bel canto* italiano. Quando em julho de 1958, porém, se iniciaram as filmagens de *Minha sogra é da polícia*, naquele estúdio na Tijuca, um obscuro cantor entrava com seu violão no estúdio da Odeon, na avenida Rio Branco, no centro do Rio, para gravar um disco. O cantor era o baiano João Gilberto, e o disco, um single com as músicas "Chega de saudade", de Tom e Vinicius, e "Bim bom", do próprio João — marco inaugural do que seria chamado de bossa nova. Nem Cauby nem Roberto Carlos podiam imaginar, mas naquele momento uma revolução musical estava a caminho, e teria consequências para as carreiras deles. Ao colocar esses dois artistas em posições tão distintas em cena, involuntariamente, a chanchada *Minha sogra é da polícia* captou um momento da nossa música, o fim de uma era, porque, pouco depois, cantores do estilo de Cauby Peixoto seriam jogados no passado, enquanto outros, como Roberto Carlos, catapultados para o futuro. A chegada de João Gilberto faria mexer as peças no tabuleiro da música brasileira, que nunca mais seria a mesma.

O artista baiano, então com 27 anos, iluminaria os caminhos de toda uma geração de cantores, compositores, músicos e arranjadores. Roberto Carlos ouviu a gravação de "Chega de saudade" pela primeira vez num rádio, numa tarde de sábado, em sua casa no Lins de Vasconcelos. "Vai, minha tristeza, e diz a ela / Que sem ela não pode ser / Diz-lhe numa prece que ela regresse / Porque eu não posso mais sofrer / Chega de saudade..." O fraseado sincopado do cantor e os incríveis jogos rítmicos entre voz e violão deixaram o garoto deslumbrado. Ele e outras futuras estrelas da MPB — como Chico Buarque, Gilberto Gil, Gal Costa, Caetano Veloso e Edu Lobo — receberam esta gravação de João Gilberto literalmente como uma revelação. "Nunca tinha ouvido nada igual antes. A forma de João cantar, a colocação da voz, a emissão, a afinação, a divisão, tudo ali era perfeito", afirmou Roberto, que, fascinado, pegou seu violão e imediatamente tentou reproduzir aquele som — esquecendo por um bom tempo as músicas do ídolo Elvis Presley.

Aliás, meses antes, também em 1958, numa decisão surpreendente, o rei do rock havia deixado a carreira de lado para servir ao Exército dos Estados Unidos por quase dois anos. "Você mostrou, em primeiro lugar, ser um cidadão americano, um voluntário do Tennessee e um jovem desejoso de servir seu país quando convocado", felicitou-lhe num telegrama o governador daquele estado. Sem o seu rei — agora transformado no recruta US 53310761 —, o rock pareceu ficar meio à deriva. Outros ídolos, por razões distintas, também se afastaram da carreira naquele período. Jerry Lee Lewis, por exemplo, foi execrado após vir a público seu relacionamento com uma prima de 13 anos. Outro pioneiro, Chuck Berry, acabou indo para a cadeia sob a acusação de também usar menores em sua casa noturna. Já Little Richard relegou o rock para se tornar pastor evangélico, obedecendo, segundo ele, a um chamado do próprio Deus. Assim, havia um clima de fim de festa no universo do rock'n'roll, e isso não favorecia alguém que se apresentava por aqui como o "Elvis Presley brasileiro". As oportunidades rareavam para Roberto Carlos na televisão. O programa de Imperial saiu do ar e os dois se afastaram por um tempo. No rádio ele continuava também sem muita chance, pois ainda prevalecia a preferência por cantores de vozeirão.

Portanto, a ensolarada bossa nova de João Gilberto surgira mesmo em boa hora para ele. O sucesso do cantor baiano dava a Roberto

Carlos mais certeza e ânimo para tentar a carreira artística. Afinal, João estava ali para provar que, definitivamente, não era mais necessário ter voz de cantor de ópera para obter sucesso como intérprete. Com sua voz pequena, porém afinada e bem colocada, Roberto Carlos poderia também se tornar um astro da música popular. Revigorado, ele partiu para uma nova fase em sua carreira: a de cantor bossa nova. E decidiu então batalhar por um emprego de crooner na noite carioca, já que aquele estilo musical soava melhor no interior de uma boate do que num auditório de rádio. Para sorte de Roberto Carlos, uma prima dele era casada com o gerente de uma casa noturna. E não uma casa noturna qualquer, mas a badalada boate Plaza, chamada de a "joia de Copacabana", sinônimo de vanguarda musical na noite carioca, pois, antes de se tornarem famosos, davam canjas ali músicos como Johnny Alf, João Donato e Luizinho Eça, ainda de calça curta tocando acordeom.

A pedido de Roberto Carlos, dona Laura sondou a prima e depois falou com o marido dela, Raimundo Nonato Amaral, um ex-chefe de cozinha que se tornara gerente de bares e restaurantes no Rio. Gerenciar a boate Plaza foi o seu auge e onde ganharia notoriedade. Segundo um colunista da época: "Amaral sabe como ninguém a preferência dos boêmios." Ele recebeu dona Laura em casa e pediu para ouvir Roberto Carlos cantar ao violão. Com seu ouvido calejado pelo som dos crooners na noite, não teve dúvida do talento do garoto. Gostou especialmente do seu estilo bossa nova, pois era o que seus clientes mais pediam para ouvir. Amaral então prometeu indicar Roberto Carlos ao dono da boate, Maurício Lanthos, aquele que, afinal, assinava a carteira dos contratados.

Húngaro de nascimento, Lanthos era um ex-bailarino, radicado desde 1939 no Rio. Antônio Maria dizia que para ele não existiam as palavras oxítonas — pelo fato de o empresário nunca ter perdido o forte sotaque. Inicialmente, Maurício Lanthos atuara nos cassinos da Urca e de Icaraí, em Niterói, mas, após o fechamento destes, em 1945, decidira se aventurar como empresário da noite. Começou como diretor artístico e depois foi sócio, por dez anos, da pioneira boate

Night and Day, no centro da cidade. Com o dinheiro que ganhava, se tornou também sócio da boate Arpége, no Leme. Acabaria desistindo dessas sociedades, mas não da noite, pois logo depois arrendou a boate do Hotel Plaza, na avenida Prado Junior, reformulando-a e depois reinaugurando-a, em dezembro de 1958. Do outro lado do Plaza, com saída para a avenida Princesa Isabel, ele criou o Hi-Fi Bar Restaurante, a primeira casa noturna do Rio a funcionar exclusivamente à base de discos, com as paredes decoradas com capas de LPs. Era Maurício Lanthos, mais uma vez, antecipando o futuro da noite carioca.

Antes que o futuro chegasse, porém, aceitando a indicação do gerente, ele contratou Roberto Carlos como crooner da boate, dando ao garoto seu primeiro emprego com carteira assinada, em março de 1959. Por ser menor de 21 anos — a idade mínima então exigida para se trabalhar na noite —, Roberto precisou de uma autorização especial assinada por seu pai. Ter um emprego numa casa do gabarito do Plaza era um privilégio até para crooners mais experientes, pois muitos deles atuavam em boates pequenas, com piano modesto, garçons de uniforme puído e dependendo exclusivamente do couvert, que era pago diariamente, em dinheiro vivo, portanto, sem renda fixa ou seguridade social. E, além disso, aquele palco no coração de Copacabana podia servir como uma vitrine para um jovem cantor em busca de notoriedade.

O Rio de Janeiro ainda era a capital da República, e por seus bares e boates circulava a elite política e cultural do país. Socialites, empresários, ministros e senadores frequentavam boates como Sacha, Vogue, Freds e Drinks. Já artistas e intelectuais preferiam boates mais alternativas, como Little Club e Bacará, no beco das Garrafas, em Copacabana. A boate Plaza ganhara uma decoração moderna com a reforma de Lanthos, seguindo o perfil da clientela, que também incluía artistas e jornalistas. Tinha uma pista, entre o palco e as mesas, com espaço para uns vinte casais dançarem agarradinhos. "O primeiro dia em que cantei na boate Plaza é inesquecível. Aquilo foi uma felicidade, uma maravilha, eu me senti um profissional. Pra mim, que tinha vindo de Cachoeiro, cantar naquele nightclub de Copacabana era um negócio sensacional", lembrou Roberto Carlos. Sempre trajando terno e gravata — típico figurino dos crooners de boate —, ele se apresentava acompanhado por diferentes músicos, entre os quais o violonista Bola Sete, o pianista Vadico, o organista Zé Maria e seu conjunto, o quinteto do pistonista Barriquinha, além de João Donato — todos já com discos gravados. "Donato é um bicho muito louco, e ele me incentivava muito, me explicava as coisas, dizia: 'Você tem que balançar um pouco mais, tá legal, afinadinho, mas tem que ter mais balanço'", contou Roberto, que, além desse auxílio luxuoso no palco, pela primeira vez trabalhava próximo de seus ídolos. Naquele ano, por exemplo, Tito Madi atuava na boate Cangaceiro; Dolores Duran, no Little Club; e João Gilberto, numa temporada no Copacabana Palace. Isto sem falar em atrações internacionais, como Charles Aznavour, que também se apresentavam em boates de Copacabana.

A forte concorrência não impediu Roberto Carlos de receber as primeiras referências dos colunistas da noite, embora, por vezes, chamando-o de "Carlos Roberto", que era um nome bem mais comum do que Roberto Carlos. Até mesmo uma mensagem publicitária, da própria boate Plaza, cometeu esse erro, ao anunciar nos jornais que entre as atrações da casa estava um tal "Carlos Roberto, cantor revelação de 1959". Como se vê, era mesmo uma peça de propaganda paga. Numa coluna com dicas de boates do Rio, a revista *Radiolândia* afirmava que "quem está com boa frequência é o Plaza, de Lanthos. A música não para um minuto sequer", destacando, e dessa vez sem errar o nome, que "um jovem canta bem, ali no Plaza, o rapaz Roberto Carlos!", assim mesmo, com exclamação, uma característica daquela coluna. Um mês antes, a *Radiolândia* já tinha também dado a dica da noite carioca: "Distração? Vá escutar o bom conjunto de Vadico, no Plaza, com a voz de Roberto Carlos, um garoto de ouro." Quis o destino que o paulista Oswaldo Gogliano, o Vadico, ex-parceiro de Noel Rosa em clássicos como "Conversa de botequim", "Feitiço da Vila" e "Pra que mentir?", estivesse agora ao lado de outro jovem artista que também iria fazer história na nossa música popular. Noel Rosa e Roberto Carlos. Roberto Carlos e Noel Rosa. Duas gerações da música brasileira que, em tempos e intensidade distintos, exerceram o ofício de músico ao lado de um mesmo companheiro. Não é demais imaginar que, se vivo fosse, o boêmio Noel estaria presente naquelas noites no Plaza, vendo seu parceiro Vadico, então com 49 anos — que seria também a idade de Noel —, ao lado do "garoto de ouro", Roberto Carlos.

Um dos comentários mais frequentes sobre o crooner do Plaza era o da sua semelhança com João Gilberto. O radialista e colunista José Messias, por exemplo, sabendo da condição social de Roberto, afirmava que ele era "o João Gilberto dos pobres"; outro colunista, Alberto Rêgo, definia o jovem cantor como "sósia de João Gilberto" — por ironia, usando uma palavra que daria título a uma música de Roberto Carlos na Jovem Guarda, com críticas a seus imitadores no iê-iê-iê. Mas o próprio cantor admitiria a semelhança com João nessa fase de sua carreira. "A gente sempre sofre uma grande influência do artista que a gente gosta. Principalmente para um cantor iniciante é difícil descobrir um estilo, uma forma de cantar diferente, porque a forma que aquele artista gravou é muito marcante e a gente com pouca experiência se influencia e acaba cantando parecido. E eu realmente cantava parecido, muito parecido com João Gilberto."

Pois eis que certa noite, pouco antes de o jovem crooner subir ao palco, um dos garçons soprou-lhe no ouvido que João Gilberto, ele mesmo, o papa da bossa nova, estava na porta da boate, prestes a entrar. "Foi difícil cantar nessa noite porque fiquei preocupado com o que o João pudesse pensar de mim", afirmou Roberto, que tinha ensaiado mais músicas do álbum *Chega de saudade* para interpretar naquela noite, como "Lobo bobo" e "Brigas nunca mais". Lá fora, João Donato, pianista da casa, insistia para que João Gilberto entrasse. "João, vem ver você", também sugerindo que o outro era um sósia dele. Donato conhecia Roberto desde que este chegara para trabalhar ali, e logo notou sua devoção ao criador da bossa nova. Tanto insistiu que João Gilberto acabou entrando, ficando num cantinho, lá atrás, num raro e histórico encontro entre o criador e a criatura. "Lembro que, quando entrei na boate, Roberto estava cantando 'Brigas nunca mais'", afirmou João Gilberto em depoimento ao autor, observando que achou o garoto "muito musical". Ocorre que o interior do Plaza era bastante escuro, e do palco o crooner não conseguiu ver seu ídolo. "Até hoje eu não tinha certeza se João Gilberto havia mesmo me ouvido cantar naquela noite no Plaza", disse-me Roberto Carlos quando lhe contei este episódio numa conversa no seu camarim. O fato é que ao entrar naquela casa noturna, numa noite de 1959, João Gilberto avistou no palco o primeiro representante de uma geração de músicos e cantores que surgiria na década seguinte se dizendo filho da sua arte. Ou seja: ele ouviu Roberto Carlos antes de conhecer Chico Buarque, Caetano Veloso, Gal Costa, Gilberto Gil, Marcos Valle, Edu Lobo e vários outros de seus fãs confessos.

Roberto Carlos se apresentava na parte nacional, mas a grande atração da boate Plaza era o saxofonista Booker Pittman, americano radicado no Brasil, responsável pela parte internacional do show. Para o crítico Sylvio Tullio Cardoso, o "fabuloso" Booker Pittman era o saxofonista-soprano número um do mundo. Antônio Maria, dia sim, dia não, dava uma dica aos leitores, sempre com a mesma frase. "Vale a pena ouvir Booker Pittman na boate Plaza." O compositor Lamartine Babo costumava ir lá especialmente para isso, e acabava ouvindo também Roberto Carlos, porque a programação da boate não era muito rígida. Às vezes, Roberto era acompanhado por Booker Pittman ou fazia a parte internacional no dia de folga do músico americano, interpretando temas de Frank Sinatra e Tony Bennett.

O cantor se alternava no palco com sua colega de trabalho, a morena Geny Martins, chamada de "a mais Lollobrigida das cantoras da noite", numa referência à atriz italiana Gina Lollobrigida, então no auge. Adepta do estilo mais tradicional de interpretação, Geny brincava dizendo que Roberto "cantava com a voz da fome". Em julho ela deixou o Plaza para trabalhar na boate Dominó, mas, antes e depois dela, Roberto dividia o palco com outras crooners que também atuaram ali, como Valéria Muller, Cleia Marques, Tania Maria, Sônia Claridge, Milena Salvador e Claudette Soares, cantora também iniciando a carreira. E, por falar em mulheres, um colunista dizia que o jovem crooner do Plaza estava "balançando muitos corações femininos, inclusive o de uma viúva que vai aplaudi-lo quase todas as noites". Anos depois, o próprio Roberto Carlos confirmaria que ele era mesmo tentado naquele palco. "Às vezes eu estava cantando e, de repente, aparecia um bilhetinho na minha mão."

Certa noite, quem também apareceu por lá foi o seu conterrâneo Carlos Imperial, recém-chegado de uma viagem ao exterior. "Ô meu filho, o que faz você aqui no Plaza? Vi seu retrato na porta. O que está acontecendo?" Roberto Carlos informou-o de que havia abandonado o rock e agora era um cantor de bossa nova. "O quê? Bossa nova?", espantou-se Imperial, que costumava frequentar aquela boate em noites de jam sessions e nunca pensou que poderia encontrar ali o "Elvis Presley brasileiro", ainda mais cantando ao estilo de João Gilberto. O outro então explicou que, depois de conhecer a bossa nova, tudo mudara, e que aquela fase de rock era coisa do passado. Imperial sentou-se a uma mesa e ficou ali para ver e crer. Naquela noite, Roberto Carlos se apresentou acompanhado pelo conjunto do violonista Bola Sete, pseudônimo de Djalma de Andrade, grande músico negro, daí o apelido de teor racista, como era então comum. "Eu gostei, achei muito bacana ele cantando bossa nova", afirmou Imperial.

Na época, a imprensa constatava uma mudança no cenário musical brasileiro. "O samba, de roupagem nova, sobre o moderno, tomou conta da noite", afirmou um colunista. "Os ritmos estrangeiros foram relegados a plano inferior, o que não acontecia há muito tempo. O teleco-teco, associado ao estilo do Johnny Alf, à harmonia das melodias de Tom e à batida peculiar do violão do João Gilberto, constituiu-se na coqueluche do momento. Nas boates que trabalham com hi-fi, os discos de João Gilberto são os mais pedidos e as músicas de Tom e Vinicius, meritoriamente, ocupam um lugar de destaque." Portanto, era um contexto favorável a um jovem cantor de samba-canção e bossa nova. E, naquela noite mesmo, Carlos Imperial vislumbrou que aquele garoto que conhecera imitando Elvis Presley poderia muito bem se tornar um novo João Gilberto. "Tá na hora de você gravar um disco, rapaz", disse-lhe Imperial, já se oferecendo para produzi-lo. Roberto Carlos ficou feliz com a proposta, ainda mais ao saber que havia um lado bossa-novista em Imperial. Sim, ele também se encantara com a gravação de "Chega de saudade" e pensava em escrever canções sob a influência do novo estilo musical. E entendeu que o cantor certo para gravá-las estava ali, na sua frente, na boate Plaza: seu conterrâneo, o outrora "Elvis Presley brasileiro", que continuaria mais brasileiro ainda, mas agora na cola de João Gilberto.

Denilson Monteiro, biógrafo de Carlos Imperial, afirma que ele tinha um modo muito peculiar de compor músicas, que ele próprio explicara a Edson Bastos, seu companheiro do Clube do Rock. "Passa lá no meu apartamento. Eu tenho uns discos de Beethoven, de Debussy e de Chopin. A gente ouve e vai tirando um pouco de cada, depois é só juntar tudo que sai uma música." Bastos atendeu ao convite e juntos fizeram "Fora do tom", um samba com sátira à bossa nova. "Não sei, não entendi / Vocês precisam me explicar / Seu samba é esquisito / Não consigo decifrar." A letra, com contribuição também de Paulo Silvino, brincava com versos de canções de Tom, Vinicius e Newton Mendonça, como na parte final: "Cheguei, sorri, venci / Depois chorei com a confusão / No tom que vocês cantam / Eu não posso nem falar / Nem quero imaginar que desafinação / Se todos fossem iguais a vocês." Era o que se chamava de "samba-charge", podendo ter sido composto por alguém como o humorista Juca Chaves, mas saiu assinado apenas por Carlos Imperial — ignorando seus parceiros, inclusive os involuntários Debussy e Chopin. Ao ser cobrado por Paulo Silvino, o gordo retrucou. "Paulinho, música com mais de um autor não dá certo. Imagine só ver aqueles nomes todos no selo do disco. Fica muito feio."

Assim como os cantores da Era do Rádio nos programas de auditório, os crooners de boate testavam as canções inéditas nas apresentações ao vivo antes de levá-las ao disco. Foi o que também fez Roberto Carlos ao receber de Imperial o samba "Fora do tom". Ele passou a cantá-la todas as noites no Plaza na expectativa de que caísse no gosto do público, dos colunistas e de algum diretor de gravadora. Carlos Imperial tinha vários amigos na imprensa, e certamente um deles escreveu uma matéria não assinada, dando a maior força a Roberto Carlos e ao "samba-sátira" de Imperial, com direito à foto deles juntos no *Diário Carioca* — na época, um dos mais importantes do Rio. Num tom francamente exagerado, típico do próprio Imperial, diz o texto que a música foi "lançada espetacularmente" no Plaza, alcançando "um sucesso que nenhum dos dois esperava". Afirma que, após experimentar a "bomba", em poucos dias "Fora do tom" tomou conta de Copacabana, e que toda a gente do bairro "já conhecia e cantarolava o mesmo sambinha". Em outro flagrante despropósito, afirma também que, "agora, Roberto Carlos não quer perder tempo. Seu estilo e seu jeito estão na moda". Ou seja, o moderno estilo bossa nova não seria mais de João Gilberto, e sim do discípulo Roberto Carlos, que a matéria previa "chegar logo ao estrelato. Estampa é o que não lhe falta".

Com mais comedimento, o colunista Mister Eco, também do *Diário Carioca*, escreveu que "vem ganhando aplausos dos noctívagos o moço Roberto Carlos", e que o samba "Fora do tom" era "uma sátira amável às composições da dupla Antonio Carlos Jobim e Vinicius de Moraes, e ao João Gilberto". O colunista J. Pirilampo, do *Jornal dos Sports*, também destacava que o crooner do Plaza, sempre solicitado a cantar músicas de Tom e Vinicius, "para surpresa geral lançou um samba moderninho que 'goza' os sucessos daquela dupla. A novidade caiu no gosto. Tem a frase melódica construída dentro da harmonia predileta de Tom e a letra é uma brincadeira feita aos poemas de Vinicius". O colunista concluía com uma previsão para a música e o cantor: "Roberto Carlos, ao que tudo indica, será sucesso muito em breve, também fora do Plaza, com o sambinha 'Fora do tom'."

Isso só poderia ser confirmado com a gravação do disco, mas, como nenhum diretor de gravadora se ofereceu, Carlos Imperial pegaria Roberto pelo braço para ir até eles na tentativa de lançar o cantor como um novo astro da bossa nova. Começaria aí a sua via-crúcis pelas principais gravadoras do país. O apoio de Imperial era tudo de que Roberto precisava naquele momento. Ou seja, alguém que tinha contatos, conhecimentos no meio artístico e, além disso, a suficiente descontração, o ímpeto, o caradurismo necessários para romper qualquer barreira e chegar aos escritórios dos chefões das companhias de disco. Carlos Imperial sabia, por exemplo, fingir-se de surdo quando ouvia um não, e de cego diante das portas que ostentavam avisos de entrada proibida. Naquele tempo era difícil para um cantor conseguir a oportunidade de gravar. Como não existiam fitas demo, ele tinha que chegar com seu violão na frente do diretor ou do maestro da gravadora e dar o seu recado.

Melhor se tivesse a indicação de alguém de grande projeção no meio artístico, pois assim poderia receber uma atenção maior. Pensando nisso, Carlos Imperial decidiu procurar seu colega Abelardo Barbosa, o Chacrinha, popular radialista, então iniciando na televisão. Imperial foi encontrá-lo na Rádio Mauá e, ao final de seu programa, o apresentou a Roberto Carlos. "Chacrinha me recebeu muito bem, com muito carinho, com muita simpatia", recordou Roberto. De início o recomendou a João Leite, diretor artístico da Chantecler, gravadora paulista que tinha como logotipo um galo com uma clave de sol. Era basicamente dedicada à música sertaneja, mas naquele momento decidira ampliar e diversificar seu elenco, contratando alguns jovens artistas, como The Jet Black's, Sérgio Reis e Waldick Soriano. Seria, portanto, uma boa oportunidade para Roberto Carlos.

Chacrinha informou que tinha um jantar marcado com João Leite para o dia seguinte, na Churrascaria Recreio, e convidou também Roberto. O cantor chegou lá com seu violão, mas, devido ao grande movimento do local, realmente pouco indicado para se ouvirem canções intimistas, o diretor marcou uma audição para o dia seguinte em seu escritório, no centro do Rio. Ali Roberto Carlos interpretou ao violão alguns temas do repertório de João Gilberto, e mais uma vez "Fora do tom", de Carlos Imperial. João Leite pediu para ele cantar esta música umas três vezes durante a audição. No dia seguinte, deu o veredicto: havia gostado da composição de Imperial, mas não do cantor Roberto Carlos.

Sem chance na Chantecler, Imperial levou Roberto para um teste na gravadora Copacabana, que tinha em seu elenco artistas como Elizeth Cardoso, Dolores Duran e o palhaço Carequinha. O diretor da gravadora era o compositor Braguinha, que não participava dos testes de jovens cantores. Roberto Carlos foi então ouvido por um diretor artístico de plantão que tampouco aprovou a contratação.

Três dias depois, tentou a sorte em outra gravadora, a Continental. Ali, como colegas, Roberto Carlos poderia ter cantores como Ângela Maria, Jamelão e Carlos José. Porém, após ser ouvido, a resposta foi a mesma. "Vozes como a dele aparecem vinte por dia", justificou o diretor da Imperial. Tentaram em seguida um lance ainda mais ousado: a poderosa multinacional Odeon, que dali a pouco tempo lançaria os Beatles. No Brasil, era a gravadora de ídolos como João Gilberto, Celly Campello e Anísio Silva. Imperial conseguiu marcar uma audição com o próprio diretor Aloysio de Oliveira, o mesmo que contratara João Gilberto. Quem sabe poderia também se interessar por Roberto Carlos. Não foi o que aconteceu, e mais uma vez o garoto voltou para casa sem ter onde gravar seu primeiro disco.

Naquele ano, Carlos Imperial decidiu se aventurar também pelo jornalismo, batendo à porta da Editora Bloch, no Rio. Lá, conheceu um jovem editor (futuro educador e imortal da Academia Brasileira de Letras), Arnaldo Niskier, então diretor da revista *Sétimo Céu*. Era o tempo das grandes revistas de fotonovelas, como *Grande Hotel*, da Editora Vecchi, e *Capricho* e *Ilusão*, da Editora Abril. Niskier se empenhava na produção de fotonovelas nacionais para competir com as italianas, que dominavam o mercado. Um de seus colaboradores era o ator e compositor Mário Lago, que criava argumentos e roteiros. Carlos Imperial acabaria participando também desse projeto, e até ofereceu o apartamento triplex de seus pais para servir de cenário das histórias. Como Roberto Carlos estava ali dando sopa, e ainda sem gravadora, não custava nada indicá-lo para fazer uma fotonovela. Arnaldo Niskier morava na rua Haddock Lobo, na Tijuca, e conhecia aquela turma que se reunia em frente ao Bar Divino. Isso também favoreceu a escolha de Roberto Carlos, escalado como protagonista da trama *Assim quis o destino*, junto com Mary Fontes, atriz da TV Rio. Os dois aparecem na capa da revista, mas sem seus nomes, apenas como personagens, se olhando, num quase beijo, de mãos dadas.

As fotonovelas da *Sétimo Céu* eram preparadas dois meses antes de chegar às bancas. Esta com Roberto Carlos, feita no começo de julho, tem uma trama com cinco personagens, todos enquadrados pelo fotógrafo Victor Gomes. Roberto Carlos é Ricardo, moço rico da capital; Mary Fontes é Rosinha, moça ingênua do interior. Depois de um drama amoroso que inclui cenas de ciúmes, intrigas e até uma morte por acidente, a fotonovela termina com o cantor fazendo algo que jamais permitirá nos seus futuros filmes com Roberto Farias: beijar a boca da mocinha. Para a família e os amigos foi uma alegria ver o Zunga nas bancas de revistas. Seu Robertino, que tinha ido a Cachoeiro de Itapemirim resolver alguns negócios, levou aquela edição da *Sétimo Céu* na mala. "Eu me lembro que ele chegou lá mostrando esta fotonovela pra gente, todo orgulhoso com o filho na capa", comentou Eunice Solino, a Fifinha.

Nessa fase Roberto Carlos andava com vistosas olheiras, porque trabalhava na boate Plaza à noite, chegando em casa ao amanhecer, e saía logo depois para ir à escola e às gravadoras. Foi aí que desistiu de vez dos estudos. Ele chegou a começar o ano letivo junto com o trabalho no Plaza, mas, enquanto os colegas ouviam a aula, Roberto dormia. "Um dia, mesmo sabendo que mamãe fazia questão absoluta que eu estudasse, não aguentei e disse: 'Não estou dando conta. Ou estudo ou trabalho. Desse jeito não dá mais'." "Escolhe você", respondeu dona Laura. Ele então seguiu cantando à noite e percorrendo gravadoras de dia. E uma nova oportunidade surgiu no começo de agosto, quando Joel de Almeida, diretor artístico da gravadora Polydor, marcou uma audição para ouvir de perto o cantor do tal "samba-sátira" de Carlos Imperial. Localizada num prédio na avenida Rio Branco, próximo da praça Mauá, no centro do Rio, a Polydor não tinha um grande elenco nem estúdio próprio, mas lançara recentemente o cantor Agostinho dos Santos. Seu diretor, Joel de Almeida, então com 46 anos, era ex-integrante da dupla Joel e Gaúcho, que tempos atrás emplacara sambas e marchinhas no carnaval, como o clássico "Madureira chorou". Roberto Carlos tirou seu violão da capa e mostrou para ele temas de bossa nova que já cantava na boate Plaza. Chamaram a atenção de Joel a canção "Fora do tom" e o fato de que o garoto realmente cantava parecido com João Gilberto. Joel de Almeida cultivava uma velha rivalidade com Aloysio de Oliveira, o diretor da Odeon. Os dois se estranhavam desde os velhos tempos do rádio, quando Aloysio pertencia ao conjunto Bando da Lua e Joel fazia dupla com Gaúcho. Daí que Joel via agora uma boa chance de provocar Aloysio de Oliveira, que se gabava de ter lançado o papa da bossa nova. Talvez por isso, ao contrário dos outros diretores de gravadora, topou gravar um disco com Roberto Carlos — com a recomendação de que ele acentuasse ainda mais a imitação. Àquela altura, Carlos Imperial já tinha preparado uma segunda bossa nova para o outro lado do disco. Título: "João e Maria" — que também tem bastidores bem típicos do universo de Carlos Imperial.

"Cercados por uma grande floresta viviam um pobre lenhador com sua esposa e seus dois filhos. O menino se chamava João e a menina Maria..." A história de João e Maria — conto de fadas de tradição oral coletado pelos irmãos Grimm no século XIX — ganharia uma picante versão na música brasileira. Mas a ideia não fora de Imperial, e sim do cantor Orlandivo, em parceria com Paulo Silvino. "João levou Maria para o bosque passear / Maria não sabia que João é de amargar / E quando escureceu Mariazinha quis voltar / João disse que não, que não voltava sem beijar." Ou seja, a história de dois irmãozinhos inocentes perdidos na floresta ganhava contornos de assédio sexual, concluindo que Maria resistiu e João "resolveu voltar para não levar um bofetão". Com o título de "João e Maria", era um tema no estilo sambalanço que Orlandivo pretendia gravar no seu primeiro disco. Ocorre que o parceiro Paulo Silvino mostrou a música numa reunião na casa de Carlos Imperial. "Mas era isto que eu estava procurando!", exclamou Imperial sem maiores explicações.

Dias depois, ainda na batalha pelo primeiro disco, Orlandivo foi até a gravadora Polydor, chegando lá justo no momento em que Roberto Carlos assinava seu contrato. "Fiquei ali na sala de espera e dali a pouco saiu Roberto com o Joel", lembrou Orlandivo em entrevista a Tárik de Souza. Ele conhecia Roberto desde a fase "Elvis Presley brasileiro", e ficou curioso de saber que estilo de música o colega ia gravar. "Vou gravar uma bossa nova. 'João e Maria', respondeu Roberto. 'João e Maria'? Como é que você conhece essa música?", indagou, surpreso.

"É uma música do Imperial", respondeu o outro. "Não. Esta música é minha e do Paulo Silvino", retrucou Orlandivo. Na hora Roberto ficou sem entender direito, e certamente depois comentou o fato com Imperial, que dali até o dia da gravação do disco teria tempo de fazer alterações na melodia e na letra. Roberto Carlos disse que ele próprio fez pequenos acertos na letra que o amigo lhe mostrou. "Então, você vai ser parceiro", disse-lhe Imperial. "Tudo bem. Se você me der essa honra", respondeu Roberto, ganhando parceria apenas por algumas alterações numa frase ou outra da letra. Mas essa súbita generosidade de Imperial talvez tenha sido motivada pelo desejo de não assumir sozinho a cópia da narrativa da outra música. "João levou Maria ao bosque passear / E borboletas lindas apanhar / Mariazinha não sabia, não / Das intenções do João." E como na canção de Orlandivo, Maria reagiu ao assédio, pois "não gostou, não / Do papelão do João", que, "coitado, ficou abandonado / Com as borboletas na mão".

Para Orlandivo, mesmo com letra e melodia diferentes, essa versão erotizada da história de João e Maria havia praticamente liquidado sua música, porque o título e a temática eram exatamente os mesmos. E a dele só seria gravada no ano seguinte, por Claudette Soares, com arranjo do iniciante Eumir Deodato. Mas, para não parecer que estava copiando a canção já gravada de Imperial, Orlandivo teve que colocar um novo título em seu "João e Maria" e tascou "A fábula que educa". Paulo Silvino não deu muita importância ao caso, mas seu parceiro nunca digeriu aquilo direito. "Fiquei com o pé atrás a vida toda com o Imperial", afirmou Orlandivo.

Assinado o contrato, Roberto Carlos entrou no estúdio para gravar o primeiro disco de sua carreira. A gravação seria no estúdio da Philips, no centro do Rio, que a Polydor alugava para seus artistas. "Fora do tom" foi a primeira a ser gravada, seguida de "João e Maria", que acabaria ficando com o lado A daquele 78 rpm — o formato padrão para os singles até então. Dessa hoje histórica gravação participaram os músicos Sut Chagas, na bateria; Waldir Marinho, no baixo; Nicolino Copia, o Copinha (que tocara também em *Chega de saudade*, com João Gilberto), na flauta; mais Zé Menezes, num violão, e, no outro, o iniciante Baden Powell, futura estrela da MPB que, aos 22 anos, ganhava a vida como músico de estúdio ou acompanhando cantores em auditórios de rádios. Em "Fora do tom", Baden faz o acompanhamento e a harmonia, e Zé Menezes os solos de improviso; em "João e Maria" há um violão só, com a batida do jovem Baden Powell.

Um dos momentos mais emocionantes da carreira de Roberto Carlos foi quando chegou ao escritório da gravadora e recebeu o seu disco nas mãos: o 78 rpm pretinho e lustroso, que acariciou com delicadeza. Ele lia e relia seu nome no rótulo, virava o disco de lado, revirava, olhava novamente. Era verdade, lá estava: Roberto Carlos, Polydor, "João e Maria" e "Fora do tom". "Saí da gravadora com o disco debaixo do braço, feliz da vida. Tomei um trem para o Lins de Vasconcelos e quando cheguei em casa dei o disco de presente para minha mãe", recordou. Dona Laura abraçou e beijou o filho, pois sabia que, desde que ele cantara pela primeira vez no rádio, aos 9 anos, sonhava com esse momento. Mas nem ela nem o marido e os outros filhos puderam ouvir o primeiro disco de Roberto Carlos imediatamente. Não tinham vitrola em casa.

A gravadora entregou ao cantor exemplares para distribuir entre o público da boate Plaza, promovendo ali o lançamento do disco, na noite de domingo, 11 de outubro. Na imprensa, as opiniões se dividiram. Amigos de Imperial e conterrâneos de Roberto elogiaram. "Muito bom o disco de estreia de Roberto Carlos na Polydor", afirmou Chacrinha naquele mesmo dia. "Tomem nota das músicas: 'João e Maria' e 'Fora do tom', ambas de Carlos Imperial, que também estreia como compositor. Nossos parabéns aos dois estreantes." Rodrigues Filho, da *Folha Capixaba*, garantia que o lançamento "agradará inteiramente aos discófilos" e que Roberto Carlos era "uma grata revelação do disco". O problema foram os críticos sem maiores relações com Imperial ou com Roberto Carlos. Um deles, do tradicional *Jornal do Commercio*, deu cotação "péssimo" para o disco, fazendo talvez a crítica mais dura e impiedosa que Roberto Carlos já recebeu por uma gravação. O crítico, que assina apenas com as iniciais J. A., começa dizendo que, "como anda muito em voga a mania da imitação, um rapaz chamado

Roberto Carlos resolveu fazer das suas. Para tal, gravou este disco na Polydor, cantando como ele pensa que João Gilberto faz". Em seguida enquadra, sem dó: "Só que Roberto Carlos não tem nada em comum com o cantor de 'Desafinado'. Técnica, musicalidade, bossa e entoação são coisas que nunca puderam ser compreendidas por Roberto Carlos. De nossa parte, só podemos dar os pêsames à Polydor pela triste realização, a mais infeliz deste ano." E conclui com um alerta à gravadora. "Se coisas assim forem repetidas, não sabemos até onde irá o prestígio desta fábrica."

Roberto Carlos precisou ser forte para não sucumbir a uma crítica dessa logo no seu primeiro disco. O garoto segurou firme, sobretudo porque ainda estava na expectativa da recepção mais importante para ele: a do público. O sucesso do seu disco podia calar avaliações negativas e demolidoras como essa. Roberto tinha a expectativa de que as pessoas iriam se divertir com a sátira de "Fora do tom", que apreciariam a ousadia da bossa de "João e Maria"; que os ouvintes iriam se mobilizar, pedindo às rádios para tocá-las mais e mais; que seu disco iria rodar nas vitrolas sem parar; que as lojas cobrariam da gravadora a reposição de estoques das cópias que se esgotavam; e que o cantor seria solicitado a se apresentar em clubes por diversos lugares do Brasil. Isso, sim, é que era importante para Roberto Carlos naquele momento, o sucesso popular, não a opinião de um crítico de jornal.

Entretanto, os dias foram passando, ele seguiu cantando seus dois sambinhas na boate Plaza, mas fora dali ninguém ouvia "João e Maria" nem "Fora do tom", porque seu disco não tocava nas rádios e também não vendia nas lojas; sem tocar e sem vender, o cantor não era solicitado para shows nem para entrevistas ou programas de televisão. Enfim, a sua estreia discográfica resultou num completo fracasso de público e de crítica. Roberto Carlos chorou. "Deixa de bobagem. O negócio é assim mesmo", procurou animá-lo Imperial. "Sou praça velha e conheço bem o terreno. As músicas são minhas e também estou no fogo. Aliás, não entro em fogo para me queimar. Temos de andar de programa em programa. A turma tem de tocar o nosso disco."

Não tocaram, e, para piorar a situação, nem mesmo no Plaza Roberto Carlos poderia continuar mostrando suas músicas, porque no fim daquele ano foi demitido, depois de nove meses trabalhando lá. Maurício Lanthos decidira renovar as atrações da casa, e dessa vez o gerente Raimundo Amaral nada pôde fazer pelo primo da mulher — a não ser a promessa de indicá-lo a algum amigo gerente de boate. A última noite de Roberto no palco do Plaza foi no domingo, 13 de dezembro, dia de Santa Luzia — quando o cantor ainda não guardava esta data. Mais uma vez ele se apresentou acompanhado pelo violonista Bola Sete. Tocou também com ele nesse último dia o conjunto do pistonista Pernambuco, pseudônimo de Ayres da Costa Pessoa, outro contratado da casa. E se alternando com Roberto no palco lá estava a cantora Claudette Soares, que sempre o tratara com muito carinho ali, especialmente nesse último dia. No raiar da segunda-feira, já desempregado, Roberto Carlos pegou a condução que o levaria até o subúrbio do Lins de Vasconcelos, onde morava, seguindo sua vida a partir daí sem a badalada boate Plaza. Mas ele jamais se esqueceria dela, e cinco décadas depois, em 2009, elegeria como marco inicial para a contagem de seus cinquenta anos de carreira não a gravação de seu primeiro disco, mas este emprego de crooner por apenas nove meses na "joia de Copacabana".

7

BROTINHO SEM JUÍZO

"Brotinho, toma juízo
Ouve o meu conselho
Abotoa esse decote
Vê se cobre esse joelho"
Do single *Roberto Carlos*, 1960

Os vencedores do prêmio Os Melhores do Disco Nacional de 1959, promovido pela prefeitura do então Distrito Federal e o *Correio da Manhã*, foram anunciados com destaque nesse jornal. Entre os contemplados estavam João Gilberto, na categoria de cantor revelação; Celly Campello, cantora revelação; Tom Jobim, melhor compositor; Vinicius de Moraes, melhor letrista; e Joel de Almeida, da gravadora Polydor, eleito o melhor diretor artístico. Na justificativa se afirmou que Joel "revolucionou as vendas de sua organização, colocando-a num posto de honra entre poderosas concorrentes nacionais. Com um elenco reduzido fez com que os seus contratados brilhassem no rádio, na TV e no disco". Porém, entre os artistas que brilharam pela pequena Polydor em 1959 não estava, como sabemos, Roberto Carlos — o que só aumentou o seu sentimento de fracasso.

Ocorre que ainda havia o contrato com a gravadora e a promessa de se lançar outro disco dele, talvez até um possível LP. Mas como o tempo foi passando e ninguém da Polydor se manifestava, Carlos Imperial arriscou uma estratégia. Na ausência de Joel de Almeida, procurou o outro diretor, José de Ribamar, e, na maior cara de pau, blefou que

Roberto tinha recebido convites para gravar em outras companhias e poderia aceitar caso a Polydor não programasse logo um novo disco dele. Ribamar ouviu pacientemente a queixa de Imperial e na mesma hora apresentou os planos que a Polydor tinha para o artista: a rescisão do contrato. "O senhor pode assinar com quem quiser. O seu cantor está liberado", afirmou, sem nem mesmo consultar Joel de Almeida. Ribamar sabia que aquela tinha sido uma aposta provocativa de Joel em Aloysio de Oliveira — e uma aposta que não surtira nenhum efeito. Assim, de forma irrevogável e imediata, Roberto Carlos foi dispensado da Polydor, ficando numa situação ainda mais complicada. Afinal, naquele momento, ele era um artista sem contrato com emissora de rádio ou televisão, dispensado da boate onde trabalhara, e agora também da gravadora, depois de fracassar no primeiro disco. Era um currículo difícil para um cantor apresentar, mas seria assim que Roberto Carlos tentaria a sorte outra vez.

Ele tinha urgência de encontrar outro emprego, uma boate para cantar, ter novamente seu salário — afinal, foi por isso que ele já havia até abandonado a escola. Seguiu então oferecendo seus serviços de crooner pela noite carioca. Para quem já atuara no Plaza, o ideal seria trabalhar numa daquelas badaladas casas do Beco das Garrafas — como o Bottle's Bar, o Baccara ou o Little Club —, porque eram frequentadas pelo mesmo tipo de público e Roberto poderia continuar desenvolvendo o estilo bossa nova. Ou até mesmo a boate Cangaceiro, dos italianos Mario Pautasso e Giordano Giuseppe, o Pino, onde se apresentavam cantores de sambas-canções modernos como Tito Madi e Maysa. "A propósito, Mario & Pino, o cantor Roberto Carlos está por aí dando sopa", sugeriu Mister Eco em sua coluna no *Diário Carioca*, dando uma força para o garoto, em janeiro de 1960. Porém, nem Mario nem Pino se interessaram por Roberto Carlos.

O cantor só vai conseguir alguma coisa novamente graças a Raimundo Amaral, que o indicou para trabalhar na boate Bolero, também em Copacabana — um cabaré frequentado por turistas e que, além de música, oferecia atrações como shows de mulatas, vedetes em minúsculos biquínis e outros balacobacos. Segundo denúncia de um delegado de polícia que fecharia a casa no ano seguinte, ali "era um verdadeiro covil de elementos desclassificados. Procurava-se um ladrão, um traficante de maconha ou cocaína, ou mesmo um rufião, lá estava ele no Bolero, à espera das próximas vítimas, quase sempre estrangeiros, que eram atraídas a locais desertos pelas mundanas e vítimas do chamado 'golpe do suadouro'". Roberto cantava na abertura da casa antes das atrações da noite, que podia ser um homem que engolia espada ou uma mulata da Martinica. "Sabia que meu caminho não era por ali. Mas, quando não há opção, a gente se agarra ao que pinta", justificaria o cantor, que acabaria também perdendo este emprego depois de apenas dois meses cantando lá.

Em maio daquele ano, Raimundo Amaral também perdeu seu emprego na boate Plaza, mas foi logo contratado para reformar a boate Holiday, um ponto de prostituição frequentado por turistas num sobrado na praça do Lido, em Copacabana. Ele comandou a reforma rebatizando a casa de Ok Big Night, com o restaurante em baixo e a boate em cima. Amaral contratou Roberto Carlos para cantar ali junto com sua também ex-colega do Plaza, Geny Martins. Os dois se apresentavam alternadamente no início de cada noite, antes da atração principal, que na semana de reabertura da casa foi o conjunto Os Cariocas. Mas a boate seguiu atraindo antigos clientes da Holiday, o que levou um colunista a comentar que "muita coisa terá que fazer Raimundo Amaral para que o OK Big Nights se torne uma casa frequentável". Ele acabaria desistindo de gerenciá-la com apenas dois meses de trabalho, e, sem Amaral no comando, Roberto Carlos não segurou por muito tempo este emprego de crooner. Como também não segurou outro que seu protetor na noite conseguiu para ele no mesmo circuito de Copacabana: na boate Moulin Rouge, famosa por seus shows de striptease.

A chance de conseguir outro ia ficando cada vez mais reduzida, pois a novidade implantada por Maurício Lanthos no bar do Plaza, o sistema de hi-fi (alta-fidelidade), se espalhava pela noite carioca naquele começo dos anos 1960, tornando desnecessária a contratação de orquestras, músicos ou crooners. O próprio Raimundo Amaral, ao montar sua primeira casa noturna, a boate Montmartre, em Copacabana, passou a tocar só músicas em alta-fidelidade. E em vez do crooner Roberto Carlos, dessa vez ele contratou a discotecária Nina Robert — uma das primeiras DJs da noite carioca. A mudança da capital federal do Rio para Brasília também contribuiu para esvaziar o circuito das boates com músicas ao vivo na cidade. Numa crônica em julho de 1960, Antônio Maria constatava que "a noite carioca está nas últimas: anteontem, depois das duas da madrugada, em todos os bares, boates e restaurantes da zona sul, não havia, ao todo, 150 pessoas". A própria Copacabana já não possuía o glamour que a tornara tão característica e, aos poucos, foi perdendo o posto de Princesinha do Mar para o bairro de Ipanema. E assim, para o jovem Roberto Carlos, emprego como aquele da boate Plaza nunca mais.

Desde sua adesão à bossa nova, o cantor se afastara da maioria de seus amigos da turma da Tijuca. Um distanciamento natural, em função dos novos ambientes e locais onde se apresentava tocando o novo estilo musical. Carlos Imperial insistia que ele deveria se enturmar mesmo era com pessoas que também tocassem e cantassem bossa nova. E, naquele início de década, muito se falava de uma tal turma da Bossa Nova, que se reunia em apartamentos da zona sul carioca. Liderada pelo jornalista e compositor Ronaldo Bôscoli, a turma era composta por jovens como Carlos Lyra, Roberto Menescal, Nara Leão, Durval Ferreira, Luiz Carlos Vinhas e Chico Feitosa. Seu principal ponto de encontro era na casa da jovem Nara Leão. Ela morava com os pais num luxuoso e imenso apartamento, com dois salões envidraçados e de frente para o mar de Copacabana, no edifício Champs-Elysées, um dos mais modernos da avenida Atlântica. Tinha um apartamento por andar, e no de Nara a porta já ficava aberta aos convidados a partir das 17 horas. "Antes de ir tocar em algum lugar, eu passava na casa de Nara porque sabia que haveria alguém da turma lá", lembrou Roberto Menescal. Os convidados se refestelavam no chão da sala com o máximo de informalidade, entre almofadas, copos e cigarros. Alguns até sem sapatos, seguindo o estilo despojado da bossa nova. Por uma única vez, Roberto Carlos participou de uma reunião ali, levado por

Carlos Imperial. "Eu nunca tinha visto um apartamento daquele", comentou o cantor. "Tivemos uma grande noite na casa de Nara. Foi assunto para um mês inteiro."

Além dessas reuniões em apartamentos, havia também shows que a turma da Bossa Nova realizava em faculdades e colégios do Rio. Produzidos e apresentados por Ronaldo Bôscoli, eram uma espécie de vitrine para os jovens músicos, em sua maioria ainda amadores. Imperial entendia que era importante Roberto Carlos participar desses shows, mostrar que também sabia cantar bossa nova. O problema é que a tal turma tinha um caráter meio sectário e dificilmente admitia alguém de fora. Uma visita ou outra, vá lá, mas atuar junto no mesmo espaço ficava difícil. "Tenho quase certeza de que eu e Roberto não somos hoje cantores de samba, de bossa nova, porque não conseguimos participar da turma deles. Aquele pessoal era muito elitizado", afirmou Erasmo Carlos. "O nosso objetivo era limpar a área", admitiu Ronaldo Bôscoli. "Porque, de repente, todo mundo tinha virado bossa nova. Neguinho vinha com um violão, plec, plec, plec, e se dizia bossa nova. Começamos a limpar a área mesmo. A gente não podia deixar todo mundo entrar. Daí nós sermos acusados de elitistas, e de certa forma com justiça. Mas tínhamos que nos defender. Sabíamos que aquilo ia estourar a qualquer hora." O cronista Antônio Maria até ironizava, dizendo que a turma da Bossa Nova se dividia em grupos de rapazes que se reuniam "em assembleia de dez. Cada grupo são dez rapazes, que se amam e se elogiam entre si, trancados numa sala, sem janelas para o mundo".

Exageros à parte, a turma era realmente fechada e se acreditava dona da bossa nova e de João Gilberto. Eram rapazes e moças apaixonados pelo cantor baiano, que procuravam imitar a batida de violão que ele havia criado, sua entonação natural e sem arroubos, seus arranjos e a sonoridade de seus discos. Enfim, eram todos fãs e imitadores de João Gilberto, que consideravam uma espécie de apropriação indébita alguém de fora fazer o mesmo. "Sempre houve bicões na Bossa Nova", denunciava o violonista Durval Ferreira, outro ativo integrante do movimento. Ronaldo Bôscoli, por exemplo, ficara até furioso quando

Juca Chaves se projetou em São Paulo com o hit "Presidente bossa nova", ironizando JK ao som do novo ritmo. "Houve rumores de que Ronaldo teria acertado o nariz de Juca — o que, certamente, não passava de rumores, porque, se houvesse tentado, Bôscoli não teria como errar", diz Ruy Castro, numa referência ao avantajado nariz do cantor-humorista.

O fato é que essa limpeza de território, essa assepsia da turma liderada por Bôscoli, atingiu em cheio Roberto Carlos, na época, como já vimos, pejorativamente chamado por eles de o "João Gilberto dos pobres". O garoto interiorano e suburbano que, assim como aqueles da zona sul carioca, tinha se encantado pela música de João, era visto como um estranho, um intruso, um bicão, e levava sempre um chega pra lá. "Eu barrei Roberto Carlos", confessou Carlos Lyra em entrevista ao autor. Foi em maio de 1960, logo após haver um racha na turma e parte dela seguir Lyra contra a liderança de Bôscoli. Carlos Lyra então organizou a *Noite do sambalanço*, na PUC-Rio, aceitando várias adesões, menos a de Roberto Carlos. Naquele mesmo dia haveria outro espetáculo de bossa nova na Faculdade Nacional de Arquitetura, na Urca: *A noite do amor, do sorriso e da flor*, comandada por Ronaldo Bôscoli, na Urca. Carlos Imperial tentou então incluir Roberto Carlos no elenco do show. Sem chance, porém. O mesmo aconteceu em apresentações que a turma da Bossa Nova costumava fazer no Clube Leblon. "Caiu pra mim ter que barrar Roberto Carlos. Era uma situação chata, mas eu tive que falar", afirmou Roberto Menescal. Ele recorda que, antes do início do show, chamou Roberto num canto e explicou o veto. "Olha, bicho, não tá muito legal esse negócio de você imitar João Gilberto. A turma está chiando porque você canta parecido demais. Isto não é legal." Roberto Carlos ainda tentou argumentar que, de fato, sofria muita influência de João Gilberto, mas que aquele era o seu jeito próprio de cantar. "Sim, mas dá um tempo pra você apagar um pouco mais isso, porque nós já temos o João Gilberto", rebateu Menescal.

Sem espaço na turma, Roberto seguia em sua peregrinação pelas gravadoras. Mas, na virada dos anos 1950/1960, houve uma retração do mercado de discos no Brasil, consequência da crise econômica e inflacionária que assolava o país ao término do governo Juscelino Kubitschek. As gravadoras então diminuíram seus lançamentos, ficando muito mais reticentes em investir em artistas ainda desconhecidos. Em visita ao Brasil, Peter De Rougemont, vice-presidente da Columbia para a América do Sul, constatava: "Muitos vendedores se acham atualmente com grande estoque de discos que não têm saída. Isto é devido, por um lado, ao atual retraimento do mercado e, por outro, ao fato de que a maior parte desses discos, esquecidos nas prateleiras, jamais deveriam ter sido fabricados pelas companhias gravadoras, pois não se trata de material com força bastante para atrair o interesse do público." Este contexto certamente contribuía para tornar as coisas mais difíceis para Roberto Carlos. Mas ao jovem cantor só restava tentar.

A próxima a testá-lo foi a RCA-Victor — a gravadora de Elvis Presley, que no Brasil tinha best-sellers como Nelson Gonçalves. Na década 1930, fora pela RCA que um menino pobre do subúrbio carioca chamado Orlando Silva se transformara no "cantor das multidões". Quem sabe ali Roberto não conseguiria também uma chance de se projetar como um astro do disco? Carlos Imperial conseguiu marcar uma audição com o diretor artístico João Ramalho Netto e com o diretor Paulo Rocco. Os dois ouviram Roberto Carlos com atenção, mas nada disseram na hora. Esse era sempre um momento difícil nesse antigo processo de escolha de um artista. Como dizer na frente do cantor que ele não tinha agradado? Depois de algum tempo ali conversando amenidades, Ramalho Netto levou Carlos Imperial para um canto, reservadamente. "Olha, Imperial, o Paulo não gostou e eu também não." E como um Nostradamus às avessas, deu o seu veredicto. "O garoto não dá para o negócio. Não tem bossa. É frio demais", acrescentando que também não tinha nenhuma originalidade. "Igual a ele existem milhões! Sinto muito." Imperial contou que nesse dia, logo após saírem do escritório da RCA, no centro do Rio, se depararam na calçada com um imenso anúncio da Loteria Federal: "Seu dia chegará!" Os dois se olharam, sorrindo, "com um fiapo de consolo e esperança", na descrição do jornalista Carlos Renato.

Talvez a multinacional RCA-Victor tivesse sido uma aposta alta demais. Imperial decidiu então apresentar Roberto Carlos a uma pequena gravadora nacional, a RGE (Rádio Gravações Especializadas), que no início era apenas um estúdio de gravação de jingles em São Paulo e só passou a produzir música popular em 1956, lançando com enorme sucesso a cantora Maysa. Depois gravaria também discos do já consagrado cantor Agostinho dos Santos. O escritório da RGE no Rio era comandado pelo diretor artístico Benil Santos, a quem Roberto Carlos se submeteu, no início de 1960. "O Benil me recebeu bem, foi muito simpático, mas também não me deu emprego." Em seguida, procurou uma chance na gravadora Philips, a multinacional holandesa, que preparava o lançamento do primeiro disco de Carlos Lyra e decidira investir em um elenco de bossa nova. O cantor conseguiu uma audição com quem decidia as coisas na Philips: o diretor Paulo Serrano mais o maestro Carlos Monteiro de Souza e o violonista Luís Bittencourt. Os três ouviram Roberto Carlos cantar — e os três unanimemente o recusaram.

Depois de quase um ano interpretando "João e Maria" e "Fora do tom", Roberto Carlos recebeu um novo sambinha bossa nova de Carlos Imperial: "Brotinho sem juízo" — que também tem um bastidor típico do universo imperialesco. A melodia dela era na verdade de uma bossa chamada "Menina sem dente", do compositor Nonato Buzar, maranhense radicado no Rio. "Menina, tome cuidado / Não seja inocente / Não fique sorrindo sem dente na frente..." Canção de tom humorístico, fora composta no ano anterior, mas ainda permanecia inédita em disco, sendo apresentada apenas em programas de televisão. Após ouvi-la, um colunista de O Globo afirmou, em junho de 1960, que "Menina sem dente" inaugurava "uma ramificação da bossa nova: a 'bossa porca'". Ocorre que, àquela altura, Carlos Imperial já havia higienizado a canção de Buzar, pois gostara da melodia e decidira, por conta própria, transformar a menina desdentada num brotinho sedutor e ousado que, subvertendo os papéis sociais, provoca sexualmente o namorado. Este, como uma espécie de "lobo bobo", então a adverte: "Brotinho, toma juízo / Ouve o meu conselho

/ Abotoa esse decote / Vê se cobre esse joelho / Para de me chamar de meu amor / Senão eu perco a razão / Esqueço até quem eu sou..." Em condições normais, essa nova apropriação de um tema alheio poderia resultar em problemas para Carlos Imperial. Porém, a dura crítica de *O Globo* a "Menina sem dente" acabaria lhe facilitando as coisas, pois Nonato Buzar recebera como uma paulada o comentário do jornal e criou rejeição à sua própria canção. Não queria mais gravar nem assinar a autoria daquilo, e acertou por fora com Imperial, que registrou "Brotinho sem juízo" em seu único nome.

Assim como Maysa, que, para além do talento como cantora, atraía por seu par de olhos verdes — "dois oceanos não pacíficos", no poema de Manuel Bandeira —, em Nara Leão se destacavam seus joelhos redondinhos, que eram também objetos de crônicas e suspiros gerais. Segundo Imperial, o verso "Vê se cobre esse joelho", da letra de "Brotinho sem juízo", fora inspirado nessa parte do corpo de Nara. A cantora, por sua vez, disse que ninguém ainda prestava atenção nos seus joelhos; isto só teria ocorrido mais tarde, quando foi para São Paulo participar dos festivais da TV Record. "Imagina se no Rio, com tanta menina sem roupa na praia, meus joelhos iam provocar alguém." Seja como for, no início da bossa nova, e antes mesmo de gravar seu primeiro disco, Nara era vista como uma garota moderna, avançada — o tipo que Imperial pretendeu retratar em "Brotinho sem juízo".

Ao ouvi-la, Roberto ficou animado, e passou a ensaiar para voltar a percorrer os corredores das gravadoras. Mas para onde ir agora com Roberto Carlos?, pensava Imperial. Bateriam à porta de qual companhia de discos? Por acaso faltava alguma? Roberto já tinha sido demitido da Polydor e recusado na Chantecler, na Continental, na RCA-Victor, na Odeon, na RGE, na Copacabana e, por último, na Philips. Imperial então se lembrou de que faltava procurar a gravadora Columbia, do grupo Columbia Broadcast System, a famosa CBS. Mas como chegar lá? Com quem falar? Folheando um periódico, ele se deparou com o nome do diretor artístico da gravadora: o paulista Roberto Côrte Real. "No mínimo tínhamos algum parentesco na Corte", observou. "Eu me lembro que ele pegou o telefone e ligou para a secretária do diretor na mesma hora", disse Roberto Carlos. E, cheio de pose, Carlos Eduardo da Corte Imperial solicitou uma audiência com o diretor Roberto Côrte Real.

Côrte Real fora nomeado para o cargo pelo próprio chefão da matriz americana, James B. Conckling, de quem se tornara amigo durante uma estadia em Nova York. A Columbia Records inaugurara sua filial no Brasil em março de 1953, inicialmente sem estúdio próprio, no centro do Rio. Seus grandes cartazes eram nomes internacionais como Doris Day, Percy Faith, Frankie Laine e o Trio Los Panchos. Um dos primeiros astros locais foi Cauby Peixoto, que se projetara ali em 1954 com a gravação de "Blue gardenia", de Nat King Cole. Naquele mesmo ano, a gravadora contratou o já consagrado seresteiro Silvio Caldas. Em seguida, tornaram-se também artistas exclusivos da filial da Columbia o cantor Luiz Claudio, as cantoras Dóris Monteiro e Emilinha Borba e o romântico Tito Madi, uma das grandes influências de Roberto Carlos.

Para surpresa dele e de Imperial, o diretor confirmou o encontro para aquele mesmo dia, às 17 horas. "Eu corri até o Lins de Vasconcelos para botar um paletozinho", contou Roberto. Pontualmente às 17 horas, os dois chegaram ao prédio da Columbia e foram conduzidos até a antessala de Côrte Real, que estava terminando uma reunião. Depois de alguns minutos ali, viram aparecer na porta um senhor de suspensórios, gravatinha-borboleta e camisa listrada, abrindo os braços: "Caaarlos Imperial, entra aqui, meu querido." Imperial ficou até surpreso com a calorosa recepção. "Você não está lembrado de mim?", perguntou Côrte Real, batendo-lhe às costas. Imperial não lembrava, mas Côrte Real, apaixonado por jazz, frequentava o Jazz Club do Rio de Janeiro, em Copacabana, onde Imperial, metido em tudo, andara proferindo duas ou três polêmicas palestras sobre o tema. "Sim, rapaz, naquela sua palestra sobre Chet Baker eu era aquele chato que ficava toda hora lhe fazendo perguntas. Aliás, naquela outra palestra sobre Jelly Roll Morton, eu quero dizer o seguinte..." E os dois seguiram falando sobre jazz, cool jazz, west coast, bebop, hard bop... enquanto Roberto Carlos esperava na antessala de violão na mão, na maior ansiedade.

Já passava das 7 da noite quando, finalmente, Côrte Real perguntou a Imperial: "Amigo, mas a que devo mesmo a honra de sua visita?" Imperial lhe falou então do cantor Roberto Carlos, e ele foi chamado à sala, sendo formalmente apresentado ao chefe da Columbia do Brasil. Em sua trajetória como diretor artístico, Roberto Côrte Real fora o descobridor da cantora Maysa e do cantor Sérgio Murilo, além de projetar as carreiras de Cauby Peixoto e Lana Bittencourt. Agora estava diante de mais um pretendente: Roberto Carlos. Porém, devido ao adiantado da hora, Côrte Real preferiu agendar uma audição com ele para outro dia daquela mesma semana, no estúdio da Columbia.

O teste ocorreu numa quinta-feira, às 10 horas da manhã, horário em que o estúdio costumava ficar mais livre. Côrte Real se posicionou ao lado da mesa de som, que, naquele dia, seria comandada pelo técnico auxiliar Victor Manga. Dessa vez, Roberto Carlos estava bastante tenso, porque sabia que, se falhasse, talvez não tivesse outra gravadora para bater à porta. Uma nova rejeição ali poderia significar o adiamento ou até mesmo o fim de sua carreira de cantor. Além de composições de Carlos Imperial e do repertório de João Gilberto, ele preparara para aquele teste um então recentíssimo sucesso de Tito Madi, o samba-canção "Menina moça". Roberto Carlos gostava da música, mas era também uma forma de agradar a Côrte Real, por ser uma gravação de um artista da Columbia. E este seria, inclusive, o seu primeiro número, sendo anunciado pelo técnico Victor Manga ao apertar um botão para o início da audição. "Atenção, Roberto Carlos, teste, música 'Menina moça'." E Roberto soltou a voz em sua derradeira e definitiva viagem pelas gravadoras do país: "Você botão de rosa / Amanhã a flor mulher / Joia preciosa cada um deseja e quer / De manhã banhada ao sol / Vem o mar beijar / Lua enciumada noite alta vai olhar." Em seguida ele cantou mais dois temas, um de Carlos Imperial, "Ser bem", e outro de Tom e Vinicius, "Brigas nunca mais", sua velha companheira nas noites de crooner na boate Plaza. "Fiz um esforço enorme para não imitar João Gilberto", lembrou. O esforço não fora suficiente, porque Côrte Real comentaria na técnica, brincando: "Ele canta igualzinho ao João Gilberto, até o sotaque baiano ele imita."

O diretor artístico parecia estar gostando — impressão que não era garantia de nada. Das outras vezes, em outras gravadoras, outros diretores tampouco haviam demonstrado descontentamento na frente do artista. Quando o teste já parecia ter terminado, Roberto Côrte Real apertou o botão da técnica e disse: "Garoto, canta agora a música que você mais gosta de cantar." Tinha chegado a hora da verdade, porque, se interpretasse mal a música que mais gostava de cantar, cantaria bem o quê? E se Côrte Real ainda tivesse alguma dúvida quanto a contratar ou não o novo cantor, aquele seria o momento de desfazê-la. Roberto Carlos se ajeitou no banquinho do estúdio, empunhou com firmeza o violão e cantou "Brotinho sem juízo", a ainda inédita composição bossa nova de Carlos Imperial. "Brotinho toma juízo / Ouve o meu conselho / Abotoa esse decote / Vê se cobre esse joelho..." O diretor ouviu atentamente e, ao final, pediu que Roberto Carlos repetisse a música. Antes mesmo que ele terminasse de cantar, Côrte Real mandou chamar o maestro Lyrio Panicali, o principal arranjador da casa. "Lyrio, prepara dois arranjos para este garoto que nós vamos gravar com ele na próxima semana." Naquele momento, essa ordem definia que o cantor Roberto Carlos Braga era o novo contratado do grupo Columbia Broadcast System, a CBS. "E eu ouvi aquilo sem poder ainda avisar ao Roberto", lembrou, emocionado, Imperial.

O que havia acontecido de diferente dessa vez? Roberto Côrte Real identificou no jovem cantor o que talvez nenhum dos outros diretores de gravadora conseguira perceber: que, embora ele não tivesse grande extensão vocal, era afinado e sabia dividir muito bem. E esta foi uma das coisas definidoras para a aprovação de Roberto Carlos naquele teste: a sua maneira de cantar a frase musical, a sua forma de dividir a canção. Enfim, o ouvido jazzístico de Roberto Côrte Real captou naquele garoto uma musicalidade que para outros não era evidente. Mas, do outro lado do aquário, ansioso, sem entender o que se passava, Roberto olhava para Imperial como quem diz: "E aí, estou agradando?" Quando Côrte Real e o maestro saíram por alguns instantes da técnica, sem conseguir mais se conter, Imperial abriu a porta do estúdio e gritou para Roberto Carlos: "Você vai gravar na semana que vem, porra!" Mais tarde foram comemorar numa boate gay na Galeria Ritz, em Copacabana, onde se apresentava um rapaz chamado Wilson Simonal, que pediu uma salva de palmas para o novo artista da Columbia.

No dia seguinte, Roberto Carlos compareceu à Columbia para assinar seu contrato, o que lhe garantia oficialmente a gravação de um disco. "Foi com os passos trêmulos que me dirigi para o escritório de Othon Russo", lembrou o cantor, se referindo ao diretor do departamento de divulgação e relações públicas da gravadora, a pessoa responsável por recepcionar os novos artistas e entregar-lhes o contrato. Othon era também compositor, autor de "Sabes mentir", primeiro sucesso de Ângela Maria, em 1951, e de outras canções que seriam depois lançadas, inclusive, por Roberto Carlos. "Othon foi um dos primeiros que me compreenderam e me incentivaram", disse o cantor. "Não hesitei um segundo quando ele me entregou o contrato para gravar." Lá, Roberto Carlos teve também uma calorosa recepção do ídolo Tito Madi.

Pouco tempo antes, em janeiro de 1958, a Columbia do Brasil inaugurara a sua nova sede, com todos os departamentos centralizados em um único edifício, na rua Visconde do Rio Branco, centro do Rio, onde funcionava o antigo Cinema Olympia. Aproveitando a estrutura do cinema, além de duas câmaras de eco, ergueu-se um gigantesco estúdio de três canais — logo reconhecido como o melhor e mais moderno estúdio de gravação do país. Na época, os estúdios das demais gravadoras tinham apenas um ou no máximo dois canais. E foi nesse estúdio ainda cheirando a tinta, com pouco mais de dois anos de uso, que Roberto Carlos entrou para gravar "Brotinho sem juízo", com arranjo do maestro Lyrio Panicali. Paulista de Ribeirão Preto, então com 34 anos, Panicali já era um mito entre os arranjadores brasileiros, e um dos primeiros nomes que Roberto Côrte Real contratou ao assumir a direção artística da Columbia. Inicialmente, foi anunciado que para o lado B de "Brotinho sem juízo" Roberto gravaria "Ser bem", sambinha bossa nova também assinado por Carlos Imperial. Porém, pouco antes da gravação ele apareceu com outra música, "Canção do amor nenhum", que Côrte Real considerou mais forte para o disco de estreia do novo contratado da companhia.

Com "Canção do amor nenhum", Imperial fazia novamente referências a temas de Tom Jobim e Vinicius de Moraes. O próprio título aludia à "Canção do amor demais", composição da dupla lançada por Elizeth Cardoso em badalado álbum homônimo. Mas há outras referências, principalmente à sonoridade dos sambas da trilha de *Orfeu negro*, do diretor Marcel Camus, que estreara no ano anterior, ganhando uma penca de prêmios, incluindo a Palma de Ouro do Festival de Cannes. O sucesso mundial de *Orfeu negro* arrastou junto sua trilha sonora, composta por músicas de Tom, Vinicius e Luiz Bonfá. Em março de 1960, por exemplo, um correspondente de *O Globo* dizia que "na Itália, terra da canção, a canção de Orfeu ("A felicidade"), de Vinicius e Jobim, é uma das favoritas na juke-box, mesmo nestes dias em que só se ouvem quase exclusivamente as canções vitoriosas do Festival de Sanremo". Sucesso que se repetia no Japão, como informava o *Diário da Noite*, em agosto: "As bonitas melodias da trilha sonora de *Orfeu* estão constantemente sendo tocadas nos programas de disc jockeys de várias emissoras de Tóquio."

A ideia de Carlos Imperial foi pegar carona nesta onda para o disco de estreia de Roberto Carlos na Columbia. Na letra de "Canção do amor nenhum" ele diz: "Aquela estrela que do céu não sai / Ela está querendo me avisar / Que a felicidade quando vai / É tão difícil voltar..." Além da citação à música "A felicidade", o arranjo é também no estilo dos sambas da trilha de *Orfeu negro*, com um violão moderno se integrando ao som do tamborim, da cuíca e de um coral de vozes femininas sugerindo as cabrochas do morro, onde se desenvolve a trama do filme. O resultado pareceu tão bom naquele contexto que Côrte Real decidiu lançar "Canção do amor nenhum" no lado A do disco, deslocando "Brotinho sem juízo", uma típica bossa nova, para o B. Esta foi gravada com um naipe de metais, uma guitarra elétrica fazendo solos e com a voz natural de Roberto Carlos, sem o tom de paródia ou de ênfase na imitação a João Gilberto que marcaram suas primeiras gravações na Polydor.

Escaldado por aquele fracasso anterior, o cantor arregaçou as mangas para trabalhar na divulgação do novo disco sem esperar pelo suporte da gravadora. Diariamente saía com seu violão e o novo 78 rpm debaixo do braço, percorrendo emissoras de rádio, principalmente o programa do Chacrinha, que naquele momento, em outubro de 1960, se transferira para a Rádio Globo, no horário da tarde. "Eu pedi ao Othon Russo que desse mais trabalho a Roberto na CBS para ver se assim ele sossegava e espaçava as visitas diárias para três vezes por semana", afirmou o apresentador. Carlos Imperial também fazia sua parte divulgando as músicas no programa *Os brotos comandam*, na Rádio Guanabara. Ele até combinou com Nonato Buzar um suposto desentendimento pela autoria de "Brotinho sem juízo" para causar polêmica na imprensa — algo que Imperial faria outras vezes no futuro. Uma pequena nota de um jornalista amigo do *Correio da Manhã* dizia que "círculos da Bossa Nova" comentavam que a nova música de Imperial "aproveitava a linha melódica de outra composição", escrita por Buzar. Pronto. Dias depois o colunista publicou uma longa carta de Imperial com a chamada "'Brotinho sem juízo' cria caso e Carlos Imperial se defende". Na réplica, Nonato Buzar afirmava que "'Brotinho sem juízo' não tem dente na frente", e que as músicas de Imperial eram feitas em parcerias com "Beethoven, Tchaikovsky e Nonato Buzar". Mas nesse caso a polêmica não passou da coluna amiga do *Correio da Manhã*, pois ninguém mais se interessou pela denúncia do suposto plágio envolvendo duas músicas que pouquíssima gente conhecia.

Carlos Imperial não esperava convites. Levava Roberto Carlos para toda reunião de Bossa Nova que soubesse existir. Quando não existia, ele mesmo promovia em seu apartamento duplex na rua Miguel Lemos, em Copacabana. E chamava jornalistas, artistas e produtores para ouvir o que anunciava como o futuro "príncipe da bossa nova". "Este é o garoto. Toca um violão esperto, igual ao João Gilberto. Saca a batida", dizia, com certo exagero, para cada convidado. A relação entre Imperial e Roberto Carlos se estreitou muito nessa fase. Rico, culto e falastrão, Carlos Imperial era o oposto do amigo em tudo, mas essa diferença só fez aproximá-los ainda mais. Imperial tinha prazer em informar e formar o novo cantor, e este em aprender as coisas com seu conterrâneo. Um dos grandes prazeres de Roberto Carlos era ir para o apartamento de Imperial ouvir sua coleção de discos. E ali passava horas ouvindo e descobrindo artistas como Ella Fitzgerald, Miles Davis e Chet Baker, cujos discos ele nunca teve em casa. "Roberto gostava muito de Imperial, tanto que chamava ele de papai", afirmou Wilson Simonal, que atuaria como secretário de Imperial. Outras pessoas ouvidas pelo autor também confirmam que Roberto Carlos tratava Imperial carinhosamente de "papai" — e o incentivo que este lhe dava não seria maior para um filho.

Após o lançamento de "Brotinho sem juízo", Imperial fez novos apelos para incluir Roberto em shows e festas organizadas pela turma da Bossa Nova. Conseguiu convite para uma reunião musical no apartamento do jovem cônsul argentino Oscar Camillion. Ele e a esposa Suzana adoravam bosssa nova e tinham prazer em apresentá-la a seus amigos, no quarto andar de um prédio na rua Siqueira Campos, em Copacabana. Nessa festa compareceram vários integrantes da turma, mais Carlos Imperial, de chinelos e camisa havaiana, com seu pupilo Roberto Carlos. A maioria dos convidados conheceu Roberto nessa noite. Ronaldo Bôscoli e Nelson Motta, por exemplo. Segundo Bôscoli, ao serem apresentados, "Roberto mandou um 'olá' pra mim, firme e tímido, ao mesmo tempo. Ele é capaz desses contrassensos". Nelson Motta lembra que Roberto lhe pareceu "tímido", de "pele muito pálida", e que "sorria nervoso".

A horas tantas, e depois das apresentações de Roberto Menescal e de outros integrantes da turma, chegou a vez do protegido de Carlos Imperial. Como vinham do intervalo, as pessoas estavam mais soltas na conversa; Imperial então bateu palmas, se dirigindo a eles com sua tradicional saudação: "Meus jovens, belos e queridos amigos, bossa nova é silêncio. Si-lên-ci-o. E é o que peço a vocês para apresentar o futuro príncipe da bossa nova: Roberto Carlos!" Diante de uma plateia espallhada no chão da sala, Roberto Carlos começou cantando "Brotinho sem juízo", acompanhado nessa noite ao violão por Durval Ferreira. Ao final todos comentaram que o rapaz imitava João

Gilberto direitinho. "'Pior pra ele', pensei na hora", lembrou Bôscoli. "Se a gente já tem o João de verdade, pra que outro?" Na lembrança de Nelson Motta, Roberto Carlos cantou "baixinho e afinado", mas prejudicado pelas composições de Imperial, "criações absolutamente medíocres e desinteressantes diante do trabalho que já havia sido ali mostrado". O fato, porém, mais comentado da festa não foi esta ou aquela apresentação, e sim algo inusitado, sobretudo para um ambiente daquele, ocorrido pouco antes de Roberto Carlos cantar.

Enquanto numa sala as pessoas ouviam os músicos tocarem, em outra, o garçom montava a mesa do jantar. E nesta pôs uma bandeja de prata com um enorme pernil assado. Mas num instante em que o garçom foi até a cozinha, ao retornar constatou que o pernil havia desaparecido da mesa. A anfitriã ficou surpresa e aflita ao ver na bandeja somente folhas de alface. Indagou aos demais empregados e todos estavam também estupefatos. O que houve? O que fazer? Segundo Nelson Motta, "o cônsul levou na esportiva e diplomaticamente levantou um brinde ao 'grande ausente' enquanto os convidados e penetras devoravam os acompanhamentos restantes". Mas a questão permaneceu no ar durante todo o restante da festa: quem fez aquilo? Esse era o clima quando Roberto Carlos foi ao centro da sala cantar para os convidados do casal argentino. Mas Nelson contou que para a maioria ali, o principal suspeito de ter dado sumiço no pernil estava ao lado do cantor. Sim, ele mesmo, Carlos Imperial, com sua fama de cafajeste já precocemente estabelecida. "Ele era muito envolvente e inteligente, mas sem o menor escrúpulo, com uma moral elástica", disse Nelson. Imperial jurou inocência, argumentando que o pernil sumira antes de Roberto Carlos cantar, e que ele fora ali especialmente para apresentar o futuro "príncipe da bossa nova".

Sim, dessa vez o Gordo não tinha nenhuma culpa no cartório. E havia alguém na festa que sabia disso muito bem, mas permaneceu quieto: Ronaldo Bôscoli. No seu livro de memórias, publicado em 1994, ele se recordou dessa reunião na casa do cônsul argentino, onde conhecera Roberto Carlos. Revelou até que aquele apartamento pertencera antes à sua tia e que ele próprio já havia morado ali.

Porém, nada comentou sobre o grande assunto da festa: o misterioso sumiço do pernil. Coube ao seu biógrafo, Denilson Monteiro, que biografou também Imperial, revelar que foi Ronaldo Bôscoli quem comandou o sequestro da suculenta iguaria. Ele narra que, com sua liderança sobre os rapazes da turma da Bossa Nova, naquele instante de vazio na sala de jantar, Bôscoli se virou para Luiz Carlos Vinhas e disse: "Pega esse pernil." "Como, Ronaldo?" "Pega este pernil e esconde atrás da cortina." O outro agiu rápido e sorrateiramente, e enquanto o garçom perguntava pelo pernil aos demais empregados da cozinha, Bôscoli, "apontando para um jornal numa poltrona, deu nova ordem a Vinhas: 'Cobre o pernil com aquele jornal e leva lá pro carro.' A reunião continuou e o pernil não foi encontrado. A culpa do furto recaiu sobre Carlos Imperial".

Mas parece que nesse dia Ronaldo Bôscoli ficou com a consciência um pouco pesada e, talvez para aliviar, aceitou, pela primeira e única vez, atender ao pedido de Imperial para incluir Roberto Carlos num show de bossa nova. Roberto saiu da casa do cônsul argentino sem provar do pernil, mas finalmente escalado para cantar no próximo espetáculo da turma, no tradicional Liceu Franco-Brasileiro, em Laranjeiras. Promovido pelo grêmio do colégio, o show ocorreria no domingo, 23 de outubro. Dele participariam Nara Leão, Roberto Menescal, Chico Feitosa e demais liderados de Bôscoli. Haveria ainda a presença dos cantores Sérgio Ricardo, Claudette Soares e os conjuntos Os Cariocas e Tamba Trio. Vinicius de Moraes e Billy Blanco também compareceram, mas apenas para assstir e prestígiar os meninos. Foi talvez a primeira vez que Vinicius de Moraes viu Roberto Carlos cantar. "Estou com vocês. Viva a bossa nova, que não pode acabar!", dizia Bôscoli animando a plateia, num estilo meio Cesar de Alencar, da Rádio Nacional — como ele próprio admitia. Nesse show, Sérgio Ricardo cantou sua música "Zelão", recém-lançada, e Chico Feitosa, o seu maior sucesso, "Fim de noite". E assim as atrações foram se sucedendo. O conjunto de Roberto Menescal se apresentou trajando bermudas, tênis e camisas vermelhas, antecipando uma tendência na música jovem carioca que resultaria, duas décadas depois, no chamado "rock de bermudas". Já Roberto Carlos, segundo Bôscoli, apareceu "destoando geral, num terninho azul, velho de guerra".

No seu livro de memórias, Bôscoli dirá que naquele dia "apresentei Roberto cheio de adjetivos, superlativos etc.". Não foi bem assim. O show foi gravado e a parte que ele anuncia Roberto Carlos está preservada. Ali pode-se ouvir textualmente, no início. "Agora, apresento um rapaz que estreia na bossa nova, egresso do rock, e criação de um rapaz que faz muito pela música popular brasileira, que é o Carlos Imperial." Nesse trecho o seu único elogio é ao colega Imperial, que, aliás, foi depois chamado ao palco por Bôscoli. Em seguida ele então anuncia Roberto, conforme está na gravação do show: "Ele é tímido, não receiem, é assim meio aparentemente displicente, mas é uma voz que promete para amanhã. Vocês ouçam com calma, porque ele é Roberto Carlos, que eu chamo aqui nesse momento. Roberto Carlos, vem cá..."

Como se vê, aí não há nenhum adjetivo ou superlativo. E, ao dizer que ele era uma "voz que promete para amanhã" e "ouçam com calma", Bôscoli quase que já pedia desculpas por incluir aquele rapaz no show. Ressalte-se que Roberto tinha recém-lançado um disco pela multinacional Columbia — algo que a maioria dos integrantes da turma de Bôscoli ainda não havia conseguido. Portanto, era preferível a Roberto que o apresentador enfatizasse o fato presente, seu novo disco na praça, não o futuro. "Voz que promete para amanhã" talvez fosse a de Nara Leão, então namorada de Bôscoli, que só gravaria seu primeiro disco dali a quatro anos. Mas esta fala de apresentação revela o quanto o autor de "Lobo bobo" não apostava um tostão no talento artístico de seu futuro patrão, Roberto Carlos, e que só o escalara para o show pelos insistentes pedidos de Imperial, e naquela circunstância da festa do cônsul argentino. Enfim, Roberto Carlos já entrou meio que derrotado no palco do Liceu Franco-Brasileiro. E ali intrepretou mais uma vez "Brotinho sem juízo", acompanhado por um grupo de músicos que Imperial recrutara especialmente para estar com Roberto no palco. "Ele cantou bem, como sempre, mas, estranhamente, a recepção foi bastante fria", afirmou Bôscoli.

Ele contou que depois do show chamou Roberto para uma rápida conversa num cafezinho na praça, próximo do colégio. "Com uma sinceridade que não tenho, exceto quando com alguns uísques na cuca", confessara Bôscoli. E, enquanto Roberto encapava o violão, ele disse: "Bicho, quer um conselho? Para. Reformula. Muda de estilo. O destino de imitador tem caminho curto. Não há lugar para dois João Gilberto." Roberto Carlos entendeu o recado, pegou seu violão e deixou a turma da Bossa Nova — mas não a influência da bossa nova de João Gilberto, que o acompanharia ao longo de toda a carreira no estilo moderno de cantar. "O pior é que naquela noite do Liceu eu estava durinho. Mas não tive jeito de pedir", lembrou Roberto Carlos, que só conseguiria chegar em casa de carona em carona. Mais do que nunca, naquele dia ele foi mesmo o "João Gilberto dos pobres".

Explorando essa imagem, Chacrinha o convidava para participar do quadro "Adivinha quem é o cantor mascarado?", do seu programa, na TV Tupi, no Rio. Roberto Carlos entrava de tarja preta no rosto, sentava em um banquinho e cantava ao violão um tema de bossa nova. Em seguida, Chacrinha criava uma onda danada, perguntando ao público quem era aquele cantor. Ninguém tinha dúvida na resposta... Era João Gilberto. No fim do programa, quando Roberto tirava a máscara, o público fazia "oh!!!!!!!!!", sem entender nada. Até esse momento, Roberto Carlos era um artista ainda desconhecido, com ou sem máscara no rosto.

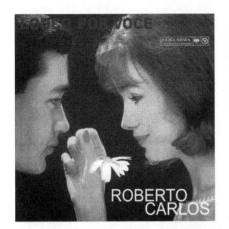

CLEYDE ALVES e GEORGE FREEDMAN
— dois queridos intérpretes do rock'n'roll.
Um amigo completa o trio.

LOUCO POR VOCÊ

"Beija, meu amor
Seu beijo todo dia eu quero ter
Sou cada vez mais louco,
Louco, louco por você"
Do álbum *Louco por você*, 1961

Na véspera do início da década de 1960, Carl Gustav Jung escreveu que "há sintomas de mudanças psíquicas que sempre aparecem ao final de um mês platônico e no início de outro" e que "esta transformação começou dentro da tradição histórica e deixa vestígios atrás dela, primeiro na transição da Era de Touro para a de Áries, e então de Áries para Peixes, cujo início coincide com a ascensão da Cristandade. Estamos, agora, nos aproximando da grande mudança que pode ser esperada quando o ponto da primavera entrar em Aquário". Na interpretação de alguns astrólogos, esta Era de Aquarius teria começado nos míticos e revolucionários anos 1960. Para o jovem Roberto Carlos, entretanto, essa década surgia sombria e nada indicava o que estaria por vir na sua carreira.

Naquele momento, ele era um artista desempregado, sem sucesso e sem prestígio. Tornara-se evidente para Roberto Carlos que seu tempo de conseguir contrato em rádio ou mesmo emprego em boate tinha ficado mesmo para trás. E como a televisão ainda não havia se firmado como um espaço para a música popular, ele vislumbrava no disco sua última chance de conseguir alguma projeção na carreira.

O problema é que, assim como o primeiro single de Roberto Carlos na Polydor, o que gravara na Columbia não lhe deu a projeção esperada. Ninguém quis saber do samba à la Orfeu de Carlos Imperial. A bossa nova "Brotinho sem juízo" teve um desempenho melhor, a letra dela chegou a ser reproduzida na prestigiosa coluna de Sylvio Tullio Cardoso, em *O Globo*. Mas o disco quase nada vendeu e fora do Rio ninguém tomou conhecimento dele.

De positivo foi o empenho de Roberto Carlos na divulgação — algo que impressionou os dirigentes da gravadora. Isso demonstrava que ele tinha disposição e que podia render muito mais. O próximo passo seria gravar um disco explorando outras possibilidades, além da bossa nova. Roberto Côrte Real entendia que, com a sua experiência de crooner da noite carioca, o jovem cantor poderia gravar diferentes ritmos e estilos de música popular. Então deu o sinal verde para Carlos Imperial produzir o primeiro LP de Roberto Carlos: o hoje histórico — e proscrito — *Louco por você*.

Na fase de produção do disco, Carlos Imperial esteve com compositores como Adelino Moreira, João Roberto Kelly e Nonato Buzar, que iam à gravadora mostrar suas novas canções para o diretor Roberto Côrte Real. O problema é que nenhum deles estava especialmente interessado em reservá-las para o LP de um cantor ainda desconhecido como Roberto Carlos. O alvo eram os discos de Silvio Caldas, Tito Madi, Emilinha Borba e outros grandes cartazes da Columbia. Tampouco Imperial queria ceder muitas faixas para outros autores, pois pretendia colocar suas próprias composições no disco. Mas Roberto Carlos chegou a pedir diretamente uma música para Adelino Moreira, autor de "A volta do boêmio", "Deusa do asfalto" e outros sucessos de Nelson Gonçalves. O compositor negou, justificando: "Roberto, eu faço música para gente madura, gente que já sofreu, que já viveu, você é um garoto ainda. Ninguém iria acreditar no que você canta porque o que eu faço é pesado, é pra gente parruda."

Houve, porém, alguém que aceitou compor para o disco do cantor iniciante. Seu nome: Fernando Cesar — compositor que, na época, tinha bem mais prestígio que Adelino Moreira, embora não exercesse apenas a carreira musical. Fernando era proprietário de uma indústria química, fabricante, entre outros, do sabonete Cinta Azul, que patrocinava programas como o do Chacrinha. Começara a compor aos 37 anos, em 1954, por mero acaso. "Eu dedilhava ao piano uma coisa meio sem nexo, somente para me distrair, quando, de repente, comecei a repetir, várias vezes, um tema diferente, uma música desconhecida... Fiz então uma descoberta sensacional: aquela música era minha — e a havia feito inconscientemente!" Chacrinha insistiu para que a cantora Dóris Monteiro conhecesse as músicas dele. Após certa relutância — pois duvidava que um fabricante de sabão pudesse compor —, ela foi ao seu encontro, e adorou as composições de Fernando Cesar. A primeira que gravou, o samba-canção "Dó-ré-mi", se tornaria o maior sucesso da carreira de Dóris Monteiro. Animada, ela lançaria um LP inteiro só com músicas do industrial-compositor, que, a partir daí, seria também gravado por artistas como Cauby Peixoto, Ângela Maria, Maysa, Sylvia Telles, Os Cariocas e até o Trio Los Panchos. Em 1958, a gravadora Polydor lançou o álbum *Antônio Carlos Jobim e Fernando Cesar na voz de Agostinho dos Santos* — o que mais uma vez demonstrava o prestígio do compositor de "Dó-ré-mi". Em 1960, ele fora também o autor da versão de "Marcianita", maior sucesso do cantor Sérgio Murilo.

Enfim, Fernando Cesar parecia pé-quente, além de poder patrocinar programas de rádio e TV com suas marcas de sabão. Foi Côrte Real quem o apresentou a Carlos Imperial, e os dois se entenderam muito bem. Logo compuseram juntos duas músicas: o sambalanço "Se você gostou", e o bolero "Não é por mim" — ambas oferecidas a Roberto Carlos, que precisava mesmo de sorte e de variedade, pois o repertório do disco miraria o estilo de quatro cantores então no auge naquele momento: João Gilberto (bossa nova), Anísio Silva (bolero), Sérgio Murilo (rock, balada, chá-chá-chá) e Miltinho (samba) — não por acaso, quatro cantores de vozes pequenas, nasais, como a de Roberto Carlos. O cantor baiano Anísio Silva, por exemplo, emocionava multidões com temas ultrapopulares, como "Alguém me disse" e "Quero beijar-te as mãos". Pois na cola dele, Roberto abre seu disco com o bolero "Não é por mim", de Imperial e Fernando Cesar: "Quem deixaria molhar seus olhos nessa tristeza / Eu nunca vi o seu olhar tão triste assim / Não é por mim que você chora, tenho a certeza / E quem sou eu para você chorar por mim..." Este bolero — que no ano seguinte seria regravado pelo próprio Anísio Silva — traz tudo a que o ritmo tem direito: congas, maracas, bongôs, orquestra de cordas e piano, mas, na sua interpretação, Roberto revela a nítida influência do João Gilberto de "Hô-bá-lá-lá". Um dos versos da segunda estrofe — "Se provar que eu fiz você ficar tão triste / Eu saberei que existe um céu, que Deus existe" — jamais seria entoado depois pelo cantor, pois a crença em Deus condicionada por uma relação amorosa não seria mais compatível com o seu posterior pensamento religioso.

Outra referência para Roberto Carlos, o cantor carioca Milton Santos de Almeida, o Miltinho, também ocupava as paradas de sucesso interpretando sambas suingados como "Palhaçada", "Mulher de trinta" e "Devagar com a louça" — num estilo chamado de sambalanço. Na definição de Nei Lopes e Luiz Antônio Simas, este é um tipo de samba "surgido no Rio de Janeiro, a partir do ambiente de bailes e boates, pela ação de grupos como os de Djalma Ferreira e Ed Lincoln e outros. Eminentemente feito para dançar, surgiu como uma espécie de contraponto ao 'samba de concerto' — apenas para ouvir, sentado e em silêncio, proposto pela bossa nova". Daí porque, na letra de "Se você gostou", Imperial e Fenando Cesar evocam esta dança do baile: "Se você gostou de dançar juntinho assim / Se lhe agradou ficar bem perto de mim." No refrão fazem também referência ao popular programa de rádio que era apresentado por Jair de Taumaturgo: "Se eu consegui fazer você ser bem feliz / Amor, telefone e peça bis..." Na faixa anterior está o samba "Chorei", este apenas do roqueiro Carlos Imperial, mas que não faria feio em nenhuma gafieira — num arranjo com sopros, piano e percussão. Chama a atenção o solo contrapontado entre o saxofone e o piano. Roberto Carlos não deixa a peteca cair, cantando com suingue, na cadência do Brasil pandeiro: "Chorei / Uma lágrima sentida / A primeira em minha vida / Confesso que chorei..."

O estilo bossa nova de João Gilberto é representado por "Ser bem", também assinada por Carlos Imperial. Nesta ele faz uma releitura de temas como "Rapaz de bem", clássico de Johnny Alf, e "Café Society", de Miguel Gustavo, que diz "Decididamente eu sou gente bem" — expressão que identificava os colunáveis. Na letra de Imperial, há então referências a lugares e pessoas da alta sociedade carioca, no fim dos anos 1950: o playboy Jorginho Guinle, o colunista Jean Pouchard e os socialites Baby Bocayuva Cunha e Didu de Souza Campos, além de espaços frequentados por eles, como a boate Sacha's, o Copacabana Palace e o Jóquei Clube. Daí a música começar afirmando que "Ser bem / É no Copa debutar / É sair todo domingo na revista do Pouchard...". No fim da gravação, Roberto Carlos faz um scat, solo improvisado com a voz, típico dos cantores de jazz, numa evolução que também evoca o Johnny Alf de "Rapaz de bem".

Por fim, Roberto Carlos gravou a tal da música jovem no estilo de Sérgio Murilo, colocada no lado B do disco, nas faixas "Linda" e "Louco por você". "Beija, meu amor / Seu beijo todo dia eu quero ter / Sou cada vez mais louco / Louco, louco por você..." Esta é uma versão de Carlos Imperial para "Careful, careful (Handle me with care)", gravada em 1958 pela cantora Eileen Rodgers. Os autores, Paul Vance e Lee Pockriss são os mesmos do original de "Biquíni de bolinha amarelinho" ("Itsy bitsy teenie weenie yellow polka dot bikini"). O arranjo da gravação de Roberto Carlos segue basicamente o da versão original, com o mesmo corinho e toque latino do chá-chá-chá — ritmo que era uma coqueluche na Europa naquele princípio dos anos 1960.

O diretor Côrte Real argumentava que um daqueles alvos poderia apontar o futuro de Roberto Carlos. Ou seja, dependendo da faixa do disco que obtivesse maior aceitação, ele seguiria na linha de João Gilberto, daria uma guinada para ser um novo Anísio Silva, ficaria na linha intermediária de Miltinho ou avançaria na trilha dos brotos legais de Sérgio Murilo. Nesse sentido, o primeiro LP de Roberto Carlos foi uma espécie de laboratório. Hoje seria considerado um álbum eclético, plural, mas na época revelava a indecisão do estilo do cantor.

Na análise de Pedro Alexandre Sanches, "atirando para várias direções por não firmar convicção em nenhuma delas, RC parecia desempenhar no plano musical papel parecido ao do confuso Jânio Quadros, que se bipartia entre condecorar o revolucionário pan-americano Che Guevara e reatar laços rompidos por JK com o Fundo Monetário Internacional".

Os arranjos do álbum ficaram a cargo do maestro e trombonista Astor Silva, recém-contratado pela Columbia. Carioca, então com 39 anos, ele era um ex-integrante das orquestras Tabajara e a do maestro Cipó. Sua carreira no disco começara na Odeon, onde fazia arranjos para cantores de estilos diversos como Elza Soares, Anísio Silva, Pery Ribeiro e Trio Irakitan. Esta sua experiência com a diversidade seria importante para o disco do crooner Roberto Carlos, que, em meio a chá-chá-chás, sambas e boleros, gravaria também o clássico "Cry me a river", blue jazzístico composto por Arthur Hamilton. Este tema ficara famoso em 1955, na interpretação minimalista da cantora e atriz Julie London, acompanhada apenas de Barney Kessel na guitarra e Ray Leatherwood no baixo. Portanto, já era um standard do jazz quando Roberto Carlos a gravou com letra do versionista Julio Nagib, "Chore por mim", uma balada soturna, com naipe de cordas, solo de violino e bongô: "Sei que você chora porque chegou o fim / Mas digo chore por mim, chore por mim / Eu chorei tanto por você..."

O disco trouxe ainda um então recente hit internacional — hoje também um clássico da música popular: "Look for a star" ("Olhando estrelas"), composição do britânico Tony Hatch (com o pseudônimo de Mark Anthony), da trilha do filme *Circo dos horrores*, de 1960. Esta música é mais conhecida em versões instrumentais, especialmente com a orquestra de Billy Vaughn, que alcançou o top 20 da parada americana naquele ano. Roberto a gravou num arranjo de beguine, com letra em português do disc jockey e Paulo Rogério. "Duas noites são teus lindos olhos / Onde estrelas estão a brilhar / Que ternura olhar mil estrelas / Em teu olhar..." A faixa seguinte, "Só você", é um foxtrote, primeira composição que Roberto gravou de seu amigo de infância Edson Ribeiro, que já tinha também se mudado para o Rio, iniciando-se na carreira artística. Nesta música ele contou com a parceria do comediante Renato Côrte Real, irmão do diretor artístico da Columbia.

A música italiana, então bastante influente, está representada nas faixas "Solo per te" e, fechando o disco, "Eternamente" — versão de "Forever", de Bob Marcucci e Peter de Angelis, então recente sucesso de Peppino di Capri. A cantora Celly Campello já tinha gravado uma versão dela no ano anterior, feita pelo especialista Fred Jorge. Mas Carlos Imperial optou por ele próprio fazer uma nova letra, e se valendo daquele discutível recurso de misturar palavras do original em inglês com o português. "'Forever' é para sempre viver junto a você", canta Roberto Carlos na abertura da música para depois concluir que "No mundo inteiro / Em qualquer lugar o meu amor será / Seu, 'forever'". O arranjo é de um típico rock-balada italiano. Já "Solo per te" é uma versão de Renato Côrte Real para o tema lançado pelo cantor ítalo-americano Lou Monte, em 1959. Na gravação original há uma mistura de italiano com inglês. Roberto Carlos a gravou com arranjo de bolero combinado com calipso e letra em português e italiano. Enfim, "Solo per te" é uma salada musical completa — em perfeita sintonia com o projeto do eclético álbum *Louco por você*.

A gravação do disco transcorreu com tranquilidade, e entre os músicos da orquestra da Columbia estavam o baterista Wilson das Neves e o pianista Vadico, ex-parceiro de Noel Rosa, em mais um trabalho com Roberto Carlos. Aliás, o coautor de "Feitiço da Vila" morreria de infarto no ano seguinte, trabalhando nesse estúdio. "Vadico morreu no meu colo", contou Wilson das Neves em depoimento ao autor. "Era uma hora da tarde, tínhamos chegado para gravar. Ele sentou ao piano, começou a tocar, e foi ficando meio tonto e acabou caindo do piano. Eu botei a cabeça dele no meu colo enquanto foram buscar socorro, porque ele estava ficando roxo. Faleceu ali." A Columbia homenagearia o pianista e compositor Vadico batizando aquele estúdio com nome dele.

Após a gravação de cada faixa, Roberto Carlos ia ansioso para a mesa de som ver o resultado. Foi então que depois de se ouvir no bolero "Não é por mim", ficou incomodado com um trecho da melodia.

A frase "todo o amor que eu sinto agora", sobretudo a palavra final, soava-lhe estranha. E ele queria refazer a gravação. Mas Carlos Imperial disse que não, porque estava tudo bem. Alguns músicos que participaram da gravação também disseram não ver problema algum. Mas Roberto não se convencia e continuava incomodado. Achava que tinha desafinado naquela passagem da melodia. Enquanto ele ouvia mais uma vez a gravação, eis que entrou na sala da técnica o cantor Tito Madi, um dos principais artistas da casa. Ora, ninguém melhor do que seu ídolo, o grande Tito Madi — autor de "Chove lá fora", "Carinho e amor" e tantas outras canções enternecedoras —, para tirar aquela dúvida atroz. Humildemente, Roberto pediu para ele ouvir a faixa e dar o seu parecer. Já um pouco cansado com aquela insistência, o técnico Umberto Contardi colocou a fita para rodar mais uma vez. E, depois de ouvi-la, Tito Madi deu o seu veredicto com segurança: "Roberto, você não desafinou. Você semitonou um pouquinho. Se botarem um pouco de eco aí, ninguém vai perceber nada." Semitonar é quando se emite uma nota um pouco fora daquela exata da melodia; e, em alguns casos, dá mesmo para ajeitar isso com um pouco de eco, processo feito na mixagem.

Ainda que um pouco cabreiro, Roberto aceitou a sugestão de Tito Madi. Afinal, era a palavra de uma autoridade. E, se Tito estava dizendo que não havia desafinação, o estúdio da Columbia não pararia para fazer tudo de novo por puro capricho e perfeccionismo de um estreante. Naquele momento não havia espaço nem tempo para isso, e o técnico Umberto Contardi tampouco via problema na gravação. E assim o disco foi liberado para prensagem com a recomendação de que se colocasse um pouco de eco na faixa "Não é por mim". Entretanto, quando o disco foi lançado e Roberto Carlos o botou para rodar, não teve mais dúvida: desafinava feio naquele trecho da melodia do bolero. O cantor mostrou a gravação para outras pessoas e agora todos pareciam concordar: ele desafinava mesmo. Tito Madi tinha errado. Carlos Imperial tinha errado. Umberto Contardi tinha errado. Todos tinham errado. Roberto Carlos chorou. Caramba, logo na primeira faixa, no seu primeiro álbum, uma desafinação — e não teve eco que desse jeito naquilo. Era uma triste ironia. O cantor que surgira com a promessa de ser um novo astro da bossa nova, quem sabe um novo João Gilberto, literalmente desafinava — e cantando um bolero típico do repertório de Anísio Silva. É principalmente por causa disso que até hoje Roberto Carlos não autorizou o relançamento desse seu primeiro LP — que segue fora da sua discografia oficial em CD.

Outra coisa de que o cantor não gostou naquele disco foi a capa, que não trazia a sua imagem. Ele chegou a posar para várias fotos, mas Côrte Real considerou que nenhuma ficara suficientemente boa. "Eu não era fotogênico, estava inibido, não fiquei bem", reconheceria o cantor. Ele imaginou que seria chamado para fazer uma nova sessão de fotos. No entanto, o diretor artístico decidiu lançar o disco sem a imagem de Roberto Carlos, optando por uma capa temática, algo muito comum na época. Em vez da estampa do cantor, a capa reproduzia o tema da canção-título — modelo consagrado a partir do álbum do musical *Cantando na chuva*. A capa do LP *Pensando em ti*, de Nelson Gonçalves, por exemplo, em vez da foto do cantor, mostra uma mulher solitária, fumando um cigarro e com o olhar perdido... pensando em alguém. Da mesma forma, a capa do disco *Chove lá fora*, de Tito Madi, exibe apenas uma linda jovem de capa e guarda-chuva aberto, sugerindo a chuva que cai. Pois Roberto Côrte Real decidiu seguir esse modelo para o LP *Louco por você*: a foto da capa mostra a troca de olhares de um rapaz e uma menina, esta com uma margarida na mão, fazendo aquele joguinho de "bem me quer, mal me quer" — loucura de amor para aqueles inocentes anos 1960. Mas, nesse caso, a gravadora nem se deu ao trabalho de encomendar a produção da capa do disco. Côrte Real simplesmente mandou surrupiar a foto da capa do LP *To each his own*, que o organista Ken Griffin gravara para a Columbia nos Estados Unidos. Como esse disco não fora lançado no Brasil, a filial aproveitou a foto da capa, apagando as palavras em inglês e colocando o nome de Roberto Carlos e o título *Louco por você*.

Ao saber disso, o cantor ficou bastante chateado e foi falar com o diretor Roberto Côrte Real. "Eu implorei, pedi, conversei, quase chorei, me coloquei à disposição para uma nova série de fotos, mas não teve jeito", lembrou. Côrte Real lhe explicou que o fotolito já estava pronto para ir para a gráfica e que fazer uma nova sessão de fotos atrasaria muito o lançamento do disco, já anunciado pela gravadora. Roberto Carlos teve então que se resignar com aquela capa temática e com uma foto copiada do disco de outro artista. "Eu já sabia, mas foi a maior tristeza quando peguei o LP já pronto e não tinha a minha foto na capa."

Côrte Real e Carlos Imperial se valeram de alguns outros truques na produção desse disco. No texto de contracapa, por exemplo, assinado pelo próprio diretor artístico da Columbia, Roberto é apresentado como um jovem cantor "nascido aqui mesmo no Rio de Janeiro". Segundo Imperial, um erro proposital, que contara com a concordância do artista: apresentá-lo como um jovem cantor carioca — semelhante a Sérgio Murilo — venderia mais do que como um interiorano, de uma cidade até então pouco conhecida e com nome esquisito, Cachoeiro de Itapemirim. Outra artimanha, esta mais especificamente do produtor Imperial, foi afirmar que uma das faixas do disco, o rock "Linda", seria uma versão dele para uma composição de Bill Caesar, um autor inventado pelo próprio Carlos Imperial — ele acreditava que, no caso da música pop, sendo versão de tema internacional, teria mais chance de agradar. Afinal, os grandes sucessos de rock até então no Brasil, como "Estúpido cupido", "Diana" e "Broto legal", eram basicamente versões de hits americanos. Não se levava a sério um rock feito por brasileiros.

Com tudo isso — capa surrupiada de disco americano, cantor interiorano vendido como carioca e compositor americano fictício —, o primeiro álbum de Roberto Carlos na Columbia foi lançado em agosto de 1961, na expectativa de que poderia realmente abrir um novo caminho para o jovem artista e engordar os cofres da companhia. "O pessoal da gravadora estava muito otimista, e eu ainda mais. Ninguém tinha dúvida quanto ao êxito do LP", afirmou o cantor. O próprio Côrte Real escreveu na contracapa acreditar "que com esse LP, Roberto Carlos venha a figurar nas paradas", pois "tem oportunidade de demonstrar sua grande musicalidade e personalidade interpretativa, para ser julgado por todos através dos vários ritmos aqui incluídos". E finalizava o texto com a certeza de que o cantor "encontrará o seu lugar na linha de frente dos jovens e talentosos artistas da nova geração".

A divulgação dos artistas da Columbia era comandada por Othon Russo, que com o tempo se tornaria o mais influente e famoso chefe de divulgação do Brasil. Na época, ele produzia e apresentava programas exclusivamente com o elenco da gravadora, que comprava o horário em várias emissoras. Um dos programas era *Escala musical Columbia*, reproduzido diariamente nas rádios Mundial, Continental e Carioca, no Rio, e Excelsior, Difusora e Panamericana, em São Paulo. Havia também o programa semanal de televisão *Columbia no mundo da música*, na TV Continental, do Rio. Em todos eles, Roberto tinha sua divulgação garantida. "O novato Roberto Carlos está sendo bem trabalhado pelo esforçado Othon Russo", comentava a revista *Radiolândia*.

Semanas antes de o LP *Louco por você* ser lançado, o jornalista Leônidas Bastos, da *Radiolândia*, recebera de Othon Russo uma foto de Roberto com um bilhete: "Ajude-nos a divulgá-lo. RC é um grande garoto!" Era o artista querendo aparecer nas capas e nas páginas das revistas. Em reconhecimento a esse esforço, em julho de 1961, a *Radiolândia* publicou uma foto dele de perfil na seção "Para o álbum do fã", em destaque, ocupando todo o lado esquerdo da página da revista. Lançada em 1953 pelo empresário Roberto Marinho, do jornal *O Globo*, *Radiolândia* era uma publicação que valorizava artistas da bossa nova — diferentemente da *Revista do Rádio*, que dava cobertura a gêneros musicais mais populares. Naquele mesmo mês de julho, coube também à *Radiolândia* publicar a primeira entrevista com Roberto, com direito a mais uma foto dele. "Quem é a garota dos sonhos de Roberto Carlos?", foi o título dessa sua primeira reportagem — tema que aparecerá em centenas de outras ao longo do tempo. A revista diz que a pergunta deixara o cantor "meio hesitante a princípio", mas ele respondeu que a sua garota ideal deveria reunir diversos tipos num só. "Teria de ser como Sandra Dee fisicamente. No caráter deveria parecer-se com Rossana Podestà. Como artista, Norma Bengell (dirigida por Abelardo Figueiredo). Sensual como Carmem Verônica. E cantora como Sylvinha Teles." Como se vê, o rapaz parecia bastante exigente no quesito feminino. Porém, isso só acontecia na entrevista, porque na vida real ele era mais simples. Depois de namorar a futura atriz Maria Gladys, Roberto teve outros breves relacionamentos, e naquele momento começava mais um com a adolescente Roberta Côrte Real, que não se parecia fisicamente com a atriz Sandra Dee — "namoradinha de Hollywood", que serviria de modelo para a primeira boneca Barbie, em 1959. Roberta era morena, de olhos castanhos e estatura mediana, filha do diretor artístico da Columbia, Roberto Côrte Real. Embora também não cantasse como Sylvinha Teles, ela gostava de escrever poesia, e anos depois até faria a versão da música "Esqueça (Forget him)", gravada por Roberto Carlos. "Meu pai não gostou de saber de meu namoro com Roberto", afirmou em depoimento ao autor. Como tantos outros pais de classe média da época, Côrte Real preferia não ver a filha envolvida com pessoas do meio artístico. Mas esse era o ambiente dela, que se aproximou de Roberto Carlos durante uma festa na casa do compositor Fernando Cesar. Ele costumava reunir amigos da música e do rádio na sua mansão no Alto da Boa Vista, no Rio. Numa dessas reuniões, num sábado, Roberto Côrte Real foi acompanhado da esposa e da filha. Ao chegarem, Roberto Carlos já estava lá, levado por Imperial. Em meio a uma reunião com tantos senhores tomando uísque, não houve nada melhor para Roberta, então com 16 anos, do que ficar de prosa com o cantor Roberto Carlos, de 20. Saiu de lá apaixonada por ele, mas o namoro seguiria meio proibido. "Meu pai, inclusive, chegou a dar uma bronca no Roberto e pedir para ele se afastar de mim. Ainda mais porque ele via Roberto namorando outras meninas."

Em setembro, a Columbia lançou um novo single do artista, extraindo as duas faixas do seu LP: o bolero "Não é por mim", para o lado A, e o chá-chá-chá "Louco por você", no B — e assim afunilando as possibilidades dele, que poderia se tornar agora um cantor de bolero ou de música jovem. A gravadora o levou a São Paulo para divulgar o disco em lojas e emissoras de rádio. Numa certa tarde, ele esteve na

Eletrodisco, um magazine na rua São Bento, no centro — local onde se concentravam várias lojas de discos. Tony Campello lembra que, no início da carreira, costumava ir a essa rua apenas para ouvir seus discos tocando nas lojas. "Eu nem entrava, ficava só passando na rua ouvindo." Naquela tarde, a Eletrodisco promovia uma sessão de autógrafos com jovens ídolos do rock, tendo Sérgio Murilo como grande atração. Estavam lá também a cantora Cleide Alves, a "estrelinha do rock", e o bonitão George Freedman, divulgando sua nova gravação, o rock "Adivinhão". Roberto Carlos era pouco conhecido em São Paulo e ficou meio deslocado num canto da loja, apenas observando a movimentação. A garotada presente cercava Sérgio Murilo, então no auge do sucesso, e que meses depois seria até coroado rei do rock brasileiro. Lá pelas tantas, chegou um fotógrafo da *Revista do Rock*, publicação mensal editada no Rio e com sucursal em São Paulo. O fotógrafo logo procurou enquadrar Sérgio Murilo junto com os fãs e depois chamou Cleide Alves e George Freedman para uma pose especialmente para a revista.

Segundo Freedman, nesse momento Roberto Carlos se aproximou deles. "Ele pediu a mim e a Cleide se poderia participar da foto junto conosco. Falamos: 'Claro que sim.'" Roberto então se integrou ao trio para a pose, ficando do lado direito, George Freedman do esquerdo, e Cleide Alves no meio. A revista chegou às bancas no mês seguinte, trazendo na capa o cantor inglês Cliff Richard, e na parte interna, a foto dos jovens cantores, com a legenda: "Cleide Alves e George Freedman, dois queridos intérpretes do rock'n'roll. Um amigo completa o trio." Ou seja, o cantor de bossa nova Roberto Carlos era um anônimo também no ambiente do rock nacional. "Lembro que Roberto falou seu nome para o fotógrafo, mas este não tomou conhecimento", afirmou Freedman.

Fatos como esse indicavam ao artista que ele precisava de reforço na divulgação. Contando com a ajuda da irmã, das namoradas, das amigas e amigas das amigas, Roberto Carlos montou um esquema de divulgação paralelo que não dava trégua aos disc jockeys. "Tinha pelo menos vinte garotas que passavam o dia inteiro ligando para as rádios, pedindo as minhas músicas", confessaria o cantor, citando um sistema que era chamado de "caitituagem telefônica". Um dos programas mais visados era o *Peça bis pelo telefone*, produzido por Jair de Taumaturgo na Rádio Mayrink Veiga. Quando o locutor anunciava "Louco por você", as meninas entravam em ação, telefonando para a rádio e pedindo para tocar a música de novo. O próprio Roberto Carlos fazia o mesmo, ligando geralmente de um telefone público na farmácia Pederneira, em frente à sua rua, no Lins de Vasconcelos. Era uma façanha: ligar rápido, disfarçar a voz, inventar um nome, pedir a música, desligar, ligar de novo com outra voz e outro nome...

Outro reforço importante foi o do próprio Carlos Imperial, que apresentava o seu programa *Os brotos comandam*, diariamente na Rádio Guanabara, das cinco às seis da tarde. O programa tinha pouca audiência, mas ele fazia uma grande onda. "Alô, brotos, eu sou Carlos Imperial. Estou aqui na Rádio Guanabara do Rio de Janeiro, avenida Darcio de Matos, 23, 25º andar, para apresentar o seu, o meu, o nosso programa, porque eu, você, nós gostamos de música jovem, nós gostamos de Rooooberto Carlos." E botava para rodar a música "Louco por você", anunciando: "Tirem as cadeiras e as mesas da sala e vamos todos aprender a dançar o chá-chá-chá."

Por conta de todo esse trabalho de divulgação, em outubro de 1961 a faixa "Louco por você" acabou despontando nas paradas do Rio. "Linda" também repercutiu em algumas emissoras, mas, como não era um sucesso espontâneo, o LP vendeu apenas 512 cópias. O público ouvia as músicas no rádio, mas não tinha interesse em comprar o disco. Em consequência, Roberto Carlos não recebia propostas de shows — nem mesmo para churrascarias. Uma das poucas oportunidades era acompanhar caravanas de artistas pelos subúrbios cariocas, uma delas comandada pelo jornalista Carlos Renato, chamado de "o colunista dos brotos da zona norte" — por conta de sua coluna "Luzes da Cidade", no *Última Hora*, do Rio. Lançada em junho de 1956, esta coluna foi mais uma inovação do jornal de Samuel Wainer. Numa época em que pontificavam colunistas como Ibrahim Sued, Jean Pouchard e Jacinto de Thormes — todos focados na elite da zona sul carioca —, Wainer escalou o tijucano Carlos Renato para cobrir a vida social da zona norte. O jornal explicou que o objetivo era revelar "o outro lado do panorama social do Rio, uma cidade desconhecida dentro da própria cidade". E que ali haveria um "desfile de noivas, de esposas, de namoradas; a crônica das festas, de bodas" e de "alguns dos clubes mais queridos da majestosa metrópole que se ergue do outro lado do Maracanã".

Na estreia, Carlos Renato se dirigiu diretamente ao público feminino da zona norte: "Meu anjo, esta seção é tua, completamente tua, da cabeça aos pés. Ela viverá de ti e nada mais; viverá de tua graça plena. Não importa que sejas do Méier, de Todos os Santos, Cordovil, Encantado ou Realengo ou, ainda, dessa doce Copacabana sem mar da zona norte, que é a Tijuca. Onde quer que estejas, e onde quer que vivas, eu te direi, agora, para repetir sempre; tu és linda!" O sucesso da coluna faria de Carlos Renato apresentador de um programa com o mesmo título, inicialmente na Rádio Mayrink Veiga. Daí para a promoção de shows foi um passo, levando jovens artistas como Roberto, Erasmo e Wilson Simonal a se apresentarem por diversos clubes da zona norte. "Carlos Renato descolou bons trocados para a turma. Além de muitas gatinhas", afirmou Erasmo.

O colunista estimulava a formação de uma "turma da Bossa Nova" nos subúrbios. Em janeiro de 1961 — portanto, antes de Tom e Vinicius criarem "Garota de Ipanema" —, anunciou que Roberto Carlos tinha gravado a bossa "Garota zona norte", de autoria de Carlos Imperial. "A orquestração de Lyrio Panicali está simplesmente genial", opinou, indicando que teria ouvido a gravação no estúdio da Columbia. "Aguardem para os próximos dias o lançamento", avisava. Se na letra de "Ser bem" Imperial citava o badalado colunista Jean Pouchard, em "Garota zona norte" era a vez do tijucano Carlos Renato, e com mais destaque: "Garota zona norte de olhares risonhos / Final feliz dos meus sonhos / Eu queria ser Carlos Renato / para botar o seu retrato todo dia no jornal..." O refrão da música, em tom exaltativo, dizia: "Garota zona norte que tem a cidade a seus pés / Garota, eu lhe dou nota dez."

Não se confirmou, entretanto, o lançamento dessa música no início do ano, nem depois, no álbum *Louco por você*. Mas Carlos Renato seguia falando dela e, em agosto, indagava: "Carlos Imperial: o 'Garota zona norte', gravação do Roberto Carlos, vai sair mesmo ou tudo não passa de promoção?" Uma semana depois voltaria a fazer a mesma pergunta no jornal. No mês seguinte, anunciou que Roberto cantaria "Garota zona norte" em sua homenagem, durante uma visita do colunista ao programa *Os brotos comandam*, na Rádio Guanabara. Carlos Renato afirmou que a música até provocara ciúmes do outro lado da cidade, e com consequências para o autor dela. "As meninas da zona sul resolveram riscar o Carlos Imperial dos seus caderninhos sociais. O rapaz não recebe um único convite" por estar "enamorado da zona norte". Porém, a tal gravação de Roberto Carlos com arranjo de Lyrio Panicali jamais foi lançada, sumindo numa sobra de estúdio, algo comum na produção de um disco. Ou será que tudo não passou mesmo de uma jogada publicitária de Carlos Imperial?

Havia também a caravana do popular locutor Luís de Carvalho, que comandava as manhãs musicais da Rádio Globo. Ele saía com um grupo de artistas iniciantes percorrendo subúrbios e cidades do interior do Rio de Janeiro. Ainda assim, não era garantia de público, como veria numa caravana ao bairro de Cordovil, no final de 1961. A apresentação ocorreu no recém-inaugurado Grêmio Recreativo Mirim, na praça Mirim. Foi um show mal organizado, à noite, no meio de semana e sem nenhuma grande atração. Resultado: quando Roberto Carlos subiu ao palco, havia apenas três pessoas na plateia — uma delas, Wanderléa Charlup Boere Salim, uma garota de 16 anos descendente de libaneses que nascera em Governador Valadares, mas passara os primeiros anos da infância em Lavras, Minas Gerais. Ali, já se apresentava no rádio, interpretando sucessos de Emilinha Borba e Dalva de Oliveira. Ainda criança, Wanderléa se mudara com a família para o Rio de Janeiro, onde cresceu superprotegida pelos pais e doze irmãos. Ela fora ao show no Grêmio Recreativo Mirim porque morava perto do clube e queria conhecer Luís de Carvalho. Acabou conhecendo também Roberto Carlos, um dos primeiros a ser anunciado pelo locutor. "Empunhando um violão, ele chamou minha atenção de cara", lembrou Wanderléa. "Aparentava um semblante sereno, como se fosse um tanto solitário. Ele usava um topete caprichado, com a gola da camisa levantada até o pescoço, dando-lhe um ar de James Dean."

Naquela noite Roberto Carlos cantou "Mr. Sandman", mais uma das faixas de seu primeiro LP. Esta é um foxtrote lançado pelo grupo vocal The Chordettes em 1954, que se tornaria também um standard do jazz. A letra original transmite um pedido à figura folclórica de Sandman. "Mr. Sandman, traga-me um sonho / Faça dele o mais lindo que eu já vi..." A versão em português foi lançada no ano seguinte pela cantora Juanita Cavalcanti, a "rainha do rádio" paulista, com texto do jornalista Carlos Alberto. No arranjo da regravação de Roberto Carlos se sobressaem as palmas e vassourinha intercalados com frases de saxofone, com um diálogo improvisado de guitarra e sax. Mas naquela noite no clube em Cordovil ele cantou apenas ao violão: "Mister Sandman quero sonhar / Fazer com ela o mais lindo par / Quero beijar, febril, sua boca..." "Ele não parecia estar se importando se havia muito público ou ninguém. Cantava com introspecção, como se fosse para a amada dele que estivesse ali. Roberto me cativou com sua interpretação de 'Mr. Sandman'. Gostei dele", diz Wanderléa.

Como o salão estava vazio, o cantor não teve dificuldade de avistá-la bem próxima do palco. "O menino já carregava um click enorme. Romântico e audacioso, tímido e olhar profundamente safado. Dirigido. Fundo", contou ela, que, depois do show, foi dar-lhe os parabéns pela apresentação. Seguiram conversando até lá fora, quando a turma da caravana parou para comer numa lanchonete ao lado do clube. Nesse papo, Roberto Carlos ficou sabendo que Wanderléa também gostava de cantar, sonhava em gravar um disco e seguir a carreira artística, mas que seu pai não queria deixar. De repente, o motorista do ônibus começou a buzinar, pois chegara a hora de voltar. O pessoal da caravana logo atendeu ao chamado, menos Roberto Carlos, que seguia comendo bem devagar sua coxinha de galinha, na maior prosa com Wanderléa. Alguém o chamou mais uma vez, insistindo que o ônibus já estava de partida. Outros foram para a janela, reclamando da demora. Roberto Carlos atendeu, mas, antes de embarcar, puxou Wanderléa e sapecou-lhe um beijo na boca, para espanto da adolescente. "Foi realmente um beijo roubado, de surpresa, eu não estava esperando", contou. "Mas confesso: gostei. Ainda não tinha sido beijada, nem quando brincava de pera, uva, maçã ou salada mista." Roberto entrou no ônibus, se acomodou num dos últimos lugares ao lado da janela, e esticou o braço dando tchau para Wanderléa, que acenou sorrindo de volta. Assim que o ônibus arrancou, ela seguiu caminhando para casa, sentindo o gosto daquele beijo em sua boca — ainda mais porque, pouco antes, o cantor tinha devorado coxinha de galinha. "Prefiro dizer que era um sanduíche, porque fica melhor do que coxinha de frango. O beijo teve um sabor salgado, gorduroso", recordou a cantora. No início do ano seguinte, Roberto Carlos e Wanderléa voltaram a se encontrar, quando ela foi contratada para também gravar um disco na Columbia. A partir daí, estreitaram a amizade e até engataram um romance — que durante muito tempo tentaram negar. "Aquele singelo beijo foi como uma demarcação de território em meu coração de menina", afirmou Wanderléa em seu livro de memórias. "Desde aquele beijo roubado, amo Roberto. E esse sentimento fincou raízes e ficou por muito tempo guardado comigo."

Disco gravado, namoradas, apresentações pelos subúrbios... Dinheiro mesmo, porém, não entrava no bolso de Roberto Carlos. Foi quando seu pai lhe conseguiu o prometido emprego público, no qual o filho poderia finalmente colocar em prática o que aprendera no curso de datilografia no Colégio Ultra. Numa época em que o sistema de concurso público ainda não estava garantido pela Constituição do país, esse tipo de emprego era obtido através de indicações. E assim Roberto Carlos conseguiu o dele, indo trabalhar inicialmente na Cofap, órgão federal de controle de abastecimentos e preços de alimentos; depois foi transferido para a Delegacia de Seguros do Ministério da Fazenda, no centro do Rio. A sua função ali era datilografar ofícios, cartas e capas de processos. "Que coisa maçante", recordou o cantor, "ver paredes o dia inteiro. Paredes, papéis, letras e máquinas de escrever."

Para Roberto Carlos, aquilo parecia significar o adeus ao sonho de se tornar um artista de sucesso. Afinal, até aquele momento, já tinha sido cantor na Rádio Cachoeiro de Itapemirim, participado do conjunto vocal The Sputniks, imitado Elvis Presley no Clube do Rock, cantado na boate Plaza, gravado discos na Polydor e na Columbia, e até protagonizado uma fotonovela na Editora Bloch. Depois de toda essa trajetória de luta, ali estava ele carimbando papéis, num trabalho burocrático, alienante. Dinheiro, carrões, mulheres, viagens, tudo parecia agora mais distante. E, como se não bastasse, com o fracasso do LP *Louco por você*, ele ainda corria sério risco de ser também dispensado da gravadora Columbia — o seu único elo mais consistente com a carreira artística. A década de 1960 começava sem querer sorrir para Roberto Carlos.

9

MALENA

"Malena, eu sou um sofredor
Oh! Oh! Malena eu quero o teu amor
Não posso mais sofrer,
Oh! Oh! Malena, sem ti não sei viver"
Do single Roberto Carlos, 1962

"Uma nova mania está tomando conta de Nova York", informava o *Correio da Manhã* em novembro do 1961. "Trata-se do 'twist', uma dança que faz lembrar o frenético Charleston, da década de 1920. Como uma doença contagiosa, o 'twist' alastrou-se pelo país, invadindo os apartamentos, os clubes noturnos, o teatro, a rádio e a televisão." O então colunista Jacinto de Thormes, do *Última Hora*, também comentava que a "chamada bossa nova no Brasil e o chá-chá-chá em Paris já começam a ser superados. Em Paris, no Epi Club que se celebrizou pelo chá-chá-chá, agora se ouve o twist. Todo mundo quer dançar o twist, nada mais que o twist". Por sua vez, Carlos Imperial afirmava na *Revista do Rádio* que estava surgindo "um novo estilo de música jovem". Informaria também que, nos Estados Unidos, "os discos de twist alcançaram grande índice de vendagem, e seus intérpretes, de uma hora para outra, tornaram-se conhecidos em todo o país".

O marco desse fenômeno foi o lançamento da música "The twist", composição de Hank Ballard, gravada em 1960 por um até então desconhecido cantor de 19 anos, chamado Chubby Checker. "Come on, baby / Let's do the twist / Come on, baby / Let's do the twist / Take me by my little hand / And go like this..." A música, que já tinha sido gravada anteriormente, sem muita repercussão, pelo próprio Ballard, alcançaria o primeiro lugar da parada americana em agosto daquele ano, acompanhada de uma coreografia que inicialmente ficara restrita ao público adolescente. Aos poucos, porém, aquilo foi se alastrando pelo país, até chegar, no segundo semestre de 1961, às pistas do Peppermint Lounge, na rua 45, em Nova York. Aí ninguém mais segurou a onda do twist, e aquela mesma gravação de Chubby Checker retornou ao primeiro lugar da parada da Billboard — fato inédito na história da música pop. A essa altura, o cantor já tinha lançado um segundo hit, "Let's twist again" — que tornou Chubby Checker o indiscutível "rei do twist".

De repente, não se falava mais de rock; a onda era o twist, que, na verdade, é apenas uma variante mais coreográfica do velho rock'n'roll, de ritmo acelerado ao som do sax tenor, tocado freneticamente. Na pista, as pessoas se movimentam para a frente e para trás, com muito contato dos pés com o chão. O quadril, o tronco e as pernas giram sobre os pés como um só, mas com os braços mantidos longe do corpo, e os cotovelos dobrados. E há uma regra básica: os pares não podem se tocar, apenas ameaçar. Não demorou para surgirem notícias de pessoas hospitalizadas, moços e velhos, acometidos de torções nos pés, de deslocamentos da rótula e dor lombar. Um cronista diria que twist é "dança doida", nascida nos cortiços do West Side, em Nova York, e que acabaria chegando a ambientes requintados da Park Avenue. Na Casa Branca, animou uma festinha particular do então presidente John Kennedy com a primeira-dama Jacqueline — e que deve ter acentuado a crônica dor nas costas do líder americano.

Dos ritmos estabelecidos entre o fim da década de 1950 e começo da seguinte — como chá-chá-chá, calipso e hully-gully —, o twist foi disparado o mais popular, e Chubby Checker, o maior ídolo da música pop na fase de transição de Elvis para os Beatles. Pioneiros do rock como Bill Haley & His Comets entraram na dele, gravando temas como "The spanish twist" e "Florida twist". O ícone do soul, Sam Cooke, também não ficou indiferente, como prova o hoje clássico "Twistin' the night away", gravado em 1962. Já o trio The Isley Brothers se projetou naquele mesmo ano com a gravação de outro futuro clássico, "Twist and shout" — depois regravado pelos Beatles. Até Frank Sinatra aderiu ao ritmo de Chubby Checker, ao lançar, em 1962, a canção "Everybody's twistin'" — um twist com big band. Porém, seu biógrafo James Kaplan afirma que é "uma faixa medíocre e lamentável, que tentava capitalizar a mania em voga pela dança do twist". Sim, mas, se nem Sinatra resistiu, como segurar o twist? Quando Chubby Checker colocou cinco álbuns simultaneamente na lista dos mais vendidos nos Estados Unidos, superando o recorde de Elvis Presley, fãs do twist exibiram faixas com a frase: "Don't cry, Elvis."

Para a indústria fonográfica, o fenômeno surgira em boa hora. No Brasil, por exemplo, a filial da gravadora Columbia vivia no aperto naquele momento. Mesmo com astros internacionais e investindo cada vez mais num elenco nacional, suas vendas não correspondiam às expectativas. A empresa dependia basicamente dos discos do maestro Ray Conniff para fechar as contas no fim do mês. Com sua orquestra e coral interpretando sucessos populares, era o único artista a alcançar vendagem expressiva a cada lançamento. Ídolos do elenco nacional da gravadora como os cantores Silvio Caldas e Emilinha Borba já não desfrutavam da mesma popularidade do passado, e seus novos lançamentos (como Roberto Carlos) fracassavam. Assim, em maio de 1961, por exemplo, os três LPs mais vendidos da Columbia eram todos de Ray Connif, pela ordem: *It's music*, *It's concert* e *It's Hollywood*, que abria com o tema "Love is a many-splendored thing", do filme *Suplício de uma saudade*. Por isso, o músico americano era chamado por todos na gravadora de "São Ray Conniff".

A matriz sabia que o Brasil tinha o maior mercado fonográfico da América do Sul e que, portanto, era necessário explorar melhor esse potencial. Ocorre que a gravadora vivia um impasse administrativo: o diretor artístico Roberto Côrte Real, que ajudara a montar a filial, não se entendia com o gerente-geral Evandro Ribeiro — um ex-contador, então com 34 anos. Evandro era um homem baixinho, com pouco mais de 1,50 metro, taciturno e não gostava de aparecer. Recusava pedido de entrevistas (concedeu uma exceção ao autor, quando estava aposentado) e pouco se deixava fotografar. Permaneceria por muito tempo como uma iminência parada da carreira de Roberto Carlos. No entanto, seria pelas mãos dele (a quem sempre chamou de "seu" Evandro) que Roberto Carlos chegaria ao sucesso, se consagraria na Jovem Guarda e depois se tornaria o maior cantor romântico do país.

Nascido em Manhumirim, Minas Gerais, ainda adolescente, Evandro Ribeiro fora morar no Rio, trabalhando de feirante. Mais tarde arranjou um emprego de office boy numa agência bancária e depois de balconista numa loja de tecidos — sempre trabalhando e estudando até formar-se em técnico de contabilidade. Embora de origem humilde, desenvolveu um gosto musical aristocrático: desde adolescente gostava de óperas e de concertos de música clássica. Frequentemente estava na torrinha, o lugar mais barato, lá no alto, do Teatro Municipal. "Quando não tinha dinheiro, eu conversava com o porteiro e fazia de tudo para entrar. Eu era um bicão do Municipal", afirmou.

Após se formar em contabilidade, foi trabalhar na construtora americana Morson Knust do Brasil. Ali encontrou o que o ligaria à história de Roberto Carlos. Um colega da construtora saíra para trabalhar no departamento de vendas da recém-inaugurada gravadora Columbia. Alguns meses depois, informou a Evandro que estava aberta a vaga para um terceiro contador no escritório da gravadora — e que poderia indicá-lo para o cargo. "Eu não estava muito satisfeito na Morson Knust e aceitei o cargo." Na época recém-casado, Evandro enfrentaria a oposição da esposa, que fora contra a mudança de emprego sob o argumento de que o marido estaria trocando o certo pelo duvidoso. Mas Evandro não lhe deu ouvidos e foi bater ponto na companhia de disco. A aposta deu certo, porque em pouco tempo ele passou de terceiro contador para auditor e daí rapidamente para o cargo de gerente administrativo — o homem das finanças da Columbia.

Quando Evandro Ribeiro entrou ali, o gerente-geral era o americano Henry Jessen, depois sucedido pelo também americano Henry Corba. Este tinha feito um bom trabalho na filial sul-africana e parecia o homem certo para deslanchar a filial do Brasil. Entretanto, ele não conseguira se adaptar no país e, depois de um ano e meio, deixou a filial brasileira. A gravadora ficou então sob o comando provisório do americano Peter De Rougemont, vice-presidente da Columbia na América do Sul, sediado em Buenos Aires. Sempre que chegava ao Rio, ele mandava chamar o homem do livro, Evandro Ribeiro, que lhe abria a contabilidade da gravadora. Um dia, Peter De Rougemont foi jantar na casa de Evandro e ali viu um piano que o outro tocava nas horas vagas. E então descobriu que, além de números, Evandro Ribeiro conhecia também um pouco de música, e até tocou trechos de algumas peças eruditas. Rougemont era também fã de ópera e de música clássica, e os dois engataram uma conversa sobre o tema. Mais do que isso: o executivo americano saiu daquele jantar certo de ter encontrado a solução para a filial no Brasil. E isso estava mais perto da empresa do que ele próprio imaginava: Evandro Ribeiro, o homem das finanças, que como consultor técnico sabia exatamente onde estavam os gastos desnecessários, os excessos, enfim, as mazelas administrativas. Se este técnico tinha também sensibilidade para a música, uniria o útil ao agradável. No dia seguinte ao jantar, Peter De Rougemont convidou Evandro para assumir a gerência geral da Columbia. Nem o maior dos otimistas poderia prever ascensão tão rápida. Evandro, que chegara ali como terceiro contador, indicado por um colega, depois de apenas quatro anos de trabalho, assumia o posto máximo na empresa — e, durante muito tempo, ele seria o único brasileiro a comandar uma gravadora multinacional no país.

Porém, ele tinha um problema imediato para resolver: o diretor artístico Roberto Côrte Real, a quem atribuía o fraco desempenho da gravadora no mercado nacional. "Côrte Real era um sujeito de uma sensibilidade musical muito grande, justiça se faça, só que era um pouco teimoso nas ideias artísticas dele." Por teimosia artística entenda-se o fato de insistir em gravar artistas que, na visão de Evandro Ribeiro, não eram comerciais e davam pouco retorno financeiro à empresa. A partir daí, ficou estabelecida uma queda de braço entre eles. "Havia realmente aquele mal-estar, uma distância entre nós", afirmou Evandro, que tentava passar algumas das suas ideias e projetos para a parte artística da gravadora. Côrte Real, porém, educadamente dispensava, pois se acostumara a ver o outro apenas como o homem dos números, sem qualquer autoridade para questionar suas decisões na parte artística; afinal, ele, Roberto Côrte Real, era um profissional do disco e que muito se gabava de seus contatos com Nat King Cole, Dizzy Gillespie e Marlene Dietrich.

O fato, no entanto, é que a Columbia do Brasil seguia dando pouco lucro, seus artistas não vendiam, e a matriz entendia que era preciso fazer alguma coisa. Com isso, cresceu a pressão sobre o diretor artístico, que já não tinha tanta liberdade para agir. Evandro Ribeiro passara a se intrometer cada vez mais na seara de Roberto Côrte Real, até que este, sentindo-se desprestigiado, pediu demissão em janeiro de 1962. "Ele percebeu que não tinha mais clima. E a sua decisão de sair me poupou de ter que demiti-lo, porque eu respeitava o passado musical dele, que de fato tinha sido muito bom", afirmou Evandro Ribeiro ao autor. O paulista Côrte Real retornou então com a família para São Paulo, para tristeza da filha Roberta, que havia se adaptado muito bem ao Rio. "Voltei contrariada", afirmou, lembrando que a mudança encerrou de vez seu namoro proibido com Roberto Carlos.

Outra consequência para o cantor foi que, com a saída de Côrte Real, havia rumores de corte no elenco e de limpeza geral na filial americana. E se o novo diretor artístico, assim como aqueles das outras gravadoras, não enxergasse talento nele? A sombra da demissão rondava novamente Roberto Carlos. Mais do que nunca ele se lembrava de quando perdera o emprego na boate Plaza, após nove meses atuando ali como crooner, e de sua dispensa da Polydor depois que seu primeiro disco fracassou. Na Columbia, ele já tinha gravado um single e um long-play, num total de quatorze músicas, sem que nenhuma delas se firmasse nas paradas de sucesso — o que daria ao novo chefe argumento para cortar do cast da gravadora um nome ainda sem prestígio e popularidade. Se isso acontecesse, para onde iria Roberto Carlos? A permanência no elenco da Columbia significava tudo ou nada para a carreira dele.

Assim que se noticiou a queda de Roberto Côrte Real, começaram as especulações sobre quem o sucederia no cargo de diretor artístico daquela filial americana. Para surpresa geral, Evandro Ribeiro anunciou que ele próprio seria o sucessor, ou seja, iria acumular os cargos de gerente-geral e de diretor artístico da gravadora. A matriz concordou, porque entendera que ele era um homem de números e de música, e saberia melhor do que ninguém controlar o custo dos contratos e das gravações, maximizando o lucro. E o ex-contador começou a gravar sem nenhuma experiência anterior, apenas acompanhando as sessões de estúdio. Aprendeu rápido, porque logo estava produzindo discos de Silvio Caldas, Emilinha Borba, Carlos José, Lana Bittencourt e outros cartazes da Columbia.

Ao acumular a direção artística, a primeira providência de Evandro foi promover uma redução do elenco da gravadora. Na sua visão, havia artistas contratados de mais e com sucesso de menos, principalmente aqueles de menor expressão. Além disso, todos haviam sido escolhidos por Roberto Côrte Real. Evandro Ribeiro queria montar o seu próprio elenco — com cantores, cantoras e músicos adequados ao seu perfil e que devessem a ele a oportunidade de gravação. Um dos contratados de Côrte Real, por exemplo, era o cantor e compositor Haroldo de Almeida. Em 1961, a Columbia lançou o seu primeiro LP, *Nosso romance*, que divulgou com a bela frase "o melhor cantor da noite canta para você". Um crítico elogiou o lançamento: "Boa gravação, voz agradável e um LP que certamente será sucesso." Não foi. E Evandro Ribeiro não se interessou em gravar outro disco com Haroldo de Almeida, cuja carreira não obteve mais projeção. O mesmo sucedeu com o jovem cantor da noite Lívio Romano, outra contratação do ex-diretor Côrte Real. Ao divulgar o primeiro LP dele, o relações-públicas Othon Russo afirmou que "o moço vai acontecer em 1961". Não aconteceu, e acabou igualmente dispensado pelo chefe Evandro Ribeiro.

Nesse momento, esteve por um fio a permanência de Roberto Carlos na Columbia. O artista era também um dos contratados do demissionário Côrte Real e um daqueles que não vendiam discos, uma nulidade no elenco da multinacional americana. O que fazer com esse rapaz?, pensou Evandro Ribeiro na noite em que levou para casa mais uma lista de possíveis artistas que seriam dispensados. Uma primeira constatação: Evandro não tinha muito interesse em ter cantores de bossa nova. Como vários amantes de música de concerto, nutria certo desprezo pela canção popular. Para ele, bolero, jazz, bossa nova, samba, rock e twist, tudo isso eram produtos com a diferença de que uns vendiam mais e outros menos. E ele queria produzir e gravar a música popular mais comercial. Era por isso que, como intérprete de bossa nova, Roberto Carlos não lhe interessava. Como cantor de música pop poderia ser, mas aí existia outro problema: a Columbia já tinha o seu cantor nesse estilo, Sérgio Murilo, um dos primeiros ídolos do rock nacional, intérprete de hits como "Broto legal" e "Marcianita". Ele e a paulista Celly Campello foram os primeiros ídolos jovens a cantar música jovem no Brasil, logo ostentando os títulos de rei e de rainha do rock brasileiro, respectivamente.

Portanto, no momento em que Evandro Ribeiro tinha nas mãos o destino artístico de Roberto Carlos, o elenco da Columbia exibia o grande nome masculino do rock nacional. E uma das normas administrativas do novo diretor-geral era a de não criar concorrência na própria gravadora. Ou seja, ele não aceitava dois artistas de um mesmo estilo brigando pelo mesmo público. Com o tempo, Evandro foi ficando menos radical, mas, no início da sua administração, seguia essa determinação à risca. Isso significava que, naquele ano de 1962, só haveria espaço para um cantor de rock na Columbia do Brasil: ou Sérgio Murilo, ou Roberto Carlos. A preferência natural seria pelo "broto legal" Sérgio Murilo, um nome já consagrado, um ídolo dos adolescentes — enquanto o outro era apenas uma promessa de sucesso.

Foi então que Sérgio Murilo ousou questionar a autoridade do gerente-geral da Columbia — e isso acabaria lhe custando a carreira. Evandro Ribeiro era um civil com cabeça de militar: não admitia indisciplina ou quebra da hierarquia. E, bem de acordo com o regime político que seria implantado no Brasil, administrava a gravadora com mão de ferro. Ele era o gerente-geral e o diretor artístico, e suas determinações deveriam ser seguidas à risca. "Na CBS todo mundo tinha medo de seu Evandro. Ele era um terror. Andava sempre de cabeça baixa e nunca sorria", afirmou o técnico Eugênio de Carvalho. Artistas temperamentais, rebeldes, questionadores, não tiveram vez com ele. Elis Regina, por exemplo, antes de se tornar uma estrela da MPB, foi contratada da Columbia, gravando dois álbuns de sambas-canções e boleros. Quando fez menção de questionar o repertório do terceiro álbum, Evandro Ribeiro não concordou e os dois bateram de frente. "Elis Regina era muito malcriada e Evandro gostava de respeito. Eles tiveram um sério atrito, uma discussão pesada, e ela acabou saindo da gravadora", afirmou Othon Russo. Outros artistas também passaram por lá e não ficaram porque bateram de frente com o executivo. E este foi também o caso do "rei do rock" Sérgio Murilo, rapaz de classe média e então estudante de Direito — quando a maioria de seus colegas cantores era de origem humilde e de baixa escolaridade.

As desavenças dele com a gravadora se davam em duas frentes. De início, o cantor questionava o repertório que era selecionado para ele gravar. Em seguida, passou a questionar também o valor recebido pela vendagem de seus discos. Sérgio Murilo acreditava que tinha muito mais a receber do que a Columbia lhe pagava. Com a saída de Roberto Côrte Real, essa dupla cobrança ficou em cima de Evandro Ribeiro. Tentou-se um acordo, mas o artista permaneceu irredutível. "Sérgio Murilo era um cantor de temperamento difícil", afirmou Othon Russo. Angélica Lerner, irmã do artista, confirma que ele não era mesmo uma pessoa muito flexível. "Aquilo que Sérgio achava que tinha que ser feito ele fazia. Se dava errado, ele assumia o erro, mas não aceitava conselhos. Ele era muito exigente com os produtores, discutia com os empresários, e isso tudo dificultou a carreira dele." Ou seja, Sérgio Murilo era o oposto do que Evandro Ribeiro esperava de seus contratados.

Insistindo na cobrança dos direitos de vendagem, ele então designou um advogado para questionar a Columbia judicialmente. Isso foi a gota d'água para Evandro Ribeiro. Diante do impasse, ele engavetou o contrato do artista, que só terminaria em junho de 1964. Até lá, não abriu mais o estúdio para ele nem o liberou para gravar por outra companhia. Foi um duro castigo por Sérgio Murilo ter ousado questionar os números de vendas de discos — tema que ainda não estava em discussão entre os artistas da música popular. Essa briga acabaria por beneficiar o cordato Roberto Carlos, pois Evandro Ribeiro decidiu mantê-lo no cast da gravadora, preparando-o para conquistar aquele mesmo público jovem de Sérgio Murilo. "O primeiro LP de Roberto não vendeu muitas cópias, mas nós sentíamos que aquilo poderia ter futuro", afirmou.

Só que a partir daí, sem o seu amigo Côrte Real, não haveria mais espaço para Carlos Imperial nos discos de Roberto na Columbia. A disciplina e a austeridade de Evandro Ribeiro não combinavam com a excêntrica personalidade do futuro criador da "pilantragem". Este, sabendo do descarte, fustigava Evandro com notinhas na imprensa, semeando intriga. "Não se sabe o que está acontecendo com a Columbia no Brasil. Desde o afastamento de Roberto Côrte Real que a fábrica não tomou pé. Os artistas estão descontentes e as vendas caíram muito", afirmou em sua coluna na *Revista do Rádio*. Em outra nota, Imperial ironizava a baixa estatura de Evandro Ribeiro ao dizer que "o cúmulo da puxação é o Othon Russo. Como não é de boa política ter mais de 1,65 metro na Columbia, o Othon deu para andar todo encolhido". Numa coluna em que assinava com o pseudônimo J. Natimala, Imperial foi ainda mais agressivo. "O Evandro, diretor da Columbia, possui e adora um cachorro todo preto e feio que lembra um bode de caititua Exu. O bicho, que deve ser o Tião Medonho da cachorrada, dá azar. Se o Ray Conniff entrar pela tubulação, deverá ser coisa do cachorro." Evandro Ribeiro nunca respondeu publicamente a Imperial, mas anotava tudo o que outro dizia dele.

Ao mesmo tempo que provocava Evandro pela imprensa, Imperial procurava convencer Roberto Carlos a não continuar na gravadora após a saída de Côrte Real. Prometia indicá-lo à Odeon, onde recentemente adquirira um cargo de produtor, tendo, inclusive, gravado o primeiro disco de Wilson Simonal. Garantia que dessa vez ele próprio podia indicar quem seria contratado lá ou não. Imperial dissera o mesmo a Sérgio Murilo, e de certa forma acabou também o influenciando naquela decisão de peitar Evandro Ribeiro. Em março, por exemplo, publicara uma nota afirmando que "Sérgio Murilo já está praticamente na Odeon" — algo que fez Evandro ficar ainda mais radical na decisão de trancar o contrato do cantor. Já Roberto Carlos não se deixou levar. Depois de tudo que passara até chegar à Columbia, não queria se arriscar em novo teste, desfazer um contrato e por uma gravadora que o havia rejeitado pouco tempo antes.

Naquele momento, Roberto Carlos esteve diante de duas opções e de duas personalidades bem distintas: Evandro Ribeiro ou Carlos Imperial; um representando o seu passado ainda recente, e não bem-sucedido; e outro, o seu futuro, embora ainda incerto. Roberto optaria pelo futuro, não atendendo ao apelo do amigo e protetor a quem chamava de "papai". Num último ato dessa peça, pouco depois, em março, Imperial informava que "o cantor Roberto Carlos foi oficialmente desligado do Clube do Rock". Isso significou o fim de uma fase da trajetória de Roberto: a fase Carlos Imperial, quando se vestira de "Elvis Presley brasileiro", posara de futuro "príncipe da bossa nova", cantando bossas, rocks, sambas, boleros e chá-chá-chás à procura de um lugar na constelação da música brasileira. Ao optar por Evandro Ribeiro, de certa forma, Roberto partia rumo ao desconhecido, porque, certo ou errado, Imperial era alguém de suas relações, de quem frequentava a casa, conhecia a família, e que já dera provas de que não abandonaria o amigo ao primeiro, segundo ou terceiro fracassos. Já com o chefão da Columbia, o cantor tivera até então pouquíssimo contato, e não dava para saber qual seria a atitude deste se o próximo disco de Roberto resultasse em novo fiasco. Ainda assim, o cantor optou por não seguir Imperial e tentar o seu próprio caminho. Dias depois, a coluna "Cantinho dos fãs", da revista *Radiolândia*, trouxe-lhe cinco perguntas da leitora Maria Germano, uma das quais dizia: "Por que você não mais pertence ao Clube do Rock?" "Maria, vamos a outra pergunta?" Para Roberto Carlos, aquela era uma página virada e que ele nem queria mais comentar.

Isso ocorria num momento em que Carlos Imperial já não reinava sozinho como o "disc jockey da juventude"; outros estavam surgindo no Rio. A partir de 1960, por exemplo, ele teria um concorrente à altura no jornalista e compositor Rossini Pinto, rapaz também de classe média, então com 23 anos. Ele começara muito jovem, como especialista em botânica, escrevendo sobre a flora brasileira no *Correio da Manhã* — nada indicando o que iria fazer depois. Porém, em 1960, decidiu musicar um antigo poema do então candidato a presidente Jânio Quadros. Este autorizou e o próprio Rossini gravou a música intitulada "Convite de amor", que, com a eleição de Jânio, ganhou ainda mais publicidade. A partir daí, Rossini Pinto enveredou pela carreira musical, embora sem jamais abandonar seus escritos e estudos sobre botânica. No ano seguinte, tornou-se titular da tradicional coluna "Esquina Sonora", do *Correio da Manhã*, e, em seguida, de um programa com o mesmo título, na Rádio Carioca.

O disc jockey Rossini Pinto procurou logo demarcar espaço, não deixando passar bravatas de Carlos Imperial. Quando este se gabou de ser o fornecedor das notícias sobre o rock americano na imprensa nacional, Rossini reagiu com a nota intitulada "Mentiras de Imperial", afirmando que "por ser mentira deslavada é que estamos redigindo esta nota. O sr. Carlos Imperial nunca nos forneceu notícia alguma que fosse divulgada aqui na 'Esquina Sonora'". E avisava: "Nossos colegas da imprensa podem não protestar, mas nós protestamos." Começava aí a afirmação de Rossini Pinto na área da música jovem, e esta sua postura de enfrentamento a Imperial chamou a atenção de Evandro Ribeiro. Em fevereiro de 1962, Rossini foi contratado para trabalhar na CBS, principalmente para escrever e produzir canções de amor para o elenco jovem da gravadora.

Havia então em Nova York uma fábrica de sucessos chamada Brill Building, um prédio em art déco, localizado no número 1.619 da rua 49, esquina com a Broadway. Dentro de seus diminutos compartimentos se reuniam produtores, arranjadores, editores, agentes e empresários — todos envolvidos no lucrativo negócio da música. Nomes como Burt Bacharach, Carole King, Gerry Goffin, Bobby Darin, Bert Berns, Neil Sedaka e Neil Diamond começaram ali suas carreiras. Eles compunham canções que abasteciam seus próprios discos ou de cantores também associados ao Brill Building. O objetivo era produzir singles de dois minutos e meio que virassem hits entre o público jovem, como, por exemplo, "Stupid cupid", de Neil Sedaka (regravada por Celly Campello), "Splish splash", de Bobby Darin (mais tarde regravada por Roberto Carlos), e "Chains", de Carole King e Gerry Goffin (regravada pelos Beatles).

A coisa mais parecida com isso no Brasil era o prédio da rua Visconde do Rio Branco, 53, no centro do Rio, onde se localizava a filial brasileira da gravadora Columbia — que, em outubro de 1962, mudaria a sua razão social para Discos CBS (iniciais de Columbia Broadcast System). Naquele prédio funcionavam o estúdio, a administração da gravadora e a editora Mundo Musical, associada à CBS. Assim, jovens músicos e compositores eram atraídos para deixar ali suas canções, onde seriam registradas, arranjadas pelos maestros e gravadas pelos cantores da casa. Rossini Pinto chegou na CBS para atuar nesse esquema, e uma de suas composições, o twist "Meu anjo da guarda", foi a primeira gravação de Wanderléa, também recém-contratada. Não por acaso, este prédio da CBS será o berço da futura Jovem Guarda, o maior movimento de música jovem da história do país. Mas, em 1962, isso era apenas um projeto do chefe Evandro Ribeiro. A repercussão do twist no Brasil, justo quando ele acumulou o cargo de diretor artístico da Columbia, acabaria por lhe facilitar as coisas.

A onda chegou forte e todas as principais gravadoras enquadraram seu elenco de música jovem no ritmo do twist. Alguns artistas, como a já citada Wanderléa, foram lançados nesse estilo; outros, que já vinham gravando rock ou rock-baladas, passaram também a incluir twist nos seus discos. Na Copacabana, o primeiro LP de Renato e Seus Blue Caps, em 1962, tem o título *Twist*, e uma das faixas, composta por Imperial e Erasmo Carlos, diz: "Eu danço o rock'n'roll / Mas eu quero twist / Twist está na moda / Eu quero twist…" No ano seguinte, foi a vez de a banda paulista The Jet Blacks também lançar seu primeiro LP apenas com o título *Twist*; como também o primeiro e único álbum da banda tijucana The Snakes, de Erasmo Carlos, *Só twist*. Parece que as gravadoras viam essa palavra como uma mina de ouro e bastava tascar "twist" na capa para vender o disco. Então acontecia de um álbum como *Dance the bop!*, de Ray Conniff, de quatro anos antes, ser lançado em 1961 no Brasil com o título *S'twist*. Até uma coletânea de rhythm & blues com faixas de Ray Charles, LaVern Baker e Joe Turner apareceu nas lojas com o título *The greatest twist hits*.

Nesse contexto, a orientação de Evandro Ribeiro foi para que Roberto desistisse de vez do estilo bossa nova e passasse a cantar twist, rock-calipso, baladas, enfim, gêneros identificados à música jovem internacional. O produtor já tinha, inclusive, encomendado a Rossini Pinto uma música assim para o próximo single dele. Evandro argumentou que o LP *Louco por você* havia apontado essa direção com a maior repercussão da faixa-título. O cantor entendeu perfeitamente, até porque já vinha recebendo conselhos nesse sentido, e estava também atento aos sinais. Por exemplo, ao participar pela primeira vez, um ano e meio antes, do programa do disc jockey José Messias — um dos mais populares do Rio. Roberto cantara "Brotinho sem juízo" no programa que ele apresentava na TV Tupi. Naquela fase de certa insegurança, o cantor interpretou a música observando a reação de José Messias. "O Zé esperou que eu acabasse de cantar e abanou a cabeça. Aquele gesto, na época, significava a minha sentença de morte. Respirei fundo e aguardei." Nos bastidores o disc jockey lhe deu um conselho. "Olha, menino. Deixa de cantar bossa nova e passa para a música jovem. Você será sucesso na certa." Segundo Roberto, o comentário dele "foi uma doce decepção", mas que "não colocou nenhuma pá de cal no meu sonho. Pelo contrário. Foi o seu conselho o meu 'abre-te, sésamo'."

Portanto, quando Evandro Ribeiro lhe falou da proposta da gravadora, a cabeça de Roberto já estava lá. Ele já vinha desenvolvendo suas primeiras composições, mas ainda não se sentia seguro de mostrá-las ao produtor. Assim, continuaria dependente de canções inéditas de outros autores ou de versões de temas estrangeiros. Para esse novo disco dele na Columbia, além da música encomendada a Rossini Pinto, ele gravaria uma versão do twist "Runaround Sue", então recente hit do cantor Dion — outro ídolo teen americano da fase pré-Beatles. Esta música é cantada no filme *Dançando o twist*, estrelado por Chubby Checker, Dion e outros cantores do novo ritmo. De súbito — como ocorrera antes com o rock, e se repetiria depois com o fenômeno da discoteca — Hollywood passara a rodar a toda pressa filmes sobre o twist. *Dançando o twist*, do diretor Oscar Rudolph, estreou no Rio em janeiro de 1962, com a crítica carioca o considerando pior do que qualquer chanchada. Roberto Carlos foi assistir a ele no Cine Roxy, em Copacabana, e saiu da sessão cantarolando a melodia de "Runaround Sue", composição do próprio Dion, em parceria com Ernie Maresca — incluída na lista das "500 maiores músicas de todos os tempos", da revista *Rolling Stone*, em 2005.

Esta foi a única gravação de Dion a alcançar o primeiro lugar da parada americana da Billboard. Seu outro grande clássico, "The wanderer" — depois também gravado por Roberto Carlos com o título "Lobo mau" —, chegou ao segundo lugar. A letra original de "Runaround Sue" fala de uma garota que abandonou o namorado, e este então apresenta a sua versão da história: "Ela me fez amá-la e depois saiu / Com todos os garotos solteiros da cidade..." Sentindo-se humilhado, ele dá um conselho a quem pretenda ficar com Sue, no estilo quem avisa amigo é. "Ela vai te amar, mas vai te fazer de bobo / Agora, galera, deixe-me alertá-los / Ela vai sair com outros caras..." Naquele mesmo ano, o cantor Demétrius também gravou uma versão dessa música com o título "Namoradeira", "Sobre um brotinho de amargar / Me conquistou e depois me traiu / Com todo broto que surgiu...". Na sequência da letra, ele também avisa: "Hoje se você quer um broto pra sair / Tome cuidado pra também não cair no golpe dela..." Já a versão da letra gravada por Roberto Carlos, assinada por Gilberto Rochel, não tem esse caráter moral de condenação à garota. Com o título "Fim de amor", diz apenas que ela abandonou o rapaz, que ficou chorando de saudade. Mas, em vez de alertar os outros para não cair na dela, ele implora pela volta da namorada: "Sabe que você é o meu grande amor / Volte pra mim, eu lhe peço / Volte, por favor..."

Para o outro lado do disco, Roberto Carlos gravou "Malena", composição de Rossini Pinto feita em parceria com Fernando Costa. Apaixonado por música e aviões, o carioca Fernando Costa era sargento da Aeronáutica. Como cantor, seu maior sucesso foi "Amor em chá-chá-chá", composta naquele mesmo ano, também com Rossini. "Malena" é um rock-balada, temperado com calipso, estilo ainda muito popular, desde a explosão de hits como "Diana", de Paul Anka, "Oh! Carol", de Neil Sedaka, e "Dream lover", de Bobby Darin — três jovens de grande sucesso mundial no período entre Elvis Presley e Beatles. O próprio Rossini já tinha composto e gravado antes um rock-calipso com nome de mulher, "Lucy" — do seu disco de estreia, em 1960. No caso de "Malena", a influência de "Diana" fica evidente já na abertura, que cita a introdução da outra, simulando com o vocal dos Snakes aquele marcante solo de sax criado pelo maestro Don Costa para a canção de Paul Anka. Já a letra de "Malena" é típica de qualquer bolero que se ouvia na programação radiofônica da época. "Malena, eu sou um sofredor! / Oh! Oh! Malena, eu quero o teu amor! / Malena, não posso mais sofrer / Oh! Oh! Malena, sem ti não sei viver...". Portanto, era uma música de estilo jovem, mas ainda com aspectos velhos.

Isso o próprio Roberto Carlos também constatou na sessão de gravação, mais uma vez conduzida pelo maestro Astor Silva, excelente músico e, segundo alguns críticos, o melhor arranjador para samba que o Brasil já teve. O problema para Roberto Carlos era que o maestro não tinha qualquer intimidade nem com twist nem com rock. Os músicos da orquestra da CBS também não, pois eram basicamente da mesma geração e formação musical de Astor Silva. Tendo como referência a gravação original de "Runaround Sue", o cantor tentava explicar-lhes como queria o som da bateria, do sax e do baixo, mas eles não entendiam e tocavam aquilo como se fosse para um disco de Silvio Caldas ou Emilinha Borba. Roberto ainda não tinha autonomia na gravadora e ficava tímido de pedir para o maestro ou algum músico repetir a execução. Por sua vez, Evandro Ribeiro atuava havia pouco tempo em produção, ainda sem muito traquejo e, além disso, seu ouvido era treinado em ópera e música clássica. Resultado: a sessão de gravação foi encerrada com o cantor insatisfeito, mas sem poder expressar isso no estúdio.

Lançado em abril de 1962, o 78 rpm de Roberto Carlos com o twist "Fim de amor (Runaround Sue)" e o rock-calipso "Malena" marcou sua estreia oficial no campo da música jovem. O crítico J. Pereira, do *Diário da Noite*, de São Paulo, não gostou, como indica o próprio título da sua nota: "Droguinha." Ele ironiza o tema e o nome dado para a versão de "Runaround Sue" — "Fim de amor (?!)" —, acrescentando que "são autores da droguinha Maresca e Dion DiMucci". Afirma também que "a outra face do disco estampa 'Malena', um 'negócio' perpetrado por Fernando Costa e Rossini Pinto". O crítico não faz qualquer referência a qualidades ou defeitos do cantor, preferindo atacar as músicas em si, o que acaba por revelar a sua rejeição à linguagem pop — algo comum ao jornalismo musical de então, formado, assim como os músicos da gravadora, sob a égide do samba e do jazz.

A missão para o departamento de divulgação da gravadora era fazer Roberto Carlos ocupar o espaço onde atuava o banido Sérgio Murilo. Seriam bem-sucedidos, porque a faixa "Malena" ganhou crescente execução em rádios, inicialmente no Rio, e em programas de larga audiência como o de Luís de Carvalho, na Rádio Globo, de José Messias, na Rádio Guanabara, e de Jair de Taumaturgo, na Mayrink Veiga, onde Roberto Carlos já se apresentava com frequência. Para reforçar a divulgação de seu elenco jovem, a CBS comprou horário no programa *Variedades José Messias*. Foi então criado o quadro "Encontro com os brotinhos", com Roberto Carlos participando por meia hora às segundas, quartas e sextas-feiras, e Wanderléa nos demais dias da semana. Ali o cantor tocava o seu disco e o de outros artistas jovens, e conversava com os ouvintes pelo telefone, divulgando cada vez mais seu trabalho. No mês seguinte, uma nota da *Radiolândia* dizia que Roberto estava "fazendo furor entre as garotas do Rio de Janeiro, com o disco *Malena*". Aos poucos, a música repercutiu também em emissoras de Minas Gerais e estados do Nordeste. E, então, finalmente aconteceu: "Malena" se tornou o primeiro real sucesso da carreira de Roberto Carlos. Ainda não em São Paulo ou no Sul do Brasil — ali ele teria que esperar um pouco mais —, mas o suficiente para entrar na lista de hits nacionais da *Revista do Rádio*, a principal referência até então. Lá "Malena" permaneceu por sete semanas não consecutivas. Ou seja, aquilo que Roberto tanto tentara gravando músicas de Carlos

Imperial, conseguiu logo com a primeira que gravou de Rossini Pinto. E com a repercussão dela, começou a ser citado na imprensa como "Roberto 'Malena' Carlos".

O sucesso dessa música lhe propiciou algo que até então não tinha conseguido: convites para shows fora do Rio, o primeiro deles em Recife, realizando também sua primeira viagem de avião. Roberto desembarcou no Aeroporto dos Guararapes na tarde de quarta-feira, 16 de maio, para uma apresentação à noite no Clube Internacional do Recife. Haveria uma solenidade e quiserem contratar um artista do Rio para abrilhantar a festa. Dos nomes sugeridos à direção, o mais barato era Roberto Carlos, que foi então contratado através do relações-públicas da CBS, Othon Russo. Roberto se apresentaria acompanhado da orquestra local, comandada pelo maestro Isnard Mariano. Naquele palco, o cantor sentiu pela primeira vez a emoção de estar de frente para um público do Brasil, fora de sua cidade. O problema é que ele ainda não tinha repertório para um show inteiro. Das suas músicas, as únicas conhecidas ali eram "Malena" e, um pouco, "Louco por você". Portanto, ele interpretou basicamente sucessos de outros cantores. Na verdade, foi mais uma apresentação de crooner, como no seu tempo da boate Plaza. Saiu-se muito bem, tanto que lá mesmo foi contratado para cantar num chá dançante na sede do Clube do Náutico, na sexta-feira. Wanderléa lembra que estava com uns colegas da CBS numa esquina da rua México, no centro do Rio, quando Roberto apareceu contando detalhes desta viagem a Recife. "Foi uma comemoração monumental, ninguém queria acreditar, ficamos rindo uma meia hora feito idiotas. Roberto estava literalmente deslumbrado. Ele contou que o quarto dele no hotel tinha um telefone ao lado da cama. E que ele tinha dado até autógrafo. Puxa vida, meu Deus, até autógrafo!"

Com o dinheiro finalmente começando a entrar no bolso, o cantor pôde se mudar com a família do subúrbio do Lins de Vasconcelos para um endereço no centro do Rio. Àquela altura, sua irmã Norma já havia se casado com um rapaz chamado Sergio Castilho, que conhecera quando trabalhava de caixa numa firma de peças de automóveis. Assim, bastava a Roberto alugar um apartamento de dois quartos, um para os pais, e outro para ele e o irmão Carlos Alberto (o outro, Lauro, continuava no interior de São Paulo, servindo na Aeronáutica). "Mamãe, esse negócio de morar tão longe acabou agora. Pode contratar um caminhão e vamos fazer a mudança. A chave do apartamento em que iremos morar está aqui", disse o cantor para dona Laura, informando que iriam residir num prédio na avenida Gomes Freire, na Lapa. Quase em frente, seu pai depois alugaria um pequeno ponto, estabelecendo ali a sua relojoaria.

Era ainda a velha Lapa de Madame Satã, com muitos malandros, prostitutas e travestis, mas que permitiria a Roberto Carlos ficar bem mais próximo do ambiente artístico carioca, pois a maioria das gravadoras e emissoras de rádio se localizava na região central. A sede da CBS, por exemplo, ficava numa rua bem próxima da avenida Gomes Freire, que deixava o cantor também mais perto do local de seu emprego, no Ministério da Fazenda. Sim, Roberto continuava batendo ponto ali, das 13 às 18 horas, tendo as manhãs livres para percorrer as rádios, e as noites, para os shows. Nessa época, a Lapa ainda abrigava figuras mitológicas do samba carioca, uma delas Ismael Silva, autor de clássicos como "Se você jurar", "Para me livrar do mal" e "Antonico". Ele morava numa casa de cômodos, também na Gomes Freire, onde era visto sempre de terno e sapatos brancos, o colarinho da camisa impecavelmente engomado. Por várias vezes, Roberto Carlos cruzou com Ismael no breu da noite que envolvia aquela avenida. Era o encontro do passado e do futuro da música popular brasileira.

10

SUSIE

"Pertinho de onde eu moro
Tem um broto encantador
A primeira vez que a vi
Pensei logo em amor"
Do single *Roberto Carlos*, 1962

No tempo em que o circo era uma grande atração nas cidades brasileiras, músicos e cantores sempre se apresentavam nele. O cantor Baiano, por exemplo, intérprete do primeiro samba de sucesso, "Pelo telefone", em 1917, era um artista de circo, assim como o compositor Eduardo das Neves, outro pioneiro na gravação de disco no Brasil. Em plena Era do Rádio, nos anos 1930, o circo continuava sendo um dos principais espaços para a música popular, atraindo artistas no auge da carreira, como Francisco Alves, Noel Rosa, Silvio Caldas e Cyro Monteiro. Geralmente os números musicais eram na segunda parte do espetáculo, depois das mágicas e acrobacias. Cantar no circo era viver aventuras repletas de peripécias, já que o público costumava participar vivamente, fazendo coro com o artista ou mesmo se dirigindo a ele com gritos, vaias ou assobios. No prólogo da canção "O ébrio", por exemplo, em que relata a decadência de um cantor lírico, Vicente Celestino diz que ele acabou "por levar uma vaia cantando em pleno picadeiro".

No início da década de 1960, com a expansão da televisão, já tinha passado o período áureo do circo, fato que se agravou no Brasil com o incêndio do Gran Circus Norte-Americano, em agosto de 1961, em Niterói. A tragédia, que vitimou cerca de quinhentas pessoas, a maioria delas crianças, teve grande impacto em todo o país, e a partir daí mais gente deixou de frequentar os circos — que continuavam oferecendo cantores em sua programação. Porém, agora, raramente um grande cartaz da música popular estava lá; apenas artistas em fase decadente ou em começo de carreira — como era o caso de Roberto Carlos. No Rio, o ponto de contato ficava na praça Tiradentes, próximo do Teatro Carlos Gomes. Ali, vendedores de shows se reuniam com músicos e cantores, combinavam o cachê e depois seguiam com a trupe para os circos dos subúrbios ou de cidades do interior. O pior é que muitas vezes Roberto Carlos ia cantar em circos de lona rasgada, em dia de chuva e com quase ninguém na plateia. "Era duro, mas não havia outro jeito", afirma o cantor.

Certa vez, Roberto Carlos chamou o guitarrista Renato Barros para acompanhá-lo em três circos, dois no Rio e outro em São Gonçalo. "Eu me lembro que, nesse dia, o melhor dos três shows foi no primeiro circo, que tinha umas dez pessoas. Os outros estavam praticamente vazios", afirmou Renato. Em alguns, Roberto Carlos tinha de se apresentar de megafone na mão, porque não havia amplificador. Ou, quando havia, às vezes não funcionava direito. Foi o que aconteceu durante uma apresentação em um circo em Niterói. Roberto Carlos se esforçava para cantar "Malena", mas a plateia não conseguia ouvi-lo. Lá pelas tantas, alguém muito impaciente atirou no palco um pedaço de mamão, acertando em cheio o rosto do cantor.

Foi nessa fase do circo que Roberto Carlos conheceu aquele que seria o primeiro músico de sua futura banda RC-7: o baterista e percussionista Anderson Marquez, mais conhecido pelo apelido de Dedé. Carioca do bairro de São Cristóvão, Dedé tinha então 19 anos e trabalhava como jornaleiro durante a noite numa banca na praça Tiradentes, em frente à Gafieira Estudantina. "Eu tomava umas bolinhas para não dormir, e, quando saía da banca de manhã, já ia direto para a casa de Roberto tomar café com a família dele." Dali ele seguia com o cantor para percorrer emissoras de rádio ou velhos circos pelos subúrbios do Grande

Rio. No início, Dedé apenas fiscalizava a bilheteria do circo para tirar a porcentagem do cantor. Até que Roberto Carlos foi se apresentar em um circo em Caxias, na Baixada Fluminense, onde Dedé encontrou uma velha bateria. "Eu sentei para tocar devagarzinho, e aos poucos a coisa foi indo, foi indo... Eu aprendi assim, ninguém me ensinou." Quando o circo não tinha bateria, Dedé usava um bongô ou qualquer outro recurso para fazer a marcação rítmica. A partir daí, pode-se dizer que estava formado o RC-2: Roberto Carlos no violão e Dedé na bateria.

Na época, o cantor passara a ser alvo da popular coluna "Mexericos da Candinha", da *Revista do Rádio*, que era redigida pelo jornalista Borelli Filho, com "fofocas" que recebia de todos os colegas da redação. Aparecer ali era um dos indicativos da popularidade de um artista. Daí Roberto ter ficado contente ao ler as primeiras notas sobre ele, mesmo que — e isso era do jogo — procurassem fustigar seu alvo. Em uma delas, em abril de 1962, a Candinha avisava: "Como está engordando o cantor Roberto Carlos! Dessa maneira, aquela pinta de galã vai desaparecer, querido..." Um mês depois, voltava a citar o nome dele na revista. "Quem passou maus momentos, após um show, em São Gonçalo, foi o cantor Roberto Carlos. Por ter feito sucesso com as pequenas do local, o moço RC foi corrido a pedradas por um bando de rapazes enciumados..."

Isso que ela contou acontecia muito e por isso Roberto procurava estar cercado de amigos quando ia fazer um show. Amigos novos como Dedé e o seu vizinho no apartamento da Lapa, o jovem Luiz Carlos Ismail, ou aqueles de seu tempo de criança, Edson Ribeiro, Nélio, João Francisco, que já estavam também morando no Rio. Quando podia contar com a companhia de Erasmo, Roberto se sentia ainda mais seguro, porque, com a altura e o porte de segurança de boate, o futuro Tremendão intimidava os enciumados garotos dos subúrbios, em sua maioria baixinhos e franzinos. Ressalte-se que, nesse período, o público ainda não sabia que Roberto Carlos era deficiente físico. As pessoas que o viam pela primeira vez imaginavam que ele tivesse machucado o pé numa pelada ou algo do tipo. Portanto, se o cantor bobeasse, a turma do outro lado partiria para cima dele sem dó.

Era preciso mesmo se precaver, e sua mãe sempre o advertia sobre isso: nunca aceitar provocação e andar sempre acompanhado de amigos.

Mesmo com a boa repercussão de "Malena" no Rio e em alguns lugares do Nordeste, Roberto Carlos ainda era considerado apenas uma promessa para a direção da Columbia. Talvez por causa do repertório, talvez pela forma de gravar, o fato é que ele continuava distante da popularidade de outros ídolos do rock nacional. Por exemplo: até aquela data, meados de 1962, tinha apenas um LP no currículo, enquanto Celly Campello já tinha gravado cinco álbuns na Odeon; Ronnie Cord, três na Copacabana; e Sérgio Murilo, também três na Columbia, antes de ter a carreira discográfica interrompida após a briga com a gravadora. Naquele ano, porém, Evandro Ribeiro preferiu ainda não autorizar a gravação de um novo LP de Roberto Carlos. O produtor argumentou que antes seria preciso conseguir um single de sucesso nacional. E foi com este objetivo que, em outubro, o artista gravou um novo 78 rpm, com "Susie", de sua própria autoria, no lado A, e "Triste e abandonado", de Hélio Justo e Erly Muniz, no lado B — o primeiro disco de Roberto Carlos com o rótulo cor laranja da CBS, a nova marca da filial Columbia do Brasil, trazendo no centro o símbolo do olho, o icônico logotipo da empresa.

Espécie de pré-rap, pois tem a maior parte da letra falada e apenas o refrão cantado, "Susie" fora composta quando Roberto ainda morava na rua Pelotas, no Lins de Vasconcelos. "Pertinho de onde eu moro / Tem um broto encantador / A primeira vez que a vi / Pensei logo em amor / Olhei muito pro brotinho, mas de nada adiantou." A palavra "broto" — para designar, de forma carinhosa, meninas e meninos adolescentes — foi uma expressão adotada na zona sul carioca por volta dos anos 1940. Na época, ao estrear no Brasil o filme *Kathleen*, protagonizado pela já então crescidinha Shirley Temple, a imprensa se referia a ela como "hoje um lindo broto". Aos poucos, a expressão foi ganhando força, sendo usada por compositores, publicitários e cronistas como Rubem Braga. Por exemplo: na crônica "O senhor", de 1951, ele diz que "de começo eram apenas os 'brotos' ainda mal núbeis que me davam senhoria; depois assim começaram a me tratar as moças de dezoito a vinte". Um dos grandes sucessos do carnaval de 1950 foi a marcha "Balzaquiana", de Wilson Batista e Nássara, que dizia: "Não quero broto, não quero, não / Não sou mais garoto / Pra viver de ilusão." Concorria com outra marcha, "Meu brotinho", de Humberto Teixeira, que não negava fogo: "Ai, ai, brotinho / Não cresça, meu brotinho / E nem murche como a flor / Ai, ai, brotinho / Eu sou um galho velho / Mas quero seu amor."

A chegada do rock'n'roll ao Brasil, em meados dos anos 1950, iria popularizar ainda mais este sentido da expressão. Em seu primeiro álbum, a rainha do rock Celly Campello cantava temas como "Broto já sabe chorar" e "Lacinhos cor de rosa", em que prometia "andar devagarinho e o broto conquistar". Por sua vez, o carioca Sérgio Murilo era saudado pelos fãs e pela imprensa como o "broto legal", referência ao sucesso homônimo e a canções como "Marcianita", em que ele evocava "um broto de Marte que seja sincera". Não por acaso, o primeiro álbum de Elis Regina, ainda em sua fase rock, em 1961, trazia o título "Viva a brotolândia". Havia filmes como *Colégio de brotos* — produção nacional de 1954 — e programas de rádio e TV intitulados *Clube dos brotos*, *Festa de brotos* ou *Música para brotos*. O próprio Roberto Carlos já havia gravado a bossa "Brotinho sem juízo". Portanto, ao se referir também assim à musa de "Susie", estava apenas se valendo novamente de uma expressão da moda.

A letra foi inspirada numa garota que efetivamente morava na rua do cantor. A diferença é que ela não se chamava Susie, e sim Teresa, e não namorou com Roberto — "tentei paquerá-la, mas não deu", confessaria —, nem ele possuía lambreta ou qualquer outro veículo, como diz em outro trecho da letra: "Parei minha lambreta... saltei / Me aproximei... conversei / E o resultado: o brotinho eu amarrei / Susie é o broto mais bonito / Que até hoje eu namorei." "Susie" nasceu de uma parceria de Roberto com Edson Ribeiro, porém ele pediu ao amigo para deixá-lo assinar sozinho a composição. Temia que ninguém acreditasse ser ele um dos autores da canção.

O seu receio era porque ainda não estava firmada a instituição do cantor-compositor — algo que se consagraria pouco tempo depois no

Brasil com artistas como Chico Buarque, Caetano Veloso e o próprio Roberto Carlos. O que imperava era a nítida separação entre os dois ofícios. João Gilberto, por exemplo, era o cantor; Tom Jobim, o compositor; Cyro Monteiro, o cantor; Lupicínio Rodrigues, o compositor. As duas atividades não se confundiam, até porque eram poucos os compositores que ousavam interpretar suas próprias músicas. Assim, a tendência era não se levar a sério quando algum cantor aparecia como coautor das músicas que gravava. O próprio Roberto Carlos viveu esta experiência com a sua primeira gravação, "João e Maria", que, embora creditada a ele e a Carlos Imperial, era sempre citada como uma composição apenas do parceiro — o que de fato era, como o próprio Roberto admitira. Mas seu nome estava lá no disco como autor. E não queria que aquela espécie de pagamento se repetisse nessa sua nova fase com "Susie", sua primeira — para valer — composição gravada.

Enfim, o artista temia adquirir a pecha de cantor "comprositor", ou seja, aquele que pagava para colocar seu nome como coautor de músicas. Isso foi por muito tempo associado, por exemplo, à imagem do cantor Francisco Alves, o famoso "Rei da Voz", embora ele fosse também compositor. Nos anos 1930, porém, ele coassinou vários sambas compostos exclusivamente por artistas como Noel Rosa e Ismael Silva. O cantor Nelson Gonçalves também aparecia como coautor junto com Adelino Moreira em alguns sambas-canções que gravara. "Nelson foi meu parceiro mesmo apenas com a voz", admitiu Adelino. O compositor Adilson Silva conta que perdeu muitas oportunidades de gravação no início da carreira porque se recusava a ceder parceria. "Tinha cantor que só gravava se entrasse também o nome dele na música." A mutreta não era exclusiva do cenário musical brasileiro. Nos Estados Unidos, por exemplo, um dos casos mais notórios é o de Elvis Presley, que aparece como coautor de alguns de seus grandes sucessos, como "Heartbreak Hotel", "Don't be cruel" e "Love me tender". O rei do rock não compusera uma palavra sequer dessas canções, mas entraria como parceiro por uma imposição do seu empresário, o coronel Tom Parker, que queria ganhar também na edição da música. Aos verdadeiros autores restava pegar ou largar. Por tudo isso, Roberto

Carlos queria que "Susie" saísse unicamente com seu nome para não dar margem a especulação. O parceiro topou, com a promessa de que mais à frente Roberto o compensaria, creditando a Edson Ribeiro a autoria de outra música que fosse apenas dele.

Na gravação de "Susie", mais uma vez Roberto Carlos teve que se entender com o maestro Astor Silva e demais músicos da CBS. Parte da base da música foi inspirada na gravação de "Fever", clássico de Elvis Presley, que tem aquela mesma marcação de ritmo com estalos de dedos e insinuante contrabaixo. Aliás, Roberto chegou a fazer uma versão em português para essa música de Elvis, cantava em reuniões com amigos, mas jamais gravou. Outra referência para a gravação de "Susie" foram os twists de Chubby Checker. Roberto Carlos chegou a tocar um disco dele no estúdio para os músicos captarem melhor aquela sonoridade. Porém, após a audição, o maestro Astor Silva exclamou, para espanto de todos: "Eles estão tocando errado. Esses americanos são horríveis tocando twist." Foi por essas e outras que, no Natal daquele ano, comentou-se na imprensa que, entre as cartas para Papai Noel, estava a de Roberto Carlos pedindo "um novo maestro para suas gravações".

Para o lado B daquele single, o cantor gravou a canção "Triste e abandonado", de autoria do violonista carioca Hélio Justo, que também teve uma mutreta na coautoria, pois era igualmente comum no Brasil compositores darem parceria a disc jockeys em troca da execução da sua música no rádio. Os autores avaliavam que, mesmo dividindo os direitos autorais, acabariam recebendo mais dinheiro do que assinando a música sozinhos, sem garantir a execução em emissoras de grande audiência. Pois assim procedeu Hélio Justo no caso de "Triste e abandonado". "Eu dei parceria ao Roberto Muniz para ele tocar minha música na Rádio Globo", afirmou em depoimento ao autor. Roberto Muniz então apresentava o popular programa matinal *Enquanto você espera*, que antecedia ao do líder de audiência Luís de Carvalho. Mas o locutor evitou colocar seu próprio nome na música, indicando o da sua esposa, Erly Muniz, que receberia os direitos autorais.

Em 1962, aos 21 anos, o violonista Hélio Justo atuava na noite carioca em espaços como a boate Plaza e o Texas Bar. No fim de junho, o disc jockey Luís de Carvalho o contratou para acompanhar os cantores de sua caravana em apresentações pelo interior fluminense. Foi no hotel, após um show na praça da cidade de Cantagalo, que Helio mostrou para Roberto Carlos a canção "Triste e abandonado", explicando que era um rock-calipso no estilo de "Malena". "Abandonado, tão sozinho / Sinto a falta de alguém / Na escuridão do meu caminho / Sigo triste, sem ninguém." Roberto gostou do que ouviu, e disse que poderia gravá-la no próximo disco, se o chefe da CBS aprovasse. Pois Evandro Ribeiro também apreciou a canção e deu o sinal verde, especialmente ao saber do acerto do autor com o disc jockey da Rádio Globo. O arranjo ficou mais uma vez a cargo do maestro Astor Silva, que criou uma base com guitarra, percussão e orquestra. No dia da gravação, lá estava Hélio Justo no estúdio da CBS, acompanhando tudo de perto. "Gostei muito da gravação do Roberto, o arranjo ficou espetacular", comentou.

Com execução garantida na Rádio Globo, "Triste e abandonado" acabou repercutindo também nas outras emissoras cariocas. "Trabalhei muito na divulgação desta música. Eu corria para tudo que era rádio", lembra Helio, que não descansava nem mesmo no domingo, indo às sete da manhã ao programa de Euclides Duarte, na Rádio Mauá. Como sempre, Roberto Carlos também se esforçou na divulgação do disco, tentando promover igualmente o outro lado com a sua composição "Susie". Esta atitude dele chegou a ser destacada na *Revista do Rádio*. "Roberto Carlos é considerado pelos disc jockeys como um professor em caitituagem. O seu maior valor reside principalmente na disposição para o trabalho. Acorda às sete da manhã, diariamente, para fazer tocar os seus discos. Que ele sirva de exemplo aos novos valores que surgem e, antes de serem realmente artistas, já estão acomodados, não demonstrando interesse pela carreira." Num daqueles dias, Roberto e Hélio Justo saíram de uma rádio em cima da hora para participar de um programa em outra emissora. Seria a terceira rádio que visitariam naquela manhã no centro da cidade, que percorriam a pé, inclusive porque nem tinham dinheiro para táxi. Helio sabia que, pela limitação física de Roberto, não era possível acelerar o passo. Naquele dia, mesmo caminhando devagar, o cantor não conseguiu mais acompanhá-lo. A perna direita doía. "Puxa, Helinho, não estou aguentando mais andar", disse o cantor, se recostando numa mureta na rua Senador Dantas. "Descansa aí um pouco, Roberto, depois vá para casa. Deixa que eu continuo na divulgação do disco", respondeu-lhe o amigo.

Nesse ano de 1962, Wanderléa também batalhava na divulgação de suas primeiras gravações na CBS, e isso acabou por aproximá-la de vez de Roberto Carlos, pois frequentemente os dois saíam juntos com seus disquinhos debaixo do braço. A cantora foi até morar com seus avós, no bairro de Vila Isabel, de onde era bem mais fácil chegar ao centro do Rio do que vindo de Cordovil. Ainda assim, tinha que se desdobrar para conciliar a atividade artística com os estudos, conforme prometera aos pais. "Eu me lembro bem dessa época, porque, entre outras coisas, eu era obrigada a acordar de madrugada. Eu saía escondida de casa às 4 horas da manhã, já de uniforme do colégio, me encontrava com Roberto e lá íamos percorrer as rádios para ver se alguém estava interessado em tocar os nossos discos." O cantor logo ganhou a confiança da família de Wanderléa e se comprometeu a sempre levá-la de volta para casa ao fim de apresentações em rádios ou clubes – num tempo em que nenhum deles tinha automóvel. Ela conta que, certa noite, os dois estavam tão cansados no ônibus que cochilaram batendo cabeça uma na outra, passando do ponto onde deveriam saltar, em Vila Isabel. "Descemos na Boulevard 28 de Setembro e voltamos a pé", lembrou. "Mesmo cansado, Roberto manteve o costume de esperar a porta se abrir para ter certeza de que estava tudo bem comigo. Depois de se despedir, caminhou de volta para pegar o ônibus no mesmo ponto em que descemos."

Outro futuro ídolo popular — e autor de futuros clássicos na voz de Roberto Carlos — dava também seus primeiros passos na carreira. Carioca do subúrbio do Lins de Vasconcelos, Luiz Ayrão nasceu em 1942, numa família de músicos militares. Seu pai era violonista e seu avô, clarinetista, chefe da banda militar de Realengo — ambos amigos de bambas como Pixinguinha e João da Baiana. Aos domingos, Ayrão ia para a casa da madrinha de seu pai, em Bento Ribeiro, onde aconteciam rodas de samba e de choro com o pessoal da velha guarda. "Lembro de Pixinguinha tocando 'O gato e o canarinho' no sax, e aquilo mexia comigo." Ele logo aprendeu a tocar violão e, aos 16 anos, já tinha um caderninho com suas próprias composições. Formado no berço do samba e do samba-canção, o jovem Ayrão não se deixou levar pela onda do rock'n'roll no Brasil. "Eu não me interessava por Elvis Presley nem por Bill Haley, por nada disso. Na minha adolescência, eu gostava era de ouvir Nelson Gonçalves e, principalmente, Cauby Peixoto", afirmou. Ele então compôs suas primeiras músicas no estilo desses cantores, na esperança de que eles pudessem se interessar em gravá-las. O problema é que Ayrão não tinha acesso aos ídolos do rádio. Certa vez, ele soube que Nelson Gonçalves estaria num centro espírita em Magalhães Bastos. Foi até lá com seu violão e o caderninho de músicas. "Mas não consegui falar com Nelson. Ele estava sempre resmungando, de mau humor".

Foi aí que um amigo do bairro lhe deu um conselho: "Luiz, deixa de ser bobo, rapaz. Para de ficar indo atrás desses figurões. Você tem que começar a gravar suas músicas com alguém que também esteja começando a carreira. Tem um rapaz que mora na minha rua, o Roberto Carlos, que está se lançando como cantor de bossa nova, gravando discos. Mostra suas músicas para ele." Na hora, Ayrão respondeu: "Pô, eu já não sou ninguém e você me diz para eu dar minhas composições para um cara desconhecido gravar? Assim vou continuar na mesma. Quem vai tocar minhas músicas?" E passou vários meses sem dar bola para o conselho do outro. Até que um dia se convenceu, pegou seu violão e seu caderninho de música e seguiu com o amigo até a casa do tal Roberto Carlos quando este ainda morava no Lins de Vasconcelos.

Ao chegarem lá, os dois exclamaram quase ao mesmo tempo: "Ué, você que é o Roberto Carlos?" "Você que é o Luiz Ayrão?" A surpresa foi porque eles já se conheciam de vista e tinham outros amigos em comuns. Ayrão costumava ver Roberto sempre ao pé de um telefone público na farmácia Pederneiras, em frente à rua Pelotas, onde o cantor morava. Era a fase em que o próprio Roberto ligava para as rádios pedindo para tocar suas músicas. "Toda vez que eu passava de bonde pendurado nos trilhos, eu via aquele cara no telefone, de tênis branco, calça jeans, cabelo caído na testa. E eu acenava para os meus amigos que eram amigos dele. E, quando meus amigos não estavam ali, eu acenava para ele, que acenava também para mim, embora nenhum dos dois soubesse o nome do outro", lembrou.

Feitas as apresentações, Ayrão mostrou seu repertório de sambas-canções e bossa nova. Mas, como ele demorou a procurar Roberto Carlos, este já estava mudando de estilo, depois de fracassar como cantor de bossa nova. "Você tem outras músicas? O diretor da gravadora não quer que eu grave mais bossa nova. Agora vou gravar rocks, twists e baladas. Você tem alguma coisa assim?", perguntou-lhe Roberto. Luiz Ayrão não tinha nada disso no seu caderninho, mas prometeu voltar outro dia. As coisas não estavam fáceis para o novato Luiz Ayrão: sem acesso aos figurões do rádio e fora do ritmo com o jovem cantor que o recebia em casa. Mas esta era a oportunidade. E Ayrão, que não gostava de rock ou twist, teria que se virar se quisesse mesmo ver sua música gravada por alguém. Foi então ouvir discos de Chubby Checker, Paul Anka e Neil Sedaka para se familiarizar com o estilo da música jovem.

Por sua vez, Roberto Carlos seguia cavando apresentações em rádios, e uma delas surgiria com uma involuntária participação do seresteiro Silvio Caldas. Na Era do Rádio, ele era também famoso por frequentemente faltar a compromissos — e, nesse sentido, foi uma espécie de precursor de Tim Maia. Os pesquisadores João Máximo e Carlos Didier afirmam que "dar bolo era mais do que um hábito para esse formidável cantor". Segundo eles, quase sempre Silvio aceitava o convite, combinava o cachê, marcava a hora e o lugar, deixava que seu nome saísse nos folhetos e cartazes de propaganda e, sem maiores explicações, não aparecia. "Esquecia tudo em troca de uma serenata numa praça de subúrbio, de uma conversa fiada com um amigo, de uma boa sopa de entulho num botequim ou de uma nova companhia feminina." Numa noite de 1935, por exemplo, Silvio Caldas faltou a um show coletivo num cinema no bairro de Ramos, subúrbio no Rio. Foi substituído em cima da hora por Noel Rosa, que não estava escalado para aquele evento. "Noel subiu ao palco, cantou dois, três números, salvou a noite", relatam Máximo e Didier.

Pois em 1962, quase trinta anos depois, Silvio Caldas continuava se atrasando ou faltando aos compromissos, e desta vez quem ocupou a sua vaga foi o jovem Roberto Carlos. O fato aconteceu numa das edições do *Programa Cesar de Alencar*, numa tarde de sábado na Rádio Nacional. Líder de audiência no horário, o programa mobilizava uma grande equipe de profissionais, entre cantores, músicos, locutores, contrarregras, operadores etc. Todos os sábados, filas se formavam na praça Mauá com as pessoas disputando uma das seiscentas vagas do auditório no sétimo andar da emissora. "Esta canção nasceu para quem quiser cantar / Canta você, cantamos nós, até cansar", dizia o tema de abertura, que fechava com a frase: "Este programa pertence a vocêeeeeees!" E então entrava Cesar de Alencar fazendo sua tradicional saudação ao microfone: "Alô, alô, alô! Boa-tarde, ouvintes! Boa-tarde, auditório!"

Por várias vezes Roberto Carlos tinha tentado se apresentar nesse programa. A produção até prometia escalá-lo, mas na hora H ele sempre sobrava, pois a prioridade eram os reis e rainhas do rádio. Naquele sábado à tarde, uma das principais atrações seria Silvio Caldas, que viria de São Paulo, onde morava, num voo da Panair do Brasil. Porém, o programa avançava para a parte final e o intérprete de "Chão de estrelas" não aparecia. O compositor Pilombeta, o pernambucano Sebastião Ladislau da Silva — de quem Roberto gravaria mais tarde a canção "Escreva uma carta, meu amor" —, estava com ele nesse dia na Rádio Nacional. Ao perceber a agitação da produção com a demora de Silvio Caldas, Pilombeta foi falar com Vilna Fraga, secretária de Cesar de Alencar, a quem cabia resolver esses imprevistos nos bastidores. O amigo reforçou que Roberto Carlos estava ali no corredor de violão na mão pronto para se apresentar. "Lembro bem desse dia: os outros cantores do programa usavam terno e gravata, sapatos pretos de verniz, cordões de ouro, elegantes. Já Roberto trajava calça jeans, camisa vermelha e sapato branco", afirmou Pilombeta em entrevista ao autor. Ainda segundo ele, foi meio a contragosto que Cesar de Alencar acabou autorizando a participação do jovem cantor no lugar do consagrado e faltoso seresteiro. E assim como Noel Rosa, três décadas antes, Roberto Carlos não decepcionou, e parte do auditório cantou com ele a canção "Triste e abandonado", que subia nas paradas de sucesso carioca, alcançando o oitavo lugar na lista da *Revista do Rádio*.

Quanto a "Susie", o cantor e a gravadora acreditavam que ela teria mais chance de sucesso em São Paulo, onde músicas de rock obtinham maior aceitação. Assim, logo após o carnaval de 1963, Roberto Carlos foi se apresentar no programa *Alô, brotos*, comandado por Sérgio Galvão na TV Tupi Paulista. Ali ele cantou "Susie" em playback, repetindo depois a dose no programa *Ritmos para a juventude*, de Antônio Aguillar, na Rádio Nacional. Nos musicais realmente ao vivo, ele necessitava do apoio de uma banda de rock para acompanhá-lo; e, antes de poder formar a sua própria, contava com a boa vontade da que estivesse lá na hora. Foi assim quando chegou para cantar no programa *Isto é sucesso*, de Paulo Rogério, também no Canal 5 da TV Paulista. Nesse dia, também se apresentaria lá a novata banda The Clevers (depois rebatizada de Os Incríveis), que faria história no rock brasileiro. O próprio Paulo Rogério os indicou para acompanhar Roberto Carlos e chegou a anunciar entre as atrações do programa o número do jovem cantor do Rio de Janeiro com o "conjunto de rock paulista", como então se dizia. Roberto ficou contente porque iria cantar com eles; quem dera sempre tivesse uma banda daquela para acompanhá-lo: Domingos Orlando, o Mingo, na guitarra base; Waldemar Mozena, o Risonho, na guitarra solo; Dermeval Rodrigues, o Neno, no baixo; Antônio Sanches, o Manito, no sax; e Luis Franco Tomás, o Netinho, na bateria. Entretanto, ao fazerem um rápido ensaio nos bastidores, os rapazes dos Clevers não encontraram sintonia com o cantor e desistiram de acompanhá-lo. "A gente tocava com guitarras, bateria, baixo, era muito forte o som. Nós tentamos ensaiar com ele e não deu certo, porque a gente não pegava a música e a voz dele era muita baixa, e naquela época a televisão não tinha retorno no palco", justificaria o baixista Neno. Quando eles comunicaram a decisão a Paulo Rogério, este ainda tentou convencê-los. "Agora já está marcado, não façam isso, vocês têm que acompanhá-lo." Os Clevers, porém, foram inflexíveis. "Não dá. Não vamos e acabou." Naquele dia, Roberto Carlos cantou seu rock apenas com violão.

O fato é que era mesmo necessário Roberto tentar projetar seu nome em São Paulo. Na época, o programa de Antônio Aguillar promoveu uma pesquisa para a escolha dos "favoritos da juventude paulista". Ao final, foram eleitos treze ídolos, entre os quais nomes já consagrados, como Sérgio Murilo, Demetrius, Ronnie Cord e Tony Campello. Da lista emergiram também cantores da década anterior, como Cauby Peixoto e Rinaldo Calheiros, e até Franquito, um menino-cantor de guarânias — mas lá não aparecia o nome de Roberto Carlos. O próprio artista constatava essa menor preferência por ele em São Paulo ao participar dos programas de rádio e TV da cidade. Nos bastidores, enquanto ficava num canto, sem receber maiores atenções, Roberto via o cerco a cantores como Ronnie Cord e o galã George Freedman — outro ídolo citado na pesquisa dos "favoritos da juventude paulista".

"Susie" acabou até repercutindo nas rádios de Curitiba, mas na terra da garoa nada acontecia. Num depoimento posterior, Roberto Carlos desabafou, quase parafraseando o título da outra música do disco: "Fiquei triste e chateado porque 'Susie' não estourou em São Paulo. Era preciso vencer lá para ter um maior campo de trabalho." De fato, porque o sucesso no Rio facilitava ao artista uma projeção para o Norte e o Nordeste do Brasil, enquanto o sucesso em São Paulo o levava para as regiões Sul e Centro-Oeste. Portanto, conquistar as duas grandes praças significava alcançar o país inteiro. Cantores de música jovem como Celly Campello e Sérgio Murilo eram ídolos nacionais exatamente por isso. Já Roberto Carlos estava encontrando bastante dificuldade, ainda mais porque São Paulo era, na prática, bem mais distante do Rio do que hoje, e vice-versa. Ainda não havia transmissão de TV em rede para todo o país, e a Era de Ouro da Rádio Nacional já tinha ficado para trás. Assim, havia uma profusão de artistas locais, cantores muito conhecidos em um estado e praticamente desconhecidos em outro. Este era exatamente o caso de Roberto Carlos, que, até ali, cantando temas como "Malena", "Triste e abandonado" e "Susie", era um nome basicamente restrito ao Rio de Janeiro. Registre-se que essa maior projeção dele no cenário musical carioca, local onde residia, muito se devia também ao esquema de divulgação paralelo que ele mantinha com namoradas, amigos, amigas e familiares, que telefonavam para as rádios pedindo para tocar suas músicas. Sua turma andava sempre com vários números de telefone na bolsa ou no bolso, como, por exemplo, o 32-4233, da Rádio Globo, e o 22-4960, da Rádio Mauá. Essa nem era uma divulgação muito original, pois naquele mesmo momento, lá em Liverpool, na Inglaterra, os ainda pouco conhecidos John, Paul, George e Ringo faziam o mesmo para divulgar "Love me do", o primeiro single dos Beatles. Não tardaria, contudo, para que, nem Roberto Carlos nem os Beatles precisassem mais desse reforço particular.

11

SPLISH SPLASH

*"Splish splash fez o beijo que eu dei
Nela dentro do cinema
Todo mundo olhou me condenando
Só porque eu estava amando"*
Do álbum *Roberto Carlos*, 1963

Naquela madrugada de sábado, início de 1963, o lotação sacolejava, levando trabalhadores, boêmios e dois rapazes suburbanos que tinham saído de uma festa no Leblon. O destino de um deles, Erasmo Carlos, 21 anos, era a Tijuca, e o do outro, Roberto, da mesma idade, era o bairro da Lapa, onde agora morava. Quando passavam por Copacabana, Erasmo tirou do bolso um papel amassado e disse: "Olhe aqui, mano, estou fazendo uma versão de uma música de Bobby Darin. Quer ouvir?" E ali, no meio do burburinho do lotação, ele cantou o trecho inicial: "Splish splash fez o beijo que eu dei / Nela dentro do cinema / Todo mundo olhou me condenando / Só porque eu estava amando." Aquilo despertou imediatamente o interesse do colega. "Mas isto é bárbaro. Cante o resto da letra", pediu. "Ainda não terminei", disse Erasmo, que só havia feito mesmo a parte inicial da versão. "Então conclua que eu vou gravar esta música", prometeu Roberto Carlos.

Erasmo gastou mais tempo para fazer a versão do que Bobby Darin para compor a letra e a melodia de "Splish splash". Um dos mais ecléticos artistas da música americana, Darin — que faleceu prematuramente, aos 37 anos, em 1973 — despontou para o sucesso no fim dos anos 1950, cantando rocks e baladas no estilo Elvis Presley. Logo em seguida, porém, surpreendendo a todos, decidiu seguir o estilo big band de Frank Sinatra, obtendo um sucesso ainda maior, especialmente com "Mack the knife", com a qual ganhou o Grammy de gravação do ano em 1960. Depois, gravou twist, soul e, lá pelo fim da década, se dedicou ao estilo folk-protesto de Bob Dylan.

"Splish splash", o seu primeiro sucesso, nasceu certa noite em 1958, quando a mãe de um amigo lhe sugeriu, de brincadeira, um título de música com uma onomatopeia. "Que tal 'Splish splash I was taking a bath'?" Bobby Darin e seu amigo caíram na gargalhada, mas logo depois o cantor decidiu levar adiante a brincadeira onomatopeica. Sentou-se ao piano e desenvolveu aquela frase, contando a divertida história de alguém que está se esfregando relaxado na banheira, mas que ao sair enrolado em uma toalha se depara com uma festa na sala; ele então retorna e, splish splash, se joga novamente na banheira. Segundo o próprio Darin, em menos de vinte minutos, às gargalhadas, ele concluiu a canção que o projetou nos Estados Unidos, alcançando o terceiro lugar na parada da Billboard.

No Brasil, porém, a gravação original de "Splish splash" não fez qualquer sucesso — como se estivesse esperando por Roberto Carlos, que naquele ano ainda não tinha nem estreado em disco. Bobby Darin continuou um nome desconhecido por aqui até 1962, ano em que estrelou a comédia romântica *Quando setembro vier*, um sucesso de bilheteria ao lado da esposa Sandra Dee. Ali ele canta uma nova música, o twist "Multiplication", este sim, o seu primeiro hit no Brasil. A partir daí algumas rádios começaram a pesquisar outras gravações dele, como "Mack the knife", "Dream lover" e "Beyond the sea", que vez ou outra tocavam. Foi aí que Erasmo ouviu a antiga "Splish splash". "Achei a música engraçada e resolvi fazer a versão", diz.

Ao contrário do que se pensa, a onda de versões de músicas estrangeiras no Brasil não começou com a turma do rock — que apenas deu continuidade a uma prática que já existia desde os primórdios do disco e do rádio no país. Um dos grandes hinos do nosso carnaval, "Está chegando a hora", é uma versão da mexicana "Cielito lindo", assim como "Babalu", maior sucesso de Ângela Maria, é versão de um tema cubano. Outros cantores, como Carlos Galhardo, Francisco Alves e Emilinha Borba, gravaram quilos de versões produzidas por nomes como Evaldo Ruy, Armando Louzada, Nilo Sérgio e, principalmente, Haroldo Barbosa. Responsável pela discoteca da Rádio Nacional, Haroldo recebia em primeira mão os lançamentos internacionais, fazia as versões e distribuía aos cantores. Um exemplo é "Disse alguém", versão de "All of Me", que seria regravada até por João Gilberto. Outra versão famosa é a da valsa "Fascinação" ("Fascination"), lançada por Carlos Galhardo em 1943, e que anos depois obteria também sucesso na voz de Elis Regina.

A grande quantidade de músicas estrangeiras vertidas para o português levou Tom Jobim a protestar em 1956 com "Samba não é brinquedo", que diz: "Se Noel estivesse aqui acabava com a versão." Como não estava, as versões continuaram, e, em 1963, Erasmo Carlos contribuiu com mais uma: "Splish splash." Ressalte-se que, na maioria das adaptações de músicas americanas no Brasil, o termo "versão" não é apropriado, porque os chamados versionistas não faziam exatamente versão, e sim outra letra para a melodia. No caso de Erasmo, não foi diferente. Como ele não sabia mesmo quase nada de inglês para entender o original, imaginou uma outra história para aquela onomatopeia. E, na sua imaginação, o "splish splash" de alguém se jogando em uma banheira se transformou em um beijo seguido de um tapa dentro do cinema. "Agora lá em casa / Todo mundo vai saber / Que o tapa que eu levei / Fez barulho e fez doer…"

Esta história de um garotão que rouba um beijo da menina e leva um chega pra lá era meio autobiográfica de Erasmo e tinha acontecido havia pouco tempo. Um dia, ele se ofereceu para acompanhar Wanderléa até a casa da avó dela, em Vila Isabel, que era próximo de onde ele morava, na Tijuca. Mas, no meio do caminho, de repente, Erasmo colocou o braço em volta do ombro da amiga e… tchan na sua boca. "Fui pega de surpresa e reagi àquela situação totalmente inesperada batendo no peito dele, revoltada", contou no seu livro de memórias. "Acho que Erasmo gostava de me ver irritada porque daí em diante passou a me cortejar de todas as formas, das mais engraçadas às mais impulsivas, sempre me aprontando situações embaraçosas. Muitas vezes isso me tirava do sério e eu precisava ser enérgica. Como um gentleman, Erasmo sempre me pedia desculpas." Começava aí a longa jornada do Tremendão para conquistar a Ternurinha. "Erasmo se apaixonou por mim, mas eu não podia corresponder, pois estava apaixonada por Roberto!", revelou numa entrevista. "Acho que Erasmo sofreu muito por minha causa, mas gostava dele como amigo. Ele vivia dizendo que com o tempo eu me apaixonaria por ele, mas isso nunca chegou a acontecer." Na sua autobiografia, Erasmo não se abriu sobre seus sentimentos por Wanderléa, admitiu apenas que desejou algo mais que amizade com ela, mas que isso não teria ocorrido pela vigilância do pai da cantora. "Seu Salim era um verdadeiro pai zagueiro, marcava em cima do lance qualquer tentativa de gol, não deixando espaço para atacantes matadores como eu."

"Roberto, não faça isso, é loucura", desaconselhou José Messias ao ouvir o cantor dizer que iria gravar o tema de Bobby Darin. O disc jockey da Rádio Guanabara advertia para as comparações que seriam feitas com a gravação original, argumentando também que "Splish splash" era um tema velho, de cinco anos antes, e já gravado por vários outros cantores mundo afora. Logo a italiana Rita Pavone iria também registrar sua versão e, no futuro, até a cantora Barbra Streisand. Mas Roberto Carlos estava determinado a fazê-lo, porque já vinha testando o número em shows, festas, e a garotada sempre reagia de forma entusiasmada ao ouvi-lo cantar aquela divertida história bolada por Erasmo. Ele já imaginava até um efeito sonoro para o começo da música: em vez do barulho da água borbulhante usado na gravação de Bobby Darin, o público de Roberto Carlos ouviria o som de dois estalos de beijo...

E, por falar novamente em beijo, àquela altura, de tanto comparecer às emissoras de rádio para divulgar suas músicas, o cantor acabou iniciando um romance com uma das principais radialistas cariocas: Magda Fonseca — que se tornaria a primeira grande musa de Roberto Carlos, para quem dali a pouco tempo comporia algumas canções que seriam ouvidas por todo o povo brasileiro. Magda ajudaria a despertar o compositor que habitava no jovem cantor. Os dois se conheceram no fim de 1961, quando Roberto foi à Rádio Carioca divulgar o LP *Louco por você*. A rádio funcionava no sétimo andar de um prédio na rua Senador Dantas, no centro do Rio. Magda Fonseca fazia a produção de programas de música jovem e também exercia a função de relações-públicas, atendendo divulgadores e cantores que iam à emissora batalhar seus discos. E, mais do que isso: era filha do dono da rádio, Alceu Fonseca, então presidente da Rede de Radiodifusão Interior, um conglomerado de 106 emissoras espalhadas pelo Brasil. Algumas, como a Rádio Carioca, eram de propriedade do próprio Alceu; outras haviam sido fundadas por ele e depois vendidas, caso, por exemplo, da Rádio Cachoeiro, em Cachoeiro de Itapemirim, onde Roberto Carlos começara sua carreira. Portanto, Alceu Fonseca conhecia o cantor desde criança e sabia do esforço dele para se tornar um profissional da música.

Até o início de 1960, o público jovem não se identificava com a Rádio Carioca, pois ali não se ouvia Elvis Presley ou Neil Sedaka. "A programação da rádio era muito careta, muito antiga. Eu tinha até vergonha de contar para minhas amigas que aquela rádio era do meu pai", afirma Magda. Pois um dia ela reclamou disso com ele e se dispôs a ir trabalhar na emissora para dar uma renovada na programação. Alceu não queria deixar de jeito nenhum, sob o argumento de que rádio não era ambiente para uma moça, muito menos para a filha dele. Magda insistiu, bateu o pé e conseguiu dele a licença para fazer uma hora por dia na programação da manhã. "Ainda assim, com mil regras, não podia isso, não podia aquilo, e com a expressa recomendação de não me envolver com ninguém daquele meio", lembra Magda, que inicialmente criou o programa *Nós, os brotos*, no horário das dez da manhã. O programa foi muito bem, e a partir daí a emissora ganhou uma fatia do público jovem, aumentando sua audiência. Isso animou o pai de Magda, que a deixou produzir mais um programa, o *Parada carioca*, no horário da tarde, e depois um outro, o noturno *Escolha você o melhor*. Magda Fonseca também mobilizou os ouvintes ao criar o "Clube dos Brotos", com carteirinha para os associados e várias promoções durante a programação.

Aos poucos a Rádio Carioca tornou-se uma emissora badalada entre os jovens, com uma audiência renovada e aumentada. Foi nessa fase que lá apareceu o cantor Roberto Carlos, de que até então Magda nunca tinha ouvido falar. Mas houve uma atração mútua e um ótimo entrosamento, como se já fossem velhos amigos. Roberto gostou daquela garota tipo mignon, de modos elegantes, cabelos e olhos castanhos, bonita e esbanjando simpatia, como uma autêntica relações-públicas da rádio. Ambos tinham a mesma idade, gostavam de rock, de cinema e de automóveis. Magda, inclusive, já possuía o seu próprio carro, um Volks, de cor verde, recém-comprado — e, para Roberto, ainda um sonho de consumo. Naquele alvorecer dos anos 1960, Magda era uma garota do tipo "papo firme", antes de a música existir. Contudo, tinha um pai que fora rigoroso ao estabelecer a condição para deixá-la trabalhar na emissora: não deveria se envolver com ninguém do meio radiofônico. Mas como resistir ao charme de Roberto Carlos? O namoro dos dois começou de forma bem discreta para que as pessoas não ficassem sabendo. Na primeira vez que foram ao cinema, em janeiro de 1962, Magda até levou junto seu assistente, José Mariano, um jovem um pouco mais novo que ela, que atuava também como disc jockey e programador da Rádio Carioca. Os três entraram no Cine Vitória, na rua Senador Dantas, para assistir a *Férias de amor*, com William Holden e Kim Novak, drama romântico que voltava ao cartaz na Cinelândia carioca. Ainda inocente, Mariano imaginava que os três fossem se sentar juntos na mesma fileira. "Mas não foi isso que aconteceu. Roberto sentou-se na frente com Magda e os dois deram força para que eu me afastasse. Fiquei lá trás, remoendo de raiva", lembra.

Como já vimos, desde que estreara na CBS, Roberto Carlos gravava suas canções com o acompanhamento dos músicos da própria gravadora — pois cada uma delas tinha sua orquestra, seus maestros e arranjadores. Sob a liderança do maestro Astor Silva, músicos como o violonista Zé Menezes, o saxofonista Jorginho da Silva e o baterista

Wilson das Neves estavam sempre a postos para acompanhar qualquer cantor da CBS, fosse ele um seresteiro como Silvio Caldas, um bolerista como Carlos Alberto ou um cantor de rock e balada como Roberto Carlos. Mas, para a gravação de "Splish splash", o cantor decidiu fazer algo diferente: ter um acompanhamento apenas à base de rock e com músicos de rock. Não queria gravar aquela nova faixa com os músicos da orquestra da CBS, que a garotada do rock chamava de "os velhinhos". Roberto Carlos entendia que eles eram excelentes músicos para tocar samba, frevo, valsa, jazz — menos rock'n'roll ou twist. E uma gravação como a de "Splish splash" exigia o acompanhamento de músicos que tivessem a manha, o swing, o *feeling* do rock — algo que até então era privilégio de uma garotada que crescera ouvindo Elvis Presley, Little Richard e Chuck Berry. Daí a implicância deles com os "velhinhos" da CBS, por mais que estes fossem excelentes profissionais.

O violonista Zé Menezes, por exemplo, era um deles. Natural do Ceará, Menezes veio para o Rio em 1943, substituindo o violonista Garoto na Rádio Mayrink Veiga. Um dos músicos com mais horas de estúdio no Brasil, tocou com várias gerações de cantores, como Francisco Alves, Orlando Silva, Lúcio Alves, Cauby Peixoto e Roberto Carlos, nas primeiras gravações na CBS, em 1960. "Quando conheci Roberto, magrinho, de calça rota, ele era um ilustre desconhecido e eu já era o Zé Menezes", dizia, orgulhoso. De fato, Roberto estava apenas começando sua carreira, e isso o deixava pouco à vontade para corrigir músicos tão experientes e conceituados. No caso específico de Zé Menezes, havia o agravante de o violonista não ser uma pessoa fácil de lidar. "Realmente, naquele tempo eu era muito brabo. Eu ainda estava com aquele ranço nordestino e não gostava de escutar desaforo, não gostava de cara feia. Eu andava sempre armado e com um paiolzinho no bolso. E não queria muito papo, não."

Assim, seria mesmo um pouco difícil para o jovem Roberto Carlos questionar algum acorde de guitarra de Zé Menezes. Antes das gravações, o cantor levava os discos de rock e de twist para os músicos da CBS ouvirem e pedia a atenção deles para o som do contrabaixo, da guitarra, o ritmo da bateria... Porém, nada disso adiantava, porque os "velhinhos" ouviam e não sabiam reproduzir. "Eu admirava o Zé Menezes, um dos grandes músicos do Brasil, mas ele não tinha a mínima noção do que era uma guitarra de rock'n'roll. Os solos dele são bem jazzísticos, bem fox", afirma Erasmo Carlos.

Por tudo isso, para aquela gravação de "Splish splash", Roberto Carlos queria mesmo trazer uma rapaziada do rock que ainda não tinha espaço na gravadora. O maestro Astor Silva, entretanto, era contra, e já preparava o arranjo para o tema de Bobby Darin. Afinal, indagava, o que havia de tão especial naquela música que não podia ser executada pela guitarra de Zé Menezes? Qual era o problema? Ocorre que, apesar de ser um grande músico e excelente pessoa, o maestro e trombonista Astor Silva tampouco entendia de rock'n'roll. E declaradamente não gostava daquilo — o que não era surpresa naquela era pré-Beatles. Qual maestro poderia apreciar uma canção de três acordes, feita por um bando de garotos sem qualquer formação musical?

Roberto Carlos foi então falar com o chefe Evandro Ribeiro, e este também achou um luxo, uma despesa desnecessária requisitar outros músicos, quando na CBS havia uma orquestra inteira à disposição dele. Mas o jovem cantor insistiu, dizendo que a gravação ficaria melhor com músicos da sua idade e que falassem a mesma linguagem musical. Seu melhor argumento, porém, foi o de que conhecia uns rapazes de uma banda do subúrbio da Piedade que cobrariam baratinho para tocar naquela gravação. Diante disso, Evandro Ribeiro deu o sinal verde, liberando o estúdio para eles em caráter experimental. Roberto Carlos então chamou Renato e Seus Blue Caps para o acompanharem na gravação de "Splish splash". "Nós entramos na gravadora praticamente contra a vontade do Astor Silva. Ele nos olhava como se fôssemos qualquer coisa", afirma o guitarrista Renato Barros. O baixista da banda, seu irmão Paulo César, tinha 16 anos quando participou da gravação, tocando um contrabaixo acústico com quase o dobro do tamanho dele. Mas o som que ele tirou do instrumento foi de gente grande.

O resultado foi considerado excelente, e a energia que a gravação passou foi comentada por todos na CBS. O maestro Astor Silva até parou de resmungar contra os meninos. O próprio diretor Evandro

Ribeiro percebeu a diferença, tanto que depois convidaria Renato e Seus Blue Caps para integrar o elenco da gravadora. A banda então estava sob contrato na gravadora Copacabana, por onde ainda lançaria um álbum com pouquíssima repercussão. "Meu pai depois foi lá na Copacabana, pediu a rescisão do nosso contrato e no mesmo dia nós assinamos com a CBS", lembrou Renato Barros, que, instalado naquela multinacional americana, liderou a banda que se tornaria a mais popular do país durante a Jovem Guarda.

Logo que o disco de "Splish splash" ficou pronto, Roberto Carlos foi ao encontro de José Messias, no estúdio da Rádio Guanabara. "Taí, Messias, a gravação que eu te falei. Gravei, e gravei melhor do que Bobby Darin." O disc jockey botou o vinil para rodar e de fato se surpreendeu com o resultado. A voz, os instrumentos, a sonoridade, tudo tinha mesmo ficado muito bom, não devendo nada a nenhuma daquelas versões internacionais de "Splish splash". Quem não gostou foi o crítico Fernando Luiz, da *Revista do Rádio*, ao dizer que "a interpretação de Roberto Carlos para 'Splish splash' é completamente fora da ideia da verdadeira letra americana e sem propósito algum essa versão de Erasmo Carlos". Ou seja, ele analisara apenas a adaptação da letra, não a gravação em si.

Lançada em junho de 1963, "Splish splash" foi ganhando aos poucos execuções em rádio. No fim de outubro, apareceu em sétimo lugar na parada da *Revista do Rádio*. Na semana seguinte, alcançaria o sexto lugar, sua melhor posição, permanecendo um total de quatro semanas no ranking. Nada comparável ao sucesso do samba "Mas que nada", de Jorge Ben Jor, que no mesmo período ficou por dezesseis semanas na parada, além de alavancar o primeiro LP do cantor para a marca de 100 mil cópias vendidas. "Splish splash", contudo, era até então o maior sucesso de Roberto Carlos. Sua grande amiga de infância, Eunice Solino, a Fifinha, que naquele tempo morava em Vitória, lembra que esta foi a primeira música dele que ouviu no rádio. Aí o cantor passou também a ser mais abordado nos lugares públicos. Num avião, por exemplo: pelo tipo de roupa e cabelo que usava, Roberto Carlos era identificado como artista, mas qual? Pois bastava cantar um pedacinho de "Splish splash" para ser reconhecido na hora — o que o deixava bastante orgulhoso. Porém, essa maior popularidade não foi suficiente para torná-lo o rei do rock brasileiro ou algo parecido. "Splish splash" repercutiu muito bem no Rio, no Espírito Santo e em estados do Nordeste como Bahia e Pernambuco. Já em outros lugares do país, sobretudo São Paulo, praticamente não aconteceu. A terra dos bandeirantes parecia mesmo um espaço inexpugnável para Roberto Carlos, que ainda contava com a boa vontade de pelo menos um importante disc jockey paulista, Antônio Aguillar, do programa *Ritmos para a juventude*. Ele sempre teve muito carinho por Roberto, que lhe fora indicado pelo Chacrinha, e o anunciava com entusiasmo, erguendo os braços e ditando o bordão: "Alô, juventude feliz e sadia!" Mas o fato é que a maioria dos outros comunicadores de lá não dava ao jovem cantor a mesma atenção que ele tinha nas emissoras de rádio cariocas.

No lado B daquele single, Roberto Carlos gravou "Baby, meu bem", outro rock-calipso composto por Hélio Justo, desta vez em parceria com o jornalista Titto Santos. "Baby, meu bem / Sorria para mim, assim que eu sou feliz / Baby, também / Não deixe nosso amor ser infeliz." Esta foi a primeira faixa gravada, semanas antes da outra, ainda com os "velhinhos" da CBS sob a direção do maestro Astor Silva. Ouvindo as duas músicas hoje, é nítida a diferença: "Baby, meu bem" soa uma gravação dos anos 1950, inclusive na letra, como no uso do verbo "ir" no verso "ainda somos jovens, sei / O tempo passará, vais ver". Já "Splish splash" tem todo o frescor do alvorecer da década de 1960. Tudo que o rock tinha de pulsante e jovial está nesta gravação de Roberto Carlos. De forma intuitiva ele captou o estilo que seria consagrado na época, principalmente ao não incluir um solo de sax tenor na música.

O som dos anos 1960 foi definido pelos Beatles. Com músicas de lindas melodias e arranjos inovadores, a modernidade pop seria estabelecida por John, Paul, George e Ringo — e eles não usavam solos de sax em suas gravações. Além da base do rock (guitarras, baixo, bateria), acrescentavam gaita, piano, órgão, pandeiro, bongô, metais e até orquestras inteiras, mas não se valiam daqueles solos de sax, frequentes nas gravações de pioneiros do rock como Bill Haley e Little Richard, e depois na onda do twist de Chubby Checker. Após a emergência dos Beatles, o solo de sax num tema de rock soava tão antigo quanto os topetes, as lambretas e os blusões de couro que fizeram a fama da juventude transviada dos anos 1950.

A gravação de "Splish splash" com Roberto Carlos é moderna exatamente por isso, e não apenas pelos gritos de yeah! yeah! yeah! — expressão que ele emite por oito vezes ao longo da música. Lançada dois meses antes de "She loves you" — portanto, antes de os Beatles saírem da Inglaterra —, estava em perfeita sintonia com o que eles começavam a fazer por lá. É verdade que Roberto não manteve esse padrão em algumas de suas gravações seguintes, mas, no caso específico de "Splish splash", trata-se de uma versão atualizada do original de Bobby Darin, que a gravou com aquele indefectível solo de sax tenor. Além do mais, Roberto Carlos canta a música muito bem, com swing; é até possível sentir na sua voz um frescor de beijo molhado. E a letra criada por Erasmo era alegre como o ritmo — bem distante daquele dramalhão de alguém triste e abandonado dos velhos boleros. Depois de testar vários estilos, Roberto Carlos finalmente fazia a sua síntese. Nem João Gilberto, nem Anísio Silva, nem Sérgio Murilo. Com a gravação de "Splish splash", ele começava a ser simplesmente Roberto Carlos.

ROBERTO CARLOS

SPLISH SPLASH
BABY, MEU BEM
PAREI NA CONTRA-MÃO
PROFESSOR DE AMOR
NUNCA MAIS TE DEIXAREI
QUERO ME CASAR CONTIGO
É PRECISO SER ASSIM
ORAÇÃO DE UM TRISTE
RELEMBRANDO MALENA
ONDE ANDA MEU AMOR
SÓ POR AMOR
NA LUA NÃO HÁ

12

PAREI NA CONTRAMÃO

*"Vinha voando no meu carro
Quando vi pela frente
Na beira da calçada
Um broto displicente"*
Do álbum *Roberto Carlos*, 1963

Num espaço de nove meses houve duas renúncias no Brasil: a de Jânio Quadros à presidência da República, em agosto de 1961, e a de Celly Campello à carreira artística, em maio de 1962. Guardadas as devidas proporções, ambas foram surpreendentes. Com sua decisão, Jânio desapontou todos os seus eleitores; e Celly, todos os seus fãs. Mas enquanto a renúncia do presidente estava envolta no mistério das chamadas "forças ocultas", a da cantora era bem transparente. Antes de completar 20 anos, Celly Campello deixava o posto de rainha do rock para se tornar uma rainha do lar, casando-se com seu namorado de adolescência, José Edward Chacon, um alto funcionário da Petrobras. Pouco tempo antes, um cronista escrevera que Celly era "uma moça da mesma terra de Monteiro Lobato e, como uma menina personagem de uma bonita história desse famoso escritor, apareceu por aqui cantando e encantando e fazendo sucesso" — numa referência ao fato de ela ter crescido na cidade de Taubaté, onde nascera o autor do *Sítio do Picapau Amarelo*. Ao justificar depois a sua surpreendente decisão, a jovem artista afirmou que "cantar não era o que eu queria, meu lado família é mais forte".

Aquele era o momento propício para se projetar um novo ídolo de rock, porque não apenas Celly Campello deixara um vazio entre os amantes do gênero, mas o cantor Sérgio Murilo também teve a carreira praticamente interrompida depois da briga com a gravadora CBS. Ele ficaria mais de dois anos sem lançar disco. Ou seja, ao mesmo tempo, saíram de circulação o rei e a rainha do rock brasileiro. E, como se diz, rei morto, rei posto. Estava aberto o caminho para Roberto Carlos pegar aquela coroa. Para isso, porém, era necessário conquistar fãs em São Paulo. O sucesso restrito ao cenário carioca era também limitado pelo fato de o Rio de Janeiro ser ainda muito apegado ao samba e outros ritmos tradicionais, dando poucas oportunidades para artistas do estilo de Roberto Carlos. "A situação não estava boa para cantor de rock no Rio. E eu ouvia dizer que em São Paulo ganhava-se mais dinheiro. O problema é que eu não podia deixar o emprego, porque, afinal, eu ajudava nas despesas de casa", lembrou Roberto, referindo-se ao trabalho de escriturário no Ministério da Fazenda. Essa era uma constante preocupação para o cantor, que precisava percorrer emissoras de rádio, fazer shows fora do Rio e, ao mesmo tempo, cumprir horário na repartição pública. Aquela ocupação limitava tremendamente sua movimentação. Além disso, ele considerava o ofício meramente burocrático, alienante, sem qualquer relação com suas aptidões artísticas. "Estou indo lá para o curral", dizia, sempre que precisava interromper alguma atividade musical para se dirigir ao emprego.

Ali, debruçado sobre papéis entre as altas paredes do Ministério da Fazenda, Roberto Carlos vivia no ar, pensando em canções, garotas e carrões. O ritmo das máquinas de escrever despertava nele a vontade de compor, e versos brotavam em sua mente. "De tarde, quando o chefe não espiava, eu tentava compor letras para músicas", afirma o cantor. E foi numa tarde quente de sexta-feira, em pleno expediente, em meados de 1963, que lhe veio a inspiração para criar uma nova música — "Parei na contramão", sua primeira composição sobre o tema da velocidade: "Vinha voando no meu carro quando vi pela frente / Na beira da calçada um broto displicente / Joguei o pisca-pisca para a esquerda e entrei." Naquela repartição, contudo, não dava mesmo para desenvolver a canção completamente, pois era sempre interrompido com o pedido de algum serviço. Foi quando se lembrou de Erasmo Carlos, àquela altura seu amigo havia cinco anos. "Poxa, Erasmo fez aquela versão de 'Splish splash' e podia desenvolver esta música comigo", pensou.

Logo que se conheceram, em abril de 1958, Roberto e Erasmo descobriram muitas afinidades. Embora um tivesse nascido no interior do Espírito Santo e o outro na zona norte carioca, ambos estavam envolvidos por aquele universo adolescente criado pela música e o cinema americano. Os dois eram fãs de Elvis Presley, James Dean, Marlon Brando, Marilyn Monroe… Gostavam também das mesmas revistas em quadrinhos, dos mesmos modelos de automóveis e, além disso, torciam para o mesmo time de futebol, o Vasco da Gama. A carreira musical e o sonho de serem artistas famosos só os aproximaram ainda mais. Faltava, porém, fazer uma canção juntos. Pois, naquele fim de semana, Roberto mostrou para Erasmo o esboço do tema que começara a compor na repartição pública. A história do rapaz que se estrepa com o guarda de trânsito por causa de um broto displicente animou Erasmo, e imediatamente os dois começaram a trabalhar com lápis, papel e violão na mão — uma cena que a partir daí se repetiria milhões de vezes ao longo dos anos. Valendo-se de três acordes básicos do rock'n'roll, em pouco tempo concluíram "Parei na contramão", a primeira composição da dupla Roberto e Erasmo, marco do início da histórica parceria.

A celebração do automóvel como símbolo de status começou na era do rock, nos Estados Unidos, em filmes como *Juventude transviada*, com James Dean, e músicas como "Maybellene", do pioneiro Chuck Berry. Roberto e Erasmo beberam dessa fonte ao compor "Parei na contramão". Até então, entre os meios de transporte, era mais comum em nossa música a citação a trens e bondes, talvez por tratar-se de veículos coletivos — como se vê, por exemplo, nos clássicos "O bonde de São Januário" (Wilson Batista e Ataulfo Alves), "Trem de ferro" (Lauro Maia) e "Trem das onze" (Adoniran Barbosa). Uma das exceções é o samba-canção "Três apitos", composto por Noel

Rosa em 1934. "Você que atende ao apito de uma chaminé de barro / Por que não atende ao grito tão aflito / Da buzina do meu carro?" O automóvel foi praticamente ignorado na bossa nova. A presença dele é apenas esboçada na letra de "Lobo bobo", de Carlos Lyra e Ronaldo Bôscoli, no trecho em que "um chapeuzinho de maiô / Ouviu buzina e não parou". Citação semelhante aparece em "Pernas", de Sérgio Ricardo: "Eis que uma buzina conversível / Chama para o conforto as pernas lindas." Já em "Parei na contramão" o carro é retratado na sua plenitude, como protagonista: não apenas com citação à buzina, mas também ao pisca-pisca, o freio, a velocidade, a carteira, o farol, o apito e o guarda de trânsito que "de longe me acenava / E pela cara dele eu vi que não gostava / Falei que foi cupido quem me atrapalhou / Mas minha carteira pro xadrez levou". O curioso é que na época nem Roberto nem Erasmo possuíam automóvel, e, no caso de Roberto, nem carteira de motorista para ser apreendida pelo guarda.

Na sequência da parceria eles compuseram um tema de bossa nova, "É preciso ser assim" — "Se você está achando isso muito ruim / Sinto até que o nosso amor está chegando ao fim" —, talvez querendo provar para si próprios que eram autores versáteis, que podiam expandir para além do rock'n'roll. E assim, no começo do segundo semestre de 1963, Roberto Carlos já tinha um single de sucesso, "Splish splash", duas composições ainda inéditas com Erasmo, além de outras que recebia de compositores amigos. Era, portanto, o momento de Evandro Ribeiro lhe dar a chance de finalmente gravar um segundo LP na CBS. Aquele fracassado *Louco por você* era coisa do passado. O chefe concordou e, no mês de setembro, Roberto Carlos entrou no estúdio para gravar o novo disco que, dessa vez, para alegria dele, traria finalmente a sua foto estampada na capa, trajando camisa social e gravata — num registro feito com uma máquina Rolleiflex pelo fotógrafo Antônio Lucena, não creditado no disco.

No mês anterior, Roberto Carlos fora a São Paulo e, aproveitando que não era muito conhecido lá, decidiu enfim se batizar, aos 22 anos, na Igreja Nossa Senhora da Saúde, em Vila Mariana. O padrinho já estava escolhido havia muito tempo: o bancário Renato Spínola e

Castro, que o cantor finalmente conseguiu localizar na cidade. Foi uma cerimônia simples e discreta, realizada pelo frei Dionísio Pastor Bueno. Renato Spínola ficou muito feliz em rever Roberto Carlos já adulto, com saúde e tão bem encaminhado na carreira de cantor. Para ele, era realmente uma surpresa, pois quando se mudara para São Paulo, no final dos anos 1940, Roberto ainda não tinha nem estreado na Rádio Cachoeiro. E nem de longe poderia imaginar que aquele menino, que um dia ajudara a tirar de debaixo de um trem, iria se transformar em um ídolo da juventude — e, brevemente, no mais popular artista do Brasil.

Uma das faixas do novo LP de Roberto Carlos é de autoria da compositora Helena dos Santos, então com 40 anos, estreando em disco. Ela nascera em Conselheiro Lafayette, interior de Minas Gerais, filha de mãe lavadeira e de pai lavrador. Ainda adolescente, mudou-se para o Rio, trabalhando de empregada doméstica, inclusive na casa de Dr. Antero de Mello Moraes, avô de Vinicius de Moraes. Helena se casou com o primeiro namorado carioca, o seu Orfeu, que era também compositor e lhe ensinou as primeiras noções musicais. Porém, ela ficou viúva muito jovem e com cinco filhos para criar. "Aí pedi a Deus um trabalho que me desse condições de criar meu filhos. E comecei a fazer uns sambinhas." E foi na condição de mulher, negra, viúva e favelada que Helena dos Santos saiu à procura dos cantores para gravar suas músicas. Sem tocar nenhum instrumento, valendo-se apenas de lápis e papel na mão, compunha sambas, boleros e marchas carnavalescas. "Não aprendi piano porque nunca tive em casa e não aprendi violão porque tinha muita corda, eu me atrapalhava toda", brincava.

Na época da construção de Brasília, ela fez até um hino em homenagem à cidade e enviou para ao presidente JK. Daí a um tempo, recebeu um telegrama dele, que ela guardava como um troféu: "Muito sensibilizado, agradeço a oferta da composição musical de sua autoria e dedicada a Brasília. Cordiais cumprimentos, Juscelino Kubitschek." Entretanto, nenhum cantor se interessou por esta ou qualquer outra composição de Helena dos Santos. E ela procurou quase todos: Nelson Gonçalves, Emilinha Borba, Jamelão, Dolores Duran e Cauby Peixoto. O intérprete de "Conceição", por exemplo, foi abordado por ela numa certa tarde, na Rádio Nacional. "Cauby, você me desculpe, mas eu preciso tanto falar com você", disse-lhe Helena. "Agora não vai dar, meu amor. Já está em cima da hora para eu cantar. Depois do programa você me procura." Helena ficou esperando o programa terminar, mas não conseguiu mais ver o cantor porque ele saiu por outra porta. Cansada de procurar cantores de sambas e de marchinhas, Helena decidiu bater à porta de um ídolo do rock, e o mais famoso ainda era Sérgio Murilo. Pensando nele, fez uma música em que citava seus dois principais sucessos, "Marcianita" e "Broto legal". O resultado foi o twist "Na lua não há": "Eu vou perguntar se na lua há / Um broto legal pra me namorar / Mas não vou gostar se me acontecer / Um broto esquisito me aparecer..."

A vontade dela era entregar esta composição ao próprio Sérgio Murilo, mas, como das outras vezes, também não obteve acesso ao "Broto legal". "Eu estava passando uma fase que só Deus sabe. Faltavam três dentes na minha boca", lembrou Helena, afirmando que morava num apartamento no qual caixotes faziam o papel de cadeiras. E o que teria sido dela se Roberto Carlos não cruzasse seu caminho? Antes, procurou a cantora Rogéria Barros, da Rádio Nacional, a quem mostrou "Na lua não há". "Não canto este gênero e, além disso, estou sem gravadora", respondeu, dando-lhe, porém, uma valiosa dica: "Sei de alguém que vai gostar muito de ouvir isso. Você conhece o Roberto Carlos?"

Helena procurou se informar e foi ao encontro dele no programa de Luís de Carvalho, na Rádio Globo. Ao avistar o cantor, ela se surpreendeu. "Puxa, ele ainda é um menino." Esperou Roberto se desembaraçar das fãs para se aproximar timidamente dele. Ao perceber aquela mulher baixinha e magrinha olhando em sua direção, ele perguntou: "Você quer falar comigo?" "Sim, mas depois, em particular." Helena ficou com vergonha de se apresentar ali no meio dos outros. "Então senta ali e me espera que depois vou lá conversar com você." E, de fato, ao final do programa, o cantor se encaminhou até ela. "Eu queria ter tido uma câmera para filmar porque foi o momento mais lindo da minha vida. Roberto Carlos deixou todos os colegas, os cantores, para vir falar comigo." Isso foi marcante para ela porque era a primeira vez que um cantor ia em sua direção. Até então, os outros lhe viravam as costas. Helena explicou a Roberto que era compositora, que tinha feito uma canção e gostaria que ele gravasse. "É mesmo? E qual é a música?" Ela lhe entregou uma folha de caderno com a letra de "Na lua não há". "Por que na lua?", indagou o cantor. "Não sei, não fica bem?" "Fica ótimo. Este tema é muito interessante. Canta a melodia aí que eu quero ouvir." Helena cantou tão baixinho que Roberto teve que encostar o ouvido bem perto para escutar. Ao final, pediu para ela cantar outra vez, enquanto estalava os dedos acompanhando. Na terceira vez, ele cantou junto, fazendo a marcação rítmica na perna. No fim, levantou-se entusiasmado. "Isto é um twist, dona Helena. E vou gravar com uma nave espacial levantando. Você vai ver."

Helena dos Santos voltou feliz para casa, mas os meses foram passando sem nenhuma notícia de Roberto Carlos. Nisso, ela acabou ficando grávida novamente, sem poder sair para percorrer as rádios. Até que um dia uma vizinha, espantada, anunciou: "Olha, estão procurando você pelo jornal e pelo rádio." Era a CBS, que acionara a imprensa para localizar a compositora, pois Roberto não pegara os contatos dela. Helena, então, finalmente foi até a gravadora para registrar "Na lua não há" e autorizar a gravação – que foi realizada com o uso do efeito sonoro de uma nave espacial na introdução e no final da música, conforme indicara o cantor. Aliás, recursos de onomatopeias e de diferentes colagens de sons estão presentes neste disco dele, e continuarão nos próximos, realçando a narrativa e mexendo com a imaginação do público, especialmente das crianças.

Na época, o compositor (e então bancário) Luiz Ayrão voltara a procurar Roberto Carlos para também lhe mostrar os rocks e baladas que vinha compondo. O cantor ouviu e escolheu "Só por amor", um rock-calipso com letra de samba-canção: "Só por amor eu vivo assim / Só por alguém que não gosta de mim..." Após registrá-la na editora da CBS, finalmente Luiz Ayrão também ouviria sua música num disco de alguém. Mas, segundo ele, dias antes de gravá-la, Roberto Carlos lhe telefonou. Disse que tinha um compositor amigo que ficara fora de seu LP e sondou se Ayrão aceitaria colocá-lo como parceiro em "Só por amor".

O amigo era o cachoeirense Edson Ribeiro, a quem Roberto estava devendo uma música após assinar sozinho o rock "Susie", que fizeram juntos. Que situação para Luiz Ayrão: dizer sim e garantir a gravação ou recusar a proposta e talvez ficar fora do disco? Mas não houve uma imposição de Roberto Carlos, apenas um pedido que Ayrão recusou de pronto. "Na hora, fiquei até chateado, era a primeira música minha que ia ser gravada e já queriam empurrar um parceiro nela", contou.

Adilson Silva era um garoto de 19 anos que trabalhava na discoteca da Rádio Nacional. Cláudio Moreno também trabalhava lá, mas como ascensorista. Nos intervalos, fizeram uma primeira música juntos: "Quero me casar contigo", de letra e melodia bem simples: "Quero me casar contigo / Não me abandones / Tenha compaixão..." A música nasceu de uma paixão de Moreno por uma garota da Baixada Fluminense. "Mas ela não estava muito na minha, e eu, sentindo que iria perdê-la, curtia uma tremenda dor de cotovelo. Uma noite, indo no ônibus para Nova Iguaçu, rabisquei num papel e a letra nasceu. Era um esboço, mas com amor... Não adiantou nada. Marly foi embora." Mas a música ficou e os autores mostraram para Carlos Alberto Barbosa, operador de som da Rádio Nacional, que fazia bicos nas gravadoras CBS e RCA. Este tinha contato direto no estúdio com Cauby Peixoto e prometeu que entregaria a canção para ele ou outro grande cartaz do rádio. "É por isso que Carlos Alberto entrou na parceria. Ele até já morreu, e que me perdoe onde estiver, mas era tão esperto que até botou o nome dele na frente do nosso", afirmou Adilson Silva. Entretanto, Cauby não se interessou por "Quero me casar contigo". Francisco Carlos, o El Broto, também não. Nem Agnaldo Rayol, para quem Carlos Alberto igualmente mostrara a canção. Sem melhor alternativa, ele levou a música para Roberto Carlos na CBS, que gostou e decidiu gravá-la. Mas os autores reclamaram do "parceiro", afinal, o trato era colocá-la no disco de alguém como Cauby Peixoto, não no de um cantor de pouca projeção nacional.

E assim Roberto Carlos foi montando o repertório de seu LP: com músicas que outros artistas não quiseram, e também abrigando compositores que não entravam em discos de ninguém. A seu pedido,

Rossini Pinto fez uma espécie de continuação do rock-calipso "Malena", primeiro sucesso dele, lançado no ano anterior. O resultado foi outro rock-calipso, "Relembrando Malena", última faixa do LP. Era uma forma de Roberto Carlos reforçar a memória do público, chamando a atenção para gravações anteriores dele, cultivando assim seu até então pequeno repertório — algo que continuará a fazer em próximas gravações. O curioso é que na primeira música ele sofre de saudade de Malena, mas sem explicar por que ela o deixara sozinho; na segunda, ele assume a culpa: "Se mal te fiz foi sem querer / Pois eu te amo com fervor / Malena, querida, perdoa a minha loucura / Esquece o passado e volta pra mim."

O cantor gravou ainda "Nunca mais te deixarei", de Jovenil Santos e Paulo Roberto, e apenas mais uma versão, além de "Splish splash": o rock "Professor de amor (I gotta know)", com letra de Marcos Moran para um original de Cliff Richard em 1959, regravado no ano seguinte por Elvis Presley. Novamente Roberto Carlos incluiu músicas assinadas por radialistas — algo que Evandro Ribeiro sempre recomendava ao elenco jovem da CBS. Para esse segundo LP, foram duas canções: "Oração de um triste", composição de José Messias, da Rádio Guanabara, e "Onde anda meu amor", de Erly Muniz (que assina pelo locutor Roberto Muniz, da Rádio Globo), em parceria com o verdadeiro autor, Hélio Justo. Registre-se que, ao contrário de Muniz, o disc jockey José Messias, mineiro da pequena cidade de Bom Jardim de Minas, era de fato compositor, e uma de suas canções, "Madrugada e amor", seria até regravada por Caetano Veloso no álbum *Qualquer coisa*.

A letra de "Oração de um triste" começa com versos que no futuro Roberto Carlos jamais repetirá: "Que Deus me perdoe / Se às vezes duvido de sua existência / Oh, Senhor, eu lhe peço perdão / Pois há horas na vida da gente / Que a dor da revolta supera a razão..." Nas palavras do próprio autor, "Oração de um triste" é uma "canção de protesto contra Deus". E, segundo Messias, música e letra nasceram juntas num dia de grande tristeza. "Eu sou no fundo uma pessoa triste, e essa música é o retrato do meu sentimento. Tem muito a ver com as dificuldades da minha infância, o meu passado. Eu vivia num ambiente muito pobre, num local onde não tinha médico, não tinha escola, não tinha jornal, não tinha rádio; tinha igreja, mas não tinha padre. Meus pais eram analfabetos. Era pobreza de toda forma; só fui ter uma namoradinha aos 20 e poucos anos. Enfim, tudo pra mim aconteceu muito tarde. Essa música reflete o meu sentimento e a minha revolta", afirmou o radialista em depoimento ao autor. "Oração de um triste" foi gravada inicialmente pelo cantor Wilson Miranda, naquele mesmo ano de 1963. Quando Roberto Carlos entrou no estúdio para gravar seu LP, não tinha nenhuma música inédita de José Messias, que distribuíra suas composições para os artistas de maior cartaz. O cantor então escolheu regravar "Oração de um triste", que ouvira numa tarde em São Paulo. "No fundo, Roberto Carlos já tinha uma necessidade de conversar com Deus, mas ele não sabia como", afirmou Messias.

Lançado em novembro de 1963, o novo LP trouxe na capa, além da foto do cantor, os títulos das doze músicas, destacando "Splish splash", grafada no topo com letras maiores. O título oficial do álbum, porém, é apenas *Roberto Carlos*, como está registrado no rótulo e na contracapa. Dessa vez, não veio nenhum texto de apresentação do LP — algo que era comum, espécie de "orelha" dos discos. Em vez disso, a CBS passara a usar o espaço das contracapas para divulgar seu catálogo à venda nas lojas, uma lista de quase duzentos discos de artistas nacionais e internacionais, que, nesse LP de Roberto Carlos, trazia, por exemplo, os títulos de *Abdias no forró*, *Silvio Caldas em pessoa* e *Canta Roberto Yanes*.

O álbum de "Splish Splash" representa uma transição da primeira para a segunda fase do artista. Algumas faixas dele, como a balada "Só por amor" e a bossa nova "É preciso ser assim", poderiam muito bem estar no álbum *Louco por você*; outras, como os rocks "Na lua não há" e "Professor de amor", se encaixariam no álbum seguinte, *É proibido fumar*. Portanto, esse LP de Roberto Carlos se situa exatamente na fase intermediária entre o que foi em seu primeiro álbum e o que se tornaria a partir do terceiro. Por conta disso, é muito irregular. Ainda não fora daquela vez que o cantor gravaria um disco totalmente da forma desejada.

O acompanhamento da maior parte das faixas (rock-calipsos e baladas) ficou a cargo dos "velhinhos" da CBS sob a direção de Astor Silva. Já nas gravações de "Parei na contramão" e de três outros rocks do disco, trouxe a banda The Youngsters (então The Angels), que agitava o cenário carioca como uma das pioneiras do rock instrumental sob a influência do The Shadows — banda inglesa que, especialmente com sua gravação de "Apache", em 1960, influenciaria Ennio Morricone na criação do som do spaghetti western. The Youngsters era um quinteto formado pelos irmãos Carlos Becker (guitarra base) e Sergio Becker (sax tenor), mais Carlos Roberto Barreto, o GB (guitarra solo), Jonas Caetano (contrabaixo) e Romir Andrade (bateria) — formação que aparece nas fotografias de contracapa do álbum *Jovem Guarda*, de Roberto Carlos. Quando a onda do twist ganhou força no Brasil, em 1962, foram convidados a fazer domingueiras na boate Show Bar em Ipanema, porque era uma das poucas bandas que tinha um saxofonista. Com o sucesso dessas domingueiras de twist, adotaram o nome The Angels, ganhando logo um programa na TV Continental. Depois, passaram a se apresentar no programa *Hoje é dia de rock*, na TV Rio, sob o comando de Jair de Taumaturgo — principal propagador do twist no Brasil. Além de tocar seus próprios números, a banda acompanhava os cantores e cantoras que se apresentavam lá, um deles, Roberto Carlos. Em 1963, o cantor os convidou para fazer aquela sonoridade de twist em novo LP na CBS. Mas, nessa escolha, há também um aspecto social: The Youngsters era uma banda de rapazes de classe média da zona sul carioca; os irmãos Carlos e Sergio Becker, por exemplo, moravam em Copacabana, filhos de Adolfo Becker, ex-presidente do IBC, no governo JK; o baterista Romir era garoto de Ipanema e fazia faculdade de Arquitetura — ao contrário dos integrantes de Renato e Seus Blue Caps ou The Fevers, formados no subúrbio e de baixa escolaridade. Ao trazer aquela banda para seus discos, Roberto, de certa forma, acenava para o público da zona sul que queria conquistar, porque o da zona norte já estava com ele havia algum tempo.

Naquele momento pré-Beatles (que ainda estavam restritos à Inglaterra), a onda do twist continuava com força por aqui, e seria com essa sonoridade que o cantor arrancaria para o sucesso nacional, emplacando o seu primeiro hit em São Paulo. Isso também se deu quando Evandro Ribeiro decidiu investir mais na divulgação dos artistas da CBS. Ele contratara divulgadores em todos os estados do Brasil, dividindo entre os escritórios de São Paulo e do Rio de Janeiro o controle dessa numerosa equipe. Foi quando entrou em cena outro importante personagem da história do cantor: a divulgadora Edy Silva, catarinense que inicialmente trabalhava como locutora de rádio. Em 1960, ela se transferiu para uma emissora de São Paulo, e lá travou contato com os principais divulgadores de discos do estado. Um deles, Genival Melo, chefe do departamento de divulgação da Copacabana, gostou do jeito alegre, descontraído e comunicativo de Edy e a convidou para trabalhar na gravadora. Genival garantia que ela ia ganhar muito mais na área de divulgação do que como locutora. Edy topou, e aprendeu rápido o novo ofício, tornando-se uma fabricante de sucessos. Artistas como Agnaldo Rayol, Carlos José e Miltinho rapidamente galgaram as paradas de execução e vendagem com a ajuda dela — na época talvez a única mulher a trabalhar na divulgação de discos no Brasil.

A fama de Edy Silva acabou chegando às gravadoras do Rio e aos ouvidos do todo-poderoso gerente-geral da CBS, Evandro Ribeiro. Em novembro de 1963, aos 34 anos, ela então recebeu uma proposta irrecusável do próprio Evandro: ser diretora de relações públicas da CBS para o Sul do Brasil. Sediada em São Paulo, Edy iria comandar uma equipe de divulgadores com atuação em Santa Catarina, Paraná, Rio Grande do Sul e Minas Gerais, que na lógica da CBS era incorporado à região Sul. Da sede na CBS, no Rio, Othon Russo continuaria comandando as equipes das demais regiões do país. Depois da reunião em que foi acertada sua contratação, na sede paulista da CBS, Evandro Ribeiro conduziu Edy à sala onde ela iria trabalhar — e ali ela viu pela primeira vez uma foto de divulgação do cantor Roberto Carlos. "Quem é este garoto?", perguntou ela. "É um novo lançamento da companhia. A senhora irá recebê-lo para um trabalho em São Paulo daqui a alguns dias", informou Evandro. "Chegou a sua vez, garoto", brincou Edy, jogando um beijo para a foto do cantor.

Ao iniciar o trabalho de divulgação das músicas dele, Edy Silva pediu um novo single com duas outras faixas do LP recém-lançado. Evandro Ribeiro foi contra, alegando que ainda não era hora de lançar material novo na praça. Queria concentração total no álbum. Mas Edy contra-argumentou, afirmando que, com um novo single na mão, podia fazer uma divulgação mais agressiva, e o sucesso seria mais garantido, inclusive puxando o LP. Raramente Evandro Ribeiro cedia a argumentos dos subalternos, mas Edy o convenceu, e ele mandou providenciar um novo 78 rpm de Roberto Carlos com as faixas "Parei na contramão", no lado A, e "Na lua não há", de Helena dos Santos, no B. Para Edy Silva, tratava-se de um grande desafio pessoal, pois já chegava confrontando o chefe Evandro. E Edy fez mais um pedido: que a CBS trouxesse o cantor para percorrer a seu lado as emissoras de rádio e televisão paulista. Roberto Carlos pediu então uma licença do trabalho no Rio e partiu cheio de esperança para São Paulo. "Eu sabia que tinha um longo caminho a ser arduamente percorrido, mas começava a olhar as coisas com mais otimismo", comentou o cantor.

Ele desceu no aeroporto de Congonhas com algumas indicações sobre quem o iria recepcionar: Edy Silva, uma senhora gorda, branca, de pouco mais de 30 anos de idade. Edy já conhecia Roberto pela fotografia e não teve dúvida quando viu aquele garoto com o violão na mão. Ela se aproximou e se apresentou. Roberto a olhou de cima a baixo e comentou: "Pô, até que enfim a CBS criou vergonha e arrumou uma mulher para trabalhar na divulgação. E que mulher, hein?" "Olha, garoto, você me respeita porque eu sou sua chefe, tá?" E os dois se encaminharam rindo para o táxi, um Chevrolet preto que se usava em São Paulo. Entre Roberto e Edy houve uma simpatia mútua e instantânea.

Foi com muita gana que Edy Silva entrou nas emissoras de rádio de São Paulo com o disco do jovem cantor do Rio de Janeiro. E portas que anteriormente estavam fechadas para ele começaram a se abrir. Porque Edy Silva nem batia, ela entrava nas rádios e se sentava ao lado dos disc jockeys. Quando não era possível colocar o próprio Roberto falando no ar, ela conseguia que pelo menos tocassem sua música, principalmente "Parei na contramão". Com o mesmo empenho, percorria os corredores das emissoras de televisão, a Tupi, a Record, a Excelsior. Nesta última, ela mirava o programa do apresentador Antônio Aguillar, líder de audiência entre a juventude. "Aguillar, escala o Roberto que eu vou colocar uma roupinha bonita nele. Ele vem todo bem-vestido, põe ele aí para nós." O argumento era importante, porque muitos cantores não se preocupavam com o visual, pensando estar ainda na Era do Rádio. Na TV Record havia o programa *Astros do disco*, apresentado por Randal Juliano nas noites de sábado: um musical com grande orquestra no qual os convidados só podiam se apresentar trajando smoking. Antes de surgir *O fino da bossa*, com Elis Regina, era o musical de maior audiência e prestígio da televisão paulista. Por isso, semanalmente, Edy Silva ia também à Record tentar escalar Roberto Carlos. "A gente não queria colocar o Roberto, mas Edy era uma chata de galocha, tanto insistiu que acabou conseguindo", afirmou Paulinho Machado de Carvalho. O cantor se apresentou ali vestindo um smoking alugado e acompanhado pela banda de rock The Jordans.

Resultado de tudo isso: no começo de 1964, "Parei na contramão" se tornou um grande sucesso de Roberto Carlos em São Paulo. Num livro autobiográfico, a escritora paulista Ivana Arruda Leite conta que estava perto de fazer 13 anos quando ouviu pela primeira vez esse rock num radinho de pilha. "O nome do cantor era Roberto Carlos, eu nunca tinha ouvido falar dele." De fato, para quem morava em São Paulo, foi só a partir daí que o jovem cantor capixaba radicado há muitos anos no Rio de Janeiro passou a ser conhecido. "Como eu havia pedido uma vitrolinha portátil de presente de aniversário, achei que não seria muito pedir o LP de Roberto Carlos de lambuja. Ganhei os dois. Decorei o disco inteiro na primeira semana e me apaixonei perdidamente pelo rapaz de cabelo bem curtinho e ar de moço tímido estampado na capa", lembra Ivana, que foi certamente uma das primeiras fãs de Roberto no outrora inexpugnável, para ele, território paulista.

De São Paulo, o sucesso de "Parei na contramão" se espalhou para o Paraná, Santa Catarina e Rio Grande do Sul. Da sede da CBS no Rio, Othon Russo divulgou o disco para Minas Gerais e outras regiões do país. Em fevereiro, Carlos Imperial comentava em sua coluna na *Revista do Rádio* que, com aquela história "do guarda malvado que levou a carteira dele", seu ex-pupilo Roberto Carlos estava "faturando uma nota violentíssima. Estivemos em Belo Horizonte, onde RC é o sucesso único e espetacular que existe. Em Salvador ele também acontece com a história do apito e do brotinho lindo". Aquela gravação tornou-se, assim, a primeira de Roberto Carlos a atingir as paradas de norte a sul do país. "Esta é uma música simples, não tem nada de especial, mas para mim representa muita coisa, justamente porque foi o meu primeiro sucesso nacional. "Parei na contramão" é a minha moedinha número um", afirmaria ele.

Isso vai sacramentar a sua parceria com Erasmo, pois, supersticioso desde sempre, o cantor entenderá como um sinal a presença do amigo na música que lhe abriu as portas de São Paulo e, por extensão, de todo o Brasil. Vista como pé-quente, a banda The Youngsters também continuará sendo requisitada por ele, com quem gravará todas as faixas do próximo LP, *É proibido fumar*, e grande parte dos seus dois álbuns posteriores. E só não continuará gravando mais porque a chegada dos Beatles soterrou a sonoridade do twist e essa formação original dos Youngsters não terá longa duração. Por fim, até Helena dos Santos, que teve sua música colocada do outro lado do single com a "moedinha número um" do cantor, passou a ser vista por ele como um anjo da sorte. E, dali até o início da década seguinte, Roberto Carlos sempre reservará uma faixa de seus discos para uma canção dela, mesmo que a compositora não tivesse feito nada de relevante. No auge da Jovem Guarda, ao descobrir a história de Helena dos Santos, a imprensa dirá que "o ídolo da juventude fez de uma compositora humilde a sua mãe preta, tirando-a da miséria e do anonimato" e que ela seria uma espécie de "Cinderela do iê-iê-iê brasileiro". Helena, por sua vez, afirmava que Roberto "é mais do que um protetor para mim. Ele foi destacado por Deus para me ajudar". Era o que o cantor também pensava dela.

Ressalte-se, contudo, que o sucesso de "Parei na contramão" alcançou apenas o ouvinte adolescente interessado em rock — como ilustra o depoimento de Ivana Arruda. O público mais adulto ou que tinha outras preferências musicais não tomou conhecimento dessa música ou de seus autores. Àquela altura, na CBS, por exemplo, o maior vendedor de discos era o cantor de boleros Carlos Alberto, intérprete de "Sabe Deus" e "De joelhos". De qualquer modo, esse primeiro êxito nacional de Roberto Carlos era o que o artista queria e precisava naquele momento. Especialmente por ele ter conseguido isso com uma composição própria em parceria com Erasmo, não com uma versão de música estrangeira. Até então, os maiores sucessos de rock no Brasil eram versões, tais como "Estúpido cupido" e "Banho de lua" (gravados por Celly Campello), "Broto legal" e "Marcianita" (por Sérgio Murilo) ou "Diana" (por Carlos Gonzaga). Nenhum dos pioneiros autores de rock nacional que já vinham compondo antes de Roberto — notadamente Carlos Imperial e o paulista Baby Santiago — conseguira emplacar uma composição própria que alcançasse no Brasil o mesmo êxito daqueles hits internacionais. Isso foi mérito de Roberto e Erasmo, o que faz de "Parei na contramão" um marco na história do rock brasileiro.

A partir daí se projetaram diversas outras músicas de louvação ao automóvel, como, por exemplo, "Rua Augusta", hit do paulistano Ronnie Cord, lançado meses depois de "Parei na contramão". "Entrei na rua Augusta a 120 por hora / Botei a turma toda do passeio pra fora / Fiz curva em duas rodas sem usar a buzina / Parei a quatro dedos da vitrine... legal!" O curioso é que o autor de "Rua Augusta" não era nenhum novo roqueiro, e sim o pai do próprio Ronnie Cord: o maestro, arranjador e compositor Hervé Cordovil, já um veterano da música popular brasileira. Atuando desde os anos 1930, ele fora parceiro de Noel Rosa, Lamartine Babo e Luiz Gonzaga, e havia composto sozinho temas como o samba-canção "Uma loura" e o baião "Cabeça inchada". O grande sucesso de "Rua Augusta" serviu para confirmar que o caminho dos jovens artistas brasileiros era compor suas próprias músicas, e não simplesmente fazer versões ou adaptações de hits internacionais. Afinal, se até Hervé Cordovil, um veterano compositor de samba, fora capaz de fazer um rock de tamanha repercussão (e tão bom quanto "Johnny B. Goode" ou qualquer outro daqueles rocks americanos de três acordes básicos), por que eles, jovens e com o ritmo na veia, não poderiam? E assim nomes como Renato e Paulo César Barros (do Renato e Seus Blue Caps), Renato Corrêa (dos Golden Boys), Getúlio Côrtes, Sérgio Reis, Dori Edson e Marcos Roberto começaram também a criar suas próprias canções. À frente de todos seguia a dupla Roberto e Erasmo Carlos.

"Parei na contramão" só não chegou ao primeiríssimo lugar das paradas por ter encontrado uma imbatível concorrente na canção "Dominique", um hit mundial da cantora belga Soeur Sourire, gravada no Brasil pela paulista Giane. A versão feita por Paulo Queirós transformou a história do padre espanhol São Domingos, fundador da Ordem Dominicana, numa menina que sonha com o primeiro amor: "Dominique, nique, nique / Sempre alegre esperando alguém que possa amar / O seu príncipe encantado / Seu eterno namorado / Que não cansa de esperar..." No fim do ano anterior, a versão original desta música ficou por quatros semanas em primeiro lugar na parada americana, sendo indicada ao Grammy de Gravação do Ano. Roberto Carlos monitorava a programação radiofônica de São Paulo na expectativa de sua música ultrapassar "Dominique", o que não aconteceu. Mas o sucesso de "Parei na contramão" acabou fazendo os disc jockeys tirarem "Splish splash" das prateleiras, e esta acabou alcançando o quarto lugar das paradas em São Paulo, quase um ano depois do seu lançamento — algo relativamente comum na música pop. Naquele momento, por exemplo, os Beatles chegavam pela primeira vez ao topo da *hit parade* dos Estados Unidos com o single de "I want to hold you hand", e os disc jockeys americanos também subiram músicas como "She loves you" e "Love me do", lançadas lá anteriormente sem sucesso.

O fato é que, com a repercussão de "Parei na contramão", Roberto Carlos deu um importante salto na carreira, sendo convidado para mais shows e programas de televisão, passando a ganhar bem mais dinheiro. "Fiquei muito preocupado em saber o que fazer com aquilo. Era um negócio maravilhoso, ter conta em banco. Não sabia se comprava um carro, um apartamento. Fiquei naquela do compro, não compro, junto, gasto", lembrou ele, que, no início de 1964, pôde finalmente adquirir o seu tão sonhado primeiro automóvel. Ainda não um "carrão" daquele das festas de arromba, mas um Volks modelo 1960, cor bege, estofamento vermelho de chenile, equipado com calotas cromadas, antena estilo radiopatrulha, espelhinhos e outras bossas que o artista acrescentou. Com esse carro, percorreria circos e clubes dos subúrbios do Rio, e viajaria para apresentações em outras cidades. Ao anunciar a novidade aos fãs, o cantor comentou sobre aquele Volks: "O carro pode não agradar a vista de todos, mas tem um motor ótimo. Se me virem na rua, façam sinal, pois para dar carona a brotos eu não titubeio: já parei até na contramão."

É PROIBIDO FUMAR

PROIBIDO FUMAR • UM LEÃO ESTÁ SOLTO NAS RUAS • ROSINHA • BROTO DO JACARÉ • JURA-ME
EU GRANDE BEM • O CALHAMBEQUE (Road Hog) • MINHA HISTÓRIA DE AMOR • NASCI PARA CHORAR
(orn to cry) • AMAPOLA • LOUCO NÃO ESTOU MAIS • DESAMARRE O MEU CORAÇÃO (Unchain my heart)

13.

É PROIBIDO FUMAR

> *"É proibido fumar*
> *Diz o aviso que eu li*
> *É proibido fumar*
> *Pois o fogo pode pegar"*
> Do álbum *É proibido fumar*, 1964

"Ô, Paulinho, desce aí, vamos pra São Paulo, cara", gritava Roberto Carlos para o baixista Paulo César Barros, que, em 1964, ainda morava com os pais num prédio de três andares na Piedade, subúrbio do Rio. Por várias vezes essa cena se repetiu: Roberto parava na porta do prédio do músico e buzinava o seu fusquinha. Quando o outro aparecia à janela, ouvia o chamado de Roberto para acompanhá-lo nos programas de rádio e televisão paulistanos. Na época, ainda menor de idade, Paulo César dependia da autorização dos pais, e só a muito custo e depois de várias recomendações eles deixavam o garoto viajar com o cantor para São Paulo. "A gente fazia a viagem em quatro horas. Roberto metia o pé naquele fusquinha", lembra o músico, confirmando que o amigo gostava mesmo de velocidade.

Certa vez o cantor fez esta viagem com Jerry Adriani, seu companheiro também da CBS, a quem chamava carinhosamente de Adrião. Mas no meio da via Dutra, de repente, começaram a ser perseguidos por um caminhão. Parte da estrada estava fechada para obras, e o caminhoneiro seguia atrás buzinando, forçando a passagem. Segundo Jerry, aquilo antecipava uma cena de *Sem destino* ou do filme *Encur-*

ralado, de Steven Spielberg. "Era um caminhão enorme com uns caras de 42 metros, fortes, que começaram a nos agredir: 'Ô seus cabeludos, seus veados, saiam da frente.'" Num trecho mais adiante, o caminhão encostou no Volks do artista, amassando o para-lama. "Roberto ficou transtornado", lembrou Jerry. "Ô Agrião, vamos lá arrebentar a cara deles, bicho. Bateram no meu carro, porra!" "Deixa pra lá, Roberto", dizia Jerry Adriani, tentando acalmá-lo. "Foi um custo para segurar Roberto. Ele queria sair para brigar com os caras na estrada."

Para a maioria dessas viagens a São Paulo, o cantor não recebia passagem nem hospedagem da CBS, pois Evandro Ribeiro argumentava que, por enquanto, não tinha verba para divulgação extra. Roberto Carlos ia então a bordo de seu fusca e, sem dinheiro para hotel, se hospedava no pequeno apartamento de Edy Silva, no oitavo andar de um prédio na esquina da avenida São João com Duque de Caxias, no centro da cidade. Um guarda-roupa servia de divisória, fazendo o quarto dela virar dois. E, no outro dia, a própria Edy preparava o café e o almoço para o cantor. "De vez em quando eu fazia feijãozinho passadinho na peneira, o preferido do Roberto. Passava no açougue e comprava um bifinho pra nós dois." Ali ele não tinha do que se queixar, porque até mesmo a roupa dele em São Paulo era lavada por Edy Silva. Mas o artista já cultivava algumas manias, e uma delas era não deixar ninguém passar suas calças ou camisas. "Roberto levava um ferrinho e ele mesmo gostava de passar a roupa dele", lembrou Edy, que também se desdobrava nos primeiros shows dele pelas periferias de São Paulo. "Eu era segurança, vendedora de bilhete, fiscal, era tudo."

Incrível que, com toda essa movimentação na carreira, o artista ainda continuasse batendo ponto na repartição pública no Rio. Mas ele achava tudo tão recente e incerto que preferia conservar aquele salário mensal — embora com o constrangimento de estar sempre se desculpando por atrasos e ausência com o chefe. Se pelo menos conseguisse prestar serviço numa área menos burocrática, talvez fosse trabalhar mais animado. Pois o cantor tanto insistiu que, em janeiro daquele ano, foi transferido para o recém-criado serviço de Relações Públicas da Rádio MEC, cujo departamento era chefiado pela artista plástica

Noemi Flores. Ali Roberto se sentiu bem à vontade, afinal, estava em um ambiente mais compatível com suas aptidões artísticas — e onde, eventualmente, também atuava na função de programador musical, colocando no ar temas de Debussy, Mozart e Beethoven, pois a emissora só tocava música de concerto. Mas o cantor continuava faltando ao trabalho por causa de shows e viagens cada vez mais frequentes. Para fazer média, na volta de um show na Bahia, trouxe um berimbau de presente para a sua chefe. E, sempre que possível, batia o ponto e dava uma escapulida até São Paulo.

No fim do ano anterior, uma greve de radialistas no Rio havia mobilizado toda a categoria, e justo quando ocorrera o assassinato do presidente John Kennedy, numa sexta-feira, 22 de novembro, as emissoras cariocas estavam sem repórteres e locutores para dar a notícia. Por ter participado das atividades do seu sindicato durante a greve, José Mariano, secretário de Magda Fonseca, na Rádio Carioca, acabou demitido pelo patrão Alceu Fonseca. E de nada adiantou a filha interceder pelo funcionário, pois o pai manteve a sua decisão de não aceitar grevistas na empresa. Magda então comentou com Roberto Carlos que Mariano poderia ajudá-lo, pois era muito bem entrosado no ambiente radiofônico, conhecia as meninas de fã-clubes, e a militância no sindicato o aproximara de diversos outros radialistas. O cantor concordou, principalmente porque estava viajando cada vez mais para São Paulo e precisava de alguém com este perfil para seguir com a divulgação dos seus discos nas emissoras cariocas. E assim Mariano passou a trabalhar informalmente para Roberto Carlos, que o apresentava nos bastidores como o seu secretário. "Que negócio é esse? Um cantorzinho desconhecido e já botando banca com secretário", teria comentado o locutor Luís de Carvalho, da Rádio Globo, ao saber da nova função de José Mariano.

Após obter o primeiro sucesso nacional com "Parei na contramão", Roberto Carlos recebeu sinal verde de Evandro Ribeiro para preparar um novo disco. O artista não perdeu tempo, e, em fevereiro de 1964, Carlos Imperial informava em sua coluna que Roberto já estava escolhendo músicas para o seu terceiro LP. "Os interessados em apresentar composições e ideias devem procurar Erasmo Carlos, que é o 'gerente' da dupla. O telefone do moço é 28-8502." A nota é importante por revelar que a parceria de Roberto e Erasmo, apesar de muito recente, já estava funcionando como uma empresa, inclusive com administrador, Erasmo Carlos, a quem os interessados deviam levar seus currículos — no caso, composições ou ideias para o novo disco de Roberto Carlos. Parece não ter havido muita procura por uma vaga, porque o repertório daquele terceiro LP acabou sendo montado basicamente com os mesmos autores que já tinham participado do anterior: Rossini Pinto, com uma música muito melhor, "Um leão está solto nas ruas"; a talismã Helena dos Santos, com um tema quase infantil, "Meu grande bem"; e Jovenil Santos, com "Jura-me", twist com título de bolero. Do radialista José Messias (sempre recomendado por Evandro Ribeiro), ele gravou "Minha história de amor", originalmente um tema de carnaval, mas que acabou sobrando para o disco de Roberto Carlos. "Minha história de amor / Eu não posso nem contar / Se eu contar você vai rir / E eu sei que vou chorar..." Outro radialista-compositor presente no LP foi Osvaldo Aude, da Rádio 9 de Julho, de São Paulo, autor de "Rosinha" em parceria com Athayde Julio. Foram também selecionadas quatro versões de músicas estrangeiras, o dobro do LP anterior: "O calhambeque" ("Road hog"), "Nasci para chorar" ("Born to cry"), "Desamarre o meu coração" ("Unchain my heart") e "Amapola" (antigo tema do compositor espanhol Joseph Lacalle).

Das doze músicas escolhidas para o álbum, além da faixa de abertura, "É proibido fumar", apenas mais duas traziam a assinatura da dupla Roberto e Erasmo Carlos: "Broto do jacaré", que explorava a onda da surf music, e "Louco não estou mais", outro tema que comenta gravações anteriores do próprio cantor. "Louco não estou mais / Malena eu esqueci / Susie, aquela ingrata, nunca mais eu vi..." Mais adiante novas citações textuais: "Meu beijo já não faz, não faz splish splash / Nunca mais chamei ninguém de baby, meu bem..." No total são citadas nove músicas, todas da sua fase na CBS e que eram a base de seus shows até então: "Malena", "Susie", "Splish splash", "Baby, meu bem"... O curioso é que do primeiro LP, *Louco por você*

— que mais tarde seria banido de sua discografia —, ele evoca três músicas: a própria faixa-título, em "Louco não estou mais", além de "Mr. Sandman" e "Linda". Dos singles que depois também jamais serão lançados em coletâneas oficiais do cantor — são citados "Brotinho sem juízo", "Malena", "Susie" e "Triste e abandonado". Para Roberto Carlos, nesse momento, era importante lembrar dessas músicas para dar volume e consistência ao seu repertório ainda pequeno. Depois é que elas se tornariam dispensáveis.

Após o lançamento do disco *É proibido fumar*, Carlos Imperial, um notório especialista em plágio, procurou o "gerente" da dupla Roberto e Erasmo para falar sobre o tema numa entrevista à *Revista do Rádio*: "É verdade que você plagia composições de músicas americanas?" Sua pergunta certamente fora motivada pela semelhança que identificou entre "É proibido fumar" e o rock "Midnight cryin' time", composição de Bob Crewe e Frank Slayer lançada pelo cantor Scotty McKay quatro anos antes. Bob Crewe é também autor de clássicos como "Can't take my eyes off you", com Frankie Valli, e "Silence is golden", hit dos Tremeloes. Entretanto, o seu rock "Midnight cryin' time" não fez qualquer sucesso na época do lançamento, assim como o intérprete da música, Scotty McKay, jamais alcançaria grande êxito na carreira, nem mesmo nos Estados Unidos. Portanto, o público não teria como identificar a possível origem de "É proibido fumar", mas Carlos Imperial sim, porque era sempre bem-informado sobre os lançamentos internacionais. Daí a sua pergunta direta a Erasmo Carlos.

Ele respondeu que "plagiar, não. O que eu faço é aproveitar alguma ideia interessante que eu ouço em algum disco". Carlos Imperial, na maior cara de pau, porém, insistiu. "Você não tem medo de que suas composições possam ser apontadas como plágio e venham sofrer o consequente processo criminal?" Resposta: "Não tenho o menor receio. Eu não roubo música de ninguém. Respeito os compassos oficiais da 'lei do plágio', e, portanto, não poderão me processar. Aliás, eu até agradeceria se algum 'cobra' americano me processasse. Ficaria famoso internacionalmente."

Por "lei do plágio" Erasmo Carlos provavelmente se referia à suposta tolerância de até sete compassos idênticos para não caracterizar uma apropriação musical indevida. Ocorre que nunca existiu nenhuma lei estabelecendo tal limite. É uma convenção do senso comum, segundo afirmam estudiosos em direitos autorais. Seja como for, no caso de "É proibido fumar" há realmente muita semelhança com "Midnight cryin' time" — basta ouvir uma única vez as duas canções. A rigor, "É proibido fumar" poderia ter entrado como mais uma versão naquele disco de Roberto Carlos, porque a letra, sim, foi criação dele e de Erasmo, uma das melhores da dupla, e bem mais adequada ao ritmo e à melodia da canção gravada por Scotty McKay. A letra original de "Midnight cryin' time" é do estilo daquelas chorosas canções de Frank Sinatra revestidas com as cordas de Nelson Riddle. Ou seja, não combina muito com um trepidante tema de rock'n'roll — e talvez por isso a gravação de McKay não tenha tido sucesso. Já a letra que Roberto e Erasmo fizeram para "É proibido fumar" é totalmente rock'n'roll.

A ideia foi de Roberto Carlos, depois de mais uma vez se deparar com aqueles avisos proibitivos em lugares públicos. Aliás, o primeiro rascunho da letra falava "é proibido pisar na grama", mas ele e Erasmo não conseguiram associar isso a uma história com garotas — que era sempre o assunto central. Daí a opção pelo aviso de "é proibido fumar", criando uma analogia com a repressão ao beijo num espaço com outras pessoas que gritam "que o fogo pode pegar" — numa premonição da "brasa, mora?", que de fato se espalharia ao longo daquela década.

Quando, em junho de 1964, Roberto Carlos entrou no estúdio para gravar esta música, tinham se passado pouco mais de dois meses do golpe civil-militar que mudaria a história do país, interferindo, inclusive, nos rumos da nossa música popular. No dia efetivo do golpe, em 1º de abril, o sinal mais visível para Roberto Carlos de que algo de anormal estava acontecendo foi a mudança da programação da Rádio Mayrink Veiga, a PRA-9, emissora que ele mais frequentou no início da carreira, sobretudo o programa *Hoje é dia de rock*, produzido por Jair de Taumaturgo, nos sábados à tarde. Outro programa, *Peça bis pelo telefone*, também produzido por Taumaturgo, sempre tocou músicas de Roberto Carlos, desde seu primeiro LP, *Louco por você*. Até por hábito, em casa ou em viagens pelo Brasil, o cantor sintonizava em seu dial a Rádio Mayrink Veiga. Mas se fez isso naquela quarta-feira, em vez do programa *Peça bis pelo telefone*, no início da tarde, encontrou apenas discursos políticos, como o do então governador de Pernambuco Miguel Arraes, direto do Palácio do Campo das Princesas, prestes a ser deposto pelo comandante do IV Exército.

Aliada a setores de esquerda, notadamente Leonel Brizola, a rádio abriu seus microfones para a reação contra o golpe. Porém, por volta das 18 horas, forças da Marinha invadiram o prédio da emissora, no centro do Rio, tirando-a imediatamente do ar, enquanto seus diretores pediam asilo na embaixada do Uruguai. Horas antes, tropas do Exército fizeram o mesmo na Rádio Nacional, que igualmente tentara uma "Cadeia da Legalidade". "Eu não entendia direito o que acontecia e o Roberto raramente falava sobre política", afirmou José Mariano. "Nossa preocupação era com a carreira artística dele e ficávamos alienados do resto. Apesar desse distanciamento, alguns estilhaços sempre acabavam nos atingindo, como o fechamento da Rádio Mayrink Veiga e a prisão de gente do rádio, alguns nossos conhecidos." A Mayrink Veiga retornaria ao ar no sábado, sob nova direção, e com a programação alterada. Programas humorísticos e de auditório, como *Hoje é dia de rock*, foram suspensos até segunda ordem. Voltariam semanas depois, entretanto, por pouco tempo, porque, em novembro do ano seguinte, o governo militar decretou o fechamento definitivo da brava Rádio Mayrink Veiga, que representou uma era nas transmissões radiofônicas no país — e também na nossa própria música popular, de Carmen Miranda e Noel Rosa até Roberto Carlos.

Para além da repressão política, havia a repressão moral que se acentuou com a tomada do poder pelos militares de direita. Daí porque, na época, houve o recrudescimento de uma campanha contra o beijo em lugares públicos, com a polícia reprimindo os casais nas ruas, dentro dos clubes e dos cinemas. Em Belo Horizonte, por exemplo, isto já vinha ocorrendo desde o carnaval daquele ano, pela ação do então delegado Zeferino Mota, da Delegacia de Costumes, sob a justificativa de "preservar a moral da família mineira". No Rio, em junho, o juiz Cavalcanti Gusmão, do Juizado de Menores, baixou uma portaria proibindo o beijo entre menores de idade nos cinemas. Pela norma, os infratores seriam advertidos ou postos para fora das salas de projeção e, em caso de reincidência, detidos e entregues às famílias.

O então deputado estadual José de Souza Marques, do PTB da Guanabara, foi mais longe: propôs um projeto para criminalizar o beijo em espaços públicos, junto com a criação de uma Delegacia de Repressão aos Crimes de Atentado ao Pudor, visando enquadrar principalmente os beijadores dos ônibus, dos cinemas, dos bancos dos jardins, das entradas dos edifícios, das esquinas das ruas... Na visão do deputado o Rio de Janeiro estaria em degradação moral, e até recorria à indefectível comparação bíblica, com as cidades de Sodoma e Gomorra. "Requer-se, em consequência, o concurso de todos os homens de bem para combater a imoralidade", dizia. O projeto acabou sendo rejeitado pela Assembleia Legislativa, mas só o fato de ter sido proposto e debatido numa cidade como o Rio dá a dimensão do grau do avanço do conservadorismo moral naquele momento histórico.

Portanto, a mensagem da canção "É proibido fumar" encontrou um terreno fértil para repercutir entre o público jovem, que era o alvo principal da campanha moralizadora contra o beijo. Nesse contexto, um rebelde Roberto Carlos afrontava normas e convenções sociais ao cantar: "Sigo incendiando bem contente e feliz/ Nunca respeitando o aviso que diz: é proibido fumar..." Não por acaso essa canção seria regravada no futuro por ícones do rock nacional como Raul Seixas, Rita Lee e Skank, além do próprio Erasmo Carlos, e com a letra ganhando, inclusive, novos significados, como aquele do "fumar" no sentido de "puxar um baseado".

Na época em que Roberto gravou *É proibido fumar*, a CBS tinha uma excelente equipe técnica, liderada por Sérgio de Lara Campos, o engenheiro de som da gravadora, e Umberto Contardi, chefe dos operadores. Mas a maior parte das músicas do cantor foi gravada com os técnicos mais jovens, principalmente Jairo Pires, Eugênio de Carvalho e, um pouco mais tarde, Manoel de Magalhães Neto. O som da

Jovem Guarda e a qualidade técnica dos discos de Roberto Carlos se deve muito a essa equipe de operadores de som. Eles se identificavam muito com aquilo porque gostavam de rock'n'roll, vibravam e sentiam aquela música como se fosse deles também. Jairo Pires, por exemplo, ingressara na CBS em 1960, com 17 anos, inicialmente como office boy e pouco depois como auxiliar de estúdio, preparando a mesa de som para Umberto Contardi — seu mestre na técnica de gravação. Jairo aprendeu rápido, e logo estava gravando com Roberto Carlos. "Eu me interessava em gravar rock porque aquilo estava no meu sangue, era o que eu curtia, era a minha geração", afirmou ele.

Outro jovem técnico da CBS, Eugênio de Carvalho, se envolvia tanto com as gravações de Roberto Carlos que às vezes se emocionava e chegava a chorar na mesa de som. "Ele era um técnico de grande sensibilidade, musicalidade e bom gosto. A sonoridade de Eugênio era perfeita para metais, para cordas e para base. Eu não conheci nenhum técnico igual a Eugênio, nem nos Estados Unidos", ressaltou o produtor Mauro Motta. Mas, para alcançar aquela sonoridade, Eugênio e Jairo ficavam noite adentro no estúdio fazendo experiências na mesa de gravação, equalizando o som, burilando a altura, o timbre. "Nós virávamos aquela mesa de cabeça pra baixo", contou Eugênio de Carvalho. Era como se esses técnicos fizessem parte de uma banda e, em vez de tocar algum instrumento, tocassem nos botões da técnica de som.

Eles entravam no estúdio com discos importados debaixo do braço para ouvir e tentar reproduzir com o máximo de qualidade. O som da CBS tinha muito eco — uma tentativa de imitar a sonoridade dos discos da RCA americana, que era considerada espetacular. Todos queriam obter aquela sonoridade dos primeiros discos de rock'n'roll, como o eco de "Heartbreak Hotel", com Elvis Presley, ou o de "Be-bop-a-lula", gravação de Gene Vincent. "A gente ouvia atentamente cada som da guitarra, o som do baixo, o som da bateria, e depois íamos lá procurar fazer igual. A gente experimentava bastante para chegar o mais perto possível daquela sonoridade do rock", lembrou Jairo Pires.

A partir de *É proibido fumar*, Roberto Carlos passou a praticamente dirigir suas gravações, escolhendo os músicos, técnicos e instrumentos que queria. O crescente êxito de seus discos de rock, somado à repercussão do fenômeno mundial dos Beatles, que naquele momento alcançava também o Brasil, havia dado à direção da gravadora a certeza de que ninguém melhor do que os próprios garotos para decidir o que fazer no estúdio. Assim, durante as sessões de gravação desse álbum, não houve espaço para os "velhinhos" da CBS nem para aqueles arranjos de cordas do maestro Astor Silva. Que eles fossem atuar em discos de outros cantores da CBS, como Silvio Caldas, Emilinha Borba, Tito Madi — não nos de Roberto Carlos. Nesse seu novo trabalho, o artista quis apenas a companhia dos rapazes da banda The Youngsters — o que fez desse seu terceiro álbum o primeiro inteiramente de rock'n'roll. Mas, como já foi dito, trata-se de um rock'n'roll com sonoridade de twist, mais próximo dos anos 1950, por causa do uso de sax tenor na maioria das músicas — algo que não se ouvia no rock inglês que surgia naquele momento. Curiosamente, na capa do álbum — em que pela primeira vez posou para o fotógrafo paulista Armando Canuto —, Roberto está com um visual moderno, de camisa vermelha e cabelo de franjinha à la Beatles. O topete ficou mesmo na sonoridade do disco, que, entretanto, trouxe uma importante inovação.

"A primeira vez que vi um contrabaixo elétrico foi Roberto Carlos quem me mostrou. Era um baixo vermelho que tinha lá na CBS", relatou o contrabaixista Paulo César Barros. Desde que passara a gravar rock, Roberto estava de olho nesse contrabaixo vermelho que até então nunca tinha sido usado nas gravações da CBS. O instrumento ficava lá guardado num armário, à espera de um dia, quem sabe, poder entrar em ação. Pois Roberto Carlos decidiu testar essa possibilidade exatamente quando preparava o LP *É proibido fumar*. O cantor já tinha conseguido escalar os músicos que queria. Brigaria também para ter os instrumentos mais adequados ao rock. E aquele som de baixo elétrico era o que desejava para o seu novo álbum. O engenheiro de som Sérgio de Lara Campos era contra, porque não se gravava direto; o som do instrumento era captado por um microfone colocado na frente do amplificador — o que invariavelmente podia provocar chiado. "Mas Roberto insistiu muito para ter o baixo elétrico no disco, e eu apoiei a ideia por curiosidade para ver o que podia acontecer", afirmou Evandro Ribeiro. Navegando contra a má vontade do engenheiro de som, os técnicos mais jovens, Jairo Pires e Eugênio de Carvalho, se empenharam em encontrar uma forma de driblar as limitações técnicas e gravar o baixo elétrico com toda a pulsação do rock'n'roll. "O resultado ficou muito bom", disse Evandro Ribeiro. E, a partir do LP *É proibido fumar*, o baixo elétrico foi deixando de ser tabu nas gravações da CBS — até que, em 1966, a gravadora adquiriu os amplificadores Fender, que já permitiam gravar direto, através de linha. Roberto Carlos teve que ousar no estúdio, experimentar, e pôde fazer isto porque não havia nenhuma autoridade em gravação de rock na CBS — nem em nenhuma outra gravadora do Brasil. O produtor Evandro Ribeiro não sabia gravar rock, nem os músicos da CBS, nem os técnicos. Enfim, todos tiveram que aprender juntos como fazer aquele som jovem que surgia no Brasil. O processo de gravação do álbum *É proibido fumar* representou mais um importante avanço nesse sentido, e deixou todos na CBS na expectativa da acolhida do público.

O crítico Dirceu Ezequiel afirmou que o disco era "ótimo para os apreciadores e para a juventude em geral" com "interpretação soberana, no gênero, de Roberto Carlos". Já Raul Caldas Filho, da vertente nacionalista da crítica, opinou que o jovem cantor era até original, mas "em compensação grava cada coisa de arrepiar os cabelos. O dito cujo lançou agora uma palhaçada intitulada 'É proibido fumar', um primor de mau gosto e imbecilidade, contendo inclusive os urrinhos e as exclamaçãozinhas histéricas de praxe, de acordo com as preferências dos apreciadores do gênero. Procurem ouvir essa 'beleza' que ultrapassa e deixa para trás muita música debiloide que anda por aí". Com visão semelhante, o cronista Sérgio Porto afirmou que Roberto Carlos era mais um "cantor do tipo nova geração, sinônimo de mau gosto musical", e que "É proibido fumar" é "uma música tão pobre de recursos melódicos que até fandango de índio é mais musical". Carregando ainda mais ironia, disse que "cantor de franjinha que se mete com música de José Messias tira a paciência de qualquer pessoa alfabetizada" — numa referência à já citada faixa "Minha história de amor", que seria um dos hits daquele disco, com o qual Roberto empataria em vendagem na CBS com o bolerista Carlos Alberto.

 E de pensar que por muito pouco Roberto Carlos não teria visto o lançamento desse seu terceiro LP — como James Dean não viu o lançamento de seu terceiro filme, *Juventude transviada*, por ter morrido meses antes num acidente de carro. Algo semelhante quase aconteceu a Roberto, numa rodovia do interior do estado do Rio de Janeiro. Dias depois de concluir a gravação do álbum, o artista trocou o seu Volks por um Chevrolet Bel Air conversível, modelo 1955, branco, estofamento vermelho, hidramático, com vidros Ray-Ban — o tal "carrão" tão desejado por ele desde a infância. O negócio foi fechado numa agência de automóveis usados da Tijuca, perto da casa de seu baterista Dedé, que intermediou a transação. O secretário José Mariano também acompanhou o cantor nesse dia. "Saímos dali como um bando de meninos com um brinquedo novo: subimos nas calçadas, buzinávamos para todo mundo." Erasmo Carlos ficou louco ao ver Roberto chegar ao volante daquele carrão branco. Animado, o cantor foi também buzinar em frente ao prédio da avó de Wanderléa, em Vila Isabel. "Desci toda alegre, pois sabia o quanto ele havia batalhado para ter aquele carrão conversível", lembrou a cantora. "Ele começou a falar da potência do motor e do tipo de freio. Sem entender nada, eu ouvia aquele assunto pouco interessada. Mas o carro era bonito e acabei aceitando seu convite de pronto para andar naquela máquina. Como dois jovens rebeldes, saímos cantando pneus." Quem não viu beleza nenhuma naquilo foi dona Laura, que reclamou pelo fato de o filho ter gastado dinheiro com algo que não era tão urgente e necessário; ela bronqueou até com Dedé por ele ter intermediado o negócio.

 Numa das primeiras viagens a bordo do seu conversível, Roberto Carlos foi ao balneário de São Lourenço, Minas Gerais, onde agora atuava o ex-gerente do Plaza, Raimundo Amaral. O cantor iria tocar na inauguração da boate do Hotel Brasil, administrado por seu antigo protetor na noite. Seguiram com Roberto o secretário José Mariano e o baterista Dedé, com quem revezava no volante. O artista planejara voltar para o Rio de Janeiro no dia seguinte à apresentação.

Porém, lá se encontrou com Roberto de Oliveira, secretário de Nelson Gonçalves, que reforçava seu orçamento cavando shows para outros cantores. Oliveira conhecia toda aquela rota de circos do interior e propôs a Roberto Carlos realizar um show em Paraíba do Sul, interior fluminense. O cantor topou, pois ainda não podia se dar ao luxo de dispensar um picadeiro, e todos embarcaram para lá no seu carrão. Era uma terça-feira, 14 de julho de 1964.

Roberto Carlos chegou sorrindo, brincando com o pessoal do circo, de propriedade do palhaço Chupeta. Eles se entenderam rapidamente e foi acertado o show para aquela noite mesmo, às 20 horas. Roberto de Oliveira se lembrou então de que havia outro circo, na cidade vizinha de Três Rios, e que seria possível agendar mais uma apresentação. Afinal, a distância entre as duas cidades era de menos de 20 quilômetros. Chupeta conhecia o dono do circo de Três Rios e até se propôs a ir junto para dar uma força. Ok, era preciso faturar, e todos entraram novamente no carro de Roberto Carlos, dessa vez conduzido por Dedé, que correu como se disputasse com o patrão quem fazia mais quilômetros por minuto. Lá chegando, não houve dificuldade de agendar a segunda apresentação para depois das 20h. Eles ainda almoçaram com o pessoal desse circo e, em seguida, pegaram o caminho de volta para Paraíba do Sul.

A rodovia estava com pouco movimento e Roberto Carlos também corria à vontade, tendo ao seu lado Roberto de Oliveira e, no banco traseiro, José Mariano, Dedé e o palhaço Chupeta. Oliveira vinha brincando, fazendo zoeira com a turma de trás. Isso irritou o cantor, que parou o carro no meio-fio e pediu para ele trocar de posição com Mariano. Depois da parada, Roberto Carlos dirigiu mais uns 2 quilômetros, quando, de repente, numa curva do caminho, deu de cara com um boi desgarrado. Pé no freio, golpe rápido de direção, a roda dianteira do lado esquerdo trinca e se solta do veículo. Um barranco do acostamento serviu de rampa propulsora para o Bel Air subir, dar uma cambalhota no ar e cair de pneus para cima. Na fulminante capotagem, quase todos os passageiros foram cuspidos para fora. Ouviu-se um barulho de ferros retorcidos e depois... o silêncio.

O motorista de um Renault Dauphine, que vinha em sentido contrário, viu o acidente e parou para prestar os primeiros socorros. Por sorte, ele era um médico e trazia no carro a maleta de primeiros socorros e vários medicamentos. Roberto Carlos estava caído na beira da estrada, a uns dez metros do local do acidente. Ele sangrava com um profundo corte no pescoço, perto da orelha direita. Muito mais crítica era a situação de Roberto de Oliveira, que batera com a cabeça numa rocha pontiaguda, fraturando o crânio. Dedé e o palhaço Chupeta tiveram apenas escoriações nos braços e nas pernas. "Mas precisei andar com uma bengalinha uns quinze dias", afirmou Dedé. O único que não se machucou foi José Mariano, que ficara preso embaixo do painel do automóvel. "Eu tive apenas um surto de tontura quando saí de dentro do Bel Air." Ao se aproximar de Roberto Carlos, ouviu dele um lamento. "Porra! Acabei com meu carro."

Logo chegou ao local uma viatura da patrulha rodoviária, que pediu uma ambulância pelo rádio. Era preciso transportar Roberto de Oliveira com cuidado e a máxima urgência para a Santa Casa de Três Rios. Os outros feridos foram levados no carro da patrulha. No hospital, Roberto Carlos recebeu doze pontos no pescoço, resultando em uma cicatriz que ele levaria por muitos anos, até fazer uma cirurgia corretiva. O quadro mais grave era mesmo o do secretário de Nelson Gonçalves, que, necessitou ser removido do hospital de Três Rios para o Souza Aguiar, no Rio de Janeiro. Embora preocupado com o estado de saúde dele, ao deixar o hospital, Roberto Carlos seguiu com Chupeta, de carona, para fazer o show em Paraíba do Sul. Muitos ingressos já tinham sido vendidos antecipadamente, e Chupeta temia que ateassem fogo na lona de seu circo. À noite, com hematomas nos braços e curativos no pescoço, Roberto Carlos subiu ao picadeiro para cantar a primeira música do show, "Malena", seguida de "Splish splash" e "Parei na contramão"... Não deu mais para continuar, pois os hematomas e escoriações do corpo doíam. Ele explicou ao público o que acontecera e todos viram que ele estava mesmo abatido e com o pescoço enfaixado.

Roberto Carlos foi repousar no Hotel Itaoca, em Paraíba do Sul, onde passaria a noite. Enquanto isso, em algumas rádios do Rio, já circulavam as primeiras notícias sobre o acidente. Mas os informes eram contraditórios, alguns dando conta de que o artista estaria gravemente ferido. Fãs começaram a se aglomerar em frente ao prédio dele, na avenida Gomes Freire, na Lapa, ali permanecendo mesmo durante a madrugada, segundo relato da *Revista do Rádio*. Mais uma vez a família Braga era assombrada por um acidente envolvendo o filho caçula, e novamente sem que os pais ou irmãos estivessem perto dele. Aflitos, tentavam contato com Roberto, num tempo de comunicação bem mais difícil. Ele voltou para casa no outro dia cedo, angustiado, naquele misto de alívio por estar vivo e triste por saber do estado crítico de Roberto de Oliveira, que acabaria morrendo no hospital.

Para o cantor, foi um duro golpe. Ele passaria vários dias recluso em casa, não saindo para shows ou visitas às emissoras de rádio. Com uma filha então de apenas quatro meses, a viúva de Roberto de Oliveira estava inconformada no velório. "Assassinos! Assassinos!", gritou ao avistar os companheiros daquela viagem do marido. O alvo dela foi especialmente o baterista Dedé. "Ela achou que eu tinha matado o cara porque me viu dirigindo quando ele entrou no carro", lembrou em depoimento ao autor. Depois Roberto Carlos explicaria que o acidente aconteceu por pura fatalidade. "Eu gosto de correr, mas dirijo bem. Perdemos a roda numa curva, não tive a menor culpa. Sofri muito com a morte daquele amigo." Os artistas para quem Roberto de Oliveira trabalhava, Nelson Gonçalves e, antes deles, Cauby Peixoto, se juntaram a Roberto Carlos para dar suporte financeiro mensal à viúva, que não tinha nenhum amparo de segurança social. "Todos os meses eu mesmo ia na casa dos outros dois cantores, apanhava o dinheiro e levava em Nova Iguaçu, onde ela morava", contou José Mariano. "Isso durou pelo menos uns três anos."

Recuperado do acidente, Roberto Carlos tratou de retomar as atividades artísticas. Em 1964, renovou seu contrato com a CBS por mais quatro anos e, no fim de julho, a gravadora colocaria na praça o seu terceiro álbum, *É proibido fumar*. Um novo Roberto Carlos emergia a partir dali, talvez mais místico, talvez mais supersticioso e mais confiante para dar um salto ainda maior na carreira. A fase das apresentações em circos mambembes dos subúrbios e do interior estava prestes a chegar ao fim. Do novo disco, além da faixa título, logo se destacaram "Um leão está solto nas ruas", "Minha história de amor" e, principalmente, "O calhambeque" — o seu novo e impactante sucesso.

14

O CALHAMBEQUE

"Mandei meu Cadillac pro mecânico outro dia
Pois há muito tempo um conserto ele pedia
E como vou viver sem um carango pra correr?"
Do álbum É proibido fumar, 1964

Em meados da década de 1960, o rádio vivia o início de uma nova fase, pois, com o advento da televisão, precisou encontrar uma linguagem nova e mais econômica. Aos poucos foi trocando os astros e estrelas que cantavam ao vivo por discos e fitas gravadas; substituindo as novelas pelas notícias, e os shows de auditório pelos serviços de utilidade pública. Em julho de 1964, por exemplo, a nova direção da Rádio Nacional rescindiu o contrato do apresentador Cesar de Alencar, que estava havia dezenove anos no ar com seu programa de auditório. "Para mim, dar hora certa e botar música para tocar nunca foi fazer rádio", desabafou Ubaldo de Carvalho ao se despedir do rádio em 1969, depois de 34 anos de serviço. A frase amarga refletia o pensamento da maioria dos antigos locutores e produtores. Sem as velhas emoções das novelas e a alegria dos auditórios, para eles aquilo parecia mesmo o fim da estrada. "Não quero assistir ao enterro do rádio brasileiro", desabafou Floriano Faissal ao também deixar a Rádio Nacional pouco tempo depois. Porém, o rádio não morria; apenas se transformava.

Reflexo dessa nova fase, a Rádio Globo do Rio e a Rádio Bandeirantes de São Paulo tornaram-se líderes de audiência em seus respectivos estados depois de instituírem as bases de um novo formato radiofônico calcado em programação de estúdio com o tripé música, esporte e jornalismo. Na Rádio Globo, a mudança foi comandada pelo radialista Mário Luiz Barbato, mais conhecido apenas como Mário Luiz, que representou para a emissora de rádio do Grupo Globo o mesmo que José Bonifácio de Oliveira Sobrinho, o Boni, seria depois para a televisão. O rádio seguiria agora nas mãos dos chamados comunicadores, locutores num pique descontraído, alegre, mantendo quase um bate-papo com o ouvinte. Era o que se via em programas como *Peça bis ao Muniz*, apresentado por Roberto Muniz do estúdio da emissora carioca, e *O pick-up do Pica-Pau*, por Walter Silva, na Bandeirantes. Aqueles auditórios barulhentos e cast repleto de estrelas tornaram-se relíquias dos velhos tempos do rádio romântico, que pode ser resumido na fase de ouro da Rádio Nacional.

A geração de cantores que então começava a carreira — Roberto Carlos, Wilson Simonal, Elis Regina, Jorge Ben Jor, entre outros — deparou-se com uma importante mudança em relação à fase anterior: o artista precisaria chegar antes ao disco para obter o sucesso no rádio. Aquela advertência nos antigos LPs de que era "proibida a radiodifusão" perdera seu sentido prático, pois nesses novos tempos seria exatamente o disco a fornecer a música do rádio — o que, por sua vez, acentuaria a prática do famigerado "jabá", ou seja, a gravadora pagar para tocar a música de seus artistas no rádio. Para alguém como Roberto Carlos, devidamente instalado na multinacional CBS, e agora também com o apoio da divulgadora Edy Silva, estava montada a estrutura que lhe permitiria galgar todas as paradas de sucesso.

Aliás, tudo parecia certo entre Edy Silva e a CBS. Afinal, uma de suas missões ao ser contratada era a de fazer o jovem cantor um nome de projeção nacional. Mas talvez Edy tenha exagerado na dedicação a Roberto Carlos, esquecendo-se de que a CBS tinha outros artistas, como Silvio Caldas, Emilinha Borba, Carlos Alberto e Carlos José, que também precisavam de divulgação para seus discos. Numa reunião com Edy, em maio de 1964, Evandro Ribeiro abriu o jogo, cobrando dedicação igual para todos. "O problema é que a senhora só trabalha o Roberto, só vive para o Roberto, e os outros contratados da companhia estão se queixando disso comigo." Mais do que se queixar, eles especulavam sobre a vida pessoal da funcionária, conforme ela própria relatou. "Os artistas ficaram enciumados devido à atenção que eu dava ao Roberto e ainda comentavam que eu tinha um caso com ele." Para Edy Silva, acabava ali o seu período na CBS, pois não veria mais clima para continuar trabalhando com os queixosos e fofoqueiros artistas da gravadora. Ela também decidiu que não trabalharia mais para companhia de disco nenhuma. Com a experiência e o conhecimento acumulados nos meios radiofônicos e televisivos, Edy se tornou uma divulgadora independente. E passou a abrigar em seu pequeno apartamento outros artistas cariocas que queria também se projetar em São Paulo, como Erasmo Carlos, Wanderléa, Ed Wilson e os rapazes do Renato e Seus Blue Caps. "Muitas vezes nós chegávamos quatro ou cinco horas da manhã e Edy preparava o café, colocava a mesa com aquele pãozinho quente. Ela era muito carinhosa com a gente", afirmou Ed Wilson. Mas a prioridade dela continuaria sendo a mesma — o cantor e compositor Roberto Carlos, com ou sem a ajuda da CBS.

Depois de conquistar a capital paulista, o próximo desafio do artista seria avançar numa praça que desde então já era vista com grande apetite por qualquer empresário brasileiro: o interior de São Paulo, com suas cidades ricas, populosas e ávidas para consumir as novidades dos grandes centros. No caso específico de um cantor popular, a música que tocava nas rádios da capital repercutia muito no interior. Mas como chegar lá? Para Roberto Carlos, o interior paulista parecia tão distante quanto qualquer cidade do Oeste americano. Ele não conhecia nem tinha contato com ninguém da região. Foi quando Edy Silva se lembrou de alguém que poderia ajudá-lo nessa empreitada: o vendedor de shows Geraldo Alves.

Paulista de Caraguatatuba, ainda criança, Geraldo Alves começou a trabalhar como açougueiro, profissão do pai. Na adolescência, descobriu o acordeom e passou a se apresentar em circos e praças públicas, imitando os cantores de então. Quando sentiu que não conseguia mais vender seus próprios shows, decidiu valer-se de seus contatos locais para oferecer outros sanfoneiros como atração. Expandindo o trabalho, em 1961, foi para São Paulo e se ofereceu para vender bailes das orquestras de Peruzzi e de Simoneti no interior. Fez a mesma oferta ao empresário de Altemar Dutra, quando o cantor surgiu nas paradas de sucesso em 1963. Enfim, Geraldo Alves era alguém com disposição, experiência e conhecimento para levar um cantor popular aos palcos do interior de São Paulo. E era justamente disso que Roberto Carlos precisava naquele momento.

Até então, Geraldo Alves não tinha maiores referências sobre Roberto Carlos, mas já tinha ouvido "Parei na contramão" no rádio. Ao ser procurado por um emissário do cantor, não viu dificuldade em incluí-lo naquele seu roteiro de circos, cinemas e clubes interioranos. Rapidamente, vendeu dez shows de Roberto Carlos: o primeiro em Limeira, seguindo depois para cidades como Araras, Piracicaba e Mogi Mirim. Geraldo organizava tudo, da apresentação do artista no palco à água mineral no quarto do hotel. E se virava também na divulgação do show, bolando estratégias para anunciar a presença do artista na cidade e o horário da apresentação. "Na rádio local, além de entregar um jingle com a voz dele, dizendo que estava na região, mesmo se não estivesse, fazíamos barulho com carreatas pela cidade em uma Kombi velha com alto-falantes", relatou em seu livro de memórias. Ali o cantor também conseguiu o seu primeiro patrocinador para a confecção de cartazes em preto e branco com seu nome e sua imagem, escrito embaixo: Caninha 3 Fazendas — tradicional cachaça produzida na cidade paulista de Rio Claro.

Roberto Carlos saiu animado daquela excursão e, quando chegou a São Paulo, comentou com Edy Silva que era chegado o momento de ele ter um empresário, alguém que vendesse seus shows e preparasse sua chegada nas cidades. E que esse empresário tinha que ser de São Paulo, região onde ele queria investir para valer. Que tal chamar aquele cara que vendera dez shows para ele no interior do estado? O homem parecia batalhador e organizado. Edy Silva concordou, até porque não tinha nenhum outro nome à vista, e chamou Geraldo Alves para uma reunião em sua quitinete. "Pô, bicho, foi você mesmo que organizou tudo aquilo pra mim?", brincou Roberto Carlos ao cumprimentá-lo.

Sem muita demora, nessa reunião ficou acertado que Geraldo Alves seria o empresário do artista com direito a uma porcentagem sobre cada show que conseguisse em qualquer lugar do Brasil. Assim, aos 30 anos de idade, o ex-açougueiro e ex-sanfoneiro, que vivia de bicos vendendo apresentações pelo interior do estado, conseguia a maior façanha de sua carreira profissional: ter nas mãos — e de bandeja — aquele que estava próximo de se tornar o cantor mais popular do país, o rei da juventude Roberto Carlos.

Com Edy Silva empenhada na divulgação e Geraldo Alves na venda de shows, a agenda de Roberto Carlos começou a crescer em São Paulo, embora ainda atendendo circos mambembes que também vagavam por lá. Para garantir público durante mais de uma semana numa cidade, além dos palhaços, malabaristas e leões, os donos dos circos contratavam atrações extras diárias, como cantores e humoristas. Uma das atrações de maior sucesso do circo, no início dos anos 1960, sobretudo pelo interior de São Paulo, era o humorista mineiro João Ferreira de Melo, o popular Barnabé. "A minha terra, o Escorrega e Lá Vai Um, é uma cidade pequena, todo mundo conhece uns aos outros", contava Barnabé no começo de uma piada. "Tinha um sujeito lá que nunca tinha visto um espelho na vida. E ele era muito parecido com o pai dele. Na primeira vez que ele viu um espelho, ele pegou e começou a beijar, emocionado. 'O retrato do meu pai! Nossa! O retrato do meu pai!' Levou o espelho para casa e guardou no fundo da mala. Todo dia cedo ele tirava o espelho e beijava, dizendo que era o retrato do seu saudoso pai. A mulher dele viu aquilo e começou a ficar desconfiada. 'Esse sujeito deve estar beijando o retrato de alguma mulher.' Ela também nunca tinha visto um espelho. Quando o marido então saiu para o trabalho, ela pegou o espelho e olhou. 'Eu bem que estava desconfiada que ele andava atrás dessa sirigaita!' E mostrou para a mãe dela, que também nunca tinha visto um espelho. A velha pegou o espelho e falou: 'Minha filha, mas seu marido tem coragem de andar atrás desse canhão?!'" Com suas piadas e toadas de estilo caipira, Barnabé garantia lotação em qualquer espetáculo que anunciasse a sua presença. Mas nem sempre um circo podia contar com Barnabé, e então o dono apelava para outras atrações, como um jovem cantor chamado Roberto Carlos.

E para lá ele seguia a bordo de seu Volks, um modelo de segunda mão adquirido após o acidente com o Bel Air. O músico que o acompanhava com mais frequência nessas viagens pelo interior era o baterista Dedé. Faltava-lhe um contrabaixista, pois nem sempre Roberto podia contar com a companhia de Paulo César Barros. Isso foi resolvido numa certa tarde de sábado, em meados de 1964, quando o torneiro mecânico Bruno Pascoal parou para tomar um café num bar na avenida São João, em São Paulo. De repente, ele viu um fusquinha parado na rua e notou que o motorista parecia sem jeito para fazê-lo funcionar. Pascoal foi até lá e se ofereceu para ver qual era o problema. Com uma chave de fenda, ele diminuiu a aceleração do motor, resolvendo em poucos minutos o enguiço do carro. O motorista agradeceu e se apresentou, dizendo que se chamava Roberto Carlos, era um cantor do Rio de Janeiro e estava indo com aquele fusca fazer um show na cidade de Sorocaba. Bruno Pascoal ficou contente em saber disso e afirmou que, embora trabalhasse como mecânico na Toyota, gostava mesmo era de música, e até tocava contrabaixo numa banda do seu bairro. "Então venha comigo para esse show em Sorocaba", convidou Roberto Carlos. Bruno esqueceu o que tinha que fazer naquele sábado e, sem pestanejar, entrou no carro. Ele não podia imaginar, mas aquela viagem iria mudar sua vida e levá-lo para muitas outras viagens depois. Na volta de Sorocaba, Roberto Carlos convidou Bruno para ser o seu contrabaixista. "Meu pai foi contra porque, como mecânico, eu ganhava um salário razoavelmente bom. Ele ficou muito bronqueado quando deixei o emprego para ir tocar com um tal de Roberto Carlos", lembrou Bruno. A partir daí, em todos os shows, o cantor passou a ser acompanhado pelo RC-3, com ele próprio na guitarra, o torneiro mecânico Bruno no baixo e o jornaleiro Dedé na bateria. E os chamados para shows só aumentaram quando outra faixa do LP *É proibido fumar* começou a tocar nas rádios: a divertida "O calhambeque".

A sugestão foi de Carlos Imperial, ao comentar, meses antes, em sua coluna na *Revista do Rádio*, uma então recente gravação do cantor americano Dion. "Ele já aponta como sucesso no *hit parade* com 'Drip drop'. O Erasmo Carlos ('Splish splash') naturalmente vai fazer uma versão dizendo: 'Drip drop... o meu carro enguiçou.' O Roberto Carlos deve gravar e vai vender aos quilos, como a história do beijo e do tapa no cinema." Bem, Erasmo não fez a versão de "Drip drop" (que fala de gotas que caem de um telhado vazado durante a chuva). No entanto, essa ideia de Roberto contar a história de um carro que enguiçou foi aproveitada por ele na versão de outra canção americana, "Road hog", lançada dois anos antes pelo cantor John D. Loudermilk. Mas depois o próprio Imperial ironizou, ao saber de mais um tema sobre automóvel no rock brasileiro. "Em breve teremos um 'serviço de trânsito' para controlar essas músicas."

John D. Loudermilk era um autor de música country, baseado em Nashville, com canções de temática social gravadas por intérpretes como The Everly Brothers, Johnny Cash, Roy Orbison, Marianne Faithfull e Jefferson Airplane. "Road hog" (o equivalente em português a "dono da estrada"), lançada pelo próprio Loudermilk, em 1962, não foi um hit nos Estados Unidos, e no Brasil praticamente não tocou no rádio. Erasmo a ouvira pela primeira vez no escritório da Editora Musical Vitale — onde costumava passar algumas tardes pesquisando discos importados. Ali, além de se atualizar sobre os lançamentos de rock'n'roll, ele aproveitava para esboçar algumas versões. "Road hog" chamou sua atenção principalmente porque tinha uma buzina de automóvel na introdução. A música fala de um dia no trânsito de Nashville. O narrador está na estrada com seu carro de passeio quando, de repente, surge outro com um grupo de jovens fazendo arruaças, zigue-zagues. Tachando-os de "donos da estrada", o narrador então diz que vai mandar prender os jovens infratores e dá aquela gargalhada ao fim da música: "Porque eu sou o xerife do condado no meu carro sem marca, há-há-há" — terminando com mais buzinadas e a onomatopeia "vrumm". No rótulo do disco, "Road hog" aparece como de autoria de John D. Loudermilk e Gwen, sua esposa, mas segundo o próprio a contribuição dela foi ter achado a ideia da música muito boa.

Tal qual a versão de "Splish splash", a que Erasmo pensou para "Road hog" tinha pouco a ver com a gravação original, que não faz qualquer referência a carro enguiçado ou calhambeque. Mas, na percepção de Erasmo, a melodia da canção era adequada para evocar aquele antigo modelo de automóvel. No mesmo dia ele foi para a casa de Roberto Carlos com o disco de "Road hog" na mão e a ideia da versão na cabeça. No caminho, Erasmo já foi mais ou menos bolando aquela inusitada história de um rapaz que troca o seu rico Cadillac por um velho calhambeque. Roberto Carlos gostou muito da música e, principalmente, da ideia de exaltar o calhambeque. "Tive a intuição de que aquele carro antigo poderia empolgar a juventude. Se a lambreta era um motivo de sensação, por que o calhambeque não seria?", afirmaria o cantor, que incentivou o amigo a concluir logo a versão para ele gravar.

Nas sessões para o LP *É proibido fumar*, primeiro foi gravada a base instrumental com todos os músicos da banda The Youngsters tocando juntos; só depois é que Roberto Carlos colocou a voz sobre um playback, e apenas com ele, o produtor Evandro Ribeiro e os técnicos de som no estúdio. O cantor já seguia o modelo moderno de gravação de um disco, pois antigamente tudo era gravado de forma simultânea. Frank Sinatra, por exemplo, gravava sua voz juntamente com os músicos, vendo e ouvindo a banda à sua frente — como um crooner no salão. Isso aparece até nas capas de discos dele, como *Sinatra's swingin' session!!!*, de 1961, e *The Concert Sinatra*, de 1963, que mostram o cantor americano de pé no estúdio, com a partitura na mão, à frente da orquestra.

Esse modo de gravação de um disco começou a desaparecer a partir da década de 1960 com o uso de gravadores multicanais. As gravadoras incentivaram a mudança porque tornou o processo de gravação mais econômico. Antes, uma desafinação do cantor, uma palavra mal articulada, uma respiração errada, e todos os músicos tinham que gravar tudo novamente, e recebendo por horas extras, num cansativo processo de repetição e de ocupação do estúdio. Mas gravações separadas não se tornaram regras sem exceção. Cantores modernos como Wilson Simonal, Elza Soares e Miltinho, por exemplo, rendiam melhor gravando sua voz junto com a execução dos músicos.

Elis Regina também sempre gravava sua voz simultaneamente com a sessão rítmica, os metais e as cordas. Bob Dylan é outro que preferia gravar seus discos no estilo antigo. Mas essas exceções foram rareando, e, segundo o produtor Phil Ramone, desde os anos 1990, já não se fazem gravações realmente ao vivo nos estúdios.

Roberto Carlos costumava ocupar três dias do estúdio da CBS para gravar as bases de um álbum inteiro — média de quatro músicas por sessão. Para colocar a voz nas doze músicas, reservava mais dois ou três dias do estúdio. Era um tempo além da conta para os padrões da época. O cantor Nelson Gonçalves, por exemplo, se gabava de gravar seus discos numa única sessão, e sempre de primeira, sem repetir a interpretação. Conta-se que certa vez o bolerista Carlos Alberto chegou a gravar 36 músicas em apenas um dia na CBS, ou seja, 3 LPs em uma única sessão. "Com Roberto a gente gravava cada música mais de vinte vezes até ficar no ponto que ele desejava", afirmou o baixista Jonas Caetano. O cantor acompanhava a gravação da base instrumental ao lado do técnico no chamado "aquário", a sala do outro lado do vidro, de onde se monitorava o som que chegava na máquina. A cada erro ou efeito não esperado, ele apertava a campainha para interromper a gravação e começar tudo de novo. Mas muitas vezes ele próprio não sabia explicar qual era o motivo da sua insatisfação ou o que era necessário para melhorar a gravação. "Ele sempre nos dizia: 'Falta um detalhe.' A gente tinha que tentar descobrir, porque ele tinha a ânsia de melhorar", afirmou Romir Andrade.

Numa fria noite de junho, a banda The Youngsters já tinha gravado a base de três faixas do LP *É proibido fumar,* e a que ficou por último, "O calhambeque", parecia ser a mais simples e fácil de resolver. Romir até pensou que chegaria mais cedo em casa do que das outras vezes, pois ele tinha aula na faculdade no turno da manhã. Porém, não foi o que aconteceu. Inicialmente, Roberto Carlos imaginara gravar a base dessa música com acompanhamento de guitarra, baixo e bateria. Mas depois de repetir a gravação algumas vezes, já depois de uma hora da manhã, decidiu inovar no arranjo, incluindo uma seção de metais. Sergio Becker já estava ali com seu saxofone; faltavam um trompete e um trombone. O pessoal da CBS tentou, porém, não encontrou nenhum músico disponível naquele horário. Roberto então retornou para a concepção inicial, mas continuava insatisfeito com o resultado. Foi então que, de repente, decidiu que, em vez de guitarra, aquela canção pedia mesmo era um violão acústico, de corda de nylon, mais suave, para realçar a história contada na letra — como, aliás, está na gravação original de John D. Loudermilk. O problema é que também não tinha violão no estúdio da CBS e nenhum dos músicos levara o seu, pois não estava previsto usar esse instrumento nas faixas gravadas naquela noite. Para resolver logo a questão, Romir disse que arranjaria um, pois se lembrou que sua então namorada, Maria Aparecida, tinha um violão Giannini de nylon que pouco usava, porque havia estudado mesmo era piano. Por sorte, ela costumava ficar lendo até tarde, e Romir então ligou-lhe avisando do imprevisto com a gravação de Roberto Carlos. "Saímos eu e o Sergio Becker, às 2 horas da manhã e fomos do centro até Copacabana, para buscar o violão dela", lembrou.

Na gravação de "O calhambeque" esse violão foi tocado por Carlos Roberto Barreto, o GB (músico que faleceria prematuramente, aos 35 anos, em 1978). No entanto, resolvido o problema do violão, surgiu outro: a bateria. Como ainda não havia captador, para cada instrumento se posicionava um microfone, e todos eram reunidos no mesmo canal de gravação. No estúdio, a bateria ficava separada por um biombo, um protetor acústico, para o som não entrar pelo microfone dos outros instrumentos. Mas em uma gravação como a de "O calhambeque", com apenas um violão de nylon e um contrabaixo, o som da bateria vazava, abafando os outros instrumentos, mesmo com Romir batendo mais devagar com as baquetas. Com muito custo o técnico conseguiu resolver esse problema, enquanto Roberto Carlos seguia na ânsia de querer melhorar o som que Romir fazia na bateria. "Abafei os tambores, e nada! Bati com as baquetas nas laterais dos tambores, e nada! Toquei com as mãos, e nada! Peguei as vassourinhas que eram próprias para jazz e bossa nova e tentei tocar na caixa, e nada agradava ao Roberto." Lá pelas tantas, exasperado, o baterista pensou até em deixar o estúdio. "Porque eu já não aguentava mais. Eu sou muito calmo, mas quando chega na minha tolerância eu chuto o balde." Porém, justo nesse momento, de relance, ao olhar para o chão, viu uma lata de fita de gravação vazia. No desespero, pegou essa lata redonda e colocou no colo; e em vez de baquetas, passou a bater nela com vassourinhas, produzindo um som metálico, mais agudo, que a bateria não tinha. Lá da sala da técnica, Roberto comentou: "É isso que eu quero! Esse som é legal." Mas como o cantor não tinha visto o que ele estava tocando, Romir preferiu confirmar antes de gravar novamente. "Roberto, venha aqui para ver se é isso mesmo que você quer, porque eu já não aguento mais, cara." O cantor viu de perto e repetiu. "É isso mesmo, está certo, faz isso aí", aprovando aquela improvisada e inusitada combinação percussiva. "Meus cinco tambores, três pratos e um contratempo Zildjian foram superados e humilhados por uma lata vazia de fita de gravação, tocada com vassourinhas que nada tinham a ver com o rock", afirmou Romir em seu livro de memórias. Em depoimento ao autor ele também comentou. "Eu não podia imaginar o sucesso de 'O calhambeque' porque tínhamos feito uma coisa tão simples, tão minimalista. E foi tudo realmente de improviso. Eu poderia hoje dizer: 'Eu pensei em fazer um efeito diferente.' Eu não pensei nada. Eu estava no desespero, não aguentava mais. Queria me livrar daquilo."

Ao final, Roberto Carlos manteve praticamente todos os elementos da gravação original: o arranjo acústico, a risada, o ronco do carro no final e até a buzina na introdução e no fim da música (mas que seria excluída nas reedições posteriores do disco). "Eu me lembro que tive que arranjar aquela buzina com um sonoplasta da Rádio Nacional. Na CBS não tinha a fita com o bi-bi", recordou Eugênio de Carvalho. Roberto manteve também a parte falada na introdução. Na música original, John D. Loudermilk anuncia a história que vai contar sobre o trânsito de Nashville. Já Roberto Carlos decidiu usar essa introdução para mais uma vez lembrar ao público as suas gravações anteriores, reforçando o seu repertório: "Essa é uma das muitas histórias que acontecem comigo / Primeiro foi Suzie, quando eu tinha lambreta / Depois comprei um carro, parei na contramão / Tudo isso sem contar o tremendo tapa que eu levei / Com a história do Splish splash / Mas esta história também é interessante..."

O que mais deu trabalho no momento da gravação da voz foi a risada de Roberto Carlos no final da música, logo depois da frase "Mas o meu coração na hora exata de trocar / Há-há-há". O artista não ficou satisfeito com aquilo, achava um pouco sem graça. Para não ter que refazer toda a música, o técnico fez um corte na fita no ponto exato em que entrava a risada, emendando depois as duas partes. Na época não havia edição eletrônica e os cortes eram feitos mesmo à mão, na base da gilete. E a precisão era tanta que, nas vezes que um cantor emitia uma palavra no plural, quando o certo era cantar no singular, o "s" era tirado na gilete. No caso de "O calhambeque", Eugênio de Carvalho pediu para Roberto Carlos refazer apenas aquela risada no final. Depois de dezoito tentativas, acabou valendo mesmo a primeira, porque o cantor achou cada risada mais sem graça do que a outra.

"O calhambeque" tornou-se o maior sucesso de Roberto Carlos naquele ano de 1964. Na penúltima semana de setembro, por exemplo, entre os compactos mais vendidos no Rio, ela só perdia o primeiro lugar para "Garota de Ipanema", faixa do álbum *Getz/Gilberto*. Programas de rádio e de televisão que antes não davam brecha para ele passaram a requisitar sua presença para cantar "O calhambeque". Jornais e revistas também pautavam reportagens sobre esta curiosa música, e geralmente mostrando Roberto Carlos ao lado ou dentro de um calhambeque. Ocorre que ele ainda não tinha esse modelo de carro e os fotógrafos precisavam arranjar um para fazer as imagens. Numa matéria para uma revista em São Paulo, em outubro, o fotógrafo viu um calhambeque dando sopa, estacionado em uma calçada, e chamou o cantor para posar encostado nele, como se fosse o dono. Era um Chevrolet ano 1928, de propriedade do espanhol Joaquim Martinez Fraga, que não gostou nada ao ver seu carro aparecer na imprensa como pertencente a um tal Roberto Carlos. E então processou o cantor, acusando-o de ter usado seu automóvel sem autorização para fazer propaganda da música. O proprietário contou que inicialmente enviara uma carta ao artista propondo um acordo financeiro, mas como não obteve qualquer resposta, decidiu cobrar na Justiça uma indenização de 10 milhões de cruzeiros pelo uso não autorizado de seu calhambeque. O processo se arrastou por um tempo na 17ª Vara Cível, em São Paulo, e o cantor até propôs comprar o calhambeque do espanhol e "acabar logo com esta história", mas o outro disse que não vendia, pois o carro fazia "10 quilômetros com 1 litro de gasolina". No fim as partes se acertaram com o pagamento de um valor menor de indenização.

Na sequência da repercussão de seu disco em São Paulo, Roberto Carlos alcançou sucesso no sul do país, e dali começou a se expandir para o exterior, no começo de 1964. Algumas das principais emissoras de rádio do Rio Grande do Sul eram captadas pela população do norte argentino. E muitos moradores de cidades da região ligavam para as rádios gaúchas pedindo para ouvir a música de "un cantor brasileño que me gusta mucho...". Em pouco tempo, algumas emissoras de rádio da Argentina começaram a tocar discos de Roberto Carlos importados do Brasil. Dali a pouco o sucesso repercutiu no Paraguai, na Venezuela e no Chile. Depois chegou às ilhas do Caribe, principalmente a Cuba, e um pouco mais tarde ao México. Ou seja, o cantor brasileiro partira da fronteira com a Argentina e foi literalmente se espalhando por toda a América Latina. Foi quando Alberto Caldeiro, produtor da CBS Argentina, se interessou em lançar Roberto Carlos cantando em espanhol no mercado local. Ele entrou em contato com seu colega Evandro Ribeiro, da filial brasileira da CBS, e ambos acertaram a versão para o espanhol de músicas do LP *É proibido fumar*, que naquele momento fazia sucesso no Brasil e na fronteira. Juan Manuel Villarreal, então vice-presidente da Columbia Records para a América Latina, também se interessou em lançar o cantor nos demais países. O idioma de Cervantes não era estranho a Roberto Carlos; afinal, desde pequeno ele cantava tangos e boleros no original, mas, antes de gravar o disco, tomou aulas de espanhol para burilar melhor a pronúncia, em versões como as de "Mi cacharrito" ("O calhambeque"), "La chica del gorro" ("Broto do jacaré") e "Un león se escapó" ("Um leão está solto nas ruas") — todas vertidas por Juan Quirós.

Shows, reportagens, apresentações em TV, gravação de disco em espanhol, a agenda do cantor foi ficando apertada — o que tornava definitivamente inviável a sua presença no trabalho na Rádio MEC, no

Rio. A essa altura, Roberto Carlos não estava conseguindo comparecer lá nem mesmo para receber o seu salário no início do mês. Mas o cantor continuava inseguro de abrir mão do emprego público, pois temia que o sucesso acabasse no próximo verão — era o que diziam para ele e o que ele próprio já vira acontecer com outros artistas. Roberto então tomou uma decisão arriscada. Numa tarde de quarta-feira, 23 de setembro — em meio à gravação de seu disco em espanhol —, ele foi com o secretário José Mariano até um cartório no centro do Rio e passou-lhe uma procuração com poderes para, entre outras coisas, "receber os seus vencimentos e vencidos e vincendos, a que tiver direito o outorgante na Rádio Ministério da Educação e Cultura, assinar recibos, cheques, folhas de pagamentos, dar quitações, bem como representá-lo perante a repartições públicas, estaduais, municipais, quaisquer emissoras, empresas...".

Após assinar essa procuração no cartório, o cantor fez um pedido a Mariano. "Você não deve mostrar esse documento para ninguém, nem minha mãe pode saber disso. Aconteça o que acontecer, não deixe ninguém saber que te dei essa procuração." Mariano mostrou o documento apenas para seu pai, que ficou até assustado e lhe perguntou: "Você sabe o que este rapaz fez por você?" "Não" "Ele te deu todos os poderes para você fazer o que for preciso em nome dele." E aconselhou o filho: "Essa é a maior prova de confiança que uma pessoa pode dar a outra. Veja bem o que você vai fazer." A coisa mais imediata foi ir lá com a procuração receber o salário de Roberto Carlos no dia do pagamento na Rádio MEC. Porém, com a presença cada vez maior do cantor nas revistas e na televisão, todo mundo comentava o fato na emissora, e a situação dele ficara insustentável. A própria chefe Noemi Flores aconselhou o cantor a pelo menos pedir uma licença não remunerada por prazo indeterminado. "Foi o que ele fez", lembrou Mariano. "Mas até isso sair, eu cheguei a trabalhar no lugar dele na rádio."

Para o cantor era chegado mesmo o momento de tomar uma decisão, arriscar tudo na carreira, pois dali a pouco tempo o Brasil não seria o bastante para ele. No fim do ano, a CBS lançou na Argentina um single com duas faixas do álbum que ele gravara em espanhol:

"Mi cacharrito" e "Un león se escapo". O LP foi lançado inicialmente na Venezuela, com o mesmo repertório e ordem das faixas do álbum *É proibido fumar*, mudando apenas a capa e o título, rebatizado para *Roberto Carlos canta a la juventud* — que curiosamente daria título ao próximo LP dele no Brasil. O disco alcançou boa aceitação entre o público jovem desses países, especialmente a faixa "Mi cacharrito", bastante tocada, por exemplo, nas emissoras da Argentina. Esta música acabou se tornando uma espécie de cartão de apresentação de Roberto Carlos na América Latina. No rastro do sucesso dela, em outubro do ano seguinte, realizou a sua primeira viagem internacional para Buenos Aires, onde passou dez dias se apresentando em clubes e na televisão local.

A repercussão de "O calhambeque" se estenderia também por aqui, sendo, inclusive, relançada, em 1965, num disquinho de papelão, com a voz e a foto de Roberto Carlos, oferecido de brinde para os estudantes que comprassem uma caneta da marca Sheaffer, modelo Colegial. No futuro, a música seria regravada por artistas como Lulu Santos (em 1984) e Caetano Veloso (1995). É curioso que, numa época de crescente velocidade, satélites e foguetes, os jovens tenham se apegado tanto a um símbolo de máquina antiga como o calhambeque. O próprio Roberto Carlos passou a colecionar miniaturas daquele carro, e sempre que chegava em casa costumava se divertir brincando com eles — tal qual fazia no seu tempo de criança. O artista lembra que "foi brincando com um desses calhambeques que eu inventei o meu grito de guerra: 'É uma brasa, mora!'". A Jovem Guarda estava chegando.

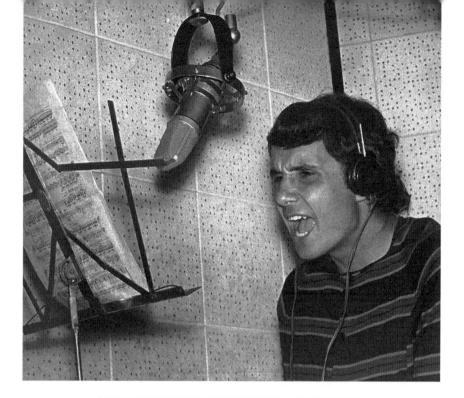

15

HISTÓRIA DE UM HOMEM MAU

"Eu vou contar pra todos a história de um rapaz
Que tinha há muito tempo a fama de ser mau"
Do álbum *Roberto Carlos canta para a juventude*, 1965

Roberto Carlos gostou daquele filme desde a cena de abertura. Nada indicava o que viria a seguir. Marlon Brando aparece sentado saboreando lentamente algumas bananas. Após se desfazer das cascas, calmamente pega um revólver que estava encoberto no colo, enquanto a câmera desliza para trás, revelando pessoas deitadas no chão. Aquilo era um assalto a banco, no México, e o comedor de bananas vigiava as vítimas enquanto os comparsas rapavam todo o dinheiro dos cofres. Mas, antes de sair, o personagem de Marlon Brando também toma o anel de uma cliente do banco, mostrando-lhe o revólver e um sorriso de ironia. É o começo do faroeste *A face oculta*, produção de 1961 dirigida pelo próprio Marlon Brando, que substituíra o diretor original Stanley Kubrick. Aliás, este teria sido o único faroeste dirigido por Kubrick, mas ele se desentendeu com Brando na fase de preparação do roteiro e o ator acabou assumindo a direção. Roberto Carlos foi vê-lo no cinema porque sempre gostou de faroestes, e viria a citar *A face oculta* como um de seus filmes favoritos.

O cantor expressou também o seu gosto por esse gênero cinematográfico ao gravar uma canção que descreve exatamente o momento culminante de todo faroeste: o duelo final entre o bandido e o mocinho. No fim de janeiro de 1965, ao falar numa entrevista sobre as suas próximas gravações, Roberto Carlos anunciou aos fãs: "Tenho uma verdadeira 'bomba' para logo após o carnaval." "Como é o nome da 'bomba'?", quis saber Carlos Imperial, que o entrevistava. "É segredo. Mas logo que terminar o carnaval, os brotos ouvirão pelo *Clube dos brotos*, com absoluta exclusividade, o lançamento do meu disco, que, tomem nota do que eu digo, vai ser de arrasar!", disse ele com confiança, fazendo referência ao programa que Imperial apresentava diariamente na Rádio Nacional. Conforme prometido, logo depois do carnaval, o público conheceu a nova gravação de Roberto Carlos: "História de um homem mau" — versão de um clássico tema de jazz que lhe fora oferecida por seu colega e xará, o compositor carioca Roberto Rei.

O tema é "Ol' man Mose", composto e gravado por Louis Armstrong em 1927, e que a partir daí ganhou diversas releituras por outros músicos e cantores de estilo jazzístico. No fim de 1964, em plena beatlemania — surpresa! —, ele reapareceu numa versão roqueira gravada pela banda britânica Swinging Blue Jeans. Foi ao ouvir essa gravação que Roberto Rei teve a ideia de fazer uma versão em português e oferecê-la ao seu amigo Roberto Carlos, que achou "bárbara" a ideia. Mas o arranjo da gravação dele seria baseado numa versão mais jazzística lançada pouco tempo antes, a da cantora americana Connie Francis, gravada em seu álbum *Songs to a swinging band*, em 1961. Roberto, inclusive, copiou dela aquele marcante arremate da canção. Registre-se que a letra original de "Ol' man Mose" fala de um velho que morava numa pequena cabana de madeira. O narrador então conta ter visto pela porta o velho Mose deitado no chão e especula se teria morrido. "Acreditamos que sim / Mose chutou o balde / E nós acreditamos que está morto", sugerindo também um possível suicídio. Como se vê, o tema composto por Louis Armstrong (com letra de Zilner Randolph) nada tem a ver com o duelo de dois pistoleiros ao pôr do sol — como será imaginado por Roberto Rei.

Meses antes de Rei decidir fazer a versão, esteve em cartaz nos cinemas brasileiros o faroeste *A história de um homem mau*, produção de 1961 dirigida pelo inglês Roy Baker. Na sinopse publicada na imprensa lia-se que "uma série de assassinatos aterroriza os habitantes de uma aldeia, e, ainda que não o denunciem, por temor, todos sabem que o assassino é Anacleto, um feroz bandido". Era o roteiro básico da trama que Roberto Rei relataria na canção e que teria exatamente o mesmo título daquele filme. A sua letra começa no estilo era uma vez no Oeste: "Eu vou contar pra todos a história de um rapaz / Que tinha há muito tempo a fama de ser mau." Mais à frente explica que o tal homem "Nos duelos nem piscava, no gatilho ele era o tal / Todos que o desafiavam tinham seu final". Depois, conta que então apareceu um forasteiro desafiando o homem mau para um duelo. "Marcaram numa esquina antes do pôr do sol / E todos já sabiam que um ia morrer." A letra aponta também um traço psicológico do seu personagem ao informar que "Nesse dia, porém, o homem mau tremeu / Logo entrou num bar e no bar bebeu / Ninguém tinha visto ainda ele em tal situação / Mas somente ele sabia qual era a razão". A música então avança para o desfecho, numa esquina, antes do pôr do sol: "O outro estava firme com a arma na mão / Fazia grande alarde fazendo sensação." Agora era matar ou morrer, e o personagem da música demonstra ansiedade, talvez por ter bebido demais ou porque esse era mesmo o seu instinto: "O homem mau, então, quis logo matar / E no valentão quis logo atirar." Chega-se então no ápice de todo filme de faroeste que a canção captou com precisão: "E depois de um tiroteio todo mundo estremeceu / Quando um grito se ouviu, o homem mau morreu." E, após um breque, Roberto Carlos conclui com uma frase matadora: "Essa é a história de um homem mau!" — seguida do repique de todos os instrumentos em uníssono.

Dito assim, parece indicar uma daquelas gravações de quase dez minutos — tipo "Faroeste caboclo", da Legião Urbana. No entanto, "História de um homem mau" tem apenas 2 minutos e 24 segundos de duração, o tempo médio da maioria das canções de iê-iê-iê. Nesse aspecto, é um exemplo de síntese, de como se contar uma longa história com o mínimo de tempo numa faixa de disco. O curioso é que a letra de Roberto Rei foca no homem mau. Presumidamente, seu desafiante seria o homem bom. Faltou nesse enredo o feio, mas o *triello* só seria inventado um ano depois por Sergio Leone, no hoje clássico *Três homens em conflito* (*The good, the bad and the Ugly*). Até o início de 1965, o que imperava no imaginário coletivo eram os duelos descritos em tantos e tantos filmes do faroeste clássico americano. O spaghetti western, que naquele momento já fazia grande sucesso na Europa e Estados Unidos, só chegaria aos cinemas brasileiros com atraso, a partir do ano seguinte, inicialmente com os filmes *O dólar furado*, com Giuliano Gemma, e *Por um punhado de dólares*, com Clint Eastwood.

Roberto Carlos sabia que estava com um grande tema na mão e se dedicou com afinco ao arranjo de "História de um homem mau". Para o outro lado do disco, escolheu a balada "Aquele beijo que te dei", composição de Edson Ribeiro, seu parceiro não declarado em "Susie", que, finalmente, receberia a compensação — e com juros e correção monetária. Sim, porque dali em diante, Roberto gravaria uma série de canções assinadas exclusivamente por Edson Ribeiro. Na maioria delas, porém, fazendo ajustes na letra, no refrão e até na melodia da composição. Segundo Edson Ribeiro, "Aquele beijo que te dei" foi composta no fim de 1964, após uma briga com sua noiva. "Era mais ou menos meia-noite. Eu morava na Penha, e ela no Engenho Novo. Pra pegar ônibus lá tarde da noite era difícil pra caramba. Mas briguei, tiramos as alianças e fui sozinho pro ponto de ônibus. Lembro que estava um luar tão bonito, e eu com aquela tremenda dor de cotovelo. Aí surgiu 'Aquele beijo que te dei', música e letra juntos. Fiz esta canção no percurso do Engenho Novo até a Penha: 'Aquele beijo que te dei / Nunca, nunca mais esquecerei / A noite linda de luar / Lua testemunha tão vulgar.'" Ou seja, aquele seria um beijo de despedida, mas Edson Ribeiro afirmou que, como os dois se gostavam muito, acabaram reatando a relação e se casando mais tarde.

Após receber a música do amigo e fazer alguns ajustes, Roberto Carlos foi para o estúdio, e ali seguiu avançando na experimentação, testando novos instrumentos, novas equalizações de som. Como parte desse processo, surgiu a sonoridade do órgão de Lafayette, que se tornaria padrão da Jovem Guarda, modelo seguido por todos os que fizeram a chamada música jovem no Brasil na década de 1960. Carioca da Tijuca, Lafayette Coelho Vargas Limp iniciou cedo no estudo do piano. Com apenas 4 anos já estava matriculado no Conservatório Nacional de Música. Ali ele ficou até o início da adolescência, quando passou então a se dedicar à música popular. Como um típico garoto da turma da Tijuca, formou então uma banda de rock, o Blue Jeans Rockers. Mas Lafayette não se dedicou ao órgão por influência de algum músico internacional. A grande referência estava aqui mesmo no Brasil: o organista Ed Lincoln. "Eu admirava o som e o balanço que Ed tirava do órgão. Eu tinha os discos dele e sempre ia aos clubes para ouvi-lo tocar." Essa admiração por Ed Lincoln não era por falta de opções. Outros organistas brasileiros, alguns mais e outros menos famosos, pontilhavam naquela época, como Walter Wanderley, Djalma Ferreira, Waldir Calmon, Steve Bernardes, Celso Murilo, André Penazzi — isso sem falar no órgão percussivo que Eumir Deodato tocava à frente do conjunto Os Catedráticos. "Eu gostava de todos eles, mas Ed Lincoln era mesmo o meu favorito", enfatizava Lafayette.

Em maio de 1964, Erasmo Carlos convidou Lafayette para tocar piano no disco que ia gravar na RGE, um 78 rpm com duas faixas: "Jacaré" e "Terror dos namorados". A gravadora não tinha estúdio próprio no Rio e alugava para seus artistas cariocas o estúdio da RCA-Victor. Ao chegar lá, Lafayette encontrou encostado em um canto um velho órgão Hammond, modelo B-3, semelhante àquele usado por Ed Lincoln. Fascinado pelo instrumento de seu ídolo, não perdia a oportunidade de acarinhar qualquer órgão que encontrasse pela frente. Enquanto Erasmo e os demais músicos se preparavam para a gravação, Lafayette tirou a capa preta que cobria o instrumento e ficou ali improvisando alguns temas religiosos e natalinos, coisas típicas de órgão. Aquele som chamou a atenção de Erasmo Carlos, um cara que a turma reconhecia como de ideias avançadas e originais. "Puxa, Lafayette, que som legal." Enquanto ouvia Lafayette tocar mais um pouco, Erasmo teve um estalo. "Bicho, que tal a gente fazer um negócio diferente? Em vez de tocar piano, você tocar órgão na minha música?" O diretor Benil Santos achou estranho. "Vocês querem usar órgão em rock? Em música jovem?"

De fato, era estranho mesmo, pois até então o instrumento não era associado ao rock. O mais comum era o uso do piano, que pode ser ouvido à profusão nos discos de Jerry Lee Lewis, Chuck Berry ou Little Richard. Além do pioneiro Jimmy Smith, um dos criadores do soul jazz, o órgão era usado por bandas como Booker T. & the MG's, do soul instrumental, mas coube aos ingleses do The Animals popularizar o uso desse instrumento no pop da década de 1960. Um marco foi o hit "The house of the rising sun", que chegou ao topo da parada americana em agosto de 1964 — ou seja, depois da estreia discográfica de Lafayette. "Sim, vamos experimentar", insistiu Erasmo Carlos. Depois de ouvir o resultado final da gravação, ele exultou: "Puxa vida, é isso aí mesmo o que eu quero." Ainda não era o órgão de Lafayette que apareceria nos discos seguintes, mas já dava para perceber que algo diferente estava surgindo no som da música jovem no Brasil. Registre-se que, no ano anterior, o órgão já tinha sido usado em algumas faixas do disco *Twist only twist*, gravado na CBS por uma tal banda The Youngsters — na verdade, músicos de estúdio com nome fictício —, que depois iria renomear a banda The Angels, quando esta se transferiu para a CBS. E, pouco antes do disco de Erasmo, o órgão também apareceu num tema romântico gravado por Rossini Pinto. Mas essas experiências poderiam ter ficado por aí, sem maiores consequências, se outros ouvidos não tivessem sido também atraídos pelo som daquele instrumento: os de Roberto Carlos.

Em janeiro de 1965, Lafayette recebeu um telefonema do cantor, convidando-o para participar da gravação de seu novo single, e uma das músicas era uma tal de "História de um homem mau". No estúdio da CBS havia um órgão Hammond, modelo B-3, que era usado basicamente em gravações de temas instrumentais. O produtor Evandro Ribeiro estava em dúvida se devia mesmo explorá-lo no acompanhamento daquelas duas músicas de Roberto Carlos. Argumentava que o som daquele instrumento era muito associado às transmissões da Missa do Galo, de Aparecida do Norte. Porém, bastou a participação de Lafayette no primeiro ensaio para convencê-lo da ideia, especialmente no arranjo de "Aquele beijo que te dei". "Ficou muito bom mesmo", afirmou Evandro após ouvir o resultado das duas gravações que marcaram a estreia de Lafayette nos discos de Roberto Carlos — e, pode-se dizer, a estreia do órgão no rock brasileiro, dada a pouca repercussão das experiências anteriores. Roberto ficou também muito satisfeito com o resultado do som de Lafayette, tanto que a partir daí foi restringindo o uso do sax tenor e reforçando o do órgão em seus discos, que ganhariam assim uma sonoridade pop mais moderna, contemporânea aos anos 1960. Sim, porque no mesmo momento em que era adotado por Roberto Carlos no Brasil, o órgão se firmava também como um instrumento bastante utilizado pelos modernos artistas do rock internacional.

Foi a partir de 1965 que o órgão apareceu nas canções de Bob Dylan, como se pode ouvir em "Lay Lady Lay", "Positively 4th street" e "Like a Rolling Stone" — eleita pela revista *Rolling Stone* a melhor gravação de rock de todos os tempos. O instrumento se tornou tão frequente no rock que várias bandas passaram a ter um organista na sua formação. Além do já citado The Animals, foi o caso, por exemplo, de bandas como The Doors, Rascals, Zombies, Procol Harum e The Band. Até os Beatles usaram órgão, especialmente na fase final, quando convidaram o organista Billy Preston para tocar em faixas dos álbuns *Let it be* e *Abbey Road*. Mas, antes disso, a banda já tinha usado o instrumento em canções como "Don't pass me by" (do *Álbum branco*) e "Mr. Moonlight" (de *Beatles for sale*) — esta última como se tivesse sido tocada pelo próprio Lafayette. O fato é que, ao incorporar o som do órgão à sua música, Roberto Carlos caminhava na mesma batida do moderno rock da década de 1960 — e isso antes de ouvir astros como Bob Dylan fazerem o mesmo.

Suas duas primeiras canções com essa sonoridade — "História de um homem mau" e "Aquele beijo que te dei" — foram lançadas em LP no volume 14 de *As 14 mais*, compilação que reunia os principais artistas do elenco da CBS. Ao longo de mais de uma década de existência, essa série de discos marcou época no mercado fonográfico brasileiro. O primeiro volume de *As 14 mais* foi lançado em março de 1960, uma ideia do então diretor artístico Roberto Côrte Real.

No início a gravadora lançava três volumes por ano, e cada LP reunia artistas de diversos gêneros, como Sérgio Murilo (rock), Silvio Caldas (seresta), Cauby Peixoto (samba-canção) e Emilinha Borba (marchinha e bolero). Do volume 2 ao volume 11, tornou-se uma compilação mista, incluindo também hits do elenco internacional da CBS, como Ray Conniff, Doris Day, Johnny Mathis e Trio Los Panchos. A partir do volume 12, lançado em agosto de 1964, voltou a ser uma compilação exclusivamente de artistas brasileiros. Mas, com a crescente popularidade da música jovem, a gravadora decidiu desmembrar o elenco de *As 14 mais*, e, assim, o volume 12 trouxe somente cantores de sambas-canções, boleros e serestas, e o volume 13 — lançado simultaneamente — todo dedicado a Roberto Carlos e cia. A fórmula se repetiu com os volumes 14 e 15, também lançados simultaneamente, em março de 1965. Porém, o volume 14, puxado por "História de um homem mau", obteve vendagem tão enormemente superior à do 15 que a CBS decidiu não mais incluir seus cantores de sambas ou boleros na compilação. Foi quando *As 14 mais* se tornou definitivamente um LP com hits de Roberto Carlos, Wanderléa, Jerry Adriani, Renato e Seus Blue Caps, Ed Wilson, Leno e Lilian e vários outros ídolos da CBS que fariam a história da Jovem Guarda. Modernas para a época, as capas dessa série seguiram o mesmo padrão do início ao fim: nunca exibiam imagens dos artistas, apenas os nomes deles e das músicas, num jogo de cores e letras em que sobressaíam o título *As 14 mais* e o número do volume. Eram capas de grande chamariz nas lojas de discos. A do volume 14, por exemplo, trazia catorze cubos de várias cores — azul, vermelho, amarelo, verde, lilás —, e em cada cubo o nome de uma música e o do cantor com o conjunto de cubos formando uma espécie de pirâmide.

Entre abril e setembro, "História de um homem mau" esteve por oito semanas não consecutivas na parada da *Revista do Rádio*, alcançando sua melhor posição, o terceiro lugar, em meados de abril, quando perdeu apenas para boleros dos cantores Altemar Dutra e Carlos Alberto. Talvez até motivado pelo sucesso da gravação de Roberto, no segundo semestre de 1965, voltou ao cartaz dos cinemas brasileiros o faroeste *A história de um homem mau*, de Roy Baker. O ator e diretor

Jece Valadão aproveitou também a onda e naquele ano intitulou seu novo filme *A história de um crápula*. O cantor Jorge Ben Jor foi mais longe e compôs, também em 1965, o samba "O homem que matou o homem que matou o homem mau", espécie de continuidade da outra música. A letra conta aquilo que não aparece na de Roberto Carlos: o perfil do misterioso pistoleiro que matara o homem mau. Ben Jor então diz que ele "era mau também / Um perigoso pistoleiro / Não tinha pena de ninguém / Procurado por assaltos a banco / Roubo de cavalo e outras coisas mais". Porém, "um dia, para sorte de todos / Um homem bom e corajoso e ligeiro no gatilho apareceu", livrando a cidade daquele nefasto pistoleiro que na outra música parecia bom. E o cantor então arremata seu samba com uma frase após um breque, repetindo o efeito da canção de Roberto Carlos: "Essa é a história do homem que matou o homem que matou o homem mau!"

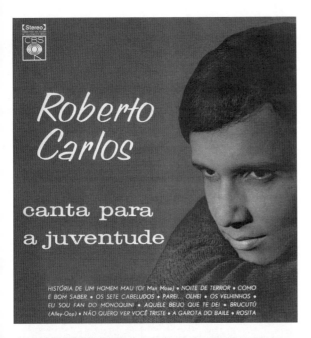

16

NÃO QUERO VER VOCÊ TRISTE

"O que é que você tem, conta pra mim
Não quero ver você triste assim"
Do álbum Roberto Carlos canta para a juventude, 1965

No último Natal que passaram juntos, em dezembro de 1964, Roberto Carlos e Magda Fonseca ergueram um brinde à felicidade dos dois, inclusive no campo profissional. Embora ainda não tivesse conquistado um primeiro lugar, o cantor se tornara assíduo frequentador das paradas de sucesso, e convites para shows chegavam de todas as regiões do país. Da mesma forma, Magda saboreava uma vitória pessoal ao alavancar a audiência da Rádio Carioca, após implantar uma programação mais atualizada e moderna, mudando o antigo perfil da emissora. Em suma, os dois jovens estavam fazendo o que queriam, da forma que queriam e com o resultado que queriam. Acima de tudo, encontravam-se apaixonadíssimos e felizes com o namoro, que para Roberto Carlos unia o útil ao agradável. E assim as coisas poderiam ter seguido por muito mais tempo, não fosse a intervenção do pai da moça, o dono da Rádio Carioca, Alceu Nunes Fonseca.

Na época, ele e a mãe de Magda já estavam separados havia muitos anos, e Alceu vivia agora com outra mulher, com quem tinha uma filha adolescente. Por uma contingência moral própria daqueles tempos, o empresário ocultava dessa garota o fato de que tivera outra família e mais cinco outros filhos. Portanto, aquela menina se julgava filha única, e Alceu Fonseca procurava a todo custo manter essa aparência, inclusive em combinação com a mãe dela. Isso ficou mais difícil, porém, quando a seção de fofocas da *Revista do Rádio* começou fazer referências à namorada do cantor de "Parei na contramão". "E o Roberto Carlos, hein? De amores com a filha do dono de uma rádio", disse a Candinha em janeiro de 1964. Até aí não haveria problemas. Não faltavam emissoras de rádio no então estado da Guanabara. No começo de novembro, entretanto, o fato de a namorada ter acompanhado Roberto num embarque para um show fora do Rio repercutiu na revista. "Eu estava no aeroporto quando vi, agarradinhos, o Roberto Carlos e uma jovem a quem ele chamava de Mag ou Magda (não entendi bem). Puxa, que agarramento!" Bem, aí a Candinha estava chegando perigosamente perto do casal. E foi então que, dias depois, após ter especulado sobre uma possível separação, Candinha tascou a seguinte nota: "Vieram me garantir que voltou forte o romance entre o Roberto Carlos e a Magda Fonseca." Pronto. Eram revelados o nome e o sobrenome da tal namorada que era filha de um dono de rádio. Só podia ser de Alceu Fonseca, proprietário da Rádio Carioca, onde a própria Magda trabalhava. "Isto incomodou muito meu pai, porque ele estava sendo cobrado em casa pela outra mulher, que não queria que meu nome aparecesse na imprensa", contou Magda em depoimento ao autor.

    Alceu ficou realmente aborrecido e arrependido de ter permitido que a filha trabalhasse na emissora, principalmente por ela ter desobedecido a sua ordem de não se envolver com alguém do meio radiofônico. Mas o que fazer? Proibi-la simplesmente não seria mais possível. Afinal, àquela altura, já era uma moça de 23 anos, independente e que ganhara gosto pela coisa e reconhecimento de todos os artistas do rádio. Alceu bolaria então uma estratégia melhor: convencer a filha a passar uma temporada nos Estados Unidos estudando inglês. Para não assustá-la, nem ao namorado, propôs que seria um curso básico de apenas três meses no exterior. "Eu fui conquistada pela ideia de viajar para os Estados Unidos. Que moça não gostaria de ir para Nova York fazer um curso de inglês?", disse Magda. Ainda mais naquela época, auge da beatlemania, podendo ver algum show com John, Paul, George e

Ringo ou de outros ídolos de rock que ela tanto gostava de ouvir e de programar na Rádio Carioca.

A canção de Roberto mais representativa dessa fase de seu namoro era um tema romântico até então inédito: "Não quero ver você triste", que Magda passara a ouvir logo que composta pela dupla Roberto e Erasmo: "O que é que você tem, conta pra mim / Não quero ver você triste assim / Não fique triste, o mundo é bom / A felicidade até existe." Roberto Carlos costumava declamar seus versos para Magda sempre que a percebia tristonha ou chateada. Foi assim, por exemplo, num domingo à tarde, quando saíram para passear naquele antigo Bel Air conversível do cantor. Por alguma razão, Magda não estava bem naquele dia, mas Roberto logo a consolou com a música. E ao citar o trecho "Enxugue a lágrima, não chore nunca mais / E olha que céu azul, azul até demais", ele apertou o botão que abria o teto do carro, mostrando o céu para a namorada. Cena mais romântica, impossível.

"Não quero ver você triste" nasceu a partir de uma melodia que, de repente, Erasmo começou a assobiar para o parceiro, durante um encontro no Rio. Roberto Carlos gostou do tema e imediatamente se dedicou a fazer a letra, pronta em dez minutos — segundo o próprio cantor. "A poesia passou quase que imperceptivelmente para o papel. Parece que, mesmo que eu não quisesse, a mão iria escrever." Mas então ele bolou uma jogada diferente, inovadora para a música: sua letra seria inteiramente declamada. Ele já tinha feito algo parecido em sua primeira composição gravada, o rock "Susie", em que declama a letra nas estrofes e canta apenas no refrão. Dessa vez, porém, não haveria meio-termo. O cantor paulista Albert Pavão recorda que ouviu "Não quero ver você triste" antes de ser gravada em disco. Foi num gravador de fita de rolo, na casa da jornalista Jeanette Adib, da *Revista do Rock*. Ela se tornara amiga de Roberto Carlos, e até compuseram juntos duas músicas, "Cara de pau" e "Dê o fora", lançadas por Cleide Alves e Wanderléa, respectivamente. Adib gravara Roberto se acompanhando ao violão em algumas canções, e Pavão imaginou que a letra declamada ainda não estivesse pronta. "Roberto vai gravar assim mesmo", lhe informou a jornalista. "Mas esta é uma ideia fora do comum, e é preciso ser muito bom ator para representar essa letra durante toda a música", comentou na hora Albert Pavão. Todos ficavam realmente surpresos ao saber que a música seria gravada daquela forma. O próprio produtor Evandro Ribeiro sugeriu a Roberto que pelo menos no final da letra, após o trecho "Agora uma canção, canta pra mim / Não quero ver você tão triste assim", ele efetivamente cantasse um trecho da melodia. Mas o artista permaneceu inflexível e acabou fazendo algo talvez até então inédito num disco brasileiro de música pop.

Numa era pré-rap, o mais comum era o público ouvir apenas algumas palavras declamadas no meio de uma canção. Por exemplo, no bolero "Perdoa-me pelo bem que te quero", sucesso de Orlando Dias em 1961, e no samba-canção "Esta noite eu queria que o mundo acabasse", de Silvinho, em 1963 — ambas com vozes de locutores de rádio no momento da declamação. No campo internacional há o exemplo de Elvis Presley no clássico "Are you lonesome tonight?", gravação de 1960 que ocupou por seis semanas o primeiro lugar da parada americana. Composta por Lou Handman e Roy Turk em 1926, desde as primeiras gravações dessa música os cantores recitam um trecho de letra que já estava indicado na contracapa da própria partitura original. Um dos trechos declamados por Elvis — "You know someone said that the world's a stage. And each must play a part" — faz referência a "All the world's a stage", frase com a qual William Shakespeare inicia o monólogo da peça *Como gostais*. Ou seja, há algo de shakespeariano nessa ideia de um cantor popular recitar no meio de uma música. Porém, no caso de "Não quero ver você triste", a inspiração de Roberto Carlos fora menos nobre.

A ideia de gravá-la com a letra declamada veio de quadros de programas radiofônicos, especialmente *Cartas de amor*, produzido pelo novelista e compositor Fred Jorge na Rádio São Paulo. Ali, diariamente, às nove da noite, os locutores Waldemar Ciglioni e Enio Rocha declamavam textos românticos escritos pelo próprio Fred sob um fundo musical que podia ser algum tema mais suave de Mozart, Schubert ou Paganini. Para os críticos, aquilo não passava de uma dose diária de água com açúcar, mas o público se emocionava e o programa tinha grande audiência. Tanto que discos foram gravados reproduzindo os mesmos textos e na voz dos mesmos locutores do programa. Roberto Carlos acompanhava tudo isso, e então teve a ideia de gravar sua nova canção naqueles moldes, com a letra inteiramente declamada, como se fosse um quadro de *Cartas de amor*.

Em fevereiro de 1965, o cantor voltou ao estúdio da CBS para prosseguir a gravação das faixas de seu novo álbum, que seria lançado dois meses depois com o título *Roberto Carlos canta para a juventude*. Na capa, fotografado por Armando Canuto na filial da CBS, em São Paulo, ele posa com um moletom azul que pegara emprestado do amigo Luiz Carlos Ismail. "O pior é que depois não consegui mais usar esse moletom", contou Ismail. "Quando chegava nas rádios, as meninas perguntavam: 'Por que você está usando o moletom do Roberto?'" Mais uma vez o cantor requisitou os rapazes dos Youngsters para fazer a base instrumental. "Roberto gostava muito de gravar com eles", afirmou Evandro Ribeiro. O problema é que a banda não estava mais priorizando a carreira musical. Como já dito, filhos da classe média, eram direcionados a fazer faculdade ou prestar concurso público. Os irmãos Carlos e Sergio Becker, por exemplo, tinham sido aprovados no concurso do recém-inaugurado Banco do Estado da Guanabara (BEG) — um preparatório para alcançar o objetivo maior, o Banco do Brasil, por onde o pai deles, Adolfo Becker, ex-presidente do Instituto Brasileiro do Café (IBC), se aposentara. O baixista Jonas Caetano foi pelo mesmo caminho. Por sua vez, o baixista Romir Andrade seguia firme na faculdade de arquitetura. "Quando passamos a gravar com Roberto, ele não tinha essa fama toda, era um cantor comum. Depois se revelou um artista maravilhoso, excepcional, mas ninguém podia prever o que aconteceria. Na época, a nossa preocupação era encontrar um rumo na vida, nos prepararmos para um bom emprego, era a orientação que recebíamos dos nossos pais, que música não garantia o futuro de ninguém, e não íamos ter papai e mamãe a vida inteira, não", afirmou Jonas, que, em 1965, já trabalhando em turno integral no banco, não pôde participar de todas as sessões de estúdio do LP de

Roberto Carlos. Não tocou, por exemplo, nas gravações de "História de um homem mau" e "Não quero ver você triste". "Eu entrava de manhã e saía à noite do banco, e não consegui arranjar um jeito de faltar para ir gravar", afirmou em entrevista ao autor.

Na ausência de um dos Youngsters, Roberto então requisitava o baixista Paulo César Barros ou outro integrante dos suburbanos Renato e Seus Blue Caps — porque estes, sim, estavam disponíveis na praça, dedicados em tempo integral à música. Ao contrário dos moços de classe média, não viam alternativa melhor na vida que não a carreira musical. Daí que iam para o microfone como quem vai a um prato de comida. Para bandas e grupos vocais dos subúrbios cariocas como Renato e Seus Blue Caps, The Fevers e Golden Boys, além da vocação, a música parecia a única forma de ascensão social. Sabiam que, se fracassassem ali, tudo seria mais difícil depois.

Outro músico full time era o tijucano Lafayette. *Roberto Carlos canta para a juventude* foi o primeiro álbum do cantor com a participação dele, comandando a sonoridade do órgão Hammond B-3 em praticamente todas as faixas. Desta vez Roberto restringiu bastante o já desgastado solo de sax, obrigatório no auge do twist. A onda agora era o chamado iê-iê-iê, no Brasil principalmente após a estreia do primeiro filme dos Beatles, *A hard day's night*, de Richard Lester, intitulado aqui de *Os reis do iê, iê, iê*. O órgão Hammond B-3 do estúdio da CBS era semelhante ao que havia na RCA, na Odeon e em outras gravadoras, mas o som que Lafayette criou ali seria diferente de todos porque, além de seu talento de músico, contou com muita pesquisa, trabalho e colaboração dos técnicos de som Jairo Pires e Eugênio de Carvalho. Lafayette ficava com eles até altas horas no estúdio experimentando diversos sons e equalizações para o instrumento. "Eu devo muito daquele som do órgão ao Jairo e ao Eugênio. Eles melhoraram bastante o som do instrumento. Os técnicos faziam uma equalização muito boa e ajudaram a criar aquele som com um timbre legal, diferente", afirmou Lafayette.

Segundo o músico, quando Roberto lhe mostrou "Não quero ver você triste", explicou que faltava criar a segunda parte da melodia, mas que queria gravar assim mesmo para ver como ficava. "Eu comecei então a tocar o órgão, e ele a declamar a letra, se acompanhando ao violão. Foi indo, foi indo, continuei tocando o que veio na minha cabeça, e naquele improviso no estúdio ficou pronta a segunda parte da melodia", afirmou Lafayette, se referindo ao trecho da fala "Enxugue a lágrima, pare de chorar / Você vai ver, tudo vai passar / Você vai sorrir outra vez". O músico disse se sentir meio parceiro de Roberto e Erasmo nessa música. "Hoje as pessoas comentam que eu devia ter falado com eles para colocar meu nome na coautoria. Mas naquela época a gente não ligava para nada disso. De qualquer forma essa música foi muito importante pra mim, porque, como ali Roberto só declama, o órgão aparece em primeiro plano, com destaque. Inclusive, o diretor da gravadora passou a prestar mais atenção em mim depois dessa gravação. Enfim, essa música me abriu portas, porque todos começaram a se ligar mais no som do órgão de Lafayette".

A canção começa com um discreto toque de bateria tocada por Romir Andrade. "Acompanhei a faixa, com as vassourinhas acariciando o contratempo, prato de pé, fechado, num lance tipo samba-canção." Outro destaque é o assobio no meio e no fim da gravação, feito pelo próprio Roberto Carlos — algo que ele pratica bem desde criança. "Roberto assobia lindamente. Eu nunca vi ele desafinar uma nota assobiando. Se quisesse, poderia gravar um disco só com assobio", afirmou o produtor musical Mauro Motta.

Das doze faixas do novo álbum, duas já tinham sido lançadas anteriormente em *As 14 mais*: "História de um homem mau" e "Aquele beijo que te dei". Entre as outras dez, além de "Não quero ver você triste", estão temas como "Noite de terror", de Getúlio Côrtes, "Como é bom saber", da "talismã" Helena dos Santos, "Brucutu" (versão de "Alley oop", de Dallas Frazier, por Rossini Pinto), e "Parei... olhei", esta de autoria do próprio Rossini. Nesse LP, Roberto novamente acolheu autores que não tinham chances em discos de outros artistas. Era o caso do compositor potiguar Francisco Lara. Então com 20 anos, trabalhava numa empresa de material de navios, no centro do Rio. Nos intervalos, cantarolava suas músicas, sonhando um dia ouvi-las na voz de um cantor de verdade. Uma colega da firma, fã de Roberto Carlos, o incentivou a procurar o artista, e até lhe passou o endereço da residência dele, na Lapa. Francisco Lara foi até lá, apertou o número do apartamento e, por sorte, encontrou Roberto, que o recebeu. Entretanto, o cantor não se interessou pelas composições que ouviu, mas o incentivou a fazer mais, e que voltasse outro dia.

Francisco Lara retornaria, dessa vez com uma canção intitulada "Alguém que procuro", que todos na firma elogiavam. Nesse dia, por acaso, estava também na casa de Roberto o compositor Jovenil Santos, de quem ele já havia gravado os twists "Nunca mais te deixarei" (em 1963) e "Jura-me" (1964). O cantor, porém, não apreciou a música que Jovenil lhe mostrara nesse encontro, e tampouco a de Francisco Lara. Mas quem sabe, se os dois se juntassem, poderiam fazer uma música mais forte em parceria. Francisco Lara e Jovenil Santos tinham acabado de se conhecer, e saíram dali com esse propósito. Dias depois, retornaram com uma balada intitulada "Lolita" — mesmo nome do romance de Vladimir Nabokov, e que ficara mais em evidência depois do então recente filme de Stanley Kubrick. Dessa vez, Roberto Carlos gostou, prometeu que ia gravá-la, porém, mudando o nome da garota para "Rosita". Na hora, Francisco Lara até ponderou: "Mas, Roberto, no disco do ano passado você gravou uma música chamada 'Rosinha'." "Não tem problema", respondeu o cantor, certo de que aquela canção tinha muito mais a ver mesmo com a sua "Rosinha" ou "Malena" do que com a personagem de Nabokov. "Rosita, Rosita / Onde estás que não vens? / Rosita, Rosita / Só a ti eu quero bem / Eu vivo tão triste / Sozinho e abandonado..." A diferença é que, em "Rosinha", há uma indrodução melódica assobiada; já em "Rosita", isso é feito com uma gaita.

Na véspera de seu embarque para Nova York, Magda Fonseca acompanhou Roberto Carlos no estúdio da CBS durante a gravação desse novo disco, tendo a seu lado Edy Silva, que estava de passagem pelo Rio. As músicas compostas por Roberto, a sua namorada já conhecia muito antes de ele entrar no estúdio, mas as de outros compositores Magda conheceu ali na hora. Foi o caso da valsa "Os velhinhos", composição do disc jockey José Messias, inspirada em "Nós queremos uma valsa", sucesso de Carlos Galhardo no carnaval de 1941. "A minha intenção era botar aquilo também no carnaval, pois antigamente era costume as orquestras tocarem uma valsa na metade do baile, uma forma de descansar os foliões já exaustos e um tanto esbaforidos. E eu sempre achei que no carnaval era mais fácil, tinha uma resposta mais imediata, um retorno mais rápido do sucesso e do direito autoral", afirmou Messias. Entretanto, nenhum cantor se animou em levar "Os velhinhos" para o carnaval, e assim Roberto Carlos acabou novamente pegando uma sobra do radialista José Messias.

Ele gravou a valsinha com a candura do órgão de Lafayette e a participação do Coral de Joab. A letra fala de um romance que dura até a velhice do casal — "Quando a velhice chegar / Eu não sei se terei / Tanto amor pra te dar / Hoje, vem amor, vem amar / Os meus lábios esperam / Te querendo beijar" —, concluindo então com "Amanhã estaremos velhinhos / Contaremos juntinhos / Os segredos do amor, os segredos do amor / Para os nossos netinhos". No momento em que Roberto Carlos cantava essa música, Magda comentou com Edy Silva: "Será que eu e Roberto vamos mesmo alcançar esse tempo juntos?" Edy deu aquela resposta óbvia, afirmativa: "Claro, Magda, vocês são muito apaixonados."

E essa paixão o cantor expressara na balada "Emoção", que havia composto dias antes, mas que não incluiria no disco. A música seria lançada naquele mesmo ano pela dupla Os Vips, formada pelos irmãos Márcio e Ronaldo Antonucci. "Eu acho que Roberto não gravou 'Emoção' porque é um tipo de música mais indicada para um dueto do que para um cantor solo, e por uma gentileza ele ofereceu a nós", afirmou Márcio. Mas Roberto Carlos não deixou a canção solta: ele produziu aquela gravação dos Vips, fez o arranjo, foi ao estúdio, conduziu as vozes e os instrumentos. Na letra de "Emoção" ele fala exatamente daquele momento da viagem de Magda para os Estados Unidos: "Eu queria pedir pra você ficar / Mas a voz não me saiu e eu não pude nem falar / Eu queria pedir pra você não ir / E ficar perto de mim, eu queria lhe pedir." Na segunda parte ele manifesta a certeza de que a viagem não afetará a relação dos dois porque "o nosso amor é grande até demais / E vai durar até você voltar". E se eram mesmo apenas três meses de ausência da namorada, que passassem logo, porque Roberto Carlos ficaria contando as horas e os dias para o reencontro.

Com o novo disco do cantor pronto, a CBS mobilizou toda a sua equipe de divulgação. A aposta de alguns da gravadora era de que a faixa de maior sucesso seria o rock "Os sete cabeludos", de Roberto e Erasmo Carlos, um animado tema, que fala de gangues, garotas, velocidade, bem naquele clima de juventude transviada. Outros apostavam que seria "Eu sou fã do monoquíni", composição apenas de Erasmo, mas assinada pela dupla, que exalta o ousado traje de praia, precursor do topless, lançado em 1964 pela modelo Peggy Moffitt. "Broto tem que usar monoquíni / Não suporto mais o biquíni", atiçava Roberto Carlos. Entretanto, o inesperado aconteceu, pois o maior sucesso de execução e vendagem do LP *Roberto Carlos canta para a juventude* não foi nenhuma das faixas anteriores, e sim a romântica "Não quero ver você triste", com seus três minutos e cinco segundos de duração sem nenhuma voz cantando. Em julho, ela alcançou o primeiro lugar em vendagem de compacto simples na Guanabara, na pesquisa de *O Globo*; e depois o terceiro lugar em compacto duplo na pesquisa nacional do Ibope. Por várias vezes Roberto Carlos foi cantá-la no programa *Rio Hit Parade*, produzido por Jair de Taumaturgo na TV Rio. Não por acaso, Erasmo Carlos afirmou que essa composição foi a que mais lhe rendera direitos autorais até então.

"Não quero ver você triste" repercutiu bem entre os próprios artistas da nossa música popular, e a cantora Sylvia Telles decidiu gravá-la. Como, no entanto, não queria declamar, e sim cantar, pediu ao irmão Mário Telles para fazer uma letra. No ano anterior, ele também havia colocado letra em "Nanã", tema de Moacir Santos que se tornaria um clássico da MPB. Mário tinha companheiros como Vinicius de Moraes, Cyro Monteiro e o violonista Baden Powell, com quem compunha canções em noites regadas a álcool. Pois ele comprou uma garrafa de uísque e foi para a casa de Sylvia, em Copacabana, ouvir o LP *Roberto Carlos canta para a juventude*. Mário aprendeu a melodia de "Não quero ver você triste", transportou-a para o samba e fez os versos, encaixando-os nos compassos. "Eu passei aquela noite tomando uísque e ouvindo a canção de Roberto Carlos. Às sete da manhã a letra estava pronta", lembrou. Não é uma letra muito inspirada, mas ficou no estilo bossa nova, como queria a irmã, que a gravou para um single acompanhada pelo conjunto de Roberto Menescal: "Olha o céu / Repara o mar que há muito mais pra te mostrar / Não chore, não, não fique triste assim." Mário só pediria autorização para Roberto e Erasmo com sua versão já pronta. Ele enviou para os autores uma fita com Sylvia Telles cantando a nova letra, com o arranjo que seria gravado. Roberto e Erasmo autorizaram sem demora ou qualquer restrição. "Eles já estavam com sucesso, mas não tinham o status de Sylvinha Telles, e isso facilitou", disse Mário, que assinou um contrato não como "coautor", mas como "adaptador" da letra original. A gravação de Sylvia Telles ganhou três estrelas e meia das quatro possíveis na coluna do rigoroso crítico Sylvio Tullio Cardoso em *O Globo*.

Sobre a gravação de Roberto Carlos os críticos praticamente nada comentaram. Uma exceção foi Romeo Nunes, do *Diário de Notícias*, com uma resenha bastante elogiosa ao novo disco, que mais uma vez chegava sem ficha técnica. Ele então parabeniza o produtor anônimo "especialmente pelas 'bolações' de 'História de um homem mau' e 'Não quero ver você triste', duas das excelentes faixas deste novo LP do jovem cantor Roberto Carlos", destacando também a interpretação dele "cantando serenamente, com naturalidade e sem 'recursos'. Sua voz, aliás, está excelentemente gravada, em um plano ideal para seu pequeno volume". Em sentido oposto, em sua coluna no *Jornal dos Sports*, o comentarista Sérgio Noronha reclamou dos musicais da televisão, com seus programas "rastaqueras", "ridículos", que "agridem o telespectador", citando o *Rio Hit Parade*, da TV Rio, "onde Ângela Maria pode nos agredir impunemente com 'Falhaste coração' e o Roberto Carlos bancar o shakespeariano no seu monólogo de 'Não quero ver você triste'".

Nas diversas regravações dessa música ao longo do tempo, intérpretes como Waldick Soriano, Benito di Paula e Ronnie Von optaram pela versão com "monólogo"; outros, mais identificados à chamada MPB, como Claudette Soares e Leny Andrade, gravaram cantando a letra de Mário Telles. A cantora Joanna fez um misto das duas versões no seu álbum *Joanna em samba-canção*. Uma linda gravação é a de Marisa Monte em dueto com Erasmo Carlos, com ela cantando e ele declamando "Não quero ver você triste". Há também versões apenas instrumentais como as de Lyrio Panicali, Déo Rian e Eduardo Lages.

Magda Fonseca chegou a Nova York no fim de fevereiro de 1965, no inverno, com o hit "Downtown", de Petula Clark — tema bem apropriado —, bombando na cidade. Por coincidência, a namorada de Roberto Carlos se hospedou no hotel onde estava também o violonista Luiz Bonfá, famoso pela canção "Manhã de carnaval", do filme *Orfeu negro*. Numa conversa no saguão com um grupo de brasileiros, Bonfá ficou sabendo que Magda era carioca e filha do empresário Alceu Fonseca, que ele conhecia do rádio. "Você canta?", perguntou-lhe Bonfá, que naquele momento ajudava o amigo Sérgio Mendes a montar o grupo Brasil-65, com o qual o pianista iria se apresentar nos Estados Unidos. Além do trio básico (Sérgio Mendes, Sebastião Neto e Chico Batera), o grupo já tinha Rosinha de Valença (violão) e Wanda Sá (vocal), mas ele queria incluir mais uma vocalista feminina para formar um sexteto. Sua primeira escolha tinha sido a cantora Nara Leão, mas ela recusara o convite, justificando que, "se eu fosse para os Estados Unidos, o pior que poderia me acontecer era nada, ser um fracasso. E o melhor era fazer sucesso, o que seria um terror. Se eu me tornasse uma cantora de sucesso mundial, eu me acabaria como pessoa de vez".

Magda também recusou, explicando que gostava muito de música, trabalhava em rádio, mas que não sabia cantar. Isso, porém, era algo que alguns também diziam de Nara, e talvez por essa razão Luiz Bonfá tenha prosseguido na tentativa. "Impossível. Sabe cantar, sim, toda carioca canta. Vou ali pegar meu violão pra gente ensaiar", disse, parecendo mesmo disposto a levá-la logo até Sérgio Mendes. "Imagina! Eu não canto nada, desafino", retrucou Magda, que entrou em desespero com a insistência. Bonfá até explicou que seria apenas por um breve período, só até Sérgio Mendes encontrar uma cantora definitiva para o Brasil-65. Entretanto, Magda não quis conversa. "Eu comecei a passar a mal. Imagina, ir pro palco cantar nos Estados Unidos? Eu tinha acabado de chegar ali para fazer um curso de inglês. Eu fugia de Bonfá no hotel. Ele aparecia de um lado com o violão e eu saía por outro. Era até engraçado."

Após assinar contrato com a gravadora Capitol em abril daquele ano, Sérgio Mendes lançou nos Estados Unidos o seu primeiro álbum com o grupo Brasil '65 — e ainda sem a segunda vocalista feminina, como planejara. A que poderia ter sido, Magda Fonseca, seguia firme em Nova York apenas estudando inglês. Mais até do que desejava o namorado Roberto Carlos, porque, depois do curso básico, ela decidiu ficar mais três meses para fazer o intermediário. No tempo em que esteve fora, o casal se comunicava por telefone, cartas e fitas de rolo, que iam e voltavam pelo correio. Nas fitas, além de gravar mensagens para a namorada, Roberto Carlos mostrava suas novas canções — algumas dedicadas especialmente a ela. Foi assim em maio de 1965, quando Magda recebeu uma fita de Roberto com uma música feita naqueles dias de saudade e de alegria por saber que os três meses de ausência da namorada estavam acabando. E o título da nova canção era exatamente "A volta": "Estou guardando o que há de bom em mim / Para lhe dar quando você chegar / Toda a ternura e todo o meu amor / Estou guardando pra lhe dar."

É um lindo tema para saudar o reencontro de um casal apaixonado, como destaca o autor na segunda parte da letra: "Grande demais foi sempre o nosso amor / Mas o destino quis nos separar / E agora que está perto o dia de você chegar / O que há de bom vou lhe entregar." Magda, no entanto, não voltou no prazo prometido, o que deixou Roberto Carlos muito triste e chateado. Tão chateado que ele nem quis gravar a canção, preferindo entregá-la a Os Vips, que fariam dela um dos grandes sucessos da Jovem Guarda e o maior da carreira da dupla. Mas novamente Roberto Carlos cuidaria da produção da música, preparando o arranjo, indo ao estúdio, orientando o vocal e a base instrumental com a banda Os Incríveis. "Roberto fez questão de estar ali com a gente no momento da produção do disco", lembrou Márcio Antonucci, que tocou órgão na gravação. "A volta" só seria gravada por Roberto Carlos quase quarenta anos depois, e de novo fazendo muito sucesso, como tema do personagem Jatobá, interpretado pelo ator Marcos Frota na novela *América*, da TV Globo. "Era um personagem com deficiência visual que mostrou para o Brasil inteiro que, aos olhos de Deus, somos todos iguais. Cada vez que essa música toca, eu me emociono muito", diz o ator.

17

FESTA DE ARROMBA

"Vejam só que festa de arromba
Noutro dia eu fui parar
Presentes no local o rádio e a televisão
Cinema, mil jornais, muita gente, confusão"
Do single *Erasmo Carlos*, 1965

Fundada pelo empresário paulista Paulo Machado de Carvalho, a TV Record, Canal 7, viveu sua melhor fase na década de 1960, período dos grandes musicais e festivais produzidos pela emissora. Enquanto as duas principais concorrentes, a Tupi e a Excelsior, priorizavam novelas e jornalismo, a TV Record investia em esporte e musicais, tradição herdada da Rádio Record, mais antiga, que era comandada por um dos filhos do patriarca, Paulinho Machado de Carvalho. Numa das primeiras reuniões após assumir também a direção artística da TV, ele definiu a filosofia da emissora: "Não dou vida longa a novelas. Vamos investir nos musicais", decisão que faria imenso bem à música popular. Além de trazer atrações internacionais como Louis Armstrong, Nat King Cole e Ray Charles para cantar no Teatro Record, a emissora investia pesado num elenco nacional: Orlando Silva, Elizeth Cardoso, Jair Rodrigues, Elis Regina, Nara Leão e outros jovens à vista... A Era do Rádio da música popular brasileira chegara definitivamente ao fim com a escalada da TV Record na década de 1960. O objetivo de todo cantor popular não era mais aparecer no auditório de programas como o de Cesar de Alencar, e sim na emissora de televisão da família Machado de Carvalho.

Em julho de 1965, a TV Record tinha três grandes musicais no horário nobre da sua programação: *Astros do disco*, atração mais antiga focada no *hit parade*, apresentada por Randal Juliano, *O fino da bossa*, com Elis Regina e Jair Rodrigues cantando a moderna MPB, e *Bossaudade*, dedicado à velha guarda, com Elizeth Cardoso e Cyro Monteiro. Faltava um programa para a garotada que gostava de rock'n'roll — algo que a própria Record já tinha oferecido no passado. Em 1961, por exemplo, os irmãos Tony e Celly Campello se apresentavam ali nas noites de terça, se alternando no palco com convidados do pop nacional. Depois foi a vez do disc jockey Antônio Aguillar comandar no horário da tarde o programa *Reino da juventude*, que não era uma produção da Record, e sim um horário comprado por uma agência de publicidade que patrocinava o programa. Trazer ídolos do chamado iê-iê-iê para integrar a constelação de estrelas do Canal 7 parecia algo fora dos planos da emissora naquele momento.

O acaso favoreceria a turma do rock quando em julho de 1965 a emissora perdeu a sua principal atração das tardes de domingo: a transmissão ao vivo de jogos do campeonato paulista de futebol. Alegando crescente queda de público nos estádios, dirigentes dos grandes clubes de São Paulo recorreram à Justiça para revogar uma lei municipal que permitia a transmissão das partidas, mesmo sem pagamento de direitos ou autorização deles. "São Paulo e Corinthians no Morumbi, sem TV", destacou a página de esporte da *Folha de S.Paulo* no dia do clássico, em 16 de julho. Com o imbróglio, abriu-se um buraco na grade de programação da Record, que de repente viu as concorrentes crescerem nas tardes de domingo. Então Paulinho Machado de Carvalho decidiu, finalmente, fazer um programa de música jovem, usando a mesma estrutura dos outros musicais, para competir com força naquele horário.

A ideia era seguir o modelo que a própria emissora já apresentava com êxito em *O fino da bossa*: contratar dois cantores jovens para apresentadores, um homem e uma mulher, como uma forma de agradar ao público de ambos os sexos, que se veria representado. A equipe de produção pensou inicialmente em Celly Campello e Sérgio Murilo. Apesar de Celly ter abandonado a carreira em 1962, e Murilo ter ficado quase dois anos afastado do disco após aquele litígio com a CBS, ambos eram ainda duas grandes referências ao se pensar em artistas de rock no Brasil — sobretudo em São Paulo. Seus antigos sucessos, como "Estúpido cupido" e "Banho de lua" (dela) ou "Marcianita" e "Broto legal" (dele), continuavam fresquinhos na memória do público. Além do mais, os dois eram ainda muito jovens em 1965: Celly, uma senhora de apenas 23 anos, e Sérgio, um garotão de 24. A prioridade era Celly Campello. Primeiro, porque, desde que abandonara a carreira, ainda não tinha surgido outra cantora de rock com o mesmo carisma e popularidade; segundo, porque sua volta especialmente para comandar um programa de televisão seria uma atração por si só capaz de alavancar a audiência. A equipe de produção já imaginava toda uma campanha publicitária explorando essa volta da rainha do rock nacional ao lado do rei Sérgio Murilo — os dois ídolos pioneiros da juventude brasileira.

Mas, como diria Garrincha, faltou combinar com os russos. O empresário Marcos Lázaro — que era associado à TV Record —, ficara encarregado de levar o convite à cantora. Ela até o recebeu em sua casa, em Campinas, porém não aceitou retornar à carreira artística. "O café tremeu na xícara do Marcos Lázaro, quando eu recusei sua proposta", contaria Celly, anos depois. Pior para Sérgio Murilo, pois, sem a presença da "rainha do rock", enfraquecia-se a ideia de trazer o "rei" — tanto mais porque, segundo depoimento em off de três ex-funcionários da TV Record, a alta cúpula da emissora teria vetado o nome dele por ser um cantor homossexual. Ainda segundo essas fontes, o veto não seria para a participação de Sérgio Murilo no programa, mas tão somente para ocupar a função de apresentador, porque a família Machado de Carvalho, católica, conservadora, considerava não recomendável ter alguém assim no comando de um programa para adolescentes. Registre-se que, em depoimento ao autor, em dezembro de 2004, Paulinho Machado de Carvalho negou essa versão — embora Sérgio Murilo não tenha sido mesmo convidado para comandar a nova atração.

Dois outros ídolos do rock'n'roll nacional foram então sugeridos pela produção — mas acabaram também descartados. O cantor Ronnie Cord, dos então recentes sucessos "Rua Augusta" e "Biquíni de bolinha amarelinha", e Demétrius, que também chegara ao topo da parada com a balada "O ritmo da chuva". Um dos dois bonitões poderia ser o apresentador. Ocorre que durante a reunião alguém lembrou que Ronnie Cord tinha se casado no mês anterior, e o outro também, pouco tempo antes. Aquilo era um complicador, porque na época também não era recomendável entregar o comando de um programa de música jovem a um homem casado, pois, em tese, o público feminino não teria razão para suspirar e sonhar com ele. Demétrius e Ronnie Cord foram depois contratados pela TV Record, mas apenas para compor o elenco do novo programa, não para apresentá-lo.

Com exceção de Sérgio Murilo, todos os cantores sugeridos pela produção até aqui eram de São Paulo, o que se explica pelo fato de a Record ser uma emissora paulista e ter sua programação transmitida ao vivo apenas para aquele estado. Mas, diante da recusa de Celly Campello e do descarte de Sérgio Murilo, Ronnie Cord e Demétrius, era chegada a hora de pensar em outros artistas, mesmo que de outros lugares. E o próximo nome lembrado foi o de... Erasmo Carlos. Isso mesmo. Antes de pensar em Roberto Carlos, o Canal 7 tinha cogitado o nome de seu amigo e parceiro de canções, pois, naquele momento, meados de 1965, Erasmo pintava nas paradas com seu primeiro sucesso nacional: "Festa de arromba." A própria música já sugeria um programa de televisão e seu elenco inteiro, uma grande festa reunindo os principais artistas do chamado iê-iê-iê. E a TV Record não precisava de mais do que isso para fazer um programa: uma música de sucesso e um cantor.

Ressalte-se que a expressão "Festa de arromba" — que ficaria tão associada a Roberto, Erasmo e sua turma — é muito mais antiga do que se imagina. Pelo menos desde o século XIX, em pleno regime monárquico de D. Pedro II, já circulava na imprensa. Um exemplo disso está em *O Estado de S. Paulo* (então *A Província de S. Paulo*), quando afirmou que os jornais da corte ocupavam-se de um baile no antigo Cassino Fluminense oferecido pelos amigos do visconde de Figueiredo, um burocrata do governo imperial. "Ao que referem foi uma festa de arromba", diz a nota de agosto de 1879. Na primeira metade do século XX essa expressão ganhou também a publicidade, aparecendo com destaque, por exemplo, num anúncio do magazine paulista Triunfo, em 1943: "Uma festa de arromba", com "deslumbrantes sortimentos e preços arrebatadores!" Esse magazine usaria a mesma expressão, em letras garrafais, em outros anúncios ao longo das décadas de 1950 e 1960, fazendo de "Festa de arromba" quase um slogan da empresa.

Na letra dessa nova composição, Roberto e Erasmo descrevem uma festa que nunca existiu naquele cenário e com aqueles personagens. Mas a ideia de fazer a música surgiu depois de participarem de edições festivas da *Discoteca do Chacrinha*, na TV Rio, e da entrega dos troféus dos "Favoritos da nova geração", promovido pelo disc jockey José Messias, da Rádio Guanabara, ambas em novembro de 1964. Foram dois programas especiais de fim de ano, com todo o elenco de contratados e de convidados das emissoras. O trânsito de Copacabana parou na noite de transmissão do programa do Chacrinha. A produção chegou a alugar um calhambeque de verdade para Roberto Carlos desembarcar na porta da TV Rio. Mais exagerado, o cantor-caubói Paulo Bob chegou montado num cavalo branco. O programa especial de José Messias foi transmitido de um grande ginásio da Tijuca, também com a participação de Roberto, Erasmo, Wanderléa, Rosemary, The Clevers, Cleide Alves, José Ricardo e outros ídolos da nova geração. Dias depois, Erasmo então imaginou musicar uma grande festa daquelas, mas tendo como cenário uma mansão com piscina e vários andares por onde os convidados se espalhariam, alguns se apresentando ao mesmo tempo. "Renato e Seus Blue Caps tocavam na piscina / The Clevers no terraço / Jet Black's no salão", diz um trecho da letra.

Ao todo, em "Festa de arromba", os autores citam dezesseis nomes do então pop-rock do Rio e de São Paulo. E Roberto e Erasmo foram salomônicos na escolha, pois dividiram o elenco da festa entre oito paulistas e oito cariocas, com o claro objetivo de agradar aos fãs e disc jockeys das duas principais cidades do país. A canção começa citando três nomes de São Paulo: Ronnie Cord, Prini Lorez e Meire Pavão. Depois cita três do Rio: Wanderléa, Cleide Alves e a banda Renato e Seus Blue Caps. Em seguida mais três paulistas: The Clevers (Os Incríveis), The Jet Black's e The Bells. Na sequência aparecem mais dois artistas do Rio, Rosemary e Roberto Carlos. E então dois paulistas, Tony Campello e Demétrius. Fechando a conta com três cariocas: Sérgio Murilo, José Ricardo e Ed Wilson.

Alguns desses nomes continuaram em evidência, outros sumiram no tempo, mas todos tiveram alguma projeção. "'Festa de arromba' me deu uma dor de cabeça danada, por causa dos artistas que não foram citados na letra e vieram reclamar", conta Erasmo. Essa queixa, que ele se acostumou a ouvir ao longo dos anos, às vezes é totalmente despropositada, porque alguns artistas nem tinham ainda começado a carreira na ocasião em que a música foi composta. É o caso, por exemplo, da dupla Leno e Lilian, que gravaria o primeiro disco em 1966; e da cantora Martinha, que só apareceu no final daquele ano. Outros possíveis participantes daquela festa, como Eduardo Araújo e Sérgio Reis, já vinham gravando antes, mas só se projetaram mesmo depois de 1965. Wanderley Cardoso talvez pudesse reclamar, porque era um cantor de sucesso na época. E vários fãs dele escreveram mesmo para Erasmo protestando. Já a não inclusão de Celly Campello foi proposital. Ela era uma senhora casada e afastada da carreira artística. O que estaria fazendo naquela "Festa de arromba"?

No finalzinho da música há um breve trecho declamado, em que Erasmo conta que "de madrugada, quando eu já ia embora, ainda estava chegando gente: The Jordans, The Golden Boys, Trio Esperança, Rossini Pinto... Ih!... Caramba!... Até o Simonal!... O Jorge Ben e o meu amigo Jair Rodrigues. Que festa!" — indicando a adesão de alguns artistas do samba e da bossa nova. O curioso é a referência ao Trio Esperança, chegando "de madrugada", grupo adolescente formado pelos irmãos Mário, Evinha e Regina Corrêa. A cantora, Evinha, por exemplo, tinha então apenas 14 anos. "Acho que Roberto e Erasmo se esqueceram de nos colocar no começo da música. Na verdade a gente sempre chegava e saía cedo das festas, pois tínhamos de acordar cedo no outro dia para ir à escola", comenta Evinha. O Trio Esperança tinha então recebido um presente de Roberto e Erasmo, a música "A festa do Bolinha", que saíra da mesma fornada de "Festa de arromba". A letra dessa outra festa explora o universo do popular personagem dos quadrinhos criado pela cartunista Marjorie Henderson Buell. "Eu ontem fui à festa na casa do Bolinha / Confesso não gostei dos modos da Glorinha / Toda assanhada, nunca vi igual." Lançadas praticamente ao mesmo tempo, as duas festas acabaram disputando o topo das paradas de sucesso. Na segunda semana de outubro de 1965, por exemplo, a gravação do Trio Esperança aparece em primeiro lugar, e a de Erasmo Carlos, em segundo, na lista dos compactos nacionais mais vendidos de O Globo. Já na última semana daquele mês, a posição se inverteria, com "Festa de arromba" assumindo o primeiro lugar.

Os críticos, porém, não gostaram dessa música, implicando especialmente com a frase "que onda, que festa de arromba", cantada no refrão. "Desde quando 'onda' rima com 'arromba'?", indagou o colunista que assinava como Prof. João Henrique, do *Diário de Notícias*. Ele tinha uma coluna intitulada "Escolinha da Praça Paris", local para onde, segundo ele, deviam ir aqueles que maltratassem o idioma português. O professor então julgou que os autores de "Festa de arromba" eram "dois marotos que abusam do direito de ser medíocres e deveriam comparecer à Escolinha para a matrícula, trazendo certidão de nascimento ou outra qualquer prova de que nasceram". O colunista Mister Eco, do *Diário Carioca*, também implicou com aquela rima, afirmando que ela dava a "justa medida da ignorância e da burrice dos seus autores", e que "essa festa do arromba deveria ser realizada numa ilha deserta do Pacífico rodeada de tubarões por todos os lados e sem condução para a volta".

Pois o primeiro título sugerido para o novo programa da TV Record foi exatamente o mesmo da música de Erasmo Carlos. Um grande musical comandado por ele e por uma cantora a ser ainda escolhida. Para acertar os detalhes e conhecer o artista, Paulinho Machado de

Carvalho chamou Erasmo para uma reunião na sede da emissora, em São Paulo. Eles conversaram sobre a possível cantora (Wanderléa ou Rosemary, citadas na letra de "Festa de arromba"), mas aí Erasmo indicou também um amigo que poderia apresentar o programa com eles. Um jovem cantor do Rio que recentemente começara a fazer sucesso em São Paulo. "Foi Erasmo quem me sugeriu o nome de Roberto Carlos", afirmou Paulinho Machado de Carvalho. Segundo o dono da Record, Erasmo teria argumentado que esse seu amigo estava se destacando nas paradas, tinha bastante jeito para a coisa e poderia muito bem fazer o programa com ele.

Se em julho de 1965 a emissora tivesse encomendado uma pesquisa ao Ibope para saber qual cantor de música jovem deveria apresentar seu programa de domingo à tarde, talvez não tivesse perdido tempo em procurar Celly Campello ou qualquer outro nome: o escolhido teria sido mesmo Roberto Carlos. Sim, porque de todos os cantores de música jovem ele era o que tinha acumulado maior número de sucessos até aquele momento. Depois de "Parei na contramão", que o projetara nacionalmente no início de 1964, ele havia emplacado na sequência "É proibido fumar", "O calhambeque", "História de um homem mau", "Aquele beijo que te dei" e "Não quero ver você triste". Nenhum outro cantor jovem da época tinha conseguido tantos hits em tão pouco tempo, nem mesmo Sérgio Murilo. Mas isso só era perceptível para adolescentes e amantes do rock, que se esforçavam para lhe dar algum reconhecimento. Naquele mês, por exemplo, Roberto Carlos foi ao programa do disc jockey José Ribeiro, na Rádio Difusora, em Caxias, na Baixada Fluminense, para receber a faixa de "Rei da Brotolândia" — o título máximo ostentado até então pelo cantor —, oferecida pelos fãs da região.

O fato, porém, é que nenhum desses seus primeiros hits, nem mesmo "O calhambeque", fora um megassucesso como aqueles que Roberto Carlos lançaria brevemente. Por isso Paulinho Machado de Carvalho e os demais executivos da TV Record não viam muita diferença entre Roberto, Erasmo, Demétrius e Ronnie Cord, mal conseguindo identificar quais músicas eram de uns ou de outros. Para eles, Roberto Carlos era simplesmente mais um nome entre um bando de cantores juvenis que gravavam versões de músicas americanas. Foi esse equívoco que Erasmo tentou corrigir naquela reunião com o dono da TV Record. "Não gostei da ideia. Para mim, Roberto Carlos ainda era um chato que vivia querendo aparecer no *Astros do disco*. Mas aceitei que ele fizesse um teste", afirmou Machado de Carvalho.

No final de julho, Roberto Carlos entrou no prédio da TV Record, na avenida Miruna, 713, zona sul de São Paulo, para se submeter àquele que seria o último teste da sua carreira. Ele foi conduzido até o estúdio, onde o aguardavam o dono da emissora e o produtor Manoel Carlos. O teste foi feito com duas câmeras focalizando o cantor. Da sala de videoteipe, Paulinho Machado de Carvalho analisava as imagens naqueles monitores Ampex enormes. "Eu me lembro como se fosse hoje. Estou vendo Roberto aqui na minha frente, sentado em um banquinho, olhando para as câmeras", disse em depoimento ao autor. Ao contrário daqueles vários outros testes aos quais Roberto Carlos se submetera para gravar seu primeiro disco, nesse ele não precisou cantar ou tocar. "Nós não estávamos preocupados com a música nem com a voz dele. O que nos interessava era ver a sua imagem no vídeo."

De fato, na era da televisão, um novo fator passou a ser determinante para a projeção de um artista de música popular: a imagem no vídeo. Uma voz que agradasse muito ao ser ouvida no rádio podia perder o encanto ao aparecer com o rosto do cantor na televisão. Por isso, a escolha de Roberto Carlos só se tornou uma possibilidade quando sua imagem foi vista com atenção pelo dono da TV Record. E aquilo bastou para ele mudar radicalmente de opinião em relação ao artista. "Ao ver na sala de videoteipe as primeiras imagens de Roberto eu realmente me empolguei, porque ele me passou uma expressão infantil, o olhar de quem precisa de apoio e, ao mesmo tempo, uma coisa maternal de quem quer tomar conta de todo mundo. Ali tive certeza de que só poderia ser ele."

Bem, o programa que teria o título de *Festa de arromba* e apresentação de uma dupla agora tomava outro rumo: seria comandado por Roberto Carlos, mais uma cantora e Erasmo Carlos. "Nós não podíamos mais deixá-lo para trás, até porque Roberto era amigo dele e podia não concordar", explicou Machado de Carvalho. Mas, sem Erasmo como o principal apresentador, o título *Festa de arromba*, que agradara à produção, perdeu força, porque remetia a uma música associada exclusivamente a ele. Era necessário pensar em outro nome para o programa. Antes disso, contudo, precisavam também definir qual cantora comporia o trio. Não foi uma escolha fácil, porque, com exceção de Celly Campello, nenhuma outra jovem parecia muito atraente aos produtores. Para eles pouca diferença havia entre nomes como Wanderléa ou Rosemary, ambas ainda pouco conhecidas em São Paulo. No momento do teste elas ficaram muito bem no vídeo, embora Wanderléa parecesse mais desinibida e à vontade. O que definiu mesmo a escolha foi a amizade que já unia Wanderléa a Erasmo e principalmente a Roberto Carlos, seu colega na gravadora CBS.

Wanderléa tem olhos verdes e 1,64 metro de altura, "mas engano muito porque tenho pernas compridas, no palco pareço bem mais alta", confessa. Dias antes da estreia do programa da TV Record, lançara um álbum com a música "Ternura" (versão de Rossini Pinto para "Somehow it got to be tomorrow today"), que seria o seu primeiro grande sucesso nacional, valendo-lhe o apelido de Ternurinha.

Manoel Carlos foi o encarregado de fazer a proposta de contrato aos artistas. A direção da Record ofereceu 4 milhões de cruzeiros mensais a Roberto Carlos, além de porcentagens na renda da bilheteria do teatro e na venda dos videoteipes para outras emissoras. A Erasmo e Wanderléa foram oferecidos 2 milhões mensais a cada um. Roberto Carlos aceitou o que lhe fora proposto, desde que fosse pago o mesmo valor aos outros dois companheiros. "Eu levei a proposta ao Paulinho Machado de Carvalho afirmando que Roberto só assinaria se o valor fosse igual para os três", lembra Manoel Carlos. O dono da Record concordou e ofereceu para cada artista um contrato para seis meses de programa — tempo médio de duração dos musicais da TV de então.

A questão do patrocínio foi encaminhada ao publicitário Carlito Maia, sócio da Magaldi, Maia & Prosperi, agência sediada no 21º andar de um prédio na avenida Paulista. A ela caberia encontrar empresas interessadas em patrocinar o programa de música jovem da TV Record. Entretanto, as primeiras consultas aos possíveis patrocinadores não foram muito animadoras. Alguns empresários temiam a identificação de seus produtos a artistas cabeludos, que poderiam evocar a delinquência juvenil, a rebeldia ao sistema, à pátria ou à família. Outros se interessavam pelo programa, mas não conheciam Roberto Carlos, nem Erasmo e muito menos Wanderléa. Cantores jovens para esses homens de negócios, na época em torno dos 40, 50 anos, ainda eram Celly Campello ou Sérgio Murilo. Onde estavam eles? Carlito Maia então informava que Celly tinha abandonado a carreira, e que a onda agora era Roberto Carlos e não mais Sérgio Murilo. Explicava que o novo cantor subia cada vez mais nas paradas de sucesso, enquanto o outro mantinha a carreira estagnada. Um dos clientes da agência era a marca Ovomaltine, que queria mesmo a imagem de um ídolo jovem para divulgar o produto. Carlito Maia foi lá com discos e fotos de Roberto Carlos, defendendo que aquele era o artista ideal. "Mas deu tudo errado. O pessoal da Ovomaltine não quis saber de Roberto Carlos", afirmou o publicitário. Diante disso, Maia e seus sócios, João Carlos Magaldi e Carlos Prosperi, decidiram eles próprios bancar o novo programa. A agência lançaria no mercado a marca "Calhambeque", explorando o título da conhecida gravação de Roberto Carlos. A grife seria franqueada para diversos produtos, como calças, cintos, broches, blusões, mediante o recebimento de royalties. Para o artista, foi um ótimo negócio, pois ao mesmo tempo garantia a realização de seu programa e aumentava ainda mais o seu rendimento mensal.

Ah, sim, faltava ainda definir o título do programa. Numa reunião com os artistas e a direção da Record, Carlito Maia sugeriu: que tal *Jovem Guarda*? Ninguém ficou entusiasmado. "Eu não gostei", afirmou Machado de Carvalho. O apresentador Roberto Carlos também não. "Achei o nome estranho", justifica. Mas, como estava se aproximando o dia da estreia e ninguém apresentara ideia melhor, ficou valendo mesmo o título sugerido pelo publicitário. Mas de onde Carlito Maia tirou essa ideia de batizar o programa de *Jovem Guarda*? Anos depois ele divulgou a versão de que se inspirara num discurso de Lenin num congresso da Internacional Socialista. "O futuro do socialismo repousa nos ombros da jovem guarda, porque a velha está ultrapassada" — frase que a rigor é de Engels, mas citada por Lenin naquele seu discurso. Essa versão de Carlito Maia aparece em vários livros, documentários e reportagens sobre a Jovem Guarda. É, de fato, bastante charmosa, especialmente pelo contraste que estabelece entre o universo do cantor Roberto Carlos e o do líder bolchevique. A verdade, porém, é que o publicitário não precisava fazer um caminho tão longo e tortuoso para trazer esse título para o musical do Canal 7.

Desde os anos 1950, a expressão "jovem guarda" já era frequentemente usada pelo colunista social Tavares de Miranda — espécie de Ibrahim Sued de São Paulo —, inicialmente no jornal *Folha da Manhã*. "A animação é total entre as gentes da sociedade paulistana, sobretudo entre os círculos da jovem guarda", dizia ele, por exemplo, numa nota em novembro de 1956. A partir de março de 1960, a expressão também deu título a uma coluna social assinada por Ricardo Amaral — o futuro "rei da noite" — no *Última Hora* de São Paulo. Ali ele desenvolveu o que foi chamado de "coluna social para jovens", focando especialmente os playboys e as mocinhas que transitavam pela rua Augusta, então o point mais chique da juventude paulistana. Seu colega da edição carioca do jornal, o colunista Jacinto de Thormes, passou até a chamá-lo de "Ricardo 'Jovem Guarda' Amaral". De fato, a expressão se popularizou ainda mais através dele, mas continuava também firme na coluna de Tavares de Miranda, como em fevereiro de 1965, ao dizer que "o jovem guarda Gianfranco Matarazzo deverá em breve pôr ponto final em sua habitual temporada europeia".

Portanto, não seria preciso se debruçar sobre tratados e discursos dos revolucionários russos para se deparar com aquelas duas palavrinhas. Elas estavam ali, diariamente, e há muito tempo, ao alcance de qualquer leitor de coluna social em São Paulo. E mesmo que Carlito Maia já conhecesse a tal frase de Lenin, ela não faria muito sentido para um programa musical se não existisse uma coluna social dedicada à juventude com o título *Jovem Guarda*. Aliás, quando ficou decidido que o nome do programa seria mesmo esse, a Record encaminhou, através do diretor Marcelo Leopoldo e Silva, um pedido de autorização tanto a Ricardo Amaral como a Tavares de Miranda. "Adorei a ideia e depois assinei uma carta, ou documento, que o Marcelo me enviou", lembra Amaral. Mas é óbvio que, para o publicitário Carlito Maia — que seria um dos fundadores do PT e criador dos slogans "Lula-lá" e "oPTei" —, era preferível admitir ter se inspirado num discurso de Lenin do que nas páginas de um colunista social. "Carlito inventou aquela versão para dar um toque mais intelectual ao título do programa", confirmou Paulinho Machado de Carvalho.

Nome, apresentadores e forma de patrocínio definidos, era chegado o momento da estreia. Roberto Carlos procurou então se lembrar de tudo o que aprendera com os principais disc jockeys de rádio, até ali sua maior referência em comunicação com o público. E para o cantor foram muito importantes as lições do veterano Jair de Taumaturgo, um dos pioneiros na divulgação da música jovem no Rio de Janeiro, especialmente com seu programa *Hoje é dia de rock*, no auditório da Rádio Mayrink Veiga. Jair dava muitas dicas de como Roberto Carlos devia se movimentar naquele palco e tornar sua performance mais dinâmica e moderna. "Não tenho palavras para descrever o quanto ele me ajudou no começo. Jair sempre soube me compreender e dele recebi valiosíssimos conselhos", afirmaria o cantor. Pois foi Jair de Taumaturgo quem sugeriu a Roberto Carlos fazer aquele peculiar gesto de apontar o indicador com o corpo curvado e a cabeça abaixada ao anunciar a entrada de algum artista no palco.

O primeiro *Jovem Guarda* foi ao ar no domingo, dia 22 de agosto de 1965, às 16h30. Ao longo da semana, a chamada para o programa, curiosamente, foi no estilo bossa nova: Roberto Carlos aparecia sentado num banquinho com um violão, tocando "Não quero ver você triste", seu maior sucesso naquele momento. Depois de uma breve introdução, assobiando a melodia, ele levantava a cabeça, mirando a câmera. "Olá, pessoal, aqui é Roberto Carlos. Estarei com vocês na TV Record a partir deste domingo, às quatro e meia da tarde, no programa *Jovem Guarda*. Espero contar com todos vocês" — e seguia tocando mais um trecho da música.

Até então, o cantor tinha apenas um Volkswagen, mas no dia da estreia um amigo lhe emprestou um Impala conversível para que chegasse ao Teatro Record num carro melhor, à altura de um ídolo da juventude. O condutor foi o seu próprio baterista Dedé, e eles chegaram ao teatro, na rua da Consolação, três horas antes de o programa começar, quando havia pouca movimentação na entrada. Era preciso acertar os últimos detalhes com a produção e também esticar seu cabelo crespo, dando aquela aparência de cabeleira lisa — semelhante à dos Beatles. O artista ficou então nos bastidores usando uma touca daquelas feitas de meia de mulher. Próximo do momento de entrar no palco, retirou a touca e penteou-se cuidadosamente, utilizando um secador elétrico por cerca de dez minutos. Era uma operação trabalhosa, mas indispensável para ele. E, como último ato antes de encarar as câmeras e a plateia, Roberto Carlos tomou duas taças de vinho Saint Raphael, suficientes para relaxar a tensão e calibrar a garganta. Agora sim, ele estava pronto para dar início àquele que se tornaria o maior programa de música jovem de todos os tempos da televisão brasileira.

Pontualmente às 16h30, abriu-se a cortina do Teatro Record. E Roberto Carlos apareceu de cabelo à la Beatles, botas, calça justa, paletó sem gola, pulseira de prata no pulso esquerdo e anéis de ouro e jade nos dedos da mão direita. O público superlotou o teatro, e muita gente ainda ficou de fora, inclusive convidados da produção, que não encontraram seus lugares reservados. Em meio à barulheira de guitarras elétricas, bateria, palmas e coro de vozes femininas, o cantor agradeceu a presença de todos, saudou o público de casa e começou a cantar: "Vinha voando no meu carro quando vi pela frente / Na beira da calçada um broto displicente." Roberto Carlos estreou no programa com o rock "Parei na contramão", o seu primeiro sucesso em São Paulo, o seu primeiro hit nacional, a música que ele mesmo definira como a sua "moedinha número um". A plateia o acompanhou com palmas durante toda a execução da música.

Foi no momento de chamar ao palco o seu mais constante parceiro que Roberto Carlos fez aquele gesto sugerido por Jair de Taumaturgo, que, de tão repetido a partir daí, se tornaria uma de suas marcas registradas: o cantor abaixou a cabeça até a altura dos joelhos, esticou o braço e de dedo em riste anunciou: "E agora com vocês o meu amigo Eraaasmo Caaaaarlos." Os dois se abraçaram e em seguida Erasmo cantou o sucesso "Festa de arromba". Depois foi a vez de Roberto chamar ao palco a maninha Wanderléeeeeeea! De calças pretas bem justas, blusa e botinhas pretas também, Wanderléa estreou cantando "Exército do surf" e já dançando de forma sensual, a mão junto à pélvis — talvez uma adaptação da coreografia da dança do ventre que ela, como filha de libaneses, trazia no seu inconsciente.

Ao longo de uma hora de programa, também se apresentaram os cantores Ronnie Cord, Tony Campello e Prini Lorez — cover do ídolo de origem hispânica Trini Lopez. A cantora carioca Rosemary mandou tremenda brasa, assim como as bandas paulistanas The Jet Black's e Os Incríveis, ex-The Clevers, todos muito aplaudidos. Naquele domingo, os amantes do futebol não puderam ver ao vivo pela televisão o Santos aplicar a goleada de 4 × 0 sobre a Portuguesa de Desportos, com três gols de Pelé. A partir daí, as tardes de domingo na TV Record ganhavam um novo elenco e acessórios: em vez da bola, as guitarras; e em vez de jogadores como Pelé, Coutinho e Pepe... entravam em cena Roberto, Erasmo, Wanderléa e outros ídolos da música pop nacional.

Nesse dia, o amigo emprestara o Impala apenas para a ida do cantor até a televisão. Após o fim do programa, Dedé foi buscar o Volkswagen dele, que estacionou do outro lado da rua, em frente ao Teatro Record, já com as portas abertas para facilitar a acomodação de Roberto Carlos. No camarim, ele trocou o terninho Beatles por uma calça jeans e camisa de manga vermelha, fornecidas por Edy Silva, em transição de divulgadora independente para secretária. O cantor ainda não tinha um esquema de segurança montado, e, assim que apareceu para atravessar a rua, foi cercado por um grupo de mais de trinta meninas e alguns garotos, na faixa dos 15 anos — algo que já vinha acontecendo nos seus shows pelos subúrbios, mas não com a intensidade daquele dia. "Saí relativamente rápido do teatro, mas não deu tempo, as meninas realmente me alcançaram", lembraria. Protegido apenas por Dedé, ele conseguiu chegar até o automóvel, não sem antes ter a sua camisa arrancada do corpo. Inicialmente a manga, depois o colarinho, o bolso — enquanto Edy Silva gritava do outro lado: "Segura o cheque! Segura o cheque!" Na hora nem Roberto nem Dedé entenderam aquele apelo, e os três logo se arrancaram dali no Volkswagen, deixando as fãs gritando e brigando pelo que restava daquela camisa vermelha. Com mais calma, no carro, Edy pôde finalmente explicar seu apelo. É que, na véspera, Roberto Carlos tinha feito um show num clube em São Paulo, e o cachê recebido, um cheque de 200 cruzeiros, fora colocado no bolso daquela camisa, que tinha ficado para trás com os fãs. Ao ouvir isso, Dedé lamentou, dando dois murros no volante. Entretanto, no dia seguinte, no início da tarde, tocou a campainha do apartamento de Edy Silva. Ela foi atender com raiva, imaginando ser mais uma fã atrás de Roberto. Para sua agradável surpresa, porém, era um garoto de uns 13 anos que tinha ido devolver aquele cheque arrancado junto com a camisa. "Foi muita sorte. E que menino honesto! Pena que nunca mais vi esse garotinho, nem sei o que foi feito dele", recordou Edy Silva.

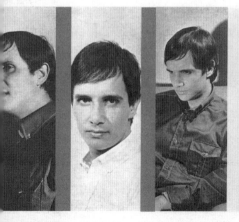

18

MEXERICO DA CANDINHA

"A Candinha vive a falar de mim em tudo
Diz que eu sou louco, esquisito e cabeludo
E que eu não ligo para nada
Que eu dirijo em disparada"
Do álbum *Jovem Guarda*, **1965**

Quando o programa *Jovem Guarda* estreou na TV Record de São Paulo, poucos ficaram sabendo disso no Rio. Na época, a programação televisiva de cada estado não repercutia imediatamente. Mesmo entre os artistas de rock cariocas, próximos de Roberto Carlos, havia quem desconhecesse a existência do musical. Foi o caso, por exemplo, do guitarrista Renato Barros. Certa tarde, ele estava em casa dormindo quando um senhor alto, de terno, bateu à porta procurando-o. Seu pai atendeu até preocupado, pensando tratar-se de algum oficial de justiça. Era um representante da TV Record convidando a banda Renato e Seus Blue Caps para integrar o elenco do *Jovem Guarda*. Ele informava que até já tinha um contrato pronto em São Paulo para eles assinarem. "*Jovem Guarda*? Quem participa desse programa?", quis saber Renato. Ao ouvir que alguns dos participantes eram Roberto Carlos, Erasmo e Wanderléa, a sua surpresa foi ainda maior. Afinal, os três eram seus amigos e a banda costumava tocar nos discos deles. "Até hoje não entendi por que ninguém me contou nada na época", cobrou Renato. Na verdade, tudo aconteceu muito rápido e nem tinha havido tempo de todos serem informados.

Jovem Guarda estreou com um elenco de artistas em sua maior parte de São Paulo, mas, pelas semanas seguintes, aos poucos, Roberto Carlos foi incluindo a sua turma de amigos do Rio — menos Tim Maia, que também ainda nem tinha gravado o seu primeiro disco. Além de Renato e Seus Blue Caps, a TV Record logo contratou o grupo vocal carioca Golden Boys. "Me lembro que Roberto sempre dizia que, no dia que tivesse um programa, nós todos seríamos chamados", afirma Renato Corrêa, vocalista e compositor do grupo. O Trio Esperança — cujos integrantes eram da mesma família dos Golden Boys — também foi escalado. A então adolescente Evinha, que morava com os pais e os irmãos no Engenho de Dentro, subúrbio do Rio, se divertia com as locomoções semanais para fazer o programa. "Eu adorava ir pra São Paulo pegar o avião, achava incrível. No sábado, já ficava ansiosa para viajar. Era o meu divertimento. Mário, Regina e eu tínhamos ataques de risos porque a sobremesa no avião era sempre salada de frutas. A gente se divertia demais", lembra.

Registre-se, porém, que, nesse início, a produção do *Jovem Guarda* teve dificuldade em trazer convidados. "Vários artistas não aceitaram o convite. A gente ia pedir e fechavam a porta", afirma o baixista Bruno Pascoal. Roberto Carlos queria garantir algumas atrações, como, por exemplo, o cantor Wanderley Cardoso, que despontava com grande sucesso. Wanderley prometeu que participaria desde que Roberto Carlos lhe desse uma canção inédita para gravar. Roberto então compôs especialmente para ele a balada "Promessa" — "Amanhã estarei tão distante de ti / Mas prometo sincero serei / Pois nem mesmo a distância consegue fazer / Eu de ti meu amor esquecer" —, que se tornaria um dos grandes sucessos de Wanderley Cardoso. Entretanto, Genival Melo, o empresário do cantor, não permitiu a sua participação no *Jovem Guarda*, sob o argumento de que Wanderley não seria figurante do programa de Roberto Carlos. "Bronqueado, Roberto ficou muito tempo sem falar com Genival Melo", afirma Wanderley.

Jovem Guarda era transmitido ao vivo para São Paulo e depois em videoteipe para outras capitais do país — e não necessariamente no domingo à tarde. No Rio e em Belo Horizonte, por exemplo, o teipe ia ao ar sábado à noite. Aliás, era a primeira vez que Roberto Carlos participava de um programa de televisão gravado em videoteipe. Todos os anteriores, desde o *Clube do Rock*, de Carlos Imperial, eram apresentados somente ao vivo e ele nunca podia se ver no vídeo. Mas então aconteceu de o cantor estar num quarto de hotel em Belo Horizonte e assistir a uma reprise do *Jovem Guarda*, gravado no Teatro Record. "Falei: 'Caramba, eu sou assim? É isso que eu faço, né?' Eu amei aquilo, queria ver outras vezes." A gravação era feita com três câmeras fixas: duas nas laterais e a outra no meio, mudando apenas as lentes. Hoje, o público do auditório é mero figurante dos programas de TV, pois as pessoas são recrutadas pela produção e até recebe lanche no intervalo. Naquela época, a audiência pagava para ver o show que seria transmitido, por isso privilegiava-se muito a plateia ali presente. Soava desrespeitoso, por exemplo, colocar câmeras, fios e microfones atravessando na frente do público. As três câmeras ficavam paradas, e quem estava no Teatro Record assistia àquele programa como se fosse feito especialmente para os presentes, não para quem estivesse em casa. A estrutura do *Jovem Guarda*, bem como dos demais musicais de televisão, seguia basicamente o modelo estabelecido pelos programas de auditório da Era do Rádio. A televisão brasileira ainda não tinha criado uma linguagem própria. Um exemplo disso era o *Brasil 60*, musical da TV Excelsior produzido por Manoel Carlos e apresentado por Bibi Ferreira. A atriz ficava no centro do palco, cantava alguns números, contava histórias e chamava os seus convidados — que entravam pela direita e saíam pela esquerda. *O fino da bossa*, apresentado por Elis Regina e Jair Rodrigues, era a mesma coisa; assim como o *Bossaudade*, sob o comando da cantora Elizeth Cardoso. A diferença é que Elis falava menos que Bibi; Elizeth, menos que Elis; e Roberto Carlos, menos que todas elas. Nesse sentido, o *Jovem Guarda* foi o programa mais estritamente musical. Seu lema, desde a estreia, era pouco papo e muita música.

    Roberto Carlos cultiva superstições desde a infância, mas elas foram alimentadas e intensificadas após ele se tornar um ídolo do *Jovem Guarda*, quando seus rendimentos financeiros deram um grande salto. Isso se verifica, por exemplo, na sua propalada aversão à cor marrom. No tempo das vacas magras, o cantor usava essa cor sem maiores problemas, até porque às vezes ganhava uma peça de roupa marrom e não tinha outra mais nova ou melhor para usar. A atriz Maria Gladys, sua namoradinha da época do Clube do Rock, recorda bem disso. "Naquele tempo, Roberto não era tão supersticioso, ele até tinha um casaco marrom." Pois após receber a sua primeira bolada como apresentador do *Jovem Guarda*, o cantor decidiu abastecer seu guarda-roupa na Via Condotti, um ponto da moda na rua Augusta. Era a primeira vez na vida que ele comprava roupas sem se preocupar em somar o preço dos artigos. O vendedor desceu então caixas e mais caixas de calças e camisas de cores e modelos variados, que Roberto Carlos escolhia feliz como criança em loja de brinquedos. Ele provou inclusive algumas camisas modernas de cor marrom. "São realmente lindas, eu vou levar, sim", disse. Porém, quando o vendedor já se preparava para empacotar as peças, o artista olhou mais uma vez para as camisas marrons e, de repente, se lembrou das histórias que o pai lhe contava na infância sobre o avô. Alguma coisa se processou naquele momento na sua cabeça e ele então pediu para o vendedor excluir as peças. "Por quê?", perguntou ele. "É que meu avô dizia que esse negócio de marrom não é bom pra montar cavalo", justificou Roberto. "Mas você não monta cavalo, né?", contemporizou o vendedor. "Não, mas mesmo assim não vou levar nenhuma roupa marrom." E, de fato, a partir desse dia, Roberto Carlos nunca mais usou marrom, pois já podia se dar ao luxo de montar seu guarda-roupa com modelos de qualquer cor. Começaria a se formar todo um folclore em torno das suas manias e superstições, que foram num crescendo, junto com o seu sucesso.

"O Roberto Carlos terminou de fazer uma canção sobre mim. Muito obrigada, querido! Mas, vê lá, hein?!", comentou Candinha, preocupada, numa edição de outubro de 1965 da *Revista do Rádio*. Ela estava mais uma vez bem informada, porque a música de fato já estava pronta, embora ainda não lançada. Parece que de tanto ter sido alvo da Candinha, Roberto Carlos decidiu dar o troco, fustigando-a numa nova composição feita em parceria com Erasmo Carlos. "Olha o que a Candinha está falando aqui / Puxa, mas como fala", comenta o cantor na introdução da música. A nota que o inspirou a compor "Mexerico da Candinha" fora publicada em julho, quando ela fofocou que "Roberto Carlos guiava em disparada. Estacionou numa casa, entrou e em seguida viu uma radiopatrulha parar perto do carro dele. Ficou com medo e só saiu de lá quando o carro da Polícia foi embora". Esse cenário de juventude transviada à la James Dean levou Roberto a chamar o parceiro para fazerem uma canção-resposta à personagem da *Revista do Rádio*. "A Candinha vive a falar de mim em tudo / Diz que eu sou louco, esquisito e cabeludo / E que eu não ligo para nada / Que eu dirijo em disparada."

A letra da canção — que se tornaria um clássico da Jovem Guarda — foi construída no estilo *list songs*, usado na música americana a partir de compositores como Cole Porter. São canções cujas letras desenvolvem um tema com enumerações de lugares, pessoas, objetos ou situações do cotidiano, como, por exemplo, nos clássicos de Porter "Let's do it (let's fall in love)" (1928), "You're the top" (1934) e "A picture of me (without you)" (1935), que diz: "Imagine a world, where no music was playin' / And think of a church with nobody prayin' / Have you ever looked up at a sky with no blue." O estilo foi também muito usado no Brasil, especialmente nas chamadas canções "baianas", de autores como Dorival Caymmi ("O que é que a baiana tem?") e Ary Barroso (em "No tabuleiro da baiana"), que enumeram ritos, roupas e pratos típicos da Bahia. O mesmo se verifica na produção da MPB dos anos 1960, em canções de Caetano Veloso ("Tropicália"), Gilberto Gil ("Aquele abraço") e Chico Buarque ("Pedro Pedreiro") — nesta última, com aquele personagem que tem uma lista de coisas para esperar: "Esperando o sol / Esperando o trem / Esperando aumento para o mês que vem / Esperando a festa / Esperando a sorte / E a mulher de Pedro / Esperando um filho pra esperar também." No caso da letra de "Mexerico da Candinha", ela igualmente se enquadra no grupo das *list songs*, porque ali Roberto Carlos cita situações, comportamentos e peças do seu vestuário que levariam Candinha a criticá-lo: "A Candinha quer fazer da minha vida um inferno / Já está falando do modelo do meu terno / E que a minha calça é justa / Que de ver ela se assusta / E também a bota que ela acha extravagante."

Na sua sanha moralista, uma das maiores implicâncias de Candinha era com a cabeleira do cantor. "Roberto Carlos, querido, não gosto quando você fica pelos cantinhos, despenteando propositalmente os cabelos", comentou em junho de 1963. Quatro meses depois ela voltaria ao tema. "Usar cabelo comprido eu sei que é moda. Mas sem pentear, como Roberto Carlos, nunca vi! (Nem é bonito.)" No mês seguinte, Candinha especulava: "Já andam insinuando que o cabelo grande do Roberto Carlos não é mais moda, não: trata-se de ordem do seu amor, a MF", fazendo também referência à namorada do artista. Em maio de 1964 lá estava novamente a Candinha xeretando sobre ele. "Por falar em cabelos: me disseram que quem fica duas a três horas acertando a cabeleira, diante do espelho, é o Roberto Carlos... Só vendo para crer!" No mês seguinte, ela mandava outra nota com ironia: "Roberto Carlos usando (mesmo) franjinha... Cabelo enorme, cobrindo as orelhas, e franjinha." No início de 1965, Candinha parecia ainda se escandalizar com a cabeleira do pessoal do rock. "Roberto Carlos tem cada amigo que 'vou te contar'. Basta dizer que o penteado mais respeitável da turma é o do Robertinho."

Para desgosto de Candinha, o autor de "Quero que vá tudo pro inferno" já usava o cabelo com algum comprimento na parte de trás antes mesmo que isso virasse moda com os Beatles. Nesse aspecto a grande influência do cantor não foi nem John Lennon nem Paul McCartney, e sim Loureiro, um garçom que trabalhava com ele na boate Plaza, em 1959. Loureiro era um descendente de ciganos muito malandrão que usava uma cabeleira sedosa nuca abaixo. "Eu achava bacana aquele cabelo do Loureiro e passei a não cortar mais o meu. Quando veio a fase de sucesso, ganhei maior liberdade, e aí deixei que minha cabeleira crescesse ainda mais", disse o cantor. Mas, como a maioria dos artistas de cabelos crespos, naquela época Roberto Carlos usava alisantes ou outros recursos para esticá-lo. Era preciso dar uma aparência de cabeleira lisa como a dos Beatles. O recurso mais comum era a chamada touca de Nero, prática que consistia em pentear o cabelo no sentido horário e aprisioná-lo numa apertada meia feminina. Geralmente Roberto Carlos dormia com uma touca dessas e, antes de qualquer apresentação, trancava-se no camarim e ficava mais duas horas com o cabelo preso. "Aquilo me dava um trabalhão", lembra o cantor. "Era uma tortura ter que fazer aquela touca de meia, deixar o cabelo secar, depois alisar com secador até o cabelo ficar impecável", reconhece Erasmo. Aos domingos, nos camarins da TV Record, praticamente todos os cantores usavam touca de Nero na cabeça. Certa vez, Erasmo Carlos esqueceu a sua em casa e saiu desesperado batendo nos camarins à procura de uma meia feminina. "Tem alguém aí de meia? Wanderléa, você veio de meia?"

Em setembro daquele ano, Roberto Carlos entrou no estúdio da CBS, no Rio, para gravar o seu novo álbum, que seria intitulado *Jovem Guarda*. A ideia de batizá-lo com esse nome foi do chefe de divulgação da gravadora, Othon Russo, sob o argumento de que isso reforçaria tanto a venda do disco como a audiência do recém-lançado programa da TV Record. O produtor Evandro Ribeiro concordou, e embora Roberto continuasse achando aquele nome meio esquisito, não se opôs. Com muito custo, o cantor conseguiu reunir novamente no estúdio os cada vez mais dispersos Youngsters. Quando começou o programa *Jovem Guarda*, em agosto, os rapazes já estavam definitivamente em outra direção. O guitarrista Carlos Becker, por exemplo, passara para o concurso do Banco do Brasil e se preparava para casar com a cantora Célia Villela, que deixaria também a carreira para seguir com o marido uma vida de pacatos cidadãos de classe média. O baterista Romir Andrade, além do compromisso com a faculdade, estagiava em um escritório de arquitetura. Para ele, era um problema participar de gravações até tarde na CBS, porque estudava no turno da manhã, na UFRJ, na Ilha do Fundão. "Eu saía de Ipanema por volta de 6 horas, e numa dessas gravações com Roberto Carlos cheguei amanhecendo em casa, não dormi, fui direto para a faculdade. No meio da prova, dormi e tomei zero."

Era uma situação meio absurda, porque havia alternativas para Roberto Carlos, como a banda Renato e Seus Blue Caps, da sua própria gravadora, disponível, totalmente dedicada à música, melhores instrumentistas, mas o cantor insistia em gravar seus discos com músicos que já não queriam seguir a carreira musical. As fotos da contracapa do álbum *Jovem Guarda* registram praticamente a última sessão de estúdio dos Youngsters com a formação original da banda que surgira com o nome The Angels. O fotógrafo Armando Canuto viera de São Paulo especialmente para fazer as imagens — que estariam no disco, mas sem os nomes da banda ou dos músicos. Embora presente nos dias de gravação no estúdio, Canuto os fotografou apenas nos intervalos, com Roberto e os Youngsters simulando cantar e tocar. "Nós todos posamos para essas fotos. A gente não gravava tão próximo assim um do outro, não. Era muito mais espaçado para o som do instrumento não entrar pelo microfone do outro. Nós nos juntamos ali somente para fazer a foto", contou Jonas Caetano, que em uma das imagens aparece de pé empunhando com vigor seu contrabaixo Alamo Titan.

O repertório desse novo álbum de Roberto Carlos foi montado mais uma vez com composições dele com Erasmo — como "Quero que vá tudo pro inferno" e "Não é papo pra mim" — e de outros autores, incluindo uma eletrizante regravação de "Lobo mau" (do original "The wanderer", hit do cantor Dion, em 1961), em versão feita pelo paulista Hamilton Di Giorgio. Do compositor Rossini Pinto, ele gravou a balada "Eu te adoro, meu amor"; de Roberto Rei, a caymmiana "O velho homem do mar"; e, de Helena dos Santos, "Sorrindo para mim". O compositor (e relações-públicas da CBS) Othon Russo estreava em disco de Roberto Carlos com a quase bossa nova "Gosto do jeitinho dela" parceria com o violonista Amaury Nunes, o Niquinho, músico que nascera no berço do samba do Rio de Janeiro: "Gosto do jeitinho dela / Sempre a balançar o andar / Gosto do jeitinho dela / Fingindo não querer gostar do modo de eu gostar."

Outra estreia foi a de Pilombeta, "o marinheiro compositor", que já acompanhava Roberto havia algum tempo. "Baixinho, gordinho e preto, sempre de terno e sorridente, a figura espalhafatosa de Pilombeta chamava logo a atenção onde quer que estivesse", lembrou Mariano, que o conhecera na mesma época. Num reencontro com o cantor no

Rio, Pilombeta lhe mostrou a canção "Escreva uma carta, meu amor", composta com o irmão Tito Silva, também da Marinha. Aliás, antes de todo o Brasil, Pilombeta foi a primeira pessoa a se referir a Roberto com o título monárquico de "rei". Em seus encontros em rádios ou apresentações em circos, ele sempre o tratava carinhosamente de "meu rei". Porém, como a maioria dos compositores até então, ele não fez "Escreva uma carta, meu amor" para Roberto Carlos gravar. "Honestamente, eu vou confessar. Na época eu andava muito duro e achava que ganharia mais grana gravando esta música com o Anísio Silva" — referência ao cantor de boleros que era um dos campeões de vendagem na gravadora Odeon. Entretanto, naquele ano, Anísio Silva gravou um LP apenas com regravações de temas antigos. E assim "Escreva uma carta, meu amor" acabaria mesmo no disco de Roberto Carlos, que gostou dela desde a primeira vez que ouviu.

Segundo Pilombeta, é a história de um beijo numa noite carioca. "Não havia carta nenhuma, ela nem tinha meu endereço; na música falo da saudade do beijo que ela me deu." A musa da canção seria uma turista paulista que ele conhecera quando cantava num bar da praia da Urca com o violonista e parceiro Tito Silva. "Ela começou a chegar perto da gente, cantar junto, e ficamos ali conversando e tomando cerveja. Os gaviões todos do bar em cima dela, que não deu bola pra mais ninguém". No fim da noite, Pilombeta acompanhou a turista até a porta do Hotel Novo Mundo, no Catete, onde ela estava hospedada, e ali, após trocarem um beijo no rosto, combinaram de se encontrar no dia seguinte para almoçar. "Eu fui o guia dela na cidade. Joelma fez compras, me deu roupas de presente. Depois descobri que ela era amante de um empresário paulista, tinha brigado com ele e vindo passear no Rio. Comigo ela estava apenas curtindo um negrinho sestroso, um Orfeu negro carioca", acredita Pilombeta, mas acrescentando que, no dia da despedida, ela lhe deu um beijo na boca. "Hoje eu sei que ela queria me levar pra cama, mas na hora não entendi. Eu era tímido, ingênuo. Ficou então a saudade que eu registrei na música: 'O beijo que você me deu / Eu guardo até hoje o calor / Escreva uma carta, meu amor / E mande outro beijo, por favor'.

O parceiro Tito Silva foi tocado pelo tema da canção, mas, no caso dele, mais do que um beijo que ficou na memória, foram as cartas a fonte de inspiração. Lembranças de seu tempo de recruta na Marinha, quando ele e os companheiros aguardavam as correspondências de pessoas queridas que moravam distante. "Era uma ansiedade só, tinha o dia certo da semana para receber as cartas dos familiares, amigos e namoradas, e quem não recebia ficava frustrado, aguardando o dia da semana que vem", comentava Tito Silva com o parceiro. Ambos gostaram muito da gravação de Roberto Carlos. "O arranjo na guitarra é espetacular, e Roberto me surpreendeu pela forma como interpretou a música, com suavidade e leveza, dividindo cada frase com sentimento. Quando escutei a música pronta, enlouqueci de vez", afirmou Pilombeta. "Foi meu maior sucesso, e até hoje me emociono quando escuto. Essa música é imortal, porque uma carta de amor tem um valor sentimental imensurável."

Na fase de gravação desse disco, Roberto viu sobre a mesa do Evandro Ribeiro uma pulseira de prata francesa que o outro ganhara de Peter De Rougemont, vice-presidente da Columbia. "Seu Evandro, que pulseira linda! O senhor pode me emprestar? Vou cantar no programa do Chacrinha e queria usar uma peça dessa." "Pode levar, Roberto." Mas, após colocar a pulseira no braço, o artista arriscou mais: "Olha, seu Evandro, como ela ficou boa em mim. Por que o senhor não me dá essa pulseira de presente?" "Se você terminar o disco essa semana, a pulseira será sua." O cantor topou, porém não cumpriu o prazo. "Demorei um mês para concluir o disco, mas ele me deu a pulseira mesmo assim", lembrou Roberto, que depois mandou cravar seu nome naquela peça de prata que se tornaria um acessório inseparável de seu braço — não tirando nem para tomar banho. Um dos movimentos mais característicos do cantor no palco é girar a mão esquerda para balançar essa pulseira.

Em setembro, a CBS lançou mais um novo volume da série *As 14 mais*, o de número 16. A vontade de Evandro Ribeiro era antecipar ali duas faixas inéditas do novo álbum que Roberto já estava gravando. Uma das músicas indicadas pelo produtor foi "Escreva uma carta, meu amor". Entretanto, como o cantor não aprontou as canções a tempo para *As 14 mais*, Evandro decidiu então incluir naquele volume duas outras faixas do seu LP anterior: "Parei... olhei", composição de Rossini Pinto, e "A garota do baile", de Roberto e Erasmo, que explora uma temática bem adolescente: a ansiedade de um garoto para dançar com a menina mais bonita da festa. "Quem não acreditar / Venha ver a multidão que com ela quer dançar / Ela adivinha que eu estou sofrendo / E também querendo com ela dançar..." O curioso é que o artista ia gravar outra música naquele disco: a valsa "Maria Bonita", clássico de Agustín Lara, lançada em 1947, que Roberto conhecera na versão de Francisco Alves, e que costumava também cantar no seu tempo de menino na Rádio Cachoeiro. "Recorda-te de Acapulco daquelas noites, Maria Bonita / Maria querida / Na praia deserta e escura / Tua brancura era uma estrela do céu caída..." Seria uma versão adaptada para o ritmo do iê-iê-iê — algo que ele também faria com o fado "Coimbra", no álbum *Jovem Guarda*. A base instrumental de "Maria Bonita" chegou a ser gravada pela banda The Youngsters, faltando apenas o cantor colocar a voz. Entretanto, a CBS soube que o cantor Cyro Aguiar, da RCA, estava também preparando uma versão em rock dessa música para lançar em single após o carnaval. Roberto Carlos então desistiu de regravá-la e fez outra melodia e letra para colocar no disco, mas inspirado na própria base que os Youngsters prepararam para a canção mexicana. E assim nasceu "A garota do baile", uma Maria Bonita adolescente. Reforçada pela divulgação do novo volume de *As 14 mais* — e pelo palco do *Jovem Guarda* —, a música entrou nas paradas de sucesso, sendo também lançada pouco depois em um compacto duplo.

Na tarde de domingo, 5 de setembro de 1965, Roberto Carlos chegou cedo ao Teatro Record para apresentar o programa *Jovem Guarda* pela terceira semana seguida. Ele ainda estava aprendendo, experimentando, procurando a melhor forma de fazer aquilo. Pois exatamente naquele dia, e talvez sem que o próprio artista soubesse, nascia em Belo Horizonte o seu primeiro filho — mas a quem ele só reconheceria formalmente 25 anos depois, após se submeter a um teste de DNA.

A mãe da criança, Maria Lucila Torres, era uma fã com quem o cantor tivera um caso furtivo em dezembro de 1964. Roberto Carlos tinha ido se apresentar em Belo Horizonte e ficara hospedado no mesmo hotel onde Maria Lucila, uma bela loura de 20 anos, promovia uma linha de cosméticos da Niasa. Começara trabalhando de caixa na empresa, mas sua beleza chamara a atenção dos diretores, e Maria Lucila passou a atuar como modelo na divulgação dos produtos. Roberto se interessou por ela assim que a viu no saguão do hotel. Os dois foram então apresentados pelo empresário do show e ficaram juntos naquele fim de semana. No início do ano seguinte, Maria Lucila descobriu que estava grávida, situação difícil para uma mulher solteira no contexto de Minas Gerais nos anos 1960. E, no seu caso, ainda pior, porque manteve poucos contatos com o cantor, que residia no Rio, onde tinha namorada, e entrava numa fase de crescente sucesso. Assim, no dia do parto, Maria Lucila se encaminhou para uma maternidade pública da capital mineira, onde o menino nasceu. Sem poder usar o sobrenome do pai, mas valendo-se do segundo nome dele, ela o batizou como Rafael Carlos Torres. Na época, ninguém da imprensa, nem mesmo Candinha, podia imaginar que, naquele domingo de *Jovem Guarda*, nascia o primogênito do cantor que estava prestes a ser coroado o rei da juventude do Brasil.

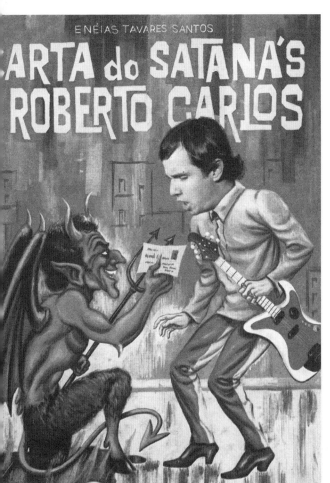

19

QUERO QUE VÁ TUDO PRO INFERNO

"De que vale o céu azul
E o sol sempre a brilhar
Se você não vem
E eu estou a lhe esperar"
Do álbum *Jovem Guarda*, 1965

O pai parecia mesmo disposto a manter a filha afastada de Roberto Carlos. Depois de mais três meses em Nova York para fazer o curso intermediário de inglês, o empresário Alceu Fonseca continuou oferecendo facilidades a Magda e insistiu para que ficasse lá por mais tempo e cumprisse o curso avançado do idioma. Para tristeza de Roberto, a namorada topou adiar outra vez sua volta ao Brasil. O contexto também favorecia. Aquele ano de 1965 era particularmente rico de acontecimentos no cenário musical dos Estados Unidos — algo que atraía demais uma menina radialista e ouvinte de rock. "E assim eu acabei ficando um ano em Nova York, porque estava achando aquilo tudo muito interessante", afirma Magda, que lá acompanhou, por exemplo, a explosão dos Rolling Stones com "Satisfaction", a invenção do funk por James Brown com "Papa's got a brand new bag", os lançamentos de "Help!", dos Beatles, e de "Like a Rolling Stone", de Bob Dylan, além de ouvir nas ruas "A change is gonna come", o hino do movimento pelos direitos civis composto por Sam Cooke.

Naquele mesmo momento, no Brasil, Roberto Carlos parecia preocupado com a possível repercussão negativa de uma nova composição dele com Erasmo. Tanto que, antes de gravá-la, quis saber a opinião das pessoas. A mensagem era forte, ousada, agressiva. Será que daria pé? Num encontro no apartamento de Edy Silva, em São Paulo, ele tocou ao violão o tema que acabara de criar com o parceiro. Logo após ouvir o refrão, Lívio Benvenuti Jr., o Nenê, então baixista dos Beatniks, se levantou exclamando: "Bicho, esta música é do caralho! Isto vai explodir, vai ser um puta sucesso." Edy também ficou alucinada. Dias depois foi a vez de Othon Russo, diretor de relações públicas da CBS, manifestar sua opinião. "Grava logo, isto vai ser sucesso na certa." Quando Roberto Carlos lhe mostrou a canção, o produtor Evandro Ribeiro tampouco teve dúvida: aquela seria a música de trabalho, a faixa de abertura do próximo álbum do cantor. A reação das pessoas indicava que, mais do que um provável hit, Roberto Carlos tinha uma bomba musical nas mãos. E, quando essa bomba explodisse, a sua carreira iria dar uma guinada de 180 graus — mais ou menos como a dos Rolling Stones após "Satisfaction".

"Quero que vá tudo pro inferno" nasceu numa noite fria, em junho de 1965, na cidade de Osasco, em São Paulo. Roberto aguardava sua vez nos bastidores do Cine Glamour, onde participaria de um show com outros artistas de música jovem. Enquanto isso, ao seu lado, Edy Silva rodava o dial de um rádio à procura de execução do disco *Roberto Carlos canta para a juventude*, lançado dois meses antes. Era comum os dois ficarem atentos à programação radiofônica para saber a posição do cantor no *hit parade* e, no instante em que Edy rodou o dial de uma emissora para outra, Roberto Carlos ouviu um fragmento de som que imediatamente lhe sugeriu uma melodia. Isso é algo relativamente comum com os compositores: ouvir determinado som que lhes sugere uma linha melódica. E ali, nos bastidores daquele cinema, Roberto começou a cantarolar uma nova canção, fazendo o ritmo com a mão na parede. "Sabe, Edy, estou fazendo uma música agora, mas tenho que falar que tudo mais vá pro inferno." "É muito bacana, bem diferente, faça logo que quero ouvi-la", incentivou batendo palmas. E ele começou a cantar aquilo e imediatamente criou o refrão: "Quero que você me aqueça neste inverno / E que tudo mais vá pro inferno."

No dia seguinte, chamou o parceiro para mostrar a primeira parte e o refrão da nova música. "Erasmo, bolei um tema aqui, o que você acha?" O amigo também ficou bastante entusiasmado, e juntos eles fizeram a segunda estrofe e o restante da letra, que revela o sentimento de um jovem solitário, apaixonado e rebelde. Foi um trabalho de dois meses, aproveitando intervalos de shows, viagens e bastidores de televisão. Mas, afinal, por que naquele momento Roberto Carlos queria mandar todos para um lugar onde, segundo a Bíblia, o fogo arde com enxofre e há grande tormento, prantos e ranger de dentes?

A inspiração para compor a melodia surgiu por acaso nos bastidores do cinema, mas o tema já havia algum tempo fustigava o artista. Naquela noite fria em Osasco ele apenas expressou em forma de música a saudade que sentia por alguém que estava muito distante. "Minha namorada tinha viajado para os Estados Unidos, e naturalmente naquele dia eu estava pensando nela, e isto sugeriu a música", afirmaria anos depois numa entrevista, mas sem revelar o nome nem o sobrenome da moça, que sabemos tratar-se de Magda Fonseca. Em meados de 1965, quando nasceu "Quero que vá tudo pro inferno", ela continuava em Nova York, e essa longa ausência deixava Roberto Carlos muito triste. O cantor então expressou sua saudade com mais um desabafo musical. "Eu queria que tudo fosse realmente para o inferno. Naquela música eu queria dizer que para mim o que importava era o amor, a saudade que eu sentia e aquelas coisas que envolviam o meu estado de espírito. Então, no momento em que eu fiz aquela música, pouco importava o resto do mundo, porque na minha opinião só o que valia era o amor que eu sentia. Então, que tudo mais fosse realmente pro inferno."

Por volta de agosto daquele ano, Magda recebeu pelo correio uma fita do namorado na qual ele chorava sua solidão e lhe dedicava a nova música. "Oi, Guida, eu continuo aqui sentindo muita saudade de você. Outro dia fui cantar em Osasco e estava um frio tão grande, mas tão grande, que lamentei muito por você não estar ao meu lado para me aquecer. Aí eu desabafei tudo nesta música que fiz especialmente pra você." E Magda então ouviu Roberto Carlos cantar ao violão versos e melodia que brevemente milhões de brasileiros saberiam de cor:

"De que vale o céu azul e o sol sempre a brilhar / Se você não vem e eu estou a lhe esperar / Só tenho você no meu pensamento / E a sua ausência é todo o meu tormento / Quero que você me aqueça nesse inverno / E que tudo mais vá pro inferno."

Magda gostou do que ouviu, ficou sensibilizada com a mensagem, mas não voltou imediatamente para o Brasil porque faltavam ainda alguns meses para concluir o curso de inglês. Enquanto isso, em setembro, Roberto Carlos entrou no estúdio da CBS, no Rio, para gravar "Quero que vá tudo pro inferno", novamente acompanhado pelos Youngsters, porém sem se valer do som do saxofone, já muito usado no twist. Sobre a marcação vigorosa da base baixo/guitarra/bateria, havia mais uma vez no acompanhamento o órgão de Lafayette — o que deixou a música em sintonia com o moderno rock da época. No comando da mesa de som estavam o técnico Jairo Pires e seu auxiliar Eugênio de Carvalho; na supervisão geral, o produtor Evandro Ribeiro. Depois de muita experimentação os técnicos encontraram o eco ideal para realçar a puxada ou chicotada (o nome técnico é glissando) que Lafayette faz na abertura de "Quero que vá tudo pro inferno". Aquele efeito ao deslizar os dedos na tecla acabaria ficando como uma marca registrada dele.

A sessão de gravação foi muito demorada, sobretudo no momento de Roberto Carlos colocar a voz na base pré-gravada. O cantor não ficava satisfeito e repetia várias vezes a canção. Mas Jairo Pires considerou que umas das gravações soara perfeita e pediu ao auxiliar para separar a fita. O artista seguiu cantando sem se contentar com nenhuma das versões. Lá pelas tantas, com todos já cansados, Jairo mandou rodar a fita com a gravação recusada horas antes. Roberto cruzou os braços para ouvir e, eureca!, dessa vez também não teve dúvida: aquela versão estava ótima, era a melhor de todas. "Tinha sido uma das primeiras que fizemos e foi a que ficou valendo", afirma Jairo. "Quando terminamos de gravar, eu pensei: essa música vai ser um estouro. Achei aquilo muito forte", recordou Eugênio de Carvalho.

Para além da melodia contagiante, da rebeldia da letra e do arranjo moderno, um dos méritos de "Quero que vá tudo pro inferno" está na interpretação que o próprio Roberto Carlos quase descartou. Segundo o músico e semiólogo Luiz Tatit, nessa gravação o artista "coloca a voz num ponto de tensão ideal em que o esforço da emissão reflete seu irresistível comprometimento amoroso". Tatit observa que a canção começa com tonalidade menor, que, na psicologia musical, "é mais propensa a representar a tensão disjuntiva: a perda, a ausência, a frustração e todas as paixões terminais da disforia". Para ele, contudo, o grande achado "é a oscilação sinuosa e cromática da linha melódica inicial perfazendo o curso harmônico" da tonalidade menor à maior, como no trecho "de que vale o céu azul e o sol sempre a brilhar". Aí Roberto Carlos "mantém sua voz suspensa numa faixa aguda de tessitura, vibrando como se fosse uma longa duração que consome uma energia de emissão vocal compatível com o grau de sofrimento vivido pelo enunciador".

O êxito de "Quero que vá tudo pro inferno" começou dentro da própria CBS. Todos comentavam e queriam ouvir a fita com a nova gravação de Roberto Carlos. Fato pouco comum, até o pessoal do escritório, que trabalhava no andar de cima, descia à sala da técnica para escutá-la. E todos diziam que a música seria um sucesso. Evandro Ribeiro afirmava isso; Lafayette também; o técnico Jairo Pires idem; a moça do cafezinho ibidem. E todos se enganaram, porque não foi apenas um sucesso. Seria também a canção de maior polêmica e impacto social no país. A rigor, ela não foi lançada, explodiu.

Um padre carioca, Antônio Neves, reagiu antes mesmo de ouvir a gravação. "Eu levei um choque quando soube do título: 'Quero que vá tudo pro inferno'. Imagine se a mocidade toda começa a cantar isso!" Uma canção que assustava apenas pelo título, o que poderia provocar quando todos ouvissem o refrão com aquelas mesmas palavras? Nas ruas das principais cidades do país, transeuntes paravam diante das lojas de disco, incrédulos com o que ouviam saindo das caixas de som. Alguns reclamavam da música, outros assobiavam, outros tantos entravam na loja para comprar logo a gravação. Ninguém ficava indiferente. "Para a época, aquilo foi realmente uma coisa muito forte, agressiva. É como se hoje fosse lançada uma música com o refrão 'quero que vá tudo pra puta que o pariu'", compara a cantora Wanderléa. "Aquilo assustou muita gente. Lembro que havia um comentário geral das pessoas criticando Roberto: 'Esse cara não tem o direito de dizer isso'", afirmou o cantor Wando.

A repercussão ia das ruas ao interior das casas, nas reuniões de família. O jornalista Sílvio Osias, que tinha 7 anos e morava no interior do Ceará, recorda. "Nos sábados, eu e meus primos fazíamos 'shows' para a nossa avó. Católica fervorosa, ela permitia a inclusão da música no repertório, desde que a palavra inferno fosse omitida." Naquele ano, a cantora Clementina de Jesus, recém-erigida a ícone do samba de raiz, se revelaria simpática a Roberto Carlos e à turma da Jovem Guarda. "A época é deles e eu aprovo e até admito as cabeleiras", fazendo apenas uma restrição: "Não gosto muito é do final daquela música mandando tudo para o inferno." O curioso é que Clementina e a avó de Osias antecipavam, em muitos anos, o incômodo que o próprio Roberto Carlos expressaria em relação a esse tema.

De fato, "Quero que vá tudo pro inferno" atingiu em cheio a sensibilidade de um país sufocado pela repressão moral e política. Uma sociedade conservadora que, de repente, se viu tomada por uma canção com um estribilho arrebatador, contendo uma imprecação. Como também observou o jornalista José Teles, "na época, o povo brasileiro ainda cultivava a religiosidade, de missa, procissão, guardar os dias santos. A classe média saíra às ruas, no ano anterior, com Deus para defender a família e a propriedade". O que não impediu, porém, que a Liga das Senhoras Católicas — entidade paulista que marchara contra João Goulart em 1964 — convidasse Roberto Carlos para um show em prol de crianças carentes, para as quais ele também cantou "Quero que vá tudo pro inferno".

Ao retornar de férias na Europa, o cronista José Carlos Oliveira, do *Jornal do Brasil*, se surpreendeu ao ouvir o tema nas rádios, destacando sua atualização com o pop internacional. "Esta gravação está no mesmo nível das melhores dos Beatles", afirmou. De fato, até 1965, o que os Beatles faziam era basicamente iê-iê-iê na linha dos que Roberto produzira com "Quero que vá tudo pro inferno", que, no entanto, não era mera cópia do rock que vinha de fora. Essa gravação seria também importante por consagrar a sonoridade da Jovem Guarda — marcada pela interpretação moderna, sem vibrato, à la João Gilberto, de Roberto, pelo tom coloquial da narrativa, com a linguagem das ruas, na letra, e por aquele som do órgão Hammond B-3 de Lafayette. Representaria, enfim, a definição de um som pop brasileiro, original, no contexto do rock dos anos 1960.

Essa gravação soou tão impactante que muitos ainda se lembram onde estavam e o que sentiram ao ouvi-la pela primeira vez. É o caso da cantora Fafá de Belém, então uma menina de apenas 10 anos. "Nunca me esqueço. Eu estava dentro da Rural Willys de papai, em frente à sorveteria Santa Marta, em Belém, tomando um sorvete, quando começou a tocar 'Quero que vá tudo pro inferno'. Falei na hora: 'Humm, como esse cara é moderno.'" O professor José Miguel Wisnik, então com 17 anos, morava em São Vicente, litoral de São Paulo, e se recorda do momento em que entrou numa padaria e ouviu esta gravação de Roberto Carlos pela primeira vez: "Aquilo parecia saltar para fora do rádio." Outro que também não esqueceu essa primeira audição é o cantor Alceu Valença, recém-ingressado na universidade. "Eu me lembro que estava numa festa, em Recife, o carro parado e eu tomando alguma coisa, já meio bêbado. De repente começou a tocar 'Quero que vá tudo pro inferno'. Eu achei aquilo uma coisa muito forte e bonita."

O futuro cantor e compositor Djavan tinha 16 anos quando descobriu a música de Roberto Carlos numa rádio de Maceió. "Foi um impacto, fiquei muito empolgado. 'Quero que vá tudo pro inferno' foi a primeira música que aprendi a tocar no violão." Quem também estava descobrindo o instrumento era o então adolescente Raimundo Fagner. "Me lembro que logo depois de ouvir essa música eu corri para o violão. E em pouco tempo estava tocando, porque era um tema fácil e que todos cantavam juntos, em coro. A música mexia em muitas feridas e com grande alegria."

Com 16 anos em 1965, o cantor Zé Ramalho morava em Campina Grande, na Paraíba, e também foi atraído por "Quero que vá tudo pro inferno". "A música tocava alucinadamente na rádio e provocava uma emoção coletiva, pois todos paravam tudo para ouvir. Eu adorava aqueles arpejos que o cara faz na guitarra, simples, mas uma aula de base, e também o jeito agressivo de Roberto cantar e, claro, a mensagem de rebeldia." Para Zé Ramalho, a canção se confundia com o cenário de repressão pós-golpe militar que ele ainda não compreendia direito. "Eu me lembro de ver a polícia correndo atrás de estudantes na rua, carros revirados, ônibus incendiados e 'Quero que vá tudo pro inferno' tocando no rádio. Era um cenário louco, um apocalipse danado. E eu ali, inocente, puro e besta, como diz Raul Seixas, vendo estas coisas acontecerem e cheio de sonhos na cabeça."

Assim como repercutiu no Nordeste, terra do forró, do baião e de Luiz Gonzaga, a música de Roberto Carlos alcançou também os morros cariocas, berço de sambistas como Cartola e Ismael Silva. O cantor Luiz Melodia foi testemunha disso. Ele cresceu entre o morro de São Carlos e o largo do Estácio, uma área mitológica do Rio de Janeiro, e ali escutou "Quero que vá tudo pro inferno" pela primeira vez, aos 14 anos. "Foi uma febre no morro. A gente ouvia esta música o dia inteiro." Mesmo quem era bem criança tem uma relação afetiva com esse rock de Roberto Carlos — como, por exemplo, o músico paulista João Gordo, fundador da banda Ratos do Porão. Ele recorda que aos 4 anos ganhou uma guitarra de plástico no Natal, "e minha tia, Francisca, fez pra mim uma camisa igualzinha à do Roberto Carlos, cheia de babados. Eu era desinibido e ficava na porta de casa, vestido de Jovem Guarda, cantando 'Que tudo o mais vá pro inferno'".

Nem São Paulo, nem Nordeste ou morros cariocas. A cantora Nana Caymmi morava na cidade de Caracas, para onde se mudara depois de se casar com um médico de lá. "Quero que vá tudo pro inferno" estourou na Venezuela. "Pra mim foi uma grata surpresa, porque até então eu não conhecia nada de Roberto Carlos. E eu cantava muito essa música para minhas filhas Stelinha e Denise. Irreverente como sou, adoro aquela letra." Sem compartilhar do entusiasmo de Nana, a escritora Edinha Diniz também foi alcançada pelo hit da Jovem Guarda, mesmo em alto-mar. Em fevereiro de 1966, ela embarcou no porto do Rio com destino a Nápoles em um navio italiano da linha

Federico C que fazia a rota Buenos Aires-Roma. "Durante a viagem, 'Quero que vá tudo pro inferno' ocupava inteiramente o ar. Era uma febre. Lembro que nas máquinas de jukebox do navio havia muitas outras coisas para ouvir, mas o que se tocava pra valer era a música de Roberto Carlos. Os jovens argentinos a bordo eram fanáticos por ela, e a cantavam sem parar. De todas as formas, aquela minha viagem foi ao som de 'Quero que vá tudo pro inferno'."

A canção tornou-se, como se dizia, uma coqueluche, e o teatro de revista logo explorou o tema com o espetáculo *Que tudo mais vá pro inferno*, estrelado pelo comediante Colé. Anunciado como "uma revista infernal", ficou vários meses em cartaz no Rio. Logo surgiram também gracejos e piadas, algo que sempre atinge canções de enorme popularidade — que o diga o cantor Teixeirinha, que viu sua autobiográfica "Coração de luto", de 1961, ser transformada em "Churrasquinho de mãe". Dessa vez uma das piadas mais repetidas dizia: "Sabe qual é o nome da bunda de Roberto Carlos? Solidão. 'De que vale a minha boa vida de playboy / Se entro no meu carro e a solidão me dói.'"

Havia, porém, quem não enxergasse graça nenhuma naquilo. O crítico musical Sylvio Tullio Cardoso, por exemplo, lamentava: "A nauseante 'Quero que vá tudo pro inferno' caminha rápido para as 50 mil cópias vendidas." Para tristeza dele, a gravação continuou vendendo "como sorvete em dia de calor", na comparação da *Revista do Rádio*. A equipe da CBS teve de trabalhar vários dias em regime de horas extras a fim de poder atender os pedidos das lojas, que não paravam de chegar. Segundo pesquisa do Ibope, no início de janeiro de 1966 a música liderava as vendas de compacto simples e compacto duplo, e também puxava a do LP *Jovem Guarda*, da qual era a faixa principal, também no primeiro lugar. Abaixo apareciam gravações dos Beatles, de Wilson Simonal e da trilha do premiado filme *A noviça rebelde*. Assim, não era por falta de concorrência que "Quero que vá tudo pro inferno" ocupava o topo das paradas no Brasil.

Como vimos, a canção foi composta no frio, porém lançada no fim do ano, quando a letra não seguia mais a temperatura ambiente. Em pleno verão, sob um calor de 40 graus, toda a juventude brasileira entoava o refrão "quero que você me aqueça nesse inverno". Fato inédito até então, esse iê-iê-iê foi um dos temas mais tocados no carnaval de 1966, rivalizando com as eternas marchinhas "Mamãe eu quero", "A jardineira" e "Alá-lá-ô". Alcançaria, inclusive, as tradicionais feiras do Nordeste, e ali cantadores faziam variações sobre sua letra e melodia. A literatura de cordel também explorou o tema em histórias como *A carta do Satanás a Roberto Carlos*, do poeta popular Eneias Tavares Santos, em que o Tinhoso implorava para o cantor não mandar mais ninguém para aquele lugar: "Tenha de mim piedade / Pare com essa canção / Deixe esse povo lá mesmo / Que na terra tem expansão / Porque aqui no inferno / Tem gente até no portão."

Com seu megafone e boné de aba, o folclórico treinador de futebol Gentil Cardoso fez história no futebol brasileiro com inovações e frases marcantes — umas delas: "Quem desloca, recebe; quem pede, tem preferência." Segundo relato da imprensa, quando treinava o Sport Clube Recife, em 1966, implantou uma novidade: o treinamento físico dos jogadores era sempre realizado ao som de Roberto Carlos, em disco, cantando "E que tudo mais vá pro inferno...".

Como explicar um êxito tão grande e fulminante? O que essa canção trazia de tão especial? Sociólogos, psicólogos e educadores teorizaram sobre o tema, alguns relacionando a mensagem da música a outros contextos da vida que não os estritamente amorosos juvenis. O refrão conteria um grito rebelde contra todos os males existenciais e urbanos: repressão familiar, social e política, baixos salários, trânsito congestionado, falta de água, de luz... Roberto Carlos depois diria que a coisa era bem mais simples. "Eu queria falar apenas de uma mulher mesmo." Mas naquele contexto pouco importava o que o próprio autor afirmava sobre sua canção, pois ela deixara de ser sua propriedade exclusiva com o sentido apropriado por todos. O poeta e ensaísta Augusto de Campos, por exemplo, disse que esta música de Roberto dava "voz a um estado de espírito geral da atualidade brasileira". Até mesmo Alziro Zarur, o carismático líder fundador da Legião da Boa Vontade, manifestou-se sobre o fenômeno. Em seu programa na Rádio Mundial, ele afirmou que compreendia perfeitamente "o drama da juventude rebelada". E explicava aos ouvintes: "É um fenômeno da nossa época. São os jovens inconformados em todo o mundo com a política dos velhos que desgovernam as nações. No setor musical Roberto Carlos encarna esse protesto, que pode ser sintetizado em 'Quero que vá tudo pro inferno'."

O sucesso dela se estendeu até junho de 1966, quando o inverno chegou e a letra adquiriu mais atualidade. Aí, paradoxalmente, a música que alarmava tantos católicos serviria para mais uma campanha filantrópica, dessa vez patrocinada pela própria Igreja. A tradicional Campanha do Agasalho daquele ano teve como slogan a frase "Quero que você me aqueça neste inverno". Durante todo o mês de junho, Roberto Carlos e demais artistas da TV Record apelavam aos telespectadores para contribuírem com roupas e agasalhos para a população carente de São Paulo, onde o inverno é sempre rigoroso. No dia do encerramento da campanha, o cantor comandou uma programação especial que ficou mais de 24 horas no ar. O público se revezava no auditório da Record e o ingresso era um cobertor. Às 2 ou 3 horas da madrugada, o ídolo recebia até crianças acompanhadas dos pais trazendo donativos — além de visitas como a do governador do estado, Laudo Natel, e do arcebispo de São Paulo, dom Agnelo Rossi. E assim, ao mesmo tempo que mandava tudo para o inferno, Roberto Carlos ia construindo a sua imagem de bom moço.

Isso tudo chamou a atenção da grande imprensa para o grupo de jovens artistas que se reunia nas tardes de domingo da TV Record em São Paulo. E se no ano anterior o programa quase não estreara por falta de patrocinador, agora havia uma fila de empresas querendo se associar a Roberto Carlos e ao *Jovem Guarda*. O artista optou pela multinacional Shell, de quem se tornou garoto-propaganda em campanha criada pela Magaldi, Maia & Prosperi. "Você pode confiar na Shell, mora?", dizia ele em um dos jingles. Agora não apenas o público adolescente, mas também adultos, pais, professores, autoridades, todos queriam ver aquele cabeludo que ousadamente mandava tudo para o inferno. A repercussão alavancou a audiência do programa *Jovem Guarda*, que por sua vez amplificou ainda mais o sucesso da canção. Note-se que o programa estreou em agosto de 1965 com uma audiência apenas razoável de 15,5% — e assim se manteve até o final de novembro. Porém, após "Quero que vá tudo pro inferno", os índices começaram a crescer, alcançando o pico de 38% em abril de 1966. O programa *Jovem Guarda* tornou-se assim, definitivamente, uma brasa, mora?

E a carreira de Roberto Carlos também, já que ele viu se abrir um mundo novo à sua frente. Nunca mais foi confundido com outros cantores de música jovem; nunca mais precisou fazer teste, nunca mais foi demitido, nunca mais foi cantar em modestos circos de subúrbios. A partir daí, suas apresentações seriam em grandes ginásios, estádios de futebol e badaladas casas de espetáculos do Rio, São Paulo, Buenos Aires, Lisboa, Madri... Enfim, aos 24 anos de idade e quinze depois de estrear como cantor na pequena Rádio Cachoeiro de Itapemirim, o artista iniciava o seu longo reinado de astro maior da música popular brasileira.

20

EU TE DAREI O CÉU

"Eu te darei o céu, meu bem
E o meu amor também
Eu te darei o céu, meu bem
E o meu amor também"
Do álbum *Roberto Carlos*, 1966

O cineasta Luiz Sergio Person posicionou suas câmeras em pontos estratégicos do imenso auditório do Cine Universo, na avenida Celso Garcia, em São Paulo. Com seus 4.354 lugares, era o maior cinema da América do Sul e o maior espaço disponível para a gravação de um programa de auditório na capital paulista. Person iniciava ali as filmagens de *SSS contra a Jovem Guarda*, um misto de documentário e ficção, anunciado como o primeiro filme de Roberto Carlos. Era um domingo, dia 17 de abril de 1966, quando o programa *Jovem Guarda* teria uma edição especial em comemoração ao aniversário do cantor, que dali a dois dias completaria 25 anos. A TV Record optou por transmitir o programa daquele cinema porque avaliara que o teatro da emissora seria pequeno para o evento. Até o ano anterior, o aniversário de Roberto passava despercebido da imprensa e do grande púbico porque ele ainda não era um fenômeno de popularidade. Porém, após a explosão de "Quero que vá tudo pro inferno" a coisa tinha mudado, e naquela tarde de domingo aconteceria muito mais do que uma "Festa de arromba".

Uma multidão tomou conta dos arredores do cinema na expectativa de ver o ídolo de perto. Moças subiam em carros, outras trepavam em árvores e outras mais se atracavam com policiais. Camelôs se espalhavam com seus tabuleiros, oferecendo pôsteres, chaveiros e outras lembranças do ídolo da Jovem Guarda. Todos os ingressos postos à venda foram esgotados com antecedência. No dia do espetáculo, a produção colocou à venda centenas de bilhetes extras, que também se esgotariam rapidamente. Soldados do Exército e da Aeronáutica foram chamados para ajudar a polícia civil no controle do público que não conseguia entrar. Como medida de segurança, a avenida Celso Garcia foi fechada, e o trânsito da área interditado. "Eu fui pra lá com um carro zero e saí com ele todo amassado. Aquilo foi uma coisa absurda. Até então nunca tinha visto tanta gente reunida para um show, nem uma histeria coletiva tão grande", recordou Márcio Antonucci, da dupla Os Vips.

Dentro do cinema, o público se espremia e o calor chegava a 50 graus, provocando uma onda de desmaios. Numa emergência, a produção optou pela abertura do teto removível do cinema. Ainda assim, a temperatura continuaria altíssima, forçando os rapazes a retirar da cabeça as quentes perucas à la Beatles — uma peça da indumentária de muitos jovens daquela época. O cinema estava superlotado com gente de pé nos corredores, nos balcões e até mesmo na cabine de projeção. Do palco, os artistas olhavam perplexos para o auditório, e, entre lágrimas, Roberto Carlos recebia os convidados do programa que, pela primeira vez, reunia artistas do iê-iê-iê e da MPB: Elis Regina, Wanderléa, Jorge Ben Jor, Erasmo Carlos, Wilson Simonal, Renato e Seus Blue Caps. "Foi realmente um dos momentos mais emocionantes da minha carreira. Eu jamais posso esquecer o que vivi naquela tarde de domingo no Cine Universo", afirmaria Roberto Carlos. "Quantas faixas, flores, telegramas! Quantos presentes! Eu nunca havia imaginado que o amassem assim", exclamou sua mãe, dona Laura.

No final, foi necessário que os policiais desembainhassem seus sabres para que os fãs abrissem caminho ao carro do artista. E, cercado de batedores com sirenes estridentes, ele rumou direto para o aeroporto de Viracopos, em Campinas, de onde embarcaria para uma apresentação em Lisboa, na sua primeira viagem à Europa. Muito além de um programa de televisão ou de uma festa de aniversário, o que aconteceu naquele domingo de abril de 1966, no Cine Universo, foi a explicitação de um novo fenômeno: o fenômeno Roberto Carlos. Era a primeira grande manifestação de histeria coletiva em torno do novo ídolo, marco do início da robertomania — e lá estava o diretor Luiz Sergio Person registrando esse momento histórico para o cinema.

Paulista, então com 30 anos, Person era uma das revelações do cinema brasileiro. No ano anterior, dirigira o drama *São Paulo, sociedade anônima* — hoje, um clássico —, que problematiza o cotidiano de um jovem executivo paulistano (Walmor Chagas) no contexto da então recente industrialização do país. Seu projeto seguinte seria outro drama (e outro clássico), *O caso dos irmãos Naves* (com Juca de Oliveira e Raul Cortez), abordando um fato verídico de injustiça e tortura ocorrido na ditadura do Estado Novo para traçar um paralelo com a repressão da ditadura militar. Foi durante a fase de pesquisa para esse filme, no início de 1966, que Person teve uma ideia que lhe pareceu ótima: fazer, antes, um filme com o novo ídolo Roberto Carlos — que certamente atrairia grande bilheteria —, e assim angariar mais dinheiro para investir no drama sobre o caso dos irmãos Naves.

Decidido, Person foi logo à procura do empresário do cantor na TV Record. "Era difícil falar comigo naquela época, era complicado, mas ele insistiu e marcamos uma conversa no meu escritório", contou Geraldo Alves, que depois intermediou o encontro do diretor com Roberto Carlos. Person explicou-lhe que pretendia fazer um musical moderno, com humor, no estilo das fitas dos Beatles, mas com um enredo de espionagem como as de James Bond. O acerto foi relativamente rápido e pareceu mesmo que *SSS contra a Jovem Guarda* seria realizado. "Person era uma pessoa de muito charme, bonitão, tinha uma verve de comunicação e muito espírito de liderança, por isso conseguia convencer as pessoas, inclusive a botar dinheiro nos filmes", declarou o produtor Cláudio Petráglia.

O longa seria produzido pela Jovem Guarda Filmes, criada por Luiz Sergio Person, Roberto Carlos e a agência Magaldi, Maia & Prosperi, que detinha a marca e o patrocínio do programa da TV Record. O próprio Person escreveu o argumento com Jean-Claude Bernardet, com quem já vinha trabalhando em *O caso dos irmãos Naves*. Para garantir o tom de uma comédia musical, convidou Jô Soares para colaborar no roteiro. "Jô era bem mais pop do que eu", comentaria Bernardet. Na época com 28 anos, Jô Soares ainda não era um nome de popularidade nacional — o que só iria acontecer a partir do ano seguinte, ao escrever e atuar no humorístico *Família Trapo*, da TV Record. "Houve um estímulo mútuo para inventar as gags", diz Jô ao lembrar o processo de criação do roteiro, que contaria também com a colaboração de Lauro César Muniz. "Era para ser um filme sobre a nova onda: romanticamente revolucionário", avalia.

No roteiro, Roberto Carlos enfrenta a SSS, Sociedade Secreta Sigilosa, uma organização de "velhos" e "retrógrados" que se opõe ferozmente à Jovem Guarda, acusando-a de irradiar maus costumes à juventude. Jô Soares estava cotado para fazer o papel de Jerônimo, o vilão trapalhão que Roberto enfrentaria nas cenas de perigo. A SSS também contava com a loira Agata (Karim Rodrigues), uma milionária esnobe, e duas jovens espiãs (as bob-girls Débora Duarte e Vera Vianna), contratadas para seduzir Roberto Carlos. O plano era sequestrá-lo e submetê-lo a uma operação para extirpar as cordas vocais do ídolo da juventude. Erasmo Carlos seria o irmão de Roberto, e Wanderléa a noiva de Erasmo, e ambos ajudariam o cantor a se livrar dos inimigos. Outros artistas da Jovem Guarda também participariam, inclusive Jorge Ben Jor, que atuava no programa. No final do filme, as espiãs acabariam apaixonadas de verdade por Roberto Carlos e a Jovem Guarda derrotaria a poderosa SSS.

Person tinha pressa. Por isso, as filmagens começaram naquele domingo, no Cine Universo, antes mesmo de o roteiro ficar pronto. As bob-girls Vera Vianna — "uma garota escandalosamente bonita", segundo Walter Clark, que a namorara — e Débora Duarte — então uma adolescente de 16 anos — gravaram ali as suas primeiras cenas ao lado do cantor. Dias antes, Person também filmara a primeira entrevista coletiva da carreira de Roberto Carlos, em São Paulo, para divulgar o início da produção do filme. O Terrazza Martini, espaço cultural na avenida Paulista, ficou pequeno para abrigar o grande número de jornalistas que queriam conhecer o novo ídolo da juventude brasileira. O cantor chegou acompanhado de Erasmo, Wanderléa, da atriz Débora Duarte, além de Jô Soares e do diretor Luiz Sergio Person. Como anfitrião no Terrazza, inicialmente Roberto apresentou seus colegas de elenco e da produção do filme, depois respondeu às diversas perguntas — duas das quais seguiria ouvindo em praticamente todas as coletivas doravante: 1) "Você está namorando alguém?"; 2) "Qual a explicação para o seu grande sucesso?" Mas o cantor falou também da sua expectativa com *SSS contra a Jovem Guarda*, informando que o tema principal do filme seria uma música ainda inédita: "Eu te darei o céu."

Roberto Carlos tinha composto essa canção semanas antes, na cidade de Presidente Prudente, durante uma excursão pelo interior de São Paulo. O cantor e seus músicos haviam se hospedado no oitavo andar do principal hotel da cidade, e ali, num final de tarde, antes do show que fariam à noite, lhe veio a inspiração. Roberto ficou entusiasmado com a ideia e chamou os músicos para logo trabalhar na canção. "Nós levamos os instrumentos para dentro do quarto do hotel e bolamos o arranjo da nova música ali mesmo", lembra o baixista Bruno Pascoal. "Eu te darei o céu" revela dupla influência: de Beatles, no estilo e na melodia, e da canção italiana "Io ti darò di più", na temática. Composição de Alberto Testa e Memo Remigi, "Io ti darò di più" foi um sucesso mundial de Ornella Vanoni, lançada no Festival de Sanremo, em janeiro de 1966. A letra é uma declaração de amor de alguém que promete dar mais, mais, muito mais do que o outro — exatamente o que fez Roberto Carlos, mas de forma mais específica, ao dizer: "Você pode até gostar de outro rapaz / Que lhe dê amor, carinho e muito mais / Porém mais do que eu ninguém vai dar / Até o infinito eu vou buscar, e então / Eu te darei o céu, meu bem / E o meu amor também."

Na época Roberto sofria certa pressão, especialmente de segmentos religiosos, por ter incendiado o país ao mandar tudo para o inferno. Até mesmo sua mãe, muito católica, pedia ao filho para pegar mais leve da próxima vez. Pois agora o cantor amenizara mesmo na mensagem, pois, em vez de evocar a moradia do diabo, prometia o seu oposto, o céu. Esse caso revela uma importante característica de Roberto Carlos: o de fazer o duplo papel de incendiário — no sentido de botar fogo no tema de suas músicas — e o de bombeiro — apagando o incêndio que ele mesmo começara.

"Eu te darei o céu" foi escolhida para ser o tema de abertura de *SSS contra a Jovem Guarda*. Assim como *Os reis do iê, iê, iê*, dos Beatles, o filme de Roberto Carlos seria em preto e branco, do tipo câmera na mão, anárquico, com cortes rápidos, em estilo de semidocumentário. Havia até referências metacinematográficas, como numa cena em que, depois de beijar uma das bob-girls, Roberto se viraria para a câmera e diria: "Boa, Person, dessa cena eu gostei. Vou fazer de novo." Bem, isso é o que estava no roteiro, mas não era garantia de que o cantor fosse mesmo beijar alguma garota no filme. A produção temia que o púbico feminino reagisse mal. Bastou, por exemplo, aparecer ao lado do cantor no palco do Cine Universo para a atriz Vera Vianna chegar em casa cheia de equimoses provocadas pelo ciúme das fãs. Assustada, a atriz procurou amenizar a possível cena de beijo ao dizer que, "se houvesse, seria um beijo de irmão, puro e inocente".

Para as cenas românticas do filme, Roberto Carlos já tinha também composto outro tema, a balada "Eu estou apaixonado por você", cuja letra reflete sua nova fase de superastro, imerso na roda-viva do show business: "Nessa minha vida agitada / Já não tenho mais tempo pra nada / Já nem posso mais pensar no amor / Mas veja só que mesmo assim / Eu estou apaixonado por você." Cantado à la João Gilberto, era o tema perfeito para as cenas com as bob-girls, porque mostra um artista cheio de compromissos, sem muito tempo para namorar e de certa forma distraído para se deixar envolver por duas jovens espiãs. O filme estava previsto para ser lançado no segundo semestre, junto com o novo álbum de Roberto Carlos. Além das canções inéditas, na trilha haveria também conhecidos hits do cantor como "O calhambeque" — previsto para uma cena pelas ruas de São Paulo — e "É proibido fumar" — que seria ouvida em meio a imagens incendiárias em Cubatão.

Um fator de discórdia na preparação do roteiro foi que Erasmo e Wanderléa reclamavam da presença dominante de Roberto Carlos no filme. "Era muita coisa para Roberto e pouca para nós. A gente era figuração, mais que coadjuvante", lembra Erasmo, que queria uma divisão melhor de papéis no enredo. O próprio Person pedia mudanças, reclamando que Jô e Bernardet faziam deboche da Jovem Guarda. "Vocês não gostam de Roberto Carlos e se colocam como intelectuais superiores, só com ironias", apontava o diretor. Como contratado da TV Record, Jô Soares conhecia a Jovem Guarda melhor que Bernardet, mas tampouco tinha maiores afinidades com o iê-iê-iê. Na medida do possível, Luiz Sergio Person ia acomodando as coisas, no entanto, ninguém parecia muito satisfeito.

No fim de cada semana, o diretor marcava leituras em voz alta do roteiro em encontros com Roberto Carlos e os demais atores. Mas a leitura se arrastava porque era interrompida a todo momento para o cantor atender a seus assessores e empresário. Jean-Claude Bernardet lembra que a agência de publicidade responsável pela marca Jovem Guarda lançara um novo tipo de sapato que teria de entrar no filme. Depois apareceram também com um novo modelo de cinto que Roberto Carlos rejeitaria, pois a fivela não era como tinha imaginado. "Aí ficávamos duas horas discutindo sobre aquela fivela até voltarmos à cena." Como Person tinha pressa —, afinal, aquele era um filme para fazer outro filme —, convidou Roberto para ler o roteiro em seu apartamento. De nada adiantou, porque o edifício foi invadido por fãs, que bateram desesperadamente à porta, gritando pelo nome do cantor até o fim da noite.

Mesmo com tudo isso, o roteiro ficou pronto, o elenco estava escalado e as músicas escolhidas. Faltaria, porém, algo fundamental: a presença de Roberto Carlos no set de filmagem. O cantor simplesmente não aparecia, e, como ele atuaria na maioria das cenas, o filme não saía do lugar. Person continuava com pressa e se desesperava com a ausência do astro, que, pelo contrato assinado, deveria reservar setenta dias de sua agenda para as filmagens — sendo 45 obrigatórios. O diretor então ligava para o empresário Geraldo Alves, mas a resposta era sempre a mesma: Roberto Carlos não poderia filmar porque tinha show agendado. E, de fato, os convites não paravam de chegar de diversos lugares, do norte ao sul do Brasil — todos querendo conhecer o cantor de "Quero que vá tudo pro inferno". Naquele começo de 1966, Roberto Carlos fazia shows praticamente todo dia, às vezes até três apresentações em lugares diferentes na mesma noite. Era um tempo de shows mais curtos, de trinta a quarenta minutos, e ele nem tinha mesmo repertório para muito mais do que isso.

Daí que, para ficar à disposição da equipe de filmagem, o cantor teria de abrir mão do cachê de vários shows — e cachês que subiam de valor a cada semana. De olho na sua comissão, o empresário Geraldo Alves também priorizava os shows, enfatizando que Roberto Carlos não podia trocar o certo pelo duvidoso. Além disso, não estavam seguros de que todo aquele enorme sucesso permaneceria. Portanto, o negócio era faturar o máximo possível nas turnês. E que o diretor Luiz Sergio Person continuasse esperando... Mas até quando?

Um conselheiro de Roberto Carlos nessa época era o jornalista e publicitário Edmundo Rossi, chefe de relações públicas da empresa que administrava a Jovem Guarda. Como homem de marketing, ele orientava o cantor e demais artistas do iê-iê-iê a participarem de atos de caráter filantrópico — como a já citada Campanha do Agasalho — sob o argumento de que isso ampliaria a imagem positiva deles para além do público jovem. Certa vez, ele pediu a Roberto para receber um grupo de crianças do Orfanato São Judas Tadeu, que seriam levadas ao programa por dona Maria Zilda Natel, esposa do então vice-governador de São Paulo, Laudo Natel. E Edmundo disse que a sua própria filha, Cleonice Rossi, a Nice, iria junto, pois ela atuava com Maria Zilda em campanhas filantrópicas para aquele orfanato, um dos mais tradicionais da capital paulista. Roberto Carlos concordou, e o encontro ocorreu num domingo à tarde, em maio de 1966, nos bastidores da TV Record. O próprio Edmundo Rossi fez as apresentações. O cantor cumprimentou as duas mulheres — que ele ainda não conhecia — e brincou com as crianças, uma delas, Ana Paula, de menos de 2 anos, filha da própria Nice, que na época era casada com o empresário Antonio

Carlos Martinelli. Aquele primeiro encontro foi bem rápido, porque o programa *Jovem Guarda* logo entraria no ar. Nice então falou que seria importante para as crianças que o cantor as mencionasse na televisão. Roberto prontificou-se a fazer isso e pediu os dados, anotando-os num papel. Nice tomou coragem e fez mais um pedido, juntando as duas mãos: "Nós precisávamos saber também se você poderia nos auxiliar de alguma forma nas campanhas do orfanato." Roberto concordou de pronto, mas disse que precisava conhecer melhor os detalhes. Marcaram então uma conversa com mais calma para depois do programa, no Lord Palace Hotel, na rua das Palmeiras, onde ele se hospedava.

Foi uma conversa sobre orfanato, crianças e filantropia, mas alguma coisa aconteceu no coração de Roberto Carlos naquele domingo em que viu Nice pela primeira vez. Alta, bonita, elegante, cabelos castanho-claros, então com 26 anos, Nice era uma típica mulher da classe média paulistana. Ex-aluna do Colégio Sion — instituição particular de grande tradição em São Paulo —, entre a infância e a adolescência estudara também piano e pintura. "Desde o dia em que a conheci, senti algo diferente. Não posso dizer que tenha sido amor à primeira vista, mas uma atração e simpatia até então desconhecidas", lembraria Roberto Carlos. Demorou para as pessoas descobrirem, mas em pouco tempo o rei da Jovem Guarda estava amando loucamente a filha do seu amigo e conselheiro Edmundo Rossi — que não gostou nem um pouco quando soube da história. Afinal, sua filha era uma mulher casada e tinha lhe dado recentemente a primeira neta. Assim, as coisas pareciam mais uma vez difíceis para Roberto. Todavia, ele logo recebeu sinais de que o casamento de Nice não ia bem, por uma precoce incompatibilidade com o marido — com quem havia namorado por quase dez anos. O cantor então se posicionou, acenando para Nice que ao seu lado ela poderia ser feliz. "Aí eu visitava a casa dela, a família dela, mas só fomos namorar tempos depois", contaria.

Na época, Cleonice Rossi Martinelli não era exatamente uma fã de Roberto Carlos. Leitora de Erico Verissimo e de Jorge Amado, assídua frequentadora de teatro e de galerias de arte, ela participava de um circuito cultural que não incluía o universo do iê-iê-iê nacional.

Do repertório gravado até aquele momento por Roberto, ela gostava especialmente de apenas uma canção: "Não quero ver você triste" — justamente um dos temas que o artista mais cantava para sua namorada Magda Fonseca. E, por falar nela, àquela altura já tinha finalmente retornado dos Estados Unidos e encontrado no Brasil um cenário completamente diferente. Magda teve a sensação de que havia passado bem mais do que apenas um ano no exterior. Aquela turma de artistas que frequentava a Rádio Carioca agora estava quase toda morando em São Paulo, inclusive seu namorado Roberto Carlos, que comandava um badalado programa de televisão chamado *Jovem Guarda*. "A primeira vez que fui ao programa me surpreendi com tudo aquilo: a histeria, as meninas gritando, o auditório vindo abaixo. Foi incrível, porque, quando viajei para Nova York, o pessoal ainda cantava em circos e clubes dos subúrbios do Rio. E, de repente, encontro aquela loucura em São Paulo, com todos eles nas capas de revistas e seus modelos de roupas em todas as vitrines. Meus olhos não acreditavam no que viam, porque foi uma mudança muito grande. Realmente, eu levei um susto."

O curioso é que duas das músicas que ela mais ouvia nas rádios nesse começo de 1966 eram "Quero que vá tudo pro inferno", com Roberto Carlos, e "A volta", cantada pela dupla Os Vips — ambas mensagens de amor feitas especialmente para ela. Mas talvez Magda não devesse mesmo ter ficado um ano inteiro nos Estados Unidos, porque ela não acompanhou de perto toda a reviravolta que ocorrera, sobretudo na carreira de Roberto Carlos, então cercado de uma grande equipe de assessores, secretários, seguranças, e com mil novos compromissos e viagens, cada vez mais frequentes. "Depois que voltei, já não conseguia mais falar direito com Roberto, porque era aquela avalanche de pessoas em torno dele. Além do mais, ele estava morando em São Paulo e eu continuei no Rio. A gente só conseguia se falar às 3 horas da manhã, quando ele me ligava de um hotel depois de algum show. Com tudo isso, foi ficando difícil o nosso relacionamento." Ou seja, naquela altura, era o cantor quem viajava para longe dela. E, para complicar as coisas definitivamente, pouco depois de Magda retornar de Nova York, Roberto Carlos conheceu Nice, que seria a nova dona de seu coração, para quem passaria a compor suas novas canções de amor. Em depoimento ao autor, Magda Fonseca lembrou, resignada: "O engraçado é que eu e Roberto não chegamos a terminar o namoro, fomos nos afastando um do outro. Foi como se um vendaval nos atingisse e arrastasse cada qual para um lado diferente."

21

COMO É GRANDE O MEU AMOR POR VOCÊ

"Eu tenho tanto pra lhe falar
Mas com palavras não sei dizer
Como é grande o meu amor por você"
Do álbum **Roberto Carlos em ritmo de aventura**, 1967

Diferentemente do ritual que seria estabelecido anos depois, no *Jovem Guarda* era Roberto Carlos quem recebia flores do público. Diante do microfone, sob as luzes piscando, ele via flores e serpentinas sendo jogadas em sua direção. O cantor então se abaixava, pegava uma das rosas, levava aos lábios e em seguida a jogava de volta à plateia. Isso na parte mais suave do espetáculo, porque as meninas o bombardeavam também com diversos outros objetos atirados ao palco. Elas ainda não tinham idade ou ousadia para jogar peças íntimas como calcinhas ou sutiãs, mas arremessavam drops, chocolates, anéis, pulseiras, chaveiros, sapatos, bichos de pelúcia e tudo mais que tivessem nas mãos. "Você não imagina o perigo que era levar uma barra de chocolate na cara", afirma Erasmo Carlos. O ápice era nos números finais do programa, quando o chão do palco ficava totalmente coberto, parecendo uma feira de camelô. Todo o elenco acenava sorrindo para a plateia enquanto as cortinas iam se fechando e mais coisas eram atiradas pelos fãs. Mas, quando finalmente o pano fechava, havia um avanço geral sobre os objetos no palco. "Aquilo parecia uma guerra. Eram cantores, contrarregras, produtores, todo mundo queria pegar algo para levar para casa", entrega Erasmo. E no fim só sobravam mesmo as flores.

A cada domingo, cerca de dez a quinze guardas civis eram destacados para proteger Roberto Carlos. O Teatro Record não tinha garagem nem estacionamento, e o carro do cantor entrava de ré até uma porta do edifício do teatro. Era sempre uma operação complicada chegar ou sair. A maior preocupação era no momento da saída, quando as fãs se aglomeravam à espera do artista na porta do teatro. Com muita dificuldade, ele era conduzido para o interior de um automóvel que tinha imediatamente os seus vidros fechados e as portas travadas. Sentado no banco de trás, Roberto Carlos ficava muito tenso, porque o veículo era sacudido violentamente. As fãs mais entusiasmadas se lançavam sobre o carro, dando pontapés nos pneus e murros nos vidros e no teto. Através das janelas e do para-brisa, o artista via os rostos jovens e aflitos das meninas, que acenavam, choravam, gritavam. Na confusão, algumas desmaiavam e muitas eram empurradas, pisoteadas e até apanhavam dos seguranças comandados pelo truculento delegado Fleury. Sim, ele mesmo, o famigerado delegado Sérgio Paranhos Fleury era o chefe de segurança destacado para proteger Roberto Carlos desse assédio na televisão. "Nós contratamos o Fleury especialmente para fazer a segurança na entrada e na saída do Teatro Record no horário do programa *Jovem Guarda*", relatou Paulinho Machado de Carvalho.

Registre-se que, na época, Fleury era ainda um modesto delegado de segunda classe que reforçava o orçamento com uma pequena empresa particular de segurança. Ainda não se havia revelado o grande torturador de presos políticos do regime militar, o que lhe valeria o apelido de "o carniceiro". Mas pode-se dizer que muitas das meninas que iam ouvir Roberto Carlos na TV Record experimentaram, antes dos presos políticos, uma boa dose do estilo frio e violento do sujeito. Toda semana a cena se repetia. Uma grande balbúrdia se formava à porta do Teatro Record e o público tomava quase por inteiro a rua da Consolação, na época um pouco estreita, pois ainda não duplicada. E Fleury ficava ali de prontidão, com pulso e determinação, para fazer Roberto Carlos passar. Era sempre com muita dificuldade que o carro do cantor se retirava do local. Incansáveis e decididas, muitas fãs continuavam a perseguição motorizadas, enquanto outras corriam atrás do automóvel do artista até onde suas pernas pudessem aguentar. Com o tempo, foram sendo criadas alternativas de segurança, como a estratégia de se encenarem falsas saídas para Roberto Carlos. Um primeiro carro saía do teatro levando Almir Ricardi, um sósia do cantor. Pouco mais tarde, saía outro carro conduzindo no banco de trás um boneco também parecido com o artista. Apenas quando grande parte das fãs já se havia dispersado é que finalmente saía um terceiro veículo com o verdadeiro Roberto Carlos. Mas às vezes nem isso dava jeito, e a solução de emergência era ele deixar o teatro escondido dentro do porta-malas de seu próprio automóvel, que tinha um espaço maior. E que o delegado Fleury cuidasse do resto.

Nos demais dias da semana, o cantor seguia fazendo cada vez mais shows de norte a sul do país. E, certa noite, em Belo Horizonte, a garota Martha Vieira Cunha viveria um conto de fadas, o sonho de milhares de meninas de todo o Brasil: receber em sua casa a visita do rei da juventude. Era junho de 1966, e, aos 19 anos, a garota — que depois ficaria famosa com o nome de Martinha — estudava piano e balé, ainda sonhando com a carreira artística. Órfã de pai, na infância chegara a morar no mesmo prédio dos irmãos Márcio e Lô Borges, no centro de Belo Horizonte, onde se reuniam os rapazes do futuro "clube da esquina". Martinha, porém, gostava mesmo era de Roberto Carlos e sempre assistia ao programa *Jovem Guarda*, que, em Minas, ia ao ar em videoteipe pela TV Itacolomi.

Martinha era tão fã de Roberto que, quando soube que ele estaria na cidade, implorou à mãe, dona Ruth, para tentar um encontro. As duas foram juntas ao show dele no estádio do Atlético Mineiro, à noite, mas não conseguiram acesso ao camarim. De lá seguiram para a porta do hotel onde ele estava hospedado. Por sorte, ali encontraram um amigo da família, Elmar Passos, divulgador da CBS local, que acompanhava o cantor na cidade. Ele explicou que o artista não as receberia naquele momento porque teria uma segunda apresentação logo depois, num clube. No entanto, prometeu algo muito melhor: que levaria Roberto Carlos até a casa de Martinha naquela mesma noite após o show.

A mãe dela achou aquilo improvável, mas não quis desanimar a filha, que se arrumou para esperar o príncipe encantado. Martinha morava no primeiro andar de um prédio no bairro da Serra, e a cada movimento de carro corria para a janela, na esperança de que fosse Roberto Carlos. Por volta das 2 horas da manhã, sua mãe desistiu e foi dormir. Logo depois, desapontada, ela também vestiu o pijama, convencida de que o ídolo não viria mesmo. Já tinha se deitado quando ouviu um barulho de carro parando em frente ao seu prédio. A cantora levantou-se e se vestiu às pressas. Da janela avistou dois rapazes descendo de um táxi DKW-Vemag. Com o coração disparado, a garota não teve dúvida: agora, só podia ser ele. Sim, era Roberto Carlos acompanhado do divulgador Elmar Passos, cumprindo o que prometera. "Quando abri a porta, o Roberto logo apareceu na minha frente", lembra Martinha. "A impressão que me deu era de que ele era de borracha. Não parecia alguém de verdade. Eu tive a nítida sensação de que era uma pessoa de borracha que estava ali." Ela recorda que o artista trajava calça azul, blusa cacharrel azul-marinho e uma jaqueta cor de gelo, que tirou assim que entrou no apartamento.

A visita não foi demorada, mas o suficiente para Martinha falar de sua admiração pelo ídolo da Jovem Guarda e do seu desejo de também ser artista. Acompanhando-se ao violão, ela cantou "A garota do baile", recente sucesso de Roberto, que elogiou sua voz. Mostrando-se sincero, o cantor lhe deu os números dos seus telefones com a recomendação de que depois ela o procurasse em São Paulo. Por fim, pediu o violão para também mostrar uma música que tinha acabado de compor. "Eu fiz esta canção ontem, num hotel em Recife. Veja o que você acha, Marta." E, naquela fria madrugada em Belo Horizonte, ele cantou "Como é grande o meu amor por você".

Martinha e Elmar Passos foram provavelmente as primeiras pessoas a ouvirem este futuro clássico da música popular brasileira — privilégio que a cantora credita àquele inusitado gesto de o artista ter ido de madrugada visitar uma simples fã. "Você acha que após um show, tarde da noite, eu vou me deslocar até a casa de um fã para conversar com ele?", perguntara Martinha. "Não por desatenção, mas porque depois do show tudo de que preciso é voltar para casa ou para o hotel, tomar um banho e ir dormir. Eu saio exausta, morta de cansada do palco."

Martinha ouviu primeiro, porém, a musa de "Como é grande o meu amor por você", a razão de ser dessa canção, não estava em Belo Horizonte nem em Recife, onde o tema nasceu. Ela morava em São Paulo, capital, e Roberto Carlos a tinha conhecido pouco tempo antes, nos bastidores da TV Record. Sim, ela mesma, Cleonice Rossi Martinelli, que todos na família chamavam simplesmente de Nice. Após aquele primeiro encontro, os dois passaram a se ver com frequência. O cantor, inclusive, começou a visitar a mãe dela, dona Minerva, seu irmão, Luiz Carlos, além do pai, que já conhecia bem. A máxima de Roberto Carlos, segundo o qual seria um cara que "quando ama, ama mesmo", era então direcionada a Nice, que, entretanto, ainda relutava. Ela estava com seu casamento em crise, mas temia embarcar numa outra relação, ainda mais numa época em que mulher separada carregava um estigma, igualmente transmitido aos filhos. Os pais de Nice tampouco viam com bons olhos a filha iniciar uma nova aventura, e justo com o ídolo de uma multidão de mulheres. Não era ele que se gabava cantando que "tinha mil garotas querendo passear comigo"? E que "casamento não é papo pra mim"?

Foi nesse momento — e para que não pairasse nenhuma dúvida sobre seus sentimentos — que Roberto compôs para Nice o tema "Como é grande o meu amor por você". "Não foi fácil, eu precisava de uma frase forte para dizer tudo o que sentia por ela. Afinal, encontrei e deu sorte. A canção me ajudou a conquistar a Nicinha definitivamente", revelou o cantor. Nice ouviu a música pela primeira vez certa noite, em São Paulo, quando Roberto Carlos, ao violão, cantou olhando bem nos olhos dela. "Eu tenho tanto pra lhe falar / Mas com palavras não sei dizer / Como é grande o meu amor por você..." "Foi maravilhoso, parecia que os versos nasciam do próprio ar que respirávamos", lembraria Nice tempos depois. Para ela ficou mesmo difícil resistir, especialmente depois de ouvir Roberto lhe dizer na segunda parte que "Nem mesmo o céu, nem as estrelas / Nem mesmo o mar e o infinito / Não é maior que o meu amor, nem mais bonito". Até os pais dela, seu

Edmundo e dona Minerva, se renderam. Esse cara não podia estar de brincadeira. O Brasil só foi ouvir "Como é grande o meu amor por você" um ano e meio depois, no fim de 1967, quando finalmente chegou ao disco. Até lá, ela foi exclusiva dos ouvidos da nova namorada de Roberto Carlos, que o grande público também ainda não conhecia.

O cantor teve bastante tempo para pensar na melhor forma de gravar essa canção, para a qual foi feito um arranjo com órgão, violão, baixo, bateria e um som de flauta transversal que pontuaria toda a melodia, incluindo o solo do meio. Participaram da gravação integrantes da banda Renato e Seus Blue Caps, o organista Lafayette, além do flautista e saxofonista Jorge Ferreira da Silva, o Jorginho da Flauta, exímio instrumentista que no início dos anos 1960 liderara o grupo de estúdio The Bossa Nova Modern Quartet. A ele o produtor Evandro Ribeiro encomendou aquele solo de flauta transversal. Lafayette e os demais músicos já tinham gravado a base quando Jorginho chegou ao estúdio para tocar em cima da sequência harmônica da canção. Perfeccionista ao extremo, ele fez vários solos antes de alcançar o que considerou ideal. Todos no estúdio achavam bonita cada tentativa, mas o músico não aprovava e soprava seu instrumento novamente. "Eu me lembro de ficar arrepiado com solos arrasadores nessas tentativas de Jorginho fazer o solo definitivo", lembra Paulo César Barros, que tocou contrabaixo nessa música. Lá pelas tantas, Evandro Ribeiro quis pôr um ponto final na gravação. "Não, não, minha cabeça está um pandemônio de notas. Eu tenho que pensar numa coisa melhor", justificou o instrumentista antes de tocar sua flauta mais uma vez. E assim criou outras três ou quatro variações até fazer o solo que ficaria valendo para sempre na versão original de "Como é grande o meu amor por você".

Na época do lançamento do LP de Roberto Carlos, o crítico Romeo Nunes afirmou que esta música "rouba logo, de estalo, o interesse do discófilo pela candura de sua melodia e simplicidade de sua letra". A canção agradaria mesmo a muita gente, logo ganhando diversas versões em outras vozes, como a da cantora Claudette Soares, num belo arranjo à la Burt Bacharach, depois a de Nara Leão, que a transformou num suave bolero. E pelos anos afora, outras releituras viriam com Fagner, Nelson Gonçalves, Oswaldo Montenegro, Tânia Alves, Arthur Moreira Lima, Fábio Jr., Jair Rodrigues... O próprio Roberto Carlos a regravaria em seu álbum de 1996, renovando-lhe o sucesso exatas três décadas depois de composta. Naquele ano, o cantor escolhera o antigo hit como tema principal do seu novo show intitulado "Amor", e também estrelara uma campanha publicitária da Nestlé com o título "Amor por você", usando a mesma canção. Segundo Roberto, o negócio não foi combinado: a Nestlé lhe fizera a proposta para o comercial sem saber que ele já tinha definido aquele tema para o novo espetáculo, que teria igualmente patrocínio da multinacional suíça. "Foi uma coisa de Deus", declarou em depoimento ao jornalista Lula Branco Martins.

Um dos comerciais mostrava a mãe servindo copos de leite Ninho para duas crianças que, felizes, lhe beijam o rosto, enquanto se ouve "Como é grande o meu amor por você", seguida de uma frase dita pelo próprio Roberto: "Só quem tem muito amor por você sabe como é importante renovar este sentimento, a cada dia, a cada ano. Amor nunca é demais." A canção, com novo arranjo escrito pelo maestro Eduardo Lages, deu o tom da milionária e bem-sucedida campanha da Nestlé. Foram vários comerciais, por muitos anos no ar, numa perfeita sintonia entre o produto anunciado, a mensagem e a imagem do artista — o oposto do que ocorreria tempos depois com uma famigerada propaganda de carne da marca Friboi.

No fim de 1996, reforçando a mensagem publicitária, Roberto Carlos regravou "Como é grande o meu amor por você" com o mesmo arranjo que apresentava nos shows e na propaganda da televisão. Resultado: mais do que aumentar a conta bancária do autor, isto acabaria ressignificando a mensagem de sua antiga canção. Foi quando mães de todo o Brasil começaram a acalentar seus filhos com a declaração de amor de Roberto Carlos. O comercial da Nestlé lhes sugeria que aquele amor era tão grande e tão infinito como o amor de uma mãe ou um pai por seus filhos; ou dos avós por seus netos; ou dos padrinhos por seus afilhados, e vice-versa. A atriz Camila Pitanga também expressou este sentimento ao participar de um dueto com Roberto Carlos, no especial do cantor na TV Globo, em 2007. No mês da gravação, em dezembro, ela estava grávida da primeira filha, Antonia, e comentou com o público. "Quando ouço esta canção eu só penso no meu bebê", disse, acariciando sua barriga, no momento do verso "mas como é grande o meu amor por você".

O cinema brasileiro também se serviu dessa música, ouvida no filme *O caminho das nuvens*, do diretor Vicente Amorim. Produção de 2003, conta a história de um casal (Wagner Moura e Claudia Abreu), que sai do interior da Paraíba com cinco filhos viajando de bicicleta até o Rio de Janeiro. No caminho eles vão ouvindo e cantando outras canções do Roberto, a quem o filme é dedicado. Em 2011 "Como é grande o meu amor por você" ocupou também um merecido destaque na letra do samba-enredo com o qual a Beija-Flor homenageou Roberto Carlos no carnaval carioca. No dia do desfile, o público da Marquês de Sapucaí ecoou o título dela exatamente num dos momentos em que a bateria da escola faz a tradicional paradinha para todos cantarem à capela: "Quando o amor invade a alma... É magia / É inspiração pra nossa canção... Poesia / O beijo na flor é só pra dizer / Como é grande o meu amor por você!"

O escritor Maciel de Aguiar conta em livro que ouviu de Vinicius de Moraes que esta é uma música que ele gostaria de ter feito. E que testemunhou uma tarde, no fim dos anos 1970, em que Vinicius, apaixonado por uma jovem advogada argentina, cantou "Como é grande o meu amor por você" acompanhado pelo violão de Baden Powell.

Mas, antes de isso tudo acontecer, Roberto Carlos seguia cantando essa música exclusivamente para sua namorada secreta. "Desde que começamos a sair juntos, nos víamos às escondidas. Isso continuou durante todo o período de namoro", lembrou Nice. O romance não podia ser revelado, pois havia um grande tabu no universo da música jovem: o de que um ídolo casado ou compromissado perderia o lugar no coração dos fãs e cairia no ostracismo. E acreditava-se nisso não apenas no Brasil. Na primeira excursão dos Beatles aos Estados Unidos, Cynthia Lennon, esposa de John, não foi mostrada à imprensa. E os Beatles eram quatro, ou seja, havia ainda mais três rapagões solteiros com que as fãs poderiam sonhar. Mesmo assim, a farsa do Lennon solteiro foi mantida durante algum tempo. Uma fã de 16 anos escreveu para Roberto Carlos na época. "Roberto querido, depois que ouvi sua voz fiz um juramento: serei fiel a você até a morte. Nunca mais vou namorar. Você é bárbaro." Na sua fantasia talvez ela também quisesse essa mesma fidelidade do artista, que seria uma espécie de projeção do arquétipo do Pequeno Príncipe, de Saint-Exupéry, o jovem belo, puro, inocente, vindo de algum lugar do céu para viver entre os mortais.

Edmundo Rossi, que, além de pai da moça, era um profissional de relações públicas, seria a pessoa certa para orientar Roberto Carlos nesse caso. Porém, aí sobreveio a fatalidade: Rossi morreu de infarto, aos 49 anos, pouco tempo depois do início do namoro da filha com o cantor. Para Nice, a morte precoce do pai foi um grande baque. Por outro lado, isso acabaria por fortalecer a sua união com Roberto Carlos, porque o artista tornou-se um grande suporte para ela e sua mãe naquele momento. Além disso, o cantor também expressaria publicamente sua gratidão ao sogro — mas que o público imaginava tratar-se apenas de um amigo. "Mostrou-me largos caminhos. Tinha uma alma imensa, um espírito cheio de claridade. Edmundo, com sua serena e tranquila orientação, me ajudou a fixar metas e elevar-me nas saliências, superando os obstáculos."

Nice não foi a única moça de classe média ou classe média alta a descobrir Roberto Carlos. Desde o fim de 1965, o cantor passara a agregar também um segmento que inicialmente não contava entre seus fãs: o da chamada jovem grã-finagem paulistana, moças e rapazes de famílias tradicionais de São Paulo que, arrebatados por suas músicas, se atiravam aos pés de Roberto Carlos nas tardes de domingo no auditório da TV Record. Ao contrário do que se pensa, o público que predominava ali não era o mesmo de programas como os do Chacrinha ou Silvio Santos, nem semelhante àquele que antigamente frequentava o auditório da Rádio Nacional para brigar por Marlene e Emilinha. E isso podia ser constatado a cada semana. "A alta sociedade comparecia ao auditório e às vezes a gente ganhava presentes caríssimos", lembra Erasmo Carlos.

Na primeira fila do Teatro Record era comum a presença de filhos e netos do governador, do prefeito ou de conhecidos empresários. "Eu era fanática por Roberto Carlos", admitiria Maria do Carmo Sodré, filha do então governador de São Paulo, Roberto de Abreu Sodré. Em plano superior, numa espécie de sacada que havia na parede direita do Teatro Record, a família Machado de Carvalho (os netinhos, inclusive) assistiam ao programa dele, do começo ao fim. O produtor Manoel Carlos afirma que a plateia era um espetáculo à parte no *Jovem Guarda*. "Aquilo ficava lotado de meninas lindas, ricas, cheirosas e muito bem-vestidas que iam lá gritar por Roberto Carlos." Ele também observa que as madames, que às vezes acompanhavam suas filhas, iam elegantemente vestidas, como se fossem assistir a uma peça de teatro ou a uma première de cinema. Nas tardes de inverno, muitas apareciam com casacos de pele. Para esse clima solene muito contribuía o espaço do Teatro Record com seus camarotes e uma luxuosa sala de espera. Aquele público não se sentia em um programa de auditório, e sim em um teatro que abrigava um show.

Esse traço elitista da plateia já podia ser percebido na porta do teatro, quando muitas moças desembarcavam de Mercedes com motorista. Ou então ao final do programa, quando Roberto Carlos arrancava em seu carrão, sendo perseguido por um cortejo de fanáticos de luxo a bordo de Mustangs, Camaros e Cougars — os carros da moda. E assim, pela primeira vez no Brasil, um público de elite gritava por um cantor que suas empregadas também ouviam na cozinha de casa. Nesse sentido, pode-se dizer que Roberto Carlos transformou moças da sociedade naquilo que a imprensa da época chamava de "macacas de auditório".

22

NAMORADINHA DE UM AMIGO MEU

"Estou amando loucamente
A namoradinha de um amigo meu
Sei que estou errado
Mas nem mesmo sei como isso aconteceu"
Do álbum *Roberto Carlos*, 1966

O filme *SSS contra a Jovem Guarda* continuava sendo anunciado na imprensa, mas não saía do papel. O diretor Luiz Sergio Person tinha pressa, mas não conseguia atrair Roberto Carlos para o set. Os demais atores permaneciam também na expectativa, aguardando a presença do astro principal, que seguia priorizando os shows por todo o Brasil. Como um complicador a mais, Roberto Carlos começara a se desentender com a Magaldi, Maia & Prosperi, com quem tinha contratos de publicidade. O cantor achava que o que a agência lhe pagava de royalties para propagandear calças, cintos e outros adereços — como as que usaria no filme — não era mais compatível com seu nível atual de sucesso. E assim Roberto foi ficando hesitante com o *SSS contra a Jovem Guarda*. Para desespero de Person, contudo, o pior ainda estava por vir.

Num daqueles momentos em que a realidade se entranha com a ficção, em pleno processo de produção do filme explodiria uma bomba no colo da Jovem Guarda: uma denúncia de orgias sexuais e corrupção de garotas menores envolvendo artistas como Erasmo Carlos, Carlos Imperial, Eduardo Araújo, Ed Wilson, Os Vips, integrantes dos Fevers e de Renato e Seus Blue Caps, além de radialistas, comunicadores e disc jockey do Rio de Janeiro. Justo num momento em que Roberto Carlos amenizava seu discurso prometendo o céu, vários de seus colegas da Jovem Guarda desceriam ao inferno atolados num escândalo de consequências imprevisíveis para as suas carreiras.

Na gênese do caso estavam três garotas de São Paulo que tinham viajado ao Rio num fim de semana, após contato com o comunicador Luís de Carvalho, da Rádio e TV Globo. Segundo a denúncia, Carvalho lhes teria acenado com a oportunidade de lançamento na vida artística apenas para delas se aproveitar. As garotas desembarcaram na rodoviária do Rio num sábado de manhã. Depois de um rápido encontro com Luís de Carvalho — que prometeu recebê-las na segunda-feira —, foram se divertir num programa de auditório na TV Rio. Ali conheceram Carlos Imperial, Erasmo Carlos e Eduardo Araújo, que as atraíram para uma suposta festa no apartamento de Imperial, em Copacabana. O próprio Imperial teria solicitado a uma amiga que levasse as meninas na frente "para não dar na pinta, tanta gente saindo daqui junto". Detalhe fundamental: as três meninas eram menores de idade; duas de 16 e a outra de apenas 15 anos.

"Entrei numa fria, mas sei que não poderá dar nada contra mim", disse Erasmo Carlos, admitindo que naquele dia estivera apenas de passagem no apartamento de Imperial. Teriam também participado da festa o cantor Luiz Carlos Ismail, o estudante Paulo Imperial, irmão de Carlos, e o playboy Ronaldo Guilherme Castro, assassino da estudante Aída Curi, então em liberdade condicional. Segundo a acusação do promotor Hélcio Batista de Paula, aquele apartamento "foi palco das mais baixas demonstrações de libidinagem e anomalia sexual", e "tudo de perversão que se pode imaginar ocorreu com as menores naquela noite: atos de libidinagem, congressos sexuais, desnudamentos, libações alcoólicas etc.".

As garotas relataram que em certo momento da festa adentrou a sala um cachorro amestrado, o qual, atendendo a gritos lascivos, avançou sobre uma delas para lamber o seu órgão sexual. Aos prantos, a menina se refugiou no banheiro, enquanto os marmanjos caíam na gargalhada. Lá pelas tantas, Imperial propôs um concurso de striptease — que ele estimulou tirando a própria roupa. No dia seguinte, domingo, a festa continuou com a presença de outros convidados, e, segundo a denúncia, "repetiram-se os atos de libidinagem com as menores e após a exaltação da libido formaram-se os pares para os congressos sexuais".

Ao acordarem na segunda-feira, elas viram apenas a empregada no apartamento e foram então ao encontro de Luís de Carvalho, na Rádio Globo. Durante a conversa, foram apresentadas ao disc jockey Plínio Gesta. "Essas são as meninas de que lhe falei para arranjar acomodação", teria dito Luís de Carvalho. Mas, segundo a acusação, a hospedagem oferecida era num ponto de prostituição em Copacabana frequentado pelo locutor da Globo — e onde as meninas seriam localizadas numa diligência do Juizado de Menores. Aí não teve jeito: elas contaram tudo o que haviam feito e com quem haviam estado desde sua chegada ao Rio naquele fim de semana. Detonava-se então a bomba que associava artistas da Jovem Guarda a uma rede de sedução e corrupção de menores. "Monstruosidades contra mocinhas", alarmou o jornal *O Dia*. "Corrupção no reino do iê, iê, iê", denunciou o *Última Hora*. "Em pânico artistas acusados de corromper fanzocas menores", alardeou o diário *A Notícia*.

Um inquérito foi instaurado para apurar o caso, e os envolvidos, como Carlos Imperial, foram intimados por ofício a prestar depoimento. "Não te preocupa, Impera. Deixa esse papel comigo, que eu vou quebrar essa pra você. Tenho uns amigos e você não vai precisar ir lá", prometeu-lhe Wilson Simonal, já revelando suas relações perigosas com agentes da repressão. Daquela vez, porém, Imperial teve que ir; Luís de Carvalho, Eduardo Araújo e Erasmo Carlos também. "Não sou cafajeste. Tenho minha família, respeito as famílias dos outros e gosto que me respeitem. Isso me cheira a onda contra a Jovem Guarda", reagiu Erasmo, quase citando o título do filme de Luiz Sergio Person — que acompanhava apreensivo aquele escândalo com artistas de seu elenco. Aliás, segundo o *Jornal do Brasil*, houve quem sugerisse ao diretor incluir no roteiro aquela denúncia real como mais uma manobra da SSS contra a Jovem Guarda. Ao defender seus amigos, o próprio Roberto Carlos insinuava haver mesmo um complô contra eles: "Não digo que não tenha garotas mandando brasa por aí", mas "ligar sempre isso com a nossa música é sujeira."

O caso estava nas mãos do juiz Alberto Cavalcante de Gusmão, tido como da linha dura da magistratura carioca e que, assim como o chefe da fictícia SSS do filme, declarou guerra aberta à turma do iê--iê-iê. O juiz afirmou que havia tempos "vinha sabendo das atividades desse grupo, mas nunca chegava a oportunidade de poder pilhá-los. Esta chegou em boa hora". Afirmou também que defendia "medidas as mais rigorosas para todos aqueles considerados culpados". Para os investigadores, o caso das meninas paulistas ajudaria a desvendar algo maior: "um processo de corrupção, depravação e perdição moral de adolescentes", que se iniciaria nos bastidores dos auditórios de rádio e de televisão e se consumaria nas festas de arromba promovidas pelos artistas da Jovem Guarda e seus colaboradores. Novas denúncias envolveram também outros artistas, como o cantor Cyro Aguiar e o comunicador Jonas Garret, da Rádio e TV Globo, apresentado como "animador de apartamento".

De imediato, o juiz proibiu os acusados de participar de qualquer atividade ou programa frequentado por menores de 18 anos no Rio de Janeiro. Na prática, ficaram impedidos de trabalhar, porque o ambiente da Jovem da Guarda atraía um público na maioria adolescente. Logo outras portas também se fechariam para eles, pois o escândalo ganhara repercussão nacional. Erasmo Carlos, por exemplo, foi um dos mais visados. Num domingo, depois de viajar oito horas de carro de São Paulo até São José do Rio Preto, deparou-se com um pelotão da Polícia Militar e uma multidão protestando contra a sua presença na cidade. O mesmo aconteceu no município paulista de Mococa. Erasmo enfrentaria problemas inclusive na capital, quando o delegado Joaquim Buller Souto, da Delegacia de Diversões e Censura de São Paulo, decidiu proibi-lo de se apresentar em boates e outras casas de shows. "Ele não tem idoneidade moral, e seus antecedentes criminais indicaram estar incurso num processo de corrupção de menores no Rio", justificou o delegado. "Quando vou a uma festa sozinho, sem companhia feminina, logo dizem que sou afeminado. Mas quando saio com uma garota, o disco muda: sou corruptor de menores", defendia-se Erasmo.

Ao todo, nesse processo, foram envolvidos cerca de quarenta artistas, quase o elenco inteiro da Jovem Guarda. E a situação dos acusados se agravaria ainda mais no fim de junho, quando o juiz João de Deus Mena Barreto, da 3ª Vara Criminal do Rio, expediu a ordem de prisão preventiva de vários deles sob a alegação de que, "soltos, poderiam incorrer em novo crime de corrupção, dessa vez a corrupção das testemunhas". Entre os intimados ao xilindró estavam Luís de Carvalho, Carlos Imperial e o cantor Eduardo Araújo, que, apavorado, foi se esconder na fazenda dos pais, no sertão de Minas Gerais. "Tinha um delegado, amigo da minha família, que não deixava nenhum policial entrar na fazenda. Ninguém passava, nem agente da Polícia Federal", afirma. Ele ainda deu guarida a outro fugitivo, Carlos Imperial, e ali, confinados, compuseram o futuro hit "Vem quente que eu estou fervendo". "Nossa vida na fazenda era tocar violão, cantar, tomar banho de cachoeira, deitar na rede, comer e dormir", contou Eduardo Araújo em seu livro de memórias.

Roberto Carlos não foi alvo desse processo, mas sua proximidade com vários dos acusados acabaria lhe trazendo aborrecimentos. Por exemplo, quando houve a denúncia de que o comunicador Jonas Garret, suspenso pelo juizado de menores, teria apresentado um show de Roberto Carlos, repleto de adolescentes, no Rio, o juiz logo decretou a prisão de Garret, e o cantor foi chamado a depor como testemunha. A intimação lhe foi entregue pouco antes de sua participação num evento no Pavilhão de São Cristóvão, no Rio. Segundo relato da imprensa, "inibido no início e logo depois nervoso", o cantor indagou ao oficial: "Logo eu? Com tanto guitarrista presente, logo a mim que foram escolher? Essa não. Só assino depois de falar com meu advogado, pois ainda não sei do que se trata." E não assinou a intimação. Mas as coisas se complicariam, pois o delegado Mirabeau Souto, responsável pelas diligências, disse à imprensa que se Roberto Carlos insistisse na recusa poderia "ser preso e condenado por desobediência". O cantor acabou comparecendo à delegacia e pediu desculpas ao delegado. E negou que Jonas Garret tivesse apresentado qualquer show dele no Rio. "Ele apenas me acompanhou até o local, mas não entrou no recinto."

Num primeiro momento, os artistas incriminados faziam a sua própria defesa, com a ajuda da família, de assessores e advogados amigos. Foi quando a alta cúpula da TV Record e da agência Magaldi, Maia & Prosperi entendeu que o caso havia tomado uma proporção que fatalmente atingiria seus interesses comerciais e publicitários. Afinal, a marca Jovem Guarda estava diretamente ligada ao escândalo — que também se aproximava perigosamente de Roberto Carlos, seu astro maior. Portanto, era necessário estancar a sangria antes que fosse tarde demais. Eles então lançaram uma ofensiva de relações públicas e acionaram seus advogados e rede de influências na mídia, no judiciário e na polícia. Quando do pedido de prisão preventiva de alguns artistas pelo juiz no Rio, Erasmo Carlos estava em São Paulo. A direção da Record foi alertada pelo delegado Sérgio Paranhos Fleury — chefe de segurança da emissora — de que a polícia paulista podia ser acionada para prender o cantor a qualquer momento. O próprio Fleury orientou a fuga de Erasmo, que, ao chegar para fazer o programa, foi levado apressadamente por uma saída dos fundos e colocado em um carro. Dali seguiu para a casa de um amigo com a expressa recomendação de sumir por uns dias ou até as coisas serem resolvidas.

E seriam mesmo. Em julho, uma nota do *Correio da Manhã* já dizia que "evolui para a moderação o discutido caso de corrupção de menores no Rio. Algumas prisões talvez venham a ser relaxadas". De fato, um mês depois, o juiz-substituto da 3ª Vara Criminal, Mário Mendonça Filho, expediu alvará de soltura, aliviando, inclusive, para os foragidos Carlos Imperial e Eduardo Araújo. O *Diário de Notícias* observou que a decisão do magistrado "causou grande estranheza". A tese dos advogados de defesa era a de que não teria havido corrupção, porque as menores já seriam corrompidas — e para sustentá-la eles citaram a confissão, obtida não se sabe em que circunstâncias, de uma das meninas. Isso bastou para que o STF, por maioria dos votos, também concedesse o habeas corpus pedido pelo irmão de

Carlos Imperial. O ministro-relator Victor Nunes Leal argumentou que "para haver corrupção é necessário que o menor ofendido tenha ingenuidade, própria da sua idade. Tal não ocorrendo, jamais poderá ser tipificado o crime, constituindo-se em abuso de poder denunciar alguém por corromper uma prostituta, como é o caso nos autos, já que em seu próprio depoimento a menor deixa claro que, há muito, mercadejava com o seu corpo".

Assim, todos os artistas e comunicadores da Jovem Guarda conseguiram se safar das acusações, sendo um por um absolvidos. E, como tantas vezes acontece em casos semelhantes, as vítimas, menores, é que seriam culpadas, citadas como "antigas meretrizes de São Paulo". Em editorial, a *Tribuna da Imprensa* lamentou "a reviravolta de 360° num caso que se iniciou com força total". O jornal criticou o desfecho, que significou "a libertação dos implicados, a absolvição dos corruptores e a entrega das jovens — algumas quase meninas — aos prostíbulos". Disse também que esse caso comprovava mais uma vez aquela máxima de que "as leis no Brasil são para beneficiar os poderosos e para punir os humildes".

Protestos à parte, nisso tudo o importante para a TV Record, para a agência Magaldi, Maia & Prosperi e para o próprio Roberto Carlos foi que a marca Jovem Guarda ficara preservada. Outras emissoras, como a Rádio e a TV Globo, também se beneficiaram com a reviravolta, porque tinham conhecidos comunicadores envolvidos no escândalo. De concreto, apenas criou-se a Portaria n° 600, que regulamentava a assistência aos espetáculos de auditório de rádio e de televisão, proibindo ali a presença de menores, quando desacompanhados de seus representantes legais.

Esse escândalo significaria também a pá de cal no projeto do filme *SSS contra a Jovem Guarda*. Roberto Carlos e sua agência de publicidade avaliaram que, naquele contexto, o filme, a começar pelo título, reforçaria a agenda negativa, fazendo o público lembrar a onda de denúncias contra a turma do iê-iê-iê. Eles entenderam que, depois de todo aquele turbilhão, a Jovem Guarda precisava estar associada apenas a coisas alegres, felizes. Nada de evocar vilões ou supostos inimigos desse movimento musical que brilhava nas jovens tardes de domingo da TV Record.

Ocorre que isso nunca foi dito de maneira explícita a Luiz Sergio Person, que aguardava ansiosamente por Roberto Carlos. Quando o diretor enfim entendeu que o astro não ia mesmo aparecer para as filmagens, cancelou o projeto, após três longos meses de espera. Passional, nesse dia ele extravasou atirando objetos nas paredes do set. Depois foi cuidar de seu projeto sobre o caso dos irmãos Naves. À imprensa, Roberto alegou falta de tempo para se dedicar ao cinema, numa ironia, quase citando os versos de uma das canções do próprio filme: "Nessa minha vida agitada / Já não tenho mais tempo pra nada." O cantor chegou a admitir que naquele momento "não via vantagem financeira em trocar o palco pela tela". Indagado depois novamente sobre o filme em que enfrentaria uma tal SSS (Sociedade Secreta Sigilosa), retrucou: "Nada a ver! Hoje em dia não existe mais ninguém contra a Jovem Guarda" — declaração que indica muito mais um desejo dele do que a realidade dos fatos.

Com tudo isso, Luiz Sergio Person, que tinha pressa, ficou mesmo na mão, pois perdera, além de tempo, dinheiro. Ele já havia investido mais de 30 milhões de cruzeiros com a equipe técnica, roteiro, promoções e rodagem das primeiras cenas. Embora Roberto Carlos constasse como sócio da produtora, Person afirmou ao *Jornal do Brasil* que o cantor "não investiu um centavo na produção da fita" e que, portanto, não teria sofrido "qualquer prejuízo financeiro com a suspensão do filme". Além do diretor, também foram prejudicados os atores, que deixaram de aceitar outras propostas profissionais devido ao compromisso assumido com o filme de Roberto Carlos. Como os contratos tinham sido feitos às pressas, alguns inexistentes, na base da palavra, "tudo caiu por terra", resumiu Jean-Claude Bernardet. O crítico Geraldo Santos Pereira, do *Diário de Notícias*, comentou na época: "Coisa triste! Luiz Sergio Person, que fez uma estreia promissora em *São Paulo, sociedade anônima*, foi se meter com a turma da Jovem Guarda e deu com os burros n'água."

Nem mesmo o material filmado ficaria totalmente preservado. Daquela tarde de domingo no Cine Universo, quando Person captou pela primeira vez para o cinema toda a histeria dos fãs e a excitação dos artistas, restam apenas imagens sem áudio. Devido à má conservação, os rolos de som se perderam. Restam também apenas algumas imagens mudas daquela primeira coletiva de Roberto Carlos com o elenco e a produção do filme. Como as fitas da gravação da TV Record também foram totalmente destruídas por descasos ou incêndios, o material para o documentário de Person é assim o único registro em imagem em movimento daquele histórico *Jovem Guarda* de 17 de abril de 1966, marco de explicitação do fenômeno Roberto Carlos. Mas se o filme não foi adiante, o contrário aconteceu com as canções que integrariam sua trilha sonora. A balada "Eu estou apaixonado por você" e, principalmente, "Eu te darei o céu" se tornaram grandes hits quando lançados no LP do cantor naquele fim de ano.

Outro grande hit do álbum, "Namoradinha de um amigo meu", por pouco não ficou de fora, porque Roberto Carlos tinha composto esse tema especialmente para o disco de estreia do Beatniks, grupo de rock paulistano que o acompanhava no palco do programa *Jovem Guarda*. Anunciada por Roberto como "o mais perfeito Liverpool sound do Brasil", a banda, de curta duração, teve entre seus integrantes o guitarrista Márcio Morgado, o contrabaixista Nenê, que logo depois se mudaria para Os Incríveis, e Norival D'Angelo, futuro baterista de Roberto Carlos. O próprio cantor indicou os Beatniks para gravar na CBS e prometeu que comporia uma música para o primeiro disco deles. O problema é que o tempo foi passando e a tal música inédita não chegava para a banda, que não tinha nenhum compositor entre os integrantes, dependendo basicamente de versões de rock em língua inglesa.

Sem a prometida música de Roberto, o guitarrista Márcio Morgado preparou então duas versões de hits internacionais para o single de estreia da banda, em junho de 1966. Por coincidência, uma delas trazia o título "Cansado de esperar" (versão de "Tired of waiting for you", do The Kinks). Entretanto, quando os Beatniks já estavam no estúdio da CBS, no Rio, para gravar o disco, Márcio Morgado recebeu um telefonema de São Paulo: era Roberto Carlos. Ligava para finalmente entregar a música inédita. Ele pediu desculpas pela demora e disse que podia passar a canção naquele momento pelo telefone. Ao saber que a banda gravaria seu disco naquele dia, Roberto até acordou mais cedo para terminar de compor um tema que vinha burilando havia algum tempo: "Estou amando loucamente / A namoradinha de um amigo meu / Sei que estou errado / Mas nem mesmo sei como isso aconteceu." Márcio ouviu a melodia, anotou a letra em um papel e agradeceu ao cantor o presente. Porém, seria difícil preparar um arranjo e ensaiar a canção a tempo de incluí-la naquela sessão de gravação na CBS. A banda concordou que era melhor guardar o tema para o seu próximo disco. E assim teria sido se o destino não tivesse reservado outro caminho para "Namoradinha de um amigo meu".

No final do ano, preparando novo álbum, Roberto Carlos lembrou-se da canção não aproveitada pelos Beatniks. O tema era realmente muito bom, mas, como tinha concluído a canção meio às pressas, o cantor avaliava que ela precisaria ainda de alguns ajustes. Inicialmente um dos versos da letra trazia a rima "pois aconteceu comigo / Gostar da namorada de um grande amigo", que ele então mudou para "pois comigo aconteceu / Gostar da namorada de um amigo meu". Ele mexeu também na segunda parte da melodia, ajustou um pouco mais a letra e pediu a opinião do produtor Evandro Ribeiro. O que fazer com aquela nova composição: deixar de vez com os Beatniks ou aproveitá-la no seu álbum? Bastou Evandro ouvir a frase inicial da canção — "estou amando loucamente a namoradinha de um amigo meu" — para ter certeza de que estava diante de outro grande sucesso de Roberto Carlos. Que Beatniks que nada. Aquele era um tema ousado, provocador, perfeito para o disco que viria na sequência do álbum de "Quero que vá tudo pro inferno".

A expectativa se confirmou, pois "Namoradinha de um amigo meu" foi um retumbante sucesso popular. Logo após o lançamento, começaram então especulações sobre quem teria sido a musa inspiradora dessa canção do Roberto. Na época, um colunista comentou que, "segundo as fofocas mais genuínas correntes em São Paulo, ela foi escrita para Maria Stella Splendore, mulher do Dener". A nota fazia referência à famosa manequim casada com o não menos famoso costureiro Dener Pamplona, ou simplesmente Dener, precursor da alta--costura brasileira — e cujo atelier era ponto de encontro das mulheres mais elegantes do país. O casamento deles causara sensação porque, além de grande celebridade, Dener tinha a imagem de homossexual – e isto foi explorado na época por humoristas e colunistas como Sérgio Porto, que, na linguagem do futebol, comentou que Dener "entrou em campo mas não tem condições de jogo". Dizia-se também que "pela primeira vez na história dos casamentos célebres, o próprio noivo fará o vestido de sua noiva". O fato é que os dois formavam um casal midiático, sempre em capas de revistas. Dener, que só fumava cigarros Benson & Hedges importados de Nova York, tinha 30 anos; e ela uma beldade de apenas 17, se iniciava na carreira de modelo. O estilista era amigo de políticos, embaixadores, poetas, escritores e cantores, entre os quais Roberto Carlos, que frequentava sua casa. E o que circulara inicialmente apenas como fuxico seria confirmado anos depois pela própria Maria Stella Splendore. Sim, Roberto Carlos teve um caso com a mulher de seu amigo Dener.

Ela conta que conheceu o cantor nos bastidores do *Programa Hebe*, na TV Record, quando estava grávida de seu primeiro filho, em 1966. "Dener conversava no palco com Hebe, e eu estava atrás, na coxia, do lado direito, ouvindo sua entrevista, quando alguém se aproximou de mim naquele pequeno vão dos bastidores, e disse baixinho no meu ouvido: 'Você está linda esperando neném!' Quando olhei, surpresa, era Roberto Carlos." A modelo ainda não o conhecia pessoalmente, e ali houve apenas uma rápida apresentação. O contato maior ocorreria na própria casa dela, duas semanas após o nascimento do filho, num jantar para o qual Dener convidou alguns amigos. Nessa reunião o centro das atenções foi Roberto Carlos que, segundo Splendore, "se mostrava tímido, calado, atrapalhado com os talheres". Lá pelas tantas, enquanto conversava com um grupo de amigos, Dener pediu para a esposa mostrar o filho recém-nascido ao cantor. "Roberto e eu subimos ao quarto do bebê, que estava sozinho dormindo. Lá ficamos por algum tempo, sem trocar uma palavra, olhando para o berço. Depois, olhamo-nos. Houve uma forte atração. Ficamos parados e, ainda sem trocar uma palavra, descemos. No resto da noite, não pudemos deixar de nos olhar..."

O jantar se estendeu até às três da manhã, quando finalmente Roberto Carlos se despediu do casal, antes, porém, convidando Splendore para ir assistir à apresentação do programa *Jovem Guarda* naquele próximo domingo. "Eu senti que estava brincando com fogo. Mas, afinal, era só uma brincadeira, achei...", disse ela. Para Roberto Carlos seria também uma brincadeira perigosa, porque eles teriam seu primeiro momento a sós meses depois, quando o cantor já namorava Nice, que se revelaria uma mulher muitíssima ciumenta. De sua parte, Splendore revelou que àquela altura, apesar do nascimento do filho, da vida de luxo, das festas e badalações, não era feliz no casamento. "Minha paixão por Dener havia passado, e eu comecei a sentir solidão." E então, num dia em que o marido viajava, a modelo recebeu um telefonema de Roberto Carlos, perguntando se poderiam se encontrar no dia seguinte. Ela respondeu que sim, e o cantor mandou um motorista buscá-la, às 17 horas. "Entrei correndo no carro e não olhei para trás. Estava decidida. Ia para o que desse e viesse."

O destino dela era o novíssimo apartamento do cantor, na rua Doutor Albuquerque Lins, 121, em Santa Cecília. Era um apartamento de oito cômodos, três quartos, um estúdio, que ocupava todo o terceiro andar do prédio. Dias antes, a inauguração dele fora um espetáculo midiático: a firma decoradora, a Oca, deu a Roberto Carlos uma chave de ouro com o seu nome gravado. Para desespero dos moradores do prédio, o local passara a ficar sempre cercado de garotas gritando, curiosos e jornalistas. Ao se aproximar de lá, Splendore se abaixou no banco de trás do automóvel para não ser vista ao entrar na garagem. Ao descer do elevador, um pequeno hall dava acesso ao apartamento, com uma guitarra vermelha revestida de veludo azul servindo de campainha. Mas ela não precisou acionar o botão, pois a porta já estava aberta.

A modelo paulista foi recebida por uma pessoa que até então não conhecia, um amigo do cantor dos tempos das vacas magras no Rio: José Mariano, seu secretário e divulgador carioca, agora exercendo uma nova função, a de mordomo, e com outro nome: Nichollas. Roberto trouxe Mariano para São Paulo porque não havia mais necessidade de fazer aquele trabalho de divulgação nas rádios do Rio. A carreira e a vida do artista tomaram definitivamente outro rumo. Roberto Carlos era agora um novo rico.

De cara contratou um motorista particular, o elegante Eurico Silva, que a turma da Jovem Guarda, brincando, chamava de Sidney Poitier. Ao mesmo tempo comprou da embaixada de Gana um Cadillac Fleetwood, tipo presidencial, ano 1962, de 8 metros de comprimento, blindado e com vidros à prova de bala. Era um automóvel com três divisões separadas por vidros: a traseira, onde ia o cantor; a do meio, para os seguranças; e a da frente com o motorista. No compartimento principal havia banquinhos para o cantor e assessores (com sete lugares), escrivaninha, bar e painel de controle de todos os vidros, rádio, vitrola e ar-condicionado. Era difícil achar estacionamento para esse automóvel, mas isso não preocupava Roberto Carlos. Ao descer do Cadillac para algum evento, avisava ao motorista: "Fica dando umas voltas por ai, ó cara. Depois te chamo." "Pois não, doutor Roberto", respondia Eurico, fechando a porta reverentemente para o patrão. Não por acaso, o cantor passara a fumar cachimbo exatamente nesse período. O próprio Mariano estranhou ao reencontrá-lo em São Paulo com essa peça na boca. "Que presepada é essa, Roberto?" "Isso aqui é só um charme", respondeu ele, que acabaria se viciando no cachimbo, mas fumando sempre sem tragar, garantia.

Com a crescente movimentação de shows e contratos publicitários, Roberto decidira chamar seu irmão Carlos Alberto Braga para ajudá-lo a vigiar o dinheiro, enquanto ele cantava. Geraldo Alves continuava como seu empresário, marcando espetáculos, escolhendo os locais e acertando os cachês. Mas, na hora de receber o pagamento, o irmão de Roberto Carlos estava junto para anotar tudo. Avaliava também quantas calças, camisas e blusões da marca Calhambeque vestiam o público presente nos shows. Dona Laura dizia que Carlos Alberto passava os dias "atarefado com cálculos de contabilidade", e a mãe incentivava essa atuação do filho mais velho junto com o cantor. "É bem verdade que ambos dispõem de pouco tempo para conversar, mas para mim é suficiente que estejam juntos. Pelo menos, um toma conta do outro." Roberto Carlos empregaria também o cunhado Sergio Castilho, casado com sua irmã Norma. E ainda buscou em Cachoeiro de Itapemirim a sua amiga de infância, Eunice Solino, a Fifinha, que trabalharia no escritório do artista, em São Paulo, até se casar, em 1968. Enfim, nessa fase inicial de superastro, tendo que se relacionar com muita gente que conhecera havia pouco tempo, Roberto procurou abrigar e se cercar de pessoas de sua confiança.

Era também o caso de José Mariano, que ele chamara do Rio para cuidar de seu novo apartamento em São Paulo. O cantor lhe explicou que a função de mordomo seria só promocional, para atender um repórter, receber uma visita, coisas assim. "Fora disso, a nossa amizade é a mesma, a liberdade é total, depois de mim, o dono da casa é você, topa?", perguntou no dia que o outro chegou. Mariano aceitou e foi talvez o único mordomo do mundo a ter uma procuração do patrão para "representá-lo perante as repartições públicas, estaduais, municipais, quaisquer emissoras, empresas" — porque aquele documento continuava em seu poder, o artista talvez se esquecera. Antes de assumir a nova função, José Mariano procurou se informar lendo livros e manuais como o *Guia de boas maneiras*, de Marcelino de Carvalho. "Devorei, decorei cada palavra desse livro. Como receber, como servir, o ritual do vinho, os cumprimentos, os cuidados à mesa, os deveres do anfitrião, enfim, tudo o que poderia se esperar de um mordomo de classe eu aprendi ali", afirmou Mariano, que ao mesmo tempo pensava em usar um nome fictício porque José não combinaria muito com a figura de um mordomo. Então ele se lembrou do nome do filho de Brigitte Bardot, Nicolas, e sugeriu Nichollas com dois eles — Nichollas Mariano, logo aprovado pelo patrão. Depois foi só colocar o uniforme — blazer vermelho, camisa branca com babados, gravata bordô, calça e sapatos pretos sociais —, e ele estava pronto para receber os primeiros convidados... como a senhora Dener Pamplona de Abreu, a linda Maria Stella Splendore, ali na porta. Ajeitando despreocupadamente os cabelos louros sobre os ombros, tinha uma semelhança, de perfil, com Catherine Deneuve. Nichollas a acomodou numa sala em anexo, enquanto ia avisar o sr. Roberto Carlos, que ainda se aprontava, como se fosse para a estreia de um show.

Na sala do apartamento havia um carpete de cor neutra, e as paredes eram forradas de veludo azul em diferentes tonalidades. Quadros, quase todos de pintura abstrata, ornamentavam o ambiente. Os móveis eram em jacarandá e por todo o apartamento havia um sistema ultramoderno de alto-falantes com controle remoto, absoluta novidade. Os Beatles, por exemplo, viram pela primeira vez um controle remoto em agosto do ano anterior ao visitarem Elvis Presley em sua mansão na Califórnia. Enquanto Roberto Carlos não aparecia, Maria Stella Splendore seguia observando o ambiente, decorado também com retratos do próprio cantor pintados por artistas como Maurício Nogueira Lima. A estante da parede abrigava um busto dele esculpido por Irina Sachejschwilly. A essa altura a senhora Dener já estava totalmente envolvida pelo homem e o mito Roberto Carlos.

"Esperei uns quinze minutos, até que Roberto chegou meio encabulado e, sem dizer uma palavra, pegou minha mão e me levou para o seu quarto." Ali tudo era decorado também de azul: a parede, o armário embutido, o telefone e a colcha de cama. A destoar do azul, apenas um cachorrinho de pelúcia amarela, na cabeceira, que tocava uma música suave. O banheiro da suíte era todo em azulejo azul-turquesa claro e com espelhos em toda a parede. "Dener foi o primeiro homem na minha vida com quem fiz sexo, e Roberto Carlos foi o segundo. Eu disse isso a ele", relatou Splendore em seu livro de memórias. No momento de deixar o apartamento, os dois combinaram de se ver novamente. "Ao passar pela sala peguei uma banana da fruteira que estava na mesa e comecei a comer enquanto entrava no elevador — que fez com que Roberto risse. E, com sua mão, ele cobriu meu rosto com meu cabelo e disse em tom de brincadeira: 'Temos que nos esconder.'"

O caso foi verdadeiro. A letra de "Namoradinha de um amigo meu", todavia, tem um caráter ambíguo e mais inocente: revela a ousadia de verbalizar a atração pela mulher de um amigo, mas ao mesmo tempo aceita as regras sociais que controlam esse desejo. Ou seja, existem uma relação pessoal (a amizade) e uma instituição (o namoro) a serem respeitadas, porque "o que é dos outros não se deve ter", diz a música — princípio que não foi seguido na história real. Na letra, o autor diz que "Um dia sem querer / Olhei em seu olhar / E disfarcei até pra ninguém notar". Na realidade, porém, segundo Splendore, o cantor parecia "muito determinado a me conquistar, sem nenhuma cerimônia, e aquilo mexeu comigo". Nesse sentido o romance de Roberto com Maria Stella Splendore está mais para a futura canção "Amada amante" do que para "Namoradinha de um amigo meu", em que tradição, família e propriedade ficam resguardadas.

Indagada sobre se acreditava ser a musa desse hit da Jovem Guarda, Splendore afirmou que "não teria a falta de pudor de declarar isso publicamente. É uma coisa que talvez um dia, se Roberto quiser falar, ou não, ele fala. O autor é ele". Pois Roberto Carlos falou e negou ter se inspirado em alguma mulher ao compor essa música para o grupo Beatniks. "Não havia ninguém em especial. Foi pura imaginação. Queria um tema forte, comercial, para o disco deles", explicou. E nem precisaria de muita imaginação para criar "Namoradinha de um amigo meu", porque esse era um tema já bastante explorado na música popular, tanto no Brasil quanto no exterior. Por exemplo: em 1964 o cantor paulista Albert Pavão gravou o rock "Garota do meu melhor amigo", versão quase literal de "The girl of my best friend", lançada por Elvis Presley quatro anos antes. "O seu modo de falar / O seu modo de olhar / Eu confesso que estou apaixonado", antecipando na conclusão o mesmo perfil cordato do eu lírico da música de Roberto Carlos: "Preciso esquecer este amor proibido / Com a garota do meu melhor amigo." No universo sertanejo, o Trio Bordô gravou em 1963 a toada "A mulher do meu amigo", composição de Antônio de Lima com o mesmo tema e o mesmo título de um samba-canção de Denis Brean e Oswaldo Guilherme, gravado mais de uma década antes por Francisco Alves: "Fui gostar de uma mulher que não pode ser pra mim / Quanto mais quero esquecer mais eu a tenho comigo / Por que é que fui gostar da mulher do meu amigo?" Em outra estrofe o sentimento de culpa também está presente nos versos: "O casamento é sagrado, eu preciso respeitar / E como eu tenho sofrido pra não destruir um lar." O compositor Cartola também focalizou o tema no samba "Amor proibido", lançado em 1964, mas nesse caso consumando o ato, como na história real de Roberto Carlos: "Faço tudo pra evitar o mal / Sou pelo mal perseguido / Só o que faltava era esta / Fui trair meu grande amigo."

Enfim, "Namoradinha de um amigo meu" foi apenas a atualização desse tema à época e à linguagem da Jovem Guarda. E a repercussão aconteceria inclusive no exterior, com regravações em espanhol, italiano e até japonês. A versão "La donna di un amico mio" seria sucesso na Itália na voz do próprio Roberto Carlos. No Brasil, a canção foi logo regravada em discos instrumentais com Lyrio Panicali, Ed Maciel, The Jordans e, no ano seguinte, por Wilson Simonal num sofisticado arranjo de Cesar Camargo Mariano. Outras releituras surgiram depois com Adriana Calcanhoto, Biquíni Cavadão, Reginaldo Rossi, Dorival & Damasceno, Jerry Adriani e Toni Platão.

Fora da ficção da música, Maria Stella Splendore conta que teve mais dois encontros com Roberto Carlos, um deles no Rio, e isso quando já tinha descoberto estar grávida de um segundo filho. "Inclusive voltei de jatinho com Roberto do Rio de Janeiro para São Paulo. Falamos sobre o assunto, mas éramos famosos demais para mudar situações ou tomar atitudes. Éramos muito imaturos", disse ela, parecendo acreditar que para o cantor a relação significasse algo mais do que um encontro casual. A criança nasceu em maio do ano seguinte, batizada com o nome de Maria Leopoldina. E Splendore confessa que o triângulo amoroso deixou-lhe até hoje um ponto de interrogação: não sabe quem é o verdadeiro pai da menina. "Como saber? Afinal, eu havia saído com Roberto e, na mesma época, havia estado com meu marido."

O estilista morreu em novembro de 1978, quando Maria Leopoldina tinha 11 anos, e, ainda segundo Splendore, o ex-marido também teria carregado até o fim a dúvida sobre a paternidade da criança, num tempo em que ainda não existia teste de DNA. Maria Stella Splendore inclusive lembra que, ao ver pela primeira vez a filha na maternidade, Dener comentou, lacônico: "Essa menina é a cara da Jovem Guarda."

23

23

QUEREM ACABAR COMIGO

"Querem acabar comigo
Nem eu mesmo sei por quê
Enquanto eu tiver você aqui
Ninguém poderá me destruir"
Do álbum *Roberto Carlos*, 1966

Aquilo que Roberto Carlos temia ao compor "Susie" com o amigo Edson Ribeiro acabou acontecendo no início da sua parceria com Erasmo. As pessoas duvidavam que o cantor fosse mesmo coautor das músicas assinadas em parceria. Embora o rótulo dos discos trouxesse o nome da dupla na autoria de hits como "Parei na contramão", "A garota do baile" e "Mexerico da Candinha", quase ninguém levava Roberto muito a sério como compositor, por acreditar que essas canções fossem criadas unicamente por Erasmo, que, por sua vez, tampouco era levado a sério como cantor. Enfim, ainda havia aquela nítida separação entre os dois ofícios — o do cantor e o do compositor —, e a ideia predominante era a de que Roberto Carlos seria apenas um intérprete que colocava seu nome nas composições de Erasmo, algo que acontecia com outros artistas da música popular.

Em março de 1966, por exemplo, a revista *Intervalo* afirmava que, "com aquela simpatia que Deus lhe deu, e as boas músicas do mano Erasmo, Roberto continua sendo o número um nas paradas de sucesso". Aqui é nítida a separação: Erasmo compõe, Roberto Carlos grava. Outras reportagens exaltavam Erasmo Carlos como o "cérebro da Jovem

Guarda", por criar as principais canções. Ou o apresentavam como "o compositor de maior sucesso e a segunda figura do iê-iê-iê brasileiro". Ou seja, Erasmo seria o segundo nome porque perdia em popularidade para o cantor Roberto Carlos, mas, como compositor, era o número um. Nesse sentido, Roberto seria um Nelson Gonçalves, e Erasmo Carlos o seu Adelino Moreira, o autor que o abastecia com músicas.

Tudo isso deixava Roberto chateado, porque se via confundido com cantores que realmente não compunham e só eventualmente entravam de gaiato numa parceria. E pedia para Erasmo não deixar esse engano prosperar. Um episódio crucial ocorreu por volta de julho daquele ano, quando Erasmo Carlos foi receber um troféu como "destaque de compositor" no programa *Show em Simonal*, da TV Record. Ao justificar o prêmio, a produção exibiu um pot-pourri com vários sucessos que traziam a assinatura de Erasmo Carlos, entre os quais "Parei na contramão", "Quero que vá tudo pro inferno" e "Festa de arromba". O problema é que em nenhum momento o texto de apresentação lido por Wilson Simonal citou que aquelas músicas do homenageado haviam sido compostas em parceria com Roberto Carlos. Nem Erasmo fez a correção quando foi ao palco receber seu troféu. "Eu estava distraído no camarim e não ouvi o que Simonal falou na introdução do programa", justifica.

Assim, foi mais uma vez reforçada aquela visão de que Roberto Carlos seria apenas o cantor, e Erasmo o compositor. Para Roberto, aquilo foi a gota d'água. Ele não viu o programa porque naquela noite fazia show em Belo Horizonte, mas uma hora depois já fora devidamente informado por telefone por pessoas da sua equipe e até por sua nova namorada. E ficou furiosíssimo. Ao retornar para São Paulo, quis tirar satisfações com o parceiro. "Nice e o empresário Geraldo Alves encheram a cabeça dele, e Roberto veio querendo me dar esporro. Não gostei e dei também um esporro nele. E ficamos nos esporrando", lembraria Erasmo em depoimento ao autor. Resultado: a amizade e a parceria foram imediatamente suspensas. Era a primeira vez que isso acontecia desde 1958, quando os dois se conheceram, na véspera do show de Bill Haley & His Comets no Brasil.

"O fim de qualquer coisa é o desgaste. O ser humano morre porque a máquina humana desgasta e morre; o motor para porque tem um desgaste", disse João Bosco, ao explicar o rompimento de sua parceria com Aldir Blanc no fim dos anos 1980. "Tem uma matéria no curso de engenharia chamada fadiga: tudo tem fadiga. A própria vida tem o seu tempo de fadiga. Quando alguém não morre de acidente, de bala ou vício, como diz Capinam, morre de fadiga. A minha parceria com Aldir acabou por desgaste, por fadiga. Tudo se gastou, cumpriu-se, a máquina cumpriu sua finalidade e acabou. Você não pode viver como nós vivemos, tantos anos juntos, compondo, criando, vivendo, revivendo, dialogando, discutindo, sem fadiga. É impossível. Ninguém escapa a isso. Nem Beatles, nem ninguém, nem Deus e o Diabo escaparam e também brigaram por fadiga", teorizou João Bosco. Pois parecia que a fadiga tinha também chegado precocemente para a dupla Roberto e Erasmo. De repente, era cada um para o seu lado, cada um fazendo suas canções e tocando suas vidas.

Na época, os fãs não ficaram sabendo da briga porque todo domingo Roberto Carlos seguia normalmente o script do programa *Jovem Guarda*: curvava-se para a encenação gestual no momento de apresentar "o meu amigo Erasmo Carlos" e fazia as brincadeiras que a produção preparava para os dois no palco. "Cumpríamos o texto normalmente, mas fora dali não tínhamos mais papo nenhum", lembra Erasmo. A amiga de ambos, Wanderléa, ficou numa situação delicada e lamentou muito o que ocorria. "Fiquei consternada, chocada, triste, porque sabia que aquilo fora causado por uma coisa menor. Eu percebia Erasmo muito triste, muito arrasado com a situação. E Roberto também, porque a amizade deles era muito forte. E por mais que se disfarçasse ali no programa, era uma coisa que a gente estava vivendo e sentindo."

Roberto Carlos queria provar agora para todos — e talvez também para si mesmo — que não era apenas um cantor, mas um cantor-compositor. E mergulhou com toda gana no trabalho de composição. Uma das primeiras que ele fez sozinho foi "Querem acabar comigo", reflexo e resumo de todas as críticas e pressões que o atingiam: "Querem acabar comigo / Nem eu mesmo sei por quê / Enquanto eu tiver você aqui / Ninguém poderá me destruir / Querem acabar comigo / Isso eu não vou deixar." "A letra é um protesto pessoal, uma bronca minha", comentou ele na época. A motivação dessa bronca tinha nome e endereço certos: o do jornalista Jean Mellé, alameda Barão de Limeira, 425, centro de São Paulo, sede do jornal *Notícias Populares*. Romeno radicado havia alguns anos no Brasil, Jean Mellé era o idealizador e editor do popular diário paulistano que pertencia ao Grupo Folha. Com sua fórmula de crime-futebol-sexo, temperada com fotos de belas mulheres em poses sensuais, o *Notícias Populares* alcançava grande vendagem em bancas no estado de São Paulo. "Vampiro violentou 45 moças!" e "Nasceu o diabo em São Paulo — bebê com chifres, rabo e falando" são algumas das polêmicas manchetes do jornal que não se avexava de ter como slogan a frase "Nada mais que a verdade".

Após o estouro de "Quero que vá tudo pro inferno", no fim de 1965, Roberto Carlos passara também a frequentar as páginas do *Notícias Populares*. O cantor não estava acostumado com aquilo, porque, até então, sua relação com a imprensa se restringia basicamente a publicações como *Revista do Rádio* e *Intervalo*, que mantinham relação mais estreita e dependente com o artista. Seu maior receio eram apenas as colunas de fofoca no estilo de "*Mexericos da Candinha*". Agora a coisa mudava de figura, pois o cantor entrara no radar dos principais jornais e revistas do país, sendo alvo de repórteres e colunistas com os quais não tinha qualquer contato pessoal. E quem mais o assustou nessa fase foi o *Notícias Populares*, do editor Jean Mellé, um grandalhão de quase 2 metros, que "parecia crescer em progressão geométrica à medida que se aproximava do interlocutor", segundo os autores do livro *Nada mais que a verdade*, que conta a história do jornal. "Roberto Carlos era a fina flor do jardim do *Notícias Populares*. Grande destaque do cenário musical brasileiro, qualquer notícia que se relacionasse com ele tinha enorme repercussão na mídia; no NP, então, os rumores multiplicavam-se por dez. Culpa de Jean Mellé, que, astutamente, usava e abusava da imagem do rei para vender jornal."

O marco dessa fase foi a notícia de um incidente ocorrido com Roberto na madrugada de sábado, 23 de abril de 1966, em São Paulo.

Ele regressava de um show a bordo de seu Impala, quando o baterista Dedé alegou forte dor no braço, pedindo-lhe para estacionar em frente a uma farmácia na avenida São João. Enquanto o cantor o aguardava sozinho no carro, quatro rapazes se aproximaram, dirigindo-lhe gracejos e ameaçando abrir a porta do veículo. "Vamos dar uma surra nesse veado!" Sem pestanejar, o ídolo da Jovem Guarda sacou uma Beretta 6.35 que trazia no porta-luvas, fazendo dois disparos para o alto. Os rapazes bateram em retirada, e o cantor também zarpou rapidamente dali. Porém, alguém avisou a polícia, e uma viatura foi ao encalço do Impala vermelho, alcançando Roberto Carlos na praça Roosevelt. O artista entregou a arma e justificou os tiros como um ato em legítima defesa. Quem apurou o fato naquela madrugada foi o repórter policial do *Notícias Populares*, Ramão Gomes Portão, que cobria delegacias e flagrantes da Boca do Lixo de São Paulo. Havia vários crimes para serem noticiados naquela edição, mas o chefe Jean Mellé não teve dúvida e estampou em letras garrafais na primeira página a manchete policial com a foto do cantor: "Roberto Carlos deu 2 tiros nos agressores", afirmando que "tentaram raptar o rei do iê-iê-iê na avenida São João." A repercussão foi imensa, e a manchete do *Notícias Populares* pautou os demais veículos da imprensa brasileira. O jornal carioca *O Dia*, por exemplo, explorou o tema dois dias depois também em manchete: "Roberto Carlos dá tiros na rua — cantor de arma em punho manda tudo para o inferno."

Aquela edição do *Notícias Populares* foi um estouro de vendas. A partir de então o jornal não daria mais trégua ao artista. Além da tríade crime-futebol-sexo, Mellé tinha agora um novo filão para explorar. Ele pouco falaria da atuação artística de Roberto Carlos. Seu foco principal eram namoros, brigas, sexo e confusões que envolvessem o astro e a sua turma da Jovem Guarda. Qualquer menina que aparecesse na redação dizendo estar grávida de Roberto Carlos ganhava destaque no jornal. Ele era um tema na gaveta do editor, e, em dias sem um grande crime para noticiar, Jean Mellé sacava a pasta do artista, ordenando à redação com seu marcante sotaque romeno: "Mancheta Roberto Carlas!" O jornalista Silvio Di Nardo, que era amigo de Mellé, recorda que, ao conhecer o cantor nessa época, ouviu dele um desabafo: "Porra, bicho, me ajuda. Fala para aquele cara parar de me perseguir. Eu não sou nenhum bandido, eu não sou pistoleiro, eu não transo com todas as mulheres que ele fica falando naquele jornal. Esse cara precisa parar com isto."

Outras pressões sobre Roberto Carlos vinham do ambiente da moderna música popular brasileira, a chamada MPB, de artistas como Elis Regina, Chico Buarque e Geraldo Vandré, que, naquele momento, fazia dura oposição ao iê-iê-iê. Para essa vertente da nossa música, Roberto Carlos era um artista alienado e alienígena; alienado, porque não fazia canções de protesto social ou de combate à ditadura militar recém-instalada; e alienígena, porque se valia de um ritmo estrangeiro. Por "estrangeiro" entendia-se todo o repertório baseado no rock, fosse versão, cantado em inglês ou composto em português. Ainda não havia consenso de que uma canção como "Querem acabar comigo" pudesse ser considerada música brasileira. O rock era a coisa mais visceralmente oposta ao ritmo nacional do samba, e não era aceitável que um artista daqui pudesse se valer desse gênero musical norte-americano. Num contexto de guerra fria, mais do que um instrumento musical, a guitarra elétrica era considerada um símbolo do imperialismo para a esquerda nacionalista. Daí o combate sem trégua a Roberto Carlos, à sua turma e à sua música, por tudo isso também considerada inferior esteticamente à da MPB. "Esse tal de iê-iê-iê é uma droga", esbravejava a cantora Elis Regina. "Veja as músicas que eles cantam: a maioria tem pouquíssimas notas e isso as torna fácil de cantar e de guardar. As letras não contêm qualquer mensagem: falam de bailes, palavras bonitinhas para o ouvido, coisas fúteis. Qualquer pessoa que se disponha pode fazer música assim, comentando a última briguinha com o namorado. Isso não é sério, nem é bom. Então, por que manter essa aberração?" A opinião de Caetano Veloso é também ilustrativa ao dizer que Roberto "estava enquadrado justamente dentro daquele mundo da música comercial, fácil, do pop rock, meio internacional, simplório, com os verbos no infinitivo no final dos versos para rimar.

Aquela coisa juvenil ignorante. Eu não gostava de Roberto Carlos, não tinha interesse. Nem nos Beatles eu tinha qualquer interesse ainda. Nada me interessava nesse tipo de música".

Antes do *Jovem Guarda*, o musical de maior audiência era *O fino da bossa*, apresentado por Elis Regina e Jair Rodrigues na TV Record. E os discos deles, principalmente *Dois na bossa*, volumes I e II, gravados ao vivo no programa, ocupavam o topo das paradas. Como se dizia, o time da MPB navegava em céu de brigadeiro. Só que aí emergiu o fenômeno Roberto Carlos com "Quero que vá tudo pro inferno" e se deu uma mudança no centro das atenções da mídia, acompanhada de um crescente aumento do púbico do cantor. "A 'brasa' da Jovem Guarda provocou um curto-circuito na música popular brasileira, deixando momentaneamente desnorteados os articuladores do movimento de renovação iniciado com a bossa nova. Da perplexidade inicial partiram alguns para uma infrutífera 'guerra santa' ao iê-iê-iê", observou no calor da hora o poeta Augusto de Campos. De fato, e nos bastidores do programa de Elis Regina, foi afixado um chamamento aos colegas da MPB que não deixa dúvida desse clima de guerra. "Atenção, pessoal, *O fino* não pode cair! De sua sobrevivência depende a sobrevivência da própria música moderna brasileira. Esqueçam quaisquer rusgas pessoais, ponham de lado todas as vaidades e unam-se todos contra o inimigo comum: o iê-iê-iê."

Como complicador para Roberto Carlos, justo naquele momento surgia-lhe uma forte concorrência no campo da Jovem Guarda: a do cantor Ronnie Von, que alguns apostavam que seria o novo rei da juventude. Aos 22 anos, corpo longilíneo, rosto anguloso, cabelos lisos e compridos, e faiscantes olhos verdes, o rapaz causou sensação, ganhando capas de revistas e reportagens nos segundos cadernos. Chamava também atenção o fato de Ronnie Von ser de família rica e possuir formação universitária — um perfil bem diferente dos demais ídolos do iê-iê-iê. Instado a falar de Roberto Carlos, ele procurava sair pela tangente. "Muitos insistem em que eu serei o seu substituto. Não penso nisso. Gosto dele, mas sou outra coisa." Seu primeiro e instantâneo sucesso foi a balada "Meu bem", versão que fizera para a canção "Girl", dos Beatles. Imediatamente Ronnie Von passou a ser disputado pela TV Excelsior e pela TV Record, ambas com propostas para ele apresentar um novo programa musical. O da Excelsior seria aos domingos à tarde, no mesmo horário do *Jovem Guarda*. Já a proposta da Record — e que ele aceitou — era para comandar um musical nas tardes de sábado. Nichollas Marino recorda que, num daqueles dias, Roberto Carlos chegou em casa preocupado e, enquanto se banhava, comentou com o amigo: "Olha, Mariano, os caras estão gastando uma nota em cima do Ronnie Von. Você acha que ele pode vir a prejudicar a gente?"

Foi nesse contexto de pressão da imprensa, combate da MPB e acirrada competição dentro do próprio universo do iê-iê-iê que Roberto Carlos compôs uma canção que começa com um desabafo em tom de perplexidade: "Querem acabar comigo / Nem eu mesmo sei por quê", para na estrofe seguinte, refeito do susto, ser bem afirmativo: "Querem acabar comigo / Isso eu não vou deixar." Ao mostrar a canção para os músicos no estúdio, o cantor disse que queria um arranjo na linha do grupo Supremes, da gravadora Motown, com uma linha de metais atacando ao fim de cada estrofe da letra. E Roberto Carlos então simulava o som dos metais com a boca, enquanto tocava a canção, ainda incompleta, na guitarra. "É só para ter uma ideia e já ir bolando alguma coisa. Estou com vontade de botar metais, entende? Quero um negócio assim bem pesado", disse ele durante o ensaio. "Seria um protesto, uma polêmica?", indagou-lhe um dos músicos sobre "Querem acabar comigo". "A letra não é um protesto, mas o estilo, sim. A letra é um protesto pessoal, uma bronca minha", explicou Roberto, procurando diferenciar o seu desabafo pessoal da típica canção de protesto da MPB, que focava em questões coletivas.

A dele o aproximava mais de algo como "Help!", dos Beatles, que também trazia um desabafo de John Lennon, uma quase súplica: "Ajude-me se você puder / Estou me sentindo desanimado / Eu gostaria de ter você por perto / Ajude-me a colocar meus pés de volta ao chão."

Em "Querem acabar comigo" Roberto também pede socorro a alguém, no caso, a sua então namorada Nice: "Me abrace assim, me olhe assim / Não vá ficar longe de mim / Pois enquanto eu tiver você comigo / Sou mais forte e para mim não há perigo." A ideia do uso dos metais à la Supremes não foi adiante no desenvolvimento do arranjo, mas aquilo indica que desde meados de 1966 o cantor já estava procurando uma sonoridade black, da Motown, para os seus discos. Na versão gravada chama a atenção o timbre da percussão, diferenciado. Provavelmente é um surdo de bateria convencional coberto por uma toalha e tocado com baquetas de feltro.

Antes de lançar esse seu novo hit, Roberto Carlos já tinha se entendido com Jean Mellé, o temível editor do *Notícias Populares*, que o deixava tão bronqueado. O encontro foi mediado pelo jornalista Silvio Di Nardo, que ouvira aquele desabafo do artista e o relatara depois a Mellé. Este então propôs um almoço de conciliação com o rei da Jovem Guarda. "No fundo Jean Mellé queria era conhecer as celebridades", afirma Di Nardo. Mas esse almoço, no restaurante Farroupilha, no centro de São Paulo, não sairia tão barato assim para Roberto Carlos. Anticomunista ferrenho e defensor da ditadura militar, Mellé convidou também para o encontro alguns políticos do partido do governo, como os deputados Herbert Levy, Cunha Bueno e Arnaldo Cerdeira, que discursaram ali enaltecendo Roberto Carlos e o movimento da Jovem Guarda. Tudo isso devidamente registrado pelos repórteres presentes. Para o cantor, porém, o importante foi que, dali em diante, o editor Jean Mellé deixaria de explorar matérias negativas sobre ele no *Notícias Populares*.

Algo também se movia no ambiente da música popular brasileira, e no começo do ano seguinte aconteceu o episódio em que Maria Bethânia aconselhou o irmão Caetano a ver o programa de Roberto Carlos. "Mas eu nem assisto televisão", desconversou ele. "Então você está por fora, Caetano. Este pessoal da música brasileira não tem vitalidade e está um negócio muito chato e deprimente. Roberto Carlos é que é forte. Tem muito mais vitalidade e poesia nas coisas dele. Veja o programa *Jovem Guarda*, você vai ver que coisa viva. É uma maravilha. Você já ouviu uma música do Roberto que diz 'Querem acabar comigo'?" Caetano Veloso acabou atendendo a indicação da irmã, e aquele musical com a turma do rock o deixaria de fato maravilhado. "Puxa, que vida! Quanta vida! Eu ando num ambiente de fantasmas!", exclamou diante da televisão num ato decisivo para germinar a criação do que seria depois chamado de Tropicália.

24

É PAPO FIRME

> *"Essa garota é papo firme*
> *É papo firme, é papo firme*
> *Ela é mesmo avançada*
> *E só dirige em disparada"*
> **Do álbum *Roberto Carlos*, 1966**

As cartas não paravam de chegar, e a um ritmo cada vez maior. No segundo semestre de 1966, Roberto Carlos já recebia cerca de 5 mil correspondências por mês, a maioria endereçada à avenida Miruna, 713, sede da TV Record, em São Paulo. Muitas mensagens chegavam também à gravadora CBS, no Rio, e outras tantas à residência do artista, na rua Albuquerque Lins, também em São Paulo. Num corredor lateral de seu apartamento, três portas de um armário embutido quase não davam conta do grande número de cartas, telegramas e cartões que ele recebia diariamente e ali eram guardadas. "Maços, pacotes e caixas entulhadas de correspondência comprovam seu tangível sucesso e fama como herói-cantor do nosso tempo", relatou na época um jornalista de *O Estado de S. Paulo*. Outro jornalista, Carlos Acuio, da revista *Manchete*, revelou o conteúdo de algumas dessas cartas. Ali as fãs pouco falam das músicas do cantor, e sim do sentimento por ele, mas de uma forma tão apaixonada que certamente o influenciaria a desenvolver o tema em várias composições românticas. Uma fã de Goiás, por exemplo, desabafou, como numa letra de samba-canção: "Mais uma vez volto a escrever, para dizer-te quanto te amo. Querido, sei que não adianta, pois não sou digna de receber sequer uma linha escrita por ti. Já escrevi várias vezes e nunca tive resposta. Mas não perco a esperança. Algum dia reconhecerás o quanto sofre uma pessoa que ama outra pessoa e não é amada. Sentirás a mesma dor que sinto por ti." Outra, de Minas Gerais, revelava sua paixão pelo ídolo, também como numa canção, com primeira e segunda partes. "Querido, se um dia Deus me permitisse ter você em meus braços, e por um momento, um só momento, eu o beijasse, então nada mais desejaria da vida. Mas tem vezes que sinto uma revolta dentro de mim. Quero expulsá-lo do meu coração, de minha mente, mas não consigo."

De outras fontes, outras cartas, algumas dramáticas como uma letra de tango. "Roberto, eu te adoro, meu amor, para mim só existe você no mundo. Quando penso que o amo, e que meu amor jamais poderá ser correspondido, eu tenho uma vontade louca de me atirar de um viaduto. Mas se eu não fizer isso, eu juro a você que irei para um convento do qual eu só sairei quando estiver morta." Havia também cartas mais contidas, outras mais ousadas. Uma garota de São Paulo escreveu: "Gosto do seu sorriso. Acho-o tão inocente. Inocente, porém, só o 'sorriso', pois tenho certeza que suas mãos sabem acariciar muito bem um corpo de mulher." Como a personagem de Catherine Deneuve no filme *A bela da tarde*, de Luis Buñuel, uma fã paulista escreveu ao cantor propondo se encontrarem naquele período do dia: "Roberto, ainda não desisti de marcar um encontro com você, esta é a sexta vez que lhe escrevo inutilmente, mas ainda insisto, e te esperarei segunda-feira às 4 horas da tarde, em frente à casa que Agnaldo Rayol comprou no Brooklin, é a 4a travessa depois do balão do bonde no 274. Esperarei você todas as segundas-feiras no mesmo lugar. Venha ao meu encontro, não precisa ter medo, pois sou maior de idade, simples, estarei sozinha à tua espera."

Em meio a tantas declarações de amor (e até de fetiche) por Roberto Carlos, não faltava também quem lhe escrevesse apenas para pedir ajuda financeira — afinal a maioria de suas fãs era de origem humilde, e muitas ainda crianças, como a desta missiva, que talvez tenha tocado o coração do artista. "Eu tenho prazer em escrever esta carta. Tenho 10 anos, estou no 2º ano, estudo no grupo escolar. Tenho muita vontade de possuir uma casa, mas meu pai ganha muito pouco. Moramos em casa de aluguel e o dono já nos pediu a casa e estamos em dificuldade. Tenho dois irmãozinhos, Marisa, com 6 anos, e Celso, com 4 anos. Venho solicitar auxílio para meu pai dar uma entrada numa casa."

Paralelamente às cartas, o telefone de seu apartamento não parava de tocar – a maioria também de mulheres querendo falar com o cantor. "A gente tirava o som do telefone porque não aguentava. Era uma chamada atrás da outra. Não havia espaço de tempo em silêncio. Era impressionante", lembra Luiz Carlos Ismail. Quem atendia era o "mordomo" Nichollas Mariano, com a voz educada, quase britânica, sempre respondia: "O Sr. Roberto Carlos não atende o telefone." Quando a ligação era de alguém conhecido como Erasmo ou Wanderléa, Mariano falava com a voz natural, descontraída, não era mais o mordomo.

As ligações para o escritório do empresário de Roberto Carlos eram também frequentes, mas com pedidos para shows. Na época, o cantor passara a fazer de quatro a cinco apresentações por dia. Foi quando ele decidiu ampliar o RC-3, contratando um guitarrista para acompanhá-lo no palco. O primeiro candidato a se oferecer era um músico excelente e de muita experiência: o paulista Antônio Wanderley, ex-integrante do Milton Banana Trio, grupo dedicado à bossa nova. Só havia um problema: Wanderley não tocava guitarra, e sim piano, e mal conhecia o repertório de Roberto Carlos. Mas teve a cara de pau de dizer que era guitarrista só para arranjar a vaga. "Eu olhava pela televisão e via aquela festa, aquela mulherada toda no *Jovem Guarda*, e dizia pra mim mesmo: 'eu preciso entrar nessa onda aí'", justifica Wanderley, que nas apresentações com Milton Banana pelas boates esfumaçadas de São Paulo era abordado apenas por executivos engravatados, e vários deles bêbados.

Pois de guitarra na mão ele subiu ao palco para acompanhar Roberto num show em Santo André, no ABC paulista. Naquela correria de uma apresentação atrás da outra não havia tempo para teste, ensaio ou passagem de som. O cantor e os músicos chegavam em cima da hora, ligavam o amplificador e mandavam brasa. Foi, portanto, em pleno espetáculo que Roberto Carlos descobriu que seu novo guitarrista nada tocava do instrumento. Wanderley fazia apenas um plec, plec lá qualquer que não enganou ninguém com um mínimo de ouvido musical na plateia. No fim do show, cabisbaixo e triste, certo de que tinha perdido sua grande chance de compartilhar do mulherio da Jovem Guarda, o falso guitarrista procurou se desculpar ao chefe: "Pô, Roberto, você me desculpe, mas eu topei essa parada aqui só porque queria muito me aproximar de você. Na verdade, o meu negócio é piano. Eu sou músico da noite e gravo com o Milton Banana Trio." E Wanderley desfilou seu currículo de pianista de bossa nova. "Pô, bicho, mas eu estou precisando é de um guitarrista. E você não toca nada", retrucou o cantor. Entretanto, parece que o constrangimento de Wanderley o sensibilizou, e ele decidiu dar uma segunda chance ao músico. "Vamos fazer o seguinte: aparece domingo lá no *Jovem Guarda*. Tem um órgão lá, vamos ver como você funciona nos teclados, porque como guitarrista realmente não dá."

Era tudo o que Wanderley queria: participar daquele programa e tocar o seu verdadeiro instrumento. Dessa vez, ele não deu chance para o azar: ouviu os discos de Roberto Carlos em casa, aprendeu o repertório e no domingo não deixou a peteca cair, reproduzindo tudo direitinho. O cantor ficou muito bem impressionado com a intimidade dele com as teclas e, principalmente, com a musicalidade de Wanderley, que lhe pareceu agora muito evidente. "Cara, parabéns, gostei muito. Aí sim!", disse-lhe ao final do programa. Naquela mesma semana, Wanderley arranjou um teclado e passou a acompanhar Roberto Carlos nos shows, que até então não reproduziam aquela sonoridade do órgão presente nos seus discos.

Logo em seguida, o cantor foi novamente à procura de um guitarrista. Afinal, era isso que queria quando Wanderley apareceu. Daquela vez, porém, Roberto não quis mais correr o risco de ser surpreendido. A experiência com o falso guitarrista fora suficiente, e ele então resolveu convidar um músico que já conhecia muito bem: o paulista José Provetti, o Gato, guitarrista recém-saído do conjunto The Jet Black's. Gato tinha grande popularidade e era sempre o músico mais aplaudido da banda de Roberto Carlos, agora rebatizada de RC-4: Gato na guitarra, Wanderley no teclado, Bruno no baixo e Dedé na bateria.

Roberto Carlos foi o primeiro cantor brasileiro a ter a sua própria banda de acompanhamento — algo que depois se tornaria comum entre os demais artistas de nossa música popular. Mas na Era do Rádio, por exemplo, nomes como Ângela Maria, Cauby Peixoto ou Nelson Gonçalves se apresentavam pelo país acompanhados apenas de um violonista ou qualquer outro músico recrutado no local do show. No tempo dos festivais televisivos, Elis Regina era normalmente acompanhada por grupos que tinham carreira própria, como o Tamba ou Zimbo Trio. Chico Buarque se socorria do violonista Toquinho ou do quarteto MPB-4, enquanto Caetano e Gilberto Gil procuravam o apoio dos Mutantes. O fato é que, até então, ter uma banda própria de acompanhamento era um luxo que os artistas brasileiros ainda não se permitiam. A exceção foi Roberto Carlos ao montar o RC-4, que no ano seguinte seria ampliado para RC-7.

Registre-se que, pouco antes de Wanderley aparecer, o cantor convidara Lafayette para integrar a banda, afinal, o músico já tocava em seus discos. Entretanto, o organista não topou acompanhá-lo na estrada, porque já estava formando o seu próprio conjunto de baile. "Na época eu pensei: ou faço a minha carreira ou fico preso pra sempre ao Roberto. Então optei pela minha própria carreira", disse ele, que passaria a gravar na CBS uma série de discos com o título *Lafayette apresenta os sucessos* — reproduzindo no órgão hits nacionais e internacionais do momento.

Novas canções de Roberto seriam lançadas brevemente — e uma delas se tornaria um dos grandes clássicos da Jovem Guarda. O local não era o mais apropriado, mas foi durante seu expediente numa agência da Caixa Econômica Federal, no Rio, que o bancário (e compositor) Donaldson Gonçalves teve a ideia do tema. Numa tarde de junho de 1966, em meio a papeladas sobre operações de crédito, financiamentos e investimentos, ele começou a cantarolar a melodia e a desenvolver uma letra que tinha como mote a gíria "papo firme", usada por Roberto Carlos. Quem sabe o cantor não se interessaria em gravar aquela música? Na época, com quase 40 anos, Donaldson era um bancário que transitava pelo meio artístico. No passado tentara a carreira de cantor, mas sua voz de barítono saíra de moda após a eclosão da bossa nova. Ele insistia, porém, compondo canções, especialmente com seu amigo Renato Corrêa, do grupo Golden Boys. Embora sem muito sucesso, composições da dupla vinham sendo gravadas por artistas da jovem guarda como Wanderley Cardoso, Trio Esperança, além dos próprios Golden Boys. Para Donaldson Gonçalves era chegada a hora de tentar uma cartada maior.

Naquele dia, após o expediente, ele foi direto para a casa do parceiro no Engenho de Dentro, na zona norte do Rio. "Renato, hoje comecei a fazer uma música para o Roberto Carlos e acho que vai dar o maior pé", disse ao chegar. Contagiado pelo entusiasmo do amigo, Renato pegou violão, lápis e papel para logo trabalhar com ele na canção. E as frases foram surgindo com facilidade, porque o tema fora definido na frase inicial criada por Donaldson: "Essa garota é papo firme, é papo firme, é papo firme / Ela é mesmo avançada / E só dirige em disparada." Quase vinte anos mais jovem que o parceiro e antenado com o universo pop, Renato foi lembrando de outros símbolos dessa garota papo firme: a minissaia, o cabelo, a gíria, o embalo. "Nós concluímos a música até rápido demais. É como se ela já estivesse pronta", lembra ele — que foi encarregado de mostrá-la a Roberto Carlos.

A oportunidade seria na gravadora CBS, pois os Golden Boys faziam vocal para vários artistas de lá, inclusive nos discos de Roberto. Em "Pega ladrão", por exemplo, são eles que mandam aquele "Tchatchura! / Tchatchura!", enquanto Roberto canta: "Estava com um broto no portão / Tchatchura! / Quando um grito ouvi, pega ladrão! / Tchatchura!" Mesmo assim não foi tão fácil para Renato acessar o cantor, que chegava ali sempre cercado do empresário e de assessores, e permanecia ocupado o tempo todo. Além disso, por timidez, Renato Corrêa não arriscava interromper o artista. Mas a pressão era grande, porque quase todo dia Donaldson ligava cobrando: "E aí, já mostrou a nossa música pro Roberto?" Ele tanto insistiu que, em certa noite de gravação, o outro tomou coragem e se aproximou de Roberto Carlos, contando que tinha feito uma música bem ao seu estilo. "Mas você também é compositor?", surpreendeu-se Roberto, que conhecia Renato Corrêa apenas como vocalista dos Golden Boys. "Mostra então a música que você fez", pediu o cantor. Meio envergonhado, Renato o atendeu, tocando "É papo firme" ao violão. E ali Roberto Carlos ouviu pela primeira vez a canção que tantos brasileiros iriam escutar na voz dele. O cantor gostou de cara daquele rock simples de letra antenada e inteligente. Animado, ele a ensaiou naquela mesma noite com o tecladista Lafayette. Mas, depois de cantá-la duas vezes, sentiu falta de alguma coisa na frase que dizia: "Essa garota é papo firme / E só namora cabeludo", e fez então um pequeno acréscimo, cantando "E só namora se o cara é cabeludo". Ou seja, acrescentou mais uma gíria e deixou a canção ritmicamente melhor. No dia seguinte, Renato Corrêa ligou para a agência bancária comunicando ao parceiro que a música deles já estava na voz do rei da Jovem Guarda.

"É papo firme" chegou mesmo em boa hora aos ouvidos de Roberto Carlos, pois seu produtor já lhe cobrava as duas canções para o próximo volume da série *As 14 mais* — álbum que a partir daí seria sempre puxado por gravações inéditas do cantor. Para esse novo volume, o de número 18, Roberto já tinha escolhido uma das músicas: a romântica "Esqueça", versão de "Forget him", composição de Mark Anthony (pseudônimo do produtor inglês Tony Hatch) lançada pelo cantor Bobby Rydell em 1963. O curioso é que "Forget him" servira de inspiração para Lennon e McCartney comporem o clássico "She loves you", naquele mesmo ano. Até então, as letras dos Beatles eram sempre em primeira pessoa ("Love me do", "Please, please me"), mas, ao ouvirem os versos de Mark Anthony no rádio — "Forget him, if he doesn't care" —, eles decidiram compor um tema também em terceira pessoa, contando a história de alguém que dá um conselho, um recado para o outro: "She said she loves you / And you know that can't be bad."

A versão de "Forget him" em português foi feita por Roberta Côrte Real, ex-namorada de Roberto que, desde a adolescência, exercitava o inglês traduzindo músicas internacionais. Por ser filha de dirigente de gravadora, tinha pilhas de discos em casa, muitos deles importados. Uma de suas versões, "Um beijinho só" (do original "One last kiss"), fora gravada pelo cantor paulista George Freedman. Numa noite de 1966, o pai de Roberta chegou do trabalho com mais um pacote de discos — entre os quais um single de Bobby Rydell com a gravação de "Forget him", que Roberta não conhecia, pois não fizera sucesso no Brasil. "Eu peguei o disco para ouvir e gostei da melodia, da história, e logo comecei a cantarolar uma letra em português", lembrou em depoimento ao autor. Ela seguiu o original, uma canção de letra curta, apenas duas estrofes, com frases que Roberta traduziu de forma quase literal — "Forget him, if he doesn't love you" foi transposta como "Esqueça se ele não te ama". Era incrível que ninguém da Jovem Guarda — onde se faziam versões aos montes — tivesse gravado essa canção. Na linguagem do futebol, "Forget him" estava ali, havia três anos quicando na área.

Pois assim que terminou de escrever a versão, Roberta Côrte Real não hesitou: ligou para o Lord Palace Hotel em São Paulo, onde Roberto Carlos se hospedava. Por sorte o cantor estava lá e atendeu a ex-namorada. Depois de uma breve troca de amenidades, Roberta lhe cantou "Esqueça" ao telefone, sugerindo que a gravasse, pois do contrário iria mostrá-la ao cantor George Freedman. Roberto ouviu interessado, pediu para ela repetir a música mais de uma vez, e também não teve dúvida: embora já tivesse decidido não gravar mais versões de músicas estrangeiras, abriu uma exceção para "Esqueça", que foi a última versão gravada por ele na Jovem Guarda — e com destaque, sendo a faixa de abertura do volume 18 de *As 14 mais*.

Para a outra faixa foi reservada "É papo firme", que o produtor Evandro Ribeiro considerou ideal para compor o disco. No estúdio, foi bolado na hora um arranjo que começava com acordes da guitarra, seguidos da bateria e de um rápido breque para a entrada de Roberto Carlos. Após ele cantar a frase inicial — "Essa garota é papo firme" —, o organista Lafayette improvisou alguns acordes bem simplórios apenas para se orientar e depois ver o que exatamente tocar ali. Entretanto, Evandro Ribeiro achou que aquele som do órgão era o bastante para a canção. "Não, seu Evandro, fiz isto aqui só para testar, para achar a harmonia certa da música", tentou explicar Lafayette. "Mas é isso aí que eu quero nesta gravação. Você tem que reproduzir esses acordes. Ficou ótimo assim", repetiu o produtor. Muito a contragosto, Lafayette tocou novamente o que era apenas improviso na primeira parte de "É papo firme". "Nós fomos depois ouvir a gravação na técnica e achei horrível o resultado. Eu queria refazer, bolar outra coisa, porém seu Evandro não deixou", lembrou Lafayette. De fato, não é das melhores participações do organista numa canção do Roberto, mas foi o que ficou valendo na gravação de "É papo firme".

Roberto Carlos também preferia trabalhar com mais calma os arranjos de suas músicas, prepará-las apenas para o álbum de fim de ano. Ocorre que o chefão da CBS não pensava assim; ele tinha pressa e não abria mão de gravar duas canções inéditas de Roberto para *As 14 mais* — podendo depois incluí-las ou não no seu LP anual. Lançadas em setembro de 1966, "É papo firme" e "Esqueça" chegaram num momento de grande expectativa em torno de Roberto Carlos. Nove meses tinham se passado desde a explosão de "Quero que vá tudo pro inferno" e do álbum *Jovem Guarda*. Havia agora um público bem maior e atento para saber se as novas gravações do cantor manteriam seu reinado na música brasileira. "Você acha que 'É papo firme' vai fazer sucesso?", perguntou-lhe um radialista na véspera do lançamento de *As 14 mais*. "Eu faço mais fé em "Esqueça", no outro lado do disco, que é uma música de maior penetração sentimental", respondeu o cantor, já revelando sua preferência pelo romântico. Porém, as duas músicas fizeram um sucesso avassalador, em um compacto simples e puxando a enorme vendagem daquele LP da CBS.

A juventude brasileira adorou o perfil daquela garota "papo firme", liberada e moderna, em perfeita sintonia com os rebeldes anos 1960. Os versos "Ela adora uma praia / E só anda de minissaia" propagavam um modelo de roupa feminina — criado pouco tempo antes pela estilista inglesa Mary Quant — que se tornaria o maior símbolo da revolução sexual em curso. Roberto Carlos se inseria nessa revolução porque o sucesso de sua música contribuiu para que muitas garotas no Brasil quisessem também vestir aquela peça ousada e sensual. As famílias mais conservadoras reagiam e muitas fãs do cantor acabavam entrando em choque com os pais. "Sou a garota papo firme que o Roberto falou", anunciou a jovem cantora Waldirene em uma canção-resposta lançada no ano seguinte, enfatizando que "A minissaia fica bem em mim / Eu vou deixar a turma toda louca / A turma toda com água na boca". O tema também serviu de mote para Martinha, outra jovem cantora iniciando a carreira: "Meu bem me disse que eu sou uma garota bem papo firme / Que eu sou muito legal." Antes de se lançar como sambista, a cantora Clara Nunes, fantasiada de garota do Roberto, gravou para o carnaval de 1967 a marchinha "Carnaval na onda", que diz: "É papo firme / Vou sair de go, go, go / Sem choro de pierrô esnobando o arlequim."

Nem mesmo o poeta Vinicius de Moraes ficou indiferente àquele sucesso de Roberto Carlos. Para a trilha do filme *Garota de Ipanema*, de Leon Hirszman, compôs (em parceria com Francisco Enoi) a balada "Por você", com os versos: "Por você, senhorazinha menina / Que além de ser pra frente / E barra limpa / É papo firme por demais, por demais." Em outro filme, *Macunaíma*, de Joaquim Pedro de Andrade, a atriz Dina Sfat interpreta uma guerrilheira urbana que aparece na rua de minissaia e metralhadora em punho, enquanto se ouve: "Essa garota é papo firme, é papo firme", na gravação original do próprio Roberto Carlos. E exatos dez anos depois de seu lançamento, "É papo firme" seria citada (por tabela) na letra do rock "Arrombou a festa", com uma debochada Rita Lee cantando "sou a garota papo firme que o Roberto falou... da música popular brasileira".

Antes do *Jovem Guarda*, não era comum o uso de gírias na televisão. Os programas, mesmo os musicais, usavam uma linguagem formal, bem-comportada. Roberto Carlos e sua turma decidiram subverter essa regra ao chegarem à TV Record. "Queríamos apresentar o programa da maneira mais natural possível, do jeito que falávamos na rua", explicou o cantor. A partir daí ele propagou gírias como "é uma brasa, mora?", "barra limpa", "bidu", "carango" e... "papo firme" — uma contraposição ao mais antigo "papo furado". Nenhuma dessas gírias foi criada por Roberto Carlos ou por alguma agência de publicidade. O artista simplesmente adotava e divulgava o que ia ouvindo no seu cotidiano. A expressão "barra limpa", por exemplo, ele ouvira do colega Jorge Ben Jor e decidira usá-la no programa. "Vem quente que estou fervendo" é uma gíria mineira, mais especificamente do vale do Jequitinhonha, onde nasceu o cantor Eduardo Araújo, que usaria essa frase no título da sua composição, também gravada por Erasmo Carlos. Outra gíria, "bicho" — forma carinhosa de se dirigir a alguém —, era conhecida desde os anos 1950 entre os músicos do beco das Garrafas, no Rio. No caso específico de "papo firme", a gíria já circulava no universo da malandragem carioca antes de ganhar a vitrine da TV Record de São Paulo pela voz de Roberto Carlos. A prova disso está numa reportagem da revista O Cruzeiro de agosto de 1963. Após subir o morro da Mangueira para conversar com os moradores, o jornalista Carlos Leonam listou entre as expressões que ouviu lá a gíria "papo firme", no sentido de "conversa que não é furada".

Já vimos, em outra parte deste livro, que, quando Roberto Carlos iniciou sua carreira, em 1959, a expressão "broto" também estava na moda — não por acaso, uma de suas primeiras gravações, na fase bossa nova, era intitulada "Brotinho sem juízo". Em 1962 o cantor se bandeou para o rock, mas continuou se valendo da expressão. Na letra de "Susie", por exemplo, ele conta que "Pertinho de onde eu moro / Tem um broto encantador". No ano seguinte, em "Parei na contramão", diz que vinha voando no seu carro quando viu pela frente "na beira da calçada um broto displicente". Em 1964, ele obteve um sucesso ainda maior com "O calhambeque", o antigo automóvel que ficou cheio de "brotos que encontrei pelo caminho". E, em 1965, na crônica de costumes "Eu sou fã do monoquíni" (parceria com Erasmo), afirma que "Broto tem que usar monoquíni / Não suporto mais o biquíni".

A canção "É papo firme" foi moderna não apenas pela ousadia do tema, mas também por não se referir à personagem feminina com o batido vocábulo "broto", e sim "garota" — algo que seria reforçado pelas várias canções-respostas, como "Garota do Roberto", de Waldirene. A partir daí deu-se uma inovação no vocabulário da juventude brasileira. Nenhuma menina queria mais ser chamada de broto ou brotinho. A moça moderna, pra frente, papo firme (e do Roberto), era identificada ao substantivo "garota". O próprio cantor deixou de usar aquela expressão em suas próximas composições — em "Eu sou terrível", por exemplo, ele enfatiza que "Garota que andar do meu lado / Vai ver que eu ando mesmo apressado". E assim, ao perder o respaldo do ídolo máximo do iê-iê-iê nacional, "broto" saiu de moda definitivamente, ficando associada ao tempo das lambretas, lacinhos cor-de-rosa e cabelos com brilhantina.

A gíria "papo firme", ao contrário, seria incorporada ao cotidiano nacional, aparecendo em diversos textos jornalísticos, humorísticos e publicitários. Na época, por exemplo, foi lançada a campanha "Crush é papo firme!", e uma cervejaria era anunciada como: "Barril: o ponto para o papo firme!" No teatro de revista, estreou, no fim de 1966, o espetáculo *Papo firme é pra mulher*, com o comediante Colé. Diversas colunas sociais foram criadas com o título da música de Roberto Carlos, que deu nome também ao miniprograma de variedades que Nelson Motta estreou na TV Globo, em 1968. No ano anterior, causara polêmica nos meios educacionais o texto com que um colégio de Brasília recepcionou seus alunos, no início do ano letivo: "Brasinhas de 1967. Esse nosso primeiro papo é firme e certinho." Até mesmo o sisudo jornalismo político da época da ditadura militar se valeu da expressão. Em agosto daquele ano, por exemplo, Heron Domingues escreveu em sua coluna que "papo firme mesmo foi a conversa entre os ministros Mario Andreazza (dos Transportes) e Delfim Netto (da Fazenda), ontem, durante a reunião do Conselho da Sudene". Quase duas décadas depois, em 1984, já no fim da ditadura, seria lançado o tabloide O *Planeta Diário*, criação dos humoristas Hubert, Reinaldo e Claudio Paiva, uma sátira aos jornais tradicionais. No primeiro número do jornal, no espaço nobre do editorial, veio a inusitada mensagem: "Essa garota é papo firme, é papo firme, é papo firme. Ela é mesmo avançada e só dirige em disparada..." — reproduzindo na íntegra a letra do antigo hit da Jovem Guarda.

25

NEGRO GATO

"Eu sou um negro gato de arrepiar
E essa minha vida é mesmo de amargar
Só mesmo de um telhado aos outros desacato"
Do álbum *Roberto Carlos*, 1966

A coroa já estava no centro do palco, faltava apenas chegar o rei. Enquanto isso, Chacrinha balançava a pança comandando a massa. "Ô Teresinha! Ô Teresinha! É um sucesso a Discoteca do Chacrinha!" Era uma edição especial do seu programa para a coroação de Roberto Carlos com o título de "rei da juventude brasileira" e "rei da Jovem Guarda". Foi numa quarta-feira, dia 12 de outubro de 1966, na TV Excelsior, no Rio. Os fãs do cantor se comprimiam no auditório e transbordavam para a rua. Por mais de três horas, a partir das sete da noite, o trânsito ficaria interrompido nas imediações da emissora, no Leblon. Daquele programa especial também participaram artistas como Golden Boys, Wilson Simonal, Quarteto em Cy, Wanderley Cardoso, Trio Esperança e Cauby Peixoto. Aliás, o que terá pensado Cauby — o outrora rei da Rádio Nacional — ao ver de perto toda aquela euforia com o novo ídolo da televisão? Roberto Carlos foi recebido ali em meio a gritos e desmaios na plateia.

Desde a explosão da Jovem Guarda, no fim de 1965, que Roberto Carlos vinha ganhando faixas e coroas de rei. Nos clubes ou auditórios pelo Brasil afora alguém sempre improvisava uma coroa para colocar na sua cabeça. O cantor ficava sem graça, meio constrangido, mas aquilo era muito recente e ele nem sabia como recusar. Foi assim, por exemplo, em maio de 1966, ao se apresentar num show beneficente da Liga das Senhoras Católicas, no Ginásio do Ibirapuera, em São Paulo. No mesmo evento houve um desfile de fantasias premiadas do carnaval carioca daquele ano — uma delas do carnavalesco Simão José Alves, com a indumentária de Francisco I, o rei mecenas da França. Pois as senhoras da Liga aproveitaram o ambiente momesco para tirar a coroa do "rei francês" e colocá-la na cabeça do "rei da juventude brasileira". Daí que, quando recebeu o convite para a cerimônia na *Discoteca do Chacrinha*, Roberto Carlos aceitou, até como uma forma de dizer a todos: "Olhem, não coloquem mais coroas na minha cabeça, já fui coroado, viu?"

Chacrinha tinha experiência nisso porque seus programas de calouros, como *A hora da buzina*, aos domingos, viviam coroando cantores, dançarinos, mímicos ou candidatos a vale tudo, que comiam gilete, plantavam bananeira ou subiam nas paredes. "Ele vai para o trono ou não vai? Vai ou não vai? É ele?... Tá fraco... É eleeeee? Não estou entendendo bem... Teresiiiiinha!" Chacrinha procurava colocar em cena os principais apetrechos de um monarca: o trono, a coroa, o cetro, a túnica, a faixa e os confetes para o momento da coroação. Mas tudo meio improvisado, com as peças feitas de material barato para todos perceberem que era uma simples cópia. Essa era a marca e a graça do seu programa, que também provocava risos no auditório por ele debochar sem dó dos calouros. "Como vai, seu Noronha? Já tomou vergonha? Vá ser feio assim no inferno."

Ressalte-se que Chacrinha ainda não era considerado um "gênio da comunicação de massa", na definição de Edgar Morin. Isso só ocorreria em 1968, quando o sociólogo esteve no Brasil para ministrar uma série de conferências e se encantou com o programa do Chacrinha, que naquele ano seria também exaltado pelos tropicalistas e contratado pela TV Globo. A partir daí, sim, o Velho Guerreiro se tornaria objeto de estudos e um personagem cult da televisão brasileira. Antes a imprensa manifestava repulsa por sua figura exótica e suas atrações extravagantes. Em outubro de 1965, por exemplo, Fausto Wolff, do

Jornal do Brasil, resumia a figura de Chacrinha a "um homem fantasiado que massacra cruelmente um sem-número de pessoas ingênuas", acrescentando que "se o cinema e o teatro utilizam personagens fictícios, o sr. Chacrinha prefere cobaias humanas". Outro colunista dizia que era "preciso ter estômago" para assistir a "uma excrescência com o título de *A hora da buzina*, com o videolouco Abelardo Chacrinha Barbosa". Portanto, assim ele era visto pelas elites culturais quando Roberto foi ao seu programa receber a coroa de rei.

Ainda não havia chacretes, mas assistentes de palco, de minissaia e malha. Naquela noite, Roberto Carlos apresentou três músicas, começando pelo então mais recente sucesso "É papo firme". Além de outros artistas, o programa teria uma convidada bem especial, a própria mãe do cantor, dona Laura Moreira Braga, levada de surpresa pela produção. Ela, que acompanhara a carreira do filho desde o início, concordou em participar da festa. Exibindo um penteado de vários pavimentos, recebeu beijos e abraços de todos os convidados do Chacrinha. Dona Laura permaneceu a maior parte do tempo no palco, ao lado do filho, enxugando-lhe o suor, pois Roberto transpirava bastante no trono. E, no momento da consagração, foi a mãe quem lhe colocou a coroa na cabeça e deu-lhe o cetro e a faixa de "rei da Jovem Guarda" — para delírio de todo o auditório da TV Excelsior.

Nos grandes jornais, como era previsível, a repercussão foi péssima. Em sua coluna em *O Globo*, o dramaturgo Henrique Pongetti descreveu com bastante ironia a cena de coroação do cantor: "Equilibraram-lhe uma coroa periclitante no alto da cabeleira; enfiaram-lhe o cetro na mão; fizeram chover confete sobre um trono, um tanto republicano, muito parecido com uma cadeira de engraxate de luxo. O rapaz estava mais assustado do que ufano. Iê-iê-iê é balanço, e balançando no iê-iê-iê a coroa, presa com elástico debaixo do queixo, ameaçava assim mesmo tombar." Outro conhecido colunista, Mister Eco, do *Jornal dos Sports*, foi ainda mais duro com os protagonistas daquele espetáculo. "Toda juventude tem o rei que merece. Aquela que superlotava o Teatro Excelsior, guinchando simiescamente, era digna do seu ilustre monarca." Mister Eco se disse também surpreendido com a presença de dona Laura no programa. "Sempre tive em que as mães deveriam ser preservadas das fraquezas dos filhos e vice-versa. A juventude, entretanto, coroada pelo Chacrinha, tem outros dogmas. Mães e filhos se misturam no ridículo."

O crescente sucesso de Roberto Carlos vinha acompanhado de críticas cada vez mais contundentes. As festas de arromba que encantavam a garotada ligada no som do iê-iê-iê não tinham a menor graça para pessoas mais identificadas com o samba ou o jazz. Além disso, cabelos grandes, minissaias, músicas com referências sexuais, tudo isso era rejeitado pelos setores mais conservadores da sociedade. Daí também o combate ao ídolo da Jovem Guarda e sua turma, considerados influência perniciosa para a juventude. Alguns pais mais reacionários costumavam ligar para a TV Record dirigindo ameaças ao cantor. Outros até arriscavam ir às vias de fato. Em janeiro de 1967, por exemplo, um homem foi preso ao tentar invadir o camarim de Roberto Carlos na Record. Segundo relato da imprensa, ele dizia aos gritos, sem maiores explicações, que a letra de "Negro gato" era ofensiva aos bons costumes. "Quero matar quem escreveu essa imoralidade."

Se não fosse contido, poderia até ter matado a pessoa errada, pois a letra da música não fora escrita por Roberto, e sim por Getúlio Côrtes, um dos compositores mais presentes nos discos dele durante a Jovem Guarda. Getúlio compunha temas como "Noite de terror", "O gênio", "Pega ladrão" e o clássico "Negro gato" — todas em estilo revista em quadrinhos, sua leitura preferida, e todas consagradas na voz de Roberto Carlos, a quem Getúlio sempre chamou carinhosamente de Charles. "Nem lembro por quê, mas desde que o conheci passei a chamá-lo assim, e assim o chamo até hoje", disse em depoimento ao autor.

O encontro dos dois remonta ao período anterior à Jovem Guarda, tempo das vacas magras, quando Roberto Carlos ainda se apresentava em circos. E foi a caminho de um deles, um circo sem lona em Nilópolis, na Baixada Fluminense, no começo de 1962, que, por acaso, o cantor conheceu o futuro autor de "Negro gato". Naquele dia, Getúlio chegou primeiro ao circo, acompanhando o grupo de rock Os Olímpicos, de curta duração. Mas, como chovia, o espetáculo acabou cancelado, e os músicos receberam do dono do circo apenas o dinheiro para a passagem de volta. Numa esquina, a caminho do ponto de ônibus, Getúlio se deparou com um rapaz de violão na mão, parecendo meio perdido sob a chuva fina. Era Roberto Carlos, trajando calça brim, tênis e uma camisa vermelha quadriculada. "Você sabe onde está instalado aqui um circo sem lona?", perguntou-lhe Roberto. "Sei, mas foi tudo cancelado, eu vim de lá agora", respondeu-lhe Getúlio. De repente a chuva caiu ainda mais forte, e eles então correram para se abrigar numa padaria em frente. "Ficamos ali comendo uns doces baratinhos, falando de músicas e aguardando a chuva passar", lembra Getúlio, que, antes de pegar seu ônibus para casa, combinou de se encontrar com o novo colega na Rádio Mayrink Veiga, onde ele fazia mímica de artistas negros como Chuck Berry e Sammy Davis Jr.

Getúlio Côrtes nasceu no Rio em 1938 e ganhou seu nome em homenagem ao então presidente e ditador Getúlio Vargas, de quem seu pai era admirador. Embora criado no bairro de Madureira e próximo da Portela, ele não foi atraído pelo bumbum paticumbum prugurundum do samba carioca e sim pelo uobop-bop-a-lum-uobop-bem-bum que vinha do rock norte-americano. Como tantos outros meninos pobres e negros do Brasil, começou a trabalhar ainda criança juntamente com seus cinco irmãos, um deles o cantor de soul Gerson King Combo. "Aqueles trabalhos todos me cansavam, porque eu era meio franzino e pegar pesado não dava pra mim. Eu gostava mais de trabalhar com a cabeça, de criar histórias, isso sempre foi o meu forte", diz ele. Mas foi ainda pegando no pesado que ele ganhou seu primeiro salário na música: o de assistente de palco da banda Renato e Seus Blue Caps — função que se resumia a carregar os instrumentos da banda. "Eu aceitei aquilo para continuar no bolo, como uma escada para tentar um lugar ao sol", diz.

Getúlio, que gostava de inventar histórias, fez então a sua primeira composição, "Noite de terror", narrando o pavor de um rapaz ao receber uma inesperada visita noturna: "Tremi de cima a baixo sem sair do lugar / Quando de repente eu ouvi alguém falar / Bem junto de mim esse alguém me falou bem assim / 'Eu sou o Frankstein!'."

Como Renato preparava repertório para o primeiro disco da banda na CBS, Getúlio perguntou se podia lhe mostrar uma música de sua autoria. "Ué, você também é compositor?", surpreendeu-se o *band leader*, que até então via o outro apenas como carregador de instrumentos. Renato ouviu a "Noite de terror", mas não se interessou em gravá-la. Os demais integrantes da banda também foram unânimes na recusa, pois achavam aquela história meio boba, infantil demais para assustar alguém. Já Roberto Carlos gostou do tema. Achou a história engraçada, diferente, e a incluiu no LP *Roberto Carlos canta para a juventude*, de 1965. Seu amigo Luiz Carlos Ismail foi escalado para fazer a voz do Frankenstein que aparece algumas vezes ao longo da música. "Lembro que foi a última coisa a acrescentar naquela gravação, e fiz isso numa noite, quando só tinha eu, Evandro Ribeiro e o técnico no estúdio", conta Ismail.

Getúlio Côrtes não tocava instrumentos e usava um gravador a pilhas da marca Geloso para registrar as melodias e letras que criava. Foi assim que certa tarde, em meados de 1965, nasceu aquela que seria um de seus grandes sucessos na voz de Roberto Carlos, o rock "Pega ladrão", faixa do álbum *Jovem Guarda*, tema baseado num flagrante do cotidiano urbano. Getúlio conta que ia de trem de Nova Iguaçu para Madureira com seu irmão e observou que, em pé, próximo da porta, tinha um rapaz usando um imenso cordão em forma de coração. "Cuidado aí, rapaz, nós vamos passar por algumas estações perigosas, Ricardo de Albuquerque, Deodoro", tentou adverti-lo. O rapaz não dera atenção, mas, justo quando o trem arrancava da estação de Deodoro, surgiu a mão de alguém desde fora para lhe arrancar o cordão do pescoço. Aí ele abriu um berreiro gritando "pega ladrão, pega ladrão", porém, não adiantou nada, porque o trem já ganhava velocidade da estação. "Na hora, ri pra caramba, porque a cena foi rápida demais e muito engraçada. Depois me veio a ideia de fazer uma música sobre isso, mas romantizando o episódio, porque tinha que ter uma menininha no meio. Aí eu fiz: 'Estava com um broto no portão / Quando um grito ouvi, pega ladrão!'" Roberto Carlos gostou tanto da canção que prometeu logo gravá-la, e até recomendou ao autor: "Mas não mostra pro Erasmo, não, que ele vai querer gravar primeiro" — porque o outro também recorria a Getúlio ao montar o repertório de seus discos. No caso de "Pega ladrão", Roberto mudou apenas o título, que era originalmente "O roubo do cordão". Um ótimo arranjo foi bolado na hora da gravação, que contou com a marcante participação dos Golden Boys com aqueles "Tchatchura!" ouvidos em vários momentos da música.

Na opinião de Erasmo Carlos, o compositor Getúlio fazia "rocks com humor muito carioca, crônicas do nosso tempo". De fato, e outro exemplo disso seria a canção "O gênio", lançada por Roberto Carlos em seu álbum de 1966. É mais uma história bem ao estilo revista em quadrinhos: "Andando um dia na rua notei / Alguma coisa caída no chão / Bem curioso aquilo peguei / E sem querer esfreguei minha mão." Diz a letra que da tal coisa apareceu um gênio prometendo tudo que o outro quisesse. "Eu já sabia a história de cor / E apressado pedi a melhor / Garotas para comigo ficar / E muita grana para farrear." Porém, o que ele não sabia é que aquele gênio era meio Zé Carioca, malandrão e "Conquistou meu broto me passando pra trás / E falso era o dinheiro que ele me arranjou", lamenta o narrador. E a música encerra com uma moral edificante: "Só sei dizer que com ele aprendi / A não querer tudo fácil demais / Pois tudo fácil valor nunca traz." Na época, o colunista Walter Rizzo afirmou que "Getúlio Côrtes não é nenhum gênio, mas a música 'O gênio' que ele fez para Roberto Carlos fala muito bem do talento do compositor, cuja conta bancária deverá engordar mais do que a Wilza Carla" — numa referência à vedete e atriz famosa também pela obesidade.

A história de "Negro gato" — música mais conhecida de Getúlio Côrtes — remonta ao momento em que o grupo Renato e Seus Blue Caps se recusara a gravar "Noite de terror". Getúlio então decidiu fazer para a banda a versão de uma música americana, contando dessa vez a história de um gato — tema sugerido pelo próprio título da música original, "Three cool cats", composição de Jerry Leiber e Mike Stoller lançada pelo quarteto The Coasters em 1959. Mas a letra original se refere a gato no sentido figurado: "Três gatos bacanas estão vindo em um carro batido" e "avistam três garotas bacanas / andando na rua, balançando os quadris", começando ali um jogo de sedução para no final as três garotas fazerem "de bobos os três gatos" que se achavam muito espertos. Lançada como lado B de um compacto simples do The Coasters, "Three cool cats" não chegou a ser um grande sucesso nos Estados Unidos, e no Brasil pouca gente a conhecia. Todavia, fora uma das músicas tocadas pelos Beatles no seu teste na Decca Records, em 1962, antes de assinarem contrato com a EMI.

Como não entendia inglês, Getúlio Côrtes não sabia que história de gato era contada naquela música, e criou então a sua própria versão, à qual deu o título inicial de "Gato negro" — lembrando-se depois que havia um guarda-móveis no Rio com esse mesmo nome, razão pela qual decidiu inverter para "Negro gato". Segundo ele, a ideia de pintar o bichano de preto fora inspirada por um gato que apareceu em cima de um quartinho de fundos na sua casa, em Madureira. "Era um gato preto que começou a fazer barulho naquele teto de zinco. Ele realmente enchia o saco, miando. Aí fui lá pra lhe tacar o pau, mas logo depois pensei: para que maltratar o bicho? E tentei me imaginar no lugar dele. O gato, coitado está com fome, sofre para caramba e ainda querem arrancar o seu couro. Fiquei ali um tempo olhando aquele gato preto miar. Lembro que era um gato grandão de rua. Depois vi que aquilo daria um bom tema." Acabaria resultando em uma de suas melhores letras, narrando em primeira pessoa as peripécias e agruras da vida de um felino: "Eu sou um negro gato de arrepiar / Em toda a minha vida sempre dei azar / Só mesmo de um telhado aos outros desacato / Eu sou um negro gato", afirmando em outra estrofe que "Um dia lá no morro, pobre de mim / Queriam minha pele para tamborim / Apavorado, desapareci no mato / Eu sou um negro gato".

Getúlio Côrtes mostrou essa música para Renato quando ainda estava fazendo a letra, e dessa vez o líder dos Blue Caps se entusiasmou com o tema, prometendo gravá-lo. E mais: após ouvir a gravação original num toca-fitas, aconselhou o colega a modificar alguma coisa e assinar como único autor, não como versionista — algo que se fazia quando a canção original não era muito conhecida. "Getúlio, essa música não foi lançada aqui, ninguém conhece e ninguém vai saber mesmo. Faz essa letra aí e diz que é sua." E assim procedeu Getúlio Côrtes, registrando "Negro gato" como uma composição exclusivamente de sua autoria na editora Mundo Musical, subsidiária da gravadora CBS. "O culpado fui eu. Getúlio estava bem-intencionado. Eu é que botei essa ideia na cabeça dele. Coisa de garoto inexperiente. A gente nunca poderia imaginar que 'Negro gato' fosse chegar a ser o que foi", afirmou Renato Barros em depoimento ao autor.

A canção foi lançada em abril de 1965, como faixa de abertura do LP *Viva a juventude!*, gravado por Renato e Seus Blue Caps na CBS. O grande destaque desse disco foi a música "Menina linda", versão de Renato Barros para "I should have known better", dos Beatles — indicando que ele próprio não seguira o conselho que havia dado a Getúlio. Mesmo colocada na abertura do álbum, "Negro gato" não alcançou qualquer repercussão com Renato e Seus Blue Caps. Meses depois, foi também lançada num compacto duplo da banda, e novamente nada aconteceu. Ela poderia ter ficado como uma faixa perdida entre tantas que repousam nos sulcos de vinil. Entretanto, o acaso mudaria sua sorte.

Numa tarde de agosto, Roberto entrou no estúdio da CBS justo quando o técnico Eugênio de Carvalho montava o compacto duplo de Renato e Seus Blue Caps com "Negro gato". "Que música é essa? De quem é?", indagou, atraído pela canção. Eugênio de Carvalho então colocou a fita máster para tocar novamente. "Pô, Renato, que música, bicho!", comentaria depois Roberto com o líder dos Blue Caps. E o cantor decidiu que iria gravar aquela música no próximo álbum, ainda mais porque a versão de Renato e Seus Blue Caps continuava desconhecida do público. O produtor Evandro Ribeiro concordou que a música poderia render muito bem na voz dele. Roberto só pediu a Getúlio Côrtes permissão para mudar um dos versos, "Em toda a minha vida sempre dei azar" — por causa desta última palavra, que ele nunca pronuncia —, que então se tornou "Pois essa minha história é mesmo de amargar". Gravada com a participação do guitarrista Gato e do grupo vocal Golden Boys, "Negro gato" foi a última faixa a entrar naquele álbum do cantor. "Roberto gravou a música com muito entusiasmo, nunca o vi tão empolgado no estúdio", afirmou Eugênio de Carvalho. De fato, e esse entusiasmo aparece logo na introdução da música, com aquele seu marcante miauuuuuuuuuuu!, que se repete outras vezes com eco no meio e no fim da gravação.

Na época, Getúlio Côrtes não teve nenhum problema por ter assinado como autor da música, embora alguns jornalistas apontassem a semelhança dela com a composição da dupla americana Leiber e Stoller. O crítico Oziel Peçanha, do *Correio da Manhã*, por exemplo, disse que a melodia de uma era a mesma da outra, "sem tirar nem pôr. E se 'Three cool cats' é bem anterior ao 'Negro gato', tem alguma coisa errada nesta história. Coincidência? Tá bom". Mister Eco seria ainda mais enfático ao dizer que "Negro gato" era "um plágio escandaloso de 'Three cool cats', gravada pelo conjunto The Coasters" — numa prova de que, ao contrário do que acreditava Renato Barros, a canção original não era assim tão desconhecida no Brasil. De sua parte, Getúlio Côrtes fingia que não era com ele, e veria pelos anos afora seu hit da Jovem Guarda se consagrar como um clássico da nossa música popular, interpretada em shows e discos por artistas como Luiz Melodia, Wanderléa, Gal Costa, Reginaldo Rossi, Erasmo Carlos, Marisa Monte... Getúlio diz que não apreciou muito as duas primeiras gravações de "Negro gato", nos anos 1960. "O compositor geralmente sente a sua música diferente das outras pessoas. Eu queria aquela música num andamento mais lento, porque eu sentia aquela melodia mais como um lamento", afirmou, parecendo preferir versões posteriores, como a do cantor Luiz Melodia, que a regravaria, em 1980, num estilo mais próximo do rhythm'n'blues original.

Embora criada sem moto ideológico consciente, a letra de "Negro gato" pode conter algum aspecto de protesto social. O maestro Radamés Gnattali, por exemplo, comentou isso com o próprio Getúlio Côrtes num encontro na gravadora CBS, em 1968. Ele disse que gostava de "Negro gato" e explicou ao compositor que a mensagem da canção tinha duplo sentido. "Como assim, mestre?", perguntou-lhe Getúlio. "É o seguinte: no fundo, 'Negro gato' fala da desigualdade vivida pelo negro na sociedade, sem querer você enveredou por uma temática social. Você usou um gato para dar um grito de protesto que estava abafado dentro de você mesmo. Talvez até inconscientemente, mas você fez uma mensagem com esse duplo sentido", explicou-lhe Radamés. "Ele delineou a coisa de um modo bonito", comenta Getúlio. "E de repente pode ser isso mesmo, mas confesso que não pensei em questão racial quando escrevi aquela letra. Sei que tem muito compositor que faz isso, fala de uma coisa para denunciar outra, e acho isso até muito bacana. Porém, no meu caso, eu jurei ao maestro que fiz aquela música pensando apenas no problema de um gato mesmo."

26

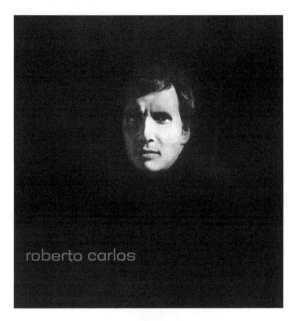

NOSSA CANÇÃO

"Olhe aqui, preste atenção
Essa é a nossa canção
Vou cantá-la seja onde for"
Do álbum ***Roberto Carlos*, 1966**

O cerco a Roberto Carlos começava na porta da CBS, na rua Visconde do Rio Branco, no centro do Rio de Janeiro. Do lado esquerdo do prédio da gravadora tinha um posto Shell. Do lado direito, a Cervejaria Minerva. E, em frente, o Café e Bar Novo Continental, do português Francisco, que servia uma popular sopa de entulho. Por ali se espalhavam diversos compositores de iê-iê-iê com um único objetivo: mostrar sua música a Roberto Carlos na esperança de que a gravasse em seu próximo disco. Para os compositores cariocas ou de outros estados residentes no Rio, aquela era a chance maior de ter um contato pessoal com o artista, que então morava em São Paulo. "Ficavam eu, Nenéo, Luiz Ayrão, os compositores do Brasil inteiro ali na porta da CBS, mais ou menos um grupo de cem pessoas esperando a chance de mostrar uma música para o Roberto", lembra o cantor Odair José, que, recém-chegado de Goiânia, ia de violão na mão. "Às vezes Roberto Carlos chegava e saía apressado da CBS e nem falava direito com a gente, mas era tão legal só vê-lo passar. Era o nosso ídolo", afirma o compositor Nenéo. A movimentação no local começava por volta das 10 horas da manhã e se estendia por toda a tarde porque Roberto podia chegar na CBS ao meio-dia para uma reunião com o diretor, ou às 15 ou 16 horas; ou até no início da noite, nos dias de gravação. Cabia ao compositor estar ali presente para não perder a oportunidade.

De repente alguém gritava "o homem chegou, o homem chegou...", e todos corriam para o posto de gasolina ao lado da gravadora. O prédio da CBS não tinha garagem, e o cantor estacionava seu carro naquele local, sendo imediatamente cercado pelos compositores. Uns lhe entregavam fitas cassete, outros pediam para lhe mostrar uma música ao violão. Roberto Carlos sorria, brincava com todos e prometia atendê-los assim que possível. Lá dentro havia também um monte de fitas deixadas por compositores que não puderam esperá-lo ou que as enviaram de outros estados. "Isso dá um bruto trabalho, mas vale a pena. De cada cem músicas que me mostram, às vezes posso aproveitar uma", dizia o cantor.

Esse cerco a Roberto Carlos começara após a explosão da Jovem Guarda, no fim de 1965; antes disso, era ele quem ia aos compositores pedir músicas para os seus discos. Como já vimos, Roberto pedira, sem sucesso, uma composição de Adelino Moreira quando montava o repertório de seu primeiro LP, em 1961. E algumas das canções que ele gravara na fase inicial da carreira haviam sido originalmente compostas para outros cantores. Ou seja, Roberto Carlos pegava sobras, ou porque o outro intérprete não se interessara em gravar o tema, ou porque o autor da música nem sequer conseguia acesso a um figurão. Foram assim, por exemplo, os casos do twist "Na lua não há", de Helena dos Santos, composto para Sérgio Murilo; "Minha história de amor", de José Messias, originalmente uma marchinha feita para Emilinha Borba; "Oração de um triste", também de José Messias, oferecida antes ao cantor Wilson Miranda; "Escreva uma carta, meu amor", de Pilombeta e Tito Silva, composta visando ao bolerista Anísio Silva; "Quero me casar contigo", que Adílson Silva e os parceiros fizeram de olho em Cauby Peixoto; e "Noite de terror", de Getúlio Côrtes, gravada por Roberto após ter sido recusada por Renato e Seus Blue Caps.

Antes de se mudar para São Paulo, Roberto Carlos frequentava a CBS com bastante assiduidade. E chegava com tranquilidade, vindo a pé de sua casa, na rua Gomes Freire, ou de automóvel, que estacionava naquele mesmo posto Shell, ao lado da gravadora, sem que qualquer compositor o abordasse. Nem mesmo Tim Maia, que retornara dos Estados Unidos em maio de 1964 e andava durinho da silva pelas noites cariocas. Como falava inglês fluentemente, Tim se virava trabalhando de guia turístico no Rio. Porém, o mundo girara e, de súbito, ter uma composição gravada na voz do rei da Jovem Guarda dava ao autor um misto de prestígio e, principalmente, dinheiro, pela alta vendagem de seus LPs naquele momento. A partir dali eram os outros cantores que pegariam sobras dos discos de Roberto Carlos.

Na preparação do álbum de 1966, o artista deu preferência a compositores que conhecia, como Othon Russo, relações-públicas da CBS, Renato Corrêa, dos Golden Boys, e especialmente aqueles que gravara no tempo das vacas magras: Edson Ribeiro, Helena dos Santos, Getúlio Côrtes e Luiz Ayrão — todos de origem pobre, a maioria negros. Desde o LP anterior, deixara de incluir composições de radialistas como José Messias. Não era mais necessário. De Edson Ribeiro, dessa vez, ele gravaria no novo álbum a linda balada "Não precisas chorar" que, segundo o autor, foi composta em meio a uma briga de ciúme com sua mulher — para quem já tinha feito "Aquele beijo que te dei", quando estava noivo. "Depois de casado, comecei a trabalhar dia e noite e passei a chegar mais tarde em casa. Um dia minha mulher colocou o jantar na mesa, mas começou a chorar, reclamando que eu não ligava mais para ela e coisa e tal. Ela botou a mesa e foi pro quarto chorar. Eu também me levantei dali e nem quis jantar, não quis mais nada. Peguei o violão e sentei na porta da sala tocando. E, enquanto Maria chorava no quarto, fui fazendo a canção, que nasceu com letra e música juntas: "Não precisa chorar / É teu, somente teu, meu coração / Não precisa brigar / E nem sequer pensar em solidão..." A música abre com um som de guitarra de doze cordas que prosseguirá floreando-se, inclusive no solo do meio. O som das guitarras revela influência dos Beatles, notadamente da canção "Things we said today", e também das trilhas de faroeste de Ennio Morricone, então muito em voga. Uma inovação acontece no último som da canção, um acorde de bossa nova, dissonante, de sétima maior, quase inédito na Jovem Guarda.

A dupla Othon Russo e Niquinho comparecia com a balada "Ar de moço bom", que fizeram como uma espécie de "Parei na contramão" parte II, mas com final feliz. Naquela o motorista buzinou para um "broto displicente [que] nem sequer me olhou", e ele acabou tendo a carteira presa por parar em local impróprio. Nessa, o broto passou novamente sem dar atenção, mas "o carro acelerei e depressa alcancei / Dizendo logo alô, eu arrisquei / Com ar de moço bom". Esse motorista parece mais bem comportado, não infringiu leis do trânsito e, no final, ganhou a garota, que "sem nada a comentar / No carro ela entrou / E com o seu pezinho bem depressa acelerou..." O diferencial no arranjo fica por conta de um som que se ouve desde a introdução da música, feito com uma celesta — pequeno piano que integra os instrumentos de percussão das Orquestras Sinfônicas.

Os compositores do tempo das vacas magras tinham livre acesso a Roberto Carlos na CBS e também à casa ou ao hotel onde ele se hospedava, quando então podiam lhe mostrar suas novas composições com toda a tranquilidade. Privilégio do "talismã" Helena dos Santos, de quem Roberto gravou naquele ano a canção "Esperando você", talvez a faixa mais fraca do disco. O melhor momento dela são os quinze segundos do tema da introdução, com destaque para o som de uma guitarra de doze cordas e o órgão Hammond — que se repete no meio e no fim da música.

Outro que teve acesso direto ao artista foi Luiz Ayrão — futuro cantor de samba, então ainda apenas um jovem bancário e estudante de Direito que fazia músicas. Depois de ter sua canção "Só por amor" gravada por Roberto Carlos em 1963, continuou compondo para artistas do rock, mas não conseguira colocar uma nova música nos discos de Roberto. Isso só voltaria a acontecer em 1966, com a romântica "Nossa canção", composta quando Ayrão ainda morava na casa de seus pais, no Lins de Vasconcelos, subúrbio do Rio.

Era um fim de tarde, em meados daquele ano. Ele chegou cansado do trabalho e foi descansar embaixo de uma mangueira que seu pai plantara em frente à varanda da casa. Acompanhado do violão, distraía-se cantando algumas canções, uma das quais "Yesterday", dos Beatles, que estava nas paradas de sucesso. Luiz Ayrão gostava tanto dessa música que, depois de tocá-la duas, três vezes, sentiu vontade de criar alguma coisa naquela linha romântica, saudosista, moderna e pop. Por que não compor a sua própria "Yesterday"? Pois naquele momento, tal qual no tema de Paul McCartney, o passado chegou subitamente para Luiz Ayrão, o tempo da adolescência, quando o amor parecia um jogo fácil. E lembrou-se de Ana, uma namoradinha que conhecera ali mesmo, no subúrbio, e para quem havia composto uma de suas primeiras músicas, que nunca chegara a ser gravada: "Nossa canção, oh! meu amor, eu canto sempre onde estou / Pelos caminhos em que passo vou cantando passo a passo / A canção que eu fiz para nós..."

A partir dessa lembrança, começou a fazer uma nova música e assim nasceu "Nossa canção": "Olhe aqui, preste atenção / Essa é a nossa canção / Vou cantá-la seja onde for / Para nunca esquecer o nosso amor, nosso amor..." Embora inspirada num recente hit dos Beatles, de certa forma esta composição atualizava o tema das canções que lembram um amor do passado. Algo que já rendera, por exemplo, outro clássico da música popular brasileira, o samba "Meu romance", de J. Cascata e Leonel Azevedo, gravado por Orlando Silva em 1938, cuja letra traz um cenário parecido ao que fez nascer "Nossa canção": "Embaixo daquela jaqueira que fica lá no alto majestosa / De onde se avista a turma da Mangueira / Quando se engalana com suas pastoras formosas / Ai, foi lá, quem é que disse? / Que o nosso amor nasceu / Na tarde daquele memorável samba..." No caso da árvore ligada à história de "Nossa canção", Ayrão conta que "anos depois, a casa em frente seria derrubada para construírem um edifício, mas a mangueira continua lá até hoje".

Esse aspecto mais tradicional da composição se evidencia também no fato de que o primeiro artista que o autor imaginou para gravá-la não foi Roberto Carlos, mas Luiz Vieira, intérprete de toadas e baladas como "Prelúdio para ninar gente grande (Menino passarinho)" e "Prelúdio nº 2 (Paz do meu amor)". Para Ayrão, os versos e a melodia de "Nossa canção" se adequavam perfeitamente ao estilo mais romântico e tradicional de Luiz Viera, não ao do rei da Jovem Guarda. Entretanto, antes de procurar o autor de "Menino passarinho", ele foi ao encontro de Roberto Carlos para lhe mostrar uns dois ou três rocks que tinha feito na linha de "Quero que vá tudo pro inferno".

Compositor profissional, Luiz Ayrão criava temas de acordo com o estilo ou o gosto de quem ia gravar. Mas Roberto Carlos não manifestou qualquer entusiasmo com os rocks que o colega apresentou. Este já estava considerando sua viagem perdida quando, no meio da conversa, Roberto recebeu uma chamada telefônica, que atendeu de pé, encostado na parede da sala. Enquanto o aguardava, Ayrão seguiu tocando alguns temas ao violão, inclusive "Nossa canção". Nesse momento, Roberto interrompeu a conversa ao telefone, colocou uma das mãos no fone, disse para ele: "Essa aí eu gostei", e seguiu conversando mais um pouco. Ao retornar, pediu para ouvir novamente aquele tema. Luiz Ayrão comentou que pensava em entregá-la para o cantor Luiz Vieira. "Essa música é linda", disse Roberto. "Você não vai gravar ela com Luiz Vieira, não. Vou preparar um arranjo para incluí-la no meu próximo LP." O autor não hesitou nem por um segundo e deixou "Nossa canção" com exclusividade para Roberto Carlos.

No dia da gravação da base, Ayrão foi para o estúdio da CBS acompanhar o trabalho dos músicos com o cantor. Lá pelas tantas, Roberto o chamou e disse: "Luiz, sabe o que eu estou achando? Essa música está muito pequena. Precisa de mais uma estrofe ou de uma segunda parte. Vou gravar outras músicas hoje e deixar a sua para a sessão de estúdio da próxima semana. Até lá você me traz ela completa, certo?" De fato, "Nossa canção" pedia mesmo um complemento, porque até então ela terminava na frase "pois você é o amor que existe em mim". Luiz Ayrão sabia, porém, que, se deixasse a solução para a semana seguinte, a chance de sua música entrar no disco ficaria muito reduzida. Muita coisa podia acontecer em sete dias, e o que não faltava era música inédita para Roberto gravar. Por isso, enquanto o cantor saiu para fazer um lanche com os músicos, Ayrão foi até a sala do produtor Rossini Pinto, pegou um violão e em trinta minutos compôs uma segunda parte para sua música: "Você partiu e me deixou / Nunca mais você voltou / Pra me tirar da solidão / E até você voltar / Meu bem, eu vou cantar essa nossa canção." Roberto Carlos aprovou o complemento e decidiu gravar o tema naquele mesmo dia.

Àquela altura, três integrantes da formação original dos Youngsters já tinham deixado a banda: os guitarristas Carlos Becker e Carlos Roberto e o baterista Romir Andrade. O saxofonista Sergio Becker continuaria mais um tempo com outros músicos, mas seu instrumento perdera força no rock com a chegada dos Beatles. Aliás, a maioria dos artistas que brilhou na onda do twist sairia de cena com a explosão da beatlemania, a começar pelo rei do twist, Chubby Checker, "aposentado" com apenas 23 anos em 1964. Roberto Carlos recorreria então a outros músicos na gravação de seu novo álbum. Além do organista Lafayette e do vocal dos Golden Boys, contou com integrantes do Renato e Seus Blue Caps, Fevers, Jet Blacks e do próprio RC-7. Comparado aos seus discos de rock anteriores, o de 1966 apresentaria maior diversidade de sons e de instrumentos, com a inclusão de guitarra de doze cordas, violão, gaita, pandeiro e celesta. Uma única música teria solo de sax alto, "O gênio", a última que Roberto Carlos gravou com a sonoridade do twist.

O cantor preparara com os músicos um bonito arranjo acústico para "Nossa canção", na linha de "Till there was you" e "And I love her", dos Beatles. Pela primeira vez seria usado um solo de violão numa música de Roberto Carlos, exatamente como naquelas duas gravações da banda inglesa. Dispensado da bateria, Dedé tocou o pandeiro, Antônio Wanderley, um discreto órgão, e a Robert Kategvic, o Alemão, da banda Jet Blacks, coube o violão de aço tocado com palheta, que sustenta toda a música. Ao reproduzir a introdução no fim da música, ele tropeçou nos acordes da harmonia e no ritmo, mas Roberto deixou assim mesmo porque achou que o músico havia tocado com muito sentimento. A interpretação sensível de Roberto Carlos mostrou que ele poderia mesmo se tornar um grande cantor romântico. Foi beneficiado pela própria característica do estúdio de sua gravadora. Alguns estúdios tendem para o som grave, outros para o médio ou agudo. O estúdio da CBS tendia para o grave, o que dava um pouco mais de calor à voz de Roberto Carlos — como na gravação de "Nossa canção". "A gente praticamente não mexia no equalizador quando Roberto cantava porque a acústica do estúdio já deixava a voz dele mais encorpada", afirmou o técnico Eugênio de Carvalho. O sucesso de "Nossa canção" favoreceria também o jovem compositor Luiz Ayrão, e não apenas por lhe possibilitar adquirir o seu primeiro automóvel. "Essa música abriu muitas portas para mim porque depois dela me tornei um compositor mais conhecido. Todos os outros cantores começaram a pedir músicas minhas para gravar", disse ele, que depois disso esgotaria aquele caderninho de composições que carregava desde os 16 anos.

No auge da polêmica MPB × iê-iê-iê, a cantora Nara Leão saiu em defesa da Jovem Guarda citando a composição de Luiz Ayrão e, por coincidência, a música dos Beatles que lhe servira de inspiração. "Quem tem coragem de dizer que os Beatles não prestam? 'Yesterday', por exemplo, é quase erudita. O próprio Roberto Carlos tem músicas que são agradáveis a qualquer ouvinte. Ninguém pode negar que 'Nossa canção' é bela." Gal Costa também opinou comparando. "Acho essa música tão bonita, como 'Michelle' dos Beatles". Clássico popular, ao longo do tempo ela tem sido regravada por diversas vozes, como as de Maria Bethânia, Nana Caymmi, Mallu Magalhães e Vanessa da Mata. Mas ficaria para sempre mesmo associada a Roberto Carlos, tanto que o título é citado na letra dos dois sambas-enredos com que o cantor foi homenageado no carnaval carioca. Na primeira vez, em 1987, "Roberto Carlos na cidade da fantasia", da Unidos do Cabuçu, a letra do samba diz: "Eu encontrei inspiração / E cantar pra você outra vez / A nossa canção... surgia..." Na segunda, no carnaval de 2011, no enredo "A simplicidade de um rei", da Beija-Flor, que seria campeã, o hit de Roberto Carlos é mencionado no trecho: "Quando o amor invade a alma... é magia / É inspiração pra nossa canção... poesia".

Inicialmente, Evandro Ribeiro participava pouco da produção dos discos de Roberto Carlos. O chefe da CBS entrava no estúdio, conferia o andamento das gravações, dava algumas coordenadas e retornava para o escritório. Porém, após a explosão da Jovem Guarda, Evandro assumiu definitivamente a produção dos discos de Roberto Carlos, Wanderléa, Jerry Adriani e Renato e Seus Blue Caps. "Entrei na seara da Jovem Guarda por razões de organização e de economia. Eles eram jovens, não tinham muita experiência, não sabiam o tamanho dos gastos, então tive que entrar no estúdio para segurar o ímpeto da garotada", justificou. A sua postura no estúdio era bem ilustrativa da dupla função que exercia na CBS: Evandro levava uma máquina de calcular para a sua mesa, na sala de controle, e ficava ali de ouvido na gravação e de olho nas notas fiscais, conferindo receitas, despesas e outros números daquela companhia de discos.

Na gravação de "Namoradinha de um amigo meu", por exemplo, ele não perdia o foco comercial. No primeiro esboço de arranjo esta canção teria um solo de sax no meio, na última hora, porém, Roberto e o produtor optaram pelo órgão. Ocorre que Lafayette estava viajando e não poderia retornar a tempo para a gravação. O cantor então levou o pianista Antônio Wanderley para o estúdio com a recomendação de que ele seguisse o mesmo estilo de Lafayette, para não descaracterizar a sonoridade de seu disco. Evandro se preocupou porque não tolerava solos com improvisos, aquelas variações que dão um certo toque de modernidade à gravação. Quando algum músico da CBS ameaçava improvisar, o produtor logo cortava. Para ele o improviso tirava o apelo comercial do disco, que tinha que ter solos bem comportados, basicamente reproduzindo a melodia da canção. Mas por sua formação de músico de jazz e de bossa nova ainda tão recente, Wanderley não sabia tocar sem improvisar. Ele fez então um meio-termo em "Namoradinha de um amigo meu": reproduziu a melodia da canção na primeira parte do solo e improvisou no restante. Ainda assim, Evandro pareceu contrariado, resmungando enquanto o outro solava no estúdio. "Seu Evandro não queria os improvisos que fiz naquela música", afirmou Wanderley, lembrando que Roberto Carlos é quem defendeu a gravação que se eternizaria no disco. Ponto para ele, porque o retumbante sucesso de "Namoradinha de um amigo meu" mostraria ao chefe Evandro Ribeiro que um pouco de improviso e inventividade não assustavam os fãs da Jovem Guarda.

Na época, a maioria dos LPs da CBS era lançada sem ficha técnica, sem qualquer informação sobre o produtor, o arranjador, os músicos — nem mesmo havia texto de contracapa. E o responsável era o próprio produtor e gerente-geral da empresa, Evandro Ribeiro. Roberto Carlos lhe perguntou ao término da gravação do novo álbum: "Seu Evandro, o senhor não vai colocar seu nome na ficha técnica?" Ele respondeu que não — o que podia parecer um gesto de desprendimento ou humildade. Talvez fosse o contrário, pois, como já vimos, Evandro era um amante da música clássica, sentia devaneios ouvindo ópera, nutrindo certo desprezo pela música popular — embora vivesse dela. Bastava a ele receber a porcentagem de direitos como produtor, não se interessava em ver seu nome em discos feitos para tocar no rádio. Acrescente-se que ele não produzia apenas os badalados álbuns de Roberto Carlos, mas também discos como os do bolerista Carlos Alberto, do seresteiro Carlos José e do forrozeiro Jacinto Silva. Evandro entendia que, se colocasse seu nome na capa de um, teria que colocar na do outro, optando então por não aparecer em disco de ninguém. Mas o pior é que ao excluir seu nome, omitia também os dos músicos e arranjadores que atuavam neles – num total descaso com a informação e a história.

O novo álbum de Roberto Carlos foi ansiosamente aguardado pelo público e pelos lojistas — algo inédito até então. Isso não ocorrera em torno do LP lançado no fim do ano anterior com "Quero que vá tudo pro inferno", cujo sucesso chegou de surpresa, explodiu e o coroou rei da Jovem Guarda. Portanto, a expectativa pelo LP de fim de ano dele começaria a partir de 1966. Havia agora uma grande audiência para seus discos e uma curiosidade natural sobre quais seriam as novas músicas. Na época do lançamento, o crítico Antônio Claudio observou que após ter "seu fim decretado, por tudo e por todos, para o começo de 1967", e com "seu pretenso substituto, Ronnie Von, sendo lançado com tremenda campanha publicitária", Roberto Carlos prometia dar a volta por cima. "Ele preparou, como Minas, em silêncio, a sua reação. E a reação foi este LP que se destina ao mesmo sucesso ou um maior ainda do que o LP anterior *Jovem Guarda*." De fato, o novo disco foi um estouro de execução e vendagem, enfileirando hits como "Namoradinha de um amigo meu", "Eu te darei o céu", "Negro gato", "Querem acabar comigo" e "Nossa canção".

A influência dos Beatles está presente não apenas na sonoridade, mas também na capa do álbum, a quarta que Roberto Carlos fazia com o fotógrafo paulista Armando Canuto. Com estampa em preto e branco, mostra o cantor de semblante taciturno, com meia-luz no rosto, igual à do fotógrafo Robert Freeman para o álbum *With the Beatles*, de 1963 (lançado no Brasil com o título *Beatlemania*). A imagem dessa capa dos Beatles se tornou um dos maiores ícones da banda, sendo imitada e copiada até hoje — e uma das primeiras homenagens foi a de Roberto Carlos, posando de jaqueta sobre um suéter preto também de gola alta. Freeman fotografou os Beatles ao meio-dia, num corredor escuro de um hotel em Londres, aproveitando a luz natural que vinha de uma janela à direita. Já Canuto clicou Roberto num fim de tarde, no estúdio fotográfico da CBS, em São Paulo, obtendo o efeito sombreado do rosto apenas com a luz de um refletor à esquerda. Esse foi o primeiro LP do cantor a trazer somente a imagem e o nome dele na capa. Os anteriores traziam títulos como *É proibido fumar*, *Jovem Guarda* e/ou a lista das doze músicas em destaque, na frente. A gravadora CBS entendeu que agora o cantor já havia se transformado em um mito e que bastavam apenas a foto e o nome, *Roberto Carlos*, na capa. Nada mais.

27

POR ISSO CORRO DEMAIS

"*Meu bem, qualquer instante
Que eu fico sem te ver
Aumenta a saudade que eu sinto de você
Então, eu corro demais, sofro demais*"
Do álbum *Roberto Carlos em ritmo de aventura*, 1967

A paixão pelos automóveis sempre foi uma reconhecida característica de Roberto Carlos — e isso antes mesmo da badalada fase dos carrões. Numa de suas primeiras capas na *Revista do Rádio*, em abril de 1965, exibe-se sobre o teto de um simples Volkswagen. Meses antes do início do programa *Jovem Guarda*, Nenê, então ainda baixista dos Beatniks, se encontrou com Roberto na saída da Rádio Nacional, no centro de São Paulo. Nenê iria para casa, na avenida Higienópolis, e pegou carona no Volks do cantor. Durante o trajeto, o baixista comentou que seu pai, um bem-sucedido executivo paulista, tinha um Impala 63 na garagem. "Porra, bicho, eu quero ver esse carro de perto. Pode ser agora?", perguntou Roberto. Importado dos Estados Unidos, o Impala era um modelo que não se encontrava com facilidade nas ruas, daí o seu entusiasmo com a possibilidade de ver aquele carro de perto. E chegando lá se deparou com um vistoso Impala verde-água de capota branca conversível. "Puxa, Nenê, que carango! Que coisa linda!", exclamou Roberto Carlos, dando voltas em torno do automóvel. "Eu ainda vou comprar um carro igual a esse, você vai ver", disse ele. "Claro que vai, Roberto, você já está fazendo sucesso. Logo, logo vai pintar uma puta grana pra você comprar um carro desses", incentivou Nenê.

De fato, mais e melhores carros viriam junto com o crescente sucesso de seus discos, principalmente após a repercussão de "Quero que vá tudo pro inferno", no fim de 1965. No início do ano seguinte, Nenê estava em casa com os pais, no primeiro andar daquele prédio na avenida Higienópolis, quando uma buzina insistente tocou do lado de fora. Ele foi ver e era Roberto Carlos, radiante, com seu primeiro carrão importado: um Impala vermelho conversível, com estofamento branco, portando rádio e televisão. "Sinto-me um rei dentro do Impala", dizia um deslumbrado Roberto. Pouco depois, no auge da Jovem Guarda, o artista já posava para as revistas ao lado de uma frota de carrões que incluía, além do Impala — e do já citado Cadillac presidencial —, um Oldsmobile Cutlass conversível, um Esplanada, um Alpha Romeu... Nos anos seguintes, ele apenas mudava os modelos. Com a carreira sempre no pico, Roberto Carlos teve o carro que quis e quando quis. Indagado sobre por que colecionar uma série de automóveis que nem tinha tempo de usar, ele respondeu: "Eu apenas procuro recompensar as coisas que não tive durante a minha infância de menino pobre em Cachoeiro de Itapemirim."

Essa relação de Roberto Carlos com os automóveis vinha também acompanhada do transgressor e perigoso gosto pela velocidade — algo que ele já tinha anunciado na sua primeira música sobre o tema, "Parei na contramão", ao dizer logo na frase inicial que "vinha voando no meu carro". No caso dele, é provável que esse sentimento de potência e liberdade que experimenta ao volante seja também uma forma de, simbolicamente, substituir a privação física que o impede de correr a pé. Mas sua atração pela velocidade era motivo de preocupação para seus pais e irmãos, sobretudo após o artista se envolver naquele grave acidente que resultara na morte do empresário Roberto de Oliveira. "Cuidado, meu filho, não corra tanto com esse carro", dizia sua mãe sempre que o via sair dirigindo. Muitos fãs manifestavam o mesmo receio, o que até resultou numa surpreendente carta que uma menina de apenas 11 anos enviou para o então prefeito de São Paulo, Faria Lima. "Eu queria lhe pedir um grande favor, um favor que diz respeito ao nosso tão querido Roberto Carlos", diz ela na mensagem, encontrada entre as inúmeras correspondências enviadas semanalmente àquele prefeito. E o favor que a menina lhe pede é bem inusitado: "Eu quero que o senhor mande prender o Robertinho, sabe? Eu temo muito pela vida dele e rezo todas as noites para que nunca lhe aconteça nada. Assim, ele estando preso, ele ficará tranquilo e nós recobraremos a paz que há algum tempo nós perdemos..." Na inocência da sua sabedoria ela explicava o motivo da inquietação. "Papai diz que a vida do Roberto Carlos é muito parecida com a de um ator de cinema, um tal de James Dean, que era louco por corridas de carro, e em um dos desastres que teve perdeu a vida. Papai disse que isso também pode acontecer com o Robertinho, pois ele é louco por carros e quando está dirigindo não vê nada na frente. Isso pode um dia lhe custar a vida e só de pensar nisso eu fico toda arrepiada. Por isso é que eu quero que o senhor prenda o Roberto, assim ele não viajará mais de avião, nem de carro, e nós o teremos vivo e feliz."

Para desassossego dessa menina, Roberto Carlos continuou livre e acelerando cada vez mais nas estradas. E agora também nas telas do cinema, com o início da sua parceria de três filmes sob a direção de Roberto Farias, num projeto inicialmente acertado com o produtor Jean Manzon. No primeiro filme, *Roberto Carlos em ritmo de aventura*, produção de 1967, o cantor já surge em cena correndo ao volante de um carro conversível, numa curva da Estrada das Paineiras, no Rio; No longa seguinte, *Roberto Carlos e o diamante cor-de-rosa*, conduz Erasmo e Wanderléa num jipe branco pela Estrada do Joá, também no Rio; e no terceiro e último filme, de forma mais radical, o cantor está sozinho voando na pista de Interlagos, em São Paulo, em *Roberto Carlos a 300 km por hora*.

Logo após o cancelamento do projeto *SSS contra a Jovem Guarda*, de Luiz Sergio Person, em 1966, o cantor foi assediado por outros cineastas e produtores. O ator e diretor Jece Valadão, por exemplo, lhe propôs rodar um filme intitulado *Calhambeque de Ipanema*, com roteiro de Joracy Camargo. O diretor Alberto D'Aversa também submeteu ao cantor um roteiro escrito com Gianfrancesco Guarnieri para um filme em que o ídolo da Jovem Guarda seria um super-homem capaz até de voar. Já Cacá Diegues acenou com um documentário moderno, em som direto, com o título *Alô, alô, Jovem Guarda* — referência ao clássico *Alô, alô, Carnaval*, com Carmen Miranda. Outra proposta — a que Roberto Carlos aceitou — veio do produtor Jean Manzon. Por sugestão do cronista Paulo Mendes Campos, seria um musical sem enredo nem nada de mirabolante. Nele Roberto Carlos apenas tocaria doze músicas em cenários da moda no Rio e em São Paulo. E o que muito atraiu o cantor: seria uma produção em cores, como se dizia, algo ainda pouco comum no cinema nacional, devido aos altos custos de filmagem, revelação e processamento. A maioria dos filmes brasileiros da época era produzida em preto e branco, como *Terra em transe*, de Glauber Rocha, *Todas as mulheres do mundo*, de Domingos de Oliveira ou *O corintiano*, de Mazzaropi.

Fotógrafo francês então radicado no Rio de Janeiro, Jean Manzon foi um pioneiro do moderno fotojornalismo no Brasil. Ele se projetara na revista *O Cruzeiro*, a partir de 1943, em dupla com o jornalista David Nasser, que escrevia os textos para as suas imagens. Em 1952 o fotógrafo passou a também produzir cinedocumentários, fundando a Jean Manzon Produções Cinematográficas S/A. Valendo-se de suas boas relações com todos os governos brasileiros desde Getúlio Vargas, ele produzia documentários encomendados por órgãos estatais ou grandes empresas. Roberto Carlos conhecia Jean Manzon dos cinemas, pois seus curtas-metragens com narração de Luiz Jatobá ou Alberto Curi — famosos locutores da época — eram exibidos antes do filme principal. O cantor gostava de vê-los porque eram curtas coloridos e que enfatizavam a indústria automobilística, destacando a construção e o lançamento de novos modelos de automóveis no Brasil.

Jean Manzon assinou o contrato com o cantor em setembro de 1966 — período em que Roberto estava brigado com Erasmo Carlos, motivo pelo qual o parceiro ficaria de fora desse seu primeiro filme. O produtor sabia que a ideia de fazer um musical sem enredo foi ótima para pegar a assinatura de Roberto Carlos, mas isso não renderia um longa-metragem. Para efetivar aquele filme ele precisaria de um diretor e de um roteiro de verdade. Decidiu então chamar Roberto Farias para essa dupla tarefa.

O convite foi feito no mês seguinte, mais precisamente no dia 14 de outubro, quando diretores e produtores de cinema se reuniram na sede da Federação das Indústrias do Rio de Janeiro (Firjan), para discutir a proposta de criação do Instituto Nacional do Cinema (InC) pelo governo militar. Por acaso, Jean Manzon e Roberto Farias se sentaram lado a lado naquela assembleia e ao final Manzon lhe perguntou:

"Farias, você quer fazer um filme pra mim?"

"Faço, o que que é?"

"Eu tenho um contrato para produzir um filme com o cantor Roberto Carlos. Um filme de juventude. E estou precisando de um diretor."

"Ok, vamos conversar."

Assim, marcaram logo uma reunião, para a semana seguinte, no escritório de Jean Manzon, em São Paulo.

Só tinha um problema aí: até então, Roberto Farias não sabia quem era esse tal de Roberto Carlos, mas não revelou isso a Manzon. Deixou para se informar com seu irmão e sócio, Riva Farias.

"O quê? Você não sabe quem é Roberto Carlos?!"

"Não. Já falei que não", repetiu o diretor.

"Pô, ele é o maior nome aí da juventude brasileira! Você nunca ouviu aquela música que diz 'e que tudo mais vá pro inferno'?"

"Talvez sim, mas nunca prestei atenção, Riva."

"Caramba! Roberto Carlos toca em tudo que é rádio, tudo que é loja de disco, tudo que é automóvel, tudo que é lugar", exclamou o outro, ainda incrédulo com a revelação do irmão.

De fato, àquela altura Roberto Farias talvez fosse a única pessoa no Brasil a ainda desconhecer a existência do rei da Jovem Guarda. Mas pelo menos no cinema ele já tinha ouvido uma música dele, e num dos filmes de maior sucesso daquela temporada, *Todas as mulheres do mundo*, de Domingos de Oliveira, que trazia "Quero que vá tudo pro inferno" na trilha, embora tocada numa versão instrumental com o organista Lafayette. "Eu tinha 34 anos na época e andava distante desse mundo pop. E música não era o meu forte, não era o que me interessava, embora tivesse trabalhado como assistente de direção em várias chanchadas", explicou Farias, numa referência ao início de sua carreira pelas mãos de Watson Macedo, diretor de chanchadas na Atlântida.

Roberto Farias dirigira seu primeiro filme em 1957, *Rico ri à toa*, uma comédia nos moldes das chanchadas, estrelado por Zé Trindade. No ano seguinte repetiu a dose com *No mundo da lua*, com Walter D'Ávila. Sua melhor fase começou em 1960 com o drama realista *Cidade ameaçada*, filme selecionado para o Festival de Cannes daquele ano. O grande sucesso de público veio em 1962 com o policial *O assalto ao trem pagador*, vendido para mais de quarenta países com o título *Train robbery confidential*. Na sequência, ele dirigiu o drama social *Selva trágica* — sua obra mais cultuada pela crítica — e a comédia erótica *Toda donzela tem um pai que é uma fera*, adaptação de uma peça de Gláucio Gil com trilha de bossa nova. Portanto, quando, em outubro de 1966, Farias recebeu aquele convite para dirigir um filme com Roberto Carlos, ele já era um dos diretores de maior destaque e prestígio do cinema brasileiro. E, se ainda não sabia mesmo quem era o cantor de "Quero que vá tudo pro inferno", logo procurou se informar, ouvindo suas músicas, lendo reportagens e assistindo ao programa dele na televisão. Acabou aprendendo rápido porque o diretor já chegou para a reunião com Manzon com muitas ideias.

Animado, Farias propôs dirigir não apenas um musical colorido, mas um filme de aventura policial, uma grande produção, com locações no Brasil e no exterior. Jean Manzon imaginara algo mais simples. De todo modo, pediu para Roberto Farias elaborar o script e apresentar um orçamento enquanto ele conversava com possíveis patrocinadores. Dois meses depois estava em sua mesa o que ele havia encomendado, e Jean Manzon levou um susto: Farias lhe apresentou um orçamento de 300 milhões de cruzeiros — cinco vezes mais do que o custo normal de um filme nacional na época. O roteiro indicava filmagens com Roberto Carlos no Rio, em São Paulo, Nova York e na Flórida, inclusive no Cabo Canaveral, e usos de tanques de guerra, aviões, helicópteros e até foguetes espaciais. Isso deixava Jean Manzon preocupado, achando difícil conseguir patrocínio para uma produção de orçamento tão alto. Ainda não existia a Embrafilme ou qualquer lei de incentivo ao cinema nacional que não fosse para documentários com propagandas do governo. O projeto de Jean

Manzon para o filme era o de uma obra que se pagasse apenas com merchandising — o que viesse da bilheteria seria lucro. Especializado em filmes institucionais, ele estava acostumado a trabalhar com produções de custo definido e retorno garantido. "Filme que arriscava na bilheteria não era com Jean Manzon", comentou Farias. O produtor até conversou com alguns publicitários, entre os quais Mauro Salles, mas as negociações não avançaram. Ele então desistiu de ter Farias como diretor do filme e comunicou isto pessoalmente, num encontro em seu escritório, no centro de São Paulo. "Esse projeto não dá para fazer. Sinto muito por você perder seu tempo."

Nesse dia, Farias estava acompanhado de seu diretor de produção, David Havt, e os dois saíram desapontados da reunião. Caminharam um pouco ali pelo centro e pararam para tomar um cafezinho num bar na esquina da Ipiranga com a avenida São João. E ali, entre um gole e outro, o diretor de *O assalto ao trem pagador* tomou uma decisão: compraria os direitos de filmagem de Jean Manzon. Uma hora depois estavam de volta ao escritório do produtor. "Me paguem os 25 mil dólares que já gastei com o contrato que o filme é de vocês", respondeu Manzon. "Nós pagaremos após a estreia", propôs Farias. "Manzon topou na hora", lembrou David Havt, acrescentando que fazer o filme de Roberto Carlos havia se tornado "uma questão de honra para Roberto Farias". Foi necessária apenas a anuência do cantor, que aceitou sem titubear ao saber que seria uma superprodução colorida.

Farias podia não ter ouvido para música, mas de cinema ele entendia muito bem e, em 1965, quando estava em Paris negociando os direitos de seus filmes, foi assistir a *Quatre garçons dans le vent*, título em francês do primeiro musical dos Beatles, *Os reis do iê, iê, iê*, dirigido por Richard Lester. "Fiquei muito impressionado com o filme. Era ágil, cheio de música e humor, e aquilo me ficou na cabeça." Depois ele também assistiu num cinema do Rio ao segundo longa-metragem dos Beatles, *Help!*, do mesmo diretor. Ou seja, Roberto Farias já tinha uma referência importante do universo pop no cinema e isso o ajudou a encaixar as peças no tabuleiro. "Quando eu me informei sobre Roberto Carlos, vi que era um fenômeno brasileiro parecido com aquele, aí eu pensei: 'Não vai dar errado de jeito nenhum'."

Além do musical dos Beatles, outras referências para ele foram os filmes *Deu a louca no mundo*, comédia épica de Stanley Kramer, e os da série James Bond, igualmente no auge e, que, por sua vez, serviram também de mote para o filme *Help!*, de Richard Lester. A maior bilheteria até então no Brasil foi a de *007 contra a chantagem atômica*, de 1966, quarto filme do agente secreto criado por Ian Fleming, que atraiu quase 4 milhões de espectadores às salas dos nossos cinemas. Farias projetou o musical de Roberto Carlos pensando em alcançar público semelhante. "Eu fiz um roteiro para pegar não a plateia do filme nacional, mas a mesma quantidade de público dos filmes de James Bond, porque vi que o mercado brasileiro tinha um potencial de 4 milhões de espectadores e, portanto, o filme de Roberto Carlos podia se pagar com lucro", analisou. Mas ele teve que passar o chapéu no mercado para garantir a produção. "Os banqueiros foram devidamente visitados e os traseiros respeitosamente beijados", afirma David Havt, observando que o nome Roberto Carlos ajudou a atrair o patrocínio de instituições como o Banco Safra, o Banco Nacional de Minas Gerais, o Banco Irmãos Guimarães e a Casa Piano.

O roteiro conta a história de um filme dentro do filme. Nele, o cantor pensa estar fazendo uma fita normal, de ficção. Porém, uma organização criminosa havia se infiltrado na produção e os bandidos e os tiros são de verdade. O objetivo dos criminosos é prender Roberto Carlos para programar um cérebro eletrônico que produzirá canções em larga escala. O ator José Lewgoy — o eterno vilão do cinema brasileiro — trabalhava com Roberto Farias desde o tempo que este era assistente em filmes na Atlântida. E, naquela época, Lewgoy contava nos bastidores que seus sobrinhos reclamavam de o tio sempre aparecer perdendo para o mocinho, morrendo no fim dos filmes. Pois Farias escreveu o roteiro de *Roberto Carlos em ritmo de aventura* inspirado nessa cobrança dos sobrinhos do ator. Ele interpreta o vilão Pierre, que veio da França para realizar um sonho: pela primeira vez na vida matar o mocinho da fita. "Pode ser que nesse filme isso seja possível", disse-lhe um dos agentes da organização ao atraí-lo para o papel. "Eu seria o bandido mais feliz do cinema. Sabe lá o que é nunca ter uma chance? Sempre entrar pelo cano?", comentou Lewgoy.

O filme tem também uma vilã, Brigite, que comandava os bandidos que prenderiam Roberto Carlos. A escolha da atriz e das demais garotas que contracenariam com o rei da Jovem Guarda aconteceu através de um concurso na imprensa. Foi uma forma de também fazer antecipadamente a promoção do filme. A grande final ocorreu no auditório da TV Gazeta, em São Paulo, e sete garotas foram selecionadas pelo diretor. "Resolvi testar as meninas na presença dos jornalistas", lembrou Farias, certamente também alertado para não permitir nada que pudesse abalar mais uma vez a reputação da Jovem Guarda, como no ano anterior, com aquele escândalo envolvendo garotas menores de idade. Na fase de produção do filme, elas só poderiam participar acompanhadas dos pais ou de um representante legal. E assim foram escolhidas uma loura, uma nissei e cinco morenas, uma delas de óculos. Eram cinco paulistas e duas cariocas, a mais jovem com 16 anos, e a mais velha, com 22. As groupies — garotas que perseguem lascivamente ídolos do pop-rock — estavam na moda nos Estados Unidos, em 1967. A ideia era formar as groupies de Roberto Carlos, que ficariam cercando-o no filme, mas de forma mais romântica, sem lascívia.

Das sete garotas selecionadas, apenas duas disputaram o papel da vilã Brigite, e nenhuma com experiência no cinema. A morena Rose Passini, 22 anos, era modelo e manequim, e a loura Mariza Levy, 18 anos, também trabalhava apenas na passarela. O diretor deu uma frase do script para cada uma interpretar no teste: foi a cena em que Brigite ameaça Roberto Carlos por ele não aceitar colaborar com a organização: "Chamei você por bem. Não quer, vai ficar por mal." A candidata devia pronunciar esta frase gesticulando e com a expressão de raiva. O teste começou com a loura Mariza Levy, sem a presença da concorrente. Mariza tentou várias vezes, mas não conseguia demonstrar raiva. Seu rosto manteve sempre a expressão meiga. Farias então a dispensou, mandando entrar a outra candidata, Rose Passini, que interpretou a frase apenas uma vez. "Não tem dúvida, ela é a bandida", disse o diretor, encerrando o teste. A Mariza Levy restou fazer uma ponta no filme, quando num passeio de iate indaga sorrindo ao cantor: "Criticar é mais importante do que construir?"

Até então, nenhum dos filmes de Roberto Farias havia exibido cenas de nudez ou de sexo, nem mesmo a comédia erótica *Toda donzela tem um pai que é uma fera*, com a gatíssima Vera Vianna. "Não tenho nada contra, eu até gosto, mas é que não foi necessário", comentou. Mas no seu filme com Roberto Carlos ele teria que ser ainda mais pudico porque o artista não permitiria nem um simples beijo na boca. Na fase de desenvolvimento do roteiro, Roberto Farias procurou conversar com o artista para conhecê-lo melhor, perceber suas possibilidades e limitações. Ficou acertado que uma das meninas seria a vilã e que o papel das outras seis seria apenas rodear Roberto Carlos, pois não haveria romance naquela história. "Nesse meu filme eu não posso sofrer, não posso amar, nem beijar ninguém", avisou-lhe o cantor, preocupado em preservar sua imagem com as fãs. "Você precisa ver como essas pessoas olham pra mim. É como se eu não fosse também de carne e osso", comentou o cantor com Farias. Para o diretor, essa restrição deu mais trabalho no desenvolvimento da história. "Eu tinha a missão de fazer um roteiro em que Roberto Carlos não era humano, porque as fãs mitificavam demais ele, que era visto como uma pessoa inumana. E Roberto Carlos queria preservar essa imagem", explicou.

Essa preservação de imagem acontecia também na vida real do artista, que se recusava a assumir publicamente a paixão por Nice. Ele temia quebrar aquela ilusão das fãs, que faziam, nas cartas, declarações de amor e de ciúme — até de sua companheira de palco na TV Record. "Roberto, não gosto de Wanderléa. Não permita que ela fique juntinho de você ao acabar o programa *Jovem Guarda*". Outra fã dizia ter ciúme de todo mundo. "Quando o vejo no *Jovem Guarda*, sinto um ciúme que eu mesma seria incapaz de descrever, sabendo que milhões de olhos estão a olhá-lo." Imagine se ela o visse declarando-se apaixonado e beijando alguma mulher? As gravadoras faziam essa mesma advertência a todos os outros artistas da Jovem Guarda. Erasmo Carlos, por exemplo, enfrentava isso na RGE. "Eles não admitiam que eu me casasse. Achavam que iria atrapalhar a minha imagem de Tremendão, essa coisa toda, e queriam que eu me limitasse às putas, porque puta você paga e vai embora."

No caso de um artista que chegara ao sucesso já casado, como Ronnie Von, a recomendação era negar ou tentar esconder ao máximo sua condição civil. O cantor então apresentava a esposa Aretuza como sua secretária. "Aquilo foi uma coisa complicadíssima e que me incomodava muito. 'Puxa vida, é a minha mulher, que crime ela cometeu para ficar escondida?' Era um troço traumático e que me deixava emocionalmente péssimo", afirma Ronnie. "E, posando de secretária, Aretuza teve que ver calada muitas mulheres darem em cima de seu marido. Haja estômago", afirma a jornalista Cynira Arruda, que testemunhou situações desse tipo. Isso durou até o dia em que chegou às bancas de todo o Brasil a reportagem com chamada de capa: "Exclusivo: *O Cruzeiro* apresenta a esposa de Ronnie Von." O texto dizia que, por causa de sua condição de ídolo do iê-iê-iê, "Ronnie Von teve de mentir. E Aretuza mentiu com ele. Até na mentira, Aretuza lhe foi fiel". O artista tributa a essa revelação sua queda nas paradas de sucesso. "Minha carreira foi literalmente destruída quando descobriram que eu era casado. Foi uma coisa pavorosa. Chutaram o balde e quebraram as minhas pernas. Porta na cara, disco fracassado, tudo porque eu não era mais o príncipe com o qual podiam sonhar as meninas. Depois disso, tive que recomeçar a minha carreira do zero, mas nunca mais com o mesmo sucesso de antes."

Por esse receio Roberto Carlos também adiava ao máximo assumir publicamente seu romance com Nice. Mas os rumores fervilhavam, e cada vez mais quentes, deixando suas fãs à beira de um ataque de nervos. Em maio de 1967, por exemplo, circulou a notícia de que Roberto estaria apaixonado por uma tal de Eunice; alguns garantiam que eles já tinham até se casado secretamente na Argentina. A própria Cleonice Rossi, a Nice, sugeriu que o namorado desse uma entrevista negando tal fato; afinal, aquilo não era verdade. Os jornalistas foram então convidados para uma conversa com o cantor nos bastidores da edição carioca do *Jovem Guarda*, na TV Rio. Foi uma coletiva concorrida com a presença de profissionais de *O Globo*, *Jornal do Brasil*, *Correio da Manhã*, *O Cruzeiro*, *Intervalo* e outros veículos da grande imprensa, todos querendo confirmar a "bomba".

Porém, o cantor foi logo dizendo que "não conhecia nenhuma Eunice" e chamou de "papo-furado" aquela conversa de que teria se casado na Argentina. "Se isso tivesse acontecido, eu seria o primeiro a confessar em público", disse Roberto, procurando também enfatizar que "casamento é coisa séria e por isso não se brinca". Após informar que viajaria no mês seguinte para participar do Festival de Veneza, um jornalista insistiu: "A Eunice vai com você?" O cantor repetiu: "Mas eu não conheço nenhuma Eunice. Ou melhor, conheço sim, até duas: uma que foi minha coleguinha de infância [numa referência a Eunice Solinho, a Fifinha], e outra que é bailarina aqui da TV Rio. Não, nenhuma delas vai comigo."

Bem, o assunto poderia ter se encerrado aí, com Roberto Carlos rigorosamente desmentindo que tivesse um romance ou se casado com uma tal de Eunice. Contudo, um jornalista mais xereta lhe perguntou: "Mas você estaria apaixonado por uma mulher de outro nome?". Xiiiiiii... E agora Roberto Carlos? O que fazer diante da imprensa brasileira? A resposta dele: "Se estivesse apaixonado por alguém, seria o primeiro a revelar ao meu público, pois, afinal de contas, sou um homem livre." Nem tanto, como se vê, e, ante a insistência dos jornalistas, ele negaria novamente. "Não há nada, repito. Não chegou a hora de eu me casar, nem tenho a garota com quem me casar, nem estou apaixonado", mentiu triplamente. Aquele Roberto Carlos que "quando ama, ama mesmo" parecia não existir nessa entrevista. "Meus namoros são rápidos, começam e duram muito pouco. Não amo ninguém e se tiver que falar de amor, falarei da minha primeira namorada", disse, desviando o assunto para Sirlene, sua primeira namoradinha, aos 12 anos, e, àquela altura, uma senhora já casada. Na época, a própria mãe do cantor, dona Laura, dizia não saber de nada. "Em assuntos sentimentais, Roberto é muito reservado." Seu irmão Lauro Braga endossava as palavras da mãe. "Roberto é daqueles que não comenta certos assuntos nem com o melhor amigo."

Ufa! Diante de negativas tão veementes do cantor, corroboradas por declarações de sua própria família, todos foram dormir em paz, acreditando que o rei da juventude brasileira continuava solteirinho da silva. Mas a operação para despistar as fãs e a vigilância da imprensa era permanente. Foi assim, por exemplo, quando Nice acompanhou Roberto numa viagem a Nova York. No dia do embarque, ela entrou sozinha no avião e se sentou numa poltrona mais à frente enquanto o artista, fingindo não a conhecer, foi sentar-se na parte de trás. "Era muito difícil viver assim", comentou Nice. "Quando penso, não acredito que tenha passado realmente por tanto tempo de agitação, em ritmo de filme de James Bond." Ou até mais do que isso. Na fase de produção de *Roberto Carlos em ritmo de aventura*, o diretor Roberto Farias precisou se reunir com o cantor em São Paulo em meio a um desses encontros dele com a namorada. E Farias testemunhou uma operação de despiste que, guardadas as devidas proporções, era parecida com aquelas que envolveriam militantes na clandestinidade durante a luta de grupos da esquerda armada contra a ditadura militar. "Lembro-me de estar com Roberto Carlos num carro, entrar numa rua, depois passar para outro carro, parar numa rua atrás do Pacaembu. Nice vinha num outro carro. Saltou para o carro do Roberto e saímos em alta velocidade."

Foi nessa fase que o cantor compôs mais um marcante tema automobilístico, "Por isso corro demais" — outra canção sem a parceria com Erasmo Carlos. Se em "Parei na contramão" ele acelerava por uma garota que não lhe dava bola, agora a corrida era para estar logo nos braços da namorada, cujo nome ele não ousava dizer. "Meu bem qualquer instante que eu fico sem te ver / Aumenta a saudade que eu sinto de você / Então eu corro demais / Sofro demais / Corro demais só pra te ver meu bem..." Na segunda estrofe ele fala da recomendação que Nice também lhe fazia para ter cuidado com a velocidade: "E você ainda me pede para não correr assim / Meu bem, eu não suporto mais você longe de mim / Por isso eu corro demais / Sofro demais / Corro demais só pra te ver, meu bem..." O técnico Eugênio de Carvalho era o responsável por colocar os efeitos sonoros nas músicas de Roberto Carlos, e isso era realizado no momento da mixagem. Para a faixa "Por isso corro demais" ele procurou um som de ronco de motor e de pneus derrapando na pista, como numa corrida de Fórmula 1. "Eu montei esse som várias vezes numa fita e fui soltando durante a execução da música. Soltava a fita e parava, soltava e parava, e deu um pouco de trabalho porque eu tinha que soltar e parar no tempo exato."

A música começa exatamente com esse efeito, realçando a ideia de um carro em alta velocidade — perfeito para a trilha de *Roberto Carlos em ritmo de aventura*. Numa das primeiras cenas, o cantor é quase metralhado pelos bandidos nas escadarias do Corcovado. Assustado, ele corre em direção ao monumento do Cristo Redentor — numa filmagem que só foi possível com a autorização do então cardeal do Rio de Janeiro, Dom Jaime de Barros Câmera. Na sequência, Roberto aparece num dos braços do Cristo, gritando para o diretor do filme dentro do filme — o ator Reginaldo Farias — que está na cabeça da estátua: "Escuta aqui, a barra é essa mesma, é? Logo no início? O filme nem começou. E eu não sou James Bond nem nada." "Por isso corro demais" é ouvida logo em seguida, quando ele é novamente perseguido por cinco elementos num trecho sinuoso e cheio de curvas da estrada do Corcovado. O cantor desce aquela estrada a bordo de um esportivo GT Tormento vermelho, enquanto seus perseguidores estão num Cadillac Fleetwood preto. A sequência dura exatamente o tempo da música.

Como era uma gangue internacional, os cinco bandidos tinham que parecer estrangeiros, e a maioria deles nem era ator profissional. Jacques Jover faz o bandido francês; o artista plástico Jannik Pagh, de bigode e cavanhaque, um bandido russo. O cantor e ator Embaixador representa um bandido africano, que usava túnica. O bandido italiano era o publicitário Sergio Malta, que, inclusive, criara as ilustrações da abertura do filme. O caçula da gangue é o carioca Frederico Mendes, então com 19 anos, que, por ter barba e cabelos meio avermelhados, ganhou a vaga de bandido polonês. A sua entrada no elenco ocorreu por mero acaso e ilustra como a escolha dos bandidos do filme foi diferente da das mocinhas.

Frederico trabalhava como estagiário no departamento de artes da TV Globo, no último andar do prédio no Jardim Botânico, no Rio. No primeiro andar funcionava o estúdio, onde estava sendo gravada a novela *Anastácia, a mulher sem destino*, drama de época escrita por Emiliano Queiroz para o horário das oito. Por ser cabeludo e de barba, o então estagiário foi chamado para fazer figuração de pirata nessa novela — para a qual a Globo mandara construir uma réplica de navio pirata no estúdio. "Uma vez por semana, eu descia do setor do estágio para ficar correndo de um lado para o outro do navio, lutando de espada", lembrou em depoimento ao autor. Certo dia, depois do almoço, Frederico Mendes decidira tirar uma soneca no convés do navio; entretanto, o descanso duraria pouco. "Oi, desculpe te acordar, mas eu tenho uma proposta. Você quer trabalhar num filme de Roberto Carlos?" Olhando de baixo para cima, ele reconheceu o ator Reginaldo Farias, que lhe explicou que o irmão, Roberto Farias, o tinha visto caracterizado como pirata na novela, e achou que seria um tipo ideal para um musical de aventura que rodaria com Roberto Carlos. Frederico Mendes topou na hora, mas pensando que era para fazer novamente apenas figuração, em uma cena ou duas. Para sua surpresa, soube depois que atuaria como um dos bandidos de uma gangue internacional, num trabalho de mais de dois meses, com filmagens entre Rio e São Paulo.

Num dos momentos decisivos da trama, o bandido polonês aparece de arma na mão conduzindo Roberto Carlos para dentro de uma enorme caixa que será transportada de avião para a sede da organização criminosa em Nova York. Nesta cena, Frederico ameaça o cantor com uma pistola alemã da marca Luger, junto com o bandido francês, que empunha uma submetralhadora. O detalhe interessante é que, anos depois, Frederico Mendes se tornaria um fotógrafo renomado, autor de várias capas de discos de artistas da MPB. E então ocorreu que, no fim de 1981, em vez de uma pistola, ele apontava uma câmera Nikon para Roberto Carlos, o fotografando em pleno Central Park, de Nova York, para a capa do álbum que trazia a música "Emoções".

28

VOCÊ NÃO SERVE PRA MIM

> *"Não fique triste não se zangue*
> *Com tudo o que eu vou lhe falar*
> *Sinto demais, porém agora*
> *Tenho que lhe explicar"*
> Do álbum *Roberto Carlos em ritmo de aventura*, 1967

"Pois é, meus amigos, assim como um aviador, eu também vou levantar voo para as novas canções. Esperem para ver. Estou colhendo material para 1967 que vocês vão tremer na base", anunciava Roberto Carlos, animado com o repertório do seu próximo álbum, *Roberto Carlos em ritmo de aventura*, que chegaria às lojas em novembro. Além de composições próprias — como "Por isso corro demais" e "Como é grande o meu amor por você" —, o cantor selecionaria mais seis músicas entre centenas que outros compositores lhe mostraram naquele período. Uma delas é a balada de gaita "Folhas de outono", de autoria de Jovenil Santos e Francisco Lara: "As folhas caem / O inverno já chegou / E onde anda, onde anda o meu amor? / Que foi embora sem ao menos me beijar / Como as folhas que se perdem pelo ar..."

Esses dois compositores, como já vimos, foram juntados pelo próprio Roberto Carlos que, em 1965, gravara deles a balada "Rosita". Porém, no ano seguinte, nenhuma nova música da dupla agradou o cantor. "Roberto sempre foi enjoado para escolher repertório", afirma Francisco Lara. "Às vezes você manda para ele um 'Night and day', mas ele quer gravar um 'Florentina de Jesus', uma coisa simples. E às vezes você manda um 'Florentina' e ele cisma de querer um 'Night and day'." Pois em 1967, para não errar, Lara e o parceiro tentaram um meio-termo com "Folhas de outono". No momento da composição eles até se desentenderam sobre o último verso da letra, "As folhas quando caem nascem outras no lugar". "Foi uma briga danada para incluir isso. O Jovenil não admitia, não compreendia, achava que o Roberto não ia gostar, e que eu tinha que colocar uma frase mais comum." O compositor Rossini Pinto, que era especialista em botânica, também implicaria com Lara por causa desse verso. "Ele dizia que uma folha quando cai, não nasce outra no lugar. Eu mandei Rossini subir em cima de uma árvore e ficar lá 48 horas para ver se nasce ou não. Ele queria tirar a poesia da minha música. Dizer que as folhas nascem no lugar não significa nascer precisamente do mesmo caule que caiu. É no sentido mais geral da coisa", explicou Francisco Lara.

Sua música ganhou um delicado arranjo, com um som de piano na introdução que sugere as folhas caindo. Ao escrever a letra, Francisco Lara se baseou no que se diz sobre o outono, do latim "autumno", estação "dos dias mais curtos e mais frescos; de jardins e parques cobertos de folhas de todos os tamanhos e cores, porque as folhas e as frutas já estão bem maduras e começam a cair no chão". Daí que a letra original da música dizia: "As folhas caem / O outono já chegou..." Porém, Roberto Carlos tem lá seus mistérios e na hora de gravar decidiu trocar de estação, alterando o verso para "As folhas caem / O inverno já chegou". "Eu aprendi que as folhas caem no outono", comentou Francisco Lara no estúdio. Mas, baseado em suas leituras da *Seleções*, da Reader's Digest, o produtor Evandro Ribeiro opinou que a alteração era possível, pois o mesmo fenômeno ocorreria no inverno. O problema é que esqueceram de mudar também o título da música, que ficou incoerente, pois não tem mais outono na letra.

Até a última hora, Francisco Lara não tinha certeza se sua música entraria no disco de Roberto Carlos, mesmo com "Folhas de outono" já gravada pelo cantor. É que às vezes ele grava e a música sobra, ou não gosta do resultado e desiste de lançá-la. A montagem do repertório do disco de 1967 foi feita a portas fechadas na CBS, com apenas

Evandro Ribeiro, Roberto Carlos e sua mãe, dona Laura — que, por acaso, o acompanhava nesse dia. Francisco Lara ficou rondando por ali, decidido a só voltar para casa com a confirmação de sua música no álbum: "Fiquei lá fora esperando, e fumava igual a uma caipora, a ansiedade era muito grande." Dona Laura foi a primeira a sair do estúdio, no início da madrugada, e deu a boa-nova ao compositor, que ela já conhecia: "Chiquinho, sua música foi escolhida para o disco." "Aí foi uma vibração. Eu saí pulando de alegria", lembra o compositor, relatando uma experiência que nem ele nem o parceiro Jovenil Santos voltariam a sentir em um disco de Roberto Carlos. "Folhas de outono" foi a derradeira música deles lançada pelo cantor — que a gravou também em italiano, numa versão com o título mais neutro: "Come una foglia." "La foglia cade e l'amore se ne van' / La mia donna non me voglie amare più...", e por aí segue também a letra, sem dizer se a folha cai no outono ou no inverno.

Por vezes, os compositores percorriam caminhos inusitados para levar sua música até Roberto Carlos, como no caso do guitarrista Renato Barros. Apesar de ser da mesma gravadora e acompanhá-lo em gravações, Renato era um pouco tímido no trato com Roberto e, como todo tímido, achava insuportável ouvir "não". Daí que não arriscava mostrar uma composição sua para Roberto gravar. Quando compôs "O feio" com Getúlio Côrtes, coube ao parceiro fazer a oferta. Mas, em 1967, Renato Barros criou sozinho o rock "Você não serve pra mim", que achava ideal para a voz de Roberto Carlos. Sabia também que poderia lhe render muito mais dinheiro no disco do cantor do que no de sua própria banda. Renato adotou então a seguinte tática para mostrar-lhe a música: preparou as cifras para o baixo, o órgão, a bateria e distribuiu para a banda durante o intervalo de uma gravação com Roberto na CBS. E começaram a tocar aquela nova composição, enquanto o cantor estava na sala da técnica com Evandro Ribeiro. "Não fique triste, não se zangue / Com tudo o que eu vou lhe falar / Sinto demais, porém, agora / Tenho que lhe explicar / Você comigo não combina / Não adianta nem tentar..." Daí a pouco Roberto Carlos voltou para o estúdio e ficou ali de cachimbo na boca ouvindo aquele som pesado, com guitarra distorcida, tocado por Renato e Seus Blue Caps. "Pô, bicho, que música é essa?", perguntou. "É minha, Roberto. Fiz para o próximo disco do conjunto", blefou o *band leader*. "Que som legal! Canta aí de novo." E Renato e Seus Blue Caps tocaram com toda a garra, até o refrão: "Não quero mais seu amor / Não pense que eu sou ruim / Vou procurar outro alguém, você... / Não serve pra mim..."

Depois de ouvir esse rock, o rei da Jovem Guarda não hesitou: queria incluí-lo em seu novo álbum. Porém, Renato Barros fez jogo duro. "Não posso lhe dar, Roberto, pois já decidimos gravá-la", blefou novamente, procurando valorizar ainda mais sua composição. A tática deu certo porque, após sair do estúdio, o cantor pediu para Evandro Ribeiro falar com o guitarrista:

"Renato, vem cá, tu tem merda na cabeça, rapaz?"

"Por que, seu Evandro?"

"Roberto tá querendo gravar uma música que você fez aí e você não quer deixar, rapaz?"

"Não, seu Evandro, é que compus para o Renato e Seus Blue Caps", respondeu.

"Você faz outra, deixa de ser burro, rapaz!"

E o produtor lhe explicou — como se o outro já não soubesse —, que aquilo poderia lhe dar muito mais dinheiro se gravado por Roberto Carlos.

"Tudo bem, seu Evandro, já que o senhor insiste eu deixo minha música para ele."

O próprio Renato Barros admitiu que fez todo esse malabarismo para não errar e receber os direitos pela gravação da música. Ele decidira comprar uma casa para seu pai, que ganhava pouco como escrivão de polícia e ainda não tinha um imóvel próprio. "Então eu pensei: 'preciso botar uma música num disco de Roberto Carlos', e fiz 'Você não serve pra mim' com esse objetivo."

Roberto tratou de gravá-la logo, e o resultado ficou espetacular: um rock pesado para a época e que o cantor interpreta muitíssimo bem. Nele, Renato Barros faz um riff de guitarra com distorção fuzz que revela influência de bandas como Cream e Yardbirds. Durante toda a música, Lafayette sola um órgão pré-psicodélico no que foi talvez seu melhor desempenho numa gravação de Roberto Carlos. E Paulo César Barros, mais uma vez, dá uma aula de contrabaixo. Por tudo isso, "Você não serve pra mim" é uma gravação à altura dos melhores rocks lançados nos anos 1960, por qualquer artista, em qualquer idioma. Em novembro, Renato Barros recebeu o adiantamento pelos direitos da composição e saiu à procura de um imóvel para comprar. Entretanto, quando já estava quase fechando negócio com um corretor, seu pai adoeceu, falecendo no mês seguinte, aos 58 anos. "Por tudo isso, essa é uma música muito marcante pra mim", afirmou o guitarrista — que seguiria ouvindo "Você não serve pra mim" nas vozes de diversos outros artistas ao longo do tempo, como Marisa Monte, Paulo Ricardo, Ira!, Joanna, Zé Renato, Marjorie Estiano, Lulu Santos e Chris Fuscaldo.

Ele ouviria também nos cinemas, pois sua música é tocada em duas das melhores sequências de *Roberto Carlos em ritmo de aventura*. A primeira, filmada numa pedreira na região do ABC paulista, é quase um videoclipe: Roberto canta a música, enquanto atira bombas imaginárias — gesto que ele fazia no auditório do *Jovem Guarda* —, mas que no filme resulta em explosões de verdade, fazendo os bandidos correrem dele. "É um louco, ninguém pode prender esse cara", diz um deles para a chefe da gangue, Brigite. Porém, ela não aceita a justificativa dos fujões e esbofeteia cada um dos cinco bandidos, ainda ao som de "Você não serve pra mim" — num dos poucos momentos do filme em que a letra da canção faz algum sentido com a cena.

Na outra sequência a música de Renato Barros aparece em eletrizante versão instrumental gravada pela banda do cantor: é quando ele está no topo de um prédio no centro do Rio e, de repente, chegam novamente os bandidos. Para escapar deles, o mocinho precisa sair dali de carro. Roberto dispensou o dublê e ele próprio entrou num Chrysler Esplanada que desceu os quarenta andares do prédio sustentado por quatro cabos de aço. "Ele perguntou se aquilo era seguro, olhou lá do alto e topou descer", lembrou o diretor Roberto Farias. Uma multidão acompanhou a filmagem da cena, na avenida Nilo Peçanha, e, quando o carro se projetou nos ares com o artista, lá embaixo suas fãs rezavam e roíam as unhas. Farias contou que um tanto pela propaganda do carro recém-lançado e outro pela valentia, o artista ganhou de presente da Chrysler mais um modelo para a sua coleção de automóveis.

Dois autores frequentes em discos de Roberto na Jovem Guarda, seus amigos Edson Ribeiro e Getúlio Côrtes, não faltaram em 1967. Edson compôs mais uma canção inspirada no seu cotidiano amoroso. Certo dia, sua esposa Maria viajou com os filhos, deixando-o sozinho em casa, no Rio. "Aí me deu uma grande saudade dela", lembrou o compositor, que nesse momento criou ao violão a melodia junto com os versos de "Você deixou alguém a esperar". Roberto Carlos a gravaria com um discreto backing vocal e marcante presença do órgão de Lafayette. "Você deixou alguém a esperar / Você deixou mais um na solidão..." Um dos versos da segunda parte, "Esqueça que já fiz você chorar", fazia referência a outro tema de Edson Ribeiro gravado por Roberto, "Não precisas chorar" — e, como já vimos, também inspirada na vida pessoal do compositor. "Maria foi a minha musa inspiradora. Ela sabia que as músicas eram feitas para e por causa dela. O Brasil cantava essas músicas e ela ficava muito feliz, e eu também, afinal, era mais uma grana que entrava em nossa casa."

A música que Getúlio Côrtes enviou para Roberto seguia o estilo revista em quadrinhos, tradicional do compositor, como em "Noite de terror", "O feio" e "O gênio". Dessa vez ele criou "O sósia", a história de um cantor que descobriu um sujeito com um rosto igual ao seu — "E até seu nome era igual ao meu / Hum, era demais, eu sei, não era eu..." —, numa referência aos vários imitadores de Roberto Carlos. "Que papo-furado! Um cara com a minha cara, mora! Não!", arremata. Getúlio compôs esse tema num hospital, onde ficara internado durante alguns dias para tratar de uma estafa. "Telefonei de lá pra Roberto e falei da ideia da música. Depois meu irmão levou a fita pra ele." O cantor gostou da ideia, mas não se animou tanto em gravá-la após ouvir a canção. "Eu tenho autocrítica, e sei que 'O sósia' não é grande coisa", admite Getúlio. Mas ele contou com um apoio de peso: Nice, a namorada de Roberto, que achou a música muito divertida e o incentivou a incluí-la no novo álbum. O cantor já tinha até comunicado a Getúlio que não faria isso, porém, mudou de ideia depois da intervenção da namorada. A rigor, essa música combinaria melhor com um disco dele de dois ou três anos antes.

Ao gravar "O sósia", em agosto de 1967, Roberto Carlos não mirava o cantor Paulo Sérgio, que ainda nem havia estreado em disco. Entretanto, quando o LP de Roberto chegou às lojas, no fim daquele ano, Paulo Sérgio já estava nas paradas com seu primeiro single com a canção "Benzinho" (versão de "Dear someone"). Daí que muitos identificaram "O sósia" como uma crítica direta ao novo cantor, que a imprensa logo passou a tachar de "sósia vocal de Roberto Carlos". Ex-alfaiate que exercera o ofício até as vésperas do início da carreira artística, Paulo Sérgio Macedo era também capixaba, da cidade de Alegre, vizinha a Cachoeiro de Itapemirim. E, aos 23 anos, surgia com o mesmo sorriso tímido, os mesmos olhos tristes, o mesmo estilo musical e o mesmo timbre do ídolo da Jovem Guarda. "Ouvir a voz de um ou de outro praticamente não faz diferença. Paulo Sérgio é uma espécie de outro Roberto Carlos", diria também a revista *O Cruzeiro*. Lançada em setembro, a gravação de "Benzinho" foi subindo nas paradas e, segundo pesquisa do Ibope, em janeiro do ano seguinte só tinha na sua frente... Roberto Carlos, com a música "Eu daria minha vida", composição de Martinha.

Apelidada de o Queijinho de Minas, Martinha foi uma espécie de caçula do programa *Jovem Guarda*, pois ao aparecer para cantar, aos 19 anos, no fim de 1966, o programa já era um sucesso nacional havia mais de um ano. Ela acreditou que teria chance na carreira depois daquela surpreendente visita de Roberto Carlos a seu apartamento, em Belo Horizonte, quando era apenas uma anônima fã do cantor. Acompanhada da mãe, dona Ruth, semanas depois viajaria para São Paulo, batendo à porta do Teatro Record, num domingo à tarde, pouco antes do início da gravação do musical. Porém, em meio ao corre-corre e à gritaria dos fãs, as duas não conseguiram entrar e de nada adiantou dizerem que eram amigas de Roberto Carlos.

Ao avistar o cantor Cyro Monteiro chegando ao teatro, dona Ruth tomou coragem e foi falar com ele. Resumiu-lhe rapidamente a história do encontro da sua filha com Roberto e pediu ajuda. O bom Cyro Monteiro — como dizia Vinicius de Moraes no "Samba da bênção" — comoveu-se com aquelas duas mineiras perdidas no tumulto do *Jovem Guarda* e decidiu conduzi-las aos bastidores do programa. "Quando entrei ali pela primeira vez me senti no mundo da fantasia, nada parecia real. Era como se todos ali também fossem de borracha", lembra Martinha, que logo avistou Wanderléa, os Golden Boys e a dupla Leno e Lilian.

Antes de se despedir das duas, Cyro Monteiro apontou para Geraldo Alves, informando que era o empresário de Roberto Carlos. A mãe de Martinha foi até ele e também lhe contou rapidamente a história. "Mas agora o Roberto não vai poder falar com vocês", respondeu o empresário, já se afastando delas. Martinha e dona Ruth apelaram então ao pessoal da produção do programa, pedindo, por favor, para alguém informar ao Roberto que a Marta, de Belo Horizonte, estava ali com a mãe nos bastidores do teatro. Deu certo, porque finalmente o artista autorizou que fossem até o seu camarim.

O resto, como se diz, é história: dias depois, de botinha e minissaia, Martinha estreava no *Jovem Guarda*. "Não sei por que numa brincadeira nós a chamamos de Queijinho de Minas, e engraçado é que o público e a própria Martinha assumiram isso. Falamos o apelido no ar e ficou", lembra Roberto.

Martinha logo revelaria uma vantagem sobre Wanderléa e demais cantoras da época: era também compositora, não dependendo de versões ou de outros autores para montar seu repertório. Roberto foi o primeiro a perceber isso quando ela lhe mostrou uma composição que havia acabado de fazer: "Essa música é linda, Martinha. Posso gravá-la?" Imediatamente o cantor pegou o telefone e ligou para o produtor Evandro Ribeiro. "Seu Evandro, estou aqui com a música do ano na mão." Ele se referia à "Eu daria minha vida", composição de Martinha que Roberto Carlos lançaria também em 1967, mas no volume 20 da coletânea *As 14 mais*. "Eu daria minha vida para te esquecer / Eu daria minha vida pra não mais te ver...", tema de amor desesperado, que diz em outra estrofe: "Já não tenho nada a não ser você comigo / Sei que é preciso esquecer mas não consigo..." Segundo a própria Martinha, ela compôs essa música ao violão dentro do banheiro.

Para o outro lado do disco, o cantor gravou "Fiquei tão triste", da compositora Helena dos Santos. Por ironia, essa é uma canção do repertório de Roberto Carlos com letra — mais uma a rimar amor com dor —, melodia e arranjo que parecem imitar as de seu "imitador" Paulo Sérgio. "Fiquei tão triste quando alguém veio dizer / Que você ia esquecer o nosso amor / O que senti naquele instante, eu não sei / Só sei dizer que foi bem grande a minha dor."

Acompanhando as duas gravações de Roberto Carlos, aquele volume de *As 14 mais* trazia canções como "Foi assim", com Wanderléa, "Ana" (versão da gravação dos Beatles), com Renato e Seus Blue Caps, "Não acredito" (versão do hit dos Monkees), com Leno e Lilian e "Teresa", com Robert Livi — jovem cantor argentino (e futuro produtor) então radicado no Brasil. Mas o sucesso maior do LP foi mesmo a faixa de abertura do lado A, "Eu daria minha vida". "Inclusive, essa música foi muito bem não só no Brasil, mas também no exterior", comentou Roberto, que incentivou Martinha a continuar compondo. "Você tem um estilo romântico próprio para o iê-iê-iê, suas músicas casam bem com o timbre melancólico da sua voz", dizia para ela.

Como já vimos, a maior parte dos compositores gravados por Roberto nessa fase de sua carreira eram negros, de origem pobre ou pertenciam ao universo do iê-iê-iê — como a própria Martinha. Mas houve um compositor branco, de classe média e da MPB, que, mesmo sem procurar, acabou entrando no disco de Roberto Carlos em 1967.

Pedro Camargo nascera em São Paulo, mas desde a adolescência morava na zona sul carioca. Em parceria com o guitarrista José Ari, também da zona sul do Rio, compôs "É tempo de amar", uma das faixas do álbum *Roberto Carlos em ritmo de aventura*: "Deixe de ser triste assim / Esqueça o que passou / Esqueça que você chorou / Carinha de tristeza não lhe fica bem / É tempo de saber amar o amor que vem..." Pedro era compositor e cineasta, e dirigiu filmes como *Estranho triângulo* (1970), *Eu transo... ela transa* (1972) e *Amor e traição*

(1979). Na música, seu parceiro mais constante foi Durval Ferreira, com quem compôs "Chuva", em 1964, que se tornaria um clássico do repertório da bossa nova, gravado até por Sarah Vaughan. "Eu não participei da bossa nova nem de movimento nenhum. Eu margeava, fui um marginal da bossa nova", dizia.

Do iê-iê-iê, Pedro Camargo nem sequer se aproximava, mas seu amigo José Ari costumava acompanhar Sérgio Murilo em excursões pela América do Sul, principalmente Peru e Paraguai, onde o cantor ainda tinha alguma popularidade. "É tempo de amar" nasceu em meados de 1967, após uma dessas viagens do guitarrista.

E então, certa noite, Ari chegou ao apartamento de Pedro Camargo, em Copacabana, contando que estava apaixonado por uma garota paraguaia. Contou também que tinha até composto uma guarânia para ela, mas faltava a letra. "Guarânia, Ari? O que que o amor não faz, né?" A sala de Pedro Camargo parecia uma floresta de filmes, com rolos espalhados pelo chão, pois ele montava o seu primeiro curta-metragem, que apresentaria num festival de cinema amador. "Comecei a escrever a letra de 'É tempo de amar' naquela noite mesmo, e às 4 horas da manhã a música estava completa", lembrou Pedro, em depoimento ao autor, observando que fez uma letra estilo bossa nova, como no verso "carinha de tristeza não lhe fica bem".

Até aí Pedro Camargo não tinha a menor ideia de qual seria o destino daquela guarânia com letra bossa-nova. Talvez nem o próprio parceiro. Mas uma semana depois ocorreu a José Ari gravar uma versão pop de "É tempo de amar" e entregar a fita para Roberto Carlos, num rápido encontro nos bastidores da TV Rio. O cantor aprovou a canção, seu produtor Evandro Ribeiro também, e a reservaram para o álbum de fim de ano. "Eu não tinha ideia do que isso significava comercialmente", afirmou Pedro. "Quando fui editar a música, o editor me ofereceu um adiantamento. Foi a primeira vez que recebi dinheiro adiantado por uma música. E em dólares. O quê? Eu fiquei bobo. Nunca imaginei ver tantos dólares na minha mão de repente. 'Vai comprar um carro importado, não é, Pedro?', me disse o editor."

A música rendeu bastante porque teria também uma versão instrumental no filme *Roberto Carlos em ritmo de aventura*, tocada pela Orquestra Brasileira de Espetáculos — formada por músicos da própria gravadora CBS. E o cantor ainda a gravaria em italiano, "È tempo di saper amare", num disco lançado logo após sua vitória no Festival de Sanremo. "Na época eu recebi direitos autorais até do Vietnã", comentou Pedro Camargo. "Eu pensava: 'Caramba, até o pobre do vietnamita está mandando dinheiro pra mim.'"

29

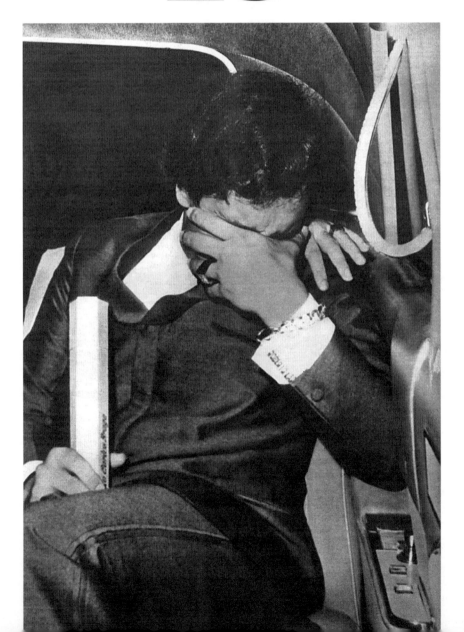

SÓ VOU GOSTAR DE QUEM GOSTA DE MIM

> *"De hoje em diante*
> *Vou modificar o meu modo de vida*
> *Naquele instante que você partiu*
> *Destruiu nosso amor"*
> Do álbum *Roberto Carlos em ritmo de aventura*, 1967

O paulista Fred Jorge (nascido em 1924) e o capixaba Rossini Pinto (em 1935) foram os dois maiores versionistas da era do rock no Brasil. Onze anos mais velho, Fred começou primeiro, no fim dos anos 1950, emplacando hits como "Diana" e "Oh Carol" (gravados por Carlos Gonzaga), "Estúpido cupido", "Banho de lua" e "Lacinhos cor-de-rosa" (na voz de Celly Campello), além das versões de "A casa do sol nascente" (primeiro sucesso de Agnaldo Timóteo), "Eu amo tanto, tanto" (Moacyr Franco) e "A catedral" (Ronnie Von). Por sua vez, Rossini Pinto criou versões de hits como "Brucutu" (lançado por Roberto Carlos), "É tempo do amor" e "Ternura" (Wanderléa), "Erva venenosa" e "Pensando nela" (Golden Boys), "Querida" e "Coração de cristal" (Jerry Adriani), "Não acredito" (Leno e Lilian), "Mar de rosas" e "Vem me ajudar" (The Fevers), e "Fale baixinho" (da trilha do filme *O poderoso chefão*, gravado por Wanderley Cardoso). "Fazer letra brasileira para sucesso internacional é tarefa que requer tempo, paciência e muito trabalho, mas que rende uma ninharia, pois só cabe ao versionista meio por cento de direito fonomecânico pago ao autor", afirmava Rossini Pinto, numa referência aos direitos pela reprodução da música em vinil, CD e, atualmente, também em serviços de streaming.

Por render pouco dinheiro, eles precisavam produzir muito. A maioria das versões de Fred Jorge era direcionada aos cantores de São Paulo; as de Rossini Pinto abasteciam os artistas do Rio, onde ele residia. Mas os dois nunca exerceram exclusivamente atividades musicais, e nenhum tocava instrumento. Fred Jorge se projetara no rádio como locutor, produtor e novelista e depois se firmaria também como editor de revistas, produtor de televisão e repórter, colaborando com publicações como *O Cruzeiro* e *Intervalo*. Rossini, como já vimos, começara também como jornalista e seguiria ampliando suas atividades. Carlos Imperial até ironizava afirmando que ele "quer ser cantor-jornalista-compositor-radioator-ator-de-cinema-disc-jockey-trombonista". Quase isso, porque Rossini realizava mesmo muita coisa simultaneamente. "Nesse negócio de música a gente tem que fazer de tudo", dizia, em meio a suas atividades de compositor, produtor e editor, e que ainda comandava programas de rádio e colunas em jornais e revistas. Em paralelo, mantinha seus estudos em botânica, escrevendo sobre o tema em veículos como *O Jornal* e o *Correio da Manhã*. Dizem que era muito difícil alguém conseguir conversar mais de 5 minutos com Rossini. Ele era a imagem do homem apressado, com um sem-número de compromissos e mil tarefas para cumprir diariamente.

Fred Jorge e Rossini Pinto eram homossexuais em um tempo em que poucos artistas tornavam isso público — sendo Fred bem mais discreto do que o colega do Rio. "Nunca comentei esse assunto com Fred e comigo ele nunca falou nada", afirmou Tony Campello, que assim como a irmã, Celly Campello, começou a carreira gravando versões do autor de "Estúpido cupido". "É incrível, mas, nem com a Celly, jamais toquei nessa questão de Fred Jorge. Já Rossini era carioca, gozador, até tirava sarro da homossexualidade. Eu apenas dizia que ele não era o meu tipo." Wanderley Cardoso lembra que, no início da carreira, foi também "cantado" por Rossini Pinto. "Eu estava num hotel em São Paulo e ele veio segurar na minha mão. Eu tive que dar um fora. Mas sempre que nos encontrávamos ele me dizia em tom de brincadeira: 'Perdeste uma grande oportunidade.'"

Rossini e Fred Jorge tinham um nível cultural acima da média do meio musical da época e sempre atendiam aos colegas que os procuravam para identificar possíveis erros de português nas letras de suas composições. Roberto Carlos, por exemplo, antes de gravar suas músicas, mostrava as letras para Fred Jorge, de quem se tornaria grande amigo, recebendo-o com frequência em sua casa, em São Paulo. De maneira informal, Fred atuava como uma espécie de copidesque dele, revisando palavras, rimas e a concordância verbal para evitar até erros primários como o do refrão da letra de "Como é bom saber", de Helena dos Santos, que Roberto Carlos gravou sem revisar: "Como é bom saber / Que a minha vida e o meu destino está com você."

Fred Jorge nunca pretendeu cantar. Já Rossini tentou, mas sem jamais se firmar como intérprete. O forte dele eram as versões e composições, sendo até chamado por alguns de "o gênio da música jovem". Conta-se que certa vez, em São Paulo, para impressionar uma garota, Erasmo Carlos deu uma polpuda esmola a um cego na rua. Este então quis saber quem era a alma caridosa que lhe ofertava aquele dinheirão. "É do maior compositor da juventude brasileira", respondeu Erasmo, todo gabola. Ao que o cego agradeceu: "Obrigado, Rossini Pinto." Registre-se que Rossini tinha esse reconhecimento apenas no universo do iê-iê-iê. Fora dele, era ignorado ou citado de forma depreciativa. Sérgio Porto, por exemplo, costumava dizer sobre um mau verso da MPB: "Todo Vinicius tem seu dia de Rossini Pinto."

Por sua vez, Fred Jorge, era tratado de "o famigerado" pelo então colunista de *O Globo*, Sérgio Bittencourt. Era o preconceito contra o versionista no Brasil — algo que provavelmente não ocorria com o norte-americano Norman Gimbel, que fazia versões para o inglês de hits da bossa nova como "Garota de Ipanema", "Samba de verão", "Insensatez", além do afro-samba "Canto de Ossanha", gravado pelo grupo The Sandpipers com o título "Let go".

No caso da letra de música, "versão" não é o mesmo que "tradução". Na verdade, a versão é praticamente uma nova letra, que aproveita a melodia original. E nisso Fred Jorge e Rossini Pinto foram dois craques nacionais. Muitas vezes o ritmo das letras deles é melhor do que o da letra original, dentro da melodia — como, por exemplo, em "Estúpido cupido", com letra de Fred soando melhor e mais rítmica do que a original em inglês. Mas mesmo se notabilizando como um mestre no ofício, Fred nunca ouviu nenhuma de suas versões num disco de Roberto Carlos. Dele o amigo preferia gravar somente temas autorais, porque, assim como Rossini, Fred Jorge era também compositor, embora com produção menor. Ele compôs basicamente canções que foram gravadas por Roberto em sua fase romântica, como "A palavra adeus" (1970), "Se eu partir" (1971) e "Você já me esqueceu" (1972) — todas com a colaboração do cantor na feitura da melodia. De Rossini Pinto, como já vimos, além da versão de "Brucutu", Roberto lançou "Malena" (1962), "Relembrando Malena" (1963), "Um leão está solto nas ruas" (1964), "Parei... olhei" (1965) e "Eu te adoro, meu amor" (1965) — esta última depois até inspiraria Tim Maia a compor "Não quero dinheiro (Só quero amar)".

Mas a melhor composição de Rossini Pinto, a de maior sucesso e perenidade, é "Só vou gostar de quem gosta de mim", gravada por Roberto Carlos em 1967: "De hoje em diante vou modificar o meu modo de vida / Naquele instante que você partiu destruiu nosso amor / Agora não vou mais chorar / Cansei de esperar / De esperar enfim / E pra começar / Eu só vou gostar de quem gosta de mim." Se ainda havia alguma dúvida, essa canção era a prova de que Rossini poderia ter se dedicado somente às próprias composições. Só um autor de mão-cheia para fazer uma letra e uma melodia dessas. Roberto pensou em lançá-la no seu álbum de 1966, mas, como já tinha muitos temas românticos, acabou deixando para o do ano seguinte. Sairia antes, pois ao preparar um novo volume de *As 14 mais*, em março, Evandro Ribeiro entendeu que "Só vou gostar de quem gosta de mim" era forte para puxar o disco, e a colocou na faixa de abertura.

Para o lado B daquele vinil, Roberto Carlos gravou a balada "Tudo que sonhei", do compositor Sebastião Ladislau da Silva, o Pilombeta — dessa vez sem o seu irmão e parceiro Tito Silva, com quem compusera o hit "Escreva uma carta, meu amor". Tito Silva, o fuzileiro naval Antônio Ladislau da Silva, morrera tragicamente, aos 25 anos, na manhã de 6 de dezembro de 1966, na praia do Pontal de Cupe, próximo de Recife. Foi durante a Operação Graviola, uma simulação de guerra com a participação de cerca de 1.500 homens do Corpo de Fuzileiros Navais. Um cabo de aço rompeu-se e a porta de proa de uma das barcaças abriu-se repentinamente, surpreendendo 31 fuzileiros que se preparavam para a tomada simulada da praia. A embarcação submergiu imediatamente, arrastando nove fuzileiros para o fundo do oceano, entre os quais o coautor da música "Escreva uma carta, meu amor". Devido ao pesado equipamento que conduziam às costas, somente escaparam da morte os que conseguiram desvencilhar-se do fardo, sendo socorridos pelas tripulações das outras barcaças. O corpo de Tito Silva foi o primeiro a ser encontrado, boiando a cerca de 10 milhas da praia do Pontal de Cupe (o acidente ocorrera a 3 milhas). Ele foi velado em Recife, onde moravam seus pais, e sepultado com honras militares, o toque de silêncio, a salva de tiros... Roberto Carlos enviou duas palmas de flores.

"A perda de Tito foi inexplicável, parecia que o chão caiu, pois me deu um vazio tão grande que eu não conseguia falar com ninguém, fiquei agressivo com todos", afirmou Pilombeta, que, em certa noite, no começo de 1967, ainda atordoado, vagava pela casa sem conseguir se concentrar em nada. Até que sua esposa Iraci, a quem ele chamava carinhosamente de Preta, deu-lhe um conselho: "Sebastião, por que você não faz uma música, em vez de ficar andando de um lado para o outro sem parar?" Pilombeta não tinha qualquer música em mente, mas respondeu que já estava compondo, e foi dormir pensando nisso. "De repente acordei com a linha melódica e o início de uma música. Parecia que alguém tinha sussurrado aquilo para mim", lembrou. "Levantei, fui para a sala e comecei a escrever e repetir a melodia." Quando a esposa acordou, Pilombeta lhe disse: "Preta. 'Tudo que sonhei.'" Ainda meio sonolenta, ela indagou: "O que você sonhou, Sebastião?" "Não, Preta, é o nome da música que eu falei que estava compondo." "Ah, 'Tudo que sonhei'." "Essa música eu fiz pra você, Preta." "Então canta, Sebastião." E Pilombeta então cantou o tema de exaltação do amor que o povo brasileiro só ouviria meses depois: "Sem o teu carinho eu já não sei viver / E qualquer ausência tua faz meu coração sofrer / Vejo em teu sorriso tudo que sonhei / E pra sempre em minha vida, com você eu estarei."

O próprio compositor mostrou esta música para Roberto Carlos, em um encontro na gravadora CBS. O cantor a gravou com um marcante solo de guitarra de doze cordas na introdução que muitos iniciantes no instrumento queriam reproduzir. "'Tudo que sonhei' é divino porque segue uma linha melódica romântica e saiu do fundo do meu coração", afirmou Pilombeta. "Essa música me deu uma paz interior que faltava para me acalmar e seguir minha vida normalmente. Naquela noite, por um momento senti a presença de Tito sorrindo para mim."

Na semana de lançamento do álbum *As 14 mais*, volume 19, Rossini Pinto aproveitou seu espaço na mídia para divulgar que "o Brasinha vem aí com duas novas músicas: 'Tudo que sonhei', de Pilombeta, e 'Só vou gostar de quem gosta de mim', deste amigo de vocês". Em seguida, as duas faixas foram também lançadas em compacto simples com a composição de Rossini Pinto explodindo nas paradas de sucesso. Ela logo ganharia diversas regravações, uma das primeiras com o próprio Rossini e, em versão instrumental, com a orquestra de Lyrio Panicali. No fim do ano, foi incluída no álbum *Roberto Carlos em ritmo de aventura*, que serviria de referência para as futuras regravações. Talvez a melhor com a cantora Eliana Printes, numa versão acústica, em 2001, que trouxe a composição de Rossini Pinto de volta às rádios. "O sucesso não tem lógica. Não imaginava que 'Só vou gostar de quem gosta de mim', apenas com voz e violão, fosse agradar tanto. Mas ela mexe com a nossa memória afetiva", comentou a cantora. Em 2005, foi a vez de Caetano Veloso também regravá-la com voz e violão, "numa interpretação irrepreensível", segundo *O Globo*, e logo incluída na trilha da novela *A lua me disse*, da TV Globo. Essa canção faria parte também do musical *Um amor de vinil*, de Flavio Marinho, que estreou no Rio, em 2017, com Françoise Forton e Maurício Baduh cantando. Há também diversas gravações dela no exterior, em versões em espanhol (com o título "Enamorado de quien me quiera") e italiano ("È questa la mia vita") — gravadas, inclusive, por Frank Sinatra Jr.

E então chegou o dia de Rossini Pinto sentir por sua música aquilo que ele fazia com a dos outros. Ainda na fase da Jovem Guarda, Roberto Carlos gravou "Só vou gostar de quem gosta de mim" em italiano, mas numa versão escrita pelo compositor milanês Daniele Pace, com outra letra, outro título, "Io sono un artista", e contando outra história, que numa tradução literal do italiano diz nas duas primeiras estrofes: "Estou apaixonado / Mas eu não vou mudar meu estilo de vida / Estou com você no dia até o anoitecer / Mas não à noite / À noite eu quero escrever músicas / Que você durante o dia vai ouvir / Eu sou um artista / E como artista a noite é para mim..." Que tal, Rossini Pinto?

Naquele momento da carreira, Roberto Carlos já era alvo de várias homenagens pelo país. Um marco disso foi o título de Cidadão Paulistano, recebido da Câmara de Vereadores de São Paulo, em agosto de 1966. A proposta partira do vereador Armando Simões Neto, de 29 anos, da Arena, partido do governo militar, que dominava aquela legislatura. Na justificativa, o vereador evocava aspectos de ordem moral, como a de que o cantor teria ajudado a diminuir a delinquência juvenil. "Roberto Carlos recusou-se, por exemplo, a ceder sua marca Calhambeque para uma fábrica de pinga, deixando, certamente, de faturar milhões de cruzeiros. Só esse fato justificaria a honraria." Evocou também argumentos econômicos, na suposição de que o crescente sucesso internaciomal de Roberto Carlos estaria fezendo aumentar as nossas divisas. "Só numa noite em Portugal, levantou para o Brasil 30 milhões de escudos." E, num flagrante exagero, o vereador ainda afirmou que o ídolo da Jovem Guarda teria acabado "com os cantores americanos que levavam com suas canções medíocres quase que a receita total do país".

A iniciativa de Simões Neto gerou controvérsia na Câmara e, ao longo de quase três meses, o tema foi debatido no plenário. A maior oposição veio do vereador Juvenal Locatelli, do MDB, mas se valendo de um discurso ainda mais moralista do que o dos próprios representantes do regime militar. Afirmou, por exemplo, que o cantor não podia entrar naquele Parlamento "sem cortar os seus longos e indecentes cabelos e sem tomar um banho com poderoso detergente, para que lhe sejam retirados os requintes de imoralidades". Citou também um aspecto de ordem policial, o então recente episódio em que Roberto Carlos fora acusado de dar tiros na avenida São João. Para o vereador, era inadmissível conceder o título de Cidadão Paulistano a alguém que "havia ameaçado a integridade física dos habitantes da cidade que o acolheu". Por fim, defendia que Roberto Carlos era muito jovem para receber aquela homenagem. "Se houvesse o título de adolescente paulistano, ainda vá lá", afirmou o vereador emedebista, na época com 27 anos, apenas dois a mais que o cantor.

Apesar da forte oposiçao de Locatelli, a proposta seria aprovada em plenário por ampla maioria de 21 votos contra 4. Outro opositor foi o vereador Geraldino dos Santos, da Arena, pastor evangélico, valendo-se praticamente das mesmas justificativas de ordem moral do colega Juvenal Locatelli. Roberto Carlos tornou-se, assim, o mais jovem artista a receber o título de Cidadão Paulistano. Antes dele, por exemplo, foram homenageados o veterano ator Procópio Ferreira e o cantor dos primórdios do rádio Vicente Celestino, que, no dia da cerimônia, entrou no plenário da Câmara cantando "Porta aberta", uma de suas canções mais populares. Já o novo ídolo avisara previamente que não cantaria na cerimônia, sob o argumento de evitar transformar o ato em um programa de auditório. Isso, porém, não impediu que as cenas que ocorreriam ali lembrassem as das tardes de domingo da TV Record.

A cerimônia foi programada para uma quinta-feira, às 17 horas. Duas horas antes, segundo a imprensa, cerca de 3 mil jovens se apertavam entre cordões de isolamento em frente ao Palacete Prates, na rua Líbero Badaró, então sede da Câmara Municipal de São Paulo. Das janelas e sacadas dos prédios, outras tantas pessoas também esperavam a chegada do cantor. Centenas de guardas civis e dois pelotões da Força Pública estavam no local, além da Banda Militar tocando dobrados e temas de Roberto Carlos. O evento contrariou o slogan de que "São Paulo não pode parar", pois naquela tarde as casas comerciais nas proximidades da Câmara fecharam as portas mais cedo, assustadas com a multidão que avançava pelas calçadas. Cordas foram estendidas desde o prédio da Câmara até a avenida São João, abrindo uma faixa por onde entraria o carro do artista. Antes dele, chegaram seus pais e irmãos num Impala da sua coleção de automóveis.

Lá dentro, as galerias já estavam lotadas, e o plenário tomado por uma barulhenta multidão, que fazia o ambiente soar como numa festa de arromba. O público não deixou lugar nem para os vereadores, que, "sorridentes e desconcertados, se acomodavam como podiam", segundo relato de um jornalista. Roberto Carlos, como de costume, se atrasou, só chegando à Câmara às 17h45, a bordo de seu Cadillac, dirigido pelo motorista Eurico, vestido a caráter. Nesse momento, segundo O *Cruzeiro*, "houve uma explosão de gritos na rua, choro e desmaios, somente aplacada quando a Banda Militar executou 'Quero que vá tudo pro inferno', entoada pela multidão". Uma muralha de policiais protegeu Roberto Carlos da saída do carro até o salão nobre da Câmara, sendo recepcionado pelo vereador Simões Neto. O cantor trajava paletó verde, gravata preta e camisa branca com abotoaduras de ouro ostentando o nome "Roberto Carlos". Dali, ele seguiu para a sala da presidência, onde aguardaria o início da sessão. Enquanto isso, concedia dezenas de autógrafos a funcionários do Legislativo e familiares dos vereadores.

Sentados na primeira fileira do plenário, dona Laura, seu Robertino e os irmãos de Roberto Carlos viam aquilo tudo como uma certa novidade, ainda procurando se acostumar à ideia de Zunga como um grande ídolo nacional. "Eu pelo menos levei anos para me adaptar a essa nova situação e conseguir vê-lo naturalmente", afirmou sua irmã Norma. "Lembro-me de que ia visitá-lo e Roberto fazia tudo para que me sentisse à vontade, tentava de todas as maneiras nos fazer entender que continuava o mesmo. Estava sendo sincero. Mas nós não nos acostumávamos."

Às 18 horas, e antes de o cantor entrar no plenário, o presidente da Câmara, Manoel Figueiredo Ferraz, da Arena, dirigiu-se ao público pelo microfone da mesa. "Sob a proteção de Deus, damos por iniciada essa sessão solene, convocada para entregar ao sr. Roberto Carlos

Braga o título de Cidadão Paulistano." Ao ouvir o nome do cantor, a plateia rompeu em palmas e gritos, abafando a fala do presidente. Este fez então soar a campainha repetidas vezes para obter silêncio e ler a Resolução n° 4, do vereador Simões Neto. Em seguida, sob estrepitosa aclamação, o artista entrou no plenário acompanhado por uma comissão de vereadores. Seguiram-se aplausos e gritos prolongados, estimulados pelos acenos de mão e beijos que o cantor enviava em direção à plateia. O presidente da Câmara fez então tilintar novamente a campainha. "De nada adiantou. Os gritos das fãs, o entusiasmo dos vereadores e o pipocar dos flashes das máquinas fotográficas transformaram o local no mais absoluto caos", relatou a *Folha de S.Paulo*. Com muito custo, o presidente deu prosseguimento à sessão, convocando à tribuna o autor da proposição. Simões Neto fez um longo discurso exaltando o homenageado como um "líder autêntico e popular, exemplo de trabalho e perseverança, digno de ser seguido por todos".

Cercado de vereadores, Roberto Carlos recebeu o título das mãos do presidente da Câmara, com o plenário inteiro de pé, ovacionando-o. Ele beijou o pergaminho e em seguida afirmou que não tinha palavras para exprimir a emoção daquele momento. "Só sei que é um sentimento bárbaro." Afirmou ainda que nunca pensou que poderia receber tal homenagem, "seria assim como pendurar minha jaqueta num lugar alto demais". Seguindo no improviso, reafirmou que "as palavras não dizem o que sinto. O que sinto mesmo é vontade de chorar". E concluiu agradecendo ao público pela presença e aos vereadores pela concessão do título. "Vocês são a barra mais limpa que eu já vi na vida. Obrigado, muito obrigado mesmo, mora!"

O cantor não ficou para receber os cumprimentos no salão nobre da Câmara, como é tradicional nesse tipo de cerimônia. Ele parou apenas para atender uma menina de 11 anos — filha de um amigo do vereador Simões Neto —, que lhe entregou uma medalha com os dizeres "homenagem da criança paulistana", seguido de um brevíssimo discurso que a criança trazia na ponta da língua: "Não poderíamos ficar indiferentes, quando a Câmara Municipal presta esta justa homenagem a você, que conseguiu penetrar em nossos lares como em nossos corações." Em seguida, cercado por policiais, vereadores e funcionários da casa, Roberto Carlos foi conduzido ao seu Cadillac presidencial. Antes de entrar no automóvel, acenou para a multidão de fãs, que continuava lá fora, já no breu da noite. O artista então se acomodou no banco traseiro e, com o carro ainda parado e cercado de gente, desandou a chorar com seu título de Cidadão Paulistano na mão.

Segundo comentários gerais no local, aquela solenidade foi a que maior número de pessoas atraiu à Camara Municipal de São Paulo, provocando até a frase de um antigo servidor: "Pela primeira vez, o povo referenda e apoia decididamente a concessão de um título de Cidadão Paulistano." Em outubro, Roberto Carlos também receberia o título de Cidadão Carioca, numa homenagem da Assembleia Legislativa da Guanabara, proposta pelo deputado Nina Ribeiro, da Arena. E mais títulos de cidadão de várias outras cidades foram oferecidos pelos políticos a Roberto Carlos, que, entretanto, não mais compareceu pessoalmente — mandava um representante receber em seu lugar.

Uma exceção, como já vimos, ocorrera em junho de 1967, quando foi homenageado com o título de "Cachoeirense Ausente", na grande festa de aniversário de sua cidade, que o fez viajar ao tempo da infância. Mas as reminiscências do passado do cantor não ficaram restritas a esse momento em sua terra natal. Em abril daquele ano, ele lançara um livro com o título *Roberto Carlos em prosa e verso*, publicado pela editora paulista Formar. "Adoro rabiscar, e, de outubro para cá, resolvi reunir em livro todos os meus rabiscos", disse Roberto, que dedicou a obra ao publicitário Edmundo Rossi, então recentemente falecido, pai de sua namorada Nice — que o público ainda desconhecia. "Ao saudoso dr. Edmundo, minha gratidão nesta singela homenagem", escreveu na abertura da obra. Anunciado pela editora como "o maior lançamento de 1967", teve parte de sua renda doada às campanhas filantrópicas "Ajude uma criança a estudar" — desenvolvida no Rio por Stella Marinho, então esposa do empresário Roberto Marinho — e Cruz Verde — associação paulista dedicada a crianças portadoras de paralisia cerebral. O livro foi editado em quatro volumes, no formato de bolso, contendo citações de poetas e anotações de lembranças e reflexões do artista, desde a infância. "Onde está Zunguinha, aquele garoto que gostava de histórias em quadrinhos e imitava os cabelos do Príncipe Valente? Lá vai Zunguinha cantando pelas ruazinhas estreitas da cidade bonita, cheia de sombras de árvores copadas. A minha Cachoeiro de Itapemirim", diz Roberto em um dos capítulos. Nos quatro volumes, não há nada de muito profundo ou revelador sobre o então ídolo da juventude brasileira. Ele próprio diz na introdução da obra que as coisas secretas continuarão assim: "Acho que um artista, mesmo sendo considerado um ídolo, não tem o direito nem o dever de despir-se em público, não é verdade? E depois, francamente, a minha experiência secreta não é lá essas coisas."

Nesse momento da carreira, Roberto Carlos era não apenas um artista que lançava discos e livros, mas também um homem de negócios. E foi aconselhado a mudar de empresário, pois Geraldo Alves não teria cacife nem visão estratégica para acompanhá-lo nessa fase. Comentava-se que era como se Roberto voasse num Boeing tendo no comando um piloto de teco-teco. O cantor necessitava atender à crescente demanda internacional por seus discos e shows. Na época, já tinha convites para apresentações em cerca de quinze diferentes países. Mas como tratar de negócios e contratos com agentes estrangeiros se seu empresário mal falava o português?

Roberto tentou um meio-termo, entregando ao empresário argentino Marcos Lázaro — que era associado à TV Record — a negociação de seus contratos de shows fora do Brasil. Era uma situação delicada porque o outro ficava enciumado, incomodado e, às vezes, marcava shows em datas coincidentes no Brasil. Por tudo isso, o artista foi aconselhado a tomar uma decisão mais radical: mudar de piloto antes de o avião perder altura e cair. Ele se convenceu disso e, em maio de 1967, dispensou os serviços do ex-sanfoneiro e ex-açougueiro Geraldo Alves. "Perdi tudo quando Roberto deixou de trabalhar comigo, fiquei na lona. Tive que começar praticamente do zero", disse em depoimento ao autor.

Porém, ao contrário do que pensavam os conselheiros, Roberto Carlos não correu logo para os braços de Marcos Lázaro, que continuou cuidando somente dos contratos internacionais. Para a carreira regular no Brasil o cantor optou por reforçar seu próprio escritório em São Paulo, trazendo o economista Ademar Neves para administrá-lo. Indicado pela agência Magaldi, Maia & Prosperi, ele tinha atuado anteriormente como diretor de uma firma de planejamento econômico e industrial, em São Paulo. Com sua visão de administrador, Neves assumiu o escritório estabelecendo planos e metas que deviam ser cumpridos à risca para o cantor alcançar maiores lucros em menos tempo. Pouco tempo antes de ele chegar, Roberto Carlos inaugurara dez postos de gasolina com o nome Rocar (junção das primeiras sílabas de seu nome), abriu uma confecção e até um restaurante com a marca Barra Limpa — tudo em São Paulo. Decidira também criar em sociedade com Rossini Pinto uma editora musical à qual deram o nome de Genial, com sede no Rio. O objetivo era gerar receita de royalties maiores para suas músicas, pois o editor é também detentor dos direitos autorais. Roberto Carlos continuou editando a maioria de suas composições na Editora Mundo Musical, subsidiária da gravadora CBS, com quem ele e Erasmo tinham um contrato de edição. Mas novas composições que fazia para outros cantores, como "Não presto, mas te amo" (gravado por Demétrius) e "Faça alguma coisa pelo nosso amor" (com Os Vips), foram editadas na sua própria editora — assim como algumas que ele gravava de outros autores, por exemplo, "Eu daria minha vida", de Martinha. Enfim, era o cantor ampliando e diversificando seus negócios. O problema é que a administração da Editora Genial ficou à cargo do sócio Rossini Pinto, o homem dos mil e um compromissos diários, e que se revelaria um péssimo administrador.

Martinha se arrependeria de ter editado ali suas primeiras músicas. Reclamava de não receber os direitos autorais de "Eu daria minha vida", que já tinha várias gravações, inclusive na França e na Itália. Ela falava com Roberto Carlos, que sempre lhe respondia: "Deixa que eu estou vendo." E, de fato, o cantor cobrava Rossini Pinto, que por sua vez dizia também não estar recebendo das gravadoras o pagamento de royalties referentes a direitos autorais fonomecânicos das músicas de Martinha. Nesse imbróglio, o tempo ia passando. A cantora era aconselhada a entrar na Justiça contra a editora, mas relutava por não querer atrito com Roberto Carlos, alguém que a ajudara no início da carreira. Até que chegou a um ponto em que Martinha não viu alternativa a não ser acionar os advogados para tirar suas músicas da Editora Genial e cobrar os direitos autorais devidos. "Eu não posso ficar devendo um favor para o resto da vida. Roberto me ajudou no começo, está certo, mas não é por isso que vou me prejudicar", justificou.

Àquela altura, o próprio cantor já estava também deixando a Editora Genial, pondo fim à sociedade com Rossini Pinto. "Tudo que havia na editora eram prejuízos para pagar e que saíam do meu bolso", reclamou numa entrevista para a TV Record. Todavia, isso não significou o fim de suas dores de cabeça, porque ele tinha sido o fiador do aluguel da sede da editora, no centro no Rio, e o proprietário acionaria Roberto Carlos na Justiça para receber os aluguéis que deixaram de ser pagos havia vários meses. Enfim, resultou numa lambança completa a administração da editora pelo "gênio da música jovem". O triste é que isso acabou interferindo na relação dele com Roberto Carlos, que nunca mais gravaria uma nova música de autoria de Rossini Pinto. "Só vou gostar de quem gosta de mim" foi a última delas. Aliás, depois haveria também um pequeno entrevero de Evandro Ribeiro com o compositor, que cometera um deslize qualquer. Brincando, Evandro falou sério: "Pois é, seu Rossini Pinto, é por essas e outras que de hoje em diante eu também só vou gostar de quem gosta de mim."

30

QUANDO

"Quando você se separou de mim
Quase que a minha vida teve fim
Sofri, chorei tanto que nem sei
Tudo que chorei por você, por você"
Do álbum *Roberto Carlos em ritmo de aventura*, 1967

Os Beatles e os Rolling Stones construíram parte de sua glória dormindo. Sim, porque as duas músicas de maior sucesso de cada uma das bandas, "Yesterday" e "Satisfaction", foram compostas enquanto seus autores dormiam.

Numa manhã de maio de 1965, Paul acordou com uma melodia na cabeça. Tinha todo o frescor de um sonho. Imediatamente, foi para o piano que havia no seu quarto e tocou a música inteirinha, completa, com primeira e segunda parte. Ainda não tinha letra, e ele a chamou de "Scrambled eggs". Mas Paul ficou encucado, achando que tinha sonhado com uma música que já existia. Passaria vários dias mostrando a melodia para os amigos e perguntando se já não a conheciam. Não, ninguém nunca tinha escutado aquilo antes. Paul McCartney fez então uma letra definitiva para a canção, que ganhou o título de "Yesterday".

Numa noite daquele mesmo ano, o guitarrista Keith Richards estava no hotel Hilton de Londres quando também sonhou com uma canção. Ele acordou no meio da noite com um riff se repetindo na cabeça. Pegou a guitarra, ligou o gravador, tocou aquele tema e voltou a dormir. No dia seguinte foi ouvir a fita e descobriu que compusera "Satisfaction".

Algo semelhante ocorreu com Roberto Carlos, e mais de uma vez. Uma delas em meados de 1967, quando morava no apartamento da rua Albuquerque Lins, em São Paulo. Acordou de sobressalto por volta das 10h30 e pediu para o amigo Luiz Carlos Ismail lhe trazer o violão, lápis e papel. O cantor sonhara com um tema melódico e não queria perder a ideia. Ao pegar o violão, logo começou a bater um ritmo forte, quase percussivo, ao mesmo tempo que ia anotando os primeiros rascunhos da nova composição: "Quando você se separou de mim / Quase que a minha vida teve fim / Sofri, chorei." "Roberto acordou naquele dia com essa música na cabeça", contou Ismail em depoimento ao autor. Ainda meio sonolento, o cantor deu o título provisório de "Quando" para depois pensar em algo melhor — e teria de pensar sozinho porque continuava afastado do parceiro Erasmo Carlos. Mas o tempo foi passando, ele não conseguiu um título melhor e sua nova música acabou ficando mesmo conhecida por aquela primeira palavra do texto. É um péssimo título para uma das grandes faixas do álbum com a trilha do filme *Roberto Carlos em ritmo de aventura*, lançado no fim de 1967.

A partir desse disco — e até o fim da década —, o cantor terá um quarteto fixo nas suas gravações: Toni Pinheiro na bateria; Paulo César Barros no contrabaixo e Renato Barros na guitarra (os três do Renato e seus Blue Caps) mais o organista Lafayette. Mas àquela altura, os chamados "velhinhos da CBS" já estavam de volta aos discos do jovem Roberto Carlos. Influenciado pelo moderno rock, especialmente o que ouvia nos álbuns *Rubber soul* e *Revolver* dos Beatles, o cantor quis revestir suas novas composições com arranjos um pouco mais elaborados e instrumentação mais diversificada. Por isso, a turma do rock como Lafayette e Renato e Seus Blue Caps teria que conviver no mesmo estúdio e na mesma gravação com os experientes e sisudos músicos que antes o próprio Roberto Carlos dispensara de seus trabalhos. Os arranjos de discos anteriores como *É proibido fumar* e *Jovem Guarda* eram feitos praticamente na hora de gravar. Não de improviso, porque ele sempre sabia o que queria, mas quase tudo era decidido entre ele e os músicos no estúdio, sem maiores elaborações.

Isso mudou a partir da trilha para o filme *Roberto Carlos em ritmo de aventura*, quando, pela primeira vez, o cantor teve a seu dispor dois maestros arranjadores para um mesmo disco: Alexandre Gnattali, então com 49 anos, que já atuava na casa desde o início da década; e José Pacheco Lins, o maestro Pachequinho, 40, que ocupara a vaga deixada por Astor Silva na gravadora. Era chamado de "o alfaiate da música", pois fazia arranjos para qualquer gênero musical — samba, frevo, bolero, valsa ou rock —, tudo ao gosto dos cantores ou do patrão Evandro Ribeiro, que queria arranjos simples e de apelo comercial para os artistas da CBS. Pachequinho era mais áspero, bom nos arranjos de metais — prestava-se melhor para os rocks. Já Alexandre Gnattali era mais suave, bom nos arranjos de cordas — saía-se melhor nos temas românticos. Ambos estavam ali para traduzir para a pauta musical as novas ideias que Roberto Carlos tinha para a sua música. Além da instrumentação básica do rock, ele queria usar metais, quarteto de cordas, cravo, flauta, violão de doze cordas e outros instrumentos que ouvia nos discos de bandas como Beatles, Rolling Stones, Byrds e The Mamas & The Papas.

Essa influência se expressou, por exemplo, em outro tema dele para aquele filme, "E por isso estou aqui". "Olha dentro dos meus olhos / Vê quanta tristeza de chorar por ti, por ti / Olha, eu já não podia mais viver sozinho / E por isso eu estou aqui", diz a letra da canção que tinha originalmente o título "Por que eu tenho os olhos tristes". Era uma quase resposta às muitas cartas de fãs que falavam da tristeza do olhar de Roberto Carlos. Uma admiradora dele, por exemplo, comentou. "Seus olhos, Roberto, são os mais lindos que já vi; são de uma infinita tristeza."

"E por isso estou aqui" aparece numa lista de canções preferidas do próprio Roberto Carlos, que a compôs num fim de tarde de domingo, logo depois de apresentar o programa *Jovem Guarda*. "Eu estava triste com alguma coisa, mas não conseguia descobrir o que era. Aproveitei meu estado de espírito para compor. Talvez seja essa a razão de gostar tanto dessa música." De fato, é uma das grandes canções do repertório do artista, bem estruturada musicalmente e com um belo arranjo barroco, com quarteto de cordas e um som de cravo — que na época só podia mesmo ser realizado pelos "velhinhos da CBS". Espécie de "In my life" ou "As tears go by" de Roberto Carlos, a música é tocada em três momentos distintos do seu filme: uma versão acústica com o cantor sozinho ao violão; a versão original, quando ele e os músicos estão em poder da organização criminosa; e uma versão instrumental com a Orquestra Brasileira de Espetáculos durante as legendas de abertura e de fechamento do filme.

A influência dos Beatles aparece também na música "Quando". Na preparação do arranjo, o cantor indicou que queria usar a mesma base rítmica de "Taxman", tema de George Harrison que abre o álbum *Revolver*, que por sua vez traz também influências da soul music, como na faixa "Got to get you into my life", de Paul McCartney. Todos no estúdio haviam parado para ouvir aquele disco dos Beatles e tentar assimilar o que desejava Roberto Carlos. O resultado da gravação agradou muitíssimo ao cantor e seu produtor Evandro Ribeiro. Com o baixo bem suingado de Paulo César Barros, a bateria numa levada funky com Toni Pinheiro, e metais à la Atlantic pontuando o fim de cada frase cantada, "Quando" é um marco da transição de Roberto Carlos da Jovem Guarda para a fase estilo soul. Uma gravação que já apresenta alguns elementos da black music que o artista utilizaria com maior intensidade em futuros trabalhos.

Para esse resultado foram importantes também outras influências e decisões de Roberto ao longo daquele ano. Em fevereiro de 1967, apresentara-se no Festival Internacional de Nice, mostra não competitiva realizada anualmente na França. Tinha ficado bastante impressionado com as bandas que acompanhavam os cantores europeus, a maioria com um naipe de metais e um som mais pesado. Dias depois, viu em São Paulo um show do cantor Johnny Holliday, em que o ídolo do rock francês se apresentou com uma banda de oito músicos, incluindo três sopros. Aquela formação no palco e o som dos metais agradaram muito a Roberto Carlos, que decidiu ampliar sua banda RC-4. Ele então designou o pianista Antônio Wanderley para escolher três músicos de sopro entre os melhores que estivessem disponíveis na praça. Wanderley aceitou a tarefa com enorme prazer e, sem muita demora, contratou para a banda um trio de cobras nos seus instrumentos: o trombonista Raul de Souza, o Raulzinho; o trompetista Magno D'Alcântara, o Maguinho; e o saxofonista Ernesto Neto, o Nestico, formando assim o RC-7. Dos três novos integrantes, apenas Nestico era do universo do rock, tendo participado antes como saxofonista da banda The Jet Blacks. Já Raulzinho e Maguinho eram músicos de formação de jazz e bossa nova. O primeiro tinha até gravado um LP instrumental, *À vontade mesmo*, acompanhado do Sambalanço Trio; e, no futuro, seria considerado um dos maiores trombonistas do mundo, atuando em shows e gravações de Chick Corea, Jimmy Smith, Sonny Rollins, Freddie Hubbard e outros mestres do jazz.

A pedido de Roberto Carlos, e sob a direção de Wanderley, o RC-7 gravou as bases de um show inteiro com novos arranjos para as músicas dele. A audição foi acompanhada de um coquetel no apartamento do cantor, em São Paulo, com a presença de colegas da Jovem Guarda — que conheceram de perto, pela primeira vez, a sua namorada Nice, circulando, simpática, entre os convidados. Lá pelas tantas, todos pararam para ouvir o playback com o novo som do "conjunto" de Roberto Carlos, como se dizia, mas que ele preferia chamar de "banda", antecipando uma tendência que iria se firmar no universo da música pop. E todos cantaram juntos temas como "Mexerico da Candinha", "Namoradinha de um amigo meu", "Negro gato"...

A estreia do RC-7 foi num show no Ginásio Babuíno, em Salvador, em abril daquele ano. Pela primeira vez o mais popular cantor do país se exibiu com o som dos metais. "Foi uma maravilha, o Roberto quase desmaiou de alegria", disse Wanderley. No domingo à tarde, ainda mais azeitados, apareceram pela primeira vez no programa *Jovem Guarda*, na TV Record. É o resultado dessa nova sonoridade, amadurecida no curso de quase um ano, que se reflete também no álbum seguinte de Roberto Carlos, tendo entre os destaques a música "Quando" com o som de metais da banda acrescido de mais um sax e trompete.

Os rapazes do RC-7 também participaram do filme *Roberto Carlos em ritmo de aventura*, sendo igualmente perseguidos pelos bandidos e presos pela organização criminosa. Para eles, as filmagens começavam bem cedo: precisavam acordar às 6 horas da manhã para chegar ao set no horário determinado pela produção. "Mas eu e Dedé ficávamos a noite inteira na putaria e não dava para ir dormir e acordar às 6 da manhã. A gente então decidiu emendar, ia direto da putaria para as filmagens. Porém, era muito difícil porque o sono chegava e estávamos sempre tirando uma soneca lá pelos cantos", lembra Wanderley. Teve uma cena de algazarra em que o RC-7 teria que empurrar um carrinho de jardim com apenas Roberto Carlos sentado. A cena foi repetida uma, duas, três vezes... Lá pelas tantas, o trombonista Raul de Souza se cansou. "Não vou empurrar mais porra nenhuma." E, quando gritaram "ação!", ele entrou no carrinho ao lado de Roberto, enquanto os outros continuaram empurrando, inclusive na sequência no gramado do Maracanã. "Eu estava cansado de correr de bandidos o filme inteiro, já tinha tomado umas cervejas e fazia um calor danado", justificou Raulzinho. E aquilo que não estava no script acabou ficando no filme.

O que vem a seguir é memorável: Roberto Carlos e sua banda no terraço do Edifício Copan, em São Paulo, tocando "Quando". Foi a primeira vez que apareceu no cinema brasileiro um número musical com a linguagem de videoclipe: cenário, decoração, cortes de câmera, montagem — tudo ali remete ao que se vai fazer depois com música na televisão. De linhas sinuosas saídas da prancheta de Oscar Niemeyer, o recém-inaugurado Copan, um dos símbolos da arquitetura moderna brasileira, nesse dia foi palco também de outra cena até então incomum na música popular — sim, porque a famosa apresentação dos Beatles no também terraço da gravadora Apple, em Londres, só iria acontecer mais de um ano depois, durante as filmagens do documentário *Let it be*, em janeiro de 1969. Assim como os Beatles depois, Roberto Carlos e os rapazes do RC-7 subiram ao terraço do Copan com todos os seus instrumentos musicais, se apresentando num cenário com o céu acima e a cidade abaixo. A diferença é que os Beatles tocaram de verdade para um documentário. Já Roberto Carlos e sua banda dublaram a gravação original de "Quando" para uma obra de ficção — como, aliás, tinham feito antes os próprios Beatles em todos os números musicais dos filmes *Os reis do iê, iê, iê* e *Help!*.

Registre-se o cuidado técnico de Roberto Farias com a dublagem, algo que sempre apresenta furos em musicais. Ali há uma sincronização perfeita entre os movimentos dos lábios de Roberto Carlos e o que ele está cantando, e com o que os músicos estão tocando, ainda mais considerando que não são os mesmos que atuaram na gravação dos temas. Na cena de "Quando" aparece Dedé na bateria, Bruno Pascoal no contrabaixo, Gato na guitarra e Antônio Wanderley no órgão; na gravação dela estavam, respectivamente, Toni Pinheiro, Paulo César Barros, Renato Barros e Lafayette. Apenas o trio de metais foi o mesmo do filme e do disco. O diretor Richard Lester, por exemplo, não conseguiu essa mesma sincronização labial em todos os números dos Beatles. Em *Os reis do iê, iê, iê*, na cena do trem, com os rapazes jogando cartas ao som de "I should have known better", vê-se que John Lennon canta o verso final "You're gonna say you love me, too" já com a gaita na boca.

É nessa sequência no terraço do Copan que acontece um dos momentos mais marcantes de todo aquele enredo. Ali Roberto Carlos usa uma longa capa preta de gola vermelha — modelo top nos anos 1960 —, feita pelo lendário alfaiate Salvatore Minelli, napolitano então radicado em São Paulo. Conforme determinação do diretor do filme dentro do filme, o cantor teria que beijar uma das groupies que o rodeiam. A protagonista da cena foi a estudante carioca Márcia Gonçalves, de 16 anos. Morena, 1,62 metro, olhos e cabelos castanhos, ela poderia realizar ali o sonho de toda fã do cantor. "O beijo é de verdade?", pergunta Roberto Carlos ao diretor fictício. "É claro que é, não é?", indaga também Márcia. O curioso é que a cena ia ser rodada com a loura Mariza Levy, porém, no momento da filmagem, de improviso, Roberto Farias chamou a morena, deixando a outra visivelmente desapontada, porque já tinha sido preterida no papel de vilã. "Lembro que a Mariza ficou muito mal naquele dia, ficou puta da vida", contou Márcia. Antes disso, ao som de "Quando", a câmera focaliza as outras garotas no topo do prédio, alternadamente ao lado do ídolo, começando com as paulistas Ana Regina, também de 16 anos, a única que usava óculos; em seguida, a nissei Guiomar Yukawa, de 20 anos; depois Grace Lourdes, de 18; e a carioca Elisabeth Pereira, de 20 anos — todas num figurino de vanguarda, antecipando a moda da década de 1970. Era para estar ali também a futura atriz Sônia Braga, na época com 17 anos, que participara do concurso, mas fora reprovada no teste final e deixara de estrear no cinema em *Roberto Carlos em ritmo de aventura* — algo de que o diretor se arrependeria para sempre.

E então chegou o grande momento, quando Márcia Gonçalves, num minivestido, se aproxima de Roberto Carlos com uma rosa vermelha na mão. Enquanto prossegue a música "Quando", faz-se enorme suspense, em closes alternados dos lábios do cantor e da estudante, que se aproximam numa lentidão ao estilo dos duelos nos faroestes de Sergio Leone. E, quando parecia que o beijo enfim se concretizaria, o vilão Pierre, de uma torre, com um rifle de mira telescópica apontado para o casal, dá um tiro que passa perto, mas que, com o susto, separa os dois — e justo no instante em que a música dizia "quando você se separou... de mim". "Corta! Corta! O que é isso?", grita o espalhafatoso diretor fictício, encerrando a cena. Ufa! Suspiraram milhares de fãs, que morriam de inveja, nas salas de cinema.

Isso pelo que se viu na tela, porque na vida real a coisa se deu bem diferente: o beijo aconteceu. Sim, o temível beijo que o artista tanto recomendara ao diretor não colocar no filme ocorreria nos bastidores e com os mesmos personagens: Roberto Carlos e a fã Márcia Gonçalves. Como as demais colegas de cena, ela chegara ali por mero acaso, ao ler um anúncio na revista com o concurso para o filme do Roberto. "Eu achava praticamente impossível conseguir porque teriam milhares de outras meninas concorrendo. Mostrei a revista para minha mãe e ela concordou que eu me inscrevesse, escondido de meu pai, que era um homem muito rígido. Ele tinha vinte anos a mais do que minha mãe, tinha outra cabeça, não aceitaria", lembrou Márcia em entrevista ao autor. "Foi minha a primeira aventura de adolescente, escondida do pai, mancomunada com a mãe."

Para sua imensa alegria, passara na pré-seleção, apenas com a foto de rosto, sendo convidada para um primeiro teste de câmera num teatro no Rio, ainda com autorização somente da mãe. Dias depois recebeu outro comunicado: fora aprovada também nesse teste e haveria a seguir a fase final em São Paulo, para a qual receberia passagens de avião e hospedagem para ela e um responsável. "Aí, já de malas prontas, tivemos que contar para meu pai que a filhinha de 16 anos, que na época ainda nem tinha namorado, era candidata a participar de um filme do Roberto Carlos. Foi um desastre dentro de casa", lembrou. "Meu pai ficou furioso, bravo, muito bravo mesmo. Lembro que houve uma discussão horrível na cozinha. Ele não queria deixar, mas minha mãe conseguiu acalmá-lo, garantindo que estaria comigo o tempo todo da viagem."

Bem, sua mãe de fato a acompanhou durante o teste em São Paulo e, depois de aprovada, durante as filmagens. Mas não seria possível controlar tudo o tempo todo. Foi na sequência final, em meio à guerra com tropas, tanques e Jeeps circulando numa área em Gericinó, Zona Oeste do Rio. Enquanto transcorria a filmagem de uma cena, e a atenção de todos se voltava para lá, Márcia e Roberto ficaram por alguns instantes sozinhos atrás de um Jeep com a porta aberta: o ídolo então com 26 anos, quase casado, e a fã, dez anos mais jovem. E o ídolo não perdeu tempo, posicionou-se atrás da porta do Jeep e sapecou-lhe um certeiro beijo na boca. "Eu fiquei muda, paralisada de emoção. Era um beijo na boca do rei! Nossa Senhora! E ele só me deu o beijo, não me falou nada." Como se vê, a cena mais ousada de *Roberto Carlos em ritmo de aventura* não apareceu na tela. Márcia Gonçalves se tornaria modelo, atuando em várias campanhas publicitárias, e reconhecida na época como a "garota do beijo", por causa do filme, embora o ato só tivesse se concretizado mesmo nos bastidores. "Não foi nada que eu me sentisse desconfortável demais", afirmou. "Embora eu não soubesse se Roberto era casado ou solteiro. Não se sabia isso direito. Eu tinha apenas 16 anos e, como toda fã, era apaixonada por ele. E aquele beijo escondido atrás da porta do Jeep foi assim um segredo para a vida." Até agora.

Na fase de produção do filme houve outro teste de seleção, mas sem qualquer badalação na imprensa: o da escolha de um dublê para o cantor. Vários candidatos apareceram, sendo escolhido o paulista Red Wagner, que já atuava na noite como sósia do rei da Jovem Guarda. Nas cenas de briga, Roberto Carlos participava normalmente, mas quando precisava correr dos bandidos era o corpo de Wagner que entrava em ação. Registre-se, porém, que o astro se arriscou nesse filme além do que imaginara inicialmente a produção. "Roberto Carlos tinha vontade de mostrar que podia fazer mais do que pensavam que ele fizesse", afirmou Farias. "Geralmente um artista aceita o dublê por comodidade. No caso do Roberto, era por uma deficiência física. E talvez por isso mesmo ele quisesse fazer todas as cenas possíveis" — como na já referida sequência em que desceu quarenta andares de um prédio dentro de um automóvel, sustentado por cabos de aço.

Numa das cenas que é um cartão-postal do filme, Roberto Carlos aparece encurralado em cima da mureta do Cristo Redentor, tendo o precipício atrás e os bandidos à frente. E agora, o que fazer? O próprio diretor Roberto Farias subiu antes na mureta indicando ao cantor alguns movimentos de corpo e expressões faciais. Roberto Carlos precisa encarar os bandidos e correr perigosamente na mureta em direção a eles, mas só vemos suas pernas em movimento, porque um lado da tela é ocupado pelo ombro de um dos bandidos à frente da câmera. Quem corre na mureta é o dublê Red Wagner; o que se joga de cara sobre os bandidos é o próprio Roberto Carlos. A cena, curtíssima, menos de 10 segundos, mas com edição e direção perfeitas, parecendo que era a mesma pessoa ali em ação, teve que ser filmada mais de uma vez para alcançar o resultado desejado pelo diretor. Porém, aconteceu de, na terceira tentativa, ao descer da mureta, o dublê torcer o pé e começar a mancar levemente. Mas ele foi em frente, mancando ainda um pouco no momento de correr. Roberto Carlos não se conteve e falou alto para todos ouvirem: "Porra, bicho. Se for para mancar deixa que eu gravo a cena. Não precisa de dublê." A equipe toda caiu na gargalhada e o dublê, constrangido, desceu da mureta para fazer uma massagem no pé.

A cena do helicóptero voando dentro de um túnel — digna de uma produção de James Bond — só existiu pela loucura do diretor e a audácia do piloto. O local foi o túnel do Pasmado, que liga o bairro de Botafogo aos de Copacabana e Urca, na zona sul do Rio. O helicóptero era um modelo Hughes 300, e o piloto, o comandante Antônio Carlos Nascimento, então com 33 anos, tinha mais de 2 mil horas de voo naquele modelo. A ideia foi do diretor de produção David Havt: "Um dia, retornando ao nosso escritório em Laranjeiras, atravessei o Túnel do Pasmado, de fusquinha, é claro, e na travessia tive uma epifania. Que tal atravessar o túnel com um helicóptero na perseguição?" Roberto Farias adorou o desafio e foi à luta para realizá-lo. O problema é que o Departamento de Aviação Civil (DAC) não queria permitir a proeza. Seus técnicos argumentavam que aquele túnel era baixo (6,3 metros de altura), estreito (20 metros) e que, embora não muito longo (220 metros), a corrente de ar produzida pelo rotor subiria pelas paredes e derrubaria a aeronave. O piloto retrucou que isso não aconteceria porque não voaria com o helicóptero paralelamente ao chão, mas levemente inclinado.

A muito custo, o DAC e o Detran concederam a autorização, e somente após o piloto e o diretor do filme assinarem termos de responsabilidade. "Mas nós da produção não tínhamos certeza de que aquilo pudesse dar certo. Tanto que o piloto passou uma vez sozinho para experimentar. O risco mesmo ocorreu na primeira passagem", afirmou Farias. A filmagem foi marcada para uma manhã de sábado, dia 2 de setembro de 1967, e para lá se dirigiram o diretor, sua equipe e o cantor Roberto Carlos. Porém, com todos já a postos na boca do túnel, surgiu um imprevisto: o Departamento de Trânsito não permitiu a filmagem, porque, na véspera, houvera um engarrafamento no local motivada pela pintura de faixas na pista da praia de Botafogo, e temia-se que o fechamento do túnel provocasse novo transtorno aos motoristas. No entanto, ninguém do filme foi dispensado naquele sábado. O diretor aproveitaria para filmar as cenas do cantor voando de helicóptero sobre o Rio de Janeiro. E assim *Roberto Carlos em ritmo de aventura* acabou registrando um momento da Cidade Maravilhosa que não existe mais. Por exemplo, a imagem do Morro da Babilônia, ainda desocupado, e o asfalto ainda sem o Shopping Rio Sul, no lado esquerdo, e o edifício Rio Sul Center, no direito. Depois de sobrevoar a praia de Copacabana com a avenida Atlântica antes da duplicação, ele segue para o centro do Rio, podendo se avistar a Baía de Guanabara sem a ponte Rio-Niterói. E, ao sobrevoar a Cinelândia, é possível ver o imponente Palácio Monroe, que seria demolido onze anos depois, durante a construção do metrô.

A filmagem no túnel foi transferida para o sábado seguinte, dia 9 de setembro — sem a presença de Roberto Carlos, que nessa data já tinha compromissos fora do Rio. A façanha da travessia foi repetida mais duas vezes, além daquela experimental. Na primeira, com Farias ao lado do comandante, filmando de dentro para fora do túnel. "Eu sempre gostei de voar. Se eu tivesse várias vidas, ia querer ser várias coisas, e uma delas era ser piloto", afirmava o diretor, que, para aquela cena, foi amarrado no helicóptero, levando a câmera na mão. A aeronave partiu do aeroporto Santos Dummont, bem ali perto, com o piloto e o diretor se comunicando pelo rádio com a equipe no local da filmagem. "Eu me estacionei na entrada do túnel com o Riva Farias, irmão do Roberto e meu chefe, rezando a todas as entidades religiosas conhecidas pela humanidade", lembra o diretor de produção David Havt. "De longe vimos o helicóptero na avenida Beira Mar em Botafogo, pequenininho, e à medida que se aproximava ia aumentando de tamanho, parecia um monstro de filmes de terror. A uma certa distância da entrada do túnel baixou de altitude, diminuiu a velocidade e lá se foi o animal para dentro do túnel, em direção a Copacabana." Roberto Farias contou que ainda houve um improviso do piloto. Em vez de entrar logo após passar o viaduto, o comandante decidiu subir mais alto com o helicóptero, se aproximando da pedra no topo do morro, para só então descer e entrar no túnel. "E todos nós tensos parecíamos uma corda de violão", disse David Havt.

Na segunda travessia, filmada de fora para dentro, o próprio diretor foi vestido de Roberto Carlos. "Meu mecânico é que ia ser o dublê, mas na hora o Roberto Farias colocou uma jaqueta amarela, uma peruca e passou mais uma vez no túnel comigo", contou o comandante Nascimento, que ficara meio escondido na aeronave para parecer que o outro estava pilotando sozinho. A cena é muito rápida e talvez no cinema ninguém percebesse, mas com o vídeo e a pausa é fácil constatar que não é Roberto Carlos que voa no helicóptero na saída do túnel. A produção devia ter escalado o dublê Red Wagner naquele sábado, porque a compleição física do diretor não é semelhante à do cantor, e Farias usava uma calça jeans bem mais clara que a de Roberto Carlos no helicóptero, aparecendo até a canela branca do diretor — algo que o cantor nunca deixa à mostra. Ao intuir que tudo aquilo podia mesmo ficar melhor, Farias chamou o piloto para fazer mais uma travessia no túnel. Porém, seu irmão Riva, já bastante tenso, não permitiu. "Mais uma travessia é a puta que te pariu!", gritou, encerrando a filmagem. O fato é que aquela cena do helicóptero, até hoje citada como uma grande proeza cinematográfica, não satisfez totalmente o diretor. "Eu, sinceramente, acho que o piloto foi lento demais ali. Eu queria que ele atravessasse o túnel voando com mais velocidade, mas ele atravessou devagarzinho, com medo", disse Farias em depoimento ao autor.

Coragem é o que não faltou ao diretor na sequência com os aviões da Esquadrilha da Fumaça — tendo ao fundo a música "Quando", dessa vez em versão instrumental. Na tela é o cantor que aparece no avião, mas suas cenas foram feitas em estúdio e depois inseridas na montagem. No cenário real, mais do que Roberto Carlos, era Roberto Farias em ritmo de aventura, porque ele, sim, estava novamente em pleno ar, filmando de outro avião todas as acrobacias e o looping de uma equipe da Esquadrilha da Fumaça — isso na parte lúdica do trabalho, porque o mais arriscado viria a seguir.

A produção do filme enterrara 400 litros de gasolina, 200 de cada lado, numa área da zona oeste do Rio, com todo esse material ligado a um contato elétrico. O plano era explodir aquilo no momento em que o avião com Roberto Farias fizesse um voo rasante no local — mas não exatamente em cima, para não atingir o avião, nem muito depois, para não perder a cena. Quem ficou com a delicada tarefa de acionar o botão foi o próprio irmão do diretor, Riva Farias. E a explosão começou quando o avião dele passava em cima dos barris. "Foi tão em cima que na hora o piloto olhou pra trás e gritou 'Acho que pegou no avião!', pousando logo depois num campo em Jacarepaguá. Aí ele viu que não tinha atingido, mas foi por um triz", lembrou Roberto Farias. "Porra, Roberto, para de inventar esses troços", esbravejou mais uma vez o irmão, ainda assustado, após a execução da cena — que com a tecnologia de hoje não seria mais necessária daquela forma, sendo produzida por computação gráfica. "Entendi a reação do Riva, pois, por qualquer erro dele, numa fração de segundos, eu e o piloto poderíamos ter ido para o espaço. Mas se ele demorasse para acionar a explosão, esperando o avião passar mais um pouco, a cena não teria graça. A graça é a explosão ocorrer exatamente no momento em que o avião passa rasante no local." Na sequência da cena, após escapar daquela explosão, o avião faz mais algumas acrobacias e some atrás de um morro, onde ocorre outra explosão, de onde sai o mocinho Roberto Carlos limpando a roupa e, ironicamente, também bronqueando com o diretor de seu filme: "Olha aí, ô, mais uma dessa e eu não trabalho mais nesse filme!"

31

MARIA, CARNAVAL E CINZAS

"Nasceu Maria quando a folia
Perdia a noite ganhava o dia
Foi fantasia seu enxoval
Nasceu Maria no carnaval"
Do single *Roberto Carlos*, 1967

Na segunda metade dos anos 1960, o cenário da música brasileira foi sacudido pela eclosão dos grandes festivais da canção — criação do produtor paulista Solano Ribeiro, inspirado no sucesso internacional do Festival de Sanremo. Uma bem-articulada parceria entre redes de televisão e indústria fonográfica impulsionou ambos os setores, propiciando a revelação ou consagração de artistas como Chico Buarque, Caetano Veloso, Elis Regina, Gilberto Gil, Milton Nascimento e vários outros. Era uma competição musical que o público acompanhava com um interesse só verificado nas disputas de futebol e de política. Numa leitura mais sociológica do fenômeno, o cronista José Carlos Oliveira dizia que, na impossibilidade de eleger presidentes da república, a população brasileira se mobilizava para escolher suas canções preferidas. E várias delas, hoje verdadeiros clássicos populares como "A banda", "Alegria, alegria", "Pra não dizer que não falei das flores", surgiram também ali.

Entre os muitos festivais promovidos na época, os da TV Record — produzidos por Solano Ribeiro — eram os mais concorridos. A emissora investia bastante em música popular e tinha em seu elenco os principais artistas do país. "Nós todos compositores guardávamos a nossa melhor música para os festivais da Record. Pra nós aquilo era como se fosse uma final de campeonato de futebol", afirma Edu Lobo. Ressalte-se que os festivais nasceram e se firmaram essencialmente como um programa de televisão, com tudo ali planificado para torná-lo atraente, empolgante, incluindo disputas de várias tendências políticas e musicais. A vaia, por exemplo, era parte da atração dos festivais. No princípio não havia tanta, mas depois ela se tornou uma manifestação tão comum quanto o aplauso. As emissoras torciam para que vaias ocorressem, pois festival sem vaia era competição fria, sem polêmica, sem debate, atraindo menos audiência. Para as gravadoras parecia algo também interessante, segundo observou Ismael Corrêa, então diretor artístico da Copacabana. "Festival com vaia é o que mais faz vender discos."

Isso era explorado pela televisão com os chamados "bois de piranha" — cantores escalados especificamente para ser vaiados pelo público. "E eles eram bois de piranha sem saber", afirmou Paulinho Machado de Carvalho. Não foi o caso de Sérgio Ricardo, artista da MPB, que, irritado com as vaias à sua música, xingou a plateia, quebrou o violão e atirou-o sobre o auditório. Ali ocorreu uma vaia circunstancial, inesperada, o que contribuiu para a reação destemperada do artista. Já o "boi de piranha" era alvo da vaia preconcebida; não pela música boa ou má apresentada, mas pelo que significava no panorama da nossa música popular. Um cantor de iê-iê-iê ou de bolero era um prato cheio para esse tipo de vaia nos festivais da canção. Aconteceu isso, por exemplo, com Ronnie Von, escalado para cantar uma composição de Carlos Imperial no festival da TV Record, em 1967, ambos duramente vaiados. Daí surgiu a famosa frase de Imperial: "Prefiro ser vaiado no meu Mercury Cougar do que aplaudido num ônibus" — o que gerou mais polêmica. "A Record trabalhava com a cabeça e nós organizávamos os festivais mais ou menos como uma reunião de luta livre: tinha o mocinho bonito, tinha o bandido... e isso empolgava o público", afirmou o ex-dono do Canal 7.

A estreia de Roberto Carlos aconteceu em 1966, no primeiro grande festival que a TV Record promoveu — numa parceria com a TV

Globo, que exibia o evento em videoteipe no Rio. Das 2.200 canções inscritas foram selecionadas 36, que concorreram ao prêmio máximo, o Viola de Ouro, valendo 20 milhões de cruzeiros para o vencedor. O nome oficial do evento, "Festival da Música Popular Brasileira" — e com seu prefixo feito com pandeiro, afoxé e cuíca —, já indicava que ali não havia espaço para o gênero iê-iê-iê. Portanto, a participação de Roberto só seria possível cantando músicas diferentes das que ele apresentava no *Jovem Guarda*. Seria uma forma de ele também demonstrar que era um cantor versátil, não limitado ao rock. Como artista contratado da TV Record, ele foi então escalado para defender duas músicas naquele festival: o samba "Anoiteceu", de Francis Hime e Vinicius de Moraes, e a canção "Flor maior", do compositor Célio Borges Pereira. No caso de "Anoiteceu", foi o próprio Vinicius quem escolheu Roberto para defendê-la. O samba era apontado como forte concorrente, justamente por unir o prestígio do poeta com a popularidade do rei da Jovem Guarda. "Na véspera do festival gravei essa música com Roberto no estúdio da CBS, no Rio", lembra o compositor Francis Hime, informando que ele tocou piano na gravação. A ideia do cantor era lançar um compacto simples com suas duas músicas logo após o festival.

"Anoiteceu" competiu na primeira eliminatória, na noite de terça-feira, dia 27 de setembro. "A luz morreu / O céu perdeu a cor / Anoiteceu no nosso grande amor / Ah! Leva a solidão de mim / Tira esse amor dos olhos meus..." Para o público foi uma surpresa Roberto aparecer ali cantando um samba — como teria sido ver alguém como Elis Regina ou Chico Buarque interpretando um rock. Ele defendeu a música com segurança e afinação, revelando a uns e confirmando a outros a sua força de intérprete. Mas entre os doze concorrentes daquela eliminatória estava também Jair Rodrigues, com a épica "Disparada", de Geraldo Vandré e Théo de Barros. Para sua sorte, Roberto se apresentou antes dele, pois Jair incendiou o auditório com sua interpretação daquela moda de viola, que incluía uma surpreendente queixada de burro tocada pelo percussionista Airto Moreira. Ao final da apresentação, todos apostavam que uma canção daquela noite já estava garantida para a final: obviamente, "Disparada". A surpresa foi que entre as outras três classificadas não entrou a música defendida por Roberto Carlos. O samba de Vinicius e Francis Hime foi eliminado na primeira fase do festival.

Roberto ficou tão desapontado que chegou a chorar nos bastidores do Teatro Record. O jornalista Alberto Máduar opinou que a canção foi "magnificamente interpretada" por ele. Um dos jurados, o crítico Sylvio Tullio Cardoso, que até votou em "Anoiteceu", justificou que seu voto foi mais "pela belíssima melodia de Francis Hime que pela letra, na qual surpreendentemente não encontramos a marca do talento do Poetinha". Parece que a letra da canção foi o que pesou mesmo para a sua precoce eliminação. O crítico Mauro Ivan disse explicitamente na época que os versos de "Anoiteceu" "não estão à altura de Vinicius de Moraes". Para outro jurado do festival, o compositor Denis Brean, notório opositor tanto da bossa nova como da Jovem Guarda, a desclassificação de "Anoiteceu" significava "a destruição de dois mitos: Vinicius e Roberto Carlos". Em depoimento à imprensa, um concorrente, que preferiu não se identificar, ironizou: "Pensavam que ia ser canja e que Vinicius e Roberto já tinham papado os 20 milhões de prêmio. Mas nem todo dia é dia santo."

Depois do resultado, todos os concorrentes daquela eliminatória voltaram ao palco. Todos, menos um: Roberto Carlos. O cantor foi mais cedo para casa e não escondia de ninguém sua tristeza, principalmente porque apostava mais em "Anoiteceu" do que em "Flor maior", a canção que defenderia na eliminatória do dia seguinte. Para Roberto Carlos foi como se o festival tivesse acabado ali. Paulinho Machado de Carvalho ficou preocupado, pois temia não contar com a presença do cantor na finalíssima do festival — o que significaria perder uma grande parcela do público que só assistia ao programa para torcer pelo rei da Jovem Guarda. Seus fãs — inclusive crianças que acompanhavam o festival pela televisão com os pais — também reclamaram daquela desclassificação. Uma menina de apenas 9 anos, residente em São Paulo, até escreveu uma carta para Roberto Carlos, expressando sua solidariedade e indignação. "Na terça-feira você esteve um pão doce com uva-passa por cima. Fiquei louca da vida quando aquele juiz desclassificou sua música. Você acabou de cantar e eu fui dormir, mas não podia dormir de tão nervosa. Pedi a Nossa Senhora Aparecida para ajudar você, que ela é a minha protetora também. Porque você merece, você é bom e atencioso."

Parece que a oração dela ajudou porque na segunda eliminatória, no dia seguinte, Roberto conseguiria classificar a música "Flor maior", uma ciranda de versos apropriadamente infantis: "Ciranda, cirandinha / O que era doce se acabou / Nosso amor que era tão grande / Que nem vidro se quebrou..." Além da classificação, naquela noite de quarta-feira, Roberto Carlos ganharia o colo de uma das mulheres mais deslumbrantes do país: a cantora Maysa, que também se apresentava no festival. Quando Maysa se tornou famosa, em 1957, Roberto tinha apenas 16 anos, recém-chegado ao Rio de Janeiro. Não apenas a voz e as canções dela chamavam a atenção do garoto, mas também o rosto lindíssimo, a boca sensual e aquele par de olhos verdes (às vezes azuis) que eram tão destacados nas capas de discos e revistas. "Me lembro que eu morava no Lins de Vasconcelos, não tinha nem gravado ainda, quando surgiu aquele escândalo da cascatinha, Maysa nua na cachoeira", comentou numa conversa, antes da gravação de uma entrevista em 2009.

Roberto se referia a um episódio ocorrido na cidade de Três Rios, interior fluminense, em novembro de 1957, numa das viagens da cantora. Como conta o biógrafo Lira Neto, "depois de uns tragos, Maysa decidiu tomar banho, completamente nua, nas águas do rio Paraíba do Sul, fato que ficaria marcado para sempre na história da cidade. Acabou conduzida à 108ª DP, onde foi lavrado o registro policial da ocorrência". O caso seria explorado pela imprensa sensacionalista, como a revista *Confidencial*, afirmando que a cantora teria participado de "uma orgia indescritível em Três Rios". O assunto era comentado em toda parte e a cena da Maysa nua na cachoeira povoou o imaginário popular. Daí aquilo ter ficado na lembrança de Roberto Carlos. Mas eis que nove anos depois, em 1966, recém-erigido a grande ídolo nacional, Roberto tinha Maysa ao alcance da mão. Na época, com 30 anos, e então casada com o espanhol Miguel Azanza, a cantora estava mais magra depois de se submeter a uma dieta. Em abril daquele ano, a Candinha até comentara na *Revista do Rádio*. "Maysa, circulando na rua Barata Ribeiro... Nem reconheci! Parecia uma candidata ao título de Miss Brasil, magra e esbelta que só vendo". Seu encontro com Roberto Carlos prometia muitas emoções, pois assim como o jovem cantor estava na fantasia de milhares de garotas, Maysa era desejada por outros tantos marmanjos. O cantor Waldick Soriano, por exemplo, dizia que ela era "a mulher mais sensual do planeta". Sim, mas foi por Roberto que Maysa se engraçou, embora rejeitasse a Jovem Guarda. "Isso é um modismo idiota, que quanto mais depressa passar, melhor". Os dois travaram contatos nos bastidores da TV Record e, rápido como não costuma ser em assuntos artísticos ou comerciais, o Brasa convidou-a para um encontro no seu novíssimo apartamento em São Paulo.

Tudo foi acertado para aquela noite do festival, dia 28 de setembro. Como Maysa seria umas das primeiras a se apresentar, e Roberto apenas o último, ficou combinado que ela sairia sozinha antes, indo direto para o apartamento dele. Maysa nem precisou anotar o endereço, porque o próprio motorista do cantor, Eurico, iria buscá-la na porta do teatro Record. Numa distinção especial, Roberto também lhe entregou a chave de ouro do apartamento para ela mesma abrir a porta — mesmo estando lá o mordomo Nichollas Mariano. Avisado previamente pelo patrão, ele preparou o cenário. "Eu me lembro de ter ouvido o barulhinho da chave na porta quando ela chegou", afirmou Mariano em entrevista ao autor. "Deixei passar uns cinco minutos, até Maysa se acomodar, depois fui até a antessala, me apresentei e perguntei se ela desejava tomar alguma coisa. Ela pediu uísque, e eu lhe servi um President, garrafa de cristal, importado."

Enquanto isso, Roberto Carlos ainda se apresentava no festival, confirmando a classificação da música "Flor maior". Dessa vez quem não gostou do resultado foram os compositores Walter Santos e Tereza Souza, autores de "Marcha de todo mundo", defendida pelo grupo Os Cariocas, que não passou para a final. Em declaração à imprensa, a dupla acusou a TV Record de "pressionar o júri" e adotar um critério "puramente comercial" visando a favorecer os astros da emissora. "Para não desagradar Roberto Carlos, por exemplo, classificaram uma música debiloide como 'Flor maior' em detrimento de 'Marcha de todo mundo'." Mas a canção que empolgou o auditório naquela noite foi outra marcha: "A banda", de Chico Buarque, defendida por Nara Leão. O próprio Roberto comentou na época que "'A banda' é uma das coisas mais bonitas que já ouvi".

Logo após cantar "Flor maior" na reapresentação das classificadas daquela eliminatória, o cantor seguiu para casa, indo comemorar no seu quarto com Maysa. O biógrafo Lira Neto teve acesso aos diários da cantora e diz que ela não fez registro sobre aquela noite com Roberto Carlos. "Mas, pelo menos, para os amigos íntimos, Maysa preferia semear o benefício da dúvida. Não confirmava nada, mas também não desmentia tudo. Apenas divertia-se com a curiosidade alheia", escreveu no livro *Maysa: só numa multidão de amores*. Publicamente a cantora apenas exaltaria o olhar de Roberto Carlos. "Nos olhos dele vejo muita coisa, inclusive o que é para mim seu maior charme: uma tristeza que parece penetrar na gente."

Maysa e Roberto Carlos se encontrariam novamente na finalíssima daquele festival, ela com a música "Amor, paz" (de sua autoria em parceria com Vera Brasil). Ambos, contudo, sabiam que estavam ali apenas para cumprir tabela e garantir maior audiência para a TV Record. Ninguém tinha mais dúvida de que a canção vitoriosa estaria entre "A banda" e "Disparada". O jornal *Estado de S. Paulo* resumiu que "desde o finzinho de setembro, só duas torcidas contam: o da Associação Atlética Disparada e a da Banda Futebol Clube". De fato, a disputa seguiu tão acirrada e empolgante que no último momento a direção do festival decidiu declarar as duas músicas vencedoras. "A solução do empate foi fantástica. Nós mesmos não sabíamos para quem torcer", comentou Paulinho Machado de Carvalho. "Eu não queria ganhar de 'Disparada', não. Eu me arrepiava vendo Jair Rodrigues ali no palco cantando", disse Chico Buarque.

Com aquela precoce desclassificação de "Anoiteceu", Roberto desistiu de lançar o compacto com as músicas do festival e que teria a composição de Francis e Vinicius no lado A. Esse samba acabou sendo gravado pela cantora Leny Eversong, no LP oficial do evento, numa parceria da TV Record com a gravadora Rozenblit, que não pôde mesmo contar com todos os intérpretes originais. Ressalte-se que nesse álbum foram incluídas apenas as músicas classificadas para a finalíssima da competição, sendo a única exceção, exatamente, "Anoiteceu", numa prova da força desse samba, que seria depois regravado por artistas como Nara Leão, Milton Nascimento, Joyce Moreno, Zimbo Trio, Quarteto em Cy e o próprio Francis Hime. A outra canção defendida por Roberto, a ciranda "Flor maior", foi incluída naquele disco do festival nas vozes dos Meninos Cantores de São Paulo, mas não obteve a mesma repercussão, e até hoje tem apenas uma regravação com o grupo juvenil Os Caçulas.

A enorme repercussão de "A banda" e "Disparada" resultou em mais programas de televisão, pois bastava um cantor e uma canção de sucesso para se produzir um musical naquela época. E assim surgiram *Pra ver a banda passar*, com Chico Buarque e Nara Leão, e *Disparada*, apresentado por Geraldo Vandré, ambos na TV Record. Isso pareceu acomodar as coisas para a MPB, pois seguiu-se um período de relativa calmaria na sua disputa com o iê-iê-iê. Outros iam mais longe e até arranjavam mais um romance de Roberto Carlos na seara da MPB, dessa vez com Nara Leão, que os fofoqueiros de plantão também garantiam que estaria de namoro com o cantor Jerry Adriani. "Não estou com nenhum dos dois", desmentia Nara, explicando que "Roberto é ótima pessoa e Jerry não passa de um amigão. Adoro sair com eles, mas de namoro não há nada, infelizmente. Mas não nego, esses comentários que rolam por aí estão me deixando com água na boca!". Falou-se também numa "frente ampla", que atrairia Roberto Carlos para as hostes da "música brasileira". Com esse objetivo, a revista *Manchete* promoveu um encontro dele com Chico Buarque e Geraldo Vandré, quando então o autor de "A banda" lhe propôs: "Que tal trabalhar do outro lado, Roberto? Quer dizer: jogar no nosso time?" Vandré reforçou o convite: "E nesse time tem camisa sobrando. É só você querer." Roberto Carlos não aceitou o convite, lembrando aos colegas que a sua intenção, no início da carreira, "era ser cantor de música brasileira. Mas depois que fiz uma experiência no iê-iê-iê me acostumei com o gênero. Acabei achando nele alguma coisa boa, e passei a gostar". Chico então lhe perguntou: "Isso significa que você criou um compromisso com o gênero?" Roberto respondeu: "E com o público também. E, além disso, comigo mesmo. Porque já me identifiquei com o público, com o gênero e com a minha turma."

Era mesmo uma grande ironia da história. O cantor, que no início da carreira, como um "João Gilberto dos pobres", fora rejeitado por integrantes do movimento da bossa nova e aconselhado a procurar sua turma, agora, consagrado como o mais popular artista do país cantando rock, era convidado a integrar o "time da música brasileira". Mas essas tentativas de atrair Roberto Carlos esbarravam também numa pessoa: seu chefe na gravadora CBS, Evandro Ribeiro. Os dois conversavam bastante sobre o assunto, e nem mesmo a gravação de um álbum com clássicos da MPB teve a aprovação do seu produtor — alguém que ele sempre ouvia antes de gravar um disco. Evandro dizia para Roberto não dar ouvidos ao pessoal da música brasileira, pois o que eles almejavam — na visão do produtor — era alcançar o mesmo sucesso dele e que só o queriam no seu time para mais facilmente tentar anulá-lo.

E ocorreu que tão logo a onda de "A banda" passou e os musicais de MPB foram perdendo audiência, a polêmica recomeçou com tudo. Coube mais uma vez a Elis Regina o papel de incendiária ao ameaçar a turma da Jovem Guarda num programa de televisão: "Quem não estiver conosco, está contra nós. E os que estão do lado de lá que se cuidem." Estimulada pela mídia, a pinimba ganhou ares bélicos com o uso de expressões como "quartel-general da bossa nova" e "Estado--maior do iê-iê-iê" — o que era ótimo para a TV Record, que abrigava as duas vertentes na sua programação. A emissora decidiu explorar essa rivalidade com a criação de um novo programa para substituir o decadente O *fino da bossa*, de Elis Regina, extinguindo também os musicais de Chico Buarque e de Geraldo Vandré. A ideia foi colocá-los todos num único programa de afirmação da música nacional. Houve até um apelo para se deixarem de lado possíveis rusgas ou rivalidades internas. Gilberto Gil dizia que um dos problemas da MPB era a falta de união dos artistas. "O que não acontece com o iê-iê-iê. Roberto Carlos poderia ter brigado com Ronnie Von quando este tentou tomar seu lugar e, no entanto, ajudou a promovê-lo", exemplificava, parecendo desconhecer desavenças do outro lado, inclusive a que provocou a suspensão da parceria de Roberto e Erasmo.

Com o título de *Frente única: noite da música popular brasileira*, o programa seguia basicamente o modelo antigo. A maior novidade era que em vez de uma dupla de apresentadores fixa, como Elis e Jair Rodrigues, no extinto *O fino da bossa*, agora haveria um revezamento a cada semana. Produzido por Manoel Carlos, o *Frente única* era anunciado como um "programa-resposta à ameaça do iê-iê-iê ao movimento musical brasileiro". A estreia ocorreu no começo de julho de 1967, com apoio de vários setores da imprensa para a sua cruzada. O colunista Antônio Carlos, de *O Jornal*, por exemplo, afirmou que "agora o negócio esquentou pro lado do famigerado iê-iê-iê e seus pseudoídolos (sic)", e o jornalista até se oferecia. "Podem contar comigo que estou aqui pro que der e vier. Fora com o que não serve nem pra espantar mosca." A coluna "Nós os ouvintes", de *O Globo*, também saudava o novo musical, "capaz de acelerar o ocaso do iê-iê-iê, que já é sensível no mundo inteiro". Porém, apesar dessa recepção entusiástica, a audiência do primeiro *Frente única* não foi das melhores, e, na semana seguinte, patinou novamente no Ibope, tal qual seus antecessores. A produção convocou então uma reunião com os artistas para decidir o que fazer. Um grupo, liderado por Geraldo Vandré, propôs realizar uma passeata em defesa da música brasileira no dia da gravação do terceiro programa, que seria apresentado por Chico Buarque e Wilson Simonal. A TV Record concordou com a ideia e ofereceu toda a infraestrutura necessária: caminhonete, alto-falantes, faixas, cartazes, além de requisitar policiamento e a Banda da Força Pública do Estado para tocar durante a manifestação — que ficaria conhecida na história como a "passeata contra a guitarra elétrica".

O ato ocorreu no fim da tarde de segunda-feira, dia 17 de julho, partindo do Largo São Francisco, no centro da cidade, até o Teatro

Paramount, na avenida Brigadeiro Luís Antônio, onde era gravado o musical da Record. Segundo relato da imprensa, os artistas iam chegando e dando autógrafos, protegidos por um cordão policial que lhes garantia liberdade de movimento. Uma imensa faixa com a inscrição "Frente única da música popular brasileira" informava o nome do programa e o caráter sectário e nacionalista daquela manifestação. De pé sobre uma caminhonete, Geraldo Vandré empunhava um microfone com palavras de ordem contra a invasão cultural norte-americana. De braços dados caminhavam Elis Regina, Gilberto Gil, Edu Lobo, Jair Rodrigues, Zé Kéti, os rapazes do MPB-4, o pianista Luiz Loy e outros músicos e cantores da TV Record. Um grande número de pessoas, entre estudantes, senhoras e desocupados, se reuniu à manifestação, atrapalhando o caótico trânsito de São Paulo. A avenida Brigadeiro Luís Antônio ficou congestionada por várias horas. Afinal, não era todo dia que se assistia a uma passeata de artistas pelas ruas da cidade.

Chico Buarque e Wilson Simonal — os apresentadores daquele dia — chegaram atrasados ao ato e tiveram dificuldade de descer do carro, cercado de muita gente. "Chico chegou a caminhar um pouquinho na rua. Ele deu uma idazinha rápida e saiu", lembra Caetano Veloso, que acompanhou a passeata de uma janela do Hotel Danúbio, na mesma avenida. Ao seu lado, estava a cantora Nara Leão, que desde o início fora contra aquela manifestação dos colegas. "Isso é um horror. Está parecendo uma passeata do Partido Integralista", comentou com Caetano, numa referência ao movimento de extrema direita dos anos 1930. "Eu não fui à passeata, não iria mesmo, mas não tinha uma formalização crítica tão nítida do que era aquilo", afirma o cantor. "Hoje é muito óbvio, mas na hora não tanto assim, e Nara me ajudou a compreender o absurdo daquela posição."

Erasmo Carlos lembra que nesse dia estava no escritório de seu empresário, em São Paulo, quando um funcionário seu o avisou: "Erasmo, não vá ao centro da cidade hoje não, porque podem te matar, cara, vão te crucificar." "Mas o que está acontecendo no centro da cidade?" Ao ser informado dos acontecimentos, Erasmo decidiu permanecer fechado no escritório; só quando a manifestação acabou é que ele foi embora para casa. "Por isso é que estou vivo até hoje", brinca. Já Roberto Carlos, segundo a revista *Intervalo*, "foi dar uma espiada na passeata. Ficou no carro muito escondido e ninguém o viu". Interpretado como mais uma pressão sobre a música jovem, na época a Ordem dos Músicos do Brasil passou a exigir exames teóricos e práticos para qualquer cantor ou instrumentista se apresentar em público, sob pena de ser enquadrado no "exercício ilegal da profissão". Pouco depois, *O Estado de S. Paulo* comentou que agora "ou os meninos cabeludos resolvem estudar, ou os programas do iê-iê-iê terão de contratar novos cantores, porque 90% dos candidatos não têm conseguido passar".

A reação da Jovem Guarda veio no começo do mês seguinte, por meio de um tal "Manifesto do iê-iê-iê contra a onda de inveja". Foi uma típica iniciativa de Carlos Imperial, mas lido em conjunto com os outros dois Carlos — Roberto e Erasmo — num encontro registrado pela revista *O Cruzeiro*. Ali se afirmava que o pessoal da MPB combatia a Jovem Guarda porque 90% das músicas tocadas no rádio, de discos vendidos e de pedido de shows seriam do gênero iê-iê-iê. Que essa era a razão de toda aquela implicância com eles: inveja, nada mais do que inveja. Criticavam ainda as "arbitrariedades" da Ordem dos Músicos por exigir dos jovens artistas "exame de teoria e solfejo". E para quem cobrava participação política e canções de protesto da Jovem Guarda, eles manifestavam a clara opção pela filantropia. "Fazer música reclamando da vida do pobre e viver distante dele não é o nosso caso. Preferimos cantar para ajudá-lo a sorrir e, na hora da necessidade, oferecer-lhe uma ajuda mais substancial." Por fim, o manifesto expressava, com pose de superioridade, também típica de Carlos Imperial, que a Jovem Guarda "é um movimento otimista, onde não há lugar para derrotados". E, emulando o estilo Elis Regina, também provocava: "Podem vir quentes que nós estamos fervendo!" Imperial ainda garantia que "muitos compositores, como Dorival Caymmi, Ataulfo Alves, Vinicius de Moraes e outros, já nos procuraram para apresentar a sua solidariedade, aconselhando-nos a não nos perturbarmos com movimentos isolados de pessoas invejosas e mal orientadas, que usam indevidamente o nome da música popular brasileira".

Dos nomes citados por ele, Ataulfo Alves foi o que efetivamente mais se aproximou da Jovem Guarda, chegando até a compor músicas com Carlos Imperial — uma delas, "Você passa e eu acho graça", foi o primeiro grande sucesso da cantora Clara Nunes. Em abril daquele ano, mestre Ataulfo participou do show de aniversário de Roberto Carlos, no Teatro Paramount, e ambos cantaram juntos o clássico "Ai que saudades da Amélia". Para demonstrar que a Jovem Guarda não tinha mesmo preconceito contra o samba, Roberto decidiu, inclusive, gravar essa música, que tinha a mesma idade dele, pois fora composta por Ataulfo e Mário Lago em 1941, pensando no carnaval do ano seguinte. Se o pessoal da MPB andava se vangloriando de resgatar valores do passado como Cartola e Nelson Cavaquinho — ambos negros e de origem pobre —, por que a Jovem Guarda não podia fazer o mesmo com o mineiro Ataulfo Alves? Ele andava tão por baixo que nem sequer fora citado no quilométrico "Samba da bênção", no qual Baden Powell e Vinicius de Morais homenageavam diversos sambistas do passado e do presente.

Roberto Carlos recebeu vários elogios da crítica desde a primeira vez que cantou "Ai que saudades da Amélia" na televisão. O poeta Augusto de Campos, por exemplo, observou que ele deu à música de Ataulfo uma interpretação semelhante à de João Gilberto para o samba "Aos pés da cruz", antigo sucesso do cantor Orlando Silva. "Interessante é que era uma música fora do gênero que eu cantava na época", afirmou Roberto. "Mas eu me identificava terrivelmente com ela. Isso foi muito bom pra mim porque, através de 'Ai que saudades da Amélia', pude mostrar que também cantava outras músicas, coisas diferentes das da Jovem Guarda. Essa gravação, inclusive, me abriu a visão para outras músicas do gênero, como depois veio, por exemplo, 'A deusa da minha rua'." Para Ataulfo Alves, aquilo foi também um bom negócio, porque trouxe seu nome de volta à mídia, além de lhe render bons direitos autorais para ele e o parceiro Mário Lago.

O rei da Jovem Guarda já vinha, portanto, amaciando o samba quando se anunciou o próximo festival da Record para setembro de 1967. Dessa vez foram inscritas mais de 4 mil músicas, oriundas de todo o Brasil, para apenas 36 aparecerem na grande vitrine da televisão. Desapontado com o resultado do festival anterior, Roberto Carlos relutou em concorrer novamente. "Na primeira vez foi fácil convencê-lo, porque entrou todo mundo na onda e ninguém sabia direito como era aquele negócio de festival. Mas depois ficou muito mais difícil contar com a participação do Roberto", afirmou Paulinho Machado de Carvalho. O cantor chegou a anunciar que não participaria, alegando inúmeros compromissos, sobretudo com as filmagens de seu primeiro longa, dirigido por Roberto Farias, que ocorreriam no mesmo período. Mas ele acabou reconsiderando depois do apelo dos colegas, da direção da TV Record e, principalmente, dos vários compositores que indicaram à comissão o nome de Roberto Carlos para defender suas músicas. "Isso tudo criou em mim, além de enorme satisfação íntima, o sentimento de obrigação de dizer sim", justificou o cantor. Porém, ao contrário de outros contratados da emissora, que defenderam duas ou até três canções naquele festival (caso de Wilson Simonal), Roberto participaria cantando apenas uma: o samba "Maria, carnaval e cinzas", do compositor Luís Carlos Paraná.

Trata-se de uma canção de temática social que bem poderia fazer parte de um musical como *Opinião*. Nesse samba Roberto Carlos foi porta-voz da denúncia de uma das grandes mazelas brasileiras: a alta mortalidade infantil nos morros e recantos pobres do país. A letra conta a história de Maria que nasceu em plena folia e poderia ter se tornado uma grande sambista, mas morreu na Quarta-feira de Cinzas, vivendo apenas os três dias de carnaval. "Somente cinzas, pobre Maria / Jamais a vida lhe sorriria / E nunca viria de porta-estandarte / Sambando com arte / Puxando cordões..." Luís Carlos Paraná sabia do que estava falando. Filho de camponeses, nascera em Ribeirão Claro, interior do Paraná, e até os 18 anos trabalhou de lavrador em sua região. Em sua terra ele cansou de presenciar velórios de "anjinhos", como chamavam as crianças que morriam em seus primeiros dias de vida. No início dos anos 1950, Luís Carlos foi trabalhar de balconista no Rio de Janeiro, morando numa pensão onde dividia o quarto com o ainda desconhecido João Gilberto. Nessa época, já com o apelido de Parará acoplado ao nome, iniciou a carreira artística cantando em boates da zona sul carioca. Mais tarde ele se transferiu para São Paulo, e lá decidiu investir em seu próprio negócio, inaugurando o Bar Jogral, que se tornaria um badalado ponto de encontro da noite paulistana. Ao mesmo tempo, Paraná seguia compondo suas canções, e uma delas ficou em segundo lugar no festival da Record de 1966, o samba "De amor e paz" (parceria com Adauto Santos), defendido por Elza Soares. É dele também um dos grandes sucessos da dupla Cascatinha e Inhana, a toada "Flor do cafezal". "Luís Carlos foi a pessoa mais romântica que eu conheci", disse o publicitário Marcus Pereira, seu grande amigo. Ele era também alguém muito alegre, um impagável humorista, e que resistiu até a notícia de que era portador de uma doença incurável, que o acabou matando pouco tempo depois, aos 38 anos.

Ao mostrar "Maria, carnaval e cinzas" para os amigos no Bar Jogral, todos se encantaram com o samba; ao dizer que compusera aquilo para Roberto Carlos cantar no festival, todos riram dele. Afinal, nada parecia mais distante daquele universo de samba, morro e carnaval do que o ídolo do iê-iê-iê brasileiro. Mas Paraná estava decidido e indicou o nome de Roberto ao fazer a inscrição da música na TV Record. Porém, como num primeiro momento o cantor se recusou a participar do festival, Luís Carlos indicou outro grande nome: o seresteiro Silvio Caldas. Ocorre que Silvio tinha mais uma vez se despedido da carreira e não quis retornar encarando logo uma disputa em festival. A produção então sugeriu o cantor Wilson Miranda para defender "Maria, carnaval e cinzas". Aí quem não aceitou foi Luís Carlos Paraná, que nesse impasse já ameaçava retirar sua música da competição. O caso foi contornado quando Roberto Carlos acabou aceitando participar do festival e topou defender o samba. Para isso ele precisou interromper por alguns dias sua participação nas filmagens de *Roberto Carlos em ritmo de aventura*. O perigo continuaria a rondar o cantor, mas agora, de verdade, no palco do festival da música brasileira.

Para acompanhá-lo no samba, ele convidou o recém-formado quarteto O Grupo, dirigido por Raimundo Bittencourt. Outro integrante era o jovem carioca Maurício Duboc, que a partir dos anos 1970 passaria a compor em parceria com Carlos Colla várias canções para Roberto Carlos. "Lembro que durante o ensaio para o festival nós bolamos um arranjo interessante, cheio de vozes, e aí Roberto disse: 'Puxa, está lindo, mas ficou um pouco complicado, corta isso aqui, corta aquilo ali também, vamos simplificar aqui um pouquinho.' E acabou que a gente ficou parado o tempo todo lá no palco, só vocalizando pouquíssimos versos do samba", diz Duboc. "Maria, carnaval e cinzas" competiu na primeira eliminatória, a mais difícil das três. Na linguagem do futebol, foi o "grupo da morte" porque dali acabaram saindo três das cinco primeiras colocadas do festival de 1967: "Ponteio", de Edu Lobo (a campeã), "Roda viva", de Chico Buarque (terceiro lugar) e a própria "Maria, carnaval e cinzas" (que ficou em quinto). Mas não foi fácil passar: basta dizer que um futuro clássico da MPB, a canção "Eu e a brisa", de Johnny Alf, acabou eliminado — como "Anoiteceu", de Francis e Vinicius, no festival anterior.

Outra música que não passou daquela primeira eliminatória foi "O combatente", dos reclamões Walter Santos e Tereza Souza, que retornavam ao festival com a história de um soldado que morreu na guerra. Jair Rodrigues a interpretou com a mesma vibração de "Disparada", ganhando logo o apoio da plateia. Não foi por falta de empenho que Walter e Tereza ficaram novamente fora de uma final. Sua canção tinha a torcida mais bem organizada do festival e fez de Roberto Carlos o principal alvo de rejeição. Sentados na parte central do auditório, eles vaiavam o cantor ao mesmo tempo que levantavam cartazes a favor de "O combatente". Roberto manteve-se concentrado mesmo diante de gritos de "Fora! Sai daí!". Ele sabia que seu público não era aquele do auditório, e sim o da televisão, do outro lado, e muitíssimo maior. O historiador Marcos Napolitano afirma que Roberto Carlos tinha uma performance televisual no palco dos festivais — o que se pode observar em determinado momento de sua interpretação de "Maria, carnaval e cinzas", quando ele fixa o olhar na câmera e faz o clássico gesto de cumprimento sensual para as fãs. "Um gesto aparentemente displicente, mas que nunca era visto entre músicos de MPB que concentravam sua atenção para a plateia viva dos auditórios, como se estivessem num comício. Inconscientemente, Roberto Carlos, ao assumir a câmera como o 'olho eletrônico' de um público virtual, reiterava o *locus* privilegiado do festival: a televisão."

Anos depois, ao ser informado por Zuza Homem de Mello de que havia uma torcida organizada para vaiá-lo no festival, Roberto comentou sorrindo: "Se soubesse eu não teria ido lá, ou então tinha também organizado uma para me aplaudir. Eu tinha que fazer alguma coisa, né?" Quem se assustou com aquelas vaias foram os rapazes do quarteto O Grupo, pois ainda não possuíam experiência em grandes eventos. Maurício Duboc, por exemplo, tinha então apenas 16 anos. "Foi a primeira grande vaia que recebemos na vida", disse ele, enfatizando que continuaram participando de festivais e gravações com outros artistas, como no vocal de "Viola enluarada", com Marcos Valle e Milton Nascimento. A namorada de Roberto Carlos também se assustou, porque nunca o tinha visto ser vaiado. Nice acompanhou o evento pela televisão, de casa, bastante tensa. Para quem conhecia o cantor desde o seu tempo de circo, levando pedaço de mamão na cara, uma vaia de festival não era nada. Mas para Nice, que o conheceu já como superastro, adorado pelo público, aquilo a deixou nervosa. Mauricio Duboc recorda que, no auge das vaias a Roberto Carlos, um dos músicos que o acompanhavam, o flautista Franklin Silveira, se aproximou do microfone com seu instrumento e, fingindo estar tocando, começou a xingar a plateia: "Vocês são uns merdas, seus escrotos, seus putos..." As pessoas olhavam para os lados, mas ninguém conseguia saber de onde partia o xingamento. Foi um ato de rebeldia só percebido por quem estava ao lado do flautista no palco.

Na época, o diário carioca *O Jornal* afirmou que a música defendida por Roberto Carlos "merece disputar o prêmio máximo, pois é bem-estruturada, boa letra, e foi muito bem defendida pelo cantor, sendo que as vaias tomaram um cunho pessoal, pois em São Paulo a guerra ao iê-iê-iê é uma coisa séria". O jornal *Tribuna da Imprensa* também opinou que "Maria, carnaval e cinzas" tem "letra e música muito bonitas" e que Roberto se portou "com muita dignidade" diante das "vaias injustas de um público, inimigo feroz do iê-iê-iê". Na última eliminatória desse festival, Erasmo Carlos também participou, conforme o figurino da competição — com o samba "Capoeirada", de sua autoria, sem seu parceiro Roberto, com quem ainda estava rompido. Nessa música ele tematiza o folclore popular e até se valeu do som de um berimbau, como nos afrossambas de Baden Powell e Vinicius de Moraes. Mas de nada adiantou, pois a plateia assobiou e berrou estrepitosamente também contra ele.

Dessa vez Roberto Carlos lançou em disco a sua música do festival que o poeta Augusto de Campos também considerou entre os destaques de letras, citando a paronomásia do verso "Maria somente, Maria semente". A composição de Luís Carlos Paraná ganhou o lado A do compacto simples do cantor, com o samba "Ai que saudades da Amélia", de Ataulfo Alves, no B. Mas no LP oficial do festival ela foi gravada na voz do próprio autor. "'Maria carnaval e cinzas' foi o maior sucesso de vendas de todos os festivais que produzi. Nenhuma outra música, nem mesmo 'A banda', vendeu tanto quanto o samba cantado por Roberto Carlos", afirmou Solano Ribeiro. Registre-se que, ao alcançar o primeiro lugar em vendas de compactos simples, a gravação de Roberto tirou do topo um icônico hit da Jovem Guarda, "Era um garoto que como eu amava os Beatles e os Rolling Stones", com Os Incríveis — num indicativo do que poderia ocorrer se o ídolo do iê-iê-ê se bandeasse mesmo para a "música brasileira".

O quinto lugar ficou de bom tamanho para Roberto Carlos naquele disputadíssimo festival de 1967, ainda mais considerando que as duas canções mais impactantes — "Domingo no parque", de Gilberto Gil, e "Alegria, alegria", de Caetano Veloso — alcançaram o segundo e quarto lugares, respectivamente. Os dois artistas baianos eram ainda pouco conhecidos do grande público, mas incendiaram o festival ao subir no palco acompanhados de guitarras elétricas — Caetano com a banda de rock argentina Beat Boys; e Gilberto Gil com a banda paulista Mutantes, ambas até então praticamente anônimas. Para além da repercussão em suas carreiras, essa intervenção de Caetano e Gil no festival deflagrou um novo movimento musical chamado Tropicália, que equacionou e superou a disputa MPB × iê-iê-iê. O público chegou a esboçar uma reação contrária na primeira apresentação, mas os dois artistas acabaram se impondo pela qualidade das músicas e a firme postura no palco.

Foi outra suprema ironia da história: enquanto o rei do iê-iê-iê aparecia no festival defendendo um típico sambinha de temática social, artistas da MPB que havia bem pouco tempo desprezavam a sonoridade pop se exibiam ali com bandas de rock. Para Paulinho Machado de Carvalho, se era mesmo hora de eletrificar o festival, a iniciativa não podia partir do ídolo da Jovem Guarda: "Se Roberto aparecesse ali com guitarras elétricas, tenho a impressão de que a plateia não aceitaria do jeito que aceitou Gil e Caetano. No caso dele, aquilo seria tomado como uma provocação e o público iria reagir muito mal." Em meio à repercussão, com as duas músicas de Caetano e Gil subindo ao topo das paradas de sucesso, o chefe da gravadora CBS, Evandro Ribeiro, fez um irônico comentário com seu astro: "Está vendo, Roberto? Eles queriam que você aderisse à música brasileira. Pois agora estão aí aderindo ao iê-iê-iê e se dando muito bem."

32

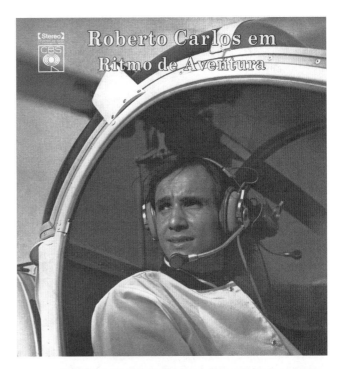

EU SOU TERRÍVEL

"Eu sou terrível e é bom parar
De desse jeito me provocar
Você não sabe de onde eu venho
O que eu sou e o que tenho"
Do álbum *Roberto Carlos em ritmo de aventura*, 1967

O namoro de Roberto Carlos e Nice seguia pegando fogo, e o cerco em torno deles também. A situação tornava-se cada vez mais angustiante, principalmente para ela. Certa vez, Roberto a levou para almoçar num local que parecia bem discreto e reservado. Porém, segundo relato da revista *Intervalo*, "de repente, a mesa ficou cercada de fãs, que não queriam somente autógrafos. Queriam também saber por que aquela moça tinha o privilégio de sentar à mesma mesa do rei da juventude. Nice levantou-se chorando. Roberto tentou segui-la, mas a multidão barrou-lhe o caminho. Os dois ficaram divididos". O episódio foi tão marcante que depois disso raramente sairiam novamente juntos em público. "Eu me sentia nervosa. Tinha medo de tudo e de todos", comentou Nice ao recordar essa fase. Envolvida naquele jogo de esconde-esconde, ela ficou afastada de atividades culturais que cultivava com regularidade desde a adolescência. "Não vou ao teatro há um ano, não leio mais. Vivo só para ele", desabafou. Roberto Carlos também sentia a pressão, e a sua vontade era poder assumir publicamente o amor por Nice, exibir-se ao lado dela — como diz na sua composição "Meu grito", que ofereceu para Agnaldo Timóteo gravar:

"Ai que vontade de gritar seu nome bem alto e no infinito / Dizer que o meu amor é grande / Bem maior do que o meu próprio grito / Mas só falo bem baixinho / E não conto pra ninguém / Pra ninguém saber seu nome eu digo só meu bem."

Os repórteres queriam entrevistar Nice, fotografá-la, mas Roberto impedia qualquer tipo de aproximação. É claro que isso era num tempo em que a indústria de celebridades ainda não havia se desenvolvido por aqui. Linda Eastman em Nova York e Cynira Arruda em São Paulo eram talvez as duas únicas fotógrafas femininas no universo da música popular. Ninguém no Brasil tinha experiência como paparazzo, mas Cynira dava os primeiros passos. Um exemplo ocorreu numa festa promovida por Paulinho Machado de Carvalho em seu sítio, em Congonhas. Vários artistas da TV Record compareceram, inclusive Roberto Carlos, acompanhado da namorada. Foi vetada a presença de fotógrafos, mas Cynira entrou com uma Nikon escondida na sobrecapa de um vestido longo costurado por Clodovil. Lá pelas tantas, ela puxou a câmera e fotografou Roberto Carlos e Nice abraçados. Foi um fuzuê e a festa parou. Sérgio Ornstein, também chamado de Sérgio Milico, novo secretário do cantor, tomou a câmara de Cynira e jogou o filme dentro da piscina. "Naquele dia foi um horror", lembra a fotógrafa. "Mas aquilo foi uma imprudência minha. Eu era muito impetuosa e queria mostrar que era boa de serviço." Mais uma vez não vazou a imagem da suposta namorada de Roberto Carlos. E, naquele caso, uma imagem valeria bem mais do que mil palavras.

A radialista Cidinha Campos, então com 25 anos, também tentou furar o cerco sobre o caso no seu programa na Rádio Jovem Pan, emissora que pertencia ao grupo Record. Era um programa diário, a partir das 17 horas, e que levava a sério o anúncio que dizia: "Quando você souber de alguma fofoca sobre os artistas, ouça a Cidinha para saber a verdade." Pois ela então contou que era verdade que Roberto Carlos estava namorando firme, apaixonadíssimo e se programando para casar, e ainda deu o nome da moça. O cantor ficou furioso, achava inadmissível uma funcionária do grupo Record propagar um assunto pessoal que sabia não ser do agrado dele. "O rolo que deu foi desse de triturar até a alma", lembrou a radialista, que até então conhecia Roberto apenas de vista. Inflexível, Roberto Carlos teria pedido a cabeça dela ao patrão: "Essa menina tem que parar com esse programa de rádio, senão eu paro o meu de televisão." "Foi o que me contaram que ele falou. Ora, alguém tem dúvida de quem era o mais forte? Claro que a corda arrebentou para o meu lado", revelou Cidinha Campos numa entrevista à revista *Cartaz*, da Rio Gráfica Editora.

No mesmo dia ela foi chamada pela direção da emissora. "Lamento muito, Cidinha, mas você vai ter de parar uns dias, pelo menos, até o Roberto esquecer isso." Ela ficou revoltada, inclusive porque seu programa era uma das maiores audiências do rádio paulista. "Bati o pé, esbravejei e fui tomada de uma súbita raiva por ter de ceder aos caprichos (eram caprichos, na época) daquele cantor de iê-iê-iê." Ocorreu que horas depois, por acaso, ao descer as escadas do teatro Record, Cidinha deu de cara logo com quem? Ele, Roberto Carlos. "Ficamos um diante do outro, silenciosos, o ódio já cedendo." E então o cantor lhe perguntou: "Por que você foi fazer isso?" "É... É minha função noticiar as coisas que acontecem com os artistas." Roberto Carlos sorriu, e, segundo ela, isso a desarmou, que sorriu também, e a partir daí começaram a cultivar uma amizade. Mas, naquele dia, o programa de Cidinha Campos não foi ao ar. E, quando voltou, não avançou mais no romance de Roberto Carlos e Nice — de quem a radialista também se tornaria amiga.

Entretanto, o segredo não podia durar para sempre. Alguém o escancararia. E então, numa sexta-feira, dia 3 de novembro, chegou às bancas uma nova edição da revista *Intervalo* com uma reportagem de capa para acabar de vez com o mistério. "Exclusivo — Toda a verdade: Nice e Roberto", estampava a manchete, trazendo na capa o rosto do cantor em close e uma foto menor de Nice na parte de baixo. "Nas páginas seguintes *Intervalo* conta uma história verdadeira: a do amor secreto e difícil entre Roberto Carlos e Cleonice (Nice) Rossi Martinelli", prometia o começo da reportagem, que trazia pela primeira vez o nome e o sobrenome completos da namorada do cantor. E não apenas isso, mas informava também que ela era desquitada, já tinha uma filha do primeiro casamento, que seu pai trabalhara com o cantor na Jovem Guarda, citando também o nome do ex-marido dela. "Não somos os primeiros a tocar no assunto, mas somos os primeiros a documentar a verdade", gabava-se *Intervalo*, trazendo também a foto do prédio com o endereço onde Nice morava em São Paulo. Uma outra imagem, com pouca nitidez, e segundo a revista, feita com teleobjetiva, mostra Roberto Carlos comendo à mesa ao lado de Nice — "um flagrante raro dos dois, que publicamos com exclusividade".

Só mesmo um esforço no estilo jornalismo investigativo — algo que ainda não existia no Brasil — para romper aquela barreira imposta pelo cantor e seu staff. E foi o que arriscou fazer a *Intervalo*, revista semanal dedicada ao universo da televisão. Lançada em janeiro de 1963, foi uma das primeiras publicações de caráter jornalístico da Editora Abril. Antes dela, além de gibis como *Pato Donald* e *Zé Carioca*, e fotonovelas como *Capricho*, a editora publicava apenas as revistas *Quatro Rodas*, sobre automóveis, e *Claudia*, de temática feminina. Títulos que fariam história no nosso jornalismo, como *Realidade* e *Veja*, foram lançados depois. "*Intervalo* saúda o grande público da televisão brasileira. Esta nova revista da Editora Abril surge com o desejo e empenho de cobrir todo o fascinante mundo da TV, com o propósito de divertir, de ser útil, de tornar-se companheira fiel de milhões de telespectadores", escreveu o editor Victor Civita no número de estreia da publicação, que chegava para tomar o espaço da decadente *Revista do Rádio*. O tempo das chamadas "macacas de auditório" tinha ficado para trás; agora seria o público da televisão, de maior poder aquisitivo, a dar cartas.

O jornalista Alessandro Porro, na época com 33 anos, veio da Itália especialmente para comandar a *Intervalo*, que projetou uma nova geração de repórteres e fotógrafos brasileiros. Da sua equipe de redação, entre a sede em São Paulo e a sucursal do Rio, faziam parte nomes como Milton Temer, Domingos Meirelles, Milton Coelho da Graça, Sônia Hirsch, Arley Pereira e Paulo Salomão. Alguns deles iriam depois trabalhar nas revistas *Realidade* e *Veja*, da própria Abril, ou em outras empresas, como a TV Globo — caso, por exemplo, de

Meirelles, que nos anos 2000 apresentaria lá o programa policial *Linha direta – Justiça*. Na época da publicação da matéria sobre Roberto Carlos, *Intervalo* vendia 220 mil exemplares, bem menos do que a revista *Capricho*, campeã de vendagem da Abril com 500 mil. Porém, ainda era mais do que badaladas publicações jornalísticas de outras editoras, como *Manchete* (que vendia 180 mil exemplares) e *O Cruzeiro* (150 mil).

Conforme prometido na capa, a revista abria tudo sobre o namoro de Nice e Roberto, mas cometendo um erro de informação ao dizer que eles teriam se conhecido "nos primeiros meses de 1965". Ou seja, um período anterior à existência do programa *Jovem Guarda*, antes mesmo de Roberto Carlos se mudar para São Paulo, e quando ele ainda namorava Magda Fonseca — que, aliás, naquela altura, só acompanhava o ex-amor de longe, pela imprensa. Entretanto, ao mesmo tempo que revelava o namoro dele com Nice, *Intervalo* procurava acalmar Roberto Carlos ao comparar que no tempo de "Rodolfo Valentino, há mais de quarenta anos, as frágeis mulheres de Hollywood cortavam as veias quando o famoso bonitão de costeletas saía para jantar com esta ou aquela companheira de trabalho. Hoje, graças a Deus, tudo mudou. As meninas que assistem à TV, que compram discos, que frequentam os auditórios dando maior força ao show ou chegando a ser as verdadeiras protagonistas do programa, não têm nada a ver com aquelas de quarenta anos atrás. Se um dia Roberto Carlos casar, enviarão presentes". Concluía reconhecendo que o cantor atravessava um momento delicado e que precisava "de alguém que lhe fale claro e baixinho, ao ouvido, para lhe dizer: Coragem, estamos com você". A revelação repercutiu nas ruas, nos auditórios, na imprensa, e o jornal *Luta Democrática* até exagerou: "Foi descoberta afinal a verdadeira esposa de Roberto Carlos."

E agora, o que fazer? O que dizer? Como negar o romance depois de expostos a foto, o nome e o sobrenome da namorada? Para animá-lo, na edição seguinte *Intervalo* afirmou que aquela reportagem provocara "uma onda de compreensão e de carinho que chegou até a redação, através de telefonemas, cartas e telegramas". E indagava a

Roberto Carlos: "Será que para você chegou o momento de não ter mais medo? Será que você já compreendeu que o público o aceita com ou sem Nice, com os sem dramas sentimentais? Essa pergunta exige uma resposta, e só Roberto Carlos poderá dá-la." Sim, mas o cantor era duro na queda e continuou em silêncio, certamente na expectativa da reação das fãs. O primeiro grande teste foi na mesma sexta-feira em que a revista chegou às bancas, pois à noite haveria gravação do programa *Rio Jovem Guarda*, na TV Rio.

Naquele dia, todos da produção perceberam que Roberto Carlos chegara mais agitado e nervoso do que de costume. Consta que ele quase derrubou o cenário ao entrar no estúdio e que até deixou o microfone cair no chão. Era o artista perturbado ao encarar pela primeira vez os fãs após a "revelação". O ídolo parecia frágil como uma criança chamada a se explicar ao ser flagrada em alguma travessura. Mas Roberto Carlos logo constatou que a recepção da plateia foi a mesma das outras vezes. Nada se modificara. As meninas continuaram aplaudindo, gritando seu nome e cantando suas músicas durante todo o programa. Ufa! Ufa! No domingo à tarde, Roberto Carlos apareceu até mais tranquilo para apresentar o *Jovem Guarda*, em São Paulo. E novamente nada de anormal aconteceu no auditório. Ainda assim, o cantor permanecia em silêncio, sem querer confirmar ou negar o que fora publicado na revista *Intervalo*.

Na semana seguinte, o editor Alessandro Porro designou o jornalista Domingos Meirelles para tentar uma entrevista com Roberto Carlos e encerrar aquela questão de uma vez por todas. "Porro tinha ambições de crescer na Abril, de galgar cargos de chefia, e ele se empenhava em obter furos de reportagem para mostrar serviço aos Civita", diz Meirelles, que na época, com 27 anos, trabalhava na sucursal carioca da revista. Ele foi então à procura do cantor na TV Rio, numa sexta-feira, dia de gravação do programa *Rio Jovem Guarda*. O jornalista chegou com bastante antecedência na sede da emissora, no Posto 6, em Copacabana, para abordar Roberto Carlos antes de o programa começar. Seria um reencontro, porque por volta de 1960, quando morava no Méier, Meirelles costumava ver um jovem cantor no mesmo lotação da linha Lins-Lagoa que ele pegava diariamente para ir ao trabalho. "Roberto sentava sempre no meio do último banco e usava um lenço branco em volta do pescoço para não manchar o colarinho da camisa", diz Meirelles, que puxou pela memória do artista ao reencontrá-lo naquele dia na TV Rio. "Oi, bicho, você lembra disso?", comentou Roberto, sorrindo e surpreso. Meirelles acredita que essa coincidência biográfica facilitou as coisas para ele porque Roberto Carlos aceitou na hora lhe conceder a entrevista exclusiva. A conversa ocorreu no camarim, antes de começar o programa, e com a presença do diretor Carlos Manga, que trancou a porta por dentro. Manga determinou à produção que Roberto não fosse incomodado por ninguém, enfatizando que "o assunto era sério", pois "estava em jogo, naquele momento, o destino da vida artística do rei". Ainda segundo Meirelles, ao começar a entrevista, Roberto Carlos parecia nervoso, "buscando no cigarro, depois no cachimbo, a calma que lhe faltava".

Sim, ele finalmente confirmou, estava namorando; sim, a moça era aquela mesma da foto, do nome e sobrenome revelados pela revista *Intervalo*. Porém, Roberto Carlos negou o tempo de relação que a revista disse ter começado em princípios de 1965 — o que não era realmente exato. Domingos Meirelles quis então saber qual era o tempo correto. O cantor respondeu que o seu romance com Nice "tinha no máximo três meses". Era o ídolo maior da música brasileira ainda temeroso de dizer toda a verdade. Na mesma edição, ele afirmou que a revista foi precipitada ao divulgar o romance "porque essas coisas a gente leva a público naturalmente, quando já há uma seriedade bem grande, ao ponto de a gente ter uma decisão sobre o assunto. Eu acho que um namoro é o início de um romance, que não se deve levar a público, pois não se sabe o que vai acontecer com o passar do tempo. Então a gente só leva a público, principalmente a fotografia de uma moça, quando a gente já tem certeza que ela é a eleita. Aí, sim. Isso eu faria naturalmente, quando esse romance tomasse as proporções seríssimas em que eu devesse levar a público a identidade dessa moça". Ou seja, Roberto Carlos quis dizer que o namoro dele estava apenas começando, que ele não revelara nada antes porque nada era definitivo, pois ainda não dava nem para garantir que a "moça" era a "eleita". Creio que Nice leu aquilo sem se abalar porque na intimidade do casal, desde meados de 1966, era só para ela que Roberto cantava os versos da música ainda inédita: "Nem mesmo o céu / Nem as estrelas / Nem mesmo o mar e o infinito / Nada é maior que o meu amor / Nem mais bonito."

Artistas e comunicadores opinaram publicamente, procurando incentivar o rei da Jovem Guarda a assumir de uma vez seu romance. Silvio Santos, por exemplo, disse que a exposição do namoro "humaniza Roberto Carlos, dando-lhe o direito de viver como um ser comum". O novo ídolo Caetano Veloso também procurou injetar-lhe mais confiança ao dizer que "Roberto Carlos não é mais uma carreira a fazer ou a sustentar, já está na área do prestígio", e que "nada mais abala a carreira dele". A cantora Elza Soares até citou o seu romance com Garrincha ao falar do de Roberto: "Não se deve esconder nada. Esconder é muito pior, está enganando o público. Veja o meu caso como exemplo. Enfrentamos a tudo e a todos, mas agora vivemos, eu e meu marido, no melhor dos mundos."

Com tudo isso, porém, 1967 chegava ao fim sem que Roberto Carlos aparecesse ainda publicamente ao lado da namorada — o que, depois de suas declarações, também indicava para o público que ele e a "moça" ainda estariam... se conhecendo. Parece que, nesse caso, o cantor quis deixar os fãs se acostumarem um pouco mais com a ideia. Sim, ele continuava sendo bem recebido pelo público no *Jovem Guarda* e nos shows, mas tinha ainda um novo LP para lançar naquele fim de ano, e um ruído maior poderia atrapalhar a vendagem do disco. Na dúvida, melhor esperar passar o lançamento do LP — concordava o chefe da CBS, Evandro Ribeiro, para quem essa exposição do namoro de seu contratado já tinha ido longe demais. E, assim, Roberto Carlos prosseguiu com a mais lenta, gradual e segura transição de um ídolo da sua fase de solteiro para a de casado.

Isso ocorria naquele momento em que o artista estava afastado da parceria com Erasmo Carlos, e querendo provar para todos — e talvez também para si mesmo — que não era apenas um cantor, mas um cantor-compositor. E ele mergulhou com toda a gana no trabalho de composição, colocando várias canções de sua exclusiva autoria nas paradas de sucesso. As primeiras que gravou foram "Querem acabar comigo" e "Namoradinha de um amigo meu", no seu álbum de 1966; para o álbum seguinte preparou "Quando", "Por isso corro demais", "Como é grande o meu amor por você", "E por isso estou aqui" e "De que vale tudo isso", do refrão "de que vale tudo isso, se você não está aqui" — outro tema dele para o filme *Roberto Carlos em ritmo de aventura*, sonorizando as cenas em Nova York e no espaço sideral. O artista estava tão inspirado nessa fase solo que saiu oferecendo músicas para diversos intérpretes. Além da já citada "Meu grito" (lançada por Agnaldo Timóteo), ele compôs "Não presto, mas te amo" (para Demétrius), "Faça alguma coisa pelo nosso amor" (Os Vips), "Estou começando a chorar" (Wilson Miranda) e "Tenho um amor melhor que o seu" (gravada por Luiz Carlos Ismail e depois por Antônio Marcos). Com isso Roberto Carlos provou, e de forma definitiva, que não era apenas um intérprete, mas também um cantor-compositor, assim como Caetano Veloso, Gilberto Gil, Chico Buarque, Milton Nascimento e outros artistas da sua geração.

E o Tremendão Erasmo Carlos? Como se virou sem a parceria com Roberto? E como chegava naquele final de 1967? Bem, para ele as coisas foram mais difíceis, pois Erasmo, que não era reconhecido como cantor, perdera muita força como compositor. Das doze faixas do seu álbum *O Tremendão*, lançado no início daquele ano, apenas duas eram de sua autoria: "O sonho de todas as moças" e "O dono da bola" (esta ainda da safra com Roberto Carlos). As demais faixas eram versões e composições de outros autores. O álbum seguinte, intitulado *Erasmo Carlos*, lançado em setembro daquele mesmo ano, trouxe novamente apenas duas faixas compostas por ele: "Larguem meu pé" e "Neném, corta essa". O compositor Erasmo Carlos gravou dois álbuns praticamente como cantor e sem que qualquer de suas composições, incluídas nos discos, fizesse algum sucesso. Era um cenário diferente daquele da fase anterior à briga com Roberto Carlos, quando Erasmo se destacava com composições da dupla ("Minha fama de mau", "Festa de arromba", "A pescaria", "Gatinha manhosa").

Em 1967, ele se manteve nas paradas graças a autores como Carlos Imperial e Eduardo Araújo (do hit "Vem quente que estou fervendo") e Olmir Stocker (autor de "O caderninho"). O único sucesso de Erasmo Carlos como compositor naquele ano foi "Prova de fogo", lançado pela cantora Wanderléa. Aliás, na época, muitos disseram que um dos versos dessa música, "Sei que você não é bobo / Porém o seu reinado está chegando ao fim", seria uma referência a Roberto Carlos, o rei da juventude que estaria condenado a perder o trono pela falta do parceiro. No entanto, a referência mais lógica ao amigo talvez estivesse numa música gravada pelo próprio Erasmo no seu segundo álbum naquele mesmo ano. Na última faixa ele interpreta "Não me diga adeus", clássico samba lançado por Aracy de Almeida na década de 1940, mas que naquele contexto da Jovem Guarda parecia uma mensagem direta do Tremendão ao seu ex-parceiro. "Não, não me diga adeus / Pense nos sofrimentos meus / Se alguém lhe dá conselho pra você me abandonar / Não devemos nos separar."

Roberto Carlos nem precisou ouvir a mensagem, pois pouco antes do lançamento do disco de Erasmo, depois de mais de um ano de separação, mandou um mensageiro levar uma fita de rolo para ele. Surpreso, Erasmo colocou a fita para rodar e logo reconheceu a voz. "Oi, bicho, como vai? Olha, eu não estou mais zangado com você, não. Eu já te desculpei", disse logo de início. Erasmo se surpreendeu com a iniciativa de Roberto, mas não com a magnanimidade de suas palavras. "Ele sempre fala isso quando briga por alguma coisa. Mesmo que tenha culpa, ele diz: 'Eu já te perdoei! Não estou mais com raiva de você'", observa. Mas Roberto Carlos não queria apenas reatar a amizade; buscava também retomar a parceria, e lhe fez um pedido na fita: "Eu comecei a fazer uma música aqui que pede um tipo de letra que você faz em dez minutos. Nessa música eu quero dizer que eu sou um cara terrível, que dirijo em disparada e que as mulheres me adoram. Faz essa letra pra mim porque eu quero incluir no filme que estou fazendo."

A referência ao filme é porque naquele momento a produção de *Roberto Carlos em ritmo de aventura* entrava na reta final, e o cantor decidiu compor mais um tema para a sua trilha. Semanas antes, convidara o diretor Roberto Farias para ouvir algumas composições que já estavam prontas. Era a oportunidade para o diretor dar a sua opinião, indicando qual música seria apropriada a tal cena ou momento do filme. Houve então um jantar na casa de Roberto Carlos, ao qual foram também convidados o produtor executivo do filme, Riva Farias, e o diretor de fotografia, José Medeiros.

Ao chegarem lá, os três foram recepcionados por Roberto e sua namorada Nice, que lhes serviram uísque. Farias, que não era muito de beber, justo naquele dia, horas antes, tinha tomado duas doses de uísque num evento no hotel. Na casa de Roberto ele beberia mais três doses do destilado. No momento do jantar, também aceitou uma taça de vinho. Mais tarde, foram todos para a sala, e o cantor então pegou o violão para mostrar os temas que pretendia interpretar no filme. E começou a tocar "Por isso corro demais", "De que vale tudo isso"... De repente, José Medeiros cutucou Farias discretamente: "Você está dormindo." Farias respondeu baixinho: "Não estou dormindo. Estou de olho fechado prestando atenção no que Roberto está cantando." E o cantor prosseguiu cantando outras canções ainda inéditas: "Como é grande o meu amor por você", "E por isso estou aqui"... Não tardaria até que José Medeiros desse outra cutucada em Farias: "Agora você está roncando." Àquela altura, Roberto e Nice também já tinham percebido o constrangimento da situação e o cantor interromperia seu show particular na metade. "É melhor deixar essa audição para outro dia", propôs o próprio Roberto Carlos. "Nessa noite eu dei um dos maiores vexames da minha vida. O pior é que a Nice ficou com a impressão de que eu era um bêbado. Quando voltei lá numa outra ocasião, ela não deixou servir uísque de jeito nenhum", comentou Farias.

Talvez até por causa dessa reação do diretor, Roberto Carlos decidiu fazer mais uma música para o filme, um tema quente, forte, de rock'n'roll, que não deixasse ninguém dormir ao ouvi-lo. Daí o seu apelo ao amigo Erasmo Carlos, pois sabia que o parceiro era bom nisso. Envolvido com filmagens, shows, gravações, festival, Roberto não conseguia desenvolver a música que começara a fazer — e o tempo era curto. Na fita enviada a Erasmo, ele tocava a melodia no violão, cantando apenas fragmentos da letra: "Eu sou terrível e é bom parar / Parapapá, parapapá..."

Erasmo topou a empreitada. Conforme previsto por Roberto, fez aquela letra com facilidade, embora tenha demorado bem mais do que dez minutos. De letra agressiva e ritmo pulsante, com metais em brasa do RC-7, "Eu sou terrível" tornou-se o tema principal de *Roberto Carlos em ritmo de aventura*, tocada logo na primeira cena, quando o cantor é perseguido de carro na subida da estrada do Corcovado. E mais do que isto: a canção marcava o recomeço da dupla Roberto e Erasmo Carlos, que a partir dali seguiria unida, e para sempre, compondo vários outros clássicos.

A última música gravada acabou ganhando também a faixa de abertura do novo álbum de Roberto Carlos, que chegaria às lojas em dezembro, meses antes da estreia do filme. A CBS seguiu o modelo da EMI com os Beatles, que lançou os álbuns *A hard day's night* e *Help!* como discos de carreira e trilhas dos filmes. Assim foi com o LP *Roberto Carlos em ritmo de aventura*, que traz na capa e na contracapa imagens feitas durante as filmagens pelo fotógrafo de cena Darcy Trigo. Paulista, na época com 29 anos, começara a carreira como repórter fotográfico. Sua primeira experiência no cinema foi em *O homem do Rio*, com Jean-Paul Belmondo, produção francesa de 1964, filmada no Brasil. Em seguida trabalhou em produções de *Tarzan* com o ator americano Mike Henry, o 14º Tarzan do cinema, que voou de tanga em florestas cariocas. Filmes como *Tarzan e o grande rio*, dirigido por Robert Day (com participação do ator Paulo Gracindo), e *Tarzan e o menino da selva*, de Robert Gordon (com José Lewgoy), tiveram cenários na Barra da Tijuca, à beira da lagoa do Camorim, no Recreio dos Bandeirantes, no Rio. "As fotos eram reveladas antes das cenas em movimento e o diretor ficava fascinado ao ver as imagens que eu fazia: 'Pô, se o filme estiver como essas fotos aqui, vai ser uma maravilha'", lembrou Darcy Trigo.

O trabalho de Trigo nos filmes de Tarzan chamou a atenção de Roberto Farias, que o convidou para fazer as fotografias de cena de

Roberto Carlos em ritmo de aventura, imagens que iriam para as portas dos cinemas e matérias da imprensa. Mas, no encerramento das filmagens, Farias comunicou-lhe mais uma destinação. "Trigo, escolhe umas fotos aí que é para colocar na capa do novo disco de Roberto Carlos." A ideia — de comum acordo com a CBS — era o LP já servir de divulgação para o filme que estrearia no começo do ano seguinte. Darcy Trigo então selecionou quinze imagens que foram encaminhadas à editoria de arte gráfica da gravadora. Lá, junto com sua equipe, o produtor Evandro Ribeiro escolheu uma foto de Roberto no helicóptero para estampar na capa e outras dez cenas do filme para a contracapa. Darcy Trigo não teve nenhuma participação nessa montagem. Ele só viu qual imagem tinha sido escolhida para a capa quando o LP já estava pronto. "Ficou muito boa a capa", opinou o fotógrafo em depoimento ao autor. "A cena do helicóptero caracteriza bem o filme, é algo marcante, até porque esse helicóptero atravessa por dentro de um túnel."

No início de dezembro daquele ano, Roberto Carlos soube que Evandro estava em São Paulo e foi ao encontro dele na sede da CBS, na avenida da Liberdade, no centro. Porém, ao chegar lá, para sua surpresa, se deparou com os corredores vazios — segundo apuraria o jornalista Luis Nassif para uma reportagem da *Veja*. O escritório do chefe estava fechado. Nem a secretária, Dayse, sempre tão presente, dessa vez o cantor encontrou. Também não viu ninguém na sala do departamento de divulgação. Roberto Carlos topou apenas com um faxineiro que lhe esclareceu as coisas: todo o pessoal da gravadora estava no depósito encapando o novo disco dele. Ao chegar lá, o artista viu pilhas de vinis de um lado, pilhas de capas de outro, e todos no árduo trabalho de colocar o vinil dentro das capas. "Você é o culpado de toda essa trabalheira", disse-lhe rindo e suando o divulgador José Vasco Bravo.

Na época, as capas eram impressas na própria gráfica da CBS, mas os discos eram prensados nas fábricas paulistas da RCA e Continental, pois a CBS ainda não tinha fábrica própria. Portanto, o vinil chegava separado da capa ao depósito da gravadora em São Paulo. Aí Evandro

Ribeiro montava essa operação de guerra para entregar a tempo as milhares de cópias do LPs em todas as lojas do país. Por mais de uma semana os funcionários revezaram-se em três turmas, 24 horas por dia, num movimento acelerado e repetitivo que lembrava uma cena de *Tempos modernos*, de Charles Chaplin. Mas na CBS todos participaram da operação: vendedores, secretárias, serventes e diretores, inclusive o chefe Evandro Ribeiro, que abandonava "sua confortável sala de diretoria para se misturar aos caminhões e pilha de discos do depósito", conforme relato da *Veja*.

A encapagem era a parte mais morosa da produção do LP anual de Roberto Carlos, porque realizada num esquema quase artesanal. O trabalho era feito apenas pelos empregados da gravadora porque estes estavam comprometidos em não divulgar antecipadamente o conteúdo do LP. Havia todo um cuidado para manter o sigilo sobre as faixas gravadas pelo cantor. Depois de concluída a encapagem, vinha o momento da distribuição, feito a partir de uma complicada operação de escala de distâncias que permitia o lançamento simultâneo do disco do Amazonas ao Rio Grande do Sul. E quando *Roberto Carlos em ritmo de aventura* finalmente chegou às lojas e rádios, explodiu de sucesso, a começar pela primeira faixa, "Eu sou terrível".

Em 2006, esta música faria parte da trilha de outro filme, *O ano em que meus pais saíram de férias*, drama político dirigido por Cao Hamburger. Entre as regravações, destaca-se a de Gal Costa, em 1970, com a musa tropicalista cantando alto o verso: "Garota que andar do meu lado / Vai ver que eu ando mesmo apressado" — mensagem de duplo sentido, pois o "apressado" tanto pode ser por sempre acelerar o automóvel na estrada como por logo querer fazer sexo com a garota. "Eu sou terrível" ganharia também uma performática interpretação ao vivo de Rita Lee em dueto com Caetano Veloso. Aliás, no auge do tropicalismo, Caetano colocara o verso de Roberto Carlos na boca da cantora Aracy de Almeida, para quem compôs "A voz do morto", que diz: "Ninguém me salva / Ninguém me engana / Eu sou alegre / Eu sou contente / Eu sou cigana / Eu sou terrível..."

33

JOVENS TARDES DE DOMINGO

"Eu me lembro com saudade
O tempo que passou
O tempo passa tão depressa
Mas em mim deixou
Jovens tardes de domingo"
Do álbum *Roberto Carlos*, 1977

Pode-se dizer que, ao longo da década de 1960, Roberto Carlos atravessou três fases no show business nacional: a fase do bolso, a fase da mala e a fase do cheque. A fase do bolso, ao início da carreira, quando o que recebia por uma apresentação num circo ou num clube do subúrbio dava para colocar no bolso da calça. Depois veio a fase da mala, consequência do sucesso nacional, com vários shows nos finais de semana vendidos pelo seu então empresário Geraldo Alves, que só trabalhava com dinheiro vivo. "Que cheque o quê, rapaz!? Até hoje você recebe cheque sem fundo, imagina naquele tempo", justificou. Foi um período complicado, porque o contratante pagava o cachê do cantor em duas parcelas: a primeira antes do espetáculo e a segunda logo depois, com o dinheiro que era retirado da bilheteria. E tudo em notas miúdas de 1, 2 e 5 cruzeiros, que o contratante colocava num pacote e dava para o empresário dele. Depois Roberto Carlos empurrava aquelas notas para dentro de uma mala sem nem ter tempo de conferir. Num final de semana, ele voltava para casa com o porta-malas do carro abarrotado de maços e maços de dinheiro. O que também fez o artista reforçar sua segurança pessoal, com receio de assaltos.

Certa vez, o cantor Jerry Adriani foi ao apartamento de Roberto, em São Paulo, que tinha acabado de retornar de um show. E viu o colega tirar um pacote de dinheiro da mala para guardar. "Roberto abriu um armário do quarto que só tinha tijolos de dinheiro, de cima a baixo. E ele ia botando mais aquela grana lá dentro, e teve de socar o dinheiro porque não cabia mais nada no armário." Nichollas Mariano também conta um episódio dessa fase. Ao regressar de um show, o cantor lhe entregou um pacotão de dinheiro; do jeito que estava, jogou aquilo em cima do armário, que era alto, para depois guardar. Acabaram esquecendo. Meses depois, durante a faxina do quarto, Mariano encontrou o pacote com 50 mil cruzeiros dentro. "O Roberto estava viajando e quando voltou eu perguntei: 'Você não está sentindo falta de algum dinheiro?' 'Que dinheiro?' Ele nem lembrava."

O economista Ademar Neves — que sucedera Geraldo Alves no escritório do cantor — iniciara um processo de modernização ali. O problema é que ele era um profissional de fora do meio artístico que desconhecia os meandros, as nuances, os contratantes, algo que Geraldo Alves dominava bem — o que lhe faltava, no entanto, era a visão empresarial do outro. Assim, Roberto Carlos continuava num certo impasse administrativo e, após cinco meses de experiência, decidira dispensar também Ademar Neves. Pessoas próximas ao cantor, como Paulinho Machado de Carvalho e o diretor Carlos Manga, o aconselharam a não perder mais tempo e entregar o comando de sua carreira ao experiente empresário argentino Marcos Lázaro — que os amigos chamavam de dom Marcos. Com ele, Roberto Carlos encerraria aquela fase de dinheiro vivo, em malas, pacotes e armários, entrando definitivamente na fase do cheque.

Filho de imigrantes judeus, Marcos Lázaro era engenheiro civil e se mudara para o Brasil, em 1963, para trabalhar numa construtora, no centro de São Paulo. Ao fim do expediente, costumava ir ao bar da Boate Oásis, na avenida Ipiranga, onde havia também shows de música e variedades. Uma noite, em outubro daquele ano, caminhando de volta para casa, encontrou dois argentinos que vieram ao Brasil se apresentar na televisão. Era um casal de bailarinos acrobáticos sobre patins. Foi um encontro casual, e os patrícios comentaram que gostariam de ficar mais alguns dias em São Paulo se pudessem ganhar outro cachê. Lázaro então os levou até a Boate Oásis, apresentando os dois ao gerente para o show de variedades. E o que, em princípio, seria apenas uma semana de apresentação do casal acabou durando seis meses. "E aí eles me fizeram ver que por tê-los empresariado eu teria direito a 20% do cachê que ganhavam. E eu nem sabia que era assim", afirmou em depoimento ao autor. Quando o casal de bailarinos retornou para a Argentina, Marcos Lázaro arranjou um equilibrista chinês para a boate, depois um bailarino japonês para a televisão, e assim foi se embrenhando no meio artístico.

O primeiro nome da nossa música que ele empresariou foi... Elis Regina. Elis se projetaria como uma estrela da MPB, em 1965, exatamente pelas mãos de Lázaro. Ele profissionalizou o show business no Brasil, pois seus artistas não voltavam mais para casa com o dinheiro na mala do carro. Passaram a receber o cachê na véspera do espetáculo e com cheque assinado pelo próprio Marcos Lázaro. O responsável pelo pagamento não era mais o dono do clube ou o diretor da televisão. Se pagassem com cheque sem fundo, seria problema de Lázaro; e, se o show não tivesse público, era também problema dele, porque o artista recebia o cachê do mesmo jeito e antes da apresentação. Por isso, muitos cantores queriam trabalhar com Marcos Lázaro, embora ele só aceitasse empresariar os que dariam retorno garantido. E um deles era, obviamente, Roberto Carlos, seu objeto de desejo desde a explosão de "Quero que vá tudo pro inferno", no começo da Jovem Guarda.

Mas Marcos Lázaro soube esperar. Em novembro de 1967, aos 42 anos, tornou-se oficialmente empresário de Roberto Carlos, cuidando de todos os contratos de seus shows e publicidade no Brasil e no exterior. Registre-se que o cantor não estava sozinho na relutância em aderir ao empresário argentino. Embora bem-sucedido, o seu modelo focado exclusivamente no aspecto comercial, e de forma agressiva, o afastava de integrantes da chamada MPB de extração universitária. Nesse sentido, Elis Regina era uma das poucas exceções, porque seus colegas preferiam atuar com outros empresários que surgiram na mesma época. Chico Buarque, Jorge Ben, Toquinho e MPB-4, por exemplo, eram empresariados por Roberto Colossi — um músico paulista que se bandeara para a produção de shows. Outros como Caetano Veloso, Gilberto Gil e Gal Costa tinham suas carreiras administradas pelo empresário carioca Guilherme Araújo. Mesmo Wilson Simonal só irá ceder às investidas de Marcos Lázaro em junho de 1971, quando a carreira do cantor estava prestes a iniciar a curva descendente. Antes disso, Simonal era também empresariado por Roberto Colossi.

No momento de assinar o contrato com o rei da Jovem Guarda, Marcos Lázaro deixou claro que sob sua administração não haveria espaço para intromissão de irmão, cunhado ou qualquer parente do artista. Teria que ser uma relação estritamente profissional e de confiança mútua. Roberto Carlos entendeu e aceitou. "É um homem com quem se pode dialogar", disse o empresário sobre o cantor. "Sabe ouvir, como sabe expor suas ideias. Tem poder de persuasão. Apesar de ser o mais caro artista brasileiro, tem um diálogo franco, como qualquer pessoa comum."

Os dois se entrosariam muito bem, pois o argentino parecia mesmo talhado para conduzir a carreira de Roberto Carlos e ajudá-lo a faturar alto com ela. De cara tirou o cantor da decadente TV Rio e negociou um contrato bem mais vantajoso com a TV Tupi, onde Roberto passaria a apresentar a versão carioca de seu programa da Record. Outras mudanças importantes ocorreriam à carreira dele sob a gestão de Marcos Lázaro. A começar por sua saída do programa *Jovem Guarda*, em janeiro de 1968.

Depois de dois anos de enorme sucesso, aquele musical começou a apresentar as primeiras quedas significativas de audiência. Era o sinal de que a fórmula se desgastara; de que o público já se cansava daquele esquema que se repetia todo domingo: entrava Erasmo, saía Roberto, voltava Roberto, entrava Wanderléa... Além disso, houve uma crescente desorganização e algum relaxamento na produção do programa. Aos artistas era solicitado chegar com pelo menos duas horas de antecedência para o espetáculo entrar no ar sem atropelos. Entretanto, muitos só chegavam em cima da hora; outros, depois que o programa já tinha começado, e todos cansados de shows feitos no sábado à noite em algum lugar do país. A equipe de produção ficava possessa tentando localizar o disperso elenco do *Jovem Guarda*. "Não sei como aquilo ia para o ar", refletia o Vip Márcio Antonucci. Às vezes os artistas se esqueciam de entrar em cena, pois ficavam nos bastidores de ouvidos colados nos rádios, escutando as transmissões esportivas de futebol. Nas decisões de campeonatos era uma luta para localizar determinados cantores.

Entre os que mais davam trabalho estavam os componentes da banda carioca Renato e Seus Blue Caps. Invariavelmente, aos domingos iam à praia e só pegavam a ponte aérea lá pelas 16h, quando o programa estava prestes a entrar no ar em São Paulo. Resultado: a banda sempre se apresentava no último bloco do *Jovem Guarda*. E, quando chegava o momento do número final, com todo o elenco reunido no palco, o contrarregra perdia tempo procurando por eles. Aí Renato e Seus Blue Caps já estavam voando de volta ao Rio. "A gente terminava de cantar e saía rapidamente pelo corredor. Pegávamos um táxi e íamos para Congonhas tomar o primeiro voo de volta ao Rio. Não queríamos saber de São Paulo", lembra Paulo César Barros. O pior é que muitas vezes chegavam tão atrasados que nem tinham tempo de mudar de roupa e entravam no palco de qualquer jeito, de chinelo ou tamanco, como saíam da praia. Até que Roberto Carlos deu uma dura no *band leader*: "Porra, Renato, você quer bagunçar meu programa, é?" Por essas e outras, Renato Barros decidiria procurar a direção da Record e cancelar o contrato da banda. As jovens tardes de domingo de Renato e Seus Blue Caps passaram mesmo a ser curtidas nas praias e nos campos de futebol cariocas.

Outro fator que contribuiu para a decadência do programa foi o desgaste provocado pela superexposição do elenco. O contrato da maioria dos artistas determinava uma participação semanal no *Jovem Guarda* e em mais quatro outras atrações da emissora — o que passasse disso seria extra. "Então todo mundo queria fazer quinhentos programas por mês para ganhar extra", afirma Erasmo Carlos, que, no domingo, estava no *Jovem Guarda*; na terça-feira, no *Agnaldo Rayol*

Show; na quinta, no *Show em Si... monal*; na sexta, no *Bossaudade*, de Elizeth Cardoso; no sábado, no *Astros do Disco* ou em qualquer outro programa do Canal 7, até mesmo naqueles de culinária à tarde. "Às vezes saíamos de um programa e íamos direto cantar em outro sem nem mesmo trocar de roupa", lembra João José, da dupla Os Jovens. Além disso, muitos deles nem se preocupavam em mudar o repertório, que era mesmo limitado, e cantavam sempre a mesma música em todas as atrações da Record.

Isso tudo acabou contribuindo para esvaziar o *Jovem Guarda*, que, no final de 1967, marcava dezoito pontos de audiência no Ibope — índice baixo para o outrora campeão das tardes de domingo. Para Erasmo Carlos, essa fase coincide com a mudança de gravação do Teatro Record para o Teatro Paramount, na avenida Brigadeiro Luiz Antônio. "Esse era muito maior e menos acolhedor que o Record. Era enorme, nunca ficava lotado e dava um clima sombrio." Meses antes, a emissora decidira fazer algumas mudanças no programa, começando pela troca de diretor: saíra Hélio Ansaldo e entrara Carlos Manga, indicação de Roberto Carlos, que gostava de trabalhar com ele no *Rio Jovem Guarda*, na TV Rio. E Manga assumiu cobrando novos cenários, iluminação mais moderna e dançarinas no palco, chamadas de RC-Cats. Além disso, procurou impor uma linha dura: os artistas deviam chegar ao teatro todos os domingos ao meio-dia para ensaios e preparativos finais. Quem se atrasasse, receberia cartão vermelho da produção. E ele efetivamente puniu dois ou três cantores de menor expressão. Entretanto, quando quis suspender Wanderléa por atraso, Erasmo Carlos reagiu: "Então vai ter de me suspender também." Seguiu-se uma discussão. Wanderléa chorou e acabou não participando do programa naquele domingo. "Fiquei muito aborrecida com tudo, mas, ao mesmo tempo, bastante confortada com a solidariedade de meus colegas", disse na época.

Talvez já fosse mesmo tarde para tentar qualquer mudança no *Jovem Guarda*, até porque a queda de audiência atingia não apenas aquele como também os demais programas de música jovem de outras emissoras. Para o dono da TV Record, a causa era a fraca produção musical dos artistas. "O iê-iê-iê entrou em franca decadência e não durará mais três meses se não sofrer profunda modificação", sentenciava Paulinho Machado de Carvalho. Já para Roberto Carlos, o problema estava na estrutura dos programas em si: "Meus discos continuam bem colocados nas paradas de sucesso. O iê-iê-iê tem as mesmas virtudes e os defeitos de qualquer outro ritmo. Se os programas estão caindo de audiência, as causas devem ser atribuídas às estruturas, às formas desses programas." Na verdade, ambos tinham razão: tanto a forma dos musicais estava gasta quanto o repertório da maioria dos cantores se pautava mesmo pela redundância e repetição.

Quando, no início de 1968, o Ibope registrou que o *Programa Silvio Santos* batera o *Jovem Guarda* em audiência, Roberto Carlos percebeu que era hora de tomar uma decisão. A sorte do seu programa estava selada. Não dava mais para reformular. A operação de salvamento do diretor Carlos Manga fracassara. Ele se justificou dizendo que, naquele momento, os jovens tinham preocupações sociais e estavam envolvidos em passeatas e manifestações de protesto no Brasil e em várias partes do mundo. "Se a juventude mudou — se a juventude, em lugar de ir para o auditório fazer romance com a namoradinha de um amigo, se em vez de botar uns óculos bonitinhos e gostar das pulseiras do Erasmo ou gostar dos cabelos louros da Wanderléa, prefere ir para a rua, prefere lutar por uma coisa mais sólida, mais positiva, mais objetiva, mais ofensiva, mais agressiva —, isso não é problema meu."

Àquela altura, Roberto Carlos já havia encerrado a parceria com a agência para o uso da marca Calhambeque, pois as falsificações se alastraram. O artista recusava promover determinados produtos, como cigarros e bebidas alcoólicas. Um fabricante de aguardente, por exemplo, queria rotular sua caninha com a marca Calhambeque. Entretanto, a negativa do cantor não impedia seu uso, e a cachaça Calhambeque foi vendida em vários bares de São Paulo. Qualquer fabricante de fundo de quintal percebia que era moleza fazer isso. A fiscalização era precária e o controle, difícil. A marca Calhambeque passou então a rotular uma gama variada de produtos que ia de cachaça a cebola — tudo sem pagar *royalties*. Quando Roberto percebeu a extensão do roubo, parou de promover a marca. Até mesmo a música "O calhambeque" ele deixou de cantar no programa, pois entendeu que estaria fazendo propaganda de graça.

Roberto Carlos se despediu oficialmente do *Jovem Guarda* em 14 de janeiro de 1968. O musical continuaria ainda mais alguns meses comandado por Erasmo e Wanderléa, mas todos sabiam que de fato acabava ali a grande festa de arromba. Naquela tarde, Roberto apareceu vestindo um terno azul-marinho, paletó esporte, camisa branca olímpica e uma capa preta de gola vermelha. Deu alguns passos na curta passarela que levava até o microfone e, acompanhado pelo RC-7, cantou "Quando", faixa do álbum *Roberto Carlos em ritmo de aventura*, lançado pouco mais de um mês antes. Ou seja, o rei da juventude brasileira deixava seu programa de televisão logo após gravar um dos discos mais representativos da Jovem Guarda.

O público já conhecia a maioria das faixas do novo álbum — um hit instantâneo — e cantou junto, gritando, vibrando, atirando flores e serpentinas no palco. Em seguida, Roberto Carlos chamou a "maninha" Wanderléa, que entrou trajando blusa e minissaia cinza-claro brilhante e botas brancas. Ela agradeceu ao amigo o longo tempo de parceria no programa e com a voz emocionada cantou "Te amo", seu recente hit composto por Roberto Corrêa e Sylvio Son: "Quisera ter a coragem de dizer / Que é bem grande o meu amor / Mas não sei o que acontece / Minha voz desaparece quando ao teu lado estou."

Segundo relato do *Jornal da Tarde*, o programa seguiu neste esquema: os artistas iam chegando pela passarela e, antes de apresentar seu número musical, agradeciam e se despediam de Roberto Carlos. "Vim de Minas por suas mãos, Roberto. Deus lhe pague o que você fez por mim", disse Martinha antes de cantar "Barra limpa", tema que ela gravara em homenagem ao cantor. "O seu sorriso é lindo / Seu olhar é tão tristonho / Os brotos quando o veem / Pensam estar vivendo um sonho." Na sequência se apresentaram Trio Esperança, Jerry Adriani e a dupla Os Vips. Roberto Carlos abraçava e agradecia a cada um.

Na metade do programa, o cantor voltou ao centro do palco para mostrar, dessa vez ao violão, mais um tema do seu novo álbum: "Como é grande o meu amor por você." A canção, até pouco tempo antes exclusiva de Nice, começava a conquistar também o público brasileiro. Um foco de luz forte caía sobre o rosto do artista, que cantou sob absoluto silêncio do auditório — onde estava também seu pai, Robertino Braga. A mãe, dona Laura, preferira não comparecer nesse dia.

O programa tinha um quadro chamado "Voz Misteriosa", com uma voz feminina em *off* que fazia perguntas indiscretas a Roberto Carlos, simulando a Candinha. Dessa vez a pergunta foi considerada indiscreta demais e acabou vetada pelo diretor Carlos Manga. "Roberto, você não acha perigoso deixar vaga, mesmo por algum tempo, a sua coroa? Lembre-se da recomendação de D. João VI ao seu filho D. Pedro I..." — numa referência ao célebre conselho do rei de Portugal, em abril de 1821, para que o filho tomasse a coroa do Brasil para si antes que algum "aventureiro" lançasse mão. A produção tinha também entregado a Erasmo Carlos um texto para ler no momento de despedida do companheiro. "Você, Roberto, não está deixando vago o seu trono de rei da Jovem Guarda para que este seu amigo tome posse dele. O trono é seu e ninguém vai ocupá-lo. O que vamos procurar fazer é continuar sua luta", e o texto prosseguia com mensagens de agradecimentos e desejos de boa sorte na nova fase que começava para o cantor. Mas Erasmo não conseguiu ler coisa alguma na hora. Inconsolável, tirou um enorme lenço e soluçou profundamente, enquanto o parceiro o abraçava.

Todo o elenco do *Jovem Guarda* estava no palco do Teatro Paramount quando a banda RC-7 deu os primeiros acordes da inevitável "Valsa da despedida". E todos cantaram, menos Erasmo e Wanderléa, que, abraçados, choravam copiosamente. Em seguida, Roberto Carlos foi para o microfone e novamente com todos cantou a última canção da tarde, a música símbolo daquela fase do pop brasileiro e que projetara definitivamente o nome do cantor no cenário artístico: "Quero que vá tudo pro inferno." Muitas meninas gritavam de pé sobre as poltronas, outras corriam para junto do palco, dando muito trabalho aos seguranças para manter a ordem. Era a robertomania a pleno vapor. No fim, o cantor se afastou do microfone e, com lágrimas nos olhos, juntou-se ao abraço de Erasmo e Wanderléa. As cortinas do teatro subiram e abaixaram uma, duas, três, quatro vezes, enquanto o público acenava e gritava num só coro: "Rei, rei, rei, Roberto Carlos é nosso rei." As rosas beijadas e atiradas pelos artistas eram disputadas à unha na plateia. Ao retornar para o camarim, Roberto ganhou abraços do chefe Paulinho Machado de Carvalho, do empresário Marcos Lázaro e do diretor Carlos Manga, que lhe deu um afago: "Meu querido, muito obrigado por tudo, e bem-vindo à velha guarda."

Na sua clássica obra *O príncipe*, Nicolau Maquiavel ensina, entre outras coisas, que um líder deve promover aos poucos as boas ações e de uma vez só aquelas que os súditos não vão gostar. Pois, naquele mês de janeiro de 1968, o rei da juventude brasileira fez exatamente isso: enquanto os fãs ainda lamentavam sua despedida do programa *Jovem Guarda*, três dias depois ele se permitiu aparecer pela primeira vez ao lado de Nice numa capa de revista. Roberto já tinha admitido publicamente que namorava uma moça com esse nome. Faltava, porém, posar ao lado dela. A notícia se espalhou como rastilho de pólvora e, naquela quarta-feira, as fãs corriam até a banca para confirmar se era verdade ou não. Sim, lá estava o casal na capa da *Manchete*, com Nice no primeiro plano sob a chamada "Exclusivo — A noiva de Roberto Carlos". Quem tinha dinheiro comprava logo a revista; quem não tinha folheava nervosamente na banca as páginas até achar a reportagem interna que trazia o título: "Cleonice e Roberto Carlos: casamento em abril." Ou seja, agora era oficial: o ídolo máximo da nossa juventude, Roberto Carlos, iria mesmo se casar. Muitas fãs entraram em estado de choque. Uma coisa é ouvir dizer que o cantor pretendia se casar; outra completamente diferente era encarar a realidade de seu enlace. Porque agora estava à vista de todos: a paulistana Cleonice Rossi, que até poucos meses antes quase ninguém conhecia, aparecia ao lado dele como a futura senhora Roberto Carlos Braga.

Algumas meninas, aos prantos, ameaçavam se suicidar. Uma fã do interior de Goiás já tinha até escrito uma carta ao artista falando exatamente sobre isso. "Nada nesta vida me serve a não ser você, querido. É uma grande esperança perdida, mas eu quero te amar até morrer, e sei que morrerei logo, pois bastará eu ficar sabendo que você se casou. O ciúme que eu tenho por ti é imenso." Por esse motivo, ele vinha tratando o assunto com muito cuidado para aquilo não abalar demasiadamente as fãs nem atingir negativamente sua carreira. "Havia realmente esse receio", afirmou o cantor, "mas chegou a um ponto que eu vi que tinha que enfrentar a situação e, de certa forma, mudar a opinião do público sobre essa questão de casamento, principalmente o de um artista de iê-iê-iê. Achei que o certo era enfrentar a situação. Era um risco que eu corria, podia conseguir ou não."

Aquela reportagem foi acertada dois meses antes com o próprio artista, firmando-se a partir daí uma longa parceria dele com a Editora Bloch, que publicava também revistas como *Fatos & Fotos*, *Amiga* e *Sétimo Céu*. O carro-chefe era a *Manchete*, que bateu recordes de vendas com essa edição de 27 de janeiro. É uma reportagem de sete páginas, com oito fotos do casal (incluindo a da capa), feitas num mesmo cenário — o amplo jardim de uma mansão com um Oldsmobile azul estacionado na entrada. Nice aparece com três diferentes modelos de vestido, um deles todo vermelho, e Roberto de calças listradas, ora de blaser, ora de jaqueta, ora de capa. Vê-se que houve um trabalho de produção para essas primeiras imagens do casal na imprensa, e em nenhuma eles estão se beijando ou se agarrando. Há no máximo uma foto em que Roberto abraça Nice pela cintura com a mão esquerda, tocando delicadamente a mão dela com a direita. Todo cuidado parecia pouco para não magoar (demais) as fãs.

Cada fotografia ou frase dessa reportagem foi devidamente aprovada por Roberto Carlos. Após toda aquela onda em torno de uma tal "Eunice", ele não queria apresentar a noiva usando o nome dela abreviado, mas completo — Cleonice —, e assim ela é citada em toda a matéria, que destaca: "Aqui está o segredo cuidadosamente guardado durante muito tempo: Roberto Carlos está noivo, o namoro já dura um ano." Note-se que houve uma ampliação do período do romance. O que pouco tempo antes o cantor dissera ser de apenas "três meses", agora durava "um ano" — quando na verdade já tinha quase o dobro disso.

A revista conta que "o namoro começou às escondidas. Roberto Carlos ia conhecendo, aos poucos, o que lhe interessava saber: ela é filha de um jornalista, Edmundo Rossi (falecido recentemente); a mãe chama-se D. Minerva Rossi, e a família se completa com um rapaz, Luís Carlos, um ano mais velho que Cleonice". Veja que entre aquilo que "interessava saber" não constam o estado civil da moça nem que ela já tinha uma filha de outro casamento — a reportagem omite essas informações. Ou seja, a família de Nice "se completa" sem a pequena Ana Paula. Mas a desinformação não para por aí. Diz lá que Cleonice é "uma jovem paulista de 23 anos" — quando, àquela altura, já contava com 27, um a mais que Roberto Carlos. Ocorre que o próprio cantor não revelava sua verdadeira idade, citada na época como 24 anos, dois a menos do que no registro civil. Daí que ele reduziu também a idade de Nice para deixá-la próxima da maioria das fãs.

No afã de agradar a Roberto Carlos, a reportagem de *Manchete* critica a própria imprensa ao dizer que o cantor "costuma enfrentar com bom humor a onda de boatos sobre a sua vida privada. E, de tudo quanto tem sido dito e escrito a esse respeito, raramente há algo de verdadeiro". E então a revista reproduz a primeira fala de Nice para um órgão da grande mídia nacional com rasgados elogios ao noivo cantor: "Ele é espetacular. Comunica-se com o público de uma maneira comovente."

Embora o objetivo da reportagem fosse apresentar a "noiva de Roberto Carlos", curiosamente ele mesmo nada diz sobre Nice; só ela fala do parceiro, acrescentando que "a marca principal de Roberto Carlos é a bondade; nunca em minha vida conheci uma pessoa tão boa e compreensiva". Porém, ela admite que "é um pouco cansativo ser namorada de um ídolo. Em todos os lugares a que vamos, as pessoas olham, examinam, analisam. Mas o pior são os boatos. Só vendo as histórias que aparecem. Durante todo o namoro precisei ficar escondida, fugindo de jornalistas. Tudo isso vai parar, entretanto. Quando casarmos, vamos morar numa casa isolada, longe do tumulto".

Naquela semana, Roberto Carlos foi o assunto nacional, tanto pelo aspecto pessoal — com os comentários sobre sua noiva — como pelo profissional, por sua decisão de deixar o *Jovem Guarda*. Na quinta--feira, a *Folha de S.Paulo* também estampou uma foto do cantor na capa, comentando esses temas. Sobre o aspecto profissional, houve consenso entre críticos e artistas de que ele tomara a atitude certa. Ronaldo Bôscoli, por exemplo, foi enfático: "Além de seu inegável talento, Roberto mostrou inteligência nessa decisão, pois se desligou de um grupo com limitações para tomar seu caminho próprio como cantor de qualidade que é. Não seria justo que um artista de mérito afundasse junto com outros que sempre existiram em função de seu mito." Carlos Imperial também concordou com seu ex-pupilo: "Roberto caiu fora com razão. E quem quer que entre no seu lugar no programa pegará um tremendo rabo de foguete, porque a estrutura está gasta, e nessas alturas nem os Beatles levantariam mais o *Jovem Guarda*."

Pois esse "rabo de foguete" acabou mesmo nas mãos da Ternurinha e do Tremendão. E foi como dois autênticos "desanimadores" de auditório que encararam a missão. "O programa já deu o que tinha que dar. Só continuo mesmo se isso for absolutamente necessário", afirmou Erasmo Carlos. "*Jovem Guarda* é o próprio Roberto. Acho que sem ele o programa não tem razão de ser, a menos que mude de forma." Wanderléa era ainda mais pessimista: "Se depender de mim, não faço mais o programa, que já está condenado há algum tempo, com Roberto ou sem Roberto." De sua parte, o comandante Paulinho Machado de Carvalho procurava animar a tropa: "O receio de Erasmo e Wanderléa é normal. Apesar de consagrados, a responsabilidade é enorme. Dizem que o iê-iê-iê está doente, mas não vai morrer. Faremos um enxerto no *Jovem Guarda* que, segundo nossos cálculos, tem possibilidades de êxito."

Apesar dos esforços da Record, no entanto, o que se viu nos primeiros programas foi um roteiro confuso, um elenco inibido e um auditório insatisfeito, que, aos gritos, pedia "Roberto! Roberto! Queremos Roberto!". Carlos Manga fez algumas reformulações para a semana seguinte e, aos poucos, foi domando o auditório, criando novos quadros, procurando trazer novos convidados. Erasmo e Wanderléa passaram a ficar até mais empolgados com o *Jovem Guarda*.

O programa, porém, acabou de vez, e repentinamente, em junho daquele ano, meses depois da saída de Roberto Carlos. Erasmo chegara cedo ao Teatro Paramount, quando um assistente de produção lhe deu a notícia, até meio sem jeito: "Olha, este é o último dia." "Levei um choque", diz Erasmo, que naquela tarde subiu ao palco visivelmente abatido. "Fiquei atordoado, não sabia o que fazer, o que dizer, chorei como criança. Eu não estava preparado para aquela situação. Era muito jovem. Na minha cabeça, o *Jovem Guarda* não ia terminar nunca. Aquele clima, aquele encontro, festa, alegria, aquelas tardes de domingo nunca teriam fim. De repente, anunciavam o fim. Era como se tivesse perdido, de uma vez, meu pai e minha mãe." Paulinho Machado de Carvalho confirmaria o encerramento da atração em um curto comunicado à imprensa: "Todo programa tem seu ciclo certo. Chegou a hora de substituir o *Jovem Guarda*."

A emissora criou as pressas outra atração para tentar reconquistar aquele horário de domingo. Mas seria tudo em vão, porque se defrontava com um novo fenômeno da televisão brasileira: Silvio Santos, então com 38 anos, chamado de "o rei da miséria" por alguns colunistas de jornais. Em 1968, o *Programa Silvio Santos* se consolidou como líder de audiência na TV Tupi. A partir de então, as tardes de domingo na televisão, que antes tiveram a participação de Pelé, Coutinho e companhia, depois Roberto Carlos e sua turma, agora seriam de Silvio Santos e suas "colegas de trabalho" — termo que usou em substituição ao preconceituoso "macacas de auditório", da Era do Rádio.

Do programa *Jovem Guarda* — aí já nomeando também todo um movimento de música jovem no Brasil — restaria no futuro apenas a saudade, porque até mesmo os vídeos gravados se perderiam nos descasos com a memória e com os seguidos incêndios que atingiram a TV Record. Na década de 1960, período ainda de pouca segurança nas estações de televisão, era comum incêndios atingirem as instalações — como os que ocorreram na TV Excelsior, em 1966, e nas TVs Globo e Bandeirantes, em 1969. Mas até nesse quesito a TV Record liderou: foram quatro incêndios naquela década, o primeiro deles em maio de 1960; outro, bem maior, na manhã de 29 de julho de 1966, que destruiria um arquivo de dez anos da emissora, com vários tapes de shows e jogos de futebol — e também as primeiras exibições do

Jovem Guarda. Incêndios em maior ou menor grau voltariam a atingir a emissora paulista em 1968 e 1969. Além disso, em meio à crise financeira, muitas gravações eram apagadas depois pelos próprios diretores, que usavam as fitas para gravar por cima os programas seguintes. Tudo isso contribuiria para que hoje restassem pouquíssimas imagens de Roberto Carlos e sua turma no musical da TV Record. Da versão carioca do *Jovem Guarda* gravado na TV Rio parece que nada sobreviveu.

Na lembrança do público e da maioria dos artistas, aquelas tardes de domingo foram momentos felizes que seguiram vivos na memória de todos os participantes, sendo celebrados em depoimentos e canções.

Uma das músicas, porém, lançada quase dez anos depois do fim da Jovem Guarda, teve intenção crítica, com uma letra irônica e debochada a partir do próprio título: "Arrombou a festa", gravação de Rita Lee composta em parceria com o futuro best-seller Paulo Coelho. "Lembro que parafraseamos várias pérolas que Raul Seixas comentava na intimidade sobre artistas brasileiros", contou ela na sua autobiografia. Ao contrário da celebrativa "Festa de arromba", sucesso de Erasmo, que lhe serviria de mote, o rock de Rita Lee pichava diversos nomes da nossa música popular, do brega à MPB, incluindo o ex-rei da Jovem Guarda no verso "Dez anos e Roberto não mudou de profissão / Da festa de arromba ainda está com seu carrão". Ao comentar na época essa referência ao cantor, Rita procurou contextualizar a crítica: "Isso quer dizer que eu sempre estive com ele muito de perto e que eu sempre gostei muito dele", lembrando que "quando ainda nem éramos Mutantes fizemos uma apresentação no *Jovem Guarda*" e que os Mutantes sempre tocaram em show as músicas de Roberto, como 'O calhambeque' e outras daquela fase".

Mas, naquele momento, nada do que a cantora dissesse em entrevistas parecia amenizar o escracho que cantava na música. Um colunista social disse que Rita Lee estava sendo "bastante insultada pelos seus colegas depois do sucesso de 'Arrombou a festa'. Estão dizendo misérias da cantora...", e por aí vai. Um dos artistas mais indignados era o cantor Mauro Celso — criador dos hits "Farofa-fá" e "Bilu teteia"

—, que responderia publicamente a Rita com outro rock, "Macacos coloridos", de letra igualmente irônica e bem mais agressiva: "Você tá ficando uma velha coroca / Ainda anda atacando muito de cocota... / Você imita tudo que é feito nos Estados Unidos / Você e seus amigos pra mim são macacos coloridos."

Roberto Carlos também reagiria com uma música, mas sem qualquer crítica ou referência direta a Rita Lee. Lançada no fim de 1977 — mesmo ano do sucesso de "Arrombou a festa" —, "Jovens tardes de domingo" era uma celebração positiva da Jovem Guarda, embora com melodia triste e ritmo lento. Em vez de deboche e ironia, evoca a ternura e saudade "daquelas tardes de guitarras, sonhos e emoções". Era como se Roberto Carlos procurasse reconstruir o que fora estilhaçado nos versos da corrosiva "Arrombou a festa". Não por acaso, ele também cita "Festa de arromba" na abertura e no final da gravação de "Jovens tardes de domingo", cantando ainda um trecho de "Parei na contramão" — "Vinha voando no meu carro" —, numa referência ao carrão ironizado por Rita Lee.

Com o tempo, "Jovens tardes de domingo" se tornaria um clássico do repertório popular, cujo título seria uma expressão quase sinônima da própria Jovem Guarda. Daí que uma coletânea em CDs com gravações da época, lançada pela Sony Music em 1990, teve o título *Jovens tardes de domingo — 25 anos de Jovem Guarda*. Isso também se verifica até hoje no conteúdo de reportagens ou crônicas sobre esse movimento musical dos anos 1960, com os jornalistas frequentemente se referindo àquele período como "jovens tardes de domingo". Mas o uso dessa expressão, popularizada pela canção do Roberto, não ficou restrita ao universo do iê-iê-iê nacional. É também citada, por exemplo, por um colunista gastronômico do *Jornal do Commercio*. Ao fazer um breve histórico de bebidas famosas, ele diz que "a Cuba--libre regou os sábados alucinantes e as jovens tardes de domingo de uma geração do pós-guerra". Por sua vez, o jornalista Luiz Fernando Vianna usa também a expressão ao escrever sobre o turfe carioca e lembrar a morte de cavalos famosos como Itajara e Falcon Jet, concluindo que ficaram "meio outonais aquelas jovens tardes de domingo no hipódromo". Já o jornalista e cronista esportivo Armando Nogueira parece ter se tomado de amor pelo título da canção do Roberto, pois abusava dele em suas crônicas no *Jornal do Brasil*. Por exemplo, em março de 1991, ao recordar que Garrincha "dobrava as esquinas da área driblando Deus-e-o-Mundo com a bola jovial da nossa infância. Quanta saudade daquele drible pela direita que alegrava as minhas jovens tardes de domingo". Em outra crônica, do mesmo ano, dessa vez sobre o craque Zizinho, da seleção brasileira de 1950, diz que foi "luminosa criatura dos meus campos de sonho. Ele deu os melhores recitais de futebol das minhas jovens tardes de domingo". Por fim, em outro texto, de agosto de 2000, exaltando a figura do goleiro, "o grande herói das traves", Armando Nogueira cita Vladimir Nabokov "que, antes de se consagrar como notável escritor, costumava passar suas jovens tardes de domingo fechando o gol, no timezinho de seu bairro, em Londres".

Para além de todas as citações, esse clássico do repertório de Roberto Carlos seguiu também sendo regravado em discos de outros artistas, como Gal Costa, Ângela Maria, Agnaldo Timóteo, Eduardo Lages e o fadista português José da Câmara. A gravação de Gal, com arranjo de Eumir Deodato, foi feita especialmente para a trilha da novela *Zazá*, da TV Globo, em 1997, que renovou o sucesso da música, exatos vinte anos depois do lançamento. O tema emoldurava as aparições da personagem-título da novela, vivida pela atriz Fernanda Montenegro. No fim daquele ano, Gal Costa foi uma das atrações do especial de Roberto, na Globo, quando mais uma vez o cantor compartilhou com convidados a canção "Jovens tardes de domingo". Ela seria também incluída no repertório de seu show *Romântico*, que estreou no Metropolitan, no Rio, em janeiro de 1998. Antes de cantá-la, Roberto Carlos comentava com ar nostálgico que "a festa de arromba era — ou ainda é — a Jovem Guarda... a fruta que a gente mordeu e jamais esqueceu o gosto".

34

CANZONE PER TE

*"La festa è appena cominciata
È già finita
Il cielo non è più con noi
Il nostro amore era l'invidia"*
Do single Roberto Carlos, 1968

Localizada na Riviera Italiana, no norte do país, a pequena e pitoresca cidade de Sanremo — também conhecida como "Cidade das Flores" — foi palco de um dos momentos mais consagradores da carreira de Roberto Carlos: a vitória no XVIII Festival della Canzone Italiana di Sanremo, em fevereiro de 1968. "Uma coisa muito importante na minha vida", diria o cantor. "Muito mais do que uma data, uma confiança em mim mesmo."

Esse badalado festival surgira no início da década anterior, quando a Itália começava a reerguer-se no cenário internacional com um surpreendente crescimento político e econômico. Antes de Sanremo, a música italiana situava-se quase exclusivamente no campo da ópera ou nos temas folclóricos, sendo poucas as canções populares que conseguiam repercussão no exterior. Os primeiros anos de Sanremo, que vão de 1951 a 1957, podem ser considerados a fase primitiva do festival, ainda restrito à península itálica ou aos países europeus circunvizinhos. Em 1955, passou a ser transmitido ao vivo pela RAI, o canal estatal, o que contribuiu para uma popularidade ainda maior do evento. Mas a grande virada se deu em 1958, marco do início da fase de ouro do festival, quando efetivamente se internacionalizou, tornando-se a grande vitrine da moderna música italiana.

O principal responsável foi um jovem e talentoso músico, descendente de ciganos, chamado Domenico Modugno — que da noite para o dia transformou-se no maior nome da canção italiana. O fato ocorreu no Festival de Sanremo de 1958, ao apresentar a sua composição "Volare (Nel blu dipinto di blu)", que conquistou o indiscutível primeiro lugar. De Sanremo para o mundo, "Volare" tornou-se um dos temas musicais mais populares de todos os tempos. Além do prêmio no festival italiano, a gravação de Modugno também conquistaria duas das principais categorias do Grammy, premiação da indústria do disco norte-americana estabelecida exatamente naquele ano de 1958.

Após o estupendo sucesso de "Volare", o Festival de Sanremo incorporou-se ao calendário da música popular internacional. A cada ano, a Itália e grande parte do mundo aguardavam com expectativa a realização do evento, todos ansiosos para ouvir um novo Volare. E foi quase o que apareceu com a vencedora de 1961: a linda canção "Al di là", de Carlo Donida e Mogol, que, interpretada por Emilio Pericoli, correria o mundo como tema do filme *Candelabro italiano*. Naquele momento, a música italiana era presença constante nas paradas de sucessos internacionais, e no rastro de Domenico Modugno uma nova geração de cantores despontava para a glória: Sergio Endrigo, Gianni Morandi, Rita Pavone, Peppino di Capri e Gigliola Cinquetti, cantora que se consagraria no festival de 1966 ao defender a romântica "Dio, come ti amo", outro hit mundial composto por Domenico Modugno.

Com a crescente importância de Sanremo, vencer aquele festival tornara-se, para alguns artistas, questão de vida ou morte — de fato. No festival de 1967, Luigi Tenco se suicidou, aos 29 anos, após ser informado de que sua canção "Ciao amore, ciao" não se classificara para a final da competição. Junto ao corpo dele foi encontrado um bilhete com esta mensagem: "O público quis e lhe dediquei cinco anos da minha vida. Faço isto não porque esteja cansado da vida, mas como protesto." A tragédia atingia em cheio o glamour que cercava o festival italiano.

Já havia, porém, uma mística em relação a Sanremo semelhante àquela que envolve os vencedores do Oscar. O resultado final do festival era comentado pelos principais jornais do mundo, dos capitalistas Estados Unidos à comunista União Soviética. Intérpretes de vários países tinham em Sanremo uma fonte para seu repertório de canções. Elvis Presley, por exemplo, gravaria "You don't have to say you love me", versão de "Io che non vivo senza te", de Pino Donaggio; e Chico Buarque, "Minha história", versão de "Gesù Bambino", de Lucio Dalla — ambas as músicas participantes de Sanremo. Portanto, quando começou a nova edição do festival em 1968, olhos e ouvidos de boa parte do mundo estavam voltados para a pequena cidade italiana, que entre seus convidados concorrentes contaria com um muito especial: Louis Armstrong.

Por sua vez, àquela altura, era cada vez maior a projeção de Roberto Carlos no cenário internacional. Como já vimos, no ano anterior ele participara do Festival Internacional de Veneza, lançando com sucesso na Itália a música "La donna di un amico mio". Antes, também se apresentara no Midem, em Cannes, mostra organizada pela indústria do disco que premiava os artistas recordistas em vendas em cada país. Foi aí que Sergio Endrigo conheceu Roberto Carlos e ficou impressionado com sua performance. Os números de vendagem do cantor brasileiro já vinham também chamando a atenção de José Pigianinni, gerente-geral da CBS italiana. Após ouvir os discos dele, decidiu se empenhar para colocá-lo no Festival de Sanremo. A CBS italiana era associada à Compagnia Generale del Disco (CGD), umas das editoras de música mais importantes do país — e com grande influência naquele evento anual. Caberia exatamente à CGD formalizar o convite a Roberto Carlos.

A primeira oportunidade surgira em 1967 com a canção "Dove credi di andare", de Sergio Endrigo. Roberto ouviu, gostou e concordou em cantá-la no festival. Entretanto, um mês antes de começar o evento, enviou um telegrama para os organizadores comunicando sua desistência. O motivo fora a decepção ao saber que aquela mesma música seria também cantada no festival pelo italiano Memo Remigi.

"Eles queriam me fazer de zé. Isso não!", disse à imprensa brasileira. Na verdade, ninguém queria enganar Roberto Carlos. Ele é que não estava devidamente informado sobre o regulamento. Acostumado aos festivais do Brasil, não sabia que em Sanremo cada música concorrente era interpretada por dois cantores, geralmente um italiano e outro estrangeiro. A justificativa dos organizadores era a de que assim seria mais bem avaliada a potencialidade de cada canção, além de atender à crescente repercussão do festival no cenário internacional. O regulamento, contudo, determinava que só podiam concorrer autores italianos, e que as canções tinham que ser cantadas nesse idioma.

As duas versões de cada música eram apresentadas no mesmo dia. Os italianos cantavam na primeira parte; e, na segunda, os estrangeiros, dando as suas interpretações aos temas já apresentados. A rigor, para efeito de votação do júri, a que "valia" mesmo era a dos italianos. Os convidados ficavam mais como uma atração especial ou mera curiosidade. A obrigatoriedade de se cantar em italiano complicava as coisas para os estrangeiros. No festival de 1968, por exemplo, Louis Armstrong fez muito esforço para decorar a letra de "Mi va di cantare", de Giorgio Bertero e Vincenzo Buonassisi. Mesmo assim, poucos conseguiram entendê-lo. Imagine se os nossos festivais, como o da TV Record, tivessem esse mesmo regulamento. Veríamos, por exemplo, Jair Rodrigues apresentar "Disparada" e depois essa mesma música ser cantada em português por alguém como Charles Aznavour. Estranho, não? Pois era isso o que acontecia no Festival de Sanremo.

Depois de esclarecido sobre o regulamento, Roberto Carlos concordou em participar do festival de 1968. Faltava definir qual música defenderia. A CBS italiana enviou duas composições: "Canzone per te", de Sergio Endrigo e Sergio Bardotti, e "L'ultima cosa", de Luciano Beretta e Umberto Balsamo. O cantor aprovou e gravou as duas antecipadamente, mas logo ficou definido que cantaria em Sanremo o tema de Endrigo e Bardotti. A canção "L'ultima cosa" não passara na pré-seleção que escolhia as 28 canções concorrentes.

Sergio Endrigo era um dos cantores e compositores (ou *cantautori*, como se diz na Itália) mais representativos da chamada "geração de ouro" da música italiana. Nascido em 1933, órfão de pai desde pequeno, foi criado pela mãe e pelos avós operários num ambiente de pobreza. Aos 17 anos começara a carreira de cantor se apresentando em bares e restaurantes. "Eu era uma espécie de garçom", costumava dizer. "Só que, em vez de servir café, servia música, que as pessoas consumiam sem maior interesse." Em 1954, participou de um concurso de calouros no Teatro Malibran e foi contratado como cantor lírico no Lido, em Veneza. Mesmo já com um salário melhor e uma plateia atenta, só optaria definitivamente pela música popular ao começar a compor suas primeiras canções de protesto.

O romântico Sergio Endrigo era de esquerda, membro do Partido Comunista Italiano, e várias de suas composições falam de guerrilhas e dos dramas dos trabalhadores urbanos — tema que ele, como filho de operários, conhecia muito bem. Canções como "Bella ciao", "La periferia", "Bolle di sapone", "I tuoi vent'anni" faziam de Sergio Endrigo uma espécie de Geraldo Vandré da Itália. Entretanto, fora de seu país ele ficaria bem mais famoso por composições românticas como "Io che amo solo te", "Teresa" e... "Canzone per te". "Eu não gosto muito de trabalhar nesse tipo de música. Como profissional, no entanto, tenho de agradar a todas as espécies de plateia", justificava.

Endrigo compunha sozinho a maior parte de seu repertório. Mas, entre alguns de seus parceiros, o mais constante foi o amigo Sergio Bardotti, italiano de Pavia, que era maestro e letrista. Além de temas de "desamor", como "Canzone per te", eles criaram também canções de temática explicitamente política, como "Perché non dormi fratello" e "La ballata dell'ex", que desafia: "O mundo é um cão / Mas desta vez o mundo vai mudar / Em breve eles vão acabar com os dias negros de medo / Um novo mundo vai subir / Para todos a igualdade e a liberdade."

Endrigo e Bardotti foram talvez os compositores italianos mais identificados com a música brasileira. O encontro com Roberto Carlos em Sanremo seria apenas o primeiro de uma série de outros que eles iriam travar com artistas do Brasil. Os dois se tornariam amigos de Vinicius de Moraes, Toquinho e Chico Buarque. O disco *Os saltimbancos*, por exemplo, gravado por Chico em 1977, é uma versão do original de Sergio Bardotti com Luis Bacalov. Dois anos depois, Toquinho e Vinicius iriam compor "Samba pra Endrigo", uma homenagem deles ao autor de "Canzone per te".

A Itália compareceu com sua força máxima ao Festival de Sanremo de 1968, liderada pelos ex-campeões Domenico Modugno e Gigliola Cinquetti. E os convidados internacionais foram os mais fortes de toda a história do evento. Além de Louis Armstrong, participaram, por exemplo, os também norte-americanos Dionne Warwick e Wilson Pickett; o canadense Paul Anka; o francês Sacha Distel; e a britânica Shirley Bassey. Naquele ano, Roberto Carlos talvez fosse o convidado menos conhecido do público italiano — apesar do então recente sucesso de "La donna di un amico mio" entre parcela da juventude do país. Mas a desinformação era tanta que o jornal *Il Tempo* de Roma o apresentou como "o rei da bossa nova brasileira".

Dias antes de seguir para a Itália, Roberto Carlos se exibira pela segunda vez no Midem, em Cannes, cantando "Quando" e "Namoradinha de um amigo meu", acompanhado pela orquestra de Frank Pourcel. Ele chegou em San Remo na véspera de sua apresentação, em 1º de fevereiro. No muro que cercava o local do evento havia cartazes com o nome e o rosto do ídolo brasileiro, entre os dos também concorrentes Al Bano e a cantora Marisa Sannia — que ficaria em segundo lugar naquele festival. Roberto Carlos parecia muito tenso, sobretudo porque ainda não dominava o idioma local. Além do mais, como reagiriam diante dele — um discípulo de João Gilberto — os espectadores de uma terra que ama o *bel canto*? "Lembro muito bem de quando eu cheguei a Sanremo. Eu tremia no aeroporto. E tremia no hotel. Quando eu abri a mala para pegar a roupa, eu tremia ainda mais. Mas talvez se soubesse o que ia acontecer não tivesse tremido tanto ou de repente até tivesse tremido mais", disse o cantor.

E sua tensão só fez aumentar. Ao chegar à tarde para ensaiar com a orquestra do festival, foi surpreendido com a informação de que os autores de "Canzone per te" tinham feito modificações na letra dela. "Existe uma pequena diferença nas palavras, mas não no espírito da música. Isso aconteceu porque tentei melhorar ainda mais a letra antes de entregá-la a Roberto", explicaria depois Endrigo. O "espírito da música" de fato permaneceu — uma triste balada de dois amantes que se separam —, porém não com "pequenas" alterações de palavras. A parte que menos mudou foi somente a primeira estrofe, conservando os primeiros — e melhores — versos da letra: "La festa appena cominciata è già finita / Il cielo non è più con noi / Il nostro amore era l'invidia a di chi è solo." Mas a partir daí os autores alteraram praticamente tudo. O final dessa primeira estrofe, toda a segunda estrofe, metades da terceira e da quarta, e o começo do refrão, que na versão anterior dizia "E tu, tu mi dirai / Che sei felice come non sei stata mai". Com a alteração ficou "Chissà se finirà / Se un nuovo sogno la mia mano prenderà".

Roberto tratou de aprender rapidamente a nova letra, mas, como já tinha deixado "Canzone per te" gravada no Brasil, a versão que seu público ouviria em disco — e que ele seguiria cantando em shows — é a de uma música com uma letra que para os autores era ainda provisória. A que pretendiam definitiva seria apresentada em Sanremo e depois em gravações do próprio Sergio Endrigo.

O festival foi realizado na sala de concertos do Cassino Municipal de Sanremo, de clássica arquitetura art nouveau. A sua plateia era formada por pessoas que estavam ali como se fossem ver a ópera *Aida*, de Giuseppe Verdi. Diferentemente de outros festivais, em Sanremo não havia vaias, cartazes ou palmas fora de hora. Depois de Sergio Endrigo apresentar "Canzone per te", era a vez de Roberto Carlos subir ao palco para dar a sua versão. De calça e paletó escuros e com uma camisa branca cujos punhos longos de babados quase ocultavam suas mãos, Roberto foi recebido sob palmas comedidas da plateia. O maior entusiasmo ficou por conta de alguns brasileiros, entre os quais a namorada Nice, o empresário Marcos Lázaro e o produtor Evandro Ribeiro — todos devidamente acomodados na sala de concertos do cassino. Precavido, Roberto Carlos levou trechos da letra escritos na palma da mão esquerda e optou por não ficar muito preocupado com a pronúncia para não prejudicar a interpretação. Foi uma decisão acertada: sua performance agradou ao júri e ao público, que ao final aplaudiu o cantor brasileiro.

Sanremo tinha um corpo de jurados imenso, quase 2 mil votantes, em sua maioria jornalistas credenciados pelo festival. Quase todos acompanhavam o desfile de canções pela televisão porque não precisavam estar de corpo presente. No momento da apuração, os organizadores telefonavam para as redações dos jornais e revistas e pediam os votos de cada jurado — tudo transmitido ao vivo por várias emissoras de rádio. "Logo na sexta-feira, minha música foi a mais votada. Isso me deixou terrivelmente emocionado", comentou Roberto, que cantou ainda mais confiante na última noite, no sábado. No momento da contagem final, o empresário Marcos Lázaro seguiu para a sala de imprensa, onde anotava em um papel as notas que eram passadas pelo rádio. Bom de número, enquanto anotava já ia somando mentalmente a totalização final. Lá pelas tantas, deu um grito de guerra que chamou a atenção de todos na sala. Era a sua certeza, antes de todas aquelas pessoas ali, de que a música de Sergio Endrigo não poderia mais perder.

Lázaro imediatamente correu para o camarim onde Roberto Carlos aguardava, ansioso, pelo resultado. Ao final da apuração, "Canzone per te" foi declarada a música vencedora, com um total de 905 votos. O segundo lugar ficou com "Casa bianca", defendida por Ornella Vanoni e Marisa Sannia. "Perdi porque Roberto é possivelmente mais bonito do que eu", disse Ornella num gracejo. "Depois da vitória perdi a noção do que fazia, fiquei tonto. Fui empurrado para uma sala onde havia mais de sessenta fotógrafos. Quis escapar, mas trouxeram-me de volta aos empurrões. Foi engraçado", lembraria o cantor. "Aquela avalanche de repórteres e fotógrafos para cima de Roberto Carlos era um negócio incrível. E ele ficou realmente inibido, porque Roberto é muito tímido", afirmou Evandro Ribeiro. "Para mim foi a melhor interpretação do festival. Roberto mereceu ganhar, sinto-me orgulhosa", comentou Nice com um repórter.

A premiação ocorreu logo depois, e o cantor teve de voltar ao palco sob a pressão de mais câmeras, luzes, flashes e milhares de espectadores. Os autores Endrigo e Bardotti receberam o troféu pela autoria da canção vitoriosa; já Roberto Carlos ganhou uma medalha, entregue por dois convidados do festival, que o abraçaram e cumprimentaram efusivamente. "Infelizmente, nem guardei os seus nomes, sei que eram dois sujeitos importantíssimos, mas com toda aquela emoção da vitória nem escutei o nome deles direito", desculpou-se. Eufórico, Sergio Endrigo beijou Roberto Carlos e gritou para os colegas: "Vou com ele para o Brasil!" — algo que os dois tinham combinado de fazer se "Canzone per te" fosse a vencedora. Domenico Modugno, Orlenella Vanoni e outros concorrentes também abraçaram o artista brasileiro. "Sua maneira de cantar é diferente, personalíssima. Foi uma das razões de sua vitória", diria a cantora Gigliola Cinquetti.

Depois de ficar até a madrugada comemorando com Nice, no dia seguinte Roberto Carlos enviou um curto telegrama para dona Laura: "Minha mãe, seu filho vitorioso. Contentíssimo. Abraços. Seu fio." A notícia foi divulgada no Brasil no próprio sábado à noite com enorme destaque pela TV Record. No domingo, estava na primeira página da maioria dos grandes jornais do país; em alguns outros, na segunda-feira, como o *Última Hora*, com a imagem do cantor ao lado do logotipo do jornal: "Roberto quebra tabu em Sanremo." Erasmo Carlos expressou muita alegria com a conquista internacional do parceiro: "Em primeiro lugar, estou contente como qualquer um dos 80 milhões de brasileiros. Em segundo, estou rindo da cara dos críticos que disseram estar Roberto Carlos no fim." Wanderléa falou também com entusiasmo: "É um negócio importantíssimo, porque todos sabem que o Festival de Sanremo é uma espécie de Oscar da música. É claro que devemos estar mesmo muito orgulhosos, não só o pessoal da Jovem Guarda, mas todos os brasileiros."

Como era então comum, a campeã "Canzone per te" se tornou uma das músicas mais ouvidas e comentadas na Itália. Um crítico de lá escreveu que "foi a vitória da seriedade e da modéstia". E ninguém protestou ou questionou o resultado, algo que não acontecia em Sanremo desde "Volare", dez anos antes. O jornal *Izvestia*, da União Soviética, avaliou que aquele festival deixou muito a desejar, ressaltando, no entanto, a canção de Sergio Endrigo, "realmente bela, adjetivo que pouquíssimas outras do festival poderiam merecer".

Ninguém podia imaginar, mas aquele seria o derradeiro grande Festival de Sanremo, tomando como referência as participações estrangeiras. O do ano seguinte não atraiu qualquer grande astro e, a partir da década de 1970, o grande público já não saberia de cor a música vencedora. A sua fase de ouro terminava ali, e compreende exatamente o período de 1958-1968, de "Volare" a "Canzone per te".

Imediatamente propagou-se no Brasil que Roberto Carlos fora o primeiro ou o único não italiano a ganhar o Festival de Sanremo — algo que, aliás, é repetido até hoje, inclusive no site oficial do cantor. Não é verdade. Em 1964, por exemplo, a cantora francesa Patricia Carli defendera, com Gigliola Cinquetti, a canção vencedora do festival, "Non ho l'età per amarti". No ano seguinte, seria a vez do grupo de folk norte-americano The New Christy Minstrels apresentar, com Bobby Solo, a canção que se sagraria campeã, "Se piangi, se ridi". Nos anos posteriores à vitória de Roberto Carlos, outros não italianos também venceram, como a cantora norte-americana de jazz Dee Dee Bridgewater e a inglesa Sarah Jane Morris — e todos na mesma condição do ídolo da Jovem Guarda, ou seja, defendendo com algum italiano a canção concorrente. No Brasil, porém, ninguém quis saber disso. O vencedor era Roberto Carlos e o caneco era nosso, de mais ninguém.

E, como um autêntico campeão do mundo, o cantor foi recepcionado na volta da Itália. Os fãs mal dormiram, e desde as 5 da manhã começaram a chegar ao aeroporto de Congonhas, em São Paulo, para ver o desembarque do ídolo. Às 6 horas, toda a ala nacional do aeroporto já estava cercada por grossos cordões de isolamento e um pelotão de duzentos guardas civis, além de quarenta soldados da Polícia Marítima. Com a cidade num dia claro de sol forte, às 7 horas, milhares de jovens gritavam, choravam e se aglomeravam próximos do coreto de onde Roberto Carlos os saudaria. Por toda parte havia gente — e muitos de cara pintada. Faixas imensas eram estendidas pelo aeroporto, uma delas com a frase "Salve Roberto Carlos, rei legítimo da juventude brasileira". Lá fora, flâmulas com a imagem do cantor erguendo o troféu de Sanremo eram vendidas aos montes. Uma de suas fãs, a empregada doméstica Glória Francisca Costa, constatava, entre perplexa e entusiasmada: "Nunca vi tanta gente reunida assim por uma só pessoa. Mas o Brasa merece muito mais. E se minha patroa reclamar da falta ao serviço peço as contas e vou embora."

A expectativa aumentou depois das 9 horas. Cada avião da ponte aérea que aterrissava era saudado com acenos de bandeiras e muitos gritos. Era a robertomania a plenos pulmões. A imprensa relata que uma senhora inglesa de passagem comentou, surpresa: "What is happening? Is the Queen arriving?" (O que está acontecendo. É a rainha chegando?) Não, não era Sua Majestade, nem os Beatles. Mas, para aquela madame inglesa, era como se fosse. Às 11 horas, sol quente, a multidão crescia e já não respeitava mais os cordões de isolamento — aos poucos, invadia a pista do aeroporto. Os alto-falantes anunciavam a cada cinco minutos que Roberto Carlos desembarcaria ao meio-dia. E, com uma pontualidade inglesa, o Caravelle da Cruzeiro do Sul despontou na cabeceira da pista.

Como numa operação de guerra, os quarenta soldados, agrupados em círculo, foram correndo em direção ao avião. Aos gritos, os fãs se lançavam contra as cordas de isolamento. Fotógrafos disputavam aos empurrões o melhor ângulo. O policiamento foi reforçado e ficou ainda mais violento. Houve empurrões, cacetadas, socos, gente espremida. No corre-corre, algumas meninas caíram na pista, se feriram, outras quase foram atingidas pelas asas da aeronave. Centenas de pessoas seriam atendidas no ambulatório do aeroporto.

Com muita dificuldade, a escada foi colocada à porta do avião, que ainda permaneceu fechada por mais de dez minutos. Quando finalmente Roberto Carlos apareceu, as aeromoças gritavam pedindo passagem, os guardas gritavam, o povo gritava. Loucura total. O cantor chegou com novo visual: de óculos redondos de aros fininhos e um pequeno bigode, que deixara crescer logo depois do festival.

"Estou muito emocionado...", disse Roberto diante de um muro de microfones na pista. "Foi uma grande emoção ganhar o Festival de Sanremo..." O barulho ensurdecedor não permitia ouvir o que mais falou. Carregado nos ombros, atravessou um corredor formado pela

Polícia Marítima e chegou até o carro do Corpo de Bombeiros — o mesmo que transportara Pelé, Garrincha e demais bicampeões mundiais pelas ruas de São Paulo após a conquista da Copa do Mundo de 1962. Mas dessa vez a multidão se aproximou perigosamente do veículo, querendo pegar, tocar, ver mais de perto o cantor. Temendo pela segurança dele, os policiais o retiraram do carro aberto e o colocaram dentro de seu Cadillac presidencial, conduzido pelo motorista Eurico, que partiu sob chuva de papéis picados e serpentinas. Muitos automóveis seguiram o carro do artista por boa parte do percurso até se dispersarem no caótico trânsito de São Paulo.

Roberto Carlos ganhou o festival no sábado, dia 3; na segunda-feira, a CBS distribuiu o compacto simples com as duas músicas que ele já deixara gravadas: "Canzone per te", no lado A, e "L'ultima cosa", no B — ambas com arranjos de cordas do maestro Alexandre Gnattali. Roberto comentou na época que a balada "L'ultima cosa" era uma canção de estilo "mais popular". Sim, mas naquele momento o que o público queria ouvir era a campeã do Festival de Sanremo, e "Canzone per te" logo despontou nas paradas de sucesso. Na Itália foram lançadas duas gravações, a do autor e a do cantor brasileiro, que rivalizaram em vendagem, cada qual com uma letra diferente. Em seguida, Roberto gravou o seu primeiro álbum em italiano, com a faixa-título "Canzone per te", que abria o disco, e mais dez canções dele em versões escritas pelo compositor Daniele Pace, com exceção "Io te darei il cielo" ("Eu te darei o céu"), por Cristiano Malgioglio.

Tanto lá como cá, a gravação de "Canzone per te" se deparou com um fenômeno mundial: a música "Pata Pata", da cantora sul-africana Miriam Makeba — e arranjo do maestro norte-americano Jimmy Wisner, que a partir de 1971 atuará também em discos de Roberto Carlos. A procura pelo disco dela era tão grande que algumas lojas do ramo até exibiam um cartaz impresso na porta, "Temos 'Pata Pata'". No Brasil ela chegou ao primeiro lugar no fim de 1967, superando a gravação de "Eu daria minha vida" com Roberto Carlos. Quando a CBS lançou o single dele com "Canzone per te", no início de fevereiro, "Pata Pata" continuava no topo da vendagem de compacto simples, na pesquisa do Ibope. Mas "Canzone per te" foi subindo rapidamente, enquanto a outra começava a descer. No fim de fevereiro, o disco de Roberto alcançava o primeiro lugar, desbancando de vez o fenômeno sul-africano. Anos depois, a CBS incluiria essa gravação de "Canzone per te" no álbum *San Remo 1968*, coletânea de canções de Roberto anteriormente lançadas em compactos ou na série *As 14 mais*. O curioso é que na capa, embora tascando Sanremo no título, o cantor aparece sentado numa gôndola, sendo conduzido por um gondoleiro, numa foto tirada quando ele participou do Festival de Veneza, no ano anterior.

No mês seguinte à vitória de "Canzone per te" no festival, conforme prometido, Sergio Endrigo esteve no Brasil para participar dos programas de Roberto Carlos nas TVs Record e Tupi, e fazer alguns shows com ele. A todos com quem estabelecia um diálogo de mais de dez minutos, Endrigo perguntava sobre a situação política do Brasil com a desculpa de ser "um curioso dos problemas latino-americanos". E as informações que recebia não eram nada animadoras: ditadura militar, governo Costa e Silva, censura — convulsões políticas e sociais que resultariam na decretação do AI-5 em dezembro daquele ano. Depois Endrigo acompanharia da Itália a polêmica que envolveu Geraldo Vandré e a canção "Pra não dizer que não falei das flores", banida pelos generais brasileiros. Solidário, ele decidiu gravá-la numa versão em italiano feita por Sergio Bardotti.

Mas, ao mesmo tempo, Endrigo também se encantou com uma música que ouvira Roberto Carlos cantar no seu programa de televisão: "Eu daria minha vida". Um ou dois dias depois, no intervalo de um show, ele foi apresentado ao Queijinho de Minas e comentou, sorrindo: "É esta menina a autora daquela música tão bonita?" Segundo Martinha, ali mesmo Sergio Endrigo prometeu que gravaria sua música quando voltasse para a Itália. E gravou mesmo, numa versão com letra também do parceiro Sergio Bardotti. De Geraldo Vandré a Martinha, passando por Roberto Carlos, Chico Buarque e Vinicius de Moraes: assim eram os autores de "Canzone per te".

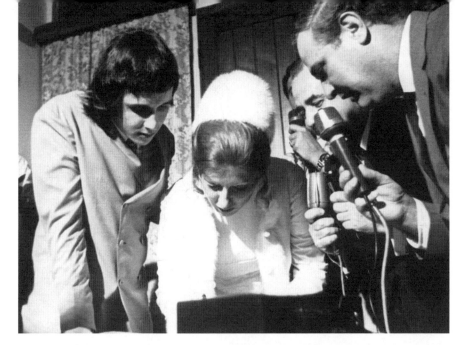

35

NINGUÉM VAI TIRAR VOCÊ DE MIM

"Não me canso de falar que te amo
E que ninguém vai tirar você de mim
Nada importa se eu tenho você comigo
Eu por você faço tudo"
Do álbum O *inimitável*, 1968

No momento da vitória de "Canzone per te" em Sanremo, o diretor Roberto Farias finalizava a montagem de *Roberto Carlos em ritmo de aventura* e entendeu que precisava incluir essa música por ser um tema de repercussão internacional. O problema é que não havia mais filmagens a fazer, o longa estava praticamente pronto e já com muitas canções do cantor na trilha. Mesmo assim, Farias mergulhou na sala de edição para colocar a campeã de Sanremo na única sequência com sobras de fita: a de Roberto Carlos voando de helicóptero sobre o Rio de Janeiro. É uma cena de aventura que pede uma música de ritmo agitado, como "Namoradinha de um amigo meu", que funciona bem na primeira parte do voo, inclusive naquela travessia do Túnel do Pasmado. Mas Farias não encontrou mesmo outro lugar para "Canzone per te", que começa a tocar no filme quando Roberto sobrevoa a avenida Presidente Vargas, no centro. Na primeira montagem essa sequência do helicóptero era mais curta, daí acabou ganhando uns minutos a mais — como o sobrevoo sobre a Cinelândia com o Palácio Monroe. Porém, nem era necessário ser entendido em cinema para constatar que a canção de Sergio Endrigo nada tinha a ver com o enredo do filme

— e muito menos com a paisagem carioca, vista de um helicóptero e num colorido à la Jean Manzon.

Anunciado para fevereiro, depois março, *Roberto Carlos em ritmo de aventura* foi finalmente lançado em abril de 1968, e a badalada noite de estreia ocorreu no Cine Ipiranga, em São Paulo. Era um dos maiores e mais tradicionais cinemas da cidade, com quase 2 mil lugares, distribuídos entre plateia, balcão e camarote. Na entrada, o público se deparava com um cartaz gigantesco de Roberto Carlos com o dedo indicador apontando para a frente. A sessão estava marcada para as 21h30, mas duas horas antes uma multidão começara a se formar lá fora, desafiando a garoa. A polícia militar organizou um cordão de isolamento que se estendia da mítica esquina da Ipiranga com a avenida São João até o lado direito do saguão do cinema. Havia apenas uma pequena passagem para a entrada dos convidados, entre os quais o então prefeito de São Paulo, Faria Lima, e Maria do Carmo Sodré, representando seu pai, o governador Abreu Sodré, naquele dia em viagem pelo interior do estado. Na calçada, a Banda da Força Pública, de uniforme de gala, tocava marchas militares e temas do filme como "Eu sou terrível", "Quando" e "De que vale tudo isso".

Roberto Carlos saiu atrasado de casa no seu Cadillac preto, acompanhado de Nice, num vestido longo vermelho, com plumas, confeccionado por Clodovil. Nessa avant-première ocorreria a primeira aparição pública do casal em um grande evento no Brasil — considerando que estiveram juntos em Sanremo. Um carro especial da polícia rodoviária foi cedido pelo governo do estado para abrir-lhes caminho nas proximidades do Cine Ipiranga. Pouco antes de o casal chegar, o comandante do pelotão da PM pediu reforço, pois a multidão ameaçava romper o cordão de isolamento. Ao se aproximarem do local, Roberto e Nice ainda permaneceram um bom tempo presos no Cadillac, enquanto os policiais tentavam afastar a massa que cercava o automóvel. Para entrar no saguão do cinema foi outro problema: havia gente demais ali, principalmente repórteres querendo fotografar e falar com o casal. Os holofotes caíram em jorro sobre os dois. "Hoje, para mim, significa um novo marco. Estou contentíssimo com essa manifestação de carinho do público", disse Roberto, de cachimbo na mão, numa rápida conversa com a imprensa. "Apenas desculpem a afobação. É que estou preocupado com Nicinha: ela não está acostumada com esse povo todo, fica nervosa." De fato, segundo relato da imprensa, Nice parecia mesmo meio assustada com todo aquele alvoroço em torno deles.

Com o atraso do casal e mais esse tumulto na chegada, a sessão só iria começar depois das 23 horas, quase duas horas depois do previsto. Lá dentro, o prefeito Faria Lima cochilava, enquanto o diretor Roberto Farias olhava várias vezes para o relógio, ansioso para ver seu filme começar. Com muita dificuldade, os policiais levaram Roberto Carlos e Nice para a sala de projeção, já completamente lotada. Os pais do cantor, seu Robertino e dona Laura, sentaram-se em poltronas da gerência. Estavam também na plateia amigos e colaboradores de Roberto, como a cantora Martinha, o diretor Carlos Manga, o empresário Marcos Lázaro e os músicos do RC-7. Uma ausência notada foi a de Erasmo Carlos; outra, a de Wanderléa — ambos não haviam participado desse primeiro musical do cantor. Antes de iniciar a sessão, o comediante Ronald Golias subiu ao palco para apresentar o elenco e a equipe técnica do filme, cada um focalizado por um refletor. Chamado também ao palco, Roberto Carlos apenas agradeceu a presença de todos e desejou um bom divertimento — não fazendo qualquer comentário sobre o atraso. O cantor sentou-se com Nice na décima terceira fila, ao lado do prefeito e da filha do governador.

Quando as luzes se apagaram, para Roberto Farias finalmente começava o primeiro teste de seu filme. E, mais do que na tela, ele se concentrou na reação da plateia. Daí que ficou bastante preocupado quando, ao final da sessão, foi aplaudido sem nenhum entusiasmo. Houve apenas palmas protocolares. "Para um primeiro filme, acho que me saí bem", comentou Roberto Carlos sobre sua atuação, destacando que "as cenas com tomadas no Corcovado, onde fui perseguido, me emocionaram muito". Já Roberto Farias saiu desapontado com a fria reação do público. "Pra mim aquilo era um sinal de fracasso à vista. Na hora pensei: 'Puta merda, será que errei a mão? Será que fiz brincadeira demais?' Porra, estavam todos ali querendo ver o filme de

Roberto Carlos e no fim aplaudem sem nenhum entusiasmo? Naquela noite fui dormir apreensivo, achando que o filme ia ser um fracasso."

O pessimismo do diretor durou pouco, porque nos dias seguintes *Roberto Carlos em ritmo de aventura* explodiu nas bilheterias. No domingo, apenas o Cine Ipiranga vendeu 7 mil ingressos. Nelson Motta comentou em sua coluna que o cinema teve na primeira semana "uma frequência média de 110% de sua capacidade", pois "em todas as sessões havia cerca de duzentos espectadores em pé ou no chão". A própria produtora de Roberto Farias fez a distribuição do longa, lançado simultaneamente em várias cidades — algo pouco comum naquele momento do cinema brasileiro. O filme de Roberto Carlos acabou atraindo uma multidão de clássico de futebol. "Dezesseis cinemas em uma semana receberam um público de oito Pacaembus inteiramente lotados", dizia a publicidade dele nos jornais.

Depois o diretor entendeu o motivo da fria recepção da estreia. A renda fora em benefício das obras assistenciais da primeira-dama do estado de São Paulo. Havia ali uma plateia formada em grande parte por familiares e amigos de autoridades públicas, do governador, do prefeito, dos secretários, enfim, senhoras da sociedade paulistana, que se sentiram ultrajadas com a espera de quase duas horas pelo cantor de iê-iê-iê. E ele nem sequer tivera a delicadeza de se desculpar pelo atraso. Quem ele pensa que é? Se Roberto Carlos fosse John Lennon, teria dito no início daquela sessão: "Os que estão nos assentos mais baratos batam palmas. O restante basta chacoalhar as joias" — como fez o beatle em 1963, ao se apresentar com sua banda no Royal Variety Show, evento anual de caridade da família real. No Rio, o filme teve uma estreia mais calorosa, atraindo ao Cine Ópera, em Botafogo, vários artistas da música e do cinema, como Nara Leão, Cacá Diegues, Leila Diniz, Nelson Pereira dos Santos e o produtor Luiz Carlos Barreto.

Ao conferir o filme de Roberto Carlos, a crítica se deparou com algo inédito no cinema nacional: o peso da produção e a qualidade técnica — e esse aspecto foi muito destacado nas resenhas. O grande crítico Alex Viany, por exemplo, afirmou "tratar-se de uma curiosa experiência de cinema popular, com uma produção de alto nível, que deverá ser observada de perto pelos técnicos e teóricos do cinema brasileiro". Ely Azeredo, do *Jornal do Brasil*, analisou que "*Roberto Carlos em ritmo de aventura* é, enfim, a utopia feita de acetato, imagem em tela, com muitos espectadores assistindo: um filme americano comercial, de impecável nível técnico, feito por brasileiros, interpretado por brasileiros, distribuído por brasileiros". No mesmo sentido é a opinião de Sérgio Augusto, para quem o filme de Roberto Farias "é o cinema reduzido a um complexo industrial", e que o verdadeiro autor dele seria "o seu diretor de produção, equivalendo dizer que este filme é uma espécie de *Ben-Hur* subdesenvolvido: grandes movimentações, explosões infalíveis, som perfeito, cor uniforme etc." Por sua vez, Maurício Rittner, de O *Estado de S. Paulo*, considerou o filme "um espetáculo vazio e maçante", mas também admitiu ser "materialmente bem-feito", de "produção arrojada", com destaque para a "primorosa" fotografia de José Medeiros. O crítico Salvyano Cavalcanti, do *Correio da Manhã*, também destacou o padrão técnico, "a competir com o mais alto dos países superdesenvolvidos", mas que, "esteticamente, nenhuma surpresa, nenhuma originalidade; também nenhuma pretensão".

A opinião mais dura sobre o filme veio de um então jovem crítico paulista, Rubens Ewald Filho, de 23 anos, iniciando-se na carreira, no jornal *A Tribuna*, de Santos. Ele não quis saber de aspectos técnicos da produção e centrou fogo no conteúdo da fita, reintitulando-a de "em ritmo de decepção". Afirmou que ali "tudo é uma correria sem sentido" e "terrivelmente cansativa". O crítico identificou a influência dos musicais de Richard Lester com os Beatles. "Roberto Farias procurou usar o mesmo humor nonsense, o absurdo, mas, enquanto o de Lester é um absurdo inteligente e caleidoscópico, o de Farias é de uma idiotice irritante." Diz ainda que "ninguém consegue entender" o que o diretor pretendeu com esse filme, mas que "seu xará, o Carlos, não merecia isso. Afinal de contas, é um ídolo". Ewald Filho implicou até com o elenco feminino — "as moças são feias, inexperientes e sem graça" — e com os rapazes do RC-7 — "não podiam ser mais antifotogênicos". Conclui afirmando que o musical "consegue ser pior do que o abacaxi da Wanderléa" — numa referência ao filme *Juventude e ternura*, de Aurélio Teixeira, lançado meses antes, arrasado pela crítica.

Apesar de opiniões como essa, *Roberto Carlos em ritmo de aventura* bateu todos os recordes de bilheteria no nosso cinema — alcançando a plateia de um longa da série James Bond. "Na época não tínhamos estatísticas, mas acho que o filme deu mais de 4 milhões de espectadores", afirmou Roberto Farias. Segundo dados do Instituto Nacional de Cinema (INC), entre os títulos brasileiros estreados em 1968, ele faturou mais que o dobro do segundo colocado, *O jeca e a freira*, de Mazzaropi, e mais que o triplo do terceiro, *Garota de Ipanema*, de Leon Hirszman. A enorme repercussão desse primeiro filme de Roberto Carlos inspirou a montagem do musical *Bonecas em ritmo de aventura*, estrelado pela atriz e cantora Rogéria no Teatro Rival, no Rio de Janeiro. Depois o filme foi também lançado com sucesso em vários países da América Latina e em Portugal, lotando por semanas o Cine Aviz, em Lisboa.

Mas qual a opinião do próprio diretor sobre seu filme? Na entrevista que me concedeu, em dezembro de 1997, Roberto Farias ouviu essa pergunta. A resposta dele: "Ao que se propôs ser, ele cumpre. O filme tinha uma produção tão esmagadora que se impunha como uma obra de entretenimento. Até hoje, raramente o cinema brasileiro produziu um longa-metragem com uma massa de produção tão grande quanto a desse filme." Farias enfatizou que sempre seguiu o cinema clássico narrativo, sem elucubrações intelectualizantes. "Eu raramente uso metáforas nos meus filmes. Eu faço um cinema objetivo, direto, claro. Lição do Watson Macedo: não me importo que o mais inteligente se aborreça; mas quero que o mais burro entenda. E não tenho nenhum complexo de ser acadêmico. Meu objetivo é este mesmo: fazer um filme com um tipo de narrativa que seja agradável para o espectador. Nada que ele se canse, se aborreça ou que demore demais."

Pouco antes do lançamento de seu primeiro longa, Roberto Carlos também estreara, em março, o seu novo programa na TV Record: *Roberto Carlos à noite*, dessa vez sem auditório, mas com convidados, entrevistas e direcionado a um público mais adulto. O tratamento musical era também mais sofisticado, com a presença de maestros como Rogério Duprat, Damiano Cozzela e Luiz Carlos Vinhas.

A expectativa era a de obter uma audiência renovada e ampliada. No mesmo mês, também estreou na TV Tupi o programa *RC-68*, versão carioca do programa da Record, ambos dirigidos por Carlos Manga. "Antes, eu fazia meus programas com muito carinho. Agora, vou fazê-los com muito amor", disse na estreia, que teve como principais convidados o cantor Sergio Endrigo, Pelé e o costureiro Dener no quadro de entrevistas.

Àquela altura, avançavam os preparativos para o seu casamento com Nice, mas que não ocorreria em abril, como anunciado, e sim no começo de maio, na Bolívia. "Não acredito que haverá casamento", previa a "maninha" Wanderléa, um mês antes da cerimônia, para consolo de muita gente. Até o último instante, pessoas próximas a Roberto Carlos tentaram demovê-lo. Seu chefe na CBS, Evandro Ribeiro, sua mãe Laura, seu pai Robertino, sua secretária Edy Silva, seu "mordomo" Nichollas Mariano, enfim, toda a corte do rei foi contra a decisão. "Eu não admitia, porque tinha certeza de que aquele casamento ia acabar com a carreira dele", afirmou Edy Silva em depoimento ao autor. "Depois de a gente ter lutado tanto, ter trabalhado tanto, jogar assim tudo pro alto por causa de uma mulher? Meu Deus do céu! Aquilo pra mim era uma barbaridade. Mas não teve ninguém que o convencesse a mudar de ideia. Todas as outras mulheres eu consegui tirar dele, mas essa não houve jeito." A oposição do seu núcleo duro não era pelo mesmo motivo. Aos pais do cantor, por exemplo, incomodava vê-lo se casar com uma mulher desquitada. Num encontro com a freira Fausta de Jesus, ex-professora de Roberto Carlos, seu Robertino indagou-lhe sobre a atitude do filho: "Irmã, a senhora acha isso certo? Pra mim não é."

No caso de Nichollas Mariano, havia também sua antiga amizade com Magda Fonseca, desde os tempos da Rádio Carioca, e no fundo ele ainda torcia e acreditava numa reconciliação do casal. A chegada de Nice representara uma pá de cal nesse desejo secreto. Aí não teve mesmo jeito, e a nova namorada de Roberto, uma mulher elegante, sofisticada, pareceu a Mariano excessivamente vaidosa e ambiciosa. "A Magda, apesar de ser rica de berço, era de uma simplicidade franciscana e, além disso, gostava do Roberto Carlos desde o tempo em que ele era um cantorzinho anônimo com o violão debaixo do braço", compara. Acrescente-se o fato de que, pouco antes de se casar, Nice já estava morando no apartamento de Roberto Carlos, na rua Albuquerque Lins — o que tirara de seus amigos e assessores a autonomia de que desfrutavam ali. "Afinal de contas, agora havia uma rainha no castelo, uma mulher que mudava as coisas, dava ordens, impunha a sua vontade", reclamou Mariano.

O cantor Agnaldo Timóteo, que conhecera Roberto antes e depois do namoro com Nice, observa um aspecto da relação dos dois: "Nice deu a Roberto Carlos uma distinção que ele não tinha, lhe ensinou regras de etiqueta que ele ainda não dominava. Por exemplo, como receber em casa, regras de absoluta necessidade para a vida social de alguém que passou a se relacionar com um segmento mais elitizado." Isso era também um contraste com as pessoas que compunham o círculo mais íntimo do cantor. O próprio Mariano — que se preparara para ser mordomo consultando manuais, alguns até vendidos em cursos por correspondência — ficava realmente intimidado e incomodado com a presença de Nice. "De uma forma estranha, eu sentia que ela tinha vergonha de nós, que fazíamos parte da pré-história da vida de Roberto Carlos, embora ela tenha sempre me tratado bem, mas de uma maneira ou de outra conseguiu afastar quase todos os antigos amigos e colaboradores do Roberto."

A fotógrafa Cynira Arruda afirma que Nice e Roberto formavam um casal cintilante e que a namorada tinha luz própria. "Como jornalista e fotógrafa, a mim dava vontade de fotografar tanto Roberto quanto Nice, porque ambos tinham o mesmo poder de atração visual. Nice era uma mulher exuberante, alta, bonita e com um perfil de estrela. Em qualquer local aonde ela chegava com Roberto, era como se fossem lady Di e o príncipe Charles", compara.

Quem não via graça alguma naquilo era a multidão de moças, a maioria de origem humilde, que desde pelo menos 1963 — com o sucesso nacional de "Parei na contramão" — acalentava a ilusão de ter o cantor só para si. Havia ainda o agravante de Nice ser totalmente fora do perfil de uma típica fã de Roberto Carlos. Se ao menos a eleita do rei fosse solteira, mais jovem e virgem, as fãs poderiam olhá-la com inveja, mas se sentiriam representadas. Com Nice, definitivamente não; era uma mulher mais velha, separada e mãe. Ressalte-se também a sua coragem, porque de antemão já estava sendo condenada por uma possível queda do ídolo Roberto Carlos. E os olhos de todo o mundo se voltariam contra ela se a carreira do artista de fato naufragasse. Todos iriam apontá-la para sempre como a responsável pelo fim do reinado do rei da Jovem Guarda — algo semelhante ao que ocorrera com Yoko Ono, que muitos fãs dos Beatles até hoje culpam pela dissolução da banda. Porém, Nice e Roberto Carlos pagaram para ver, até porque ela descobrira já estar grávida de seu primeiro filho com o cantor.

Quando Roberto comunicou que a sua decisão era mesmo irrevogável, sua amiga e secretária Edy não se conteve e explodiu: "Roberto, quero que você, Nice e tudo o mais vá pro inferno." Ela ficara tão intransigente que o cantor se veria obrigado a lhe dar férias por tempo indeterminado. Pior aconteceu ao amigo feito mordomo Nichollas Mariano, demitido para sempre, após o artista descobrir que falava mal de sua noiva. Segundo o próprio Mariano narraria no seu livro de memórias, a conversa foi dura.

"Mariano, pensei que você fosse uma pessoa da minha confiança, mas vejo que eu me enganei. Você permite que na minha própria casa se fale mal da pessoa que eu amo", cobrou-lhe Roberto.

O outro decidiu falar francamente:

"Sabe, Roberto, o negócio é o seguinte, jogo aberto, eu não gosto mesmo da Nice, acho que ela só está a fim de faturar o teu sucesso."

"Chega!", interrompeu-lhe abruptamente o cantor. "Se você não gosta da Nice, não pode ficar comigo. Não vou permitir que tramem contra mim dentro da minha própria casa. Você tem que ir embora!"

Anos depois, Nichollas Mariano e Edy Silva reconheceriam o equívoco do prognóstico e que poderiam ter contornado a situação com menos desgaste — como fizeram vários outros que eram também contra aquele casamento. "Eu deveria talvez naquele instante ter remendado tudo, ter posto panos quentes, como ensina a sabedoria das pessoas mais velhas e experientes, mas achei que depois de tantos anos de amizade e companheirismo eu devia ao Roberto a minha sinceridade, a minha honestidade ainda juvenil. Eu não soube ser esperto", disse Mariano. "Aquilo foi uma guerra que eu não soube administrar. E Roberto se casou contra tudo e contra todos nós", afirmou Edy Silva.

Após enfrentar todo o seu staff ao assumir a relação com Nice, Roberto Carlos partiu para outra batalha: encontrar um país que aceitasse oficiar seu casamento. Como a noiva era desquitada, a união só poderia acontecer em país que admitisse o divórcio. Ainda assim, em todos havia a exigência de que os noivos estrangeiros fossem residentes há pelo menos três meses. Agora era Roberto Carlos contra o mundo.

Por coincidência, um ano depois, John Lennon e Paul McCartney também se casariam com mulheres separadas dos maridos, Yoko Ono e Linda Eastman, e ambas já com filhas pequenas, assim como Nice. John Lennon tentaria arranjar um casamento rapidinho fora de casa — fato satirizado por ele no hit dos Beatles "The ballad of John and Yoko". Em Paris não foi possível porque a Justiça francesa implicara com o imbróglio civil do casal. Tentaram Amsterdã, mas a lei holandesa exigia um tempo mínimo de residência no país. John e Yoko foram então se casar em Gibraltar, na costa sul da Espanha, único lugar da Europa com regulamento mais flexível.

No caso de Roberto Carlos, ele próprio relatou seus contratempos: "Eu havia pensado, no começo, em casar na Inglaterra. Mas houve problemas e pensei então na Suíça. Mas ir até lá era difícil e, entre muitas ideias levantadas, surgiu até a de casar num navio. A brincadeira toda durou dois meses, até eu descobrir que era muito mais simples procurar uma embaixada que facilitasse tudo. Foi assim que a Bolívia venceu, por ter todas as condições e estar bem perto do Brasil."

Não foi bem assim porque na Bolívia havia também a exigência de um tempo mínimo de residência para estrangeiros. Mas um despachante de Roberto Carlos chegou lá oito dias antes e acabaria se acertando com o escrivão público Hernán Justiniano Chávez, então com 60 anos, da província de Santa Cruz de la Sierra, que topou oficializar a cerimônia. Entretanto, quando os jornais noticiaram o fato, o ministro do

Interior da Bolívia ameaçou demitir e processar o escrivão, "en razón del incumplimiento de disposiciones legales del matrimonio civil" — conforme comunicado oficial. O cantor brasileiro passou alguns dias preocupado. Como escreveu John Lennon em "The ballad of John and Yoko": "Cristo, você sabe que não é fácil / Você sabe como pode ser difícil / Do jeito que as coisas estão indo, vão é me crucificar."

Era o agitado mês de maio de 1968 e o casamento de Roberto Carlos fora marcado para o dia 10. Junto com o casal e parentes da noiva viajaram fotógrafos, cinegrafistas, jornalistas e locutores de rádios, todos a bordo de um velho DC-6, fretado pela produção do cantor, num voo de 5 horas até Santa Cruz de la Sierra. Num momento da viagem Roberto Carlos tirou uma gaita da sua maleta e tocou "Oh! Suzana" para Nice e lhe ofereceu uma rosa. Numa conversa em grupo, ao comentar a relação do casal até ali, Nice resumiu: "Tivemos umas briguinhas, mas todos os namorados têm, não é?"

Uma multidão de fãs recepcionou Roberto Carlos no aeroporto da cidade boliviana. Segundo o *Jornal da Tarde*, "toda a Santa Cruz de la Sierra comentava, nas ruas, o casamento dele". Mas o ambiente era sombrio, repleto de soldados do exército, ainda por conta da repercussão da morte de Che Guevara, numa aldeia daquela região. O casamento foi realizado numa noite chuvosa de sexta-feira, num salão do Hotel Asturias, onde dezenas de jornalistas tiveram de se espremer. Roberto Carlos trajava um terno azul, e Nice, um modelo Clodovil, vestido curto de crepe francês com gola de vison. Poderia ter sido um modelo Dener, na época o estilista número um do Brasil, mas talvez, para evitar constrangimentos, ela não requisitara o marido de Maria Stella Splendore.

"Buenas noches. Me gusta saludar los brasileños en nombre de los bolivianos", disse o escrivão Hernán Chávez, abrindo a cerimônia, que por força das circunstâncias foi cheia de improvisos e imprevistos. Em vez da marcha nupcial, ouviu-se o "Hino nacional brasileiro" entoado pelos jornalistas presentes. Os padrinhos da noiva foram sua mãe e seu irmão. Nenhum parente de Roberto Carlos viajou com ele — o que demonstrava seu isolamento ao decidir se casar. O único amigo na comitiva era o compositor Fred Jorge, escolhido como padrinho. Mas o cantor precisava de mais um e então decidiu na hora fazer um sorteio entre os repórteres presentes. Os nomes deles todos foram colocados em uns papeizinhos, sendo sorteado José Carlos de Morais, o Tico-Tico, veterano repórter, pioneiro da TV brasileira. Nenhum jornalista local obteve credencial para a cerimônia.

Todos no salão transpiravam e as luzes dos *spots* de TV faziam a temperatura ficar ainda mais elevada. "Roberto, queres ella por legítima mujer?", perguntou-lhe o escrivão, acelerando a cerimônia. "Sim." E virando-se para a noiva: "Nice, queres el por legítimo hombre?" "Sim."

Por excesso de consumo de energia elétrica, de repente, tudo ficou às escuras, e justo na hora da troca de alianças. Para piorar, Roberto se atrapalhou e deixou a aliança da noiva cair no chão. Resultado: "Fósforos e isqueiros acesos e meio mundo de cócoras atrás da aliança, incluindo Roberto Carlos", lembra Milton Parron, outro repórter presente. O casamento foi transmitido ao vivo pelas principais emissoras de rádio. Tal qual um jogo de futebol, os locutores narravam em cima do lance cada detalhe da cerimônia, inclusive quando o casal assinava a folha 38, partida 55, de 10 de maio de 1968. Segundo relato do jornalista Moisés Rabinovici, o escrivão Hernán Chávez "tremeu" no momento de declarar "Están casados a nombre de la ley" — e saiu logo em seguida, pela porta dos fundos do Hotel Asturias.

Em São Paulo, Edy Silva ouvia tudo pela Rádio Bandeirantes ao lado de Erasmo Carlos. No instante em que o locutor narrou — e como se fosse um gol — a troca de alianças pelos noivos, ela comentou, desolada: "Acabou-se Roberto Carlos." Mais tranquilo, Erasmo tentou consolá-la: "Não seja tão pessimista, Edy." No fundo, Erasmo Carlos achava aquele casamento desnecessário. Na sua opinião, o parceiro deveria apenas ter ido morar com Nice, sem todo aquele bafafá na mídia.

Terminada a cerimônia, os repórteres foram convidados pelo casal para uma recepção na boate El Caballito. Foi servido um jantar com carne assada, arroz, salada, uísque e muita cerveja — tocando ao fundo músicas do álbum *Roberto Carlos em ritmo de aventura*. Algumas jovens pediam autógrafos ao artista, outras bolivianas pediam que

"Robertito posasse ao lado delas", ao que Nice comentou para os jornalistas ouvirem: "Estamos começando mal, hein?" Após um brinde, o cantor se despediu dizendo que seu único desejo era "descansar e aproveitar as delícias do casamento".

Da Bolívia, Nice e Roberto pretendiam ir para Madri como primeira escala, e depois à romântica Paris. Mas eles não combinaram com o movimento estudantil francês, que naqueles dias de maio de 1968 montaria barricadas pelas ruas da capital, quase derrubando o governo Charles de Gaulle. Paris ardia sob as bombas de gás lacrimogênio da polícia e as pedras atiradas por Daniel Cohn-Bendit e seus companheiros. Como o resto da Europa também estava muito agitado, Roberto Carlos decidiu então transferir sua lua de mel para Nova York.

O casal se hospedou num apartamento no décimo andar do Hotel American, na esquina da Sétima Avenida com a rua 55, na área dos cinemas e teatros da Broadway. "Não descansamos um só minuto. Assistimos a todos os shows de lá", contou Nice. Roberto Carlos gostou principalmente dos espetáculos das cantoras Dionne Warwick e Ella Fitzgerald. "Ella é uma beleza de pessoa e cantou especialmente para mim alguns números de bossa nova." No show de Dionne Warwick, no Teatro Apollo, ele foi também anunciado como o "líder da música jovem no Brasil". Depois, no camarim, os dois relembraram sorrindo da participação deles no último Festival de Sanremo.

Os compositores que Roberto Carlos costumava gravar em seus discos estavam atentos àquele acontecimento de sua vida e procuraram abordar o tema em canções mostradas para ele ao longo de 1968. Foi o caso do violonista Hélio Justo, autor de "Ninguém vai tirar você de mim", que se tornaria um dos grandes hits do cantor no fim daquele ano. "Tem música que vem logo na sua cabeça quando você pega o violão, e essa foi assim; eu fiz aquele chacundun-chacundum com a mão direita e a melodia surgiu fácil", lembrou Hélio, que depois desenvolveria a letra em parceria com Edson Ribeiro, amigo de infância de Roberto, que o acompanhava mais de perto e conhecia bem sua personalidade.

Na primeira estrofe da canção, os autores enfatizaram a atitude de Roberto Carlos ao enfrentar todos os preconceitos para assumir a mulher que amava: "Não me canso de falar que te amo / E que ninguém vai tirar você de mim / Nada importa se eu tenho você comigo / Eu por você faço tudo." "Nós sabíamos que Roberto estava muito apaixonado pela Nice e que iria se identificar com o tema", disse Hélio Justo em depoimento ao autor. "Ninguém vai tirar você de mim" foi composta no período do casamento do artista, e Edson Ribeiro teve a ideia de colocar no refrão um verso com uma jura de amor, como se Roberto Carlos estivesse no altar e dissesse aquelas palavras olhando nos olhos de Nice: "O nosso amor é puro / Espero nunca acabar / Por isso meu bem até juro / De nunca em nada mudar." Após concluir a canção, Hélio Justo a gravou numa fita que entregou nas mãos do próprio Roberto Carlos, numa noite de terça-feira, no seu camarim na TV Tupi, no Rio.

Na fase inicial da carreira de Roberto, quando os compositores ainda não corriam atrás dele, Hélio Justo ofereceu-lhe três rock-calipsos: "Triste e abandonado", single de sucesso em 1962, e "Baby, meu bem" e "Onde anda meu amor", do seu álbum de 1963. O cantor não esquecia isso e sempre era atencioso com Hélio Justo, ouvindo suas novas composições quando ia gravar um disco. Porém, justamente quando as gravações de Roberto passaram a render bem mais dinheiro — a partir da fase Jovem Guarda, em 1965 —, Hélio não conseguia fazer canções que agradassem. Ele mostrou músicas para Roberto Carlos em 1965, 1966 e 1967, mas ficou de fora de todos os discos nesse período. Algumas das composições recusadas foram então oferecidas para outros intérpretes, como Jerry Adriani, Agnaldo Timóteo e José Ricardo. Mas, em 1968, Hélio Justo estava confiante de que voltaria a figurar num disco do rei da música brasileira. "Pode deixar, Helinho, vou ouvir essa música de vocês com o maior carinho", disse-lhe o cantor — como sempre dizia —, enquanto acomodava a fita num compartimento da sua bolsa a tiracolo. E, ao ouvi-la depois em casa, entendeu perfeitamente a mensagem dos autores, gostou da melodia e não hesitou em reservar a composição para o seu álbum de fim de ano. O maestro Pachequinho criou o arranjo mantendo a simplicidade da canção, inclusive a introdução que Hélio fazia ao violão. "Ninguém vai tirar você de mim" tem um marcante acorde menor e dos mais perfeitos chacundum-chacundum de toda a história da música popular brasileira. Em 1969, o diretor Júlio Bressane escolheu esta canção para a trágica cena final do clássico *Matou a família e foi ao cinema*. Depois será regravada por cantores como Paulo Ricardo, Wando, Zé Renato e Alex Cohen.

Outra canção inspirada no caso pessoal de Roberto Carlos foi a balada "Eu amo demais", composição de Renato Corrêa. Aliás, nessa música, o tecladista carioca Mauro Motta, então com 19 anos, iniciava sua longa trajetória de gravações com Roberto Carlos. "Aprendi com Lafayette, ele me ensinou tudo", diz. A letra de "Eu amo demais" descreve uma nova situação, enfatizando um grito de liberdade: "Por isso eu sei que nunca mais eu vou viver sempre a chorar / E ao mundo inteiro então eu vou poder gritar / Que eu amo, eu amo demais." Em "Meu grito", composição de Roberto gravada por Agnaldo Timóteo no ano anterior, o artista relata o drama e as amarguras de quem não pode revelar seus sentimentos pela pessoa amada. Na de Renato Corrêa, ele agora finalmente grita ao mundo que está amando demais. "Eu fiz essa música em cima da história de Roberto com Nice e ele deve ter percebido, porque, quando lhe mostrei, ele logo quis gravar", lembra Renato. "Eu amo demais" foi lançada num compacto duplo encartado numa edição especial da revista *Sétimo Céu* e, pouco depois, incluída no volume 22 da série *As 14 mais*. Para esse mesmo volume, Roberto Carlos também gravou "Você me pediu", de autoria do cantor-compositor paulista Luiz Fabiano. "Música que Roberto ouviu, gostou e imediatamente a gravou — música simples, bem ao gosto da época", opinou o disc jockey Big Boy. Nessa gravação, Renato Barros toca as três cordas graves da guitarra e tira um som reverberado, provavelmente porque o instrumento foi plugado a uma câmara de eco.

Roberto Carlos poderia ter lançado também naquele ano no Brasil um dos maiores clássicos da MPB em todos os tempos: a canção "Wave", de Tom Jobim. Originalmente com letra em inglês, foi gravada em 1967 pelo grupo de Sérgio Mendes e em versão instrumental pelo próprio Tom Jobim — ambas nos Estados Unidos. Ela ganhou letra em português no início do ano seguinte, e Tom a ofereceu para Roberto apresentá-la na I Bienal do Samba, promovida pela TV Record. Consta que Tom pedira essa letra a Chico Buarque, mas ele fez apenas o primeiro verso, "vou te contar", não conseguindo avançar daí. Tom Jobim então a escreveu sozinho, aproveitando aquele verso de Chico. Num encontro em sua casa, no Leblon, em abril de 1968, ele mostrou a nova versão para o cronista José Carlos Oliveira, que comentou no *Jornal do Brasil*: "Tom escreveu um samba (letra e música) que eu vou te contar... Quer dizer, o negócio começa assim mesmo: 'Vou te contar...' Talvez seja esse o título, ou então 'Onda', pois o maestro está indeciso. Mas é um negócio bonito, minha gente."

A Bienal do Samba foi criada para ser uma espécie de festival da velha guarda. Lá estavam Pixinguinha, Cartola, Nelson Cavaquinho, Ismael Silva, mas também alguns jovens bons de samba, como Chico Buarque e Paulinho da Viola. Ao ser convidado para competir ali, Tom Jobim inscreveu a canção "Onda (Wave)", indicando Roberto Carlos para defendê-la — como fizera Vinicius de Moraes no Festival da Música Popular Brasileira, de 1966, com o samba "Anoiteceu". O cantor ficou mais uma vez honrado com a indicação, adorou a música, mas ponderou que a bienal iria começar em 11 de maio, dia seguinte ao seu casamento na Bolívia, e que ele estaria em viagem de lua de mel até o dia 20. Mas aí a produção explicou-lhe que haveria três eliminatórias, uma a cada sábado, podendo escalá-lo para a última, dia 25. Assim ficou combinado, e Roberto Carlos então viajou com Nice levando "Wave" no bolso para ir decorando a letra. Os jornais destacaram a confirmação dele no evento, como o *Correio da Manhã*, ao dizer que "com a participação de Chico Buarque de Holanda, Pixinguinha, Roberto Carlos e Donga — duas gerações se encontrariam na Bienal do Samba em São Paulo".

Durante a lua de mel em Nova York, Roberto recebeu a visita de Luiz Bonfá, que foi ao hotel especialmente para cumprimentá-lo, e também pela primeira vez falou por telefone com seu ídolo João Gilberto, que na época morava nos Estados Unidos. Faltava só Roberto Carlos chegar ao Brasil, subir no palco da bienal e lançar "Wave" com a letra inédita de Tom Jobim: "Vou te contar / Os olhos já não podem ver / Coisas que só o coração pode entender / Fundamental é mesmo o amor / É impossível ser feliz sozinho." Certamente a música provocaria em todos a mesma reação relatada por José Carlos Oliveira, e, em seguida, Roberto entraria no estúdio para gravá-la, como fizera com "Maria, carnaval e cinzas", de Luís Carlos Paraná. Entretanto, nada disso aconteceu. Surgiram dois imprevistos.

O primeiro foi o polêmico casamento do cantor na Bolívia, o risco daquilo ser cancelado, a necessidade de talvez executar um plano B para se casar em Las Vegas, as conversas com advogados... Enfim, a tensão daqueles dias fez Roberto cancelar sua participação na I Bienal do Samba. Ele explicou que talvez tivesse que se estender um pouco mais no exterior e que não haveria tempo de se preparar para defender a composição de Tom Jobim.

O outro imprevisto, e definitivo, foi que, logo depois, a comissão julgadora da bienal acabou excluindo "Wave" da competição ao constatar que ela já tinha sido gravada pelo autor e por Sérgio Mendes nos Estados Unidos. O regulamento não estava muito claro para Tom, mas na I Bienal do Samba, como nos festivais, só podiam concorrer músicas inéditas, e no caso de "Onda (Wave)", apenas a letra era assim.

O fato é que por pouco Roberto Carlos não lançou essa versão inédita da música em 1968 — porque poderia tê-la gravado mesmo sem competir no festival. Afinal, ele já estava com a nova letra no bolso; e se o próprio Tom lhe ofereceu é porque queria ouvir "Wave" na sua voz. Mas Roberto Carlos só gravaria a canção exatos quarenta anos depois, em 2008, nas comemorações pelos cinquenta anos da bossa nova, ao reunir-se num espetáculo com Caetano Veloso em homenagem a Tom Jobim, registrado em CD e DVD.

Antes tarde do que nunca — mas, quando isso aconteceu, "Wave" já tinha centenas de outras regravações, entre as quais com João Gilberto, Frank Sinatra, Elis Regina, Tony Bennet, Sarah Vaughan, Gal Costa, Cauby Peixoto, Nancy Wilson, Nara Leão, Tim Maia, Ella Fitzgerald...

36

O INIMITAVEL

ROBERTO CARLOS

EU TE AMO, TE AMO, TE AMO

"Tanto tempo longe de você
Quero ao menos lhe falar
A distância não vai impedir
Meu amor, de lhe encontrar"
Do álbum O *inimitável*, 1968

José Messias pegou o disco e foi correndo até a TV Tupi, no Rio, mostrá-lo ao diretor Carlos Manga, a quem assessorava na produção do programa *RC-68*: "Escuta esse LP aqui, Manga. Acabou de sair. Porra, precisamos tomar uma providência." Manga ouviu aquilo atentamente e concordou: algo precisava mesmo ser feito. Mas o quê?

Os dois chamaram Roberto Carlos e pediram para que também ouvisse o LP recém-lançado. O cantor sentou-se, cruzou as pernas e acendeu seu cachimbo, enquanto a bolacha rodava na vitrola. Depois de ouvirem as primeiras faixas do lado A, Messias virou o disco, diante de um Roberto Carlos impassível e de um Manga ansioso, andando de um lado para o outro da sala.

"E, aí, o que vamos fazer?", perguntou Messias, preocupado. "Tem uma saída fácil", respondeu Roberto, pitando o cachimbo. "Qual?", quiseram saber os outros dois quase ao mesmo tempo. "Vamos mandar matar ele", brincou Roberto, descontraindo o ambiente.

O disco que provocou esse comentário e aquela reunião foi o do cantor Paulo Sérgio, lançado pela gravadora Caravelle em abril de 1968 e que já despontava com várias faixas de sucesso, entre as quais

"No dia em que parti", "Sorri, meu bem", "Para o diabo os conselhos de vocês" e a balada "Última canção", que se tornaria seu maior hit: "Esta é a última canção que eu faço pra você / Já cansei de viver iludido só pensando em você / Se amanhã você me encontrar de braços dados com outro alguém / Faça de conta que pra você não sou ninguém."

Como já vimos, Paulo Sérgio havia se projetado no fim de 1967, com um single com a canção "Benzinho". No começo do ano seguinte, gravou o segundo compacto, com "Se você voltar", também sucesso nacional. Então, em abril, a Caravelle lançava o aguardado primeiro álbum do "sósia" de Roberto Carlos — o que fez piscar o sinal vermelho no staff do rei.

Pois logo Paulo Sérgio passou a ser empresariado pelo demitido Geraldo Alves. E também seria visto num Cadillac preto, igual ao de Roberto. E exibindo anéis, roupas e um medalhão com aquela mesma imagem do Sagrado Coração de Jesus que o outro usava. "Vivem descobrindo coincidências. Já nem me aborreço mais", afirmava o novo cantor. "Não imito ninguém. Quanto ao medalhão, é presente de uma religiosa, amiga da família, lá em minha terra, Alegre, no Espírito Santo. Não vou pôr o medalhão de lado só porque Roberto tem um igual, principalmente sendo um presente que tanto me comoveu. E o carro não é igual. O meu é dois anos mais novo", ironizava, além de permitir algumas provocações sutis da imprensa, como a da revista *Melodias*, que estamparia na capa uma foto dele de short.

Paulo Sérgio não foi o primeiro imitador do rei da Jovem Guarda. Porém, nenhum outro alcançou tamanha repercussão nacional — um feito para quem se lançava por uma pequena e até então desconhecida gravadora carioca, a Caravelle Discos, enquanto Roberto Carlos e os demais cantores tinham contrato com as poderosas multinacionais CBS, RCA, Odeon e Philips. Aliás, explorando o fato em jogadas de marketing, em setembro de 1968, o dono da gravadora, o empresário Aderbal Guimarães, mandaria publicar no caderno de classificados dos jornais do Rio de Janeiro a seguinte mensagem: "Discos Caravelle e Aderbal Guimarães convidam Vv. Ss. para assistirem à missa em ação de graças pela passagem do 1º aniversário do lançamento do cantor

Paulo Sérgio, a realizar-se no altar-mor da Igreja da Irmandade do Santíssimo Sacramento da Antiga Sé — av. Passos, 30, amanhã, dia 7 do corrente, às 10h30."

A preocupação de Manga e de José Messias era potencializada pelo fato de que o ano começara complicado e decisivo para Roberto Carlos. Aceitando o conselho de muitos, despedira-se do programa *Jovem Guarda*. No entanto, indiferente à advertência de todos, tinha decidido se casar. Pouco antes estreara seu novo programa, *Roberto Carlos à noite*, na TV Record. O problema era que a audiência não ultrapassava a marca de 19% do Ibope. Um choque para a emissora e toda a equipe do cantor. Para os que acreditavam tratar-se apenas de um ídolo fabricado pela televisão, o fracasso de seu novo programa seria a prova cabal de que o reinado chegava ao fim. Seu ex-empresário Geraldo Alves aproveitava para tirar uma casquinha: "Acabaram com Roberto Carlos. Não souberam dirigi-lo." Outros diziam que sempre foi assim — quando um império entra em decadência, outro se ergue em seu lugar.

O ano de 1968 foi marcado por muitas polêmicas e debates. Como se diz, era o espírito da época. No campo da música universitária, por exemplo, discutia-se e torcia-se por Chico Buarque ou Caetano Veloso. Um apoiado pelos defensores do samba tradicional; o outro, pelos adeptos do som universal. O episódio que envolvia Roberto Carlos e Paulo Sérgio, no entanto, era uma espécie de lado B dessa discussão no contexto mais amplo do mítico ano de 1968. "Guerra no mundo do iê-iê-iê", alardeava a revista *O Cruzeiro* ao abordar o tema. Aquele era mesmo um tempo de guerra e a pergunta "Paulo Sérgio derrubará Roberto Carlos?" era ouvida em programas de rádio, televisão, nos bares e nas ruas. "Roberto Carlos acabou. Não existe mais Roberto Carlos", dizia Chacrinha, o anárquico e espalhafatoso apresentador da televisão brasileira. E ele justificava sua opinião com o argumento de que "a medicina tem escola, a arquitetura tem escola, tudo tem escola. Paulo Sérgio seguiu a escola de Roberto Carlos, e burro será ele se mudar. Tem que ir assim até o fim. Ele já superou Roberto Carlos".

Em meio a essa controvérsia, a Rádio Globo demandou a participação de Roberto num show coletivo, no Rio, patrocinado pela emissora. O convite lhe fora feito com bastante antecedência e nele era lembrada a amizade que o unia à emissora desde o começo da carreira. Diversos cantores já tinham confirmado presença. Faltava o rei do iê-iê-iê. Porém, seu empresário Marcos Lázaro, que só cobrava caro, alegou compromissos de agenda para ele não participar. Achando aquilo uma ingratidão do artista, o diretor da emissora, Mário Luiz, decidiu excluir Roberto Carlos da programação da Rádio Globo. E, ato contínuo, reforçou ainda mais a execução de músicas do cantor Paulo Sérgio — que, aliás, se apresentaria no show. "Não houve determinação expressa para não tocar Roberto na Rádio Globo, mas entendíamos que o melhor seria não tocar", disse o radialista Haroldo de Andrade, em depoimento ao autor. Seja como for, esse episódio foi apenas mais uma refrega daquele conturbado 1968.

A secretária Edy Silva, que estava de férias "compulsórias" por conta do casamento do patrão, não conseguia dormir naqueles dias. "Eu fiquei neurótica, porque em toda emissora que eu ia os caras diziam: 'Edy, agora você perdeu a parada porque esse Paulo Sérgio vai acabar com o Roberto.' E tocavam a 'Última canção'. Eu passava nas lojas de disco e só dava a 'Última canção'; ligava o rádio e só ouvia a 'Última canção'; andava na rua e via gente assobiando a 'Última canção'. Meu Deus do céu! Eu fiquei quase doida mesmo. Erasmo teve que me levar a um psiquiatra em São Paulo. O médico me analisou e disse que a solução era eu voltar a trabalhar com Roberto Carlos. Que eu não podia ficar afastada dele naquele momento."

A imprensa cercava Roberto, insistindo em ouvir de sua boca se considerava Paulo Sérgio seu imitador ou não. "Só ele pode e deve saber", respondia o cantor. "Cada um escolhe o próprio caminho de realização. Perguntem a ele se está satisfeito, se imita os outros ou não, se tem algum recado pessoal para dar." Também indagado pela imprensa, Erasmo Carlos procurava amenizar a polêmica: "Eu e Roberto estamos fazendo músicas boas, nos preocupando com a inclusão de instrumentos moderníssimos em nossas gravações. Quanto ao Paulo Sérgio, não nos preocupamos, pois somos cientes daquilo que estamos fazendo e do que vamos fazer." Era difícil não falar do assunto, e comentários maledicentes circulavam sobre Paulo Sérgio, que alguns acusavam de ser uma espécie de "canibal da música popular". O radialista Antônio Aguilar procurou ouvir novamente Roberto Carlos sobre o tema. "Eu não vou falar mal de ninguém", cortou o cantor. "O que tenho a dizer é que estou gravando uma música que vai mostrar que eu ainda sou a mídia."

A música a que se referia é "Eu te amo, te amo, te amo", a segunda que compôs com Erasmo após a reconciliação da dupla, no ano anterior, e a primeira que gravaria em estilo soul. Exatamente dez anos depois de ter se encantado com a bossa nova de João Gilberto — que definiu seu destino artístico —, Roberto Carlos estava novamente deslumbrado com outra sonoridade moderna: a da chamada black music, criada por jovens artistas negros norte-americanos. Ele ouvia para valer nomes como James Brown, Otis Redding, Aretha Franklin, Wilson Pickett, Dionne Warwick, Marvin Gaye, Supremes e todo aquele elenco das gravadoras Motown, Atlantic e Stax-Volt — que ainda não tinham grande repercussão no Brasil. Até então, a black music era ouvida basicamente em boates, em especial a Cave, em São Paulo, que rodava discos importados. Era a boate preferida da turma da Jovem Guarda, e ali Roberto Carlos ouviu pela primeira vez vários daqueles cantores. Nas viagens internacionais ele procurava ver os shows, especialmente em Nova York, frequentando o Teatro Apollo, no Harlem, o templo da black music. "O que faz os negros serem sempre melhores artistas do que a gente?", indagava na época.

Ele gostava e ouvia tudo isso não para copiar, mas para se deixar influenciar, assimilar e de alguma forma trazer aquela sonoridade para seus discos. Esse processo já estava em curso quando se viu pressionado pela rivalidade com Paulo Sérgio. Era consenso na CBS que Roberto Carlos deveria mesmo fazer algo diferente, trazer um repertório renovado, dando um passo à frente, porque, se continuasse gravando as mesmas coisas da mesma forma, ele é que poderia ser acusado de imitar o outro.

Roberto entendera que era mesmo chegada a hora de aproximar suas canções da música negra. Assim, Paulo Sérgio foi a maldade que só lhe fez bem. Por sua vez, o produtor Evandro Ribeiro o pressionava a não esperar até a gravação do álbum de fim de ano. Se Roberto Carlos tinha algo novo e forte para oferecer ao público, que fosse gravado já, no novo volume da coletânea *As 14 mais*, previsto para chegar às lojas no final de julho. O objetivo era justamente tentar segurar a subida do LP de Paulo Sérgio, que já tinha várias canções nas paradas.

    Evandro convenceu Roberto, que entrou no estúdio da CBS com a black music fervilhando na cabeça. Foi uma sessão de gravação difícil porque aquilo era novidade para a maioria dos músicos ali reunidos. "Ficamos mais de sete horas direto no estúdio", lembra o técnico Eugênio de Carvalho. Para os metais foi recrutado o trio formado por Manoel Araújo (trombone), Jaime Araújo (sax alto) e Zé Bodega (sax tenor) — todos da Orquestra Tabajara. Mais uma vez Renato Barros ocupou sua posição na guitarra; e, no baixo, seu irmão Paulo César Barros — o músico que parecia mais à vontade naquela sessão. Apesar de ter se projetado numa banda de sonoridade Beatle, a grande influência dele no contrabaixo não era Paul McCartney e sim James Jamerson, o lendário baixista da gravadora Motown. "Eu trabalhava com rock mas em casa ouvia soul music", diz Paulo César, também por isso requisitado para tocar nessa música. Lafayette tocou o órgão Hammond B-3 ligado a uma caixa acústica Leslie modelo 122, recém-adquirida pela CBS. O som do órgão ia para essa caixa com capacidade de girar os alto-falantes, propiciando um vibrato, um som mais pesado, mais nervoso, como se ouvia nos discos dos cantores negros norte-americanos. "Pode-se afirmar que o som que conhecemos do B3, principalmente na música popular como jazz, blues, gospel e rock, deve-se em grande parte a Leslie", diz o organista Daniel Latorre. Nos backing vocals de "Eu te amo, te amo, te amo" estão Regina e Marisa Corrêa, do Trio Esperança, com integrantes dos Golden Boys, mistura que na CBS era chamada de "Golderança".

    Com a trabalhosa e demorada gravação dessa música, sobrara pouco tempo para Roberto Carlos se dedicar à faixa do lado B do vinil, "Com muito amor e carinho", composição de Eduardo Araújo e Chil Deberto, que três décadas depois seria regravada pelo cantor

Luiz Melodia. "Eu mostrei essa música pro Roberto lá no apartamento dele, em São Paulo. Ele ouviu e logo pediu para gravar. Mas o arranjo foi feito às pressas, naquela correria para completar o disco", diz Eduardo Araújo. Ainda assim, Roberto Carlos interpreta muitíssimo bem essa canção, valorizando sua melodia e a mensagem romântica: "Eu vou fazer, amor, um ninho / Com amor, muito carinho / Pra você se abrigar / Eu vou lhe dar amor tão puro / Que maior amor eu juro / Você não vai encontrar."

O cantor trouxe a secretária Edy Silva de volta ao trabalho. Sua primeira tarefa foi bolar uma estratégia de divulgação para o disco *As 14 mais*, volume 21, especialmente a faixa de abertura, "Eu te amo, te amo, te amo". "Quando ouvíamos essa música gravada no estúdio, aquilo deu mais força pra gente trabalhar", lembrou Edy, que se juntaria à equipe de divulgadores da CBS para uma ação coordenada, todos cientes de que mais do que nunca cabia a Roberto Carlos puxar a vendagem daquele disco, também com músicas de Wanderléa, Ed Wilson, Os Vips, Renato e Seus Blue Caps e outros do elenco jovem da CBS. O próprio Roberto Carlos sabia: não poderia falhar. Eram suas primeiras músicas após seu polêmico casamento. Não podia ser um sucesso mais ou menos.

E não foi. Quando os primeiros acordes da sua nova canção começaram a tocar nas rádios, tornou-se um estrondoso sucesso em todo o Brasil: "Tanto tempo longe de você / Quero ao menos lhe falar / A distância não vai impedir / Meu amor, de lhe encontrar / Cartas já não adiantam mais / Quero ouvir a sua voz..." Com "Eu te amo, te amo, te amo", Roberto Carlos retomou as rédeas das paradas de sucesso, assegurando a sua coroa de rei ao superar todos os outros cantores em vendagem e execução — principalmente Paulo Sérgio. A nova música era tocada a toda hora e em toda parte. Nos aeroportos ou entradas de hotéis das cidades aonde chegava, o artista encontrava um coral de fãs entoando o refrão do recente sucesso: "Eu te aamooo, eu te aamoooo." A canção foi de fato um passo à frente do que ele próprio ou qualquer outro ídolo do iê-iê-iê nacional fazia até aquele momento. "Vale ressaltar a maneira como Roberto se comportou frente ao microfone, realizando, talvez, uma das maiores gravações de sua carreira", comentou na época o crítico Oziel Peçanha, do *Correio da Manhã*.

A gravação só não foi perfeita por uma infeliz ideia do cantor: fazer sua voz soar ao telefone no momento do refrão, quando ele diz "eu te amo, eu te amo, eu te amo". Coube ao técnico Eugênio de Carvalho atender seu desejo. "Passei a voz dele num filtro para imitar aquele som de telefone. Eu mesmo não gostei, mas o Roberto quis assim." De fato, aquilo não ficou bom e envelheceria demais a gravação. Nos primeiros dias de vendagem, muita gente até voltou às lojas para trocar o disco pensando ser defeito de fabricação. Não entenderam como mais um daqueles efeitos especiais dos discos de Roberto Carlos. "Tivemos que informar aos vendedores que era uma voz de telefone, explicamos que era como se o Roberto estivesse falando de outro lugar com a mulher", lembrou Eugênio em entrevista ao autor.

Na verdade, "Eu te amo, te amo, te amo" foi um aperitivo do som black que o cantor mostraria com mais intensidade no seu novo álbum, em dezembro, e não por coincidência intitulado *O inimitável*. Na capa, Roberto aparece sentado de perfil, tocando violão, tendo à frente uma folha de papel sobre a mesa — como se estivesse compondo uma música. É uma imagem captada pelo fotógrafo Nicanor Martinez, da revista *O Cruzeiro*, que a cedera para a CBS. Letras brancas sobre fundo escuro destacam o adjetivo "inimitável" — que, por um descuido, foi grafado sem acento agudo no A. Logo abaixo, em letras amarelas, o nome "Roberto Carlos".

O cantor não queria aquele título para o seu disco, pois lhe soava pretensioso e envolvia seu trabalho diretamente na polêmica com Paulo Sérgio, algo já bastante explorado pela mídia. Porém, imerso em shows, gravações e preocupação com a esposa, prestes a dar à luz o primeiro filho do casal, Roberto não acompanharia de perto a escolha da capa, decidida mesmo pelo chefão da CBS Evandro Ribeiro. Havia uma opção — e que, ao ver depois, o cantor disse ter preferido — na qual aparecia o seu rosto, de perfil sombreado, e com apenas o nome "Roberto Carlos" em letras brancas no título. Mas era tarde. A capa escolhida já estava rodando na gráfica. Para mudar tudo, além do prejuízo, corria-se o risco de atrasar o disco, que tinha de sair antes do Natal. Bem ao seu estilo pragmático, Evandro Ribeiro encerraria o assunto afirmando que, "sendo do Roberto Carlos, qualquer capa ficaria bem, pois ele vende tudo o que grava. Quanto ao título 'o inimitável', achei necessário porque tem muita gente nadando nas águas do Roberto". "Concordei com o título porque eu odiava o Paulo Sérgio", afirmou Edy Silva.

Por irônica contradição, esse título imitava o de outros discos de vários artistas da música brasileira e internacional. Alguns exemplos: *Inimitável*, de Agostinho dos Santos, lançado em 1959; e, naquele mesmo ano, na Argentina, o álbum *El inimitable*, de Carlos Argentino, popular cantor portenho; em 1962, foi a vez do saxofonista Juarez Araújo lançar o seu *O inimitável Juarez*; e, no ano seguinte, *O inimitável*, de Orlando Dias, para o público do bolero. Em 1964, a própria gravadora CBS tascara no Brasil o título de *A inimitável* para uma compilação de sucessos da atriz e cantora Doris Day. Isso sem falar nas inúmeras vezes em que publicações como *Radiolândia* e *Revista do Rádio* se referiram à "inimitável Emilinha Borba" ou ao "inimitável Cauby Peixoto". Até por isso, Roberto Carlos estava mesmo certo ao não querer esse título na capa de seu novo LP. Provavelmente essa rejeição era motivada também por sua lembrança de que, nove anos antes, em 1959, era ele, Roberto Carlos, quem iniciava a carreira de cantor, também por uma pequena gravadora e também tentando imitar seu ídolo João Gilberto. A diferença é que, ao contrário do primeiro disco de Paulo Sérgio, o de Roberto não obteve qualquer repercussão, nem João Gilberto se autoproclamou "inimitável".

Mesmo com toda a rivalidade, Roberto não deixava de tratar o caso Paulo Sérgio com algum humor. Certa noite, por exemplo, estava com Erasmo no estúdio da CBS acertando a letra de "É meu, é meu, é meu", que seria gravada para aquele álbum de fim de ano. A música é uma brincadeira machista na qual vai citando as partes do corpo da mulher que seriam posse exclusiva dele. "Tudo que é seu, meu bem / Também pertence a mim / Vou dizer agora tudo do princípio ao fim..." Lá pelas tantas, com certa dificuldade de achar os versos definitivos,

Roberto disse ao parceiro, brincando: "Erasmo, essa letra tá muito ruim. Vamos dar isso pro Paulo Sérgio gravar?"

Ressalte-se, porém, que o outro demonstraria ser um adversário difícil de ser batido, porque, mesmo com todo o sucesso daquele volume de *As 14 mais*, da multinacional CBS, seu álbum, pela modesta Caravelle, não saíra das paradas. A balada "Última canção", por exemplo, também lançada em single, rivalizaria com "Eu te amo, te amo, te amo", embora esteticamente uma representasse o passado e a outra o futuro do pop nacional.

Sim, o futuro, porque essa gravação de Roberto Carlos é um marco não apenas na sua discografia — foi a primeira música nacional de estilo soul a fazer grande sucesso, abrindo corações e mentes para aquela sonoridade que surgira como uma mistura do rhythm and blues e da música gospel negra nos Estados Unidos. Quem gravara isso antes no Brasil, como, Tim Maia, no seu primeiro disco, na RGE, não obtivera qualquer sucesso. A explosão de um soul nacional se dera com "Eu te amo, te amo, te amo". A partir dali o caminho estava aplainado para outros cantores, inclusive Tim, e para o próprio Roberto, que seguiria nessa batida pelos seus quatro álbuns seguintes.

E assim a sonoridade iê-iê-iê foi cedendo lugar a arranjos mais pesados, com naipe de metais, órgão Hammond, guitarras cortantes, contrabaixo pulsante, bateria ritmada e cheia de viradas, e backing vocals femininos. Isso tudo para cantar a dor da separação, a raiva por ter sido desprezado e o desejo de possuir novamente a quem se ama, porque "Cartas já não adiantam mais / Quero ouvir a sua voz...".

37

SE VOCÊ PENSA

*"Se você pensa que vai fazer de mim
O que faz com todo mundo que te ama
Acho bom saber que pra ficar comigo
Vai ter que mudar"*
Do álbum O *inimitável*, 1968

O novo carrão de Roberto Carlos foi embarcado no porto de Liverpool, na Inglaterra, e chegou dias depois em Santos: um novíssimo e luxuoso Jaguar E-Type, vermelho, 460 cavalos de potência, que a matriz da gravadora CBS mandara comprar e enviar de presente para o cantor brasileiro. Um dos símbolos dos anos 1960, este carro inglês, no seu modelo esportivo, era o preferido de estrelas como Brigitte Bardot, Steve McQueen e Tony Curtis. O mimo foi por Roberto Carlos ter se tornado o maior best-seller da CBS na América do Sul. Seus executivos em Nova York constataram que em nenhuma das outras filiais havia um artista local que vendesse mais discos do que ele. Sabiam também que estava se aproximando o tempo de renovação de seu contrato com a companhia. Informados da paixão dele por automóveis, decidiram então presenteá-lo com o Jaguar — carrão que faltava na coleção do cantor.

Porém, o veículo seria retido na alfândega brasileira — seu valor era o dobro do limite permitido para importação de carros esportivos. A gravadora embarcara o Jaguar sem demora, surpreendendo o próprio Roberto Carlos, que não pôde providenciar em tempo a liberação.

O artista não se conformava por seu carro ter ficado recolhido no Armazém 19 Externo da Companhia das Docas do Porto de Santos. Ele então ingressou com um mandado de segurança na Justiça Federal, argumentando que nada pagara no exterior pelo carro, por se tratar de um presente. Ao mesmo tempo, recorria a autoridades do governo federal para facilitar a liberação. Roberto Carlos chegou a ser recebido pelo então ministro da Justiça, Gama e Silva, num encontro na sede do Departamento de Polícia Federal. Mesmo assim, só mais de um ano depois, em maio de 1968, o cantor conseguiria uma liminar para finalmente retirar o veículo pagando fiança — e também um alto imposto para obter o documento definitivo de posse.

O artista foi pessoalmente retirar o carro na Alfândega de Santos — algo que surpreendeu os despachantes, pois imaginavam que algum motorista dele fosse fazê-lo. Mas Roberto estava tão ansioso para botar as mãos no volante de seu Jaguar que não quis esperar nem mais um minuto. Chegou acompanhado de Nice, e antes de entrar no veículo beijou o capô, como sempre fazia ao receber um novo automóvel. Ele próprio conduziria o carro até a garagem de sua mansão, no Morumbi, em São Paulo. Na saída da cidade de Santos, o cantor parou num posto de gasolina para encher o tanque pela primeira vez. É possível que, no momento em que pegou a estrada com aquele Jaguar, Roberto Carlos tenha se lembrado da sua infância de menino pobre em Cachoeiro de Itapemirim; do jipinho de pedal que não pudera ter no Natal ou dos seus carrinhos com esparadrapo desmanchados pela chuva. Pois agora ali estava com um carrão inglês zero quilômetro, presente da matriz de uma multinacional americana em reconhecimento aos lucros que ele proporcionava à filial da empresa no Brasil. Naquele dia, ao volante do seu Jaguar, o jovem Roberto Carlos era todo poder.

Não tanto no comando de seu programa na TV Record, pois, após apenas cinco meses no ar, o *Roberto Carlos à noite* acabou cancelado. Mesmo com modificações desde a estreia, a audiência não reagia, ficando aquém das expectativas. Diante disso, a emissora decidiu refazer seus planos para o cantor. Ele próprio se sentiu pouco à vontade naquela formato sem auditório, cantando somente para a câmera, mirando um público mais adulto. "Eu me afastei dos jovens, não quero que isso aconteça mais", afirmou. Decidiu-se então que ele retornaria às tardes de domingo comandando um novo programa intitulado *Todos os jovens do mundo*, transmitido do auditório da Record, com produção de Solano Ribeiro e direção de Carlos Manga.

Dessa vez Roberto Carlos estaria acompanhado não apenas dos antigos companheiros Erasmo, Wanderléa e Martinha, mas também de artistas como Gal Costa e Os Mutantes — como banda de apoio. Ou seja, *Todos os jovens do mundo* seria uma mistura de Jovem Guarda com a efervescente Tropicália.

No dia da estreia, em setembro de 1968, Roberto Carlos trajava um poncho preto de veludo e uma calça de listras verticais. "Cheguei a duas conclusões importantes", disse ele no palco. "Pude perceber, em primeiro lugar, que nossos jovens estão se esclarecendo e que preciso estar com vocês porque vocês estão comigo. E os meus verdadeiros amigos eu não vou abandonar nunca!" Afirmou também, caetanamente, que "este é o tempo de traviata, de passeata, de gravata, de catarata".

Aliás, na época, Caetano Veloso, que morava em São Paulo, tinha recém-adquirido um aparelho de TV — algo a que resistira muito, pois não gostava de ver televisão. Mas comprara o aparelho especialmente para acompanhar o novo musical de Roberto Carlos e o programa do Chacrinha, porque ambos lhe interessavam no contexto do tropicalismo. E o primeiro programa que ele viu no fim de semana foi *Todos os jovens do mundo*.

Naquele domingo, acompanhado pelas guitarras e metais da banda RC-7, Roberto mostrou uma música ainda inédita, como costumava fazer em seus programas televisivos. O tema atraiu a atenção de Caetano desde os primeiros versos: "Se você pensa que vai fazer de mim / O que faz com todo mundo que te ama / Acho bom saber que pra ficar comigo vai ter que mudar / Daqui pra frente / Tudo vai ser diferente." Era a canção "Se você pensa", que seria lançada dali a algumas semanas no álbum *O inimitável*. Antes mesmo de Roberto terminar de cantá-la, Caetano comentou com a esposa Dedé, ao seu lado: "Pô, isso aí é uma obra-prima total!" E lembraria depois: "Aquela canção, cantada daquela maneira agressiva, com os metais do RC-7, me deixou entusiasmado. E eu fiquei numa fúria, ainda mais irado, por causa do preconceito que havia contra Roberto Carlos. Na hora, disse para Dedé que esse pessoal que está botando banca não tem o décimo do talento desse cara. Esses meus colegas pretensiosos não fazem nada que chegue de longe aos pés de uma coisa tão forte esteticamente como essa canção que acabamos de ouvir." Ele também diria depois que "Se você pensa" "é uma das canções mais lindas que já foram feitas no Brasil".

Isso indicava que a dupla Roberto e Erasmo Carlos voltara inspirada depois daquele período de briga e afastamento, ainda que trabalhando num ritmo mais lento, como o próprio Erasmo explicou na época. "Roberto e eu fazíamos várias músicas de sucesso em apenas um mês. Agora não: nós pensamos mais na qualidade do que na quantidade. Não importa que a gente produza pouco, mas somente coisas realmente boas." Depois da retomada, trabalharam numa sequência de novas canções, pela ordem: "Eu sou terrível", "Eu te amo, te amo, te amo" e agora "Se você pensa" — as duas últimas com total influência da soul music. "Acho que James Brown me influenciou em 'Se você pensa'", disse Roberto Carlos. Sim, e no caso de Erasmo, também Billy Stewart, cantor e pianista negro norte-americano que ele curtia muito, especialmente a gravação de "Summertime", clássico de Gershwin e Heyward, que depois teria outra versão com Janis Joplin.

Caetano Veloso não estava sozinho naquela percepção sobre "Se você pensa", vários de seus colegas da MPB manifestaram o mesmo entusiasmo com a canção. Elis Regina, por exemplo, comentou com Roberto num encontro nos bastidores da Record: "Você está compondo e cantando como nunca. Gosto, pra burro, de 'Se você pensa'." E, de fato, logo depois ela gravaria essa música no LP *Elis Regina in London*, disco voltado para o mercado externo com arranjo do maestro inglês Peter Knight. Quem desconhecia esse disco se surpreendia ao ver Elis cantar "Se você pensa" também no seu show no Teatro da Praia, no Rio, numa explosiva interpretação na parte final do espetáculo. E muitos lembravam da forte oposição que a cantora fazia ao iê-iê-iê de Roberto Carlos. "Não gostava, mas mudei, dá licença?", comentou numa entrevista. "O Roberto, com 'Se você pensa', fez a música mais contundente sobre o relacionamento entre duas pessoas: a que explora e a que é sentimentalmente explorada pela outra. É a melhor música dele e a melhor que eu conheço no gênero".

Na época, ao ouvir a fita com a gravação dela, o cantor foi também só elogios para a colega. "Qualquer opinião que eu der é menor do que realmente significa a gravação de Elis Regina, porque não teria palavras para qualificar. Dizer que ficou bárbaro é dizer muito pouco, pois essas coisas a gente espera de uma cantora do gabarito de Elis. Eu só posso dizer de mim, da minha emoção e de Erasmo Carlos vendo nossa música gravada por Elis, com todo o carinho que só mesmo ela pode dar a uma gravação. Elis supera tudo o que se poderia esperar. Quando a gente pensa que a música ficaria superbacana, o negócio fica mais genial do que se esperava".

Em maio de 1969, Antônio Carlos Brito, representante do empresário Marcos Lázaro nos Estados Unidos, entrou em contato com gravadoras americanas para lançar lá discos de Elis Regina. Por intermédio de Sérgio Mendes, teve um encontro com o músico Herb Alpert na sede da sua gravadora A&M Records, em Los Angeles. Alpert era um best-seller internacional que vendia milhões de discos com seu grupo The Tijuana Brass, de sonoridade pop latina. Antônio Carlos então mostrou-lhe a fita com o álbum *Elis Regina in London*, ainda inédito. Entre as doze faixas, além do tema de Roberto e Erasmo, havia canções como "Upa neguinho", de Edu Lobo, "Wave", de Tom Jobim, e "Zazueira", de Jorge Ben Jor. Segundo Antônio Carlos, ao tocar "Se você pensa", terceira faixa do disco, Herb voltou o gravador para ouvi--la novamente, comentando que era "maravilhosa, uma loucura!". E quis saber se já haviam providenciado a versão daquela música para o inglês. No meio da audição entrou no estúdio o organista Jimmy Smith, um dos criadores do estilo soul jazz. "Que música linda é esta?!", comentou também sobre *Se você pensa*. E seguiu ouvindo mais de uma vez a canção junto com Herb Alpert. "Os dois se empolgaram realmente, num entusiasmo quase infantil", afirmou Antônio Carlos. Naquele ano, Alpert provavelmente teria incluído "Se você pensa" no álbum que estava gravando, *Warm*, de sonoridade brasileira, com temas como "Sá Marina" e "Zazueira", que ouvira naquele disco de Elis. Porém, segundo relato da revista *Intervalo*, não teria havido acordo entre o músico americano e a editora Fermata, onde Roberto e Erasmo editaram a canção: "A Fermata não quis cedê-la de graça em troca apenas dos direitos autorais."

Clássico instantâneo, "Se você pensa" marcou a transição do reconhecimento de Roberto e Erasmo Carlos como importantes compositores da música brasileira, e não apenas do estilo iê-iê-iê. Além de ganhar a voz de Elis Regina, ela seria incluída em discos de Gal Costa, Wilson Simonal, Maysa, Moraes Moreira, Nara Leão, Eliana Pittman, Lulu Santos e outros; e haveria também versões instrumentais com Luiz Eça, Milton Banana Trio, Wilson das Neves, Som Três, Tamba 4 e o pianista Marcos Resende, tornando-se uma das canções mais regravadas da dupla Roberto e Erasmo Carlos. O próprio Roberto regravaria "Se você pensa" no seu álbum de 1993, num arranjo funkeado do maestro Charlie Calello, realçando os mesmos versos criados em 1968, que continham traços autobiográficos do autor.

Na época, Roberto Carlos vivia as primeiras crises de seu relacionamento com Nice. Como todo casal apaixonado, um tinha ciúme do outro. Amigos comentavam que em reuniões sociais, quando algum homem se aproximava para falar com Nice, Roberto ficava corado e a trazia para bem perto de si. Os repórteres eram os maiores alvos do seu ciúme, com raras exceções. Ao falar da relação com o marido, Nice comentou: "Seus carinhos descem a minúcias: ele se interessa pelas minhas roupas, não gosta que eu use laquê, quer que meus cabelos pareçam macios." O problema é que, por ser um ídolo popular, Roberto estava muito mais exposto ao contato com as pessoas, sendo muito cortejado — algo que Nice parecia ainda ter alguma dificuldade de entender. Os ciúmes que ela já demonstrava na fase do namoro se acentuavam cada vez mais. Um repórter da revista *Intervalo* observou quando Roberto estava nos bastidores do Teatro Record e Nice teria se irritado ao vê-lo de repente cercado por um grupo de mulheres. "Meteu-se entre elas, levou Roberto para um canto. Houve um princípio de desentendimento." Essas demonstrações de ciúme, às vezes mais, outras vezes menos intensas, eram constantes na vida do casal, pois Nice acompanhava todos os movimentos do cantor, sempre de olho nele.

Na sua fase de "mordomo", Mariano testemunhou um episódio radical. Ele conta que certa vez, quando estava no Rio, recebeu um telefonema de Nice:

"Preciso que você venha para São Paulo imediatamente", pediu-lhe.

"Como imediatamente? São quase 11 horas da noite."

"Não importa, pegue um táxi-aéreo e venha já."

Mariano ficou até preocupado, achando que algo de grave tivesse acontecido, embora ela afirmasse que Roberto estava bem. Ele conseguiu o táxi-aéreo e seguiu direto para São Paulo. Nice mandara o motorista de Roberto buscá-lo no aeroporto. "O Eurico estava me esperando com a maior cara de sono e fomos acelerados para o apartamento", lembra. Ao chegar, encontrou Roberto e Nice amuados, mas ela logo lhe indagou:

"Mariano, fala sem mentir, onde é que o Roberto estava naquele dia?"

Surpreso, ele perguntou:

"Mas foi só para isso que você me chamou no Rio?"

"Só. E você acha pouco? Vamos logo, responda!"

Ele então deu uma desculpa qualquer para não comprometer o patrão, mas protagonizava um episódio que ilustra como o ciúme podia levar Nice a atropelar o bom-senso e a razoabilidade.

A música "Se você pensa" nasceu nesse contexto, o de alguém que reclama e tenta enquadrar o outro. "Você não sabe e nunca procurou saber / Que quando a gente ama pra valer / Bom mesmo é ser feliz e mais nada", mas advertindo também que não estaria disposto a suportar aquela incompatibilidade para sempre: "Acho bom saber que pra ficar comigo / Vai ter que mudar."

Roberto Carlos começou a compor esse tema sozinho e decidiu logo se encontrar com Erasmo para desenvolvê-lo. Esses encontros ocorriam, na maioria absoluta das vezes, na casa de Roberto. Ou seja, era

Erasmo quem se dirigia até o parceiro na hora do trabalho. Naquele dia, contudo, Roberto estava muito triste e chateado e preferiu não desenvolver aquela música em casa. Combinou então de ir ao encontro de Erasmo, no Brooklin, em São Paulo, onde ele morava. Mas algo incomum também aconteceria ali, porque, geralmente, são as pessoas que esperam Roberto, que se atrasa; naquele dia, entretanto, ele estava tão ansioso para trabalhar na nova música que acabou chegando antes de Erasmo, sendo recebido pela mãe do parceiro, dona Diva. Depois de tomar um café — que ela sempre lhe oferecia desde os velhos tempos da Tijuca —, Roberto pegou o violão para tocar alguns acordes enquanto aguardava o amigo. De repente, uma nova melodia se insinuou, um tema foi se definindo e Roberto Carlos se viu ali compondo uma nova música a partir de uma frase que expressava o sentimento dele naquele momento. Nascia a canção "Eu disse adeus", balada romântica com versos de profunda tristeza: "Eu disse adeus / Nem mesmo eu acreditei, mas disse adeus / E vi cair no chão todos os sonhos meus / E disse adeus às ilusões também."

O próprio cantor falou sobre a gênese dessa canção num depoimento ao disc jockey Big Boy. "É uma música de fossa incrível. Talvez de um estado de espírito tenha surgido a frase 'eu disse adeus'... Eu estava triste, imaginei aquela frase e continuei imaginando a situação de quem estivesse dizendo realmente adeus ou quem havia dito adeus." Quando Erasmo finalmente chegou em casa, em vez de a dupla trabalhar logo em "Se você pensa", eles se concentraram na nova canção que surgia, desenvolvendo versos e a melodia. Mas depois de algumas horas ali, deixaram "Eu disse adeus" para outra oportunidade, e se ocuparam do motivo daquele encontro, o soul "Se você pensa", que foi concluída no fim daquela noite, na casa de Erasmo. "Somente dois dias depois é que voltamos a trabalhar em 'Eu disse adeus', terminando-a definitivamente", lembrou Roberto Carlos.

Embora as duas músicas tenham sido feitas praticamente ao mesmo tempo, seriam lançadas em momentos distintos: "Se você pensa" foi incluída no álbum *O inimitável*, naquele fim de ano; já "Eu disse adeus" ficou para o ano seguinte, fazendo parte apenas do LP *As 14 mais*, volume 23. Mas ambas obtiveram bastante sucesso, e enquanto "Se você pensa" atraiu regravações de artistas da moderna MPB como Elis Regina, Wilson Simonal e Gal Costa, "Eu disse adeus" seria regravada nas vozes de Elizeth Cardoso, Altemar Dutra, Francisco Petrônio, Ângela Maria e outros cantores de estilo mais tradicional. Aliás, num encontro casual com Roberto, a cantora Aracy de Almeida — a eterna intérprete de Noel Rosa — comentou, bem a seu estilo despojado: "Essa tal de 'Eu disse adeus' é meio comercial, mas é muito bacana. Gosto de você, bonitão." Roberto Carlos gravou também uma versão em italiano, "Io dissi addio", com letra de Daniele Pace.

Num dia de embarque para o exterior, o cantor foi cercado por fãs no aeroporto do Galeão. Segundo relato do jornal *Correio da Manhã*, "ele recusou os beijos das mais crescidas, às quais deu apenas autógrafos, mas passou o tempo todo curvado atendendo às crianças, que o cercaram e entoaram em coro a canção 'Eu disse adeus'". Na época, Roberto Carlos comentou o sucesso dessa música. "É uma espécie de balada romântica que agrada a todas as idades. Eu particularmente gosto muito dela, porque, no fundo, toda música é um grito de seu autor. 'Eu disse adeus' tem poesia dita sem agressividade, daí não ter o mesmo impacto de 'Quero que vá tudo pro inferno', mas tem a mesma ou maior aceitação." Porém, o maestro Diogo Pacheco, então crítico musical de *O Estado de S. Paulo*, o acusaria de plágio. "'Eu disse adeus', na introdução e em certos trechos, é, na realidade, a 'Serenata' de Schubert", disse, comentando depois com ironia: "Para mim, Roberto Carlos tem bastante talento para não precisar copiar nada de ninguém ou, pelo menos, não precisar fazê-lo com subterfúgios. No caso específico, se a 'chupada' foi intencional, acho que só revela que ele ouve Schubert — e isso é bom." O cantor respondeu ao maestro ponderando, e com razão, que nesse caso não se caracterizava o plágio, porque apenas a introdução da orquestra, no arranjo de "Eu disse adeus", seria semelhante ao tema de Schubert; a melodia criada por Roberto e Erasmo é totalmente diferente. "Influências todos nós temos", disse o cantor. "Só pode ser considerado plágio quando a melodia é igual à outra, calcada nos mesmos tons melódicos. Afinal, os mestres da música nos deixaram uma riqueza tão grande que é impossível não sentir sua influência."

O ciúme é o tema principal de outra faixa do álbum *O inimitável*, também gravada em estilo soul e com letra retratando um caso pessoal de seu autor, dessa vez o carioca Luiz Ayrão, que voltava a figurar num disco de Roberto Carlos depois do grande sucesso de "Nossa canção", dois anos antes. Agora ele assinava a música "Ciúme de você", que igualmente se tornaria um hit popular na voz do rei da Jovem Guarda e, quase três décadas depois, em ritmo de samba na regravação do grupo Raça Negra: "Se você demora mais um pouco / Eu fico louco esperando por você / E digo que não me preocupa / Procuro uma desculpa / Mas que todo mundo vê / Que é ciúme, ciúme de você, ciúme de você."

Essa canção nasceu quando Ayrão ainda não havia iniciado sua carreira de cantor, apenas a de compositor, simultânea a seu trabalho no Banco do Estado da Guanabara, no centro do Rio. Aliás, era nessa agência que Pixinguinha recebia todo mês sua aposentadoria. O autor de "Carinhoso" conhecia Luiz Ayrão desde garoto porque, como já referido, costumava participar de reuniões musicais na casa de familiares dele. Por isso, toda vez que Pixinguinha ia ao banco pela manhã receber seu dinheirinho perguntava por aquele moço compositor. "Ele só queria ser atendido por mim. E isso até despertava ciúme no gerente do banco", diz Luiz Ayrão. Mas o ciúme ao qual se refere na música gravada por Roberto Carlos não tem nada a ver com o mestre Pixinguinha.

O tema da música foi motivado pela sua então namorada, Mercedes, com quem depois se casaria. Os dois se conheceram na agência do banco, onde ela também trabalhava, no setor de letras de câmbio. Mas, como ali era terminantemente proibido o namoro entre colegas, sob pena de ambos serem demitidos, os dois mal se falavam para não dar bandeira. Ou melhor, falavam-se por telefone, já que ficavam em mesas afastadas. E dali o ciumento Luiz Ayrão monitorava cada gesto da namorada, que atendia muitos clientes interessados em letras de câmbio. Às vezes, Ayrão não conseguia falar com ela porque Mercedes estava ao telefone conversando, sorridente. "Da minha mesa eu ficava olhando para ela realmente grilado: 'Com quem que ela está falando agora?'", lembra.

Certa vez ele deu de presente para a namorada um belo corte de pano, pois ela gostava de costurar. Porém, isso acabaria deixando Luiz Ayrão ainda mais grilado porque Mercedes fez um vestido bem curtinho com o qual foi para o trabalho. "O que você acha do meu vestido, Luiz?", perguntou-lhe, provocativa. "Não gostei, sinceramente acho que esse modelo não combina com você", respondeu um cabreiro e ciumento Luiz Ayrão. Pois tudo isso ele retratou na letra de "Ciúme de você", como no trecho "Se você põe aquele seu vestido lindo / E alguém olha pra você / Eu digo que já não gosto dele / E você não vê que ele está ficando demodê / Mas é ciúme, ciúme de você, ciúme de você".

Ayrão logo mostrou esta composição para Roberto, que a ouviu, se identificou e gravou com pegada soul num arranjo do maestro Pachequinho. O cantor viu que era um tema forte, comercial, e que ainda não tinha explorado de forma tão direta na sua discografia.

A propósito, no ano seguinte, a temática do ciúme levaria Elvis Presley de volta ao primeiro lugar da parada norte-americana com o hoje clássico "Suspicious minds", composição de Mark James, que começa com a afirmação: "Caímos em uma armadilha / Não posso escapar / Porque eu te amo demais, meu bem." Tal justificativa é usada por todos os ciumentos do mundo, inclusive pelo da letra da música gravada por Roberto Carlos: "Entenda que o meu coração / Tem amor demais, meu bem, e essa é a razão / Do meu ciúme, ciúme de você, ciúme de você."

38

38

AS CANÇÕES QUE VOCÊ FEZ PRA MIM

"Hoje eu ouço as canções que você fez pra mim
Não sei por que razão tudo mudou assim
Ficaram as canções e você não ficou"
Do álbum O *inimitável*, 1968

Tocou a campainha na casa do empresário Genival Melo, em São Paulo. Ele atendeu. Eram Roberto Carlos e sua esposa Nice chegando. Junto com o casal estava o baterista Dedé, que, naquele início de tarde, foi também motorista do cantor. Abraços apertados, sorrisos, mas até o último momento havia a expectativa: será que o Brasa iria mesmo comparecer? Pois lá estava ele, para alegria do anfitrião, que os recebia para um almoço de confraternização, no fim de outubro de 1968.

Anos antes, Roberto deixara de falar com Genival que tinha vetado a participação de seu então contratado Wanderley Cardoso na estreia do programa *Jovem Guarda* — e após o próprio Wanderley haver confirmado presença. Agora, porém, isso era passado e Roberto Carlos já não estava mais chateado. Tanto que, em meio à gravação de seu novo LP, chegara à casa de Genival para uma reunião que começara pouco depois do meio-dia e só terminaria lá pelas 5 horas da tarde.

Segundo relato da revista *Intervalo*, "Genival Melo estava eufórico. Sorrindo sempre, procurava dar um toque de perfeição a cada pormenor do encontro". Havia muito tempo que queria oferecer aquele almoço, reunindo alguns de seus artistas com Roberto Carlos. Naquele dia, estava na casa do empresário uma trinca de jovens cantores recém-lançados por ele: Nelson Ned, 21 anos; Antônio Marcos, 22; e Cláudio Fontana, 23 — os primeiros a chegar para ajudá-lo na recepção ao rei. Diferentemente do empresário Marcos Lázaro, que só trabalhava com cantores que já estivessem no topo, Genival Melo pegava o artista de baixo e o formava para o sucesso. Tratava-lhe os dentes, comprava suas roupas, arranjava a gravadora, o repertório e depois colocava seu disco nas rádios de todo o Brasil. Fizera isso com Wanderley Cardoso e estava fazendo o mesmo com aqueles três jovens ali presentes.

Antônio Marcos, por exemplo, chegava ao sucesso justo naquele momento com a música "Tenho um amor melhor do que o seu", composição de Roberto Carlos, gravada no ano anterior por Luiz Carlos Ismail, sem qualquer repercussão. Quando, em meados de 1968, Antônio Marcos selecionava repertório para o seu primeiro disco, o disc jockey Sérgio de Freitas, da Rádio América, de São Paulo, mostrou-lhe o single de Ismail com uma dica: "Por que você não regrava essa composição do Roberto Carlos? Ela está aí perdida nesse disco." Pois Antônio Marcos gravou, Genival Melo divulgou e a música logo estourou nas rádios. "Todo amor que eu lhe dei, você nem ligou / Todo bem que eu lhe fiz, você se esqueceu / Você não vai ter alguém melhor do que eu / Mas, eu já tenho um amor melhor que o seu." Nesse dia do almoço, Antônio Marcos contou essa história para Roberto, que até então não sabia como aquela sua composição, feita para o disco do amigo Ismail, tinha virado sucesso na voz de outro cantor, permanecendo 24 semanas nas paradas. "Os tempos estavam difíceis quando a música apontou no 18º lugar e foi subindo e, com ela, minha situação e meu cachê, claro!", comentou na época Antônio Marcos. "Sua interpretação foi excelente", elogiou Roberto Carlos.

Durante o almoço, chegaram mais dois convidados: o cantor Moacyr Franco e o diretor Carlos Manga. Faltou apenas o Chacrinha, que não pôde comparecer. Era um encontro para poucas pessoas e uma rara oportunidade de se conversar com Roberto longe do público e do corre-corre dos programas de televisão. Na véspera, Genival Melo até aconselhara seus garotos a não perder a chance de mostrar uma música de autoria deles ao cantor — Roberto poderia se interessar por alguma e incluí-la no álbum que estava gravando. O empresário explicou que, além de render um bom dinheiro em direitos autorais, ter uma música no disco de Roberto Carlos dava prestígio e poderia abrir outras portas.

A reunião seguia descontraída com muita música e piadas também. Mas, antes de cada um mostrar suas composições, Roberto Carlos deixou seu cachimbo de lado e pegou o violão para cantar algumas das canções que estariam no seu próximo LP, dali a pouco mais de um mês. E mostrou-lhes as ainda inéditas "Se você pensa", "É meu, é meu, é meu" — que todos ali acharam engraçada — e uma outra que o cantor disse ter composto semanas antes, "As canções que você fez pra mim". Ele só não comentou que o personagem dessa música estava junto com eles naquela reunião: o baterista do RC-7 Anderson Marquez, o Dedé.

O público pensa que é o Tremendão Erasmo, mas o amigo mais próximo de Roberto Carlos é Dedé. Desde que se conheceram, em 1962, eles estiveram sempre juntos em todos os shows, cidades e países, e também em alguns dos melhores e piores momentos da vida do rei. Dedé encontrava-se ao lado dele no dia daquele grave acidente de carro no interior do Rio, em que faleceu o empresário Roberto de Oliveira, e também naquela noite em que o artista deu tiros na avenida São João, em São Paulo; o baterista o acompanhara nos primeiros shows em circos mambembes e nas primeiras apresentações em palcos da América Latina e Europa; estava com ele na estreia do programa *Jovem Guarda*, na TV Record, e nas telas com o primeiro filme *Roberto Carlos em ritmo de aventura*.

Com o seu espírito carioca e de eterno moleque sapeca, Dedé conseguia fazer Roberto sorrir mesmo em momentos de muita tensão e seriedade. Ao fim de cada espetáculo, é geralmente Dedé quem repassa as flores para o cantor oferecer à plateia. Era também Dedé quem organizava as filas de fãs e amigos que queriam ver o artista após os shows. Os dois se gostam e confiam um no outro sem limites. "Tudo aquilo que Roberto escreveu na música 'Amigo' ele ofereceu a mim também", diz o músico. De fato, não há uma única palavra naquela canção, oferecida publicamente a Erasmo Carlos, que Roberto não diga sinceramente a Dedé, o seu outro grande amigo de fé, irmão, camarada. Pois foi também em solidariedade a Dedé que, em 1968, Roberto Carlos compôs uma de suas grandes músicas: a balada soul "As canções que você fez pra mim", que retrata o romance de seu amigo com a cantora Martinha.

Os dois se conheceram no fim de 1966, quando ela estreou no *Jovem Guarda*, de botinha e minissaia. O baterista do então RC-4 logo se engraçaria com aquela mineirinha mignon, de apenas 1,55 metro de altura. Martinha também se sentiu atraída por ele, embora, de início, relutasse por já saber de sua fama de malandro e mulherengo. Mas Dedé prometeu mudar e contou com um apoio importantíssimo nesse jogo: o do próprio Roberto Carlos, que alguns fofoqueiros diziam paquerar Martinha, mas, que, na verdade, torcia para que ela namorasse o amigo baterista. "Dedé era meio louquinho, fazia aquelas besteiras que todo rapaz faz, e Roberto achava que comigo ele iria quietar um pouco mais. Então ele realmente deu a maior força para o nosso namoro", lembra a cantora, enfatizando que sua relação com o rei da Jovem Guarda sempre foi de sincera amizade. "Eu e Roberto temos uma coisa tão maior do que essa bobagem que todo mundo fala de a gente ter namorado, que eu era apaixonada por ele. Entre nós nunca houve qualquer outro interesse, por menor que fosse, de brincadeira ou não. A gente é amigo mesmo, e eu peço muitos conselhos a ele na minha conduta de carreira. Enfim, é algo bem maior do que isso que inventaram desde a época da Jovem Guarda. Não acho ruim, até porque é sempre em tom de brincadeira, mas não é verdade."

Apadrinhado por Roberto Carlos, o namoro de Martinha com Dedé começou para valer no início de 1967, pouco antes da carreira da cantora deslanchar com suas primeiras músicas de sucesso. "Dedé passou a ir lá em casa todo dia. Cada noite ele levava uma coisa para mim: sorvetes, bombons, todas aquelas coisas boas que os namorados gostam de levar para as namoradas", contou numa entrevista, esclarecendo em outra que, no princípio, não era nada sério. "Depois fomos nos conhecendo melhor e chegamos à conclusão de que nos amávamos. Dedé me deu atenção e carinho. Eu era uma complexada, me achava feia e que jamais teria um namorado. Eu jamais ouvira uma galanteria, e Dedé me disse coisas lindas."

Quem não estava gostando nada dessa história era a mãe de Martinha, dona Ruth, que, talvez pela responsabilidade de criar a filha sozinha, via aquele namoro com olhos muito severos. "Eu gostaria que Martinha escolhesse alguém capaz de fazer o duplo papel de pai e marido. Que fosse delicado, inteligente, educado e também responsável", comentou, humilhando publicamente Dedé, mas dizendo não ter nada contra o baterista de Roberto Carlos. "Ele é apenas um menino, sem grandes responsabilidades. No fundo, o que ele sente por Martinha é mais produto do entusiasmo característico de sua idade."

Apesar da oposição da mãe da moça, o casal seguia firme e apaixonado, com Dedé fazendo planos e Martinha canções de amor dedicadas a ele, como o hit "Eu te amo mesmo assim", de letra derramadamente romântica. "Todo mundo diz que você faz o que bem quer / Mas a mim só interessa mesmo o que você disser / E mesmo que você disser que não gosta de mim / Meu bem, ainda respondo que eu te amo mesmo assim."

Por tudo isso, foi um duro golpe para Dedé quando, numa certa noite, depois de mais de um ano de namoro, Martinha decidiu pôr fim ao romance. "Nós éramos apaixonadíssimos, mas Dedé fez umas bobagens, eu fui me enjoando e decidi mesmo terminar com ele", afirmou a cantora em depoimento ao autor. Dedé sentiu seu mundo cair, ficou arrasado e foi chorar sua dor nos ombros de Roberto Carlos. Ainda tentando contornar a situação — e, como um bom padrinho —, Roberto foi falar com Martinha, pedir-lhe para pensar melhor, dar uma nova chance ao namorado, que a amava tanto. Porém, a resposta foi enfática: não voltaria nunca mais para Dedé.

Diante do fato consumado, Roberto Carlos chamou o amigo para passar uns dias num sítio em Eldorado, interior de São Paulo, onde de vez em quando descansava da maratona de shows. Era uma forma de distrair Dedé, o moleque sapeca e brincalhão que andava irreconhecível, deprimido, principalmente ao ouvir as canções que a namorada lhe dedicara havia tão pouco tempo.

Numa daquelas noites no sítio, por acaso, Roberto também ouviu no rádio uma música de Martinha e pensou na hora: "Puxa, vida. Dedé deve sofrer um bocado com isso." Daí começou a compor uma nova canção, inspirada justamente no romance deles. A dor e a solidão que Dedé estava curtindo, a sua saudade da namorada, tudo isso Roberto Carlos sintetizou logo nos primeiros versos da composição: "Hoje eu ouço as canções que você fez pra mim / Não sei por que razão tudo mudou assim / Ficaram as canções e você não ficou / Esqueceu de tanta coisa que um dia me falou / Tanta coisa que somente entre nós dois ficou / Eu acho que você já nem se lembra mais."

No outro dia, depois do café da manhã, Roberto Carlos chamou Dedé, pegou o violão e mostrou o tema que estava compondo para ele. "Como assim pra mim?", perguntou o baterista, sem entender direito. "Isso é como se você estivesse lembrando a Martinha, tudo aquilo que ela lhe dizia nas canções que fez pra você", explicou Roberto Carlos. Dedé pediu então para ele cantar outra vez. Depois de ouvi-lo, a sua vontade foi sair correndo e buscar sua amada para curtirem juntos aquela música. Quem sabe depois disso Martinha ficaria sensibilizada e voltaria aos seus braços? Que coração resistiria a versos tão dilacerantes como aqueles que dizem: "É tão difícil olhar o mundo e ver / O que ainda existe / Pois sem você meu mundo é diferente / Minha alegria é triste."

Naquele dia do almoço na casa do empresário Genival Melo, Dedé vivia ainda essa expectativa. E Roberto o levara para o encontro justamente porque procurava não deixar o amigo sozinho num momento tão difícil, sempre o chamando para o sítio ou alguma reunião social que pudesse distraí-lo.

Bem, todos ali gostaram das novas canções de Roberto, o elogiaram bastante, e chegara então a vez de ele ouvir as composições de seus colegas. O primeiro a cantar foi Nelson Ned, mostrando uma música que tinha acabado de gravar num compacto simples, "Camarim": "Outra vez estou tão só / Dentro do meu camarim / O meu show já teve fim / O teatro está vazio / A plateia já se foi e agora então eu vou chorar" — tema que seria revisitado anos depois por Chico Buarque na canção "Bastidores". Era a primeira vez que Roberto Carlos ouvia atentamente aquele que se consagraria como "o pequeno gigante da canção", mas só a partir do ano seguinte, com o sucesso da música "Tudo passará".

Depois dele foi a vez de Cláudio Fontana, que se disse da "escola de Roberto Carlos" e que apresentou uma canção, segundo ele, pensada para o cantor gravar. E tocou "Estou amando uma garota de cor", tema progressista, mas que reflete a linguagem racista da época. "Estou amando uma garota de cor / Estou gostando dela com muito amor / Todos perguntam por que é que estou mudado / É que estou apaixonado pela garota de cor." Ao final, Roberto Carlos comentou: "Claudinho, essa música é boa, mas fala de um tema muito delicado e que eu não gostaria de abordar nesse momento." E, de fato, ele só abordaria a questão racial sob a perspectiva amorosa quatro anos depois, ao gravar a canção "Negra", de Maurício Duboc e Carlos Colla. Aliás, nem Roberto nem qualquer outro cantor quis gravar "Estou amando uma garota de cor", que acabou sendo lançada em disco pelo próprio autor Cláudio Fontana.

Por fim, foi a vez de Antônio Marcos mostrar uma canção de sua autoria para o rei da Jovem Guarda. Enquanto ajeitava o violão no colo, Antônio Marcos também se disse da "escola de Roberto Carlos" e que tinha feito aquela música, dias antes, já pensando também em ouvi-la na voz do colega. E então cantou de olhos fechados, bem concentrado: "Se a vida inteira você esperou um grande amor / E de triste até chorou / Sem esperanças de encontrar alguém / Fique sabendo que eu também andei sozinho / E sem ninguém pra mim / Fiquei sem entregar o meu carinho." É a muito romântica "E não vou mais deixar você tão só". Roberto Carlos gostou tanto que afirmou ali na hora, na frente de todos, que iria incluí-la no LP que estava gravando na CBS. "A música é toda sua, Roberto", disse-lhe Antônio Marcos, autorizando também ali mesmo a gravação.

Na verdade, antes daquela reunião, Roberto já sabia de "E não vou mais deixar você tão só" por meio de Edy Silva, que, por acaso, estivera na casa de Antônio Marcos, no Brooklin, quando ele ainda estava compondo a canção. Na ocasião, o cantor lhe falou do desejo de ouvir aquela música na voz de Roberto Carlos. "Nossa, que música linda! Faz que o Roberto grava", incentivou Edy. Quando ela soube que Roberto iria para aquele almoço com a turma de Genival Melo, deu-lhe um toque: "Pede para o Toninho lhe mostrar uma música que ele está fazendo. É linda."

Foi a última canção escolhida por Roberto Carlos e acabou se tornando a faixa de abertura de O inimitável — álbum que marca a transição dele da Jovem Guarda para a fase romântica. Note-se que seus álbuns anteriores sempre traziam como faixa de abertura uma canção forte, de rock ("É proibido fumar", "Quero que vá tudo pro inferno", "Eu sou terrível"). O maestro Pachequinho preparou um belo arranjo para o tema de Antônio Marcos, com o som de flauta, violão, baixo e bateria na introdução, depois acrescido de órgão, metais e cordas. Roberto canta essa música com a voz chorosa, como se pode ouvir no trecho "meus olhos vermelhos cansados de chorar querem sorrir", e especialmente na frase que fecha a canção: "e nunca mais eu vou ficar também tão só." "É uma das músicas mais bonitas que já gravei", disse o cantor, deixando o autor Antônio Marcos ainda mais feliz e orgulhoso com sua composição, que depois seria regravada por ele próprio e por artistas como Paulo Ricardo, José Augusto, Leonardo, Toni Platão e o grupo Raça Negra.

A faixa que abria o outro lado do LP, a balada "As canções que você fez pra mim", reforçava a transição de Roberto Carlos para o romantismo. O maestro Pachequinho novamente caprichou ao criar um arranjo soul com solo de órgão Hammond e vocais black femininos que choram de solidão junto com o intérprete. Aliás, nessa gravação, Mauro Motta toca o órgão de harmonia e Lafayette, o solo, que gravou sozinho numa madrugada no estúdio, num sistema chamado *overdub*, que consiste em adicionar um novo som, vocal ou instrumental, a uma gravação já feita. Mais uma vez ele ligou o órgão Hammond B-3 a uma caixa acústica Leslie, produzindo aquele efeito de uma sonoridade distorcida, mais nervosa, de black music.

Sim, a cantora Martinha ouviu a música, ficou sensibilizada, mas, como já afirmara a Roberto Carlos, não voltou mesmo para o seu amigo Dedé. Àquela altura, Martinha já estava completamente apaixonada por outra pessoa: o cantor e compositor Antônio Marcos, que ela havia conhecido pessoalmente pouco tempo antes. Ela se encantou por aquele rapaz de 1,80 metro de altura, porte atlético e que lhe dizia coisas ainda mais bonitas, pois tinha gosto pela poesia, em especial a de Pablo Neruda. "Quando eu soube que Martinha estava saindo com ele, eu tirei meu time de campo de vez", confessou Dedé, reconhecendo que o romântico Antônio Marcos era páreo duro para qualquer concorrente no campo amoroso.

De tão apaixonada, Martinha chegou a erguer uma cortina na parede de sua casa só com poemas de Antônio Marcos. Para ela, porém, a relação foi tensa, perturbadora, porque o cantor simplesmente sumia e não dava sequer um alô... Foi quando então, sozinha, no silêncio da noite, Martinha compôs a canção, "Pelo amor de Deus", que seria gravada pelo cantor Paulo Sérgio, mas feita pensando em Antônio Marcos: "Pelo amor de Deus / Por favor, me leve embora, estou morrendo / Eu não quero mais ficar, eu vou correndo / Eu preciso ver depressa o meu amor." Antônio Marcos então, de repente, aparecia trazendo flores e dedicando-lhe também canções de amor, como "Vou fugir do mundo nos teus braços". "Eu vou viver nos teus braços / Eu vou seguir os teus passos / E nunca mais vou embora / Eu não, Eu não...", gritava.

Genival Melo, empresário dos dois artistas, procurava manter o romance em segredo, temendo que a sua publicidade pudesse prejudicar o sucesso deles. Uma nota da revista *Intervalo* especulava: "Com o pretexto de mostrar suas composições mais recentes, o cantor Antônio Marcos visita Martinha diariamente. É como diria Chacrinha: 'Vá compor assim no raio que o parta!'" No meio disso tudo, Martinha sonhava e, anos depois, recordaria: "Antônio Marcos foi o grande amor da minha vida. A gente fazia um par muito romântico, olhando a lua, deitado na rede. Eu recebia de quatro a cinco ramalhetes de flores por dia com cartões dele e também caixas de bombons, cartas apaixonadas. Ficamos quase dois anos juntos como num conto de fadas." Pois é, mas quando esse conto de fadas terminou e Antônio Marcos foi viver com a cantora Vanusa, no fim de 1969 — e dessa vez assumindo publicamente o romance —, foi a vez de Martinha chorar ouvindo as canções que ele tinha feito para ela.

Dedé seguiu sua vida, que não cruzou mais com a da ex-namorada. Porém, restou de seu romance aquele clássico de Roberto Carlos que, em 1993, ganharia versão renovada na voz de Maria Bethânia. Com um sofisticado arranjo em estilo blues, "As canções que você fez pra mim" foi a faixa de abertura e o título do álbum de Bethânia em homenagem ao repertório de Roberto e Erasmo Carlos. "O disco forra de luxo os soluços românticos do rei", definiu na época o crítico Tárik de Souza. Max Pierre, então diretor artístico da gravadora Polygram, idealizou o projeto, mas a seleção das músicas foi exclusiva de Bethânia. "Por contrato, eu já tenho o direito de escolher meu repertório, em qualquer situação. Mas, particularmente nesse disco, eu tinha que ter autoridade total e absoluta, sem nenhuma dica. Ouvi de tudo que eu gosto do Roberto e decidi, sozinha. São as canções minhas memórias", disse na semana do lançamento.

Comparada a outras faixas desse disco como "Detalhes", "Emoções" e "Fera ferida", "As canções que você fez pra mim" estava relativamente esquecida, porque, diferentemente das outras, não fazia mais parte do repertório dos shows nem dos especiais de Roberto Carlos na TV Globo. E essa música jamais apareceu no set list de seus espetáculos no Canecão — uma falha da produção do artista. Gal Costa a incluiu no show na boate Sucata, no Rio, em 1969, e, segundo o *Correio da Manhã*, "siderou todo mundo" com sua versão que ela nunca gravou em disco. A cantora Evinha fez isso em 1973, acentuando a característica soul da composição. Entretanto, sua gravação passou despercebida. Assim, para uma nova geração de brasileiros, esse antigo hit de Roberto soou como música inédita ao ressurgir com destaque no álbum homônimo de Maria Bethânia.

Com a ótima recepção do projeto, ela foi uma das primeiras artistas a ser convidada para o especial de Roberto Carlos, na TV Globo, em 1993, dessa vez gravado no Teatro Municipal de São Paulo. "É uma emoção incrível ver as minhas músicas e de Erasmo Carlos cantadas por essa voz maravilhosa que fez esse disco fantástico. Eu tenho a alegria e o orgulho de apresentar a minha amiga Maria Bethânia", disse Roberto ao anunciar a cantora, aplaudida de pé ao entrar no palco ao som dos primeiros acordes de "As canções que você fez pra mim". Enquanto ela cantava, alguém no fundo do palco, na penumbra, quase anônimo, tocava discretamente junto com a orquestra: era Anderson Marquez, o Dedé, fazendo sua percussão para a interpretação de Bethânia — mas talvez, naquele momento, também recordando as canções que a ex-namorada Martinha fez para ele.

39

MADRASTA

*"Minha madrasta
Bem-vinda no caminho
Onde andaremos os três"*
Do álbum O *inimitável*, 1968

Em maio de 1968, quando esteve em Nova York para sua lua de mel, Roberto Carlos visitou os bairros do Harlem, berço da música negra, e o Village, onde circulavam hippies e beats. E nesses lugares ele viu muitos jovens que, além das roupas coloridas e fartas cabeleiras, usavam correntes no pescoço com vistosos medalhões. O cantor decidiu aderir à moda e ali comprou o seu primeiro medalhão numa loja ao lado do Teatro Apollo, no Harlem. Era um medalhão redondo em forma de estrela. Pouco depois ele ganhou de uma freira, sua ex-professora, um medalhão maior, o do Sagrado Coração de Jesus, que substituiu o primeiro. Na sequência, numa viagem à Holanda, o cantor adquiriu um colar de cerâmica, de pedras redondas, numa cor de metal envelhecido. E já tinha também um colar de contas de madeira cor de vinho, bem comprido, que usava com uma corrente de ouro de elos grandes.

Roberto Carlos posou com esses adereços para a foto de contracapa do seu álbum de 1969, em que aparece de pé, recostado na porta de uma casa, no cenário do seu segundo filme. Na época, o cantor dizia que "nenhum dos meus medalhões é definitivo, a não ser o que ganhei em Cachoeiro de Itapemirim, de uma religiosa".

Realmente, esse medalhão dourado com a imagem do Sagrado Coração de Jesus se tornaria uma marca de Roberto Carlos, e de tão presente e visível no seu peito ajudaria a moldar a imagem do artista. Até então ele não gravava canções religiosas e parecia apegado apenas a mulheres e objetos de consumo, como roupas e carrões de luxo. O novo adereço trazia, portanto, outro simbolismo, tornando visível para o público a religiosidade do jovem cantor.

Ele apareceu pela primeira vez com o medalhão em julho de 1968, numa edição de seu programa *Roberto Carlos à noite*, na TV Record. "O ano ainda está na metade, mas eu já tive muitas emoções, já chorei muito de alegria. Chorei no Festival de Sanremo, depois chorei de emoção no dia do meu casamento com Nice, e nessa semana chorei mais uma vez ao ganhar de presente da minha querida professora irmã Fausta este medalhão", disse Roberto, beijando e exibindo a peça para as câmeras. Logo em seguida ele cantou seu ainda recente sucesso, "Não precisas chorar", de autoria de Edson Ribeiro.

Símbolo da Congregação das Irmãs de Jesus na Eucaristia, esse medalhão foi colocado sobre o hábito da irmã Fausta de Jesus quando ela fez os votos de noviça, em 1943. A partir daí e por longos 25 anos, usaria a peça, grande e pesada que tem, de um lado, uma imagem de Jesus Cristo em alto-relevo; do outro, as letras JHS (Jesus Hóstia Santo). Como já vimos, irmã Fausta fora professora de Roberto no segundo ano primário no Colégio Cristo Rei, em 1949. Mas pouco depois ela deixaria o colégio e a cidade, transferindo-se definitivamente para a capital, Vitória. A partir daí não viu mais Roberto Carlos, até que, no final de 1965, começou a tocar nas rádios a música de um cantor que mandava tudo para o inferno, horrorizando os religiosos. Para grande surpresa de irmã Fausta, logo ela descobriu que aquele jovem cantor capixaba era um de seus ex-alunos, Roberto Carlos Braga, o Zunga, que, a julgar por aquela música, não tinha assimilado bem as lições religiosas do colégio de freiras.

Seu reencontro com Roberto aconteceu em junho do ano seguinte, antes de uma apresentação dele num ginásio em Vitória, em benefício exatamente do Orfanato Cristo Rei, onde a irmã Fausta atuava. Àquela altura, todos no orfanato já sabiam da sua história com o cantor e a incentivaram a ir falar com ele. Um pouco hesitante, antes do show, ela foi até a porta do camarim. Para sua sorte, naquele dia dona Laura estava lá, reconheceu-a e imediatamente avisou Roberto: "Meu filho, sabe quem está aí fora querendo falar com você?" "Quem é, mãe?" "Lembra da sua professora Fausta?" "Irmã Fausta?! Do Cristo Rei?! Claro que me lembro. Manda ela entrar."

Roberto tinha 8 anos quando foi aluno dela — que na época tinha 27 —, e agora, com a freira aos 44, ocorria o reencontro. "Minha querida irmã Fausta! Há quanto tempo", disse ele sorrindo e dando-lhe um afetuoso abraço. Após os cumprimentos, Roberto logo viu na veste dela aquela mesma medalha dourada que a professora usava no Colégio Cristo Rei, dezessete anos atrás. "Puxa, irmã, não sei se cresci ou foi o medalhão que diminuiu, mas antigamente ele parecia maior", brincou. Aliás, a própria irmã Fausta pareceu a Roberto Carlos mais baixinha do que no seu tempo do Colégio Cristo Rei.

Durante o show naquele ginásio, após cantar "Quero que vá tudo pro inferno" e "Lobo mau", sucessos rebeldes do seu último LP, o cantor anunciou o número seguinte, justificando: "Por ser uma das minhas músicas mais inocentes, dedico 'O calhambeque' à minha querida professora irmã Fausta, que reencontrei aqui hoje." Surpresa, a freira ouviu a dedicatória do ex-aluno encolhida num canto da arquibancada, em meio à ruidosa gritaria de uma multidão de adolescentes.

A partir desse dia, Roberto Carlos e irmã Fausta não perderiam mais contato e dois anos depois, quando completou 25 anos na ordem religiosa, ela lhe ofereceu seu medalhão do Sagrado Coração de Jesus. Era uma tradição entre as freiras doar aquela peça para uma pessoa amiga ou da família no momento da troca de hábito. Irmã Fausta escolheu Roberto e lhe comunicou sua intenção numa carta enviada junto com uma caixa de bombons. O presente foi dado pessoalmente num sábado, dia 13 de julho de 1968, logo depois de um show de Roberto Carlos em Cachoeiro de Itapemirim. Ao chegar à residência onde se hospedara, a irmã Fausta viu a carta e a caixa de bombom abertas sobre a cama. "Já li sua carta e já comi um bombom", disse-lhe o cantor. A freira entregou-lhe então um estojo azul dentro do qual estava o medalhão que ela mandara banhar em ouro dias antes. "Está bento, irmã?", perguntou o cantor. "Claro que sim, Roberto."

A história do medalhão poderia ter se encerrado aí se Roberto Carlos o tivesse guardado, como tantos outros metais, na sua sala de troféus. Porém, dias depois, sua ex-professora foi surpreendida ao ver o cantor aparecer na televisão com o vistoso medalhão pendurado no pescoço. "Eu nunca imaginei que ele fosse usar ou mostrar para o público. Eu dei para ele guardar de lembrança", afirmou irmã Fausta em depoimento ao autor. Nem mesmo familiares das religiosas costumavam usá-lo ao ganhar de presente; simplesmente guardavam aquilo de recordação. As próprias freiras não exibiam o medalhão pendurado, mas preso com um alfinete sobre o hábito na altura do peito. Mas eis que aquele símbolo religioso agora balançava ao ritmo do iê-iê-iê. Irmã Fausta temeu que o bispo de Cachoeiro de Itapemirim, dom Luiz Gonzaga Peluso, a censurasse por propiciar aquilo. "Eu fiquei apavorada", admitiu ela. Para seu alívio, o bispo nada reclamou e o medalhão seguiu no peito de Roberto Carlos, embora atraindo outros tipos de críticas. "Quando vi aquilo pela primeira vez, achei um horror", afirma a jornalista Cynira Arruda. "É muito cafona, kitsch, vulgar, alguém sair com a imagem do Sagrado Coração de Jesus do tamanho de um queijo Catupiry pendurado no pescoço", enfatiza.

Nem todos pensavam assim, e essa indumentária seria copiada e adotada por vários outros artistas populares. A cópia mais fiel foi conseguida pelo cantor Paulo Sérgio, presente da irmã Ernédia Caliman, que era da mesma congregação da irmã Fausta de Jesus, em Cachoeiro de Itapemirim. No pescoço de Paulo Sérgio aquela peça se consolidou definitivamente como um ícone brega, e cópias parecidas passaram a ser usadas também por artistas como Reginaldo Rossi, Evaldo Braga, Nelson Ned, Fernando Mendes, chegando até o new-brega Falcão. De certa forma, o medalhão do Sagrado Coração de Jesus saiu do peito da irmã Fausta para ocupar o pescoço de toda uma geração de cantores populares do Brasil. Mas, de todos, ninguém é mais fiel do que o pioneiro Roberto Carlos — e ele estava com esse medalhão no peito quando subiu ao palco para defender uma música em mais um festival da TV Record em novembro de 1968.

Àquela altura, Roberto Carlos sabia que os festivais haviam se transformado em um circo romano com os cantores atirados às feras para deleite da plateia. Mas, como contratado da Record, ele novamente compareceu para prestigiar o evento. E nunca antes a presença dele foi tão necessária para o Canal 7, pois outras estrelas, como Elis Regina e Wilson Simonal, já de saída da emissora, não se apresentaram nesse festival. Caetano Veloso, a grande revelação do ano anterior, também não subiu mais ao palco do Teatro Record, pois se transferira, junto com Gilberto Gil, para a TV Tupi de São Paulo. A música que eles fizeram para aquele festival, "Divino maravilhoso", foi então defendida pela novata Gal Costa. Em 1968, Gil e Caetano se apresentaram no Festival Internacional da Canção, promovido pela TV Globo — que ganhava cada vez mais projeção ao mesmo tempo que o da Record dava sinais de decadência. Para a imprensa já era perceptível a crise da emissora e do seu festival. Provas disso eram a audiência cada vez menor dos musicais do Canal 7 e a queda de composições inscritas para o festival de 1968, que não teriam alcançado nem 30% das inscrições do ano anterior. O colunista Arley Pereira até previa que, "a continuar assim, a coisa vai mesmo pro brejo".

De fato, o fim se aproximava, mas em 1968 a TV Record conseguiu novamente mobilizar todo o seu elenco e equipe de produção para colocar de pé o festival, apresentando 36 novas canções em três eliminatórias. Apesar das baixas, estariam ainda competindo ídolos da MPB como Chico Buarque, Edu Lobo e Geraldo Vandré. Estimulado pelas inovações estabelecidas por Gil e Caetano no festival anterior, dessa vez Roberto Carlos arriscou concorrer com um rock de sua própria autoria, em parceria com Erasmo, "Preciso urgentemente encontrar um amigo", tema pacifista influenciado pelas turbulências daquele ano de 1968: "Preciso urgentemente encontrar um amigo / Pra lutar comigo / Pra lutar comigo / Quero ver o sol nascer / E a flor desabrochar / E no mundo de amanhã / Quero acreditar / Quero acreditar."

Foi a segunda tentativa de Roberto e Erasmo criarem algo próximo de uma música de festival. Naquele mesmo ano, eles fizeram um sambinha de bossa, "Gabriela mais bela", defendida por Gal Costa no Festival Internacional da Canção. Mas a música não passou da primeira fase e Gal nunca se interessou em gravá-la. No caso de "Preciso urgentemente encontrar um amigo", o próprio Roberto Carlos não estava confiante de que conseguiria vê-la entre as 36 selecionadas — como admitiu na época para um repórter: "Sabe, ô cara, nesse negócio de festival, as músicas que agradam são as mais agressivas, músicas de impacto. Eu e Erasmo somos românticos incorrigíveis. Na realidade, compomos o que sentimos e sempre procuramos usar uma linguagem fácil e direta, como em 'Preciso urgentemente encontrar um amigo'. Olhe, pode apostar que nossa música não será classificada." E não foi mesmo, o que muitos viram até como uma prova de isenção da TV Record, que daria plena liberdade de escolha ao júri da pré-seleção. Registre-se, porém, que isso era algo comum nos festivais da emissora. Grandes nomes como Dorival Caymmi, Ataulfo Alves e Adoniran Barbosa também tiveram músicas suas recusadas. No festival de 1966, por exemplo, Chico Buarque inscreveu três composições, mas só conseguiu incluir uma, "A banda". O mesmo aconteceu com Vinicius de Moraes no festival de 1967.

 O fato é que com o descarte de sua composição, Roberto teria que escolher a de outro autor para defender naquele festival. E entre as 36 músicas classificadas, ele acabou defendendo uma que não era nem samba nem rock, e sim uma valsa lenta e com um tema incomum, sobre a personagem má dos contos infantis: "Madrasta", canção composta pelos jovens Beto Ruschel e Renato Teixeira.

 Beto, então com 21 anos, era filho do ator Alberto Ruschel, do filme *O cangaceiro* e outras produções da Companhia Vera Cruz. "Eu vivia lá pelos sets de filmagem", diz o compositor, que cresceu também entre artistas da música como Dorival Caymmi e João Gilberto, amigos de seu pai. Aos 23 anos, o paulista Renato Teixeira também dava os primeiros passos na carreira, que no futuro terá sucessos como "Frete", "Amora", "Tocando em frente" e, principalmente, "Romaria", gravado por Elis Regina. Ele conheceu Beto Ruschel nos bastidores do programa *Poder Jovem* de Fernando Faro, na TV Tupi, e logo começaram uma longa amizade e breve parceria musical.

"Madrasta" surgiu em certa noite, no inverno de 1968, quando Beto tocava violão em sua casa, em São Paulo. "É a história da minha madrasta, que entrou na minha vida quando eu tinha 14 anos", afirma o compositor se referindo à atriz Marly Bruno, com quem o ator Alberto Ruschel se relacionara no fim da década de 1950. "Ela era muito nova em relação ao meu pai. A idade dela estava mais próxima da minha do que da dele. Então logo se estabeleceu uma amizade profunda entre nós. Marly era jovem, bonita, ao contrário da imagem vulgar da madrasta, aquela coisa feia e velha de verruga." O parceiro Renato Teixeira adorou a ideia, pois queria mesmo explorar um tema diferente e de forma original. As poucas canções que havia sobre essa personagem reproduziam basicamente a versão dos contos infantis, como as sertanejas "Madrasta perversa", gravada por Leôncio & Leonel em 1966, e "A madrasta", com Tonico & Tinoco, em 1959, também falando da "madrasta ruim" que "muito da mocinha judiô".

Renato Teixeira criou as imagens poéticas da nova canção — até porque ele conhecia a madrasta do amigo. Mas Beto Ruschel morava então com a mãe, a escritora gaúcha Neli Dutra, que caminhava pela casa enquanto os dois compunham sentados no chão da sala. Lá pelas tantas, ela até contribuiu com uma frase no final da segunda parte da letra: "O ponto, o sol de um novo dia." A julgar por essa atitude dela, tudo parecia pacífico na sua relação com a madrasta do filho. Porém, segundo ele, as coisas não foram bem assim: "Era uma situação complicada porque eu passava um tempo com minha mãe e voltava para a madrasta; vivenciei essa dualidade profundamente, com sofrimento e também com grandes alegrias. Porque a Marly era minha amiga, mas eu não conseguia explicar isso para minha mãe, que parecia não querer que eu me entendesse com a madrasta. Havia aí um jogo dialético complicadíssimo, porque minha mãe tinha um grande ciúme dela. E demonstrou isso até o fim da vida. Com seu sotaque gaúcho bem marcante ela me cobrava: 'Nunca fizeste uma música pra mim e fizeste para aquela outra.'"

Ao se abrirem as inscrições do festival da Record, eles enviaram duas músicas para lá: a valsa "Madrasta" e a toada "Meu rumo todo lugar", composta no mesmo período. Apostavam muito mais na toada, mas foi "Madrasta" a selecionada entre as 36 composições que iriam disputar o prêmio daquele ano. Maior surpresa tiveram quando foram chamados à TV Record para uma reunião com Solano Ribeiro. "O que vocês acham de Roberto Carlos defender essa canção?", perguntou-lhes o produtor do festival. Beto e Renato se olharam, surpresos com a proposta. Eles tinham pensado que talvez Taiguara ou Silvio César pudessem cantar aquela composição, jamais o rei da Jovem Guarda. Beto Ruschel ficou tão descrente que aconselhou o parceiro a não aceitar a proposta do produtor: "Roberto Carlos não é da nossa praia e nós só vamos perder tempo com isso. É melhor procurar logo outro intérprete."

Já Renato Teixeira acreditou na possibilidade porque se lembrou de um fato muito comentado na imprensa. Roberto havia se casado havia pouco tempo com Nice, que tinha uma filha pequena de seu casamento anterior. E os três agora moravam juntos, ou seja, naquele momento, Roberto Carlos era um padrasto que de repente entrou na vida de uma criança ainda atônita com a presença de um homem que não era o seu pai. Meses antes, fora publicada a primeira reportagem sobre a menina, com a fotografia dela de corpo inteiro ilustrando a matéria e o texto que dizia: "Ela se chama Ana Paula. Tem quatro anos incompletos, é a filhinha de Nice Rossi. Roberto Carlos, agora com a responsabilidade de um chefe de família e com aquele coração cheio de carinho que todo mundo reconhece, não deixará de dedicar à menina todo o afeto e o bem de que é capaz..." Por tudo isso, Renato Teixeira estava confiante na aceitação daquela música pelo cantor. "Na hora eu pensei: 'Taí o cara para entender esse assunto.' Eu acreditava que aquele artista da Jovem Guarda, que mandava tudo pro inferno, de repente estava vivendo um momento da vida de profunda intimidade e que aquela canção pudesse mexer com a emoção dele."

Coube a Beto Ruschel ir com seu violão à TV Record mostrar a canção para Roberto Carlos. "Apresentei os dois e eles se entenderam muito bem. Roberto teve uma empatia com Beto Ruschel, e isso facilitou as coisas", afirmou Solano Ribeiro. Embora achando a canção um pouco estranha, difícil para um festival, o cantor gostou muito dela — como previra Renato Teixeira —, se identificando logo com os primeiros versos da letra: "Minha madrasta, bem-vinda / No caminho onde andaremos os três / Nós já podemos dizer, nossa casa..." — sentimento que certamente Roberto gostaria que a filha de Nice compartilhasse com ele naquele momento de suas vidas.

O arranjo da canção ficou por conta de um amigo de Beto Ruschel, o ainda desconhecido Nelson Ayres, de 21 anos, iniciando-se na carreira musical. A ideia de Renato Teixeira era fazer um arranjo só para cordas, influência do álbum *Luiz Eça & Cordas*, lançado pouco tempo antes. "Eu estava embevecido com o disco de Luizinho Eça, que é uma das coisas mais lindas que já foram feitas na música brasileira. Daí que, no arranjo de 'Madrasta', foram usados cordas, flautas, um violão e nada mais. Não tem contrabaixo, nem piano nem bateria", observa Renato Teixeira. Mas outras influências se somaram porque Nelson Ayres tinha recém-adquirido o songbook *Sounds and scores*, com arranjos e composições de Henry Mancini. Ali mostra como o autor de "Moon river" preparava e executava seus arranjos. No encarte do songbook havia três discos com gravações para acompanhar as partituras impressas. E Mancini apresentava os instrumentos, ilustrando, por exemplo, aquilo que ele costumava usar em seus arranjos: quatro flautas, uma delas em sol, quatro trombones e duas trompas. Enfim, o songbook era uma verdadeira aula de arranjo do músico norte-americano. "E assim foi feito para 'Madrasta': um arranjo de cordas e quatro flautas à la Henry Mancini", diz Beto Ruschel.

Roberto Carlos apresentou a canção na primeira eliminatória do festival, na noite de quarta-feira, dia 18 de novembro. Aliás, em todos os festivais da Record de que participou, o ídolo da Jovem Guarda era sempre escalado para a primeira eliminatória, como espécie de chamariz para o programa. Naquela noite, ele subiu ao palco acompanhado por um quarteto de cordas e flautas regido por Nelson Ayres, e com Beto Ruschel ao violão. O compositor tinha um cabelo preto bem liso e caindo na testa, estilo Ronnie Von. "Você fica mais pra trás de mim porque esse teu cabelo é muito bonito. E não fica fazendo charme, não", brincava Roberto. "Ele estava absolutamente tranquilo e eu nervosíssimo. Entrei me cagando todo", diz Beto Ruschel, que no ensaio à tarde já parecia muito tenso, principalmente ao constatar que Roberto ainda não tinha decorado a letra de sua música. "Fica frio que na hora ela aparece", tranquilizou-o o cantor. E a letra apareceu mesmo, mas para isso Roberto usou o velho truque de escrever parte dela nas palmas de suas mãos. "Mas acho que ninguém percebeu, até porque ele cantou lindamente", afirma Ruschel, que na época revelou seu entusiasmo com a interpretação do cantor. "Sua voz, seu modo de cantar, sua figura, isso tudo é a própria música. Só mesmo Roberto poderia defendê-la." Nice torcia para o marido de uma das frisas do teatro; numa outra estava o ator Alberto Ruschel, pai de Beto, que desabafou no final: "Nossa, como a gente sofre!"

Sim, ainda mais porque a vaia correu solta nessa primeira eliminatória do festival da Record. Segundo relato do *Diário da Noite*, o "público atuou com um flagrante desrespeito aos artistas no palco. Toda a sorte de assobios, insultos, palavrinhas e palavrões sobrou, principalmente para Roberto Carlos". "Nunca me esqueço daquele momento", conta Caetano Veloso, "porque a plateia vaiou Roberto de tal forma que não se podia nem ouvir a introdução da orquestra. Mas ele manteve-se impassível, com afinação perfeita, segurança total, sinceridade, concentração, intocável" — confirmando mais uma vez que o cantor não mirava a plateia do Teatro Record, mas a multidão que o via pela televisão. "Estava preparado para ser vaiado", disse Roberto pouco depois, porém, dessa vez reclamando que "o público tem o direito de não gostar, mas a vaia não é uma manifestação válida, porque significa desrespeito. Falo em termos gerais, nada particularmente em relação a mim e à 'Madrasta'. Acho que se não gostarem devem calar-se. Felizmente é uma minoria que age assim". Experiente em vaia, o cantor Sérgio Ricardo foi solidário ao colega: "Não entendo. Vaiam quando o sujeito canta iê-iê-iê e, se ele procura se aproximar da música mais brasileira, também vaiam." Nelson Motta, outra testemunha daquele festival, recorda: "'Madrasta' era uma música dificílima de cantar, com uma harmonia diferente e uma letra esquisita. Todo mundo da bossa nova ficou impressionadíssimo da maneira como Roberto defendeu essa música no festival."

Naquele ano, a produção do evento apresentou uma novidade no sistema de julgamento, ao oficializar dois júris: o especial, formado por músicos, críticos e jornalistas, e o júri popular, com representantes da população espalhados por sete cidades do interior de São Paulo e sete clubes da capital, além de um grupo carioca reunido na sede da TV Rio — totalizando 105 votantes. Uma "central de comando" recolhia esses votos e repassava para os apresentadores do festival. Isso significava que uma canção podia ser classificada para a final pela escolha do júri especial ou pelo júri popular ou por ambos. Por exemplo: "Madrasta", "Divino maravilhoso" e "Sei lá, Mangueira" foram classificadas apenas pelo júri especial; já as canções "Bonita", de Geraldo Vandré, e "Rosa da gente", de Dori Caymmi e Nelson Motta, chegaram lá pelo júri popular, que, na verdade, não era formado de populares e sim pela elite dos clubes da capital (estudantes universitários, professores, profissionais liberais, empresários, esportistas e padres), e nas cidades do interior, pelo prefeito, o "pároco", como disse um maestro, e o "juiz de paz", no irônico comentário de um disc jockey — ambos citados pela *Folha de S.Paulo*. De qualquer forma, para o resultado final do festival, o que valeu mesmo foi a escolha do júri especial, que consagrou a canção "São, São Paulo, meu amor", do compositor Tom Zé. Essa foi a música que os jornais de então destacaram como a campeã daquele festival, e assim ela entrou para a história. Já o título de campeã na escolha do júri popular ("Benvinda", de Chico Buarque), ficou mais como uma curiosidade daquele penúltimo festival da TV Record.

No momento de os apresentadores anunciarem o resultado final, Roberto Carlos pegou Beto Ruschel e Renato Teixeira pelo braço e os levou para a boca do palco. "Fiquem aqui que vocês vão entrar comigo", disse-lhes o cantor, certo de que a música estaria entre as primeiras colocadas, como "Maria, carnaval e cinzas", no ano anterior. E os três, de braços dados, viram da coxia o anúncio da quinta colocada, "Dia da graça", de Sérgio Ricardo; a quarta colocada, "2001", com Os Mutantes; a terceira colocada, "Divino maravilhoso", com Gal Costa... chegou-se ao primeiro lugar e, para grande decepção deles, "Madrasta" não estava incluída. Virando as costas para a confraternização de artistas que começava no palco, Roberto Carlos saiu bruscamente do Teatro Record sem nem mesmo se despedir dos autores da canção que ele defendeu. "Ele foi embora revoltado, puto da vida", lembra Renato Teixeira. E dali Roberto Carlos saiu para nunca mais disputar um festival de música no Brasil. Aliás, o festival da TV Record de 1968 foi também o último da grande geração dos festivais: nomes como Chico Buarque, Edu Lobo, Elis Regina, Geraldo Vandré, Caetano Veloso, Gilberto Gil e Milton Nascimento se despediram ali desse tipo de disputa.

O cantor se identificou tanto com "Madrasta" que, de todas as canções que apresentou em festivais, tanto no Brasil como na Itália, foi a única que incluiu em seu LP de fim de ano. As demais, ou ele sequer lançou em disco (caso de "Anoiteceu" e "Flor maior", do festival de 1966), ou fez isso apenas em singles (como "Maria, carnaval e cinzas", do festival de 1967, e "Canzone per te", de Sanremo, em 1968). Já a composição de Beto Ruschel e Renato Teixeira ganhou uma das faixas do álbum *O inimitável*. No dia da gravação, Roberto chamou o próprio Beto Ruschel para tocar o violão, pois queria que a música ficasse a mais próxima possível da forma apresentada no festival: arranjo de cordas e flautas, com apenas um violão fazendo um discreto arpejo. "É uma gravação linda", afirma Renato Teixeira, que também gravou "Madrasta" na época, assim como Beto Ruschel, além do cantor Taiguara, o então cotado para defendê-la naquele evento da TV Record.

Logo depois do festival, Gilberto Gil ligou para Renato Teixeira chamando-o para um encontro com ele e Caetano Veloso em seu apartamento, no centro de São Paulo. "Nós queremos dizer pra você que Roberto Carlos cantando 'Madrasta' é o primeiro fruto do tropicalismo. Você e Beto Ruschel criaram uma canção tropicalista", disse-lhe Gil. De fato, a gravação de Roberto Carlos não destoaria se fosse uma das faixas do álbum-manifesto *Tropicália* lançado naquele ano de 1968. "'Madrasta' é uma linda canção e Roberto a canta divinamente bem. Sou louco por essa música", afirma Caetano Veloso, que, em 1997, citou essa interpretação de Roberto Carlos na letra de "Pra ninguém" — referência à canção "Para todos", de Chico Buarque —, na qual ele elege algumas das grandes interpretações de cantores brasileiros: "Orlando cantando 'Faixa de cetim' / Milton, 'O que será?' / Roberto, a 'Madrasta'." E concluindo que "Melhor do que isso só mesmo o silêncio / Melhor do que o silêncio só João."

O curioso é que esse apreço de artistas da MPB pela gravação de "Madrasta" não é compartilhado pelos fãs mais tradicionais de Roberto Carlos. Há certo incômodo e estranhamento com essa música, como se ela fosse uma canção anti-Roberto Carlos. De muitos fãs e colecionadores do cantor eu costumo ouvir uma frase taxativa: "Gosto de todas as músicas que Roberto gravou nos anos 1960, menos 'Madrasta'." Não por acaso, foi também a única canção do LP *O inimitável* que não tocou nas rádios. Ressalte-se que esse é um dos álbuns mais apreciados de Roberto Carlos, mas, até hoje, muitos fãs pulam a última faixa para não ouvir "Madrasta". Para eles, em meio a grandes hits como "Se você pensa", "As canções que você fez pra mim", "Eu te amo, te amo, te amo" e "Ciúme de você", a composição de Beto Ruschel e Renato Teixeira repousa ali como um objeto não identificado.

Mas, independentemente do apreço maior ou menor dos fãs por "Madrasta", o fato é que ela rendeu um bom dinheiro aos autores, pois o disco *O inimitável* bateu recorde de vendagem no lançamento. Beto e Renato Teixeira receberam algo em torno de 50 mil dólares para dividir entre si — dinheiro que os dois nunca tinham visto na vida. "Guardei 20 mil dólares no banco, peguei 5 mil, Beto pegou os 5 mil dele também, e falamos: vamos detonar", lembra Renato Teixeira. E parte desse dinheiro foi literalmente detonada. Cada um trocou 500 dólares em notas miúdas, pegaram um táxi na avenida Rio Branco e, quando passaram pelo aterro do Flamengo, jogaram aquelas notas todas pela janela do carro. Foi uma farra de mil dólares jogados fora. O motorista não se conformava: "Não façam isso, dá esse dinheiro pra mim, estou precisando muito de dinheiro." Beto Ruschel procurou tranquilizá-lo. "Vamos lhe dar um dinheiro legal. Quanto você está precisando?" E nessa brincadeira eles gastaram 10 mil dólares em uma semana. "A gente era duro, aquilo era muita grana e ficamos deslumbrados", admitiu Renato Teixeira.

Quem também ganhou na época esse mesmo adiantamento em dinheiro — mas sem desperdiçar um tostão — foi a compositora Helena dos Santos por sua música "Nem mesmo você", umas das faixas de *O inimitável* mais apreciadas pelos fãs de Roberto Carlos. Helena lhe mostrara essa composição logo que ele retornou do Festival de Sanremo. Na hora Roberto se limitou a dizer que a letra era bonita. Depois pegou o violão e foi para um canto do estúdio, começando a dedilhar olhando para aquela letra. "Nem mesmo você pode entender / Por que tanto amor me prende a você / A própria razão já me faz pensar / Que por toda vida eu vou te amar..." No mesmo dia ele cantou para Helena ouvir. "Achei que minha música estava completamente diferente", disse a compositora. Sim, Roberto Carlos tinha feito outra melodia para aquela letra e assim garantido mais uma vez a presença Helena dos Santos num disco dele. O cantor gravou "Nem mesmo você" com a voz dobrada na primeira parte e também tocando a gaita no solo do meio. Uma versão mais acústica dessa canção seria gravada em 2001 pela cantora Joanna, além de haver também versões instrumentais com André Mazzini e com a Orquestra Brasileira de Espetáculos.

Naquela sua transição da Jovem Guarda para a fase romântica, Roberto Carlos avisou ao compositor Getúlio Côrtes que queria dele temas diferentes dos habituais rocks estilo revistas em quadrinhos, como "Pega ladrão", "O feio", "O gênio" e "O sósia". O cantor reforçou que para o novo álbum iria priorizar temas mais adultos, mais românticos e melódicos. Recado recebido, Getúlio pôs a mão na massa e bem ao gosto do freguês preparou a balada "Quase fui lhe procurar", composta quando ele estava num hotel em São Paulo, num dia de chuva e frio tipicamente paulistano. "Eu pensei em lhe falar / Quase fui lhe procurar / Mas evitei e aqui fiquei / Sofrendo tanto a esperar / Que um dia você por fim / Talvez voltasse pra mim." Getúlio mostrou essa música para Roberto num encontro no Leme Palace Hotel, no Rio. "Mas estava um dia agitado, tinha muita gente lá, uns repórteres, e

Roberto então pediu para deixar a música registrada num gravador para depois ele ouvir", lembra Getúlio. E no dia seguinte Roberto confirmou que tinha ouvido, gostado da música e que iria gravá-la. E fez isso duas vezes: a primeira, para o álbum *O inimitável*, numa versão mais acústica, e a segunda em 1995, quando a regravou com arranjo mais orquestral, típica dos seus discos daquela época. Dois anos depois foi a vez do cantor Luiz Melodia também gravar esse antigo hit de Roberto Carlos.

Outra faixa romântica de *O inimitável*, a balada "O tempo vai apagar", tem linda melodia de Renato Barros, mas creditada ao irmão dele, o baixista Paulo César Barros, que assina a parceria com Getúlio Côrtes, autor da letra. "Passei anos ouvindo as pessoas me elogiarem por uma música que não é minha. Essa obra-prima é do Renato, o mérito é dele. Eu não fiz nada nessa composição", afirmou Paulo César em depoimento ao autor, esclarecendo que houve um acordo financeiro com o irmão, que lhe cedeu a autoria dessa música para ele receber os direitos. Renato Barros compôs a melodia de "O tempo vai apagar" de forma curiosa. No início de 1968, ele estava a bordo de seu Impala ouvindo no toca-fita "A whiter shade of pale", grande hit da banda Procol Harum. Mas havia um problema em um dos canais do som do carro e Renato não ouvia o vocalista da banda, apenas a base instrumental da canção. Mesmo assim, estava tão bonito que ele continuou ouvindo enquanto dirigia o carro. E ali Renato começou a cantarolar uma nova melodia em cima da harmonia da canção de Procol Harum. Ele desenvolveu aquilo e depois pediu para Getúlio Côrtes colocar uma letra com o título de "O tempo vai apagar".

O próprio Getúlio mostrou essa canção para Roberto Carlos, numa tarde no estúdio da CBS. Porém, o artista ouviu sem demonstrar nenhum entusiasmo, e, quando isso acontece, ele não grava de jeito nenhum. "Cantei desafinado pra caramba, defendi a música muito mal mesmo", reconhece o autor. Pois Roberto Carlos já ia se retirando do estúdio quando Lafayette, normalmente uma pessoa calada, decidiu interceder pela composição: "Roberto, preste mais atenção nessa música, ela é linda, tem um estilo barroco. Olha só." E Lafayette tocou a melodia no órgão, criando bonitos acordes ali na hora. Diante disso, a coisa mudou de figura e aí Roberto se empolgou com "O tempo vai apagar". "Pô, Getúlio, essa música é bonita mesmo. Mas como é que eu ia saber? Você cantou mal pra caramba", brincou. Depois a canção ganharia uma bela introdução com o órgão Hammond de Lafayette, que não deixa dúvida da influência de "A whiter shade of pale". No momento da gravação Roberto Carlos até chorou ao cantar os versos iniciais dela: "Sempre quando eu venho aqui / Só escuto de você / Frases tão vazias que pretendem dizer / Que já não preciso mais seu carinho procurar..."

Assim como a balada "Eu amo demais", de Renato Corrêa, "O tempo vai apagar" foi lançada em outubro de 1968, no compacto encartado numa edição especial da revista *Sétimo Céu*, da Bloch Editores. Em princípio, essa faixa não entraria no LP *O inimitável*, lançado dois meses depois. Porém, Roberto Carlos não gostou do resultado da gravação de "Preciso urgentemente encontrar um amigo", que estaria lá, e na última hora a substituiu por "O tempo vai apagar". Ou seja: aquela mesma música que meses antes fora recusada no festival da TV Record agora era eliminada do disco pelo próprio autor Roberto Carlos. "Preciso urgentemente encontrar um amigo" acabou sendo oferecida aos Mutantes, que a lançaram no seu álbum de 1970, sendo regravada dois anos depois por Erasmo Carlos. Quanto à "O tempo vai apagar", além do sucesso com Roberto Carlos, apareceria depois também nas vozes de Sérgio Reis, Núbia Lafayette, Zé Renato, Leo Jaime, Gilliard e em versões instrumentais com os maestros Eduardo Lages e Lindolfo Gaya.

Após ceder para o irmão a autoria de uma música que caiu nas graças de Roberto Carlos, Renato Barros tratou de compor outra para também entrar no disco do cantor. E então fez sozinho "Não há dinheiro que pague", em estilo soul, com um refrão para ele cantar alto e forte: "Não há dinheiro no mundo / Que me pague a saudade de você." Renato contou que nesse caso usou a mesma estratégia de "Você não serve pra mim". Preparou um arranjo de peso com sua banda, cada um se posicionou estrategicamente no estúdio da CBS, e ao verem Roberto Carlos entrar ali, como não quer nada, Renato e Seus Blue Caps mandaram brasa na música, logo atraindo a atenção do cantor, que no ato pediu para gravá-la. Com um arranjo soul ainda mais pesado do maestro Pachequinho, "Não há dinheiro que pague" se tornou mais um destaque do álbum O *inimitável*. E, pelos anos seguintes, obteve regravações de artistas como Paulo Ricardo, Barão Vermelho, Nasi, Zé Renato, Mastruz com Leite, Nação Zumbi e Fafá de Belém — esta última especialmente para um disco de temática financeira encomendado pelo Banco do Brasil com o título O *dinheiro na música popular brasileira*.

40

AS FLORES DO JARDIM DA NOSSA CASA

"As flores do jardim da nossa casa
Morreram todas de saudade de você
E as rosas que cobriam a nossa estrada
Perderam a vontade de viver"
Do álbum Roberto Carlos, 1969

A sogra de Roberto Carlos parecia mais ansiosa e nervosa do que Nice, que naquele dia daria à luz o primeiro filho do casal. "Se Roberto não chegar logo, essa criança acaba nascendo em casa mesmo. A Nice não vai querer ir para a maternidade sem ele", desabafou dona Minerva com a radialista Cidinha Campos, que ficara amiga do cantor e queria saber como andavam os preparativos para a chegada do bebê. Era a manhã de sábado, dia 14 de dezembro de 1968, e Roberto estava em Ilhéus, na Bahia, onde se apresentara na noite anterior. Nice ainda se arrumava no quarto e só dona Minerva falava com a repórter na residência do cantor, no Morumbi. Do lado de fora, o país ardia com as consequências do famigerado AI-5 (Ato Institucional nº 5), promulgado na véspera pelo governo militar, oficializando a ditadura. Todos os principais jornais daquele dia destacavam o fato em manchete. "Governo baixa Ato Institucional e coloca Congresso em recesso por tempo ilimitado", dizia a do *Jornal do Brasil*.

Indiferente a tudo isso, dona Minerva só queria saber se Roberto Carlos demoraria ou não a chegar. O pior é que não conseguiam falar com ele nem por telefone. As linhas estavam interrompidas, devido às chuvas e ao mau tempo em grandes faixas do litoral. "Ele prometeu telefonar, na certa não conseguiu. Desde ontem também estamos tentando falar com ele. É um transtorno", desabafou novamente dona Minerva, que seguia já havia alguns dias de vigília com a filha. Sua netinha Ana Paula apareceu para tomar café, e logo depois também Nice. "Usava um vestido muito alegre. Olhando para ela, seria difícil imaginar que estava esperando o seu filhinho justamente para aquele dia: parecia muitíssimo bem-disposta", relatou Cidinha Campos. Depois chegou o irmão de Nice, Luiz Carlos, para ajudar a localizar Roberto Carlos. Mas, segundo Cidinha, a afobação ali era tão grande "que a empregada pôs sal, em vez de açúcar, no café".

E assim o dia foi passando e a tarde veio. Nice deveria ter sido internada às 13 horas, conforme agendado com o obstetra Francisco Cerruti — que lhe recomendara parto induzido, devido a condições peculiares da gestante. Porém, já havia passado do horário e ela continuava aguardando o marido voltar de viagem. Luiz Carlos ligou para justificar o atraso, mas o médico foi enfático: "Ela tem que vir para a maternidade imediatamente!" Nice então aprontou-se e estava já de saída com seu irmão, quando, por volta das 15 horas, enfim, Roberto Carlos chegou. Mesmo cansado da viagem, pegou seu carro e foi com a esposa para a maternidade Pro Matre Paulista, na região central da cidade. Ele já tinha reservado o apartamento 317, o maior e mais caro de lá, e que fora pintado de novo especialmente para receber a esposa de Roberto Carlos. Dali o cantor ligou para o secretário Sérgio Ornstein avisando que já havia chegado da Bahia e lhe pedindo para levar charutos. "Vou ter que distribuir isso daqui a pouco, bicho."

Num tempo em que ainda não se podia saber o sexo do bebê com antecedência, o cantor torcia e acreditava que nasceria um menino. E vinha dizendo isso para todo mundo: os amigos, os familiares, os jornalistas. Naquele dia, ele trajava camisa branca e calça azul, e até comentou com alguém ali: "É para dar sorte, cara. Mas tenho certeza de que será um menino." O nome e sobrenome da criança já estavam escolhidos: Roberto Carlos Braga II, assim mesmo, em algarismo romano, como nas famílias reais. Se nascesse uma menina, se chamaria

Nice, simplesmente. De qualquer maneira, a decoração de seu quarto em casa fora feita ao gosto do pai: as paredes eram em branco e azul, e adornadas com imagens de 33 carros diferentes, todos desenhados à mão. No enxoval havia fraldas de pano também com desenhos de vários modelos e marcas de automóveis. E o berço era em formato de um calhambeque de junco azul, com capota e cortinado brancos e a placa 14-12-1968 — a data do nascimento da criança.

Sérgio Ornstein lembrou a Roberto que ele tinha show agendado para aquela noite no Ginásio do América, no Rio. "E aí, vai fazer?", perguntou-lhe o secretário. "Se o 'cara' já tiver nascido e a Nice estiver bem, eu vou. Se não, não vou", respondeu de pronto. Minutos depois ligou seu empresário Marcos Lázaro, preocupado com o show, que era anunciado nos jornais cariocas como "a grande noite de Roberto Carlos no Ginásio do América F. C.". A própria gravadora CBS promovia aquele evento como o de lançamento do LP *O inimitável*. O empresário queria uma resposta mais conclusiva — precisavam decidir aquilo com alguma antecedência, pois havia multa contratual. "Roberto, vai ou não vai?" O cantor ficou sem saber o que dizer... seu filho estava para nascer... poderia acontecer algum imprevisto... Mas ele acabou confirmando que faria o show, mesmo que subisse ao palco atrasado.

Próximo das 7 da noite, chegou a hora: colocaram Nice numa maca para levá-la à sala de parto. No elevador entraram ela, Roberto, dona Minerva, duas enfermeiras e a radialista Cidinha Campos, que transmitiria o nascimento da criança praticamente ao vivo, lance por lance. A fotógrafa Cynira Arruda também já estava lá pronta para acionar os flashes da sua câmera Pentax. Era uma época de extrema exposição do cantor, de sua família e intimidade — mas tudo com a concordância dele. Ainda no elevador um pequeno imprevisto: a cabine não queria parar no segundo andar. Ficou fora de nível, impedindo a descida da maca. "Nice mantinha-se calma e a enfermeira sugeriu que eu e Roberto saíssemos, pois o elevador estava muito pesado", contou a repórter.

O médico convidou o pai para ver o parto, mas ele preferiu ficar esperando no corredor. Dona Minerva assistiu junto com Cidinha

Campos e, quando a criança nasceu, elas foram correndo avisá-lo. "É homem! É homem!" "Eu não disse?", respondeu Roberto, com emoção na voz. Ele pôs um avental, uma máscara protetora e foi à sala de assepsia dos bebês ver o filho, que nascera de parto normal. Em seguida, o cantor telefonou para avisar aos dois padrinhos, sua mãe, dona Laura, e o parceiro Erasmo Carlos, que estava no Guarujá. "Erasmo! É homem, o cara!" Do hospital, Cidinha Campos transmitiu a primeira declaração pública de Roberto sobre o filho. "Alô, amigos, nasceu o cara, nasceu Robertinho!", repetiu exultante. Pouco depois ele viajou para fazer o show no Rio, onde sua banda já o aguardava, retornando de lá às 3 horas da manhã. Seu empresário alugara um jatinho da Líder que ficou à sua disposição naquela noite.

No domingo, logo cedo, havia um tumulto geral na Pro Matre. Estavam lá redes de televisão, emissoras de rádio, mais fotógrafos e jornalistas — todos esperando o momento de poder ver Roberto Carlos II, fotografá-lo, filmá-lo. Na rua em frente, muita gente parava para saber do "filho do rei". No Cadillac preto do cantor, estacionado ali, havia mensagens escritas a dedo na lataria: "Parabéns. Tudo de bom para o menino." Enquanto isso, ele dormia no berçário, no terceiro andar, mas colocado bem próximo à janela de vidro para que todos pudessem vê-lo. Na porta do apartamento 317 havia uma miniguitarra e uma "maxichupeta", presentes dos amigos para o "Segundinho", apelido carinhoso com que ele começava a ser chamado.

No início da tarde, uma das enfermeiras levou o bebê para o quarto: era a hora de ser mostrado à imprensa junto com os pais. Houve um espocar de flashes, e mais flashes. Na sua edição do dia seguinte, a *Folha de S.Paulo* destacaria duas grandes manchetes, ambas apontando para o futuro: "Começou a contagem da corrida à lua" e "Nasceu Roberto Carlos Braga II", com a imagem do cantor, da esposa e do bebê no alto da primeira página. Um repórter perguntou a Roberto se a chegada do filho poderia prejudicar a sua popularidade. "De forma alguma, ganhei mais um fã e o meu público se tornou maior." No instante em que balançava o menino diante das câmeras, o artista disse olhando para o rostinho dele: "Ô cara, você quer uma moto de

400 cilindradas?", oferecendo ao filho recém-nascido as máquinas que ele tanto desejou e não teve na infância. Porém, o que aquela criança precisaria era algo de muito mais valor.

"Nice, de que cor são os olhos de Segundinho?", perguntou-lhe um dos repórteres na maternidade. "Não sei. É muito difícil saber a cor dos olhos das crianças quando elas nascem. Acho que são azuis", respondeu a mãe. Certamente a pergunta dele era apenas para acrescentar mais uma informação ao leitor; ninguém tinha percebido qualquer problema com o bebê. Ali estavam todos felizes, especialmente o pai, rindo a toda hora, oferecendo e fumando charuto Havana, um após o outro. Mais dois ou três dias e Nice seguiria para casa com o filho — que no futuro será mais conhecido pelo apelido de Dudu Braga.

Houve um imprevisto no momento de o pai registrá-lo. O escrivão recusou o sobrenome de Roberto Carlos Braga II, argumentando que não era permitido usar algarismos romanos nos registros de nomes próprios, com exceção de descendentes da família real. "Não sabia que não podia", esquivou-se o cantor, que então consultou o juiz Macedo Campos, da Vara de Registros Públicos, sobre esse impedimento legal. O magistrado confirmou o veto, mas ofereceu ao artista a possibilidade de registrar a criança grafando o sobrenome "Segundo" por extenso. Roberto insista em fazê-lo em algarismo romano, como nas dinastias reais, parecendo levar muito a sério seu título de rei coroado no programa do Chacrinha. Houve também quem criticasse por outros motivos aquela escolha do sobrenome da criança, como o psiquiatra Pedro Paulo Uzeda: "O número II dá a ideia de continuação da imagem do pai, isto é, a impressão que se tem é que Roberto vai criá-lo com o propósito de fazer dele um cantor. Isso impede a sua livre vocação. E se a sua tendência for para pintura?"

O artista, contudo, obteve apoios públicos importantes para conseguir fazer o registro. Por exemplo, o do genealogista Salvador de Moya, do Instituto Histórico Geográfico Brasileiro, que afirmou não existir um "código de nobreza", mas tão somente um "costume" de que apenas integrantes de família real, exceto os papas, "poderiam usar números depois dos nomes para distinguir os filhos". Outro apoio foi o do poeta Guilherme de Almeida, da Academia Brasileira de Letras, também especialista em heráldica e genealogia. "Está tudo certinho, certinho. Legalmente, Roberto pode pôr o que quiser no nome do filho. Se eu fosse ele, faria o mesmo: deixava na terra um herdeiro completo, com nome e tudo." E esse desejo do cantor nem era original, pois descendentes de Henry Ford — pioneiro da indústria automobilística norte-americana — também foram enobrecidos em cartório com os nomes de Henry Ford II, III e IV.

Quando Segundinho já se encontrava no conforto de sua residência com a família, no Morumbi, a avó, dona Minerva, sempre na vigilância, percebeu que alguma coisa estranha se passava com o neto. Era como se algo impedisse seus olhinhos de se abrirem plenamente. Nice concordou; parecia realmente estranho. Ela ainda não conseguira identificar a cor dos olhos do filho.

Os médicos da Pro Matre foram então chamados para examinar a criança e deram o diagnóstico: infelizmente, os olhos de Segundinho não nasceram perfeitos. Estavam com 40mmHg de pressão, quando o normal é 21. E essa alteração é sintoma de algo que tem um nome: glaucoma congênito — uma das principais causas de cegueira infantil, pois acarreta perturbações visuais transitórias ou definitivas. O diagnóstico dos médicos bateu como uma paulada no coração de Roberto Carlos. E, como normalmente acontece em casos que envolvem celebridades, um boato rapidamente se espalhou pelo Brasil: o filho de Roberto Carlos tinha nascido cego.

O cantor manteve-se firme, amparado por amigos, familiares e pela própria esposa, que também sofria muito. Mas todo cuidado era pouco; afinal, o boato podia virar verdade. A doença exigia cirurgia imediata e delicada — e, na época, nenhum hospital do Brasil tinha especialistas nessa área. O local mais indicado era a Holanda. Devido à alta incidência de casos de glaucoma naquele país, a técnica operatória usada para tratamento da doença foi aperfeiçoada pelos oftalmologistas holandeses.

Roberto Carlos cancelou todos os compromissos e se preparou para viajar para lá. Aquele Natal de 1968 e a passagem do ano novo foram de dúvidas e muita angústia para o cantor e sua esposa. Na lembrança deles ficarão por muito tempo as canções do LP *O inimitável*, recém--lançado, e que justamente naquele momento explodia de sucesso em todo o Brasil com as faixas "Se você pensa", "As canções que você fez pra mim", "É meu, é meu, é meu", "Ninguém vai tirar você de mim". Com aquele álbum, Roberto Carlos bateria seu próprio recorde, pois alcançara quase 300 mil discos vendidos em menos de um mês desde o lançamento. Só que nada disso era importante agora para o artista, que no sábado, dia 4 de janeiro, embarcou para a Holanda com a esposa e o filho, que nascera havia apenas 21 dias. "A vida sempre me criou problemas. E eu sempre os venci", disse o cantor, confiante, ao partir.

Aqui no Brasil, ficou alguém na dúvida se teria sido a culpada pela doença dos olhos de Segundinho: a jornalista e fotógrafa Cynira Arruda, uma das profissionais mais conhecidas do país. Amiga de Roberto Carlos desde o início da Jovem Guarda, registrou com sua câmera diversos momentos da carreira e da intimidade do cantor — algo que se repetiu no dia do nascimento do menino. Porém, agora Cynira carregava a suspeita de que talvez o flash de sua máquina tivesse provocado o problema nos olhos de Segundinho. "Quando esse menino saiu da barriga da mãe, na sala de parto, eu apontava minha Pentax fotografando ele bem de perto. E eu bati o flash no instante em que ele voltava para os braços da mãe depois de ter sido lavado pelas enfermeiras. Por isso, quando foi diagnosticado o problema nos olhos dele, fiquei realmente preocupada de que aquilo pudesse ter sido causado pelo flash da minha máquina", afirmou Cynira, embora sem qualquer base científica para a sua dúvida.

Roberto e Nice desembarcaram com o filho em Amsterdã, em meio ao intenso inverno holandês. De lá seguiram para a cidade de Stadskanaal, no interior do país, onde se localizava o hospital de maior referência mundial no tratamento da doença. A consulta estava agendada com o renomado oftalmologista Jan Worst, um médico de 41 anos que defendera sua tese de doutorado exatamente sobre glaucoma congênito.

Ao realizar o primeiro exame na criança, Worst constatou que a sua pressão intraocular já tinha chegado a 50 mmHg. Um pouco mais de demora e Segundinho teria ficado mesmo definitivamente cego. Um dos momentos mais difíceis para Roberto Carlos foi quando viu o rostinho do filho se contorcendo de dor no instante em que o médico abriu suas pupilas. "Sempre é terrível ver um ser humano sofrendo, ainda mais uma criança, um filho. Eu e Nice choramos muito", lembra o cantor, que ficou hospedado no Hotel Braams, em Gieten, próximo à região do hospital.

Para Roberto Carlos, aquela foi uma noite longa e triste, de dúvidas e desespero. Ele afirmou na época que as mais duras e amargas lágrimas, as mais autênticas da sua vida, foram vertidas enquanto aguardava a operação de seu filho. No hotel havia um piano, instrumento que ele ainda tocava muito mal, mas o suficiente para fazer alguns acordes. E ali, entre um acorde e outro, começou a criar uma nova canção, de versos e melodia muito tristes, pensando no filho: "As flores do jardim da nossa casa / Morreram todas de saudade de você / E as rosas que cobriam nossa estrada / Perderam a vontade de viver." "A canção fala do meu sentimento, da minha tensão, da minha angústia naquele momento", disse Roberto Carlos, que na segunda estrofe da letra expressa ainda mais desalento: "Eu já não posso mais olhar nosso jardim / Lá não existem flores, tudo morreu pra mim."

A composição foi praticamente definida naquela fria noite no hotel em Gieten e sua letra termina revelando otimismo, ao estilo Charles Chaplin, numa cena final de Carlitos. "Mas não faz mal / Depois que a chuva cair / Outro jardim um dia / Há de reflorir." Ou seja, "Smile". Roberto explica: "Era a esperança que eu tinha de que tudo aquilo que estava acontecendo com meu filho, as operações, as cirurgias, que depois tudo ia dar certo." Na sua análise dessa música, Pedro Alexandre Sanches diz que como um "pequeno assum" — numa referência a "Assum preto" de Luiz Gonzaga —, Segundinho também tinha em seu pai um cantador que velava pela luz dos olhos dele. "Ébrio de esperança, o narrador confiava no final da tempestade que deixaria as flores se reabrirem vivas — era mais importante que o pequeno assum voltasse a enxergar o jardim florido que seu pai já não tinha prazer em olhar. Sob essa leitura, a canção conserva-se esplendidamente bela, romântica, desalentada, desesperada", opina o jornalista. Por coincidência, naquele mesmo ano, Chico Buarque também cantou as flores de sua casa na letra da canção "Agora falando sério", porém, no caso dele dando um chute no lirismo em versos como: "Quer saber o que está havendo / Com as flores do meu quintal? / O amor-perfeito, traindo / A sempre-viva, morrendo / E a rosa, cheirando mal."

O médico Jan Worst falava vários idiomas, menos português e espanhol. Roberto Carlos então se esforçava no italiano para dialogar com ele, pois ainda não sabia inglês. E, nesse esforço para entender tudo o que o médico explicava sobre a doença do filho, o cantor se aprofundou no italiano, o primeiro idioma estrangeiro que efetivamente dominaria. Jan Worst falava devagar e explicou que a operação fora bem-sucedida, mas que havia a necessidade de tratamento intensivo, exames periódicos e um cuidado excepcional com a criança.

Na fase do pós-operatório, para acompanhá-lo mais de perto, Roberto cancelou vários compromissos profissionais, reduzindo os shows. "Para nós do RC-7 foi um período difícil porque o dinheiro diminuiu bastante", afirma o trompetista Maguinho. Além de shows, foram canceladas gravações, programas de TV, entrevistas e até a anunciada participação de Roberto Carlos no Midem, na França, em fevereiro de 1969, quando receberia um troféu de maior vendedor de discos no Brasil. O gerente-geral da CBS, Evandro Ribeiro, o representou no evento.

Por coincidência, Gilberto Gil, outro que participaria do Midem, também teve que "cancelar" a viagem — fora preso dias antes junto com Caetano Veloso na repressão que se seguiu à decretação do AI-5 pela ditadura militar.

Roberto Carlos voltou da Holanda com a esperança de que o filho pudesse enxergar normalmente. Muitos casos de glaucoma tinham sido efetivamente curados depois de uma primeira cirurgia. Mas o drama do artista e de sua esposa estava apenas começando. A pressão ocular da criança continuou oscilando e os pais viviam numa tensão constante, pois qualquer choro mais demorado de Segundinho poderia significar que ele estava com a pressão no limite. "Enfrentamos o problema com fé e coragem. Comove-me ainda agora lembrar da coragem e dignidade de Nice", afirma Roberto.

Apesar de tudo, o casal procurava separar um tempo para se divertir, deixando a criança com a babá ou com a avó materna. Numa noite de abril, por exemplo, eles entraram discretamente no Cine Gazetinha, na avenida Paulista, para assistirem ao filme *A primeira noite de um homem* com Dustin Hoffman. Mas na volta o Oldsmobile de Roberto deu defeito e precisaram pegar um táxi para chegar em casa. Num outro dia, foram ao show da cantora Claudette Soares com o pianista Pedrinho Mattar na boate Bilboquê, no Rio. Segundo um colunista, Nice ficou tão entusiasmada ao ouvir Claudette cantar "Como é grande o meu amor por você" que "quase se pôs a gritar 'minha música! É minha música!'. O casal aplaudiu com assobios e tudo".

Segundinho era submetido a exames periódicos numa clínica em São Paulo. Num desses exames de rotina, no sexto mês pós-operatório, os médicos constataram que a pressão intraocular dele estava novamente alta. O quadro indicava a necessidade de outra cirurgia. Mais uma vez Roberto Carlos largou tudo e numa quinta-feira, dia 30 de julho, embarcou com Nice e o filho num jato da Air France com destino à Holanda. Lá a criança foi novamente examinada pelo oftalmologista Jan Worst, que confirmou a urgência de uma nova operação.

Tudo transcorreu bem. Depois de uma semana na Holanda, Roberto reservou as passagens de volta. Entretanto, na véspera do embarque, a pressão ocular do menino subiu outra vez — vertiginosamente. Seria realizada então mais uma operação, chamada trabeculotomia, uma cirurgia nova, arriscada, que começara a ser testada em 1965 — no entanto, a equipe médica holandesa não via alternativa. Foram mais alguns dias de muita angústia para Nice e Roberto no hotel em Gieten. Mas depois, para alívio deles, veio a boa notícia: a operação fora bem-sucedida e a família já podia retornar a São Paulo para continuar o tratamento do menino.

No dia da viagem, a equipe médica receitou uma comida especial para o pós-operatório da criança e as enfermeiras prepararam uma quantidade suficiente para o tempo de voo até o Brasil. A comida foi colocada num recipiente térmico e guardada numa das malas do casal. "Acontece que com tantos pacotes, sacolas e maletas, acabamos esquecendo a tal mala no aeroporto", contou Roberto. Quando Nice constatou isso, em pleno voo, ficou desesperada, porque não tinha aquele alimento a bordo. "E o pior é que eu só falava português e ninguém me entendia. No fim, Nicinha encontrou a receita e, durante toda a viagem, bancou a cozinheira, enquanto eu segurava Segundinho. E todo mundo cooperou, com conselhos, palpites e preparação das mamadeiras." Roberto contou ao amigo Fred Jorge que foi também durante essa viagem que, lá pelas tantas, ao acordar, pela primeira vez seu filho balbuciou pra ele: "Pa... pá." O cantor chorou de emoção.

No fim daquele ano, todas as rádios começaram a tocar "As flores do jardim da nossa casa", que, embora também assinada por Erasmo, foi composta exclusivamente por Roberto. Faixa de abertura de seu álbum de 1969, teve arranjo do maestro Alexandre Gnattali com um solo de harpa na introdução que é único na discografia do cantor. O público entendia aquela música como mais um tema amoroso de Roberto Carlos, porque o autor se nutria de uma tradição romântica que associa chuvas e tempestades a dores de amores. No bolero "Tarde fria", por exemplo, gravação de Cauby Peixoto em 1955, o narrador diz: "Tarde fria / Sinto frio na alma / Só você, que não vem, me acalma / E o vento sopra frio, gelando." Na valsa "Chove lá fora", sucesso de 1957 com Tito Madi, a natureza também acompanha a tristeza e a saudade do narrador, que lamenta: "Queria compreender porque partiste / Queria que soubesses como estou triste / E a chuva continua / Mais forte ainda."

Esta é a tradição da nossa música popular. Porém, no caso da canção de Roberto, como vimos, a chuva e o vento que carregam todas as flores retratam a aflição de um pai dilacerado por não saber se o filho cresceria enxergando a luz do sol ou não. "'As flores do jardim de nossa casa' foi um marco em minha carreira. Posso dizer que existem um antes e um depois dessa música. Antes dela, minhas músicas eram espontâneas, mas despreocupadas. Hoje, continuam espontâneas, porém mais profundas", afirmou o cantor nos anos 1970. De fato, aquela foi a primeira composição que Roberto Carlos criou mergulhado na dor. Todas as suas canções anteriores nasceram em momentos mais ou menos alegres, descontraídos, no máximo com saudade da namorada. Já "As flores do jardim da nossa casa" foi o início de uma série de outras que também brotariam da dor ou de lembranças de momentos dolorosos. "Até surgir o problema do Segundinho, a vida para mim era imprudência. Não estava preparado para um problema daqueles. Talvez essa tragédia doméstica tenha aberto as cortinas, pois de repente me vi com um terrível problema. Aquele ser humano, que tinha glaucoma congênito, era meu filho", diz Roberto Carlos.

Ressalte-se que o enorme sucesso de "As flores do jardim da nossa casa" ocorreu num tempo em que o público assimilava melhor as mensagens de tristeza. "Se eu tivesse o coração que dei / Tivesse ainda ilusão, nem sei / Coragem pra recomeçar no amor / Bobagem, pois amor assim, só um / Agora é vida sem razão, por quê? / Tentando orar eu só rezei você / A sua ausência mais e mais me invade", cantava Moacyr Franco em "Eu nunca mais vou te esquecer", sucesso de 1971. Era o auge da chamada música brega ou cafona que sempre cultivou essa melancolia latente na alma brasileira em outros hits radiofônicos como "Oração de um jovem triste", de Antônio Marcos, "Menina triste", de Paulo Sérgio, e "Não tenho culpa de ser triste", de Nelson Ned. O próprio Roberto Carlos reconhece que atualmente músicas assim não têm mais o mesmo apelo popular de antes. "Eu acho que as pessoas hoje gostam de ouvir coisas mais alegres, de ritmo mais festivo ou dançante. Mesmo quando é uma música romântica, a preferência é por letras mais suaves, diferente de 'As flores do jardim da nossa casa'. Parece que esse tipo de canção, triste e dramática, não se encaixa mais no momento atual."

Talvez por isso mesmo, ao contrário de tantas outras canções do Roberto, essa não continua tão presente, embora tenha sido regravada ao longo dos anos, especialmente por artistas bregas, cultivadores da tristeza, como Agnaldo Timóteo, Altemar Dutra, Cauby Peixoto, Roberto Leal, Ricardo Braga... Há também uma linda versão com a cantora Claudette Soares, e outra com Maria Bethânia, que a regravou com muitas cordas no seu álbum *A força que nunca seca*, de 1999.

Roberto Carlos, porém, há muito tempo deixou de incluir "As flores do jardim da nossa casa" no roteiro dos seus shows ou especiais de televisão. Parece que para ele ficou doloroso lembrar aqueles dias de angústia com o drama do filho recém-nascido. O próprio Dudu Braga, o Segundinho, que conhecia bem a história da composição, compartilhava dessa dificuldade do pai: "Evito ouvir essa música. Acho a letra muito triste."

41

SENTADO À BEIRA DO CAMINHO

"Eu não posso mais ficar aqui
A esperar
Que um dia, de repente
Você volte para mim
Vejo caminhões
E carros apressados
A passar por mim"
Do single *Erasmo Carlos*, 1969

A fase pós-*Jovem Guarda* foi particularmente difícil para Erasmo Carlos. Como já vimos, o fim daquele musical da TV Record, em junho de 1968, deixou o Tremendão completamente desestruturado emocional e musicalmente. "Pra mim foi como se tivesse chegado a minha meia-noite de Cinderelo e acabado o encanto", compara. "Eu fiquei perdidão, sem saber o que fazer nem para onde ir." O último sucesso dele tinha sido a música "O caderninho", composição do guitarrista Olmir Stocker, gravada em julho de 1967. O LP *Erasmo Carlos*, lançado no ano seguinte, não alcançou êxito de execução nem de vendagem. O cantor teve, inclusive, que despedir os componentes de sua banda Os Tremendões, pois já não conseguia pagar o cachê dos músicos. Aquela previsão tantas vezes feita de que a turma do iê-iê-iê não sobreviveria ao fim do *Jovem Guarda* parecia querer se confirmar com Erasmo Carlos.

Seu contrato com a TV Record terminou e ninguém o procurou para falar em renovação; tampouco outra emissora se interessou em levá-lo para seu cast. Quando Erasmo se apresentava em algum programa de televisão, não recebia mais nenhum cachê, porque era como se lhe estivessem fazendo um favor. "Fiquei desacreditado e tomei muita birita. Aí vieram os célebres profetas do apocalipse dizendo: 'Tá vendo? Ele não tinha mesmo condições de durar porque o Roberto é que era bom!' Eu aguentava isso tudo e ainda fazia programas humorísticos à tarde. É duro, né?" Os disc jockeys das rádios também já não recebiam o Tremendão com o entusiasmo e a constância de antes. Os tapinhas nas costas cessaram. Na sua própria gravadora RGE, o artista sentia que o tratamento dado a ele não era o mesmo da fase áurea da Jovem Guarda. "Ninguém mais me recebia ali, nem sequer para um cafezinho na sala. E por quê? Porque eu já tinha rendido tudo, tinha esgotado a minha imagem, já tinham tirado de mim o que eu poderia dar. A partir daí, comecei a me sentir um ser humano descartável e entendi finalmente o que era a tal máquina", desabafa.

Esse período coincidiu com o auge da Tropicália, quando o foco da mídia estava voltado para a produção de Caetano Veloso, Gilberto Gil, Os Mutantes e outros integrantes daquele movimento musical. Foi entre surpreso e atônito que Erasmo constatou o surgimento de um novo grupo de artistas de formação universitária com atitudes mais ousadas do que as dele, cabelos mais compridos, roupas mais extravagantes, guitarras mais distorcidas, com mais consciência política e, principalmente, com canções mais elaboradas do que as que ele fazia até então. "O tropicalismo, então, acabou de me desmontar", confessa. Era como se o Tremendão fosse agora uma página descartada da nossa música popular. Nessa época, por exemplo, o colunista Titto Santos se referia a ele como um "torturador" e "carrasco musical", e ao comentar algo que nem se confirmou — a transferência de Erasmo para a gravadora CBS — o jornalista afirmou que "até aí nada demais, pois o azar é da Columbia. Acontece que a direção da nova contratadora do torturador ameaça colocá-lo cantando num LP junto a Roberto Carlos. Convenhamos: o rei não merece tal castigo!".

Por essas e outras é que de repente Erasmo se viu à beira de um abismo. "Tiraram o chão de baixo dos meus pés e eu comecei a pirar. Estava desempregado. Sem crédito. Arrasado pela crítica. Sem um tostão. Completamente desacreditado. Já não compunha mais, não me apresentava em lugar nenhum, ninguém queria saber de mim. Foi um período difícil", diz ele, que entrou num círculo vicioso, mergulhado na bebida. "Eu passava as noites em boates, acordava por volta de 5 da tarde, comia alguma coisa e voltava para a boate." A única coisa sólida que lhe restava era justamente a parceria com Roberto Carlos — e pensar que até isso quase lhe escapara das mãos naquela briga de vaidades.

Pois essa amizade e parceria é que possibilitariam a Erasmo dar a volta por cima. "Roberto foi muito importante pra mim naquele momento e nunca permitiu que eu perdesse a confiança em mim mesmo", afirma. De fato, Roberto Carlos estava preocupado com a situação do amigo e achava que ele só poderia se recuperar através da música. E cabia a Erasmo dar uma resposta à altura para todos aqueles que diziam que ele estava acabado. Portanto, era urgente pôr a mão na massa e encher o abismo de realizações.

Naqueles dias, Roberto Carlos começou a compor uma balada romântica que, com sua intuição e faro para o gosto popular, tinha certeza de que seria um grande sucesso. Ele mostrou as primeiras estrofes da composição, ainda incompleta, para o produtor Evandro Ribeiro, que também não teve dúvida de que ela seria um estouro. E Evandro queria que Roberto Carlos completasse a música para incluí-la a tempo no seu álbum de 1969. Entretanto, o cantor tinha outro destino para aquela composição: ela seria oferecida para Erasmo Carlos gravar. "Mas essa é uma balada romântica, e a praia do Erasmo é mais o rock", contestou Evandro. Pois seria pelo romantismo que Erasmo Carlos se reergueria.

Roberto fez questão de ir conversar pessoalmente com o amigo. "Olha, bicho, estou fazendo uma canção aqui que acho vai dar pé você gravar." E mostrou os primeiros versos de "Sentado à beira do caminho" para ele: "Eu não posso mais ficar aqui / A esperar / Que um dia de repente / Você volte para mim / Vejo caminhões / E carros apressados / A passar por mim / Estou sentado à beira / De um caminho / Que não tem mais fim." Bastou ouvir esse começo para Erasmo Carlos ter uma certeza: queria aquela canção para si. Ainda mais porque ele se viu retratado no tema — toda aquela sua fase de angústia, abandono e solidão. "'Sentado à beira do caminho' foi criado sobre minha imagem. É um presente do Roberto que eu não posso esquecer."

Revigorado, Erasmo desenvolveu com o parceiro a nova composição, criando juntos pela primeira vez uma letra longa e mais bem elaborada, com uma, duas, três, quatro estrofes, ao estilo das canções de MPB, mas com deslize gramatical num verso da segunda estrofe: "Onde a tristeza e a saudade de você ainda existe" — em mais um exemplo dos "erros do meu português ruim" que eles próprios vão apontar na futura canção "Detalhes".

A dupla demorou quase três meses para concluir "Sentado à beira do caminho" porque nem Roberto nem Erasmo conseguiam criar um refrão para ela. A melodia e a letra das quatro estrofes já estavam prontas, mas eles empacaram justamente no refrão, que não queria sair de jeito nenhum.

Numa certa noite, em abril de 1969, os dois se reuniram mais uma vez para trabalhar na canção. O encontro foi na casa de Roberto, no Morumbi, em São Paulo. De caderno e caneta na mão, cada um se acomodou num canto, com Erasmo sentado de pernas cruzadas no tapete da sala e Roberto acomodado no sofá. Mas Roberto estava muito cansado e lá pelas 3h30, como de costume, deitou-se ali mesmo, avisando: "Meu irmão, vou ter que dar uma cochiladinha. Não estou aguentando. Fica aí tentando e me acorda daqui a meia hora." O cansaço chegara também para Erasmo, que se levantou do tapete, lavou o rosto, tomou mais uns goles de café, e seguiu tentando encontrar o fechamento para a música. Entretanto, ele rabiscava a folha do caderno e logo descartava porque não conseguia criar nada de interessante. Passada a meia hora, ele começou a chamar o parceiro de volta ao trabalho, inicialmente em tom baixo e depois um pouco mais alto. "Roberto, Roberto, Roberto..." O que aconteceu a seguir Erasmo jamais esqueceu: de repente o outro pulou do sofá exclamando "já sei, já sei!", e, enquanto esfregava os olhos e o rosto ainda marcado pelo botão da almofada, cantou bem compassadamente o refrão da música: "Preciso acabar logo com isto / Preciso lembrar que eu existo / Que eu existo, que eu existo." Imediatamente, Erasmo Carlos pegou a caneta e anotou a frase numa folha do caderno. Agora sim, depois de meses de labuta, "Sentado à beira do caminho" parecia finalmente concluída. "Eu acho que ele sonhou com o refrão, só pode ser isso. E se demorasse mais um pouco para anotar ele ia esquecer, porque ao acordar ainda estava recente o elo entre sonho e realidade", afirma Erasmo.

Roberto Carlos estava tão envolvido com a nova composição que decidiu ele próprio produzir aquela faixa no disco do amigo. Para tocar a guitarra base na gravação Erasmo chamou Aristeu Alves dos Reis, ex-integrante de sua banda Os Tremendões. Músico de formação eclética, Aristeu começou tocando blues, jazz, rock e, principalmente, bossa nova. "Eu me entusiasmei pelo violão depois de ouvir João Gilberto. E tirava de ouvido todas as músicas dele. Até hoje eu toco as músicas de João no tom e nos acordes que ele gravou. Aquilo foi uma escola para mim", contou numa entrevista ao autor. Mesmo depois de atraído para o universo do rock'n'roll, Aristeu não perdeu as referências bossa-novistas, notadamente o uso de acordes dissonantes. E isso seria útil no momento da gravação de "Sentado à beira do caminho".

Para essa música Aristeu criou uma bela harmonia, cujo exemplo podia ser ouvido também em temas como "Everybody loves a clown", com Gerry Lewis and his Playboys; "Everybody's talkin", gravação de Nilsson; e, principalmente, "Honey", balada romântica do cantor Bobby Goldsboro. Um dos grandes hits de 1968, "Honey" permaneceu por treze semanas na parada da Billboard, cinco delas no primeiro lugar, vendendo mais de 1 milhão de cópias somente nos Estados Unidos. Foi também indicada ao Grammy de Gravação do ano (perdeu para "Mrs. Robinson", de Simon & Garfunkel). No Brasil, ela fez sucesso na voz do cantor Moacyr Franco, numa grande versão de Fred Jorge com o título "Querida": "Corro tanto pra chegar / Então eu paro sem saber se devo entrar / Quando parti eu não pensei / Que um dia voltaria / E voltei..."

Até então, Roberto e Erasmo usavam apenas acordes perfeitos em suas composições. E assim fizeram "Sentado à beira do caminho", com uma harmonia bem simples montada em sol maior, lá menor, ré maior e sol. Inspirado em "Honey", Aristeu sugeriu então uma variação harmônica com acordes de sétima maior e sexta, que ele tocou na guitarra base. "Puxa, Aristeu, que legal, cara!", exclamou Roberto Carlos, que levou a fita com o playback da música para ouvir em casa com mais calma. Roberto Carlos gostou tanto daquilo que no momento da mixagem colocou a guitarra base de Aristeu na frente da gravação, junto com o órgão. Uma outra guitarra, mais sutil, também tocada por Aristeu, ficou ao fundo. Na época Roberto chegou a comentar que "Sentado à beira do caminho" tinha três autores: ele, Erasmo Carlos e o guitarrista Aristeu Alves dos Reis. Já Rossini Pinto mais uma vez provocava afirmando que "Erasmo e Roberto plagiaram descaradamente" a balada de Goldsboro. Não era plágio — e ele sabia disso —, mas o uso de uma levada rítmica e uma estrutura harmônica que se tornariam um maná para Roberto e Erasmo Carlos. A partir daí eles iriam explorar isso em várias outras composições — a mais famosa delas, "Detalhes".

"Sentado à beira do caminho" foi gravada no Estúdio Gazeta, de quatro canais, em São Paulo, com direção da produção de João Araújo. No momento de colocar a voz, Erasmo Carlos cantou bem e de primeira. Ele gravou mais uma vez para se certificar, mas ficou valendo mesmo a tentativa anterior. Ao ouvir a nova gravação ainda no estúdio, a divulgadora Edy Silva exclamou: "Nossa, Erasmo, que coisa linda! Parece Chico Buarque" — certamente numa referência a temas como "Quem te viu, quem te vê", que também narra uma história de abandono com um refrão e longas estrofes bem construídas.

Naquela noite, Erasmo Carlos saiu do estúdio da Gazeta realmente muito contente com a canção, com o arranjo e com sua interpretação. Ele, os técnicos e os músicos foram todos comemorar tomando um grande pileque. "Eu nem me lembro onde foi porque também saí de porre", contou Aristeu.

Lançada em maio de 1969, num compacto simples com o rock "Johnny Furacão" no lado B, "Sentado à beira do caminho" logo despontou nas paradas e em apenas dois meses foram vendidas 300 mil cópias do disco. A música era executada a toda hora em todas as rádios, apesar dos seus 4,5 minutos de duração — quase o dobro da maioria das canções daquele tempo. Ao subir ao primeiro lugar, a gravação de Erasmo foi deixando para trás grandes hits como "Ob-la--di, ob-la-da", dos Beatles, "I started a joke", dos Bee Gees, "Atrás do trio elétrico", de Caetano Veloso, e "Tudo passará", de Nelson Ned. "A música foi um soco no estômago do mundo porque, na minha carreira, eu nunca havia feito algo tão avassalador", disse Erasmo num depoimento ao pesquisador Marcelo Fróes. Dessa vez o sucesso de público veio acompanhado da boa aceitação da crítica. Nelson Motta, por exemplo, afirmou na época que Erasmo Carlos "acertou na mosca" com "Sentado à beira do caminho", porque ela tem "melodia e harmonia modernas, letra jovem e muito bem-feita e um arranjo de orquestra perfeitamente integrado na música contemporânea". A revista *Intervalo* também disse que Erasmo estava "retornando às suas atividades de cantor e compositor em grande forma". Pela primeira vez ele até recebeu elogio pela interpretação de uma música — e logo do crítico e produtor Romeo Nunes, para quem o Tremendão não podia "ser levado a sério como cantor", pois teria "timbre desagradável, afinação duvidosa e interpretação descolorida". No caso de "Sentado à beira do caminho", Nunes afirmou que a gravadora conseguiu "por um milagre nunca dantes praticado" fazer Erasmo cantar "de modo bastante aceitável".

Com essa gravação, descortinou-se uma nova fase para o artista Erasmo Carlos. "Voltei a ganhar tapinhas nas costas e a ser recebido novamente com cafezinho na gravadora." E mais do que isso: ele passou a receber convites e novas propostas de trabalho. A mais importante veio no final daquele ano, quando André Midani, o chefão da Philips, o convidou para se integrar ao elenco da gravadora, garantindo-lhe plena liberdade de criação. "Você vai gravar o que quiser, com quem quiser, da forma que quiser. Faça o que você quiser, mas faça. É importante qualquer coisa que você crie", disse-lhe o executivo. "Ele me deu um contrato com todas as condições de trabalho, onde não encontrei restrição de horário de estúdio para gravar, nem a exigência de músicas comerciais em meu disco", confirmou Erasmo. Ou seja, ele passaria a receber o mesmo tratamento que a Philips dispensava a figurões de seu cast como Elis Regina, Chico Buarque e Caetano Veloso. Para alguém que havia pouco tempo não recebia sequer uma oferta de cafezinho, foi uma reviravolta e tanto. A tal da "máquina" estava novamente interessada no Tremendão Erasmo Carlos, que também logo descobriu que aqueles artistas tropicalistas que pareciam tão ameaçadores eram todos seus admiradores e declaravam isso publicamente. "Até o Chico Buarque, poxa, que eu achava um compositor incrível, um poeta, até ele eu soube que gostava de mim. Isso me deu muita força", afirma Erasmo.

O êxito de sua nova canção se refletiu também na publicidade e na crônica jornalística. Na época, por exemplo, foi veiculado um anúncio para os motoristas usarem somente "peças legítimas Ford e Willys", advertindo que, do contrário, "o barato sai caro e você acaba sentado à beira do caminho". Um exemplo do segundo caso apareceu numa crônica publicada no Natal daquele ano no *Diário de Notícias*, de São Paulo. Com o título de "O Natal do pobre torcedor", o jornal indagava sobre qual seria o sonho de consumo do torcedor do Corinthians — clube que àquela altura já acumulava 15 dos 23 anos que passaria sem conquistar títulos. Em 1969, o Corinthians liderou quase todo o campeonato nacional (Taça de Prata) e chegou à última rodada, em dezembro, dependendo só de si para ser campeão, mas acabou perdendo para o Cruzeiro e o título ficou com o Palmeiras. Daí o cronista indagava naquele Natal: "O que pede a torcida do Corinthians? Alguém precisa adivinhar o que ela pede? Um título. Esse bendito título, que nunca vem, essa conquista que demora tanto, que, passa ano vem ano, é adiada, lhe escapa, lhe foge por entre os dedos ou por entre os caprichos da sorte e do futebol. Um título. Quantas promessas já foram feitas, quantas angústias caladas, quanta dor já explodiu. Um título é o que o corintiano quer. Mas o corintiano há muito tempo que não acredita em Papai Noel. Em 1969, parecia que ia ser atendido. Esboçou um sorriso, ameaçou uma festa, que seria a maior que São Paulo já viu. Mas no fim levou o 'cano'. Ficou falando sozinho no meio da rua, sentado à beira do caminho."

A repercussão dessa música no exterior começou logo após o lançamento dela no Brasil. Julio Iglesias, por exemplo, a gravou em português no seu segundo álbum, *Gwendolyne*, de 1970, interpretando ali também outro hit da época, "Raindrops keep fallin' on my head", de Burt Bacharach. Nesse mesmo ano surgiu a gravação da cantora Ornella Vanoni, numa curiosa versão em italiano feita pelo compositor Bruno Lauzi com o título "L'appuntamento" ("Sentado à beira do caminho"). Na primeira estrofe da letra o eu-lírico lamenta por se encontrar com alguém quando ainda sente saudade do ex-amor: "Aceitar este estranho encontro / Tem sido uma loucura / São tristes as pessoas que estão passando por mim / Mas a nostalgia de rever--te é mais forte que o pranto." "L'appuntamento" ganhou a Gôndola de Ouro, oferecida pela prefeitura de Veneza à mais bonita canção daquele ano. Até então Roberto Carlos era famoso na Itália apenas como cantor. O sucesso de "Sentado à beira do caminho" em italiano o tornou conhecido também como compositor. A gravação de Ornella Vanoni faria parte da trilha de dois filmes: *Olhos azuis, sentença de morte*, com Alain Delon, em 1973, e, anos mais tarde, *Doze homens e outro segredo*, de Steven Soderbergh.

Mas antes do cinema, "Sentado à beira do caminho" esteve na trilha da novela *Beto Rockfeller*, de Bráulio Pedroso, exibida pela Rede Tupi, na época do lançamento da gravação de Erasmo Carlos. Marco da teledramaturgia brasileira, *Beto Rockfeller* rompeu com os dramalhões épicos que imperavam até então, criando uma narrativa calcada na vida real das pessoas, com linguagem coloquial, interpretação mais natural, num formato de novela que passou a ser seguido pelas demais emissoras, principalmente a TV Globo. A trama girava em torno de Beto (o ator Luiz Gustavo), rapaz de classe média baixa que transita entre dois mundos: de dia ele é um humilde vendedor em uma loja de sapatos; à noite, posa de milionário em sofisticadas festas, se apresentando como primo de Nelson Rockefeller. Muito malandro e sedutor, Beto corteja mulheres da alta sociedade paulistana e até namora uma delas, Luiza (Débora Duarte). A história seguia com Beto Rockfeller aprontando diversas trapaças e tentando impedir que sua verdadeira origem fosse descoberta.

A novela inovou também na trilha sonora. Em vez dos habituais temas instrumentais e sinfônicos, ali se ouvia o pop nacional e internacional contemporâneo como, "F... comme femme", de Adamo, "I started a joke", dos Bee Gees, e "Sentado à beira do caminho", de Erasmo Carlos — na primeira vez que uma composição dele com Roberto entrava numa novela. "A identificação do público com personagens e seus temas musicais começou com *Beto Rockfeller*", afirma Nilson Xavier. De fato, e no caso da música de Erasmo, ela ilustrava a fossa de Beto por Renata (personagem da atriz Bete Mendes). Em um dos capítulos, a canção tocou inteira, enquanto Beto Rockfeller aparecia sentado no meio-fio, pensativo e solitário, tornando a cena praticamente um videoclipe — algo que também não era comum e passou a ser copiado em outras novelas. Na época, o ator Luiz Gustavo até mandou um bilhete para o cantor. "Erasmo: o capítulo de terça-feira última foi inteirinho dedicado a você. O fundo musical foi 'Sentado à beira do caminho'. Sua música está uma beleza, bicho: você deu a ela uma interpretação comovente. Um abração do Tatá."

A rigor, nem precisava o ator informá-lo do capitulo porque Erasmo Carlos era um assíduo telespectador de *Beto Rockfeller*. O fotógrafo Paulo Salomão testemunhou isso numa noite em que Roberto chegou à casa de Erasmo para trabalhar nas novas músicas, e encontrou o parceiro refestelado numa poltrona, assistindo à novela. Segundo o fotógrafo, Roberto também se acomodou numa cadeira olhando para o vídeo, mas sem entender nada, pois não acompanhava a trama.

"Está bacana, ó cara! O pai da Neide é nortista, tocou ela pra fora de casa", comentou Erasmo.

"Estou por fora do plá. Quem é Neide?", indagou Roberto.

"Neide é a irmã do Beto, e andou de cacho aí com um magnata, mora?", explicou Erasmo.

Nesse momento tocou seu telefone, mas quem atendeu foi Roberto, pois o parceiro continuava com os olhos pregados na televisão. Disfarçando a voz, o cantor respondeu para uma moça que procurava Erasmo:

"Olha, minha filha, agora ele não atende, só depois da novela."

Ao final do capítulo, impaciente, Roberto se adiantou para desligar a televisão.

"Chega, não é, compadre?", disse, chamando o parceiro para o trabalho.

Anos mais tarde, "Sentado à beira do caminho" seria também tema de mais duas novelas, ambas da Rede Globo: *Perigosas peruas*, de Carlos Lombardi, em 1992, e *Alto astral*, de Daniel Ortiz, em 2014, nesta última em gravação com a cantora Wanderléa.

Artistas de diversos estilos da nossa música também a regravaram. Por exemplo: Ângela Maria, Zizi Possi, Leny Andrade, Cauby Peixoto, Leila Pinheiro, Rosa Passos, o sambista Neguinho da Beija-Flor, os roqueiros Lulu Santos, Blitz e Ira!; os sertanejos Leonardo e Roberta Miranda; a drum 'n' bossa Fernanda Porto; além de músicos como o maestro Lindolfo Gaya e o pianista Arthur Moreira Lima. Em 1980 foi a vez de Roberto Carlos também gravá-la em dueto com o parceiro para o álbum *Erasmo Carlos convida* — comemorativo dos vinte anos de carreira do Tremendão. O disco reuniu astros da MPB como Caetano Veloso, Gilberto Gil, Nara Leão, Jorge Ben Jor e Gal Costa, cada um também cantando junto com Erasmo antigas composições dele com Roberto. "Geralmente, homenagens desse tipo só se tem quando se morre. Mas eu consegui, ainda vivo, ter essa grande homenagem de meus amigos todos", comemorou Erasmo.

O repertório foi escolhido de comum acordo com os convidados, mas "Sentado à beira do caminho" já estava reservada para Roberto desde o início do projeto. Havia muito tempo que o cantor desejava mesmo regravar essa canção, agora com novo arranjo criado pelo maestro Lincoln Olivetti. O programa *Fantástico* da Rede Globo produziu um clipe especialmente para o relançamento dela, com imagens de Roberto e Erasmo à beira da via Dutra, no Rio.

E assim, onze anos depois, "Sentado à beira do caminho" voltava a tocar nas rádios de todo o país, se firmando definitivamente na memória nacional. Mas, no ano anterior, ela já fora citada na letra de "Tudo outra vez", linda balada viajante do cantor Belchior: "Sentado à beira do caminho / Pra pedir carona / Tenho falado à mulher companheira / Quem sabe lá no trópico / A vida esteja a mil...". E depois na letra de "Dama do cassino", composição de Caetano Veloso, lançada por Ney Matogrosso em 1988, que também traz um lamento de desilusão amorosa: "Eu já fiquei como Erasmo sentado à margem das estradas / À espera de uma palavra da boca / Um gesto das mãos / Mas essa deusa só diz nãos e nuncas e necas e nadas..."

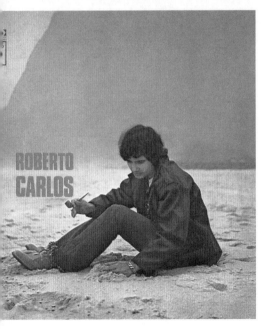

ROBERTO CARLOS

42

O DIAMANTE COR-DE-ROSA

(Tema instrumental do filme
Roberto Carlos e o diamante cor-de-rosa)
Do álbum Roberto Carlos, 1969

"E Salomão mandou dizer a Hiram, rei de Tiro: 'Por isso penso em edificar um templo ao nome do Senhor meu Deus, conforme o que Senhor ordenou a Davi, meu pai, dizendo': 'Teu filho, que eu farei sentar em teu lugar no trono, este edificará um templo em meu nome.' E contratou Salomão os serviços de Hiram de Tiro, porque Hiram tinha sido sempre amigo de Davi. E o rei Salomão escolheu operários em todo o Israel e ordenou que fossem 30 mil homens. E Hiram mandava suas frotas a Ofir e Parvaim e a cada três anos voltavam trazendo madeiras e pedras de valor e ouro em quantidade para edificar a casa do Senhor."

Essas palavras, citando o terceiro livro de Reis, da Bíblia hebraica, são ouvidas em off com imagens de Jerusalém, no começo de *Roberto Carlos e o diamante cor-de-rosa*, o segundo filme do cantor, dirigido por Roberto Farias. É o prólogo que mostra na sequência um náufrago fenício que saíra pelos mares do mundo à procura de riquezas para o Templo de Salomão.

Na cena, ambientada há quase 3 mil anos, numa praia perdida do Oriente — mas filmada nas areias da Restinga de Marambaia, no Rio de Janeiro —, o fenício aparece agarrado a uma estatueta com feições humanas. Porém, ele logo é atacado por bandidos mongóis — um dos quais interpretado pelo ator José Lewgoy, novamente no papel de vilão do cinema nacional. Ainda na praia, o náufrago é defendido por um samurai solitário que destrói seus agressores, poupando apenas um (Lewgoy), que foge. Mas o fenício não resiste aos ferimentos. Antes de morrer, confia ao seu defensor a estatueta, para ele sagrada. Dentro da peça vai um pergaminho com inscrições para se alcançar algo valioso: um imenso diamante cor-de-rosa no túmulo de dois filhos gêmeos do fenício, que pereceram muito longe, num território perdido do Ocidente...

Os mistérios em torno da Pedra da Gávea, gigantesco monólito à beira-mar, no Rio de Janeiro, serviram de inspiração principal para a criação do roteiro do seu filme, escrito pelo próprio diretor Roberto Farias, em parceria com Berilo Faccio. A história se baseia na crença de que naquela pedra estaria esculpido um rosto humano e que as marcas na cúpula da montanha seriam inscrições de origem fenícia, que um arqueólogo traduziria como: "Tyro Phenicia, Jeth-Baal, Primogênito de Badezir" — referência ao rei fenício que em 856 a.C. fora sucedido no trono pelos filhos gêmeos Jeth-Baal. Nada disso foi comprovado e hoje é consenso entre geólogos e cientistas de que as tais imagens e inscrições na Pedra da Gávea são resultado do processo natural de erosão. No entanto, aquilo sempre intrigou muita gente — entre elas, o diretor Roberto Farias, que via ali um código ou legado de uma antiga civilização. Para ele, aquela escultura gigantesca seria parte de uma grande esfinge. "De frente, quem sabe a estrada das Canoas pode ver um rosto esculpido na pedra, dois olhos, nariz e uma barba, é uma coisa impressionante", dizia o diretor, que procurou reproduzir essa imagem na estatueta de *Roberto Carlos e o diamante cor-de-rosa*.

Quase 3 mil anos depois daquela cena do fenício numa praia do Extremo Oriente, Roberto Carlos, Erasmo e Wanderléa passeiam no Japão, representando eles próprios no filme. E então a Ternurinha resolve comprar uma curiosa estatueta que vê numa loja de suvenir em Tóquio – mas as cenas de interiores foram filmadas num bazar de artigos orientais da rua Barão de Itapetininga, no centro de São Paulo. Aliás, pouco adiantou a produção marcar a filmagem somente para depois das 22 horas. Segundo relato do *Diário da Noite*, "durante toda a madrugada uma verdadeira multidão de curiosos esteve na porta da loja", onde Roberto, Erasmo e Wanderléa encontraram a estatueta. Naquele exato momento, um grupo de bandidos descendente dos mongóis — um deles novamente o ator José Lewgoy — estava à procura daquela peça, sabedores de que ela poderia levá-los ao túmulo dos reis gêmeos, depositário do fabuloso diamante cor-de-rosa. A partir daí os bandidos fazem de tudo para tomar a estatueta de Wanderléa, inclusive raptando a cantora. Sem entender o que está acontecendo, Roberto e Erasmo Carlos saem em defesa da amiga, tornando-se também alvos da perigosíssima quadrilha. Toda a ação do filme gira em torno da disputa por essa misteriosa estatueta com feições humanas. Numa cena, ao olhar fixamente para a peça, Roberto diz a Wanderléa: "Eu tenho a impressão de que já conheço essa cara." "Conhece de onde?", pergunta a cantora. "Não sei, mas já vi essa cara em algum lugar", responde o cantor, intrigado.

Em 1969, mesmo ano da produção do filme, foi lançado no Brasil o best-seller mundial *Eram os deuses astronautas?*, do pesquisador suíço Erich von Däniken, então com 34 anos, que propagou a hipótese da origem extraterrestre da espécie humana. Num momento em que a ciência apontava para o futuro com a conquista da Lua, Von Däniken propunha um retorno ao passado mais remoto da humanidade. De um trecho do livro de Gênesis (6:4) — "Naquele tempo havia gigantes sobre a Terra. Porque, quando os filhos de Deus se juntaram às filhas dos homens e estas lhes deram filhos, nasceram aqueles homens possantes" —, Däniken comenta que, além da Bíblia, "gigantes aparecem a cada momento e em todas as partes, nas mitologias do Oriente e do Ocidente, nas lendas de Tiahuanaco e nas epopeias dos esquimós. Gigantes são fantasmagorias presentes em quase todos os livros antigos. Portanto, devem ter existido. Que espécie de seres foram esses gigantes? Teriam sido antepassados nossos que erigiram construções colossais e que, brincando, deslocavam monólitos? Ou foram astronautas, tecnicamente experimentados, procedentes de uma outra estrela?". Seu livro reproduz também desenhos pré-históricos que, na visão do autor, seriam astronautas operando controles no painel de comando de um foguete.

Roberto Farias não ia tão longe na sua interpretação dos mistérios da geologia carioca, mas era também muito atraído por eles. "Quem já teve o privilégio de sair de barco até a Barra da Tijuca conhece a imagem de um gigante deitado formado pelas montanhas do maciço da Tijuca. A cabeça do gigante é a Pedra da Gávea e os pés são formados pelo Pão de Açúcar. É uma imagem inesquecível", comentou o diretor, para quem aquela montanha tem a grandeza dos monumentos faraônicos e reproduz num dos seus flancos a face severa de um patriarca dos tempos bíblicos. Ele registrou também para o filme de Roberto Carlos outro fenômeno que o intrigava: uma sombra em forma de íbis — ave sagrada no Antigo Egito e provavelmente também para os fenícios —, que se vê no morro do Pão de Açúcar, sob o sol, entre 11 horas e 12h30. "Não é uma invenção do meu filme, não é computação gráfica; a imagem do íbis está lá, esculpida na pedra do Pão de Açúcar. Aquilo não me parece coincidência. Na minha opinião, alguém, de algum lugar, em alguma época distante, com instrumentos que não sabemos quais foram, aproveitou uma parte da reentrância da pedra e acabou de construir um desenho que conforme determinado momento a luz do sol forma a imagem de um íbis."

Desde que se firmara como diretor e produtor, no início da década de 1960, Roberto Farias pensava em explorar essas lendas e particularidades das montanhas cariocas em um filme de aventura colorido, com um mocinho arqueólogo — no que teria sido talvez uma espécie de precursor de *Os caçadores da arca perdida*, de George Lucas e Steven Spielberg. O problema é que esse tipo de produção exigiria alto orçamento, algo incompatível com a realidade do cinema brasileiro. Daí que o diretor decidiu aproveitar parte dessa ideia para um musical de aventura e fantasia com o ídolo da Jovem Guarda, que já tinha garantido verba de 700 mil cruzeiros novos para a produção — maior do que a de qualquer filme nacional até então. Roberto Farias temia não ter outra oportunidade de contar essa mirabolante história sobre a presença fenícia nos primórdios da cidade do Rio de Janeiro.

Roberto Carlos ficou fascinado com o roteiro, que novamente não o envolveria em nenhum romance, ou seja, continuava sem amar, sem beijar e sem sofrer por alguém na tela. Mas se o seu primeiro longa não teve propriamente uma história — foi uma metalinguagem do filme dentro de um filme —, dessa vez haveria uma trama mais elaborada. Na primeira reunião, ele ouviu com curiosa atenção a fala de Roberto Farias sobre as coincidências e os mistérios que envolvem a Pedra da Gávea. O cantor até arregalou os olhos e abriu ligeiramente a boca quando o diretor lhe contou que no enredo do filme os pergaminhos escondidos na estatueta revelariam que os filhos daquele náufrago fenício, os monarcas gêmeos Jeth-Baal, pereceram num naufrágio perto do Pão de Açúcar, e que seus restos mortais estariam no interior da Pedra da Gávea, que seria uma montanha santuário, o último repouso dos reis, protegido por um maravilhoso diamante cor-de-rosa. Aliás, exatos dez anos depois, em 1979, o tecladista inglês Rick Wakeman lançaria a música "Pedra da Gávea", faixa de abertura do álbum duplo *Rhapsodies*. Autor de discos e canções com referências eruditas e letras místicas, Wakeman ficara igualmente impressionado ao conhecer de perto esse monumento natural do Rio de Janeiro.

Por um lado, o novo filme de Roberto Farias anteciparia também aqueles imaginosos enredos com os quais o carnavalesco Joãosinho Trinta se consagraria no carnaval, inicialmente no Salgueiro e depois na Beija-Flor. Por exemplo, com os desfiles de "O rei de França na ilha da Assombração", em 1974, "O segredo das minas do Rei Salomão", em 1975, "Vovó e o rei da Saturnália na corte egipciana", 1977, e "A Lapa de Adão e Eva", do carnaval de 1985, que também explora mistérios em torno da Pedra da Gávea, citada neste trecho do samba-enredo: "O tempo passou, passou, ô, ô / Os fenianos chegaram / Lutaram com os Tenentes do Diabo / Pedra da Gávea / Lições ficaram." Por outro lado, o filme repete a trama do segundo musical dos Beatles, *Help!*, de Richard Lester, pois ali John, Paul, George e Ringo são também perseguidos sem saberem a razão, quando membros de uma seita indiana decidem raptar um misterioso anel que Ringo ganhara de uma fã do Oriente. No *Roberto Carlos e o diamante cor-de-rosa*, a estatueta ocupa o papel semelhante ao do anel no filme dos Beatles.

Pela primeira vez um filme brasileiro teve várias sequências filmadas no exterior — seguindo ainda o modelo de *Help!* e também da série do agente 007. Nesse seu musical de aventura, Roberto Carlos aparece diante do Grande Buda na cidade sagrada de Kamakura, no Japão, e também no bairro de Ginza, em Tóquio; depois percorre as ruínas romanas de Cesareia, e as ruas, becos e desertos de Aczibe, Acre, Jerusalém e Tel Aviv, em Israel. Num set na fronteira do Líbano, na primeira semana de novembro, ele ouviu ecos da guerra que ocorria na região, quando foguetes disparados por guerrilheiros palestinos atacaram aldeias israelenses, provocando represálias militares. "De vez em quando nossas filmagens eram interrompidas pelo ronco dos jatos voando baixo, e os tiros e explosões, a distância, eram frequentes", lembra o cantor.

Estavam previstas filmagens na Itália e em Portugal, que tiveram de ser canceladas porque sua agenda não comportou mais viagens. Quando estavam em Tóquio, por exemplo, Roberto Carlos chamou o diretor e disse: "Farias, é o seguinte: eu sei que vou ganhar dinheiro com esse filme. Mas isso só vai acontecer depois que a fita estiver pronta e eu preciso ganhar dinheiro agora. Será que dava para você me liberar para fazer um show em Salvador, na Bahia?" Espantado, o diretor indagou: "Como é que é, Roberto? Não entendi. Você quer sair daqui de Tóquio, fazer um show na Bahia e voltar para o Japão?" "É", respondeu o cantor, decidido, pois tinha uma apresentação agendada para dali a quatro dias na Concha Acústica de Salvador.

E ele se mandou para lá, e só foi reencontrar o diretor mais de duas semanas depois, já nas filmagens em Israel, porque nesse ínterim precisou também concluir a gravação de seu novo disco.

Uma das faixas era o tema principal do filme, a instrumental *O diamante cor-de-rosa*, que se ouve logo na primeira cena com imagens de Jerusalém e o cantor tocando gaita. Porém, como o musical só estrearia sete meses depois do lançamento do disco, muita gente não entendeu por que havia aquele tema instrumental solitário no final do lado A. O crítico Ary Vasconcelos, por exemplo, afirmou na época que a música *O diamante cor-de-rosa* "é, de longe, a mais bela de todo o LP, talvez mesmo a melhor da dupla [Roberto e Erasmo], até hoje", mas que, "estranhamente, é faixa instrumental. Não teria ficado pronta a letra?".

Na verdade, o tema nascera dois anos antes, em 1967, quando Roberto Carlos descansava em Águas de São Pedro, interior de São Paulo, em companhia de sua então namorada Nice. Naquela fase de muita paixão e do romance ainda escondido do público, ele decidira fazer mais uma música expressando seu sentimento por ela, mas dessa vez não com uma letra de exaltação no estilo de "Como é grande o meu amor por você", e sim um tema instrumental, solado na gaita, que no final tinha apenas uma palavra: "Nice." O título provisório era exatamente "Tema para Nice", que ela adorava ouvir Roberto tocar na sua gaita de boca.

Durante um tempo, essa música ficou só entre eles, pois o cantor temia expor o nome da namorada. Após seu casamento, em 1968, já seria possível gravá-la, mas acabou deixando para o álbum do ano seguinte. Foi quando o produtor Evandro Ribeiro indicou que aquela melodia devia entrar na trilha do filme *Roberto Carlos e o diamante cor-de-rosa*. O cantor concordou, mesmo sabendo que aí não teria mais sentido apresentá-la como um tema para Nice, pois ela não fazia parte do roteiro. A homenagem continuaria só entre o casal, mas Roberto pensou em encerrar a música com uma frase mais aberta e adaptada ao título do filme: "O amor é um diamante cor-de-rosa." No fim entendeu que nem isso fazia muito sentido para aquele musical de aventura, e o tema *O diamante cor-de-rosa* ficou puramente instrumental, com o violão acústico tocado por Renato Barros e a gaita pelo próprio Roberto Carlos. Por coincidência, naquele momento era lançado no Brasil outro tema de cinema também baseado nesse instrumento, "Midnight cowboy", do compositor John Barry, do filme *Perdidos na noite*, com o solo do gaitista Toots Thielemans.

O curioso é que o filho de Roberto Carlos, Segundinho, sempre chorava ao ouvir *O diamante cor-de-rosa*. Bastava o cantor rodar a fita com aquele seu solo de gaita para a criança abrir um berreiro, estendendo os bracinhos para a mãe — o que deixava o pai intrigado. "Que será que ele acha de errado? Bem, talvez seja apenas porque é muito emotivo", consolava-se.

Esse tema seria logo depois gravado no álbum de José Roberto Bertrami, que substituiu o solo de gaita pelo do piano elétrico. Anos mais tarde teria também a gravação do saxofonista Milton Guedes, mas apenas com teclado, bandolim e assobio. Assim como "Não quero ver você triste", que Sylvia Telles gravou com nova letra, uma versão cantada do tema de *O diamante cor-de-rosa* seria lançada na época pelo cantor Agostinho dos Santos. Ele gostara tanto dessa melodia que encomendou uma letra a alguém não creditado no seu disco: "O amor não tem explicação / Brota em nosso peito devagar / E em qualquer lugar como um diamante / Dois amantes vão brilhar", diz o começo da primeira estrofe.

Uma crítica comum ao primeiro filme de Roberto Carlos foi a de que havia um excesso de músicas ali — algo com que ele e o diretor depois acabariam concordando. Ao longo da projeção, ouvem-se dezesseis músicas, algumas cantadas por ele mais de uma vez, além de vários temas instrumentais. É música demais, mesmo para um filme de cantor. Num clássico como *O prisioneiro do rock*, de Elvis Presley, por exemplo, ele canta apenas seis canções; no filme *Help!*, os Beatles cantam sete; ou seja, apenas um lado de LP. Daí que Roberto Farias decidiu reduzir a cantoria de seu mocinho no segundo filme, ainda mais porque agora ele não estaria sozinho na tela, e sim em companhia de Erasmo e Wanderléa, que dividiriam o tempo musical com ele. O próprio diretor explicou que *Roberto Carlos em ritmo de aventura* foi um filme-show, enquanto o segundo seria um filme-história. Ali, além do tema instrumental de *O diamante cor-de-rosa*, Roberto Carlos canta apenas cinco canções, uma delas a balada "Custe o que custar", composta por Hélio Justo e Edson Ribeiro: "Já nem sei dizer se sou feliz ou não / Já nem sei pra quem eu dou meu coração / Preciso acreditar que gosto de alguém / E essa tristeza vai ter que acabar e custe o que custar." É um belo videoclipe, gravado nas arquibancadas do Teatro Romano de Cesareia, em Israel, mas que não tem qualquer relação com a história do filme — como a maioria dos temas ali apresentados.

Segundo o violonista Hélio Justo, a inspiração para compor "Custe o que custar" surgiu de forma muito inesperada. Ele tinha acabado de retornar de uma viagem com seu conjunto e precisava pagar uma conta de luz atrasada. Numa manhã, a caminho do banco, no bairro de Bonsucesso, no Rio, veio-lhe a ideia da melodia e de trechos da letra. Hélio ficou feliz e ao mesmo tempo preocupado, pois estava no meio da rua sem violão e sem gravador para registrar imediatamente aquilo. "Aí eu fiquei doido. 'Meu Deus! Essa música me veio logo agora.' E assim fui para a fila esperar o banco abrir. E ali eu pedia a Deus para ninguém puxar conversa comigo para não tirar a música da minha cabeça. Foi uma aflição!", lembra ele, que permaneceu mais de uma hora na fila do banco. Após pagar a conta, ele retornou correndo para casa, mas ao chegar lá constatou que seu gravador estava quebrado. Imediatamente ele saiu para pegar um ônibus em direção à casa do seu amigo e parceiro Edson Ribeiro, em Braz de Pina, também na zona norte do Rio. "Fiquei no ônibus cantarolando a melodia o tempo todo e as pessoas me olhando como se eu fosse maluco." Chegando lá, ele logo registrou no gravador a melodia que tinha feito e, junto com Edson Ribeiro, trabalharam na letra da nova canção. "Voltei pra casa no final da tarde, tranquilo, com a música já concluída", afirmou Hélio Justo.

O outro ficou encarregado de mostrar a composição para Roberto Carlos, que naquele momento, junto com Evandro, selecionava duas faixas para o próximo volume de *As 14 mais*. Uma foi fácil de escolher, pois já estava pronta desde o ano anterior: "Eu disse adeus", parceria com Erasmo. Para a segunda faixa, o produtor indicou uma composição de Renato Corrêa — de quem Roberto já havia gravado "É papo firme" e "Eu amo demais". Para decepção de Edson Ribeiro, nem Roberto nem Evandro pareceram interessados em "Custe o que custar". O compositor então ofereceu a música para Wanderléa, que aceitou gravá-la em seu próximo compacto. Mas ele continuou por ali, acompanhando a gravação de Roberto, e viu que o cantor parecia insatisfeito com a música de Renato Corrêa. Lá pelas tantas, até interrompeu a gravação. "Eu não estou sentindo esta canção. Não é isso que eu queria."

Roberto Carlos chamou Edson para irem almoçar no Leme Palace Hotel, onde ficava hospedado. No trajeto, enquanto atravessava o aterro do Flamengo, o amigo cantou "Custe o que custar" que, de repente, chamou a atenção do cantor. "Ele almoçava e pedia que eu continuasse cantando a música", contou Edson Ribeiro. Aí Roberto decidiu gravá-la, mas foi avisado de que a canção já estava com Wanderléa. "Deixa a Wandeca comigo", respondeu, decidido. Já Evandro Ribeiro reafirmou que aquela música não era a mais indicada para ele. Geralmente o cantor levava em consideração a opinião de seu produtor, principalmente quanto à escolha de repertório. Nesse caso, porém, Roberto Carlos bateu pé. "Edinho já fez coisa melhor, mas, se você quiser gravar essa, então grava", disse-lhe Evandro, resignado. Dessa vez, o produtor estava realmente equivocado, pois nem Edson Ribeiro nem Hélio Justo tinham feito coisa melhor. "Custe o que custar" é a mais bem-sucedida composição dos dois, e o próprio Roberto Carlos lembra que "foi uma música que tocou muito em rádio por muito tempo sem cansar" e que "os autores foram realmente muito felizes". Naquele mesmo ano, surgiram gravações dela com Milton Banana Trio, Francisco Petrônio, Trio Irakitan, e, posteriormente, com Fagner, Agnaldo Timóteo, Roberto Leal, Elymar Santos, Sérgio Reis, Eduardo Araújo, Zé Renato, entre outras, inclusive com cantores italianos e espanhóis. Pena que Evandro Ribeiro não incluiu "Custe o que custar" no LP de Roberto Carlos daquele ano, deixando-a apenas em *As 14 mais* — erro que o cantor corrigiria décadas depois ao regravá-la no seu álbum de 1994, com novo arranjo e alteração em um dos versos. O que na versão original era dúvida: "Será, meu Deus, enfim / Que eu não tenho paz?", viraria certeza numa fase de maior dogmatismo religioso do cantor: "Somente em Deus, enfim, / É que eu encontro a paz."

O LP de 1969 não trouxe dessa vez o título ou cenas de seu filme na capa porque, além de um tema instrumental, só tinha ali mais duas músicas da trilha: "As curvas da estrada de Santos" e "Não vou ficar". Ou seja, eram apenas três títulos entre as doze faixas do álbum. Mesmo assim o filme é sugerido na imagem da linda capa, com o cantor sentado afagando a areia na praia de São Conrado, no Rio de Janeiro — cenário principal de *Roberto Carlos e o diamante cor-de-rosa*. De cachimbo na mão direita, calça jeans e blusão verde, o artista parece totalmente absorto, o semblante sério, os olhos fixos no chão, alheio ao mundo em volta. O fotógrafo Armando Canuto usou uma câmera Yashica Mat para registrar a cena, e o fundo com céu e montanha nublados não foi efeito da lente. "O dia estava mesmo nublado e até um pouco frio", lembrou Canuto em depoimento ao autor. A foto de contracapa mostra o cantor em pé, encostado na porta de uma casa, um dos cenários do filme, na estrada das Canoas, também em São Conrado.

Nas cenas finais de *Roberto Carlos e o diamante cor-de-rosa*, o trio da Jovem Guarda sobrevoa de helicóptero a Baía de Guanabara e, ao se aproximar da Pedra da Gávea, Roberto Carlos exclama: "Eu sabia! Eu sabia que já tinha visto essa cara. Eu não disse?" "Puxa, igualzinho à da estatueta!", repete Wanderléa. "Como foi que os fenícios conseguiram fazer isso, meu Deus!", exclama Erasmo. "Quer dizer que a Pedra da Gávea é um túmulo que nem as pirâmides do Egito?", indaga Wanderléa.

Todos reproduziam o pensamento do diretor Roberto Farias sobre aquele fenômeno. Depois Roberto, Erasmo e Wanderléa escalam a Pedra da Gávea (filmado também nas Furnas de Agassiz, do Parque Nacional da Tijuca) e adentram pelo olho da esfinge para finalmente chegarem até o túmulo onde está o tesouro. As cenas da caminhada entrando e depois saindo de dentro do olho foram feitas em cenário montado no estúdio; já sua presença no imenso túmulo dos irmãos fenícios foi filmada dias depois nas grutas de Maquiné, em Minas Gerais. Para darem maior realismo às cenas, os artistas receberam aulas de caminhada e escalada de montanha com profissionais do Centro Excursionista Brasileiro. Além de ensaiá-los, os escaladores Jorge Poggi e Carlos Acioli Rodolfo serviram também de dublês. Na explosão da caverna, no fim do filme, Roberto Carlos precisaria sair correndo alguns segundos. A cena foi rodada com o dublê usando uma peruca e a mesma roupa do cantor.

43

É PRECISO SABER VIVER

"Quem espera que a vida
Seja feita de ilusão
Pode até ficar maluco
Ou morrer na solidão"
Do álbum *As 14 mais, volume 22*, 1968

"O que aconteceu por trás das câmeras valeria um filme à parte." A declaração de Wanderléa sobre os bastidores de *Roberto Carlos e o diamante cor-de-rosa* repete algo que já ouvimos de badaladas produções hollywoodianas. Não exagerou a Ternurinha. A começar pelo fato de que sua participação no filme custou-lhe um casamento — conforme ela própria contou na sua autobiografia.

Na época, Wanderléa era noiva do jovem Armando Lara Nogueira, de tradicional família paulistana. Apesar da oposição da família dele, que não o queria envolvido com uma cantora de rock, o romance avançara e durava havia quase quatro anos. Outro problema que ela precisava administrar era o enorme ciúme que o rapaz tinha de Roberto Carlos, agravado depois de ele saber que os dois artistas haviam tido um breve romance no princípio da carreira. O namorado nunca permitia que Wanderléa ficasse sozinha com Roberto, nem no *Jovem Guarda*. "Todos os domingos ele me acompanhava ao programa, fazendo questão de ir comigo até a coxia do Teatro Record para monitorar os encontros de bastidores com meu amigo. Uma implicância exagerada e que me incomodava", diz a cantora.

Mesmo com turbulências e as crises de ciúme, Wanderléa planejava seu casamento com Armando quando recebeu o convite para atuar no filme de Roberto Carlos. Entretanto, o noivo exigiu que ela recusasse aquele trabalho, principalmente ao saber que a cantora teria que filmar no exterior com os dois parceiros do *Jovem Guarda*. "Quando li o roteiro, achei a história interessantíssima e não perderia por nada a oportunidade de viajar para o Japão e Israel trabalhando com meus amigos. Esperava que Armando entendesse. Porém, ele foi contra e dessa vez nos desentendemos pra valer. No fundo, ele não havia superado o ciúme do Roberto, já casado com Nice havia mais de um ano. Por conta dessa obsessão, terminei o namoro definitivamente, depois de quatro anos juntos."

Ressalte-se que este ciúme do noivo não era sem base real. A própria cantora admitiria depois que a relação dela com Roberto nunca se restringiu à simples amizade. "Tínhamos uma química forte e ao mesmo tempo uma atração mal resolvida, o que deixava um clima de suspense no ar." Pois naquele ano de 1969, Roberto Carlos compôs uma música especialmente para Wanderléa gravar, e confessou-lhe que a canção retratava o caso deles. Título: "Você vai ser meu escândalo", que ela interpretaria numa cena do filme gravada em Israel. "Meu amor, não pode ser / Não podemos mais fingir / Até quando vamos ter / Que esconder o nosso amor." Na estrofe seguinte ele reforça: "Qualquer dia eu vou gritar o que existe entre nós dois / Saiba que você, meu bem / Meu escândalo vai ser / Quando o mundo inteiro então / Nosso amor conhecer." De fato, naquele contexto, com Roberto Carlos recém-casado e Wanderléa noiva, o anúncio de um romance entre os dois seria um escândalo nacional.

O curioso é que o noivo dela tinha tanto ciúme de Roberto que acabava se esquecendo de Erasmo — e ali também morava o perigo, pois ele ainda era solteiro e não desistia de conquistar Wanderléa. Aliás, o Tremendão gostou de saber que a amiga já tinha encerrado seu romance com o playboy paulista quando embarcaram para filmar no Japão. A viagem até lá, com escala em Nova York, foi cansativa e a cantora pouco dormiu no avião. Mas Erasmo procuraria não perder tempo e, ao chegarem no hotel em Tóquio, fez questão de acompanhar Wanderléa até o apartamento dela, no mesmo corredor. "Gentilmente, ele se ofereceu para abrir a porta do meu quarto. Pegou a chave e sorrateiramente entrou junto. Em um pulo se esparramou na minha cama, cruzando os braços atrás da cabeça, sorrindo de uma forma bem sacana", narrou a cantora na sua autobiografia. Ela entendeu as intenções do amigo, mas procurou disfarçar. "Qual é, Erasmo! Acabamos de chegar, estamos cansados, deixa de brincadeira. Vai pro seu quarto, vai. Amanhã a gente tem gravação cedo e precisamos descansar." Porém, o Tremendão parecia decidido a ter a Ternurinha em seus braços, depois de vê-la por quatro anos namorando outro rapaz. E continuou ali na cama, já tirando a camisa e pedindo para ela deitar ao seu lado. "Irritada, eu só dizia não e insistia para que ele fosse embora. Erasmo se divertia com meu mau humor, brincando de gato e rato enquanto eu tentava pegar a chave escondida em uma estante atrás de sua cabeça. Estava determinado a viver uma inesquecível noite de amor comigo em Tóquio." Cansada e sem mais paciência para aturar a investida do amigo, Wanderléa conta que pegou um lençol e um travesseiro que estavam aos pés de Erasmo e correu para o banheiro, trancando a porta. "No ofurô, improvisei uma cama, o que me valeu outra noite maldormida."

Parece que no quesito sexo Erasmo Carlos não guarda boas lembranças dessa sua estadia em Tóquio. Na volta da viagem, Roberto Carlos contava rindo aos amigos que o parceiro saía de noitinha do hotel e voltava de madrugada e, invariavelmente, dava um murro na parede, explodindo: "Nada! Nada!" — conforme revelou na época um colunista da revista *Intervalo*. Na sua autobiografia, Erasmo não conta qualquer aventura na terra do Sol Nascente. Por coincidência, um dos temas que ele canta no filme é a canção "Vou ficar nu pra chamar sua atenção", num clipe gravado com a participação da modelo israelense Hana. De sua passagem por Israel, Erasmo Carlos lembra no livro apenas que a equipe do filme ficara hospedada no mesmo hotel onde estava a atriz Romy Schneider, "uma das minhas musas cinematográficas da adolescência" — que filmava ali *Crepúsculo de um ídolo*, com o ator Richard Harris. Dessa produção também fazia parte o norte-americano Richard Donner, na época com 39 anos, e que, para total desgosto de Erasmo, engatou um romance com Wanderléa naquele hotel de frente para a praia de Jaffa, em Tel Aviv. "Gostei do bom humor daquele moreno bonito e cheio de classe que se apresentou como Dick", lembra a cantora, confessando que voltou para o Brasil "completamente apaixonada por Richard Donner" — cineasta que no futuro dirigiria grandes produções como *Superman: o filme*, *A profecia*, *O feitiço de Áquila* e as da série *Máquina mortífera*.

Do trio de cantores-atores desse segundo longa de Roberto Carlos, Erasmo foi quem mais surpreendeu a equipe de produção, que o achou bom demais diante das câmeras. Wanderléa deu um pouco de trabalho por causa de seu perfil, considerado não muito fotogênico, e por questão financeira, segundo o próprio Roberto Farias: "Ela fez uma chantagenzinha comigo, e não gostei. Eu tinha contratado Wanderléa por um preço, mas quando chegou no último dia de trabalho, na última filmagem, ela disse que queria mais dinheiro. Isso na hora de fazer a última cena." Já Roberto Carlos parecia demasiadamente preocupado com sua imagem no vídeo. Perdia um tempão no set de filmagem com retoques na maquiagem e no cabelo — mais ainda porque naquele ano, estava na transição do cabelo alisado com meias que usara na Jovem Guarda para o tipo encaracolado à moda hippie dos anos 1970. Isso o deixava inseguro com o visual; seu cabelo perdia uma forma sem ainda ter adquirido totalmente a outra. Alguém da produção ficava com um espelho à mão, já que a todo momento Roberto Carlos pedia para olhar e ajeitar o cabelo. Foi assim desde as primeiras cenas gravadas com ele, no salão do Museu de Arte Moderna no Rio, representando o interior de um museu de Israel.

Roberto também resistiu em aparecer sujo numa sequência filmada nas Furnas de Agassiz, na Floresta da Tijuca, quando, após a explosão na caverna, ele sairia de lá coberto de poeira numa roupa branca. Ele ficara incomodado com isso e foi preciso certa insistência do diretor para que ele permitisse pó em seu cabelo, que, mesmo sobrevivendo à explosão, continuou arrumadinho. Mas, no geral, Farias considerou satisfatório o desempenho de Roberto Carlos, bem mais à vontade diante das câmeras do que no primeiro filme. E citou como exemplo a cena imediatamente anterior à explosão no túmulo dos reis: "As filmagens nas grutas de Maquiné foram dureza mesmo. Mais ou menos como um personagem de Hitchcock, adivinhando perigo iminente, Roberto tem que sair da caverna, olhar para cima, dando ideia de medo e apreensão. A caverna vai desmoronar. A cena foi feita de uma só vez sem a menor dificuldade. Um ator que não tivesse sensibilidade teria que repetir mil vezes o mesmo gesto, e vários rolos de filmes seriam gastos superfluamente. Mas com Roberto Carlos isso não aconteceu."

Lançado em julho de 1970, logo após a Copa do Mundo, *Roberto Carlos e o diamante cor-de-rosa* foi outro grande sucesso de bilheteria, embora rendendo um pouco menos do que o primeiro filme. A imprensa registra que, numa sexta-feira à tarde, o cineasta Glauber Rocha foi com sua filha Paloma, então com 10 anos, ao Cine Bruni, em Copacabana, ver o filme. A crítica continuava não gostando das aventuras musicais dos Robertos Farias e Carlos, alguns, porém ressalvaram que esse era melhor do que o anterior. Rubens Ewald Filho, por exemplo, que detestara *Roberto Carlos em ritmo de aventura*, disse que "pior era mesmo impossível", e que a nova produção mostrava "três cantores simpáticos, brincando de ser eles mesmos, num filmezinho agradável e destinado a um determinado público que não vai se decepcionar". O destaque mais positivo foi novamente alguns aspectos técnicos da produção, como a fotografia de José Medeiros e os cenários e figurinos psicodélicos assinados por Anísio Medeiros. O crítico José Wolf, do *Jornal do Brasil*, afirmou que o filme possuía "acabamento plástico brilhante" e "cenários sugestivos onde se desenvolve a ação". Mereceu também destaque o som — problema que parecia insolúvel no cinema brasileiro. Na época, o diretor Flávio Rangel até comentou com os leitores de sua coluna em O *Pasquim*: "Eu, que só digo verdade pura, afianço: não sei qual foi o milagre, mas é perfeitamente possível entender tudo o que os atores falam no novo filme de Roberto Carlos. Uma coisa inédita no cinema patropi." Se o som estava bom para se entender as falas, melhor ainda para se ouvir as músicas que tocavam em cena.

Além das canções do trio principal, o diretor Roberto Farias acrescentou alguns temas instrumentais encomendados ao compositor Luiz Carlos Sá: são músicas incidentais para determinados momentos da trama. Uma delas, "Enganando Pierre", cita no título o nome do personagem do ator José Lewgoy, que, aliás, tinha esse mesmo nome francês no filme anterior de Roberto Carlos. Havia a possibilidade de a gravadora CBS lançar a trilha composta por Luiz Carlos Sá junto com as músicas cantadas por Roberto Carlos. Entretanto, o gerente-geral Evandro Ribeiro não se interessava e essa trilha de *Roberto Carlos e o diamante cor-de-rosa* acabou sendo lançada pela gravadora Philips. O resultado foi uma anomalia, pois é a trilha sonora de um filme de Roberto Carlos... sem Roberto Carlos. Um cantor de estúdio interpretou no disco duas das músicas dele, e o tema principal, "O diamante cor-de-rosa", é ouvido ali na gravação do tecladista José Roberto Bertrami.

Está também ausente desse disco o número musical mais icônico de *Roberto Carlos e o diamante cor-de-rosa*: quando o trio da Jovem Guarda, a bordo de um jipe conversível, desce a avenida Niemeyer à beira do oceano Atlântico, no Rio, cantando "É preciso saber viver". Eles fazem um trajeto de São Conrado ao Leblon, com Roberto Farias e o diretor de fotografia José Medeiros filmando de um carro à frente com uma câmera Arriflex. O assistente de direção Mendel Rabinovitch seguia atrás do Jeep ao volante de um Galaxie cinza, segurando o trânsito — e isso se pode ver na cena. "Eu tinha que conter os motoristas que vinham atrás de mim sem saberem de filmagem alguma. Porque, de repente, ao verem Roberto, Erasmo e Wanderléa, podiam querer bagunçar a filmagem e desconcentrar os cantores. Eu tinha então que segurar os carros para não me ultrapassarem na avenida Niemayer. Nego buzinava, fazia o diabo querendo passar de qualquer jeito, e eu ali sambando na frente deles", lembrou em depoimento ao autor. No meio da viagem, cabelos ao vento, há cenas de flashback do Japão, onde Roberto, Erasmo e Wanderléa também cantam "É preciso saber viver" com um figurino psicodélico. A gravação, feita especialmente para o filme de Roberto Farias, é o único registro dos três artistas cantando juntos naquela época — algo ainda mais relevante porque restaram poucas imagens deles dos programas da TV Record nos anos 1960. Segundo o diretor, sua intenção foi exatamente preencher essa lacuna. "Eu chamei o Erasmo e a Wanderléa para o filme do Roberto porque achei que era preciso ter um documento daquele trio que fez tanto sucesso e que o cinema precisava documentar isso de alguma forma."

A canção "É preciso saber viver" não era inédita quando apareceu no filme; fora lançada pouco antes pela dupla paulista Os Vips, que já tinha gravado outras composições de Roberto Carlos, a de maior sucesso, "A volta", naquela fase do namoro dele com a radialista Magda Fonseca. Em 1968, os Vips Ronaldo e Márcio Antonucci se transferiram da gravadora Continental para a CBS por sugestão do próprio Roberto Carlos, que gostava deles e os indicou a Evandro Ribeiro. A primeira gravação dos Vips na CBS foi também um tema composto por Roberto Carlos, "Largo tudo e venho te buscar", que fez relativo sucesso no volume 21 de *As 14 mais*. Para o número seguinte dessa coletânea o cantor prometera outra composição inédita para eles, que precisavam de um hit maior para se firmarem na CBS e gravar um LP.

Numa manhã de outubro de 1968, quando Evandro Ribeiro fechava o repertório do volume 22 de *As 14 mais*, ele ligou para Márcio Antonucci, em São Paulo, avisando que eles tinham estúdio marcado para o dia seguinte no Rio. "O problema seu Evandro é que Roberto ficou de fazer uma música para nós, mas ainda não entregou", explicou Márcio. O chefe da CBS, porém, não lhe deu alternativa: ou a dupla comparecia ao estúdio com uma música forte para gravar no dia seguinte, ou ficava de fora daquela coletânea de fim de ano. Outros artistas queriam entrar na vitrine de *As 14 mais*. O complicador, segundo Márcio Antonucci, é que naquele dia Roberto Carlos estava nos Estados Unidos e só a muito custo conseguiu falar com ele por telefone. "Roberto, pelo amor de Deus, cadê a música? Vamos ficar de fora de *As 14 mais* se não tivermos a música até amanhã", explicou-lhe. "Não se preocupe, bicho, hoje à noite eu passo a música pra vocês", disse o cantor, garantindo que tinha uma composição quase pronta e anotando o número de telefone para ligar de volta. É provável que nesse dia

Roberto tenha se lembrado daquele episódio com os Beatniks, a quem ele também prometera uma música — "Namoradinha de um amigo meu" — e, quando tentou passá-la por telefone, a banda já estava no estúdio gravando outra. Mas dessa vez ele sabia que não podia falhar, pois se sentia responsável pela transferência dos Vips para a CBS.

Márcio chegou no Rio no início da noite e logo preparou um gravador para acoplar ao telefone quando Roberto Carlos lhe mostrasse a música. No entanto, a noite foi passando, veio a madrugada, e o Vip acabou indo dormir sem receber a chamada internacional. "Roberto só me ligou por volta de 4h30, que para ele, lá nos Estados Unidos, seriam 2h30, um horário mais confortável, mas àquela altura eu já estava morto de sono", lembrou Márcio, ressaltando que mal falara com o cantor naquela madrugada — apenas ligou o gravador que estava no chão, ao lado da cama, deixou a fita rodando e voltou a dormir. Somente ao acordar, por volta das 9 horas, é que ouviu a música que o outro passara pelo telefone: "Quem espera que a vida / Seja feita de ilusão / Pode até ficar maluco ou morrer na solidão / É preciso ter cuidado pra mais tarde não sofrer / É preciso saber viver..." "Eu chorei na hora... puta que pariu! Que música!", exclamou Márcio, que naquele mesmo dia fez o arranjo, ensaiou o vocal com o irmão Ronaldo e gravou "É preciso saber viver" no estúdio da CBS, acompanhado da banda Renato e Seus Blue Caps. A faixa dos Vips seria um dos destaques do volume 22 de *As 14 mais*, lançada em dezembro de 1968.

Na época, o compositor Rossini Pinto, que continuava com sua coluna em jornal e programa de rádio, costumava provocar os colegas músicos apontando supostos plágios. O tom parecia mesmo de provocação, pois às vezes nem dizia qual música seria a plagiada ou, quando revelava, sabia não se tratar exatamente de plágio e que, portanto, aquela acusação não teria maiores consequências para o denunciado. Fizera isso, por exemplo, ao escrever que "Eduardo Araújo e Chil Deberto 'compuseram' uma musiquinha gravada pelo todo-poderoso Roberto Carlos chamada 'Com muito amor e carinho', que é plágio de outra música, cujo nome eu não me lembro no momento, mas vou descobrir". E não voltou mais a falar do assunto porque o objetivo era só polemizar. Em outro momento, em tom de ironia, também comentava: "E por falar em plágio, consta que Carlos Imperial irá produzir para a Odeon o LP 'Os plágios mais vergonhosos da música popular brasileira', com todas as músicas de sua autoria."

Entretanto, quando entendia que uma canção poderia ser mesmo considerada plágio de algum tema internacional, Rossini Pinto não propagava isso no jornal, mas em particular, alertando o colega. Pelo menos essa foi sua atitude diante da nova gravação dos Vips. Por ser homem de imprensa e que também trabalhava em grandes gravadoras como CBS e Odeon, Rossini tinha acesso a discos que nem eram lançados no Brasil. Daí que ao ouvir "É preciso saber viver", a primeira parte dela, a melodia principal, lhe soou muito semelhante à de uma canção intitulada "Mr. Businessman", do cantor e compositor Ray Stevens, desconhecido no Brasil, mas que estava nas paradas dos Estados Unidos. Lançada em single em julho de 1968, "Mr. Businessman" alcançou no mês seguinte a posição 28 no Top 40 da Billboard e naquele mesmo ano foi regravada pelo cantor B. J. Thomas. A letra original dela fala de um homem que só pensa em negócios e dinheiro, se esquecendo de viver e até de acompanhar o crescimento dos filhos. Em uma das estrofes o autor enfatiza com certa ironia: "É melhor você cuidar dos negócios, sr. Empresário / Qual é o seu plano, cara? / Vamos direto ao assunto, sr. Empresário / Se você puder, antes que seja tarde / E você jogue sua vida fora." Na época, Rossini Pinto ficara tão preocupado que alertou o pessoal da CBS para a semelhança entre as duas músicas e, além disso, guardou aquele disco importado para impedir que algum disc jockey colocasse "Mr. Businessman" no ar. E, de fato, essa canção não teve repercussão no Brasil, nem mesmo com a regravação de B. J. Thomas.

Na sequência do sucesso com os Vips é que "É preciso saber viver" seria escolhida para Roberto, Erasmo e Wanderléa cantarem juntos naquela marcante cena final de *Roberto Carlos e o diamante cor-de-rosa*. A escolha se deu porque a melodia dela se presta bem à interpretação com mais de uma voz. Alega-se que essa gravação não foi lançada em disco na época porque os três artistas não eram da mesma gravadora. No caso, Roberto e Wanderléa pertenciam à CBS, e Erasmo, à RGE. Creio, porém, que o motivo principal foi a falta de interesse, principalmente do produtor Evandro Ribeiro, ao se recusar a lançar a trilha original do filme pela CBS. Quando em 1980, agora na Polygram, o Tremendão gravou o álbum *Erasmo Carlos... convida*, com a participação, entre outros, de Roberto Carlos e Wanderléa, eles continuavam em gravadoras diferentes, mas ali houve a vontade de lançar o disco, e as autorizações foram obtidas. Na época do filme, infelizmente, isso não aconteceu.

Encerrava-se aí o primeiro capítulo da história de "É preciso saber viver". Outro começaria seis anos depois, em julho de 1974. Depois daquela ligação de Márcio Antonucci para Roberto Carlos nos Estados Unidos, agora o cantor é quem telefonava para Márcio em São Paulo pedindo-lhe para cantar "É preciso saber viver", pois decidira regravá-la no disco *As 14 mais* e não se lembrava direito da música. O outro então lhe passou a canção inteirinha, como na gravação original dos Vips, cantando a primeira e a segunda parte mais o refrão. Contudo, ao regravá-la, num arranjo com piano, estilo Elton John — que estava no auge —, Roberto Carlos excluiria a segunda parte, que dava o tom romântico da música ao dizer: "Mas se você caminhar comigo / Seja qual for o caminho eu sigo / Não importa aonde eu for / Eu tenho amor, eu tenho amor" — versos que antecipam o apelo também presente na canção "Olha", de 1975: "Olha, vem comigo aonde eu for / Seja minha amante e meu amor / Vem seguir comigo o meu caminho / E viver a vida só de amor."

"É preciso saber viver" é da mesma época e linhagem de temas como "Se você pensa" e "Sua estupidez", ou seja, é uma canção de alerta à pessoa amada, pois, como o autor diz em uma delas, "No mundo não há mais lugar / Pra quem toma decisões na vida sem pensar". Ou "Você tem a vida inteira pra viver / E saber o que é bom e o que é ruim", alerta de "Se você pensa", que se completa nesta outra letra com "Se o bem e o mal existem / Você pode escolher / É preciso saber viver".

Ocorre que, ao excluir aquela segunda parte de tom romântico, Roberto Carlos deixaria a mensagem da canção mais aberta e filosófica, como se fosse outra coisa que não apenas um tema de protesto amoroso. E seria esta a versão, lançada no volume 28 de *As 14 mais* — e depois incluída no seu LP, no fim de 1974 —, que servirá de base para todas as regravações posteriores de "É preciso saber viver", inclusive a dos Titãs, em 1998, exatos trinta anos depois do lançamento da música pela dupla Os Vips. Faixa do álbum *Volume dois*, sequência em estúdio do *Acústico MTV*, "É preciso saber viver" obteve enorme sucesso popular na releitura dos Titãs, alcançando uma nova geração que desconhecia a gravação original dos Vips.

Em 2001, o próprio Roberto Carlos regravou sua antiga música, também para o *Acústico MTV*, e novamente alterando a versão original — dessa vez, porém, motivado pelo transtorno obsessivo-compulsivo, o TOC, que o acometia na época, impedindo-o de pronunciar palavras como "morrer" e "mal". Daí que um verso da primeira estrofe — "pode até ficar maluco ou morrer na solidão" — passou a ser cantado "... ou viver na solidão". Bem mais complicado era o trecho da segunda estrofe — "se o bem e o mal existem / Você pode escolher" —, que Roberto não se avexou de mudar para "se o bem e o bem existem...", transformando a mensagem de sua música num nonsense total.

O resgate da versão original só aconteceria uma década depois, em 2012, na gravação do CD e DVD *Erasmo Carlos 50 anos de estrada: ao vivo no Theatro Municipal*, no Rio, quando ele e o parceiro cantaram "É preciso saber viver" acompanhado pela banda e um sexteto de cordas. E ali não só se restabeleceu o verso "se o bem e o mal existem" como também, pela primeira vez, desde a gravação para o filme *Roberto Carlos e o diamante cor-de-rosa*, ouviu-se a segunda parte da canção, com Roberto e Erasmo de braços dados no palco entoando: "Mas se você caminhar comigo / Seja qual for o caminho eu sigo / Não importa aonde eu for / Eu tenho amor, eu tenho amor..."

44

AS CURVAS DA ESTRADA DE SANTOS

*"Se você pretende saber quem eu sou
Eu posso lhe dizer
Entre no meu carro e na estrada de Santos
Você vai me conhecer"*
Do álbum *Roberto Carlos*, 1969

O telefone tocou novamente naquela casa de três pavimentos no bairro de Chelsea, em Londres. A então estudante de filosofia Rosa Maria Dias atendeu, pronta para desligar mais uma vez na cara do brincalhão. Mas do outro lado da linha Roberto Carlos repetiu que era ele mesmo, o cantor, que de passagem por Londres queria visitar Caetano Veloso e Gilberto Gil.

Era novembro de 1969. Os dois artistas baianos estavam exilados na Inglaterra, e Rosa Maria e o namorado Péricles Cavalcanti passavam uma temporada com eles. "Caetano, eu não estou acreditando, Roberto Carlos diz que está aqui em Londres e quer nos visitar", disse Rosa, entregando-lhe o telefone. Enquanto Caetano atendia Roberto, Rosa Maria chorava. "Pensei que era um trote, uma brincadeira, porque muita gente telefonava para Caetano e Gil. Mas, quando Roberto ligou novamente e vi que era ele mesmo, fiquei muito emocionada e envergonhada", lembra Rosa, que era fã do cantor e costumava até frequentar o *Jovem Guarda*, na TV Record.

Roberto Carlos combinou com Caetano de ir visitá-los naquele dia mesmo, à noite. Explicou que chegara de Israel com Nice, onde tinha gravado cenas de seu novo filme com o diretor Roberto Farias. "A gente ficou emocionado só de saber que ele viria", diz Caetano. "'Puxa vida, Roberto Carlos vem aqui hoje à noite.' Foi uma coisa incrível, porque a gente ali exilado, longe do Brasil, e chegar o rei assim, né?" A surpresa era compreensível porque até então o grupo tropicalista não tinha maiores contatos com Roberto Carlos. Ele e Caetano tinham estado poucas vezes juntos, e apenas nos bastidores, na correria de programas de televisão. Portanto, aquela seria a primeira vez que conversariam com calma e mais demoradamente, podendo, enfim, se conhecer melhor. "Nós morávamos numa casa comuna, uma casa minha e do Caetano, morávamos juntos lá", disse Gil sobre esse momento.

Erasmo Carlos já havia retornado para o Brasil, mas Wanderléa seguiria com Roberto e Nice para Londres, onde havia também combinado de se encontrar com o cineasta Richard Donner. Eles se hospedaram no antigo Londonderry Hotel, na Park Lane, e ficariam atualizados com as novidades da Swinging London. Numa noite, por exemplo, Richard Donner os convidou para uma sessão do badalado *Sem destino*, de Dennis Hopper, que Roberto viu, mas sem entender direito, pois ainda não sabia inglês. Foi também durante essa passagem por Londres que o cantor ouviu por inteiro o recém-lançado álbum *Abbey Road*, dos Beatles, comprando ali o seu primeiro exemplar. "É o disco mais bonito que eles produziram, até hoje", opinou na época. Nice, por sua vez, se esbaldou nas butiques da King's Road, a rua da moda. "Ah. Londres! É a glória suprema! Que roupas!", exclamou.

Antes do exílio, Caetano e Gil passaram um período confinados em Salvador. No começo de agosto daquele ano, sempre vigiados por agentes da Polícia Federal, eles foram para o Rio, de onde embarcariam três dias depois para a Europa. Nessa rápida estadia carioca, Caetano escreveu um bilhete para Roberto e Erasmo Carlos, comentando a canção "Meu nome é Gal", composta pela dupla. "Roberto e Erasmo, acabo de ouvir a música que vocês fizeram para Gal. Fiquei profundamente comovido. Embora eu já esteja há muito tempo em contato com a grandeza do trabalho de vocês, fiquei espantado: vocês são geniais. Muito obrigado por tudo. Um abraço também pelo 'Sentado à beira do caminho', especialmente para o Erasmo, pela interpretação. Gostaria de escrever um bocado de coisas pra vocês (há muito tempo venho querendo isso), mas estou passando correndo pelo Rio e não há tempo. Até logo. Caetano." Certamente essa mensagem do colega, feita num momento tão delicado de sua vida, contribuiria para a decisão de Roberto ir então visitá-lo em Londres.

O cantor chegou à residência deles acompanhado de Nice, num longo vestido rodado preto, e de Wanderléa. Na casa os aguardavam os anfitriões Caetano e Gil e as respectivas esposas, Dedé e Sandra Gadelha, mais o empresário Guilherme Araújo, além de Péricles Cavalcanti e Rosa Maria Dias, ainda emocionada ao ver o ídolo tão de perto pela primeira vez. O encontro aconteceu na ampla sala com cozinha no terraço da casa. Sentindo-se à vontade, Roberto falou de suas impressões de Israel que acabara de conhecer, contou casos engraçados do set de filmagem e quis saber como Caetano e Gil estavam se virando em Londres. Lá pelas tantas, Caetano lhe perguntou: "Roberto, você está gravando? Tem músicas novas?" "Tenho sim, e vou cantar uma delas aqui, acho que você vai gostar." Caetano, então, passou-lhe um violão e Roberto começou a tocar um tema que estaria no seu próximo disco, dali a um mês: "Se você pretende saber quem eu sou / Eu posso lhe dizer / Entre no meu carro na estrada de Santos / E você vai me conhecer."

Era o soul "As curvas da estrada de Santos" que os exilados brasileiros ouviram ali em primeira mão. "Essa canção extraordinária, cantada daquele jeito por Roberto, sozinho ao violão, na situação em que todos nos encontrávamos, foi algo avassalador sobre mim", lembra Caetano, que estava sentado no chão ao lado do sofá em que Nice estendia seu longo vestido preto. "Eu chorava tanto e tão sem vergonha que, não tendo um lenço nem disposição de me afastar dali para buscar um, assoei o nariz e enxuguei os olhos na barra do vestido de Nice." Testemunha da cena, Wanderléa acredita que Caetano se identificara especialmente com os versos "Preciso de ajuda / Por favor, me acuda / Eu vivo muito só".

Parece que as lágrimas de Caetano Veloso são prenúncios de sucesso para uma canção, porque meses antes, quando ainda estava confinado em Salvador, tivera reação semelhante ao ouvir Gilberto Gil cantar "Aquele abraço", composta logo após deixarem a prisão no Rio. "Estávamos na sala da casinha da Pituba e o samba me fez chorar... Eu soluçava de modo compulsivo", lembraria ele. No caso de "As curvas da estrada de Santos", Roberto via a cena e apenas repetia com ternura para Caetano: "Bobo, bobo." "Nós todos choramos, foi uma choradeira geral naquele momento", contou Rosa Maria Dias em depoimento ao autor. Na percepção de Caetano, aquela visita de Roberto Carlos significara mais do que um ato de solidariedade. "Nós sentíamos nele a presença simbólica do Brasil. Como um rei de fato, ele claramente falava e agia em nome do Brasil com mais autoridade e propriedade do que os milicos que nos tinham expulsado, do que a embaixada brasileira em Londres, que me considerava *persona non grata*, e muito mais do que os intelectuais, artistas e jornalistas de esquerda que a princípio não nos entenderam e, agora, queriam nos mitificar: Roberto era o Brasil profundo."

A saída das visitas não diminuiu a excitação dos que participaram daquele encontro em Londres. "Fizemos festa pela noite adentro, 'caramba, Roberto Carlos esteve aqui'. E ele ficou muito presente por muito tempo naquela casa", diz Rosa Maria Dias. Ao chegar no Brasil, Roberto anunciou que Caetano e Gil estavam preparando "com todo o carinho, uma série de músicas com letras em inglês". E acrescentou: "Eu ouvi, são coisas sensacionais, e na minha opinião serão sucesso mesmo". Ou seja, naquele encontro, não foi apenas Roberto que cantou ao violão. Wanderléa permaneceria em Londres mais alguns dias, e lembra ter ouvido Caetano mostrar uma canção ainda inédita, "London, London". "Até hoje, quando a ouço, me transporto para aquele momento com eles, em que a música lhes dava esperança para suportar o exílio forçado." Curiosamente, Gil não guardaria muita lembrança da visita de Roberto Carlos. "Aquele foi um encontro basicamente dele com Caetano. Eu estava ali presente, testemunhei, mas ele foi visitar Caetano, e as conversas todas em geral giraram em torno deles", afirmou em entrevista ao historiador Gustavo Alonso. Na época, em texto publicado pouco depois em *O Pasquim* — jornal para o qual colaborava da Inglaterra —, Caetano Veloso escreveu: "O Rei esteve ontem aqui em casa e eu chorei muito. Se você quiser saber quem eu sou, posso lhe dizer: entre no meu carro, na estrada de Santos você vai me conhecer" — citando versos que o público ainda não identificava, pois a música só seria lançada dias depois. E quando isso acontecesse ela se tornaria um clássico instantâneo, eternizando uma estrada de traçado tortuoso em meio à mata exuberante que foi um dos símbolos do desenvolvimento de São Paulo no início do século XX.

Oficialmente chamada rodovia Caminho do Mar, a velha estrada de Santos foi a primeira ligação entre a capital e a Baixada Santista. Sua origem remonta a um Brasil pré-independência que subia e descia até o porto de Santos graças à força das mulas, dos cavalos e dos escravos cujos corpos tombavam aos montes ao longo do trajeto. A rodovia de curvas sinuosas surgiu em 1917, com a crescente entrada de automóveis no Brasil. Quando não dava mais conta, foi inaugurada outra, a Via Anchieta, em 1947, mais moderna e também com muitas curvas na descida da serra, como a Curva da Onça, no Km 43, seu trecho mais perigoso, que "separa os homens dos meninos", como se dizia. Na época em que Roberto Carlos compôs "As curvas da estrada de Santos" as duas vias eram ainda utilizadas para ir e vir da capital ao litoral paulista. Frequentemente a turma da Jovem Guarda esticava a noitada com a praia. Saíam da boate Cave às 4 horas da manhã e iam para o Guarujá em cinco, seis carros, todo mundo acompanhado, se hospedando em algum hotel do litoral paulista. "Costumávamos passar várias vezes pelas curvas da estrada de Santos", lembra Erasmo Carlos.

Numa noite de sábado de 1969, Roberto Carlos pegou novamente aquelas tortuosas curvas para ir ao Guarujá fazer um show no Clube da Orla. "Eu gostava muito de viajar naquela estrada, embora ali não desse para correr muito", diz Roberto. Pois "As curvas da estrada de Santos" nasceu exatamente ali, no momento da travessia. Era uma ideia antiga do cantor: imaginar alguém sozinho dentro de um carro na estrada gritando toda a dor de um amor perdido. Até então, suas canções com referência a automóveis mostravam o personagem ou acompanhado de garotas ("O calhambeque") ou de olho em uma garota ("Parei na contramão"), ou correndo para uma garota ("Por isso corro demais"). Agora seria diferente: era a solidão absoluta na estrada, o abandono, o desespero. Descendo aquelas curvas na serra, com seu carro inclinando-se brutalmente para a esquerda, outras vezes para a direita, no sentido do Guarujá, Roberto Carlos encontrou o cenário ideal para desenvolver o tema. Ele, que já passara por ali tantas vezes, de repente viu naquilo tudo um novo significado. Eram curvas em declive acentuado, que pareciam conduzir seu carro ao fim de um precipício. "Se acaso numa curva / Eu me lembro do meu mundo / Eu piso mais fundo / Corrijo num segundo / Não posso parar."

Roberto Carlos fez o show no Guarujá e voltou para São Paulo pela mesma estrada, sentindo as mesmas curvas íngremes coladas às pedras, e aquela canção se insinuando com a melodia junto a uma letra cinematográfica. "Eu prefiro as curvas da estrada de Santos / Onde eu tento esquecer / Um amor que eu tive e vi pelo espelho / Na distância se perder." Ao chegar em sua casa, no Morumbi, logo pegou o violão para avançar no tema. "Não fui dormir antes de terminar a música", lembra o cantor. Algum tempo depois, explicaria numa entrevista à *Folha de S.Paulo*: "'As curvas da estrada de Santos' é uma espécie de grito, mas não apenas meu. Fala de uma fossa muito grande que, às vezes, muita gente sente. Daí, o cara procura a estrada de Santos, que é perigosa, para afirmar seu poder. Aquilo é um desafio em que o cara se lança, correndo perigosamente pela estrada de Santos, usando nas curvas uma velocidade que deveria acontecer nas retas."

Quem também ouviu a canção antes de ser lançada foi o compositor Francisco Fraga, o Puruca — seu nome artístico e apelido de infância —, integrante da dupla Os Jovens, junto com o cantor João José. O maior sucesso deles foi uma canção de autoria do próprio Puruca, "Você fala demais": "Hoje você não está boazinha pra mim, pra mim, pra mim / Hoje você está falando até demais, demais, demais / Não suporto ver você assim." Paralelamente à sua atuação na dupla, Puruca seguia compondo também para outros artistas da Jovem Guarda, como Jerry Adriani, Leno e Lilian, The Fevers e Renato e Seus Blue Caps. Faltava, porém, Roberto Carlos.

Em meados de 1969, Puruca compôs um tema e tinha certeza de que seria do agrado do cantor. Era uma canção que falava da solidão de alguém correndo a toda velocidade num automóvel. Numa tarde, no estúdio da CBS, Puruca mostrou-lhe essa composição. Roberto gostou, elogiou, mas disse que não iria gravá-la porque já tinha feito outra música com aquele mesmo tema para seu próximo disco. E então cantou "As curvas da estrada de Santos".

Puruca já ia guardando seu violão na capa quando Roberto perguntou se não teria outra composição para ele gravar. Não tinha, ou melhor, tinha uma canção ainda incompleta, com apenas a primeira parte. "Mostra assim mesmo", insistiu o cantor. O outro hesitou um pouco, pois temia queimá-la, mas acabou cantando a parte inicial de "Aceito seu coração": "Eu não pensava que você viesse pra ficar / Felicidade traz pra mim / O que passou não quero mais lembrar / Só quero ter você aqui". Foi o que bastou para Roberto Carlos perceber que estava diante de uma grande canção. "Puruca, faz a segunda parte que vou gravar essa música", disse-lhe, decidido. Uma semana depois, novamente na CBS, Puruca lhe entregou a composição completa e ao ouvi-la Roberto ficou ainda mais entusiasmado. Erasmo Carlos estava de passagem no estúdio quando o parceiro o chamou e disse: "Erasmo, estou aqui com uma música do Puruca que é uma brasa!"

Embora integrante da Jovem Guarda, Puruca era fã de bossa nova, especialmente de João Gilberto, mas tinha dificuldade de reproduzir no violão aqueles acordes dissonantes. Daí que procurou desenvolver um modo de tocar o instrumento que lhe permitisse explorar aquela sonoridade, mesmo com sua pouca técnica. "Eu inventei uma afinação própria com duas cordas desafinadas do violão. Sem precisar esticar os dedos, fazer aquelas posições complexas da bossa nova, eu alcançava a dissonância fazendo a posição normal porque a alteração já estava dada na afinação", explicou Puruca em depoimento ao autor. Isso chamou a atenção do maestro Alexandre Gnattali no momento de o compositor lhe passar a música para que preparasse o arranjo. O maestro via Puruca fazer os chamados acordes perfeitos, mas reproduzindo um som dissonante. Certamente Gnatalli escrevia na pauta o som que estava ouvindo — um som diferente dos acordes que Puruca fazia no violão. O maestro escrevia dentro do padrão, enquanto Puruca tocava na sua bossa nova particular. Fato raro em se tratando de Roberto Carlos, ele gravou essa canção sem mudar nem uma palavra da letra ou do trecho da melodia. "Ele não modificou nada, nada. Até os arranjos do violão que sugeri para o solo da música o maestro usou", garante Puruca, que acompanhou de perto todo o processo de gravação. "No último dia, eu saí às 4 horas da manhã da CBS. E só saí de lá quando vi Roberto colocar a voz. Aí tive certeza de que minha música estaria mesmo no disco dele."

Outras grandes canções se somariam a "Aceito seu coração" e "As curvas da estrada de Santos" naquele novo álbum de Roberto Carlos. Por exemplo, "Não adianta", com letra e melodia de Edson Ribeiro. "Eu fiz esta música influenciado por 'Sentado à beira do caminho'", afirmou o compositor, que se valeu do mesmo tipo de harmonia, e, no arranjo, ambas têm, inclusive, a mesma paradinha para a intervenção da guitarra. "Roberto me disse que um dia ainda vai regravar esta música", afirmou Ribeiro. Já Getúlio Cortes não apareceu muito inspirado dessa vez e ficou na última faixa do disco com a canção "Nada tenho a perder". "Não considero uma grande coisa. É um bolerinho meio sem vergonha", admitiu.

Como sempre ocorria desde 1963, Helena dos Santos também preparou composições suas para o novo disco de Roberto Carlos. Só que nenhuma agradava ao cantor, e ele já tinha até lhe comunicado isso — apesar de, por superstição, continuar achando necessário gravar pelo menos uma música dela por ano. Porém, por volta das 13 horas de sexta-feira, dia 10 de outubro, Helena dos Santos recebeu o recado de que Roberto estava no Rio e precisava falar pessoalmente com ela. O encontro seria no Hotel Excelsior, em Copacabana, onde o artista se hospedara com a esposa.

Ao chegar lá, a compositora foi recebida carinhosamente por Nice e logo Roberto também a atendeu, indo direto ao ponto:

"Heleninha, fiz o arranjo para uma música que vai estourar, é uma maravilha."

"Que música é essa, Roberto?", perguntou-lhe Helena, curiosa.

"É uma música que você vai fazer", respondeu o cantor.

"Eu? Mas você mesmo disse que não ficou com nenhuma das duas músicas que compus."

"Sim, mas você vai fazer essa que já está com o arranjo pronto."

"Como assim?", indagou Helena, enquanto Nice ria do diálogo dos dois.

"É o seguinte, Heleninha. Você vai fazer uma carta para alguém que você conhece do outro lado da cidade. Você vai mandar uma mensagem para ela, entendeu? Vai fazer uma declaração para essa pessoa que está do outro lado da cidade."

"Mas Roberto, eu já fiz duas músicas pra você…"

"Sim, mas eu quero gravar essa", repetiu o cantor. "Escreva essa carta, não precisa fazer rima nem nada. Você vai agora pra casa e escreve uma ou duas cartas para essa pessoa que você sabe que mora do outro lado da cidade. Ela está procurando você, e você quer encontrar essa pessoa que mora do outro lado. Você escreve?"

"Vou tentar. É para entregar quando?"

"Hoje até as 6 da tarde lá na CBS, porque à noite vou viajar para o Japão."

"Meu Deus, o que que eu faço?", indagou Helena, enquanto voltava para casa. Lá ela pegou um caderno e uma caneta e ajoelhada na beirada da cama começou a escrever e escrever, imaginando a situação de alguém que está triste, num lugar sem sol, porque a pessoa amada mora do outro lado da cidade. Ela preencheu duas folhas do caderno, colocou num envelope e pouco depois das 5 horas da tarde seguiu de táxi para a CBS, onde reencontrou Roberto Carlos já de saída. "Heleninha, reze por mim que vou viajar daqui a pouco", disse-lhe o cantor, guardando o envelope na sua bolsa a tiracolo.

Helena dos Santos se despediu e só dali a dois meses, quando saiu o novo álbum de Roberto Carlos, é que foi conhecer a canção "Do outro lado da cidade", que trazia apenas seu nome na autoria: "A cidade agora do outro lado tem / Alguém que vive sem saber que eu vivo aqui também / Se esse alguém soubesse que eu estou morando /

Desse lado da cidade estou lhe procurando." O cantor José Roberto, artista baiano do elenco jovem da CBS, gostava de acompanhar as gravações de Roberto Carlos. No dia em que ele colocava a voz nessa música, o outro estava novamente presente no estúdio. Mas dessa vez, para sua surpresa, lá pelas tantas, o cantor o chamou ao microfone. "José Roberto, vem fazer comigo aqui o assobio do solo para dar uma impressão de mais pessoas". Àquela altura, José Roberto já sabia direitinho a melodia de tanto ouvi-la durante a gravação, e não teve dificuldade de assobiar junto com o cantor no meio e no final de "Do outro lado da cidade".

As sessões de gravação desse LP foram divididas em dois períodos bem distintos: em julho ficaram prontas as faixas que fariam parte da trilha do filme *Roberto Carlos e o diamante cor-de-rosa,* incluindo "As flores do jardim da nossa casa", que acabou ficando de fora; e, em outubro, as demais canções. "As curvas da estrada de Santos", por exemplo, foi gravada na primeira sessão, após Roberto fazer alguns acertos da letra com a ajuda de Erasmo Carlos. Seguindo as orientações do cantor, o maestro Pachequinho preparara um vigoroso arranjo soul em que se destacam os metais do RC-7, a bateria, tocada por Toni Pinheiro, o órgão Hammond, tocado por Mauro Motta, as guitarras, por Renato Barros e Walter D'Ávila Filho; e um baixo sinuoso, como as curvas da estrada, por Paulo César Barros. Uma orquestra — recrutada pelo músico Paschoal Perrotta — se reuniu também no estúdio com oito violinos, três violas e dois violoncelos. Nos backing vocals novamente integrantes do Trio Esperança e dos Golden Boys. A gravação começou às 9 horas da manhã, porque naquele dia Roberto Carlos tinha viagem marcada para o exterior. "Para nossa surpresa, ele foi o primeiro a chegar no estúdio, algo muito difícil de acontecer, principalmente naquele horário", afirma Mauro Motta.

Nos discos da CBS os bateristas não podiam fazer muitas viradas ou variadas. Evandro Ribeiro queria deles basicamente a marcação do ritmo, tudo muito reto, na base do chacundum, chacundum. E o preferido do chefe para essa função era Toni Pinheiro, sempre escalado para tocar nas gravações de Roberto Carlos, Jerry Adriani, Wanderléa,

Leno e Lilian, além dos discos de sua banda Renato e Seus Blue Caps. "Não tínhamos metrônomo, então precisava ser na mão, e eu sempre fui considerado na CBS um reloginho. 'Antônio é um reloginho', dizia seu Evandro." Por outro lado, isto deixava Toni limitado, preso a uma fórmula. "De vez em quando, me empolgava e dava umas viradas diferentes na bateria, mas logo ouvia a voz de seu Evandro lá da técnica. 'Não, Antônio, não pode. Volta. Faz o chacundum.' Pô, aquilo me dava uma frustração, porque eu tinha capacidade de fazer algo diferente, porém, me diziam que eu era um metrônomo, um reloginho." E assim se passaram um, dois, três, quatro anos com Toni Pinheiro tocando apenas o básico nos discos da CBS.

Então aconteceu que, ao chegar naquela manhã para gravar a nova música de Roberto Carlos, o baterista foi surpreendido com a recomendação do cantor. "Toni, dessa vez vamos fazer um negócio diferente. Essa música não pode ter ritmo." "Porra, o que é isso, Roberto?" "É o seguinte, bicho: nessa música quero a bateria o tempo todo fazendo um ritmo quebrado, todo quebrado." "Caramba, Roberto, como é que vou tocar isso assim, todo quebrado?" "Faz aí, faz aí", repetiu o cantor. O músico ficou realmente preocupado. Imagina um baterista, programado para tocar certinho como um relógio, de repente, no momento de uma gravação, é escalado para fazer o contrário disso? Ainda mais que tocar música "sem ritmo" não é possível, nem o "tempo todo com o ritmo quebrado", pois talvez nem Art Blakey, um dos inventores do bebop na bateria, conseguira tal feito. "E aquilo não tinha ensaio, não tinha nada. Foi na hora, com os músicos já se posicionando no estúdio", lembrou Toni em depoimento ao autor. "Nessa época, os músicos gravavam todos juntos, ao mesmo tempo, e vi o pessoal da orquestra já tomando posição, também o Renato, o Paulo César. Rapaz, aquele momento foi difícil pra mim, uma tortura." Mas, apesar do pânico inicial, Toni Pinheiro não negou fogo. Pegou as baquetas, ajeitou-se na bateria e, ao sinal do maestro Pachequinho, sentou a mão em "As curvas da estrada da Santos", com o ritmo quebrando em vários momentos da música, especialmente nas pausas do canto de Roberto Carlos. O resultado agradou a todos no estúdio — e tendo conseguido praticamente de primeira, sem muita repetição. "Até hoje não sei como consegui fazer aquilo. Foi um milagre, mas saiu, né? E ficou para a posteridade." De fato, e quando o LP foi lançado o jornalista Tarso de Castro comentou em O *Pasquim*. "Os donos da verdade que me perdoem, mas o Roberto Carlos não pode estar cantando melhor. E atenção para uma coisa: naquele disco (alta velocidade ou qualquer coisa assim), o baterista está maravilhoso. Nem parece baterista brasileiro."

Ouve-se "As curvas da estrada de Santos" nas cenas em Tóquio com as legendas de abertura de *Roberto Carlos e o diamante cor-de-rosa*. E a música continua tocando enquanto o cantor, Erasmo e Wanderléa caminham pelas ruas da cidade sagrada de Kamakura, também no Japão. Isso levou os críticos a apontar a inadequação do tema das canções de Roberto com o que se vê no filme. Orlando Fassoni, da *Folha de S.Paulo*, por exemplo, criticou os números musicais "sem nenhuma relação com a imagem". O mesmo disse Rubens Ewald Filho, observando que as canções eram bonitas, "mas em geral não têm nada a ver com a imagem que aparece". Alex Viany, do *Jornal do Brasil*, afirmou que da próxima vez o diretor deveria "fazer com que Roberto Carlos crie canções mais apropriadas para as aventuras de Roberto Carlos".

De fato, e no caso específico de "As curvas da estrada de Santos", o que ela evoca está realmente muito distante do cenário da terra do Sol Nascente. Observe-se que a cidade citada no título da música é a mesma do clube que projetara o outro rei do Brasil: Pelé. Pois o próprio Edson Arantes do Nascimento ficou empolgado com essa canção de Roberto e até se arriscou a cantá-la, acompanhando-se ao violão. Isso ocorrera na concentração da seleção brasileira, no Rio, pouco antes da Copa do Mundo de futebol de 1970. Era um momento de descanso dos puxados treinos para o mundial do México e todos os jogadores e a comissão técnica da seleção pararam para ouvi-lo, num palco improvisado. Porém, acostumado a cantar apenas toadas e modas de viola de sua autoria, Pelé se enrolou com o soul "As curvas da estrada de Santos". Segundo relato do *Jornal dos Sports*, os colegas o ouviam atentamente, até que Pelé desafinou "num falsete, foi estridentemente vaiado, perdeu a graça e parou". No final, o zagueiro Fontana, que seria reserva na copa, ainda gozou o rei do futebol: "Se você fizesse com a bola o que faz com a voz, a gente jamais traria o caneco."

Nesse mesmo ano da tentativa de Pelé surgiria a mais significativa das reinterpretações dessa música de Roberto Carlos: a de Elis Regina no seu álbum *Em pleno verão*. Produzido pelo jovem e antenado Nelson Motta, era um disco que aproximava Elis do universo pop que ela tanto combatera. A mudança se reflete na sua forma de cantar, no repertório e nos arranjos de Erlon Chaves — especialmente para "As curvas da estrada de Santos", revestida de metais suingados e pesada base de blues. "Elis tinha a ambição de fazer uma gravação melhor que a do Roberto, mais visceral, bem blues, por isso ela grita, ela queria fazer uma crioula americana", afirma Nelson Motta, acrescentando que ali Elis levou sua voz ao limite, terminando a gravação com a voz quebrada, rasgada, como uma *blues-woman* desesperada.

Para os radicais da MPB que lhe cobravam coerência, Elis Regina simplesmente respondeu: "Gravei essa música porque eu a amava" — algo que ela já dissera para justificar a gravação de "Se você pensa", no ano anterior. Mas ao encontrá-la nos bastidores de um programa de televisão, a cantora Claudette Soares — que antes era criticada por Elis por gravar músicas do ídolo da Jovem Guarda — não perderia a oportunidade de também fustigá-la: "E agora, Elis, você chegou finalmente à conclusão de que Roberto Carlos é rei?" Segundo Claudette, a cantora fez uma careta e virou-lhe as costas sem responder. "Aquilo me deu um sabor maravilhoso de vitória. O mundo é bom para quem sabe esperar", filosofou. Elis Regina incluiria também "As curvas da estrada de Santos" no seu espetáculo no Canecão, no Rio. "Vamos começar uma viagem; eu não sei o caminho, mas estou muito bem acompanhada", dizia no prólogo do show, sob a batuta do maestro Erlon Chaves, e que abria exatamente com o hit de Roberto Carlos.

Como se ainda não acreditasse, dessa vez Erasmo Carlos foi conferir, ficando numa mesa próxima do palco em companhia de André Midani e de outros executivos da Phonogram. Todos foram testemunhas do pranto convulso de Erasmo no momento em que Elis Regina começou a cantar sua música. "Chorei adoidado mesmo", lembra o cantor, que, enquanto chorava, dizia para si mesmo: "A gente é legal, porra! Taí a prova de que nós somos legais." Naquele momento, Erasmo parecia chorar por ele, por Roberto, por Wanderléa e por todos os músicos e cantores da Jovem Guarda que tiveram em Elis uma das mais ferrenhas opositoras. Ouvi-la cantar "As curvas da estrada de Santos" era como assistir à queda da última resistência. "Para mim aquilo significava a volta por cima, o começo do reconhecimento. Mas era também o fim de mágoas antigas, o começo de uma nova proposta, de um novo tempo, de amizade entre os intérpretes e compositores das mais variadas tendências", conclui Erasmo Carlos. De certa forma, as lágrimas dele no Canecão fechavam um ciclo iniciado com o choro de Caetano quando Roberto lhe mostrou "As curvas da estrada de Santos", ainda inédita, em Londres. Em ambos os momentos essa canção pareceu atiçar algo latente e profundo da realidade brasileira.

Isso se verificou também em 1978, justo na efeméride dos vinte anos da bossa nova, quando sua musa, Nara Leão, para surpresa geral, gravou um álbum inteiro só com músicas de Roberto e Erasmo — entre as quais, "As curvas da estrada de Santos". Ao imaginar o disco, cuja capa mostra Nara provocativa, de cabelo molhado, mordendo o lábio inferior, ela procurou certa unidade entre as canções, uma linha de pensamento, que privilegiou não tanto a separação, mas o encontro, o amor positivo e sensual em temas como "Proposta", "Cavalgada" e "Além do horizonte". Ainda assim, ela quis incluir esse soul que grita a perda e a solidão amorosa. "'As curvas da estrada de Santos' é uma dor de cotovelo, mas há um certo desespero que não se lamenta. Há uma certa vontade de sair daquilo, uma certa partida", explicou a cantora.

Além de Nara e Elis, vários outros intérpretes avançaram sobre "As curvas da estrada de Santos" dando-lhe novas releituras, como Gal Costa, Simone, Lulu Santos, Pedro Camargo Mariano, Teresa Cristina, Paula Toller... Se fosse cantora, a atriz Vera Fischer também a gravaria, conforme se deduz de sua declaração: "As músicas de Roberto são todas maravilhosas, mas tem uma que me pega de um jeito... 'As curvas da estrada de Santos'." Por sua vez o romancista Milton Hatoum recorda que estava apaixonadíssimo quando esta canção foi lançada. "E ela me levava por muitas estradas, muitas viagens. Eu viajava com a música". Tom Zé também falou do impacto ao ouvir "As curvas da estrada de Santos" pela primeira vez. "Nossa Senhora! É uma coisa tão impressionante aquela ideia, eu fiquei com tanta inveja... falar das curvas, aquela romantização de um problema, a geografia tirada do mapa e posta na canção".

O próprio Roberto Carlos regravaria esse hit, em discos ao vivo, nos quais também predominam canções de amor positivo. No álbum *Acústico MTV*, de 2001, "As curvas da estrada de Santos" ressurge sem os metais e o canto soul da versão original. Ela é cantada agora de forma mais leve, adequada ao padrão *unplugged*, e, no final, antes da última frase, Roberto faz um breque de eternos seis segundos — o mais longo silêncio dele numa música até hoje. A sua segunda releitura desse tema é de 2015, no álbum *Primera fila*, gravado no estúdio Abbey Road, em Londres. Dessa vez o estilo soul é preservado, mas só até os 2min30s, quando a música pega outra pista, a do reggae, para logo mais adiante voltar para a estrada original.

Todas essas regravações e repercussões, desde seu lançamento em 1969, indicam que "As curvas da estrada de Santos" é um grande clássico, não apenas do repertório de Roberto Carlos, mas da música popular brasileira. Não por acaso ela é citada num verso de "O revólver do meu sonho", composição de Gilberto Gil, Wally Salomão e Roberto Frejat: "Nas curvas da estrada de Santos / O motor fervia, o carro rugia, meu amor." E também na letra do samba-enredo "A simplicidade de um rei" — "Nas curvas dessa estrada, a vida em canções" —, tema do vitorioso carnaval da Beija-Flor em 2011. Na divertida "Roberto não corra", a dupla Antônio Carlos e Jocafi fazia até uma advertência ao cantor: "Roberto não corra, não / Você se trumbica, Roberto, na estrada de Santos."

Porém, se esse soul ficou para sempre, a velha rodovia que lhe inspirou não existe mais. Fechada em 1985 para o tráfego de automóveis, é hoje um imenso museu a céu aberto, destinada apenas ao turismo de pedestres — como que para confirmar mesmo o final da letra, no trecho que diz: "As curvas se acabam / E na estrada de Santos não vou mais passar."

45

SUA ESTUPIDEZ

"Meu bem, meu bem
Você tem que acreditar em mim
Ninguém pode destruir assim
Um grande amor"
Do álbum **Roberto Carlos**, 1969

Primeiro ouviu-se um estrondo. Em seguida, surgiram fumaça e fogo em um dos camarins no fundo do Teatro Record. Antes de os bombeiros chegarem, o incêndio já tinha se espalhado rapidamente para o palco, o balcão, as câmeras e o auditório, que, naquele horário, felizmente, também estava vazio. Era madrugada de sexta-feira, dia 28 de março de 1969. O sonoplasta Genival Barros fora o último funcionário a deixar o teatro, por volta da meia-noite. No momento do incêndio havia apenas um vigia, que acionou o Corpo de Bombeiros. Segundo relato da imprensa, do tradicional e luxuoso Teatro Record — palco de grandes shows, musicais e festivais naquela década —, só restaram cinzas, escombros, cadeiras calcinadas e cordas partidas do piano, no poço da orquestra.

No início da manhã, parecendo não acreditar na notícia, Hebe Camargo e outros artistas da casa foram ver o estrago. "Coitado do dr. Paulo, ele não merece uma coisa dessas, meu Deus!", exclamou ela, que estava programada para entrevistar ali, naquela noite, o ator Jonathan Harris, o dr. Smith do seriado *Perdidos no espaço*, em visita ao Brasil. Mas agora todo o cenário do programa de Hebe era um monte de destroços. Parado em frente ao teatro, onde anos antes estreara no *Jovem Guarda*, Erasmo Carlos também olhava para aquilo estupefato. "Puxa vida! Parece urucubaca! Como pode ser um azar desse tamanho?" Certamente se referia ao fato de que apenas dois meses antes o fogo também havia destruído a torre de transmissão do Canal 7, recém-inaugurada na avenida Paulista. Isso sem falar da tragédia maior, ocorrida menos de três anos antes, no incêndio que atingira as instalações da TV Record em Congonhas. Paulinho Machado de Carvalho recebia a solidariedade dos artistas, mas dizia não ter tempo para lamentações. "Minha única preocupação é saber o que eu vou fazer daqui a 10 minutos para manter a televisão no ar." E determinava que os programas da Record — inclusive o *Todos os jovens do mundo*, de Roberto Carlos — fossem gravados no outro palco da emissora, o do antigo Cinema Paramount, na avenida Brigadeiro Luís Antônio. Mas o empresário parecia já também resignado ao afirmar aos jornalistas: "A Record não se assusta mais com incêndios, porque esse não foi o primeiro nem será o último."

De fato, não foi mesmo, e, apenas três meses e meio depois, em julho, outro incêndio destruiria o teatro do antigo Paramount — dessa vez em pleno domingo à tarde, mas, por sorte, quando o auditório com 1.700 pessoas já estava esvaziado, após o término do programa *Dia D*, de Cidinha Campos. O velho teatro, as câmeras modernas e todos os cenários foram consumidos rapidamente pelo fogo. Pairaria a suspeita de ação orquestrada num ato terrorista, porque naquele mesmo domingo um incêndio também atingiu as instalações do Canal 5, da TV Globo, em São Paulo; e, três dias depois, as da TV Bandeirantes. Porém, tais suspeitas nunca foram comprovadas.

Para a Record, aquilo foi outro duríssimo golpe; afinal, era o seu quinto incêndio naquela década. Os prejuízos se acumulavam porque só uma parte dos equipamentos tinha seguro — nem o próprio prédio do Teatro Record tinha proteção total. Além disso, os seguidos incêndios desestruturavam a grade de programação da emissora, os horários, os cenários, e tudo aparecia mais improvisado no ar. Hebe Camargo, por exemplo, que sempre interagia com o auditório, passara a gravar seu programa sem plateia num estúdio. E, com tudo isso, o Canal 7 paulista foi perdendo audiência e anunciantes.

Quando ocorreu o segundo incêndio no teatro, naquele domingo de julho, o musical *Todos os jovens do mundo* já não era mais transmitido pela emissora. O programa, que mirava o público da Jovem Guarda e da Tropicália, não agradara nem à juventude mais politizada — que não se identificava com Roberto Carlos —, nem aos fãs tradicionais do cantor — que acharam o musical maçante. Resultado: Silvio Santos com o seu Baú da Felicidade liderava com folga a audiência nas tardes de domingo — o que levou a Record a novamente repensar seu planos para o cantor.

Roberto, por sua vez, vivia um período complicado com as viagens para tratamento da doença do filho pequeno. E assim, em abril de 1969, ele se despediu de seus programas de televisão, tanto o da Record, aos domingos, como o musical *RC-68*, nas noites de terça-feira, na TV Tupi, no Rio. No dia da despedida, segundo relato da imprensa, Roberto "não pôde conter sua emoção e chorou". Wanderléa também ficou abalada, e durante o programa precisou voltar algumas vezes ao camarim "para retocar a maquilagem derretida em lágrimas".

É verdade que isso já tinha acontecido com toda pompa quando o cantor deixou o *Jovem Guarda*, em janeiro do ano anterior, mas ali, no dia seguinte, todos já estavam pensando no seu próximo programa na TV Record — e que resultaria, dois meses depois, no *Roberto Carlos à noite*. Agora a despedida tinha um aspecto mais profundo, porque o artista não estava apenas deixando um programa para fazer outro; ele começava a repensar a sua própria relação com o veículo televisão, uma preocupação com a superexposição de imagem, embora tudo isso não fosse muito evidente naquele momento. Tanto que, em setembro, por exemplo, Paulinho Machado de Carvalho ainda especulava sobre futuros projetos. "O programa que for feito para Roberto tem de ser pra valer. Não me preocupa ter de esperar até que ele liquide seus problemas. Quero que esteja tranquilo e nós também para fazermos um bom programa."

Todavia, o que inviabilizaria mesmo qualquer novo projeto do cantor na Record não seriam seus problemas pessoais ou existenciais, e sim a crise da própria emissora, principalmente a financeira que se abateu sobre a outrora poderosa empresa da família Machado de Carvalho. Após o seu segundo teatro pegar fogo, eles divulgaram um slogan para animar a tropa e o público: "A cada incêndio a Record volta mais forte." Mas não foi o que aconteceu. A emissora se viu obrigada a tomar uma medida drástica para amenizar os prejuízos: descontar 20% dos vencimentos de todos os seus funcionários, inclusive os artistas. Isso gerou reclamações e insatisfações. "Quem não estiver satisfeito, procure outro lugar para trabalhar", respondeu o dono do Canal 7, explicando que tomara aquela decisão "para não despedir ninguém, sugestão que, aliás, partiu dos próprios artistas, como Hebe Camargo e Agnaldo Rayol". Entretanto, mesmo com os cortes nos salários, a empresa já não conseguia pagar todos os contratados. Aí a coisa ficou insustentável e começava a debandada geral dos astros, com exceção de Roberto Carlos — por enquanto. "Não há nada que o prenda à Record", disse na época Paulinho de Carvalho. "Nem mesmo um papel assinado, pois nosso contrato é simplesmente verbal, uma espécie de acordo entre cavalheiros. Portanto, Roberto Carlos pode fazer o que quiser. Mas, como seu amigo, eu o aconselho a não nos deixar agora."

O cantor não tinha pressa de decidir seu futuro na televisão, pois já estava cansado de pilotar musicais semanais e daquele constante estresse pelos números de audiência do Ibope. Planejava agora se dedicar mais aos seus discos, shows, ao novo filme que começaria a rodar, além do filho, que requeria maior atenção. Daí que, até o fim de 1969, Roberto Carlos nem apresentou um novo programa na Record, nem aceitou propostas de outras emissoras com atuação em São Paulo. Menos mal para o Canal 7, que não enfrentaria logo a concorrência de seu ex-astro. O musical *Todos os jovens do mundo* seguiria sendo apresentado ainda durante alguns meses em várias capitais do país, inclusive no Rio, mas em reprise de programas anteriormente gravados em videoteipe pela TV Record.

Nesse período sem muitos compromissos na televisão, Roberto Carlos procurou resolver alguns problemas pessoais, além da doença do filho. Um desses problemas era também doméstico: o relacionamento com a esposa. O cantor continuava tentando fazer Nice mudar seu temperamento, ser mais compreensiva, menos ciumenta, menos explosiva, menos... menos... menos... Porque Nice seguia de olho nele, checando todas as notinhas das colunas de fofocas, todos os comentários... E querendo saber dele a verdade, sempre. Na época, surgiram ruídos e rumores de que, devido às frequentes brigas, o casal estaria prestes a se desquitar. O próprio cantor tratou de negar tal intenção numa conversa com os jornalistas: "Acreditem em mim, isso é tudo papo-furado dessa gente interessada em se promover às minhas custas. Os boatos são falsos e não me atingem." Ironias da história: o mesmo Roberto Carlos que apenas dois anos antes negava conhecer uma tal de Cleonice Rossi ou que namorasse ou pretendesse se casar com ela ia então a público para reafirmar a união deles.

De fato, especialmente pelo drama que viviam naquele momento com o delicado tratamento do filho, uma separação do casal não era cogitada. No entanto, os problemas que mais tarde levariam a isso já podiam ser antevistos e apareceram nos versos de uma nova canção do Roberto intitulada "Sua estupidez". O cantor afirmou na época que sua letra era "um grito de alerta às pessoas que amam, mas vivem infelizes porque dão muito valor a detalhes insignificantes". Ou seja, para Roberto Carlos, nem todos os detalhes são coisas muito grandes; existem aqueles que corroem como cupim. Para quem conhecia a intimidade do casal não havia dúvida de que "Sua estupidez" tinha endereço e ouvidos certos: Nice, a quem o cantor sempre chamava carinhosamente de "meu bem". Quando ele ligava ou atendia um telefonema da esposa na Record ou na gravadora CBS, a saudação era invariavelmente a mesma. "Alô, meu bem!" Pois "Sua estupidez" começa com esse mesmo tratamento carinhoso: "Meu bem, meu bem / Você tem que acreditar em mim..." Em seguida aconselha: "Ninguém pode destruir assim um grande amor / Não dê ouvidos à maldade alheia e creia..." E depois agride: "Sua estupidez não lhe deixa ver que eu te amo..."

Para essa melodia o cantor escreveu uma das letras mais originais da canção brasileira, porque até então os temas românticos eram exaltativos da pessoa amada, como em "Rosa", de Pixinguinha, com letra de Otávio de Souza: "Tu és divina e graciosa / Estátua majestosa / Do amor, por Deus esculturada..."; ou então manifestações de ressentimento, quando já não mais correspondido o amor, como em "Vingança", de Lupicínio Rodrigues: "Você há de rolar como as pedras que rolam na estrada / Sem ter nunca um cantinho de seu / Pra poder descansar..." Já na canção do Roberto, a letra reúne as duas coisas: diz que sente pela companheira um "amor bem maior que tudo que existe", ou seja, ela é "divina e graciosa", mas ao mesmo tempo a considera "estúpida", advertindo ainda que muitos "idiotas vivem só sem ter amor / E você vai ficar também sozinha" — como as pedras que rolam. É uma paulada e tanto para uma canção romântica, ainda mais considerando que, como disse o grego Aristófanes, "a juventude envelhece, a imaturidade é superada, a ignorância pode ser educada e a embriaguez passa, porém, a estupidez é eterna". Nesse sentido, entre os grandes clássicos da MPB, o tema mais próximo de "Sua estupidez" é a canção "O mundo é um moinho", de Cartola, que também se dirige carinhosamente à pessoa amada com conselhos e uma advertência: "Preste atenção, querida / De cada amor tu herdarás só o cinismo / Quando notares estás à beira do abismo / Abismo que cavaste com os teus pés." Mas com a ressalva de que "O mundo um moinho" foi composta seis anos depois do grande sucesso de "Sua estupidez".

Roberto Carlos escreveu a letra dessa música numa manhã depois de uma noite chuvosa. "Acordei um pouco cansado de tudo, das coisas inúteis que passam a ser importantes para quem não entende nada do valor dos sentimentos. É horrível conviver com gente aborrecida por qualquer coisinha", reclamou, mas sem citar explicitamente o nome da então esposa. "Por cavalheirismo, por elegância e por ética não vou dizer para quem fiz essa canção", afirmaria ele também, anos depois da separação, ao cantar a música num show. A própria Nice, entretanto, admitiria que tinha mesmo um temperamento difícil: "Sim, sou geniosa. Talvez por influência italiana dos meus pais, o fato é que o meu gênio é coisa séria." E também afirmaria, anos depois, com certa ironia: "Eu ajudei muito o Roberto. Cada briga comigo era uma canção que ele fazia." E sem dúvida uma das melhores foi "Sua estupidez". Ou seja, Nice se colocava também como uma "antimusa", isto é, não apenas inspiradora de versos românticos exaltativos tal qual em "Como é grande o meu amor por você", mas de temas problemáticos, em que o outro lhe faz cobranças, muitas cobranças, e num tom até agressivo, como nos versos "Meu bem, meu bem / Use a inteligência uma vez só..." ou "Você tem que aprender a ser gente", do hit anterior, "Se você pensa".

"Sua estupidez" foi das últimas faixas que Roberto Carlos gravou para o álbum de 1969, na derradeira sessão, numa quinta-feira, 30 de outubro, junto com a valsa "Oh! Meu imenso amor" e a balada "Do outro lado da cidade". Enquanto isso, providências paralelas já eram tomadas por outros setores da CBS para o lançamento do LP, em dezembro. Os pedidos antecipados se acumulavam, vindos das grandes lojas como Palermo e Rei da Voz (do Rio), Museu do Disco, Bruno Blóis e Breno Rossi (de São Paulo). Na época, os dois LPs de maior vendagem na gravadora eram os de Roberto Carlos e os da série *As 14 mais* — este sempre puxado por duas músicas inéditas dele. Eram os chamados "discos cobradores" da companhia, pois o lojista só podia receber esses lançamentos se estivesse em dia com os pagamentos dos demais discos. As gravadoras não trabalhavam com o sistema de consignação, portanto, não havia devolução. O lojista adquiria seu lote de discos e depois, vendendo ou não ao público consumidor, tinha um prazo para pagar. Yassuo Ono, que atuava no setor de crédito e cobrança da CBS, recorda que havia uma correria ao se aproximar a data de lançamento do LP de Roberto Carlos. "Aí todas as lojas procuravam ficar em dia com o pagamento para poder receber o LP dele. Porque, se estivessem com algum débito, seu Evandro não liberava", afirmou em depoimento ao autor.

As músicas mais românticas do disco tiveram arranjos do maestro Alexandre Gnatalli. Ele revestiu "Sua estupidez" com cordas abundantes e um órgão ao fundo, que reforça o tom dramático da letra. A interpretação de Roberto está em sintonia, e há até um leve tom de súplica na sua voz, especialmente quando ele diz ao fim de cada estrofe

"... eu te amo". Com 4 minutos e 52 segundos, "Sua estupidez" foi a mais longa canção num disco de Roberto Carlos até então — num tempo em que as faixas duravam em média 3 minutos. Essa duração maior não é tanto pelo tamanho da letra, com quatro estrofes, mas pelo arranjo da música, que estende bem o som das cordas e demais instrumentos. Isso, porém, não impediu que ela se tornasse um dos hits mais tocados nas rádios naquele período.

Seu sucesso seria renovado pouco tempo depois com duas gravações de Gal Costa. A primeira, lançada em setembro de 1971, num compacto duplo com "Vapor barato" (Jards Macalé e Wally Salomão) e "Você não entende nada" (Caetano Veloso). Na faixa "Sua estupidez", Gal explora cada uma das nuances melódicas da música, num lindo arranjo com violão, órgão, teclado, baixo e bateria, com a duração padrão de 3 minutos. Esse disco ficaria mais de trinta semanas entre os compactos de maior vendagem no Brasil — tornando esta canção também de Gal Costa. Em dezembro daquele ano, a cantora lançou uma segunda versão de "Sua estupidez", dessa vez gravada ao vivo, no álbum do show *Fatal*, e acompanhada apenas de um violão. Como bem observaria o crítico Pedro Alexandre Sanches, "num inteligentíssimo rasgo de ironia e num esperto comentário crítico contra a própria canção que interpretava, Gal removeu de 'Sua estupidez' o tom dramático espirrado por Roberto, cantando-a de forma mais suave, sussurrando--a, sonhando com João Gilberto. A ironia estava em dizer palavras tão ásperas e ameaçadoras em tom tão brando, convincente, comovente".

Gal Costa continuaria cantando e gravando "Sua estupidez", como em 1997, num arranjo sinfônico, conduzido por Wagner Tiso, para o seu álbum *Acústico MTV*, que reuniu grandes clássicos da cantora. Em 2019 ela fez novo registro da canção no seu álbum *A pele do futuro ao vivo*, gravado em São Paulo. Antes desse show, Gal cantara também "Sua estupidez" junto com o próprio Roberto Carlos, num especial da TV Globo — número depois selecionado para o disco *Duetos*, lançado pelo cantor em 2006. O ex-Titãs Paulo Miklos gravou "Sua estupidez" em 1994, mas parece que esta canção sensibilizava muito mais as cantoras, que, seguindo as pegadas de Gal, também a trouxeram para sua voz. Em junho de 1972, por exemplo, o colunista Ibrahim Sued afirmava que a "divina" Elizeth Cardoso "está fazendo o maior sucesso quando interpreta 'Sua estupidez', de Roberto Carlos, no Bigode do Meu Tio" — na época uma tradicional cervejaria-boate carioca. Em 1988 foi a vez da cantora Ná Ozzeti, do grupo Rumo, lançar uma inventiva gravação dessa música, revelando outras possibilidades interpretativas para o tema. E, pelos anos seguintes, surgiriam gravações de Daniela Mercury, Alcione, Tânia Mara, Cassia Eller, num disco póstumo, e Ângela Maria, em seu derradeiro CD.

Entretanto, a interpretação mais surpreendente de "Sua estupidez" não foi de um cantor ou cantora, e sim de uma atriz: Sophie Charlotte, em julho de 2014, numa cena do remake da novela *O Rebu*, produção da TV Globo, escrita originalmente por Bráulio Pedroso. Eram mais ou menos seis minutos do primeiro capítulo quando o rosto de Sophie Charlotte encheu a tela da TV. Num cenário de luxo, vestindo um modelo dourado, de cabelos curtinhos, olhos rasos d'água e borrados de maquiagem, a atriz emocionou o público cantando a conhecida canção do Roberto: "Meu bem, meu bem / Você tem que acreditar em mim..." No meio da interpretação, ela dedica a música "ao único grande amor da minha vida", o personagem Bruno (Daniel de Oliveira), que na sequência aparecerá morto na piscina — iniciando a trama do folhetim. A jovem atriz, que surgira na série *Malhação* dez anos antes, e trabalhara em novelas como *Ti Ti Ti* e *Fina Estampa*, tornava-se pela primeira vez assunto nacional — e musa da televisão. Para o colunista Ancelmo Gois, aquela cena "foi um dos grandes momentos da nossa TV". Apesar da ótima repercussão, Sophie Charlotte afirmou que não pretendia avançar com a música para além do personagem da novela: "Não penso em fazer um disco. Não sou cantora."

No início, a direção de *O Rebu* ficara na dúvida se, em vez da canção do Roberto, usava para aquela cena o bolero "Olhos nos olhos", de Chico Buarque, que também tematiza a separação. "Eram duas músicas lindas, mas ficamos com 'Sua estupidez'", disse o diretor José Luiz Villamarim. "'Sua estupidez' se encaixava perfeitamente, mas precisávamos da autorização", lembra Sophie, que decidiu então ela mesma procurar Roberto Carlos. Em uma carta escrita à mão, ela explicou como sua canção seria importante para a trama da novela. E aconteceu que o outrora campeão de cartas de fãs ficou sensibilizado ao receber aquela mensagem de próprio punho de uma atriz tão jovem. "Hoje em dia manuscrito é uma coisa rara, né? A internet está aí para pôr tudo digitado. Fiquei tão impressionado com a carta manuscrita que eu peguei o telefone e liguei para ela", revelou o cantor.

Sophie Charlotte estava num supermercado quando atendeu o celular e ouviu uma voz muito conhecida perguntar: "Eu poderia falar com a Sophie?" A atriz confirmou que sim, e então Roberto Carlos falou. "Olha, Sophie, há muito que eu não recebo uma carta manuscrita pedindo autorização para uma música. E também quase nunca eu ligo para dar essa autorização; alguém ou a editora é quem faz isso. Mas, olha, você está autorizada! Pra mim é uma honra ver você cantando essa música, é uma alegria." Surpresa e emocionada com o telefonema, Sophie Charlotte agradeceu ao cantor e pediu para ele assistir ao capítulo com a cena da música. "Passei a data, tudo certinho", contou Sophie. Na noite da estreia, Roberto Carlos assistiu ao capítulo e também gostou muito da cena com sua antiga canção. Gostou tanto que no fim daquele ano convidaria Sophie Charlotte para participar de seu especial da TV Globo. A atriz então reprisou a música no palco do Citibank Hall do Rio. Visivelmente nervosa, respirando forte, cantou "Sua estupidez" de mãos dadas com Roberto Carlos — exatos 45 anos depois do lançamento da canção que nascera de mais uma briga do cantor com sua (anti)musa Nice.

46

NÃO VOU FICAR

"Há muito tempo eu vivi calado
Mas agora resolvi falar
Chegou a hora, tem que ser agora
Com você não posso mais ficar"
Do álbum *Roberto Carlos*, 1969

Haviam se passado 25 anos, mas Tim Maia jamais esquecera, e numa entrevista ao autor, em março de 1992, ele reviveu, com o semblante pesado, um dos momentos mais humilhantes de sua vida.

Era domingo à tarde, bastidores do programa *Jovem Guarda*, àquela altura segundo semestre de 1967, dirigido por Carlos Manga, na TV Record, em São Paulo. Tim chegara disposto a falar com Roberto Carlos, seu ex-companheiro de conjunto vocal na Tijuca, alguém que frequentara sua casa e a quem ensinara certa batida de rock'n'roll no violão. Agora Tim Maia precisava de ajuda, uma oportunidade para cantar na televisão, para gravar um disco ou pelo menos algum dinheiro, pois gastara o que lhe restara com a passagem de ônibus do Rio para São Paulo. O problema é que Roberto Carlos se tornara um artista inacessível após a explosão da Jovem Guarda. O cantor Nelson Ned, que naquela época também procurava uma oportunidade, viveu a mesma dificuldade: "Eu tentava, mas ninguém conseguia falar com Roberto. Entre secretários, seguranças e motorista, o mínimo de pessoas que andavam ao redor dele eram oito. Roberto Carlos não ia, levavam-no; ele não vinha, traziam-no."

Naquela tarde de 1967, Tim Maia foi à Record na esperança de superar a barreira da comitiva de Roberto, "mas ali só dava para falar com ele andando", comentou, porque a chance maior de contato era justamente quando Roberto Carlos chegava com seu staff, se encaminhando para o camarim, ou depois, ao sair de lá para ir ao estúdio.

Tim Maia ficou então de plantão nos corredores. Quando o cantor finalmente apareceu, ele foi atrás. Segundo Tim, ao perceber sua presença, Roberto lhe acenou sorrindo, "Oi, Tião, como vai?", mas continuou andando com sua equipe, entre os quais o diretor Carlos Manga. Percebendo que não haveria chance de falar de apresentação na TV ou gravação de disco, Tim tentou o que era possível. "Roberto, Roberto, eu estou durinho, cara. Eu não tenho dinheiro nem pra voltar pra casa", implorou. "Manga, dá um dinheiro aí pro Tião", ordenou Roberto ao diretor, que não conhecia Tim Maia nem imaginava quem ele iria se tornar; também não sabia da história dos Sputniks, nem da pensão do pai dele na Tijuca. Ainda segundo Tim, o diretor então tirou uma nota de 10 cruzeiros do bolso, amassou-a e fez uma bolinha, jogando-a para o alto. A bolinha fez um arco no ar e caiu num canto do corredor, distante de onde estava Roberto Carlos. Humilhado e ofendido, Tim Maia se agachou para pegar o dinheiro. "Eu tive um acesso de choro na hora", afirmou ao autor. Deve ter sido um baque muito grande mesmo, pois o filho de seu Altivo Maia nunca foi de levar desaforo para casa.

Não era a primeira vez que Tim tentava se aproximar de Roberto Carlos. Desde o começo da Jovem Guarda, em meados de 1965, que ele procurava seus ex-companheiros da Tijuca. Não encontrando Roberto, ia atrás de Erasmo; se não o encontrasse, procurava Jorge Ben Jor ou Wilson Simonal. Depois de se virar mais de um ano como guia turístico, Tim queria desesperadamente também se colocar na carreira artística. Mas tudo ficaria mais difícil quando — justo no momento em que a turma da Jovem Guarda alcançava o topo do sucesso — Tim Maia descia ao inferno, preso no Rio por tentativa de roubo, em março de 1966. "Ao chegar na delegacia, já levei uma primeira porrada no pé do ouvido", lembrou. "Eu fui torturado e sou traumatizado com isso até hoje." Ele contou que foi preso junto com um amigo por tentarem roubar uma mesinha com quatro cadeiras da varanda de uma casa na praça Afonso Pena, na Tijuca. "Eu queria dinheiro para comprar um negocinho para ficar mais alegre. Mas roubei igual esquartejador, por partes: roubei a mesa e uma cadeira. Quando voltei para roubar as outras, os homens me pegaram."

Para maior azar de Tim, aqueles móveis ornamentavam a casa de um almirante, talvez o local menos indicado para se furtar alguma coisa no tempo da ditadura militar. Ele tentou explicar que nascera no bairro, que seu falecido pai tivera uma pensão ali e que toda a sua família ainda residia na Tijuca. "Mas os caras não quiseram saber." Resultado: Tim Maia foi enquadrado no art. 155 (subtrair, para si ou para outrem, coisa alheia móvel), sendo depois transferido para a penitenciária Lemos Brito, onde permaneceria preso por dez meses — para imenso sofrimento de sua mãe e irmãos. No radinho dos carcereiros a todo momento ele ouvia músicas de vozes bem familiares como as de Wilson Simonal, Jorge Ben Jor, Erasmo Carlos e, principalmente, Roberto Carlos. "Uma vez, na prisão, li numa matéria: 'Roberto Carlos compra seu oitavo carrão.' E eu ali, levando porrada na cadeia, que loucura", comentou Tim, lembrando que dizia para si mesmo: "Quando eu sair dessa porra, vou à luta."

O artista ganhou liberdade no início de 1967 e foi logo para São Paulo à procura de seus antigos companheiros. Certo dia, nada conseguindo na TV Record, seguiu até o prédio de Roberto Carlos, na rua Albuquerque Lins. O porteiro sempre dizia que o cantor estava viajando para qualquer visitante não anunciado. Tim sabia disso e insistiu para ser recebido, relatando mais uma vez sua convivência com o ídolo, na adolescência. O porteiro ouviu pacientemente toda a sua história, mas não o deixou subir. Tim Maia, porém, não chegara até ali para perder a viagem. Deu meia-volta e entrou escondido pela garagem do prédio, subiu pela escada de serviço e bateu à porta da cozinha do apartamento. A cozinheira Sebastiana se assustou com a presença do estranho e lhe informou que o patrão não estava em casa, tinha viajado. Tim insistiu, contou toda a sua história novamente...

Sebastiana chamou então Dedé, que também ainda não conhecia Tim, porque ele morava nos Estados Unidos quando o baterista passou a acompanhar Roberto, em 1962. Mas depois de tanto caminhar pela cidade, duro e sem teto, Tim Maia queria nem que fosse um prato de comida. O que se seguiu foi outro momento de grande humilhação para o artista. "Eu mandei fazer um prato pra ele e o Tim comeu na escada lá atrás", lembrou Dedé em depoimento ao autor.

Esse era um problema a mais para Tim Maia: as pessoas que formavam o staff de Roberto Carlos em São Paulo — seu empresário, secretários, motorista, segurança, músicos e o diretor Carlos Manga —, ninguém o conhecera no tempo da turma da Tijuca e do grupo Sputniks. E, como notícia ruim corre rápido, o que se sabia dele é que era um ex-presidiário conhecido como "Tião Maconheiro" — e isso num tempo em que essa droga no Brasil era muito associada à marginalidade. Eunice Solino, a Fifinha, amiga de infância de Roberto, trabalhou no escritório dele, em São Paulo, durante o período da Jovem Guarda. "Um dia Tim Maia apareceu no escritório. Nossa! Como ele ficou nervoso, chateado, porque não deixaram ele falar com Roberto. Diziam que Tim era bicão. Eu não podia fazer nada, mas eu via aquilo e pensava: 'Meu Deus! Nunca vou me expor assim.' A produção criava uma barreira ao redor do Roberto e ele nem chegava a saber de muitas coisas que aconteciam ali." Segundo Fifinha, quando alguém dizia que era amigo de infância de Roberto ou que ele comera na sua casa, "aí a muralha crescia três vezes mais", pois o sujeito era tomado por enganador.

O compositor Nelson de Morais Filho, o Nenéo, também se deparou com barreiras ao tentar se aproximar do rei da Jovem Guarda. Neto e filho de sambistas, Nenéo nascera no morro do Borel, no Rio, e no futuro seria autor de um dos grandes sucessos da cantora Alcione, "Meu ébano": "É, você um negão de tirar o chapéu / Não posso dar mole senão você créu / Me ganha na manha e baubau / Leva meu coração..." Mas curiosamente Nenéo não gostava de samba. "Apesar de morar no morro e de meu pai ser da ala de compositores da Unidos da Tijuca, eu não queria ir nem aos ensaios. Nada daquilo mexia comigo.

Sempre gostei de música romântica e quando Roberto Carlos surgiu me tornei logo seu fã. Tudo que ele fazia eu queria fazer igual."

Nenéo começara a compor em 1967, oferecendo suas músicas para Paulo Sérgio, Wanderley Cardoso e outros cantores de iê-iê-iê. Uma de suas composições, "Para o diabo os conselhos de vocês" — nítida influência de "Quero que vá tudo pro inferno" —, chegou a ser gravada pelo Tremendão. Mas o que Nenéo ansiava era ver seu nome no rótulo de um disco de Roberto Carlos. Tentara isso por várias vezes indo para a porta da CBS — sem resultado. Ali ele era apenas mais um entre tantos compositores querendo a mesma coisa.

Em abril de 1969, ele soube que Roberto estaria gravando uma série de programas da TV Tupi, no Rio. Vislumbrou aí a chance de tentar uma conversa a sós com ele nos bastidores. Na primeira tentativa, Nenéo não passou da portaria; nem na segunda, nem na terceira. Na vez seguinte, ele chegou lá decidido, mas o porteiro deu logo outro chega pra lá: "Não, rapaz, você aqui de novo, deixa de ser chato." Foi então que Nenéo avançou pela catraca e disparou pelo corredor da TV Tupi — com os seguranças correndo atrás dele aos gritos de "pega, pega". Embora já quase agarrado, ele invadiu o camarim de Roberto Carlos, no momento em que o artista estava sendo maquiado. Enquanto os seguranças o puxavam pelo braço, Nenéo gritava. "Roberto, eu sou Nenéo, e preciso falar com você, pelo amor de Deus, eu preciso muito falar com você." Embora um pouco assustado com o tumulto, Roberto Carlos viu a aflição daquele jovem negro, e pediu que o deixassem ali para conversar com ele. "Eu abracei e beijei o Roberto chorando. Ele era o meu ídolo", afirma.

Tanto esforço valeu a pena. Em seu álbum de 1969, Roberto Carlos incluiu a balada "Quero ter você perto de mim", composição de Nenéo, bem típica daquela década. Interessante é que mostrara outras três músicas para o cantor, mas ele quis exatamente essa, que já tinha duas gravações anteriores, embora sem sucesso, com as cantoras Bárbara e Maritza Fabiane. Ao compor "Quero ter você perto de mim", Nenéo só pensava em intérpretes mulheres, pois considerava essa canção singela demais para um homem cantar. Mas talvez por isso mesmo Roberto se interessou e, na preparação do arranjo, procurou algo bem suave para a introdução. Tentou isso com o órgão, depois com o violão e até com a harpa. Acabou optando por uma introdução à capela, a mais longa de toda a sua discografia: "Sem você minhas noites são tão tristes / Vou morrer / Meu bem, vem depressa, vem me aquecer / Quero ter você perto de mim / Dá-me o calor das suas mãos, meu bem..." São 24 segundos apenas com a voz de Roberto Carlos, até aparecer o primeiro toque muito suave de uma guitarra.

Nenéo estava no estúdio na noite da gravação e afirma que o cantor chorou no momento de cantar "Quero ter você perto de mim". "Lá da técnica eu vi as lágrimas dele. E eu chorei também", lembra. A gravação terminou às 4 horas da manhã e Nenéo saiu da CBS chorando e entrou no ônibus chorando, atraindo a atenção das pessoas, que não entendiam por que ele chorava tanto. "O que aconteceu, garoto?" E Nenéo respondia, eufórico: "Roberto Carlos gravou minha música." Tinha uma senhora na frente dele que comentou, desconfiada: "Tem doido pra tudo. Vê se pode uma coisa dessas." "É verdade, Roberto Carlos gravou minha música. A senhora vai ouvir no rádio." Mas depois do choro veio o sorriso de Nenéo, ao ouvir, numa conversa por telefone, um pedido de seu editor, o também compositor Fernando Cesar: "Você pode dar um recado ao Roberto Carlos? Diga a ele que vá vender disco assim na puta que o pariu! E você vem aqui agora para ver o dinheiro que tem para receber." Segundo Nenéo, era o maior valor que até então ganhara por uma música. "Não tinha comparação com o que eu recebia pelas gravações com outros artistas. Foi quando eu realmente ajeitei minha vida."

Já Tim Maia seguia com sua vida desajeitada, marcada por desvios e tropeços. No começo de 1968, Erasmo Carlos o indicou aos diretores da sua gravadora, a RGE Fermata — a mesma de Chico Buarque —, e Tim então gravou seu primeiro single com duas músicas de sua autoria, em inglês: "These are the songs" e "What do you want to bet?". Lançado em março, o disco mereceu elogios da colunista Cely de Ornellas Rezende, do *Diário de Notícias*, porém associando Tim Maia a um cantor romântico de jazz: "Tim é um jovem compositor e intérprete de grande valor. Vale a pena ouvi-lo, pois sua voz lembra Billy Eckstine no melhor de sua forma." Naquele ano, Erasmo também gravou uma música dele, "Não quero nem saber", mas que, assim como o primeiro disco de Tim, não fez sucesso algum. Para todos os efeitos, ele continuava um artista anônimo.

Foi então que em outubro de 1968, finalmente, Roberto Carlos decidiu também interceder por seu ex-companheiro dos Sputniks, indicando-o para gravar um disco na CBS, gravadora bem mais forte do que a RGE. "Mas, para isso, tive que ir procurar a Nice", afirmou Tim Maia. Ele soube que ela estava no Rio, hospedada no Hotel Excelsior, em Copacabana, e se mandou para lá. Devia ser mais fácil falar com a patroa do que com o cantor. "Era uma mulher bonita, estava chegando da praia, de maiô, e eu com dez Dexanil na cabeça. Sabe aqueles comprimidos de coraçãozinho verdinho?" Nice já tinha ouvido falar de Tim Maia e deixou ele subir até o apartamento, se acalmar e desabafar. "Me sentei e expliquei para ela o que estava acontecendo. Que eu tinha puxado um ano de cana, que tinha ensinado o Erasmo a tocar violão, que o Roberto comeu dois anos na minha casa." Agora, Tim precisava da ajuda de Roberto Carlos para gravar um disco. Nice ouviu atentamente a história e prometeu que falaria sobre o caso com o marido.

Segundo Tim, dias depois, de fato, Roberto pediu para ele gravar sua voz numa fita, pois iria indicá-lo ao gerente-geral da CBS, Evandro Ribeiro. Talvez por conhecer bem a personalidade dos dois, Roberto tenha preferido assim, sem fazer uma apresentação pessoal. Como já foi dito, Evandro era um civil com cabeça de militar, implacável na observância da disciplina e da hierarquia na CBS. Artistas rebeldes, temperamentais, não tinham vez com ele. Portanto, nada mais anti--Evandro Ribeiro do que Tim Maia, cuja má fama o outro já conhecia. Mauro Motta estava na sala do chefe quando Roberto intercedeu por Tim. "Roberto pediu demais para que ele desse uma oportunidade para o Tim gravar, falou do seu talento. Evandro não queria de jeito nenhum!" Segundo Mauro, só após um segundo apelo de Roberto é que Tim Maia pôde estrear na CBS, gravando um compacto com duas músicas de sua própria autoria: "Meu país" e "Sentimento" (esta em parceria com Cassiano). Ainda assim, Evandro Ribeiro não deu colher de chá, que seria colocar uma das músicas junto com as de Roberto Carlos na coletânea *As 14 mais* — a grande vitrine para lançamento de um artista na CBS. Odair José, por exemplo, conseguiu isso em sua estreia por lá, em 1970, e a faixa "Minhas coisas" se tornou seu primeiro sucesso. Já Tim Maia teve que se virar apenas com seu disquinho e com toda a má vontade de Evandro Ribeiro, que decididamente não foi com os cornos dele. Resultado: o disco teve pouca divulgação, não fez nenhum sucesso e Tim Maia acabou dispensado da CBS.

No começo do ano seguinte, ele se aproximou do cantor Eduardo Araújo, que o chamou para produzir seu álbum *A onda é boogallo*, com um repertório de soul music. Umas das faixas, a balada "Você", composta pelo próprio Tim — e que só seria sucesso mais tarde na voz dele —, por pouco não pulou do disco de Eduardo Araújo para o de Roberto Carlos. Tim Maia sabia que gravado pelo rei, além de receber um bom dinheiro de adiantamento, seu nome podia alcançar a repercussão que não tivera até então. E o momento era indicado, pois Roberto Carlos estava também pesquisando e gravando um repertório soul. Daí que Tim decidiu, antes de sair o disco de Eduardo Araújo, mostrar aquela música para ele, na gravação em fita, já com o arranjo de cordas e metais. Telefonou para a casa de Roberto, que o atendeu, mas disse que não poderia ouvir a fita naquele dia, pois sua aparelhagem de som estava quebrada. "Sabe o que eu fiz? Eu peguei o gravador de rolo de Eduardo Araújo, botei nas costas e levei até a casa do Roberto no Morumbi", disse Tim. E lá chegando, enquanto "Você" rodava no toca-fitas — "Você é mais do que sei / É mais que pensei / É mais que esperava, baby..." —, Nice balançava a cabeça afirmativamente, aprovando a canção. "Ela me deu a maior força naquele dia", afirmou Tim Maia.

Contudo, Roberto Carlos não se interessou pela balada, principalmente porque já tinha sido gravada para o disco de Eduardo Araújo. Entretanto, o esforço de Tim não seria em vão. Na mesma hora, o cantor lhe fez um pedido: "Tião, faz uma música sobre um cara que não quer mais ficar com a menina. Eu preciso de um tema desse para o meu próximo disco. Faz isso que eu gravo." Roberto imaginava um tema semelhante a "Você não serve pra mim", composição de Renato Barros que fora um dos seus grandes sucessos. Além disso, ele queria cantar soul com mais agressividade e entendia que funcionaria melhor com letras daquele estilo, de desencontro e recusa — o oposto à exaltação amorosa da balada "Você". Roberto havia feito esse mesmo pedido a Paulo César Barros. Na época, recém-separado da esposa, magoado e atordoado, ele então compôs o soul "Nada vai me convencer", de letra que destila o lado rancoroso do amor. "Cansei de ser escravo do seu coração / Agora resolvi fazer / Você sentir a dor que eu senti / Você sentir na pele o que é sofrer...", gritando no refrão: "Então eu quero ver você se humilhar / Querendo dar um jeito para voltar / Já cansei de ser escravo de você..."

Naquela noite, Tim Maia deixou a casa de Roberto bufando com o pesado gravador Akai nas costas. No dia seguinte, com raiva e determinação, compôs a música "Não vou ficar", cujos versos se casavam perfeitamente com a batida forte da melodia: "Há muito tempo eu vivi calado / Mas agora resolvi falar [...] / Não tem mais jeito / Tudo está desfeito / E com você não posso mais ficar..." Na mesma semana ele mostrou a composição para Roberto, já indicando as nuances do arranjo vocal e instrumental que a canção pedia. Depois de uma primeira parte pesada e agressiva, a segunda entraria num ritmo mais lento, mais leve e romântica, com respostas em lamento do coro, para a decisão do cantor: "Pensando bem / Não vale a pena ficar tentando em vão / O nosso amor não tem mais condição, não, não, não, não..." Para sorte de Tim Maia, era exatamente aquilo que Roberto Carlos queria mostrar no seu novo disco.

Tim foi ao estúdio durante a gravação e orientou os músicos, que tinham pouca intimidade com a soul music. Como não sabia escrever partitura, ele passou de boca para o maestro Pachequinho como seriam os arranjos dos metais e a emissão dos sopros, executados por integrantes do RC-7 e da Orquestra Tabajara, de Severino Araújo. A sessão contou mais uma vez com o baixo de Paulo César Barros, as guitarras de Renato Barros e Walter D'Ávila Filho, e o órgão Hammond de Mauro Motta. Talvez pela atuação de Tim especificamente nessa faixa, a gravação resultou melhor do que a da sua coirmã "Nada vai me convencer", de Paulo César Barros. Embora interpretada pelos mesmos músicos, "Não vou ficar" soa mais suingada, próxima do que se ouvia nos discos dos cantores negros norte-americanos, enquanto a outra, nas palavras do próprio Paulo César, "ficou aquela coisa meio dura na emissão dos sopros. Parece um exército alemão tocando soul".

O público também percebeu a diferença e "Não vou ficar" fez um sucesso muitíssimo maior, até porque foi incluída no filme *Roberto Carlos e o diamante cor-de-rosa*, em belo clipe gravado num estúdio em Tóquio, com a participação de extras japoneses na plateia. Um internauta comentou que Roberto canta essa música como quem "está a levar açoites". De fato, sem mudar seu estilo interpretativo, ele vai no limite da sua voz, gritando a revolta de um amor malsucedido.

E assim, pela voz do rei da Jovem Guarda, o Brasil finalmente era apresentado à música soul do carioca Tim Maia, que a partir daí viu muitas portas se abrirem. Numa entrevista na época, ele até se gabava. "Me diziam que eu estava garimpando o rio errado e sem peneira. Mas 'Não vou ficar' está aí, faturando", informando que a música lhe rendera o suficiente para comprar uma casa no subúrbio, um fusca e um cão pastor-alemão. Na sequência, ele foi convidado a participar da gravação de uma música sua no álbum de Elis Regina, e logo depois lançou o seu próprio disco pela Polydor (selo da Philips), quando então estourou de vez — e para sempre — como o maior *soul man* do Brasil. Registre-se que "Não vou ficar" seria regravada por seu autor, em 1971, ganhando mais tarde outras releituras, com Lulu Santos, Ivete Sangalo, Fábio Junior, Bebeto, Kid Abelha, Wanderléa e Roberto Frejat.

Nove anos após a morte de Tim Maia — ocorrida em março de 1998 —, foi lançada a biografia *Vale tudo: o som e a fúria de Tim Maia*, escrita por Nelson Motta, que renderia depois um musical no teatro e, em 2014, um filme, dirigido por Mauro Lima. O roteiro, do próprio Mauro com Antonia Pellegrino, é adaptado do livro de Nelson Motta.

No entanto, a cena mais polêmica do filme não foi tirada de lá, e sim da biografia *Roberto Carlos em detalhes*. É aquela — que também abre este capítulo — em que alguém do staff de Roberto amassa um dinheiro e joga no chão para Tim Maia. Em janeiro de 2015, a TV Globo exibiu o filme, mas em duas partes, editado e mesclado com depoimentos de Roberto, Erasmo, Fábio e outros que conviveram com Tim Maia. Na edição, para agradar a Roberto Carlos, pareceu uma boa ideia à TV Globo excluir a cena do "dinheiro amassado" — como ficaria conhecida. A reação do público foi imediata, pois o longa tinha sido exibido havia poucos meses nos cinemas, e aquela cena já era a mais comentada. Com o corte dela na exibição pela TV, falou-se ainda mais. O fato repercutiu na imprensa e nas redes sociais, tornando-se a grande polêmica nacional naqueles primeiros dias de 2015.

Na internet, circulou um link com a mensagem "veja a cena do filme do Tim Maia que a Globo não quer que você veja". Com essa e outras alterações do filme original, ficava clara a tentativa de a emissora deixar Roberto Carlos bem na fita. Mas, como observou o jornalista Paulo Cavalcanti, da *Rolling Stone*, "toda a situação ficou parecendo um exercício de relações públicas às avessas. A Globo parece ter subestimado a capacidade crítica do telespectador ao esperar que tal reformulação não fosse notada".

Pelo contrato de exibição, a emissora podia fazer aquilo. Entretanto, o próprio diretor Mauro Lima reclamou do filme visto na TV: "Trata-se de um subproduto que não escrevi daquele modo, nem dirigi ou editei." A repercussão foi tão negativa que a primeira parte da adaptação acabou retirada do site oficial na Globo, e a segunda nem entrou na sua grade de programação on-line. Mas o estrago já estava feito. Guardadas as devidas proporções, desde o histórico *Jornal Nacional* sobre o debate de Lula e Fernando Collor nas eleições de 1989 que um programa da Rede Globo não era tão criticado por manipulações na sua mesa de edição.

Ouvido na época pela imprensa, Erasmo Carlos negou que a tal cena com Tim Maia tivesse existido. "Nunca vi ninguém fazer o que aquele assistente fez. Não acredito que Roberto tenha tido alguém na equipe capaz de fazer isso." O próprio Roberto manifestou-se surpreso numa entrevista coletiva. "Eu só vim saber dessa história agora. Eu nunca vi isso. Andei perguntando aos amigos da época e também ninguém nunca viu essa cena. E, além do mais, eu nunca tive um secretário com o nome citado lá. Pra mim foi uma surpresa tudo isso e jamais eu teria admitido que alguém tivesse essa atitude de jogar o dinheiro no chão para o Tim. Isso eu não vi e ninguém viu. Essa cena apareceu não sei de onde", afirmou o cantor. Na verdade, o protagonista daquilo não foi um simples assessor — como sugere o filme —, e sim o poderoso diretor Carlos Manga, que dirigia os seus musicais no Rio e em São Paulo nos anos 1960. Roberto disse que consultou "amigos" daquele tempo para confirmar a história. Terá procurado Carlos Manga, que ainda era vivo quando a polêmica eclodiu em janeiro de 2015, ou consultou apenas antigos assessores? É provável mesmo que nenhum deles se lembrasse do fato, pois, como sabemos, a memória é seletiva, nem tudo fica guardado. Em casos como esse, de Tim Maia, quem geralmente nunca esquece é a pessoa atingida pela humilhação.

À época da pesquisa para *Roberto Carlos em detalhes*, tentei ouvir o então diretor da TV Globo, Carlos Manga. Àquela altura, eu já tinha entrevistado o ex-dono da TV Record, Paulinho Machado de Carvalho, o produtor (e então autor de novelas) Manoel Carlos e o empresário Marcos Lázaro, e queria também o depoimento do ex-diretor do *Jovem Guarda*, inclusive para ouvir a sua versão sobre o que Tim me relatara. Entretanto, ao ser informado de que o depoimento era para uma biografia não autorizada de Roberto Carlos, Manga não quis dar a entrevista.

Mas ele falava com outros jornalistas, e a um deles, Marcos Emílio Gomes, da *Playboy*, em 1996, Manga admitiu que no passado era um homem grosso, insensível, inflado de vaidade e arrogância. "Eu era um sujeito ridículo", resumiu. "Não respeitava ninguém. Tratava mal e me sentia ótimo com a minha arrogância." Numa das mais duras autocríticas de uma personalidade pública, prosseguiu falando: "Quando virei diretor, fiquei arrogante e difícil. Na TV, feri e desempreguei muita gente. Só me preocupava com quem me bajulava. Era uma pessoa desagradável. Não cabia em mim de vaidade. Lembro que havia um figurante chamado Enzo Cannote. Chamei o sujeito, disse a ele que não interessava mais à emissora, porque ele tinha uma cara meio antiga, e o mandei embora", contou Manga, que nos bastidores era apelidado de o "Yustrich da TV" — numa referência ao então técnico do Flamengo, Dorival Knipel, o Yustrich, um homem durão, chamado de "ditador do futebol" por seus métodos e conduta. "Eu era um gênio, pô! Mandava em todo mundo. Comprava dois carros por mês", enfatizou Carlos Manga naquela mesma entrevista. "Fui um jovem que deixou que o sucesso lhe subisse à cabeça, mas tive a sorte de, em certo momento, olhar no espelho, enxergar o quanto eu era desagradável e investir o resto da vida numa outra direção."

Ele situou esse momento em março de 1972, portanto, cinco anos depois do caso envolvendo Tim Maia. "Um dia estava no Guarujá. De repente, tive uma compreensão incrível. Comecei a me ver mal, muito mal. Vi o quanto era irascível, como não perdoava a menor fraqueza, usava as pessoas. Vi também que não tinha muitos amigos, que não era querido. Era apenas temido. Foi muito triste. Fiquei com uma vergonha enorme de mim mesmo." Naquele dia, segundo Manga, ele tomou a decisão de reformular sua vida. Pediu demissão da TV Record e viajou com a família para uma temporada na Itália. E tempos depois saiu à procura de quem tinha ofendido para pedir desculpas, inclusive aquele figurante, que ele demitira sob a justificativa de ser velho e feio: "Eu o procurei para me desculpar por isso. Mas ele já tinha morrido." Evidentemente, Tim Maia não estava nessa lista porque, quando humilhado por Manga, era um zé-ninguém, alguém sem rosto e sem nome para o diretor. O próprio jornalista Marcos Emílio Gomes perguntou a Manga: "Você foi procurar todo mundo a quem tinha magoado?" Manga respondeu: "Todos os que me lembrava."

Outro episódio da biografia de Tim Maia que gerou controvérsia é o da participação de Nice na decisão de Roberto indicá-lo à gravadora CBS. "Tim sempre achou que eu fiz aquilo porque a Nice tinha feito esse pedido. E não foi. Fiz aquilo por uma iniciativa realmente minha", afirmou o cantor em depoimento para o filme exibido na

Globo. Estamos, portanto, diante de duas versões: a de Tim Maia e a de Roberto Carlos. Mas a questão que se coloca — e que Tim não esquecia — é que, se a intervenção de Nice não foi determinante, por que a iniciativa de ajudá-lo não ocorrera antes, em 1965, 1966 ou 1967? Por que só no apagar das luzes de 1968? Aqueles três anos de percalços foram muito marcantes para Tim Maia — como se deduz de uma declaração dele a Ruy Castro, na *Playboy*: "Fiquei três anos em São Paulo tentando fazer o *Jovem Guarda*, mas não me deixavam. Fui sabotado pelo Roberto Carlos e a turma dele aquele tempo todo."

Ele se referia exatamente ao período após seu retorno dos Estados Unidos, em meados de 1964, até o fim de 1967, quando seus companheiros da Tijuca já desfrutavam o auge do sucesso com a Jovem Guarda — enquanto Tim Maia seguia sem espaço nos programas de televisão e nas gravadoras, se sentindo cada vez mais feio, gordo e pobre. Para ele foram três anos vividos como uma eternidade. Os primeiros versos de seu futuro hit "Azul da cor mar" refletem a vivência desse seu período de penúria em meio a amigos estelares: "Ah! se o mundo inteiro me pudesse ouvir / Tenho muito pra contar / Dizer que aprendi / Que na vida a gente tem que entender / Que um nasce pra sofrer / Enquanto o outro ri…"

Em janeiro de 2015, o jornalista Júlio Maria, de *O Estado de S. Paulo*, indagou a Erasmo Carlos: "Você pode imaginar Tim naquela situação mostrada no filme, implorando por ajuda?" "Eu dei roupa para o Tim, dei dinheiro para ele, consegui que ele gravasse um disco na RGE", disse Erasmo, citando a gravação do começo de 1968 para dizer que não esnobara seu amigo de infância. "O programa *Jovem Guarda* não era meu, eu não escalava artista, o que eu posso fazer? Como amigo eu fiz o que eu pude." "Mas ele nunca o procurou para pedir espaço no programa?", perguntou Maria. "Sim, deve ter falado comigo, a gente se conhecia bem. Ele comia em casa, dávamos dinheiro, roupa…" "Mas ele nunca pediu para cantar no programa?", insistiu o jornalista. "Ele chegou a cantar uma vez no programa. Só não sei por que não cantou outras vezes", respondeu Erasmo.

De fato, Tim Maia participou uma única vez do *Jovem Guarda*, no último programa com Roberto Carlos, em janeiro de 1968, cantando "Georgia on my mind", do repertório de Ray Charles. Ao ir pegar a passagem no escritório de Roberto, no Rio, o funcionário que o atendeu — e que já tinha visto Tim várias vezes por ali — indagou, surpreso: "Passagem para ir cantar no *Jovem Guarda*? E desde quando você virou cantor?" Um músico que acompanhava Tim corrigiu o funcionário: "Rapaz, esse cara aqui foi quem ensinou seu patrão a cantar."

Após lançar seu primeiro disco na RGE, em março, Tim Maia também se apresentou no programa *Roberto Carlos à noite*, num número com Roberto, Erasmo, Arlênio Lívio e outros do tempo do conjunto vocal na Tijuca. E depois de gravar seu disco na CBS, em outubro, foi escalado para se apresentar no musical *Todos os jovens do mundo*. Mas notem: todas as participações de Tim Maia ocorreram a partir de 1968, fase de menor audiência televisa para Roberto Carlos e sua turma. Daí também a bronca de Tim por ter ficado de fora justo no período áureo da Jovem Guarda, durante aqueles três anos, 1965, 1966 e 1967 — quando nem Roberto nem Erasmo gravaram músicas suas, nem o indicaram para gravar seu próprio disco. "A minha escalada foi foda. Foram portas e portas fechadas mesmo", dizia Tim.

Desde pelo menos 1965, Roberto Carlos já tinha poder de influência na sua gravadora, como exemplifica um episódio com a dupla Os Jovens, dos amigos João José e Puruca — este último, compositor de quem ele gravaria depois "Aceito seu coração". Eles conheceram Roberto nos bastidores das rádios e caravanas musicais e decidiram pedir a ajuda dele para gravarem um disco na CBS. Foram então até a casa do cantor, na rua Gomes Freire, na Lapa. Era o primeiro semestre daquele ano, ou seja, antes de Roberto Carlos ir para São Paulo fazer o *Jovem Guarda*, quando passaria a ter muito mais poder. "Eu me lembro como se fosse hoje", disse João José em entrevista ao autor. "Roberto pegou o telefone e ligou para o presidente da CBS. 'Seu Evandro, eu estou aqui com dois amigos, uma dupla sensacional, de talento. Às 5 da tarde vou levar esses meninos aí para o senhor ouvir, tá?'" Segundo

João José, na hora marcada eles chegaram lá, sendo recebidos na sala de Evandro Ribeiro. "Roberto sentou do lado da gente e nós cantamos duas ou três músicas para seu Evandro ouvir." Aprovados no teste, dias depois a dupla Os Jovens entrava no estúdio para gravar seu primeiro disco pela multinacional CBS. Ou seja, bastou apenas uma tarde para Roberto Carlos encaminhar a carreira artística daqueles dois amigos. Era o que Tim Maia também queria dele na época.

Não se deve, contudo, cair no simplismo maniqueísta de ver Roberto como um vilão nessa história, nem como o herói pretendido na edição do filme exibido na Globo. Na vida real as coisas são mais complexas, e as relações humanas idem. A começar pelo fato de que Tim Maia voltara dos Estados Unidos com uma percepção musical diferente. Depois de frequentar o Harlem por cinco anos, bebendo na fonte do rhythm and blues e da soul music, ele chegou com uma série de informações que os antigos companheiros ainda não tinham. A cabeça de Tim Maia girava a mil e ele queria mostrar tudo ao mesmo tempo. Porém, não era compreendido, porque estava em descompasso com o cenário musical brasileiro de então. Ninguém entendia aqueles seus gritos, falsetes e gestos. A sua música só seria compreendida e aceita no país algum tempo depois. "Tim ficava revoltadíssimo, não queria esperar. E esculhambava com tudo porque achava um lixo aquelas musiquinhas que Roberto e Erasmo cantavam", lembrou Arlênio Lívio.

O temperamento dele por certo também não ajudava. Tim Maia já era Tim Maia antes de ficar famoso: uma pessoa temperamental, exagerada, e que transava todas as drogas num tempo em que seus amigos ainda tomavam Grapette. A sua prisão por roubo, em março de 1966, só complicou sua vida. Lembremos que, daqueles três anos de dureza, ele passou praticamente um ano inteiro na cadeia, o que retardou a sua carreira. Para piorar, sua condição de ex-presidiário e a fama de maconheiro não facilitaram as coisas para o seu lado. Recém-alçado à condição de ídolo nacional, Roberto Carlos era aconselhado a manter certa distância daquele sujeito, que, quando cantava, ninguém entendia.

Erasmo Carlos só foi se interessar pela soul music no fim de 1967, ao ouvir o álbum *King & Queen*, de Otis Redding e Carla Thomas.

"É um dos dez LPs mais importantes da minha vida", disse ele. A partir dali descobriu que havia algo a mais no universo da música pop que não apenas rock'n'roll. Em seguida, passou a ouvir James Brown, Wilson Pickett, Sam Cooke... e, bingo!, finalmente entendeu o que seu amigo Tim Maia tentava lhe mostrar desde que voltara dos Estados Unidos, em 1964. Não é por acaso que só a partir dessa descoberta da soul music é que Erasmo grava música de Tim Maia, o leva para fazer backing vocals em seu álbum e o apresenta para gravar o primeiro disco na gravadora RGE Fermata. Processo semelhante ocorrera com Roberto Carlos, que descobrira a soul music pra valer na mesma época que o parceiro.

Diferentemente da sua amizade com Erasmo, iniciada na infância, Tim foi próximo de Roberto Carlos por apenas dois anos: entre 1957, ao se conhecerem na Tijuca, e 1959, quando viajou para os Estados Unidos. Após seu retorno, os dois não fizeram mais parte da mesma turma, e continuaram sem maiores proximidades até o fim. Roberto, porém, nunca esqueceu da forma carinhosa como fora tratado pelos pais de Tim Maia durante aquele breve período do grupo Sputniks. No Natal, por exemplo, o cantor sempre telefonava para a mãe de Tim. Até que ligou nessa data em 1991, e ficou sabendo que dona Maria Imaculada havia falecido dois meses antes, aos 89 anos. Roberto Carlos chorou ao telefone. Tim Maia soube disso, porque foi ele próprio quem me contou. "Quer dizer, Roberto é um cara assim, eu não posso falar mal dele porque ele conhece meus irmãos e eu conheço os irmãos dele e os pais." Mas, passado um minuto da conversa, Tim voltava a descascar Roberto e Erasmo, sempre reclamando daqueles seus três anos de penúria artística e pessoal.

Em meio à polêmica com a cena do "dinheiro amassado", Erasmo Carlos tentou encerrar o assunto com o argumento de que "Tim morreu e não está aí para dizer se foi assim ou assado". Engano dele. Tim Maia não está mais aqui, mas já esteve, e deixou rastros, músicas e depoimentos gravados para a posteridade. São os documentos da história. Nesse sentido, ele continua vivo, falando para as pessoas de hoje e surpreendendo Roberto Carlos, que acreditava que tudo aquilo repousaria inerte num canto da história. Mas eis que o passado ressurgia como um fantasma para assombrá-lo novamente.

Como observou o jornalista Kiko Nogueira em artigo sobre o tema, aquele grande fuzuê envolvendo os dois artistas em 2015 — quase vinte anos após a morte de Tim Maia — parecia querer comprovar as palavras do próprio Tim na entrevista que me concedera: "Roberto Carlos não vai se ver nunca livre de mim. Quando a gente morrer, lá em cima eu vou dizer: 'Como é que é, Roberto!'"

47

47

OH! MEU IMENSO AMOR

"Ah se você me deixar
Não saberei mais viver
Eu te juro, querida
Te darei minha vida
Farei tudo pra você ficar"
Do álbum *Roberto Carlos*, 1969

Uma das lembranças da infância de Paul McCartney é a de que ficava deitado no chão ouvindo seu pai tocar um velho piano de armário que havia em casa. Jim McCartney era um músico amador que na juventude, no fim dos anos 1920, até formara um conjunto, o Jim Mac's Jazz Band, que se apresentava em salões de bailes por toda a Liverpool. Quando os Beatles se reuniram em 1968 para gravar o *Álbum branco*, Paul decidiu fazer uma canção no estilo das que seu pai tocava e ouvia em casa em antigos discos de 78 rpm. O resultado foi "Honey Pie", que tem uma introdução quase falada — na tradição do music hall — e depois entra no ritmo dançante do ragtime dos anos 1920. Na mixagem foi colocado um som na voz de Paul para parecer um disco velho e arranhado. A música conta a história de uma menina do norte da Inglaterra que emigrou para os Estados Unidos e lá se tornou uma estrela do cinema, deixando o antigo namorado saudoso. Ele então implora para ela voltar para casa: "Oh, Honey Pie, você está me deixando nervoso / Navegue pelo Atlântico até estar no lugar ao qual você pertence / Honey Pie, volte para mim." Ao comentar essa faixa do *Álbum branco*, Paul McCartney disse que "não é uma paródia, é uma homenagem à tradição do vaudeville em que me criei" e que apreciava muito "aquele antigo estilo dos crooners, da voz melodiosa e esquisita que usavam".

Um ícone do rock gravando uma música bem no estilo da velha guarda foi uma ideia tão boa que Roberto Carlos decidiu fazer o mesmo em seu novo álbum. Adaptando a ideia para o contexto da música brasileira, ele compôs com Erasmo uma valsinha estilo anos 1930 com o adequado e pomposo título de "Oh! Meu imenso amor". Se no dançante ragtime dos Beatles o namorado pede para a garota voltar para casa, na valsa de Roberto Carlos ele suplica para ela não ir embora: "Ah! se você me deixar / Não saberei mais viver / Eu te juro, querida, te darei minha vida / Farei tudo pra você ficar." "Oh! Meu imenso amor" tem a letra mais curta de todas as canções até hoje escritas por Roberto e Erasmo — somente duas pequenas estrofes —, deixando grande parte da melodia ao bailar da valsa com a voz apenas emitindo o tradicional "la-ra-ra-ra-la-ra-la-ra-ra...". Mas o toque maior de época, que na gravação dos Beatles foi o efeito do chiado dos antigos discos, na de Roberto Carlos foi a impostação vocal, procurando reproduzir o estilo dos cantores dos anos 1920-1930. Pela primeira vez o discípulo de João Gilberto recorria, propositadamente, a arroubos melodramáticos, e não apenas na forma de cantar aquela valsa, mas também no próprio título dela. A interjeição "oh!", que também está na letra de "Honey Pie", é mais um elemento a caracterizar o estilo antigo da canção.

Ninguém na gravadora, nem o próprio Roberto Carlos, esperava que a valsa fosse obter um grande sucesso popular. "Oh! Meu imenso amor" seria uma espécie de comentário dentro do álbum, uma "brincadeira", como disse o próprio cantor, algo que certamente seria tocado em casa nas festas familiares com pais e avós — mas não nas rádios. Foi assim que "Honey Pie" funcionou no *Álbum branco*, uma mera curiosidade, sendo até hoje uma das músicas menos conhecidas dos Beatles. Porém, o inesperado aconteceu com a gravação de Roberto Carlos, e o som antigo de "Oh! Meu imenso amor" logo repercutiu nas emissoras de rádio brasileiras, tornando-se um dos grandes sucessos de seu álbum de 1969. Ela se transformou num dos números mais divertidos dos shows de Roberto Carlos, que no palco também procurava empostar a voz enquanto os músicos do RC-7 mexiam o corpo ao ritmo da valsa que tocavam. O cantor até adotou uma brincadeira iniciada nos ensaios. No arremate da música, ele apontava para o guitarrista Gato, que estufava o peito e dizia "Ohhhhhhhhh! Meu imenso amorrrrrrrr", imitando a voz de tenor do cantor Vicente Celestino.

Apesar das brincadeiras, os artistas da velha guarda adoraram a valsa do rei da Jovem Guarda e passaram também a cantá-la em shows. Dalva de Oliveira foi mais longe e gravou "Oh! Meu imenso amor" pouco depois de Roberto Carlos, quase dizendo que era assim que se cantava: entoando os versos com as letras "r" raspando na garganta, uma das marcas da cantora. O mesmo fez o cantor Francisco Petrônio, que comandava o *Baile da saudade* na televisão. O tema foi também gravado por outro ícone dos anos 1930, o cantor Carlos Galhardo, "o rei da valsa", lançador de "Fascinação" no Brasil. Até Waldir Azevedo — o criador do choro "Brasileirinho" — gravou uma versão instrumental de "Oh! Meu imenso amor", solando a melodia no seu cavaquinho. Na época houve também uma curiosa gravação feita pela então "namoradinha do Brasil", a atriz Regina Duarte. "Minha profissão tem dessas coisas, envolve a gente de tal maneira que, quando se vê, se está fazendo de tudo. Teatro, televisão, discos, o diabo." Mas ela parecia assustada para cantar a música no auditório do Chacrinha. "É uma loucura tão grande, me assusta tanto, que me descontrolo e acabo desafinando."

Alguns meses após o lançamento do álbum de 1969, Roberto Carlos disse que "As flores do jardim da nossa casa" e "Oh! Meu imenso amor" "são as duas músicas responsáveis pelo sucesso desse meu LP". Era uma afirmação modesta porque outras faixas daquele disco também tocavam muito no rádio. Por exemplo, "As curvas da estrada de Santos", "Não vou ficar" e "Sua estupidez", mas a declaração demonstra como era perceptível o sucesso da valsinha. No livro *A canção no tempo*, que destaca os principais sucessos da música brasileira desde

1901, os pesquisadores Jairo Severiano e Zuza Homem de Mello citam "Oh! Meu imenso amor" como uma das "gravações representativas" de 1969, ao lado de "As curvas da estrada de Santos" e "As flores do jardim da nossa casa" com o próprio Roberto Carlos, além de "Sinal fechado", com Paulinho da Viola, "Aquele abraço", com Gilberto Gil, "País tropical", com Jorge Ben Jor, "Atrás do trio elétrico", com Caetano Veloso e "O pequeno burguês", de Martinho da Vila. Na época, a valsinha de Roberto se tornou uma das músicas mais tocadas pela bandas da Polícia Militar, se juntando a "Mamãe, eu quero", "A banda", de Chico Buarque, e outras marchinhas populares.

Estimulado pelo sucesso de "Oh! Meu imenso amor", Roberto e Erasmo continuariam pesquisando ritmos do passado e no ano seguinte criaram outra paródia musical, dessa vez o charleston "Vista a roupa, meu bem". A letra tem algo de nonsense ao retratar alguém aflito para tirar a noiva da praia e levá-la para o altar. "Vista a roupa, meu bem / Você não se decide e isto assim não fica bem / Esta praia está boa / Mas você me magoa insistindo em ficar / Vista a roupa, meu bem / Vista a roupa, meu bem e vamos nos casar…" O arranjo seguiu o figurino das bandas de jazz dos anos 1920 e Roberto mudou novamente o timbre vocal, procurando emitir a voz como a de um velho cantor num antigo gramofone. A ideia era fazer o público ouvir aquele charleston como se estivesse efetivamente nos anos 1920 — só faltando o chiado do disco. Surpreendentemente, "Vista a roupa meu bem" seria outro grande sucesso radiofônico, com seu título sendo até muito explorado na publicidade de roupas.

Roberto Carlos estava curtindo a brincadeira e para o álbum de 1971 juntou novamente romantismo e recriação do passado ao compor com Erasmo um foxtrote com título em inglês, mas que todo mundo entendia: "I love you." Também foi gravada com a "voz cheia", impostada, ao estilo de cantores antigos como Carlos Galhardo. Na letra, o eu-lírico promete se modernizar para conquistar alguém que parece relutar em se relacionar com um "quadrado". Ele então diz: "Uma calça Lee agora vou comprar / Vou ficar moderninho pra chuchu / Vou até aprender falar inglês / Pra lhe dizer: 'I love you, I love you' /

Vou falar gíria e dançar o rock'n'roll..." Só que dessa vez a paródia não obteve sucesso. Aliás, foi a única faixa daquele álbum que não repercutiu nas rádios, num claro sinal de que o público já tinha se cansado das brincadeiras musicais do cantor. Ele entendeu o recado e parou de brincar com músicas antigas, mas deixando estes três divertidos registros na sua discografia: "Oh! Meu imenso amor", "Vista a roupa, meu bem" e "I love you".

Em meados de 1969, quando Roberto Carlos ainda rabiscava os versos de sua primeira paródia musical, algo se movia no show business brasileiro. O empresário Marcos Lázaro se juntara aos produtores Ronaldo Bôscoli e Luiz Carlos Miele para fundar a Praia Promoções, que cuidaria da programação do recém-criado Teatro da Praia, na zona sul do Rio. Naquele momento, com a crise da Record e o esvaziamento dos musicais de televisão, vários artistas passaram a produzir os seus próprios espetáculos teatrais. Por exemplo: Chico Anísio, com show no Teatro da Lagoa; os Mutantes, no Teatro Casa Grande; e a cantora Elis Regina, que em julho de 1969 estreava no Teatro da Praia um espetáculo produzido pela dupla Miele & Bôscoli.

Marcos Lázaro levou a proposta de Roberto Carlos fazer algo semelhante: se apresentar pela primeira vez em teatro, num show também dirigido por Bôscoli e Miele. Até então, Roberto fazia shows em clubes, ginásios e estádios de futebol, acompanhado apenas de sua banda e sem qualquer outro recurso, como iluminação ou cenário. O cantor não se opôs à ideia do teatro, nem à indicação da dupla para dirigi-lo. Prometeu pensar no caso, apenas observando que gostaria de ter também o seu ex-diretor de TV, Carlos Manga, na equipe de produção.

No começo de 1970, Marcos Lázaro voltou ao assunto com ele e dessa vez as negociações avançaram. Uma temporada de Roberto Carlos no Teatro da Praia parecia algo cada vez mais próximo. Foi quando entrou em cena o empresário Mario Priolli, então com 34 anos, dono e fundador do Canecão, propondo que essa temporada carioca do cantor fosse realizada na sua casa de espetáculo, também na zona sul do Rio. Inaugurado três anos antes, o Canecão fora concebido como uma grande cervejaria que apresentava shows de variedades. Era uma casa carioca com nome paulista, pois seu proprietário, nascido em São Paulo, manteve aquele costume de nomes com aumentativos como "Minhocão", "Timão", "Estadão". Mas desde o começo o Canecão contou com a simpatia da imprensa do Rio de Janeiro. O colunista José Carlos Oliveira, do *Jornal do Brasil*, por exemplo, afirmou, quando da inauguração da casa: "Estou torcendo pelo sucesso absoluto dessa iniciativa do jovem Mario Priolli, um rapaz tímido e valente. Ele jogou todo o dinheiro que tinha nesse negócio de doido. Uma cervejaria para 2.400 pessoas, vejam só."

Aos poucos, a cervejaria foi abrindo espaço para shows de música popular, até que em junho de 1969 estreou ali a primeira temporada com uma estrela da música brasileira: a cantora Maysa, num espetáculo que permaneceria quase dois meses em cartaz a preços populares. O ingresso custava 10 cruzeiros (equivalente ao valor de quatro cervejas) e ainda com direito a uma rodada de chope de graça durante o show. "Maysa lotou o Canecão de pessoas simples, que nunca haviam assistido a um único espetáculo na vida, mas também forçou a elite a ir vê-la. Assistir ao show do Canecão tornou-se programa obrigatório no Rio de Janeiro, inclusive para colunáveis", afirmou Lira Neto, biógrafo da cantora. "Eu achava formidável ver uma dondoca como Tereza Souza Campos sentada ao lado do faxineiro do meu prédio", disse também Maysa, mas num evidente exagero.

A badalação em torno desse primeiro espetáculo de Maysa, porém, não foi suficiente para firmar o Canecão como um espaço da música brasileira. Tanto que a segunda temporada dela, iniciada em maio do ano seguinte, resultaria num fracasso de público e acabaria cancelada antes do tempo. Maysa chegou a acionar Mario Priolli na Justiça, alegando não ter recebido os valores estabelecidos no contrato. Era como se essa enorme cervejaria tivesse sido uma novidade que já não interessava tanto ao público carioca. Em junho de 1970, por exemplo, a imprensa comentava que o Canecão "tem encontrado certa dificuldade em manter aquela média ideal de público para que, pelo menos, não haja prejuízos". Informava também que o diretor artístico da casa, Wilton Franco, sugerira a montagem de espetáculos de teatro de revista em vez de shows musicais, pois assim "ficaria livre das esquizofrenias dos grandes nomes da música popular brasileira, que pedem verdadeiras fortunas para ali atuarem, e, ao fim e ao cabo, não levam público".

Mario Priolli, porém, não concordou com a ideia. Seu objetivo era firmar o Canecão como uma casa de grandes shows de música popular. Para tanto, ele achava urgente e necessário montar um megaespetáculo, numa longa temporada, com um grande astro da música brasileira, mas com cacife para garantir o retorno dos investimentos. E o único artista que ele achava capaz de realizar o feito era Roberto Carlos.

Daí ele ter ido à luta para tentar desviar o cantor do Teatro da Praia — até porque entendia que uma temporada de Roberto Carlos em outro espaço na zona sul esvaziaria ainda mais o Canecão. Portanto, mais do que nunca, era importante ter o cantor como aliado e não como concorrente. Mario Priolli então levou a proposta ao empresário de Roberto Carlos: pagaria 600 mil cruzeiros a ele por uma temporada de três meses, com shows de quinta a domingo, totalizando 48 apresentações.

Só que Roberto Carlos não estava disposto a facilitar as coisas para Mario Priolli e cobrou 1 milhão de cruzeiros pela temporada de três meses. Esse valor o empresário não podia pagar, mas ele ficou de apresentar uma contraproposta ao artista. Enquanto isso, foi marcada a primeira reunião de Roberto Carlos com os produtores Miele e Bôscoli. O cantor aproveitou uma folga na agenda de shows e os convidou para um encontro em seu sítio, em Águas de São Pedro, São Paulo. Até então Roberto tivera contatos muito discretos com Miele e Bôscoli, basicamente durante alguns números musicais na TV, mas o suficiente para gostar do estilo de direção da dupla. Por isso, ele aceitou de pronto quando Marcos Lázaro lhe sugeriu os nomes deles para a direção do novo show. Além do mais, àquela altura, Roberto já não fazia mais questão da presença de Carlos Manga na produção.

Bôscoli e Miele apareceram cheios de ideias. A primeira era convencer Roberto Carlos a se apresentar acompanhado de uma orquestra, e não apenas da sua banda RC-7 — que nos bastidores Ronaldo Bôscoli ironizava chamando de "RC picas". Ele explicou ao cantor que naquele momento da sua carreira era importante apresentar um espetáculo de grande porte, com produção requintada, cantando com uma big band ao estilo de Frank Sinatra. "Bicho, você está louco. Eu jamais cantei ao vivo com uma orquestra. Tenho medo. Sei que posso, mas não devo", reagiu Roberto Carlos. Bôscoli argumentou que as músicas mais recentes dele, como "Se você pensa", "As flores do jardim da nossa casa" e "As curvas da estrada de Santos" ficariam muito bem com esse acompanhamento e até indicou o nome do maestro Chiquinho de Morais para fazer os arranjos e comandar os músicos no palco. Sugeriu também que, entre uma música e outra, Roberto falaria pequenos textos preparados por ele. "Bicho, texto, não! Eu não ficaria à vontade para falar! O máximo que eu já disse em show foi 'o meu amigo... fulano de tal!'", cortou. Porém, ao final da reunião, já menos assustado, ele prometeu pensar melhor no assunto. "Deixei cravados na cuca de Roberto dois fatores a ser destilados: o desafio e o medo", afirmou Ronaldo Bôscoli. Dias depois, o cantor deu sua resposta, aceitando a ideia: "Estou pronto para o mergulho." Os produtores entraram logo em ação e pelos dias seguintes Miele gravou alguns depoimentos de Roberto Carlos contando fatos de sua vida que depois entregaria para Bôscoli ouvir e preparar o roteiro do show — que até aí não estava definido se seria no teatro ou na cervejaria.

Lembremos que o Canecão ainda não tinha a imagem de sofisticação e de templo da MPB que desfrutaria depois. Era apenas uma grande cervejaria e que, naquele momento, não atraía tanto Roberto Carlos, já acostumado a se apresentar em grandes espaços como ginásios e estádios de futebol — o teatro, sim, mesmo rendendo menos dinheiro, pela possibilidade de fazer algo diferente, mais sofisticado e para um público que não costumava frequentar os seus shows. Por isso ele pediu 1 milhão para cantar no Canecão: só por muito dinheiro ele abriria mão daquela temporada no Teatro da Praia.

No fim de junho, Roberto falou dos preparativos do espetáculo, sem demonstrar pressa em definir as coisas: "Bicho, quero fazer um show bem cuidado, todinho planejado para agradar, de boa qualidade. Acho que é melhor a gente levar mais tempo preparando-o do que fazê-lo às pressas, malfeito."

Quem tinha pressa era Mario Priolli. No mês seguinte partiria com tudo para tentar fechar o negócio. Ele se disse animado com aquela ideia de um show com grande orquestra, enfatizou que queria aquilo mesmo para o Canecão, e foi ao seu limite: propôs pagar 900 mil cruzeiros a Roberto Carlos pelos 48 shows — e mais os salários dos músicos e diretores e demais despesas para a montagem do espetáculo. Era o maior contrato de show já oferecido a um artista nacional.

Diante disso, e depois de conversar com Miele e Bôscoli — que garantiram que a apresentação planejada funcionaria muito bem no palco da cervejaria —, Roberto aceitou o valor oferecido por Priolli. Todos ali da produção torciam por isso, porque lhes renderia mais dinheiro do que no teatro. Roberto Carlos, no entanto, fez uma exigência: o adiantamento de 300 mil cruzeiros no ato da assinatura do contrato — e também o aluguel de uma casa mobiliada, na zona sul do Rio, para ele residir com a família durante a temporada.

Priolli não tinha 300 mil cruzeiros em mãos; o que havia de reserva era pouco mais de 100 mil para gastar na montagem do show. Ele esperava contar com a bilheteria para pagar as primeiras parcelas ao cantor. Porém, Marcos Lázaro foi mais uma vez firme com ele: sem os 300 mil adiantados Roberto Carlos não pisaria no palco do Canecão. O dono da casa pediu então mais alguns dias para levantar o dinheiro, correndo aqui e ali, mas parecia mesmo difícil, porque no comecinho de agosto a coluna de Zózimo do *Jornal do Brasil* informava a seguinte nota: "O Canecão ainda não conseguiu reunir os 300 mil cruzeiros exigidos por Roberto Carlos, em cash e adiantados, para dar início à temporada salvadora da casa".

Dias depois, Mario Priolli acabaria obtendo o dinheiro por meio de um empréstimo no Banco do Estado da Guanabara. Assim, o valente empresário paulista precisou arriscar mais uma vez, colocando tudo o que tinha e o que não tinha na montagem do espetáculo. Para o Canecão, aquela temporada de Roberto Carlos significaria tudo ou nada.

Animado, Priolli planejou a estreia para a segunda quinzena de agosto. Pensou assim porque ainda não conhecia direito o astro do espetáculo. Além disso, Roberto mandou lhe avisar que não estreava nada de importante naquele mês — que, para os supersticiosos, é considerado de "mau agouro". Depois de todo aquele arranjo financeiro, não seria por causa disso que Priolli iria desistir de Roberto Carlos. O Canecão procurou então reformular sua programação e a estreia dele foi anunciada para o dia 3 de setembro.

É claro que isso se deu num contexto em que o cantor tinha prestígio e muito poder, porque, cinco anos antes, em 1965, quando o jovem Roberto Carlos fora convidado para comandar o programa *Jovem Guarda*, a direção da TV Record tinha definido que a estreia seria no dia 22 de agosto. E o que fez o supersticioso Roberto Carlos? Aceitou sem reclamar. E, se não aceitasse, provavelmente a emissora contrataria outro apresentador.

Registre-se que Roberto teve que cancelar vários compromissos para assumir a temporada de três meses no Canecão, como uma excursão que faria pelo Nordeste, em outubro. Ele precisou comprar de volta todos esses shows para os quais já havia recebido adiantamento pago pelo empresário sergipano José Carlos Mendonça, o Pinga. Com todas as pendências finalmente acertadas, aproximava-se o primeiro e histórico show de Roberto Carlos no Canecão.

48

120... 150... 200 KM POR HORA

*"Eu vou voando pela vida sem querer chegar
Nada vai mudar meu rumo
Nem me fazer voltar
Vivo, fugindo, sem destino algum"*
Do álbum *Roberto Carlos*, 1970

O Jaguar que Roberto Carlos ganhara de presente da CBS logo se tornaria um xodó, parecendo ter michado os demais carros de sua coleção. E olha que não era por falta de bons concorrentes na garagem, pois havia lá, por exemplo, um Oldsmobile Cutlass e um Cadillac presidencial. Mas aquela "máquina quente" — como o próprio cantor dizia — sempre o deixava com vontade de pegar a estrada. Às vezes, nos dias em que não tinha show, Roberto Carlos acordava cedo, ligava o Jaguar e um cronômetro e ia brigando com o tempo até seu sítio em Águas de São Pedro, na região de Piracicaba, em São Paulo. A máquina parecia indomável. Certa vez houve uma derrapagem e o cantor quase capotou com o carro na estrada. Outras vezes os freios falhavam e era difícil parar o Jaguar. Mas foi também a bordo dele que nasceu mais um clássico de Roberto Carlos: a canção "120... 150... 200 km por hora".

O cantor rodava com o Jaguar pela cidade de São Paulo quando lhe veio a inspiração. Ao volante, ele se transportou para aquela mesma história já testada em "As curvas da estrada de Santos": alguém assombrado pela solidão dentro de um carro em alta velocidade gritando toda a dor de um amor perdido. Com parte da letra declamada e parte cantada, a canção começa com uma imagem cinematográfica: "As coisas estão passando mais depressa / O ponteiro marca 120 / O tempo diminui / As árvores passam como vultos / A vida passa, o tempo passa..." Só que em vez das curvas da canção anterior, nessa parece que ele está numa reta, e em crescente velocidade, sem saber para onde ir. O filme *Sem destino*, de Dennis Hopper, marco do *road movie* norte-americano — que estreara no Brasil no começo de 1970 —, já estava no imaginário naquele momento, sendo citado numa das estrofes da letra: "Eu vou voando pela vida sem querer chegar / Nada vai mudar meu rumo nem me fazer voltar / Vivo, fugindo, sem destino algum / Sigo caminhos que me levam a lugar nenhum..."

A canção ganhou um apropriado arranjo do maestro Alexandre Gnattali, em que o piano, o baixo, a bateria, as cordas, os metais e o órgão vão soando num crescendo acompanhando o desespero do narrador. "O ponteiro agora marca 190 / Por um momento tive a sensação / De ver você a meu lado / Hum... o banco está vazio / Estou só, a 200 por hora / Vou parar de pensar em você / Pra prestar atenção na estrada..." Por decisão do produtor Evandro Ribeiro, "120... 150... 200 km por hora" foi lançada como faixa de abertura do LP *As 14 mais*, volume 24, em agosto de 1970, mas Roberto exigiu que ela fosse incluída depois no seu álbum de fim de ano. "Essa música em particular mexe muito comigo", disse certa vez o cantor, ao citá-la entre as suas composições preferidas. Pois mexeu também com o público: um sucesso tão grande que acabaria se tornando a música-tema do primeiro show do cantor no Canecão, *Roberto Carlos a 200 km por hora*, cujo roteiro explorava a sua paixão pela velocidade e os automóveis.

Coube ao maestro Chiquinho de Morais dirigir a parte musical do espetáculo. Paulista, na época com 33 anos, ele era um dos mais requisitados maestros do show business brasileiro. O curioso é que Chiquinho diz que se tornou músico por imposição do pai, um escrevente de cartório que queria ter um filho pianista. "Eu fui criado dentro de um regime de força em que meu pai era o ditador. Ele não pedia, mandava; e de chicote na mão, pronto para estalar. E ai de quem lá em casa ousasse questionar suas ordens." Aos 5 anos, Chiquinho de Morais foi então estudar piano, e devia mesmo ter alguma aptidão para a música porque se desenvolveu com muita facilidade no instrumento. Aos 14 anos ele já tocava profissionalmente — embora ainda acalentasse outros projetos para si. "Eu queria ser juiz de direito ou promotor público, esse era o sonho da minha vida. Mas eu não tive escolha", lamenta. Quando ele trabalhava no bar Baiuca, em São Paulo, certo dia lá apareceu um pianista pernambucano chamado Walter Wanderley. "Ele tocou uns negócios com umas harmonias e com um suingue que faziam o piano balançar. Eu ouvi aquilo e me espantei, não queria acreditar. Quem só ouviu Walter nos discos ouviu apenas 10% do que ele fazia. Depois de conhecer Walter Wanderley desisti de tocar piano e fui estudar para ser maestro e arranjador", diz Chiquinho, que teve outro grande mestre, o maestro Guerra Peixe. "Aí já não tinha mais autoritarismo, eu queria me dedicar à música." Aos 22 anos, tornou-se maestro e arranjador, especializado em grande orquestra. Seu primeiro trabalho na música popular foi para a gravadora Odeon: o arranjo do rock "Estúpido cupido", gravação da cantora Celly Campello, em 1959. "Comecei a fazer esse arranjo às 5 da tarde e terminei às 10 horas do dia seguinte, tal o grau de dificuldade. Claro, foi o meu primeiro arranjo." A partir de então, diversos outros cantores, cantoras, gravadoras e emissoras de televisão contariam com os arranjos e orquestrações de Chiquinho de Morais — chegando até o dia de seu encontro com Roberto Carlos, em agosto de 1970.

Os dois ainda não se conheciam pessoalmente e a primeira reunião, na casa do cantor, no Morumbi, foi mediada por Ronaldo Bôscoli. A partir do segundo encontro, Chiquinho já foi sozinho, para Roberto lhe mostrar ao violão as canções que queria apresentar no show. E o maestro ia anotando os títulos, o tom, as modulações. "Nós conversamos bastante na casa dele, porque eu entendia que precisava ter maior contato com Roberto, saber o que ele pensava das coisas, senti-lo. Porque existem infinitas formas de se orquestrar uma música e são pequenos detalhes que formam um contexto. Ainda sou absolutamente defensor da música artesanal. Lamento o arranjador que pega uma música e manda bala, como numa linha de montagem. Gosto de saber com que emoção o intérprete está cantando aquilo, quando é que ele altera a voz quando diz determinada frase. E quanto mais o maestro souber dos segredos do cantor tanto mais ele vai poder puxar pela emoção. Por exemplo, ao descobrir que o cantor gosta de tal timbre, o maestro tem que colocar esse timbre, e num lugar estratégico para ele suspirar. Então, nas conversas que tive com Roberto, fui aos poucos percebendo todas essas coisas, todos esses detalhes." Aliás, o maestro frequentou tanto a casa de Roberto Carlos que acabou namorando duas das babás que cuidavam dos filhos dele. "Eu atacava por onde podia", brinca.

Na sequência, Chiquinho de Morais se apresentou aos músicos do RC-7, num encontro só com eles no palco do Canecão. Sob o argumento de que precisava sentir a acústica da casa, ele pediu para os rapazes tocarem qualquer coisa de improviso, uma espécie de *jam session*. "Que acústica que nada. Eu queria saber a força de cada um deles no instrumento", afirma o maestro, que, dando uma de distraído, ouvia atentamente cada integrante da banda de Roberto Carlos. Um deles logo lhe chamaria a atenção: o pianista Antônio Wanderley, então com 29 anos. "Quando ele atacou no piano, levei um susto. Wanderley foi uma gratíssima surpresa", contou. De fato, quem via Wanderley discretamente tocando iê-iê-iê no programa *Jovem Guarda* não podia imaginar o excepcional músico que ele é. "Wanderley é quieto, de pouca conversa, você não sabe o som da voz dele, mas, quando ele começa a tocar, sai de baixo. Bom é pouco. Wanderley é muito mais do que isso", elogia o maestro. "Ele é um cara de um bom gosto e de uma musicalidade excepcionais. E é bastante econômico, toca apenas o necessário. Isso é extremamente difícil, porque alguém com a musicalidade dele quer extrapolar, tocar as notas possíveis e impossíveis ao mesmo tempo. Wanderley, ao contrário; quando precisa, ele está, e, quando não precisa, desaparece. É um músico extraordinário que, inclusive, nem lê música, mas eu prefiro meio Wanderley a vinte concertistas de piano."

Contudo, além das virtudes, também identificadas no naipe dos metais, como o trompetista Maguinho, em pouco tempo o maestro entendeu as deficiências musicais do RC-7. E, para saná-las, pediu a substituição de três integrantes: do guitarrista Gato, do baixista Bruno Pascoal e do baterista Dedé. "Eles sabiam fazer aquela batida básica de iê-iê-iê, mas eu estava preparando um espetáculo na levada das big bands norte-americanas. Gato, por exemplo, era um ótimo solista de rock, mas eu queria um guitarrista de estilo mais jazzístico, com maior desenvoltura para acompanhar uma big band", justifica. Roberto Carlos ouviu as explicações do maestro, entendeu a necessidade das mudanças, mas disse que não iria dispensar nenhum dos três músicos de sua banda. Eram todos seus amigos, estavam com ele havia muito tempo, e não era justo descartá-los naquela véspera de estreia no Canecão. O maestro, porém, enfatizou que pelo menos um deles teria que ser substituído sob risco de comprometer o espetáculo: o baterista Dedé. Ele explicou que Dedé podia ser ótimo para tocar em clubes, ginásios e auditórios de TV, mas não tinha técnica nem cancha para segurar um espetáculo daquele porte e num palco como o do Canecão. Era necessário um baterista com experiência em orquestra, de levada jazzística. E Chiquinho de Morais já tinha até escolhido um para a função: o renomado Wilson das Neves. O maestro observou que seria uma mudança temporária, apenas para o período de apresentações no Canecão.

Aí Roberto Carlos achou a ideia mais razoável. Só iria acatá-la, entretanto, com a condição de que o próprio Dedé concordasse. A amizade dos dois era muito forte e o cantor não arriscaria isso para beneficiar o espetáculo. Se Dedé compreendesse e aceitasse sair, ótimo; se não, paciência. Pois Dedé foi consultado pela produção e não compreendeu. Afirmou que queria continuar sentado na sua bateria, como fazia em todos as apresentações de Roberto Carlos. Afinal, dizia, no tempo em que Roberto cantava em circos de lona furada, não tinha baterista que quisesse acompanhá-lo. Apenas ele, Dedé, fazia isso. Por que agora, na véspera da grande temporada no Canecão, aparecia um time inteiro de bateristas querendo tocar com Roberto Carlos?

Formou-se então um impasse. Só depois de muita conversa a produção chegou a uma solução inusitada. O show teria dois bateristas:

Wilson das Neves, na bateria A, no ataque da banda, e Dedé, na bateria B, na marcação rítmica. "Eu nunca tinha visto isso na vida, mas foi a solução possível. Uma bateria que tocava e outra que dublava", ironizou o maestro, que levaria para o palco mais dois grupos musicais: o Quinteto Villa-Lobos — especializado em música de câmara brasileira — e um grupo de jazz que ele batizou de Banda Supersônica (quatro pistons, quatro trombones, quatro saxofones, mais clarinete e flauta). "É a primeira vez que eu faço uma formação dessas para um show", disse na época Chiquinho de Morais. No total, eram 28 músicos em cena para acompanhar Roberto Carlos no Canecão.

Depois de estabelecida a estrutura, pronto o roteiro e definido o elenco, todos se mobilizaram para o início dos ensaios, que, a pedido do cantor, ocorreriam sempre à noite, no mesmo horário do show, a partir das 22 horas. Para o primeiro dia, Chiquinho de Morais preparara o arranjo de quatro das dezessete músicas do roteiro. "Eu queria ver como é que Roberto iria se comportar, como é que a orquestra iria funcionar, como é que a garçonete iria olhar, enfim, queria sentir a vibração do local", comentou o maestro. E o seu processo de trabalho com outros cantores era exatamente assim. A cada dia ele passava um bloco de canções até montar o repertório completo do show. Ele foi então para o palco com os músicos, enquanto Roberto Carlos ficou na plateia, numa mesa próxima da de Bôscoli e Miele. Por exigência do cantor, ninguém que não fosse da produção do show poderia permanecer no local, nem mesmo funcionários do Canecão. Ele explicou o motivo para um jornalista: "Não é superstição, não, bicho. Sabe? Eu sou muito tímido e fico encabulado de errar nos ensaios quando tem alguém de fora assistindo."

A expectativa era a de que, após o maestro passar as quatro primeiras músicas, o cantor subisse ao palco para interpretá-las acompanhado pela orquestra. Entretanto, Chiquinho de Morais tocou as músicas duas, três, quatro vezes e nada de Roberto Carlos sair de seu lugar. Ele permaneceu o tempo todo apenas ouvindo a orquestra tocar. Como ainda não tinha intimidade com Roberto, no intervalo para o lanche, o maestro chamou Ronaldo Bôscoli em um canto do palco e perguntou:

"O que está acontecendo? O cara não canta nunca. Qual é a dele?"

"Fica frio, Chiquinho, por enquanto ele não quer cantar", respondeu Bôscoli.

"Como não quer cantar? Ele não está gostando dos arranjos?", retrucou o maestro.

"Calma, Chiquinho, não é nada disso, pode ficar tranquilo."

Os músicos retornaram para o ensaio, passaram e repassaram as músicas, e Roberto Carlos continuou até o fim sem sair do lugar.

Para o dia seguinte, Chiquinho de Morais preparou o arranjo de mais três músicas — agora totalizando sete números do show. E o mesmo processo se repetiu. Roberto Carlos permaneceu sentado, apenas ouvindo a orquestra tocar. O cantor tinha um microfone sobre a mesa e poderia se manifestar de lá se quisesse, mas nada falava. Não dizia se estava bom, nem se estava ruim.

Veio o intervalo. Os músicos fizeram um lanche, retornaram ao palco e nada de Roberto Carlos dar a graça de sua voz. "Eu comecei a achar que ele estava inseguro, com medo de cantar. Então chamei Ronaldo e falei que aquilo não ia dar certo, que era melhor eles procurarem outro maestro", lembra Chiquinho. Bôscoli, porém, mais uma vez o tranquilizava. "Pode continuar, Chico, não tem problema nenhum. O homem vai cantar." Mas assim se passaram três, quatro, cinco, seis noites de ensaios, com Roberto Carlos adiando seu encontro com o palco do Canecão.

Aquela era uma situação inusitada porque, geralmente, os cantores ficam ansiosos para testar a voz no palco. O próprio Chiquinho de Morais diz que seu grande problema sempre foi o de segurar os cantores nos ensaios. Era muito comum o maestro dizer para eles: "Calma, deixa eu primeiro passar a orquestra porque preciso ouvir os músicos. Por favor, depois você canta." No caso de Roberto, aconteceu exatamente o contrário: o artista não tinha nenhuma pressa. "Aquilo foi pra mim um fato surpreendente e que nunca tinha me acontecido", registrou o maestro. Na sétima noite de ensaio, o repertório já estava devidamente arranjado e testado por todos os músicos no palco: cada virada das duas baterias, cada solo de guitarra, cada emissão do sopro, cada toque do piano. "De tanto ensaiar me lembro que nesse dia eu passei a orquestra já sem muito entusiasmo", admite Chiquinho. Mas então veio o intervalo, e os músicos pararam para um lanche. Na volta, Roberto Carlos finalmente resolveu subir ao palco para cantar. "Na hora eu pensei: vou me preparar porque isso vai ser uma guerra de foice. Àquela altura, eu não dava mais um tostão por ele", confessa o maestro. Esperando pelo pior, ele novamente levantou os braços para conduzir a orquestra.

Roberto Carlos se encaminhou para o microfone. Passou as mãos no cabelo, ajeitou o medalhão no peito e, pela primeira vez, soltou a voz no Canecão, cantando "Eu sou terrível", a música de abertura do espetáculo. E seguiu com a orquestra, de uma levada só, cantando todo o repertório do show, dessa primeira à última música, sem intervalo, sem nenhum erro. O experiente maestro Chiquinho de Morais ficou estupefato. "O homem me surpreendeu porque cantou bem pra caralho! Em cada música, Roberto entrava no tempo certo, respirava no momento certo, enfim, ele cantou com muita propriedade. Levei um choque porque era como se tivéssemos ensaiado juntos durante um mês." Na plateia, como únicas testemunhas daquela estreia, apenas a dupla de produtores Miele e Bôscoli. "Roberto nos brindou com o show pronto, maravilhoso, o repertório afinadíssimo, os textos bem passados, estava tudo perfeito", lembrou Miele.

"Vai ser de arrasar quarteirão o show de Roberto Carlos no Canecão", anunciava Big Boy em sua coluna em O Globo.

Na noite de quinta-feira, dia 3 de setembro, a casa estava totalmente lotada. Um colunista relatou que "nunca o Canecão viu tanta gente conhecida como na estreia de Roberto Carlos". Zózimo Barroso do Amaral, do *Jornal do Brasil*, também afirmaria que "quer do ponto de vista social, quer do ponto de vista da badalação, aquela noite de quinta-feira foi com certeza a mais brilhante já vivida pelo Canecão". Lá estavam personalidades como Fernanda Montenegro, Otto Lara Resende, Elis Regina, Fernando Sabino, Leila Diniz, Flávio Cavalcanti, Danuza Leão, José Colagrossi, Aloísio Muniz Freire e o "clã Monteiro de Carvalho inteiro". Todos curiosos para ver de perto aquele fenômeno da música brasileira. Sim, porque a maioria daquele público nunca tinha visto um show de Roberto Carlos, e muitos sequer possuíam discos dele. Portanto, estavam ali para descobrir o que havia de tão especial naquele rapaz para cativar tantos brasileiros.

A produção achou que seria uma boa ideia escalar Ibrahim Sued — o mais conhecido e polêmico colunista social do Brasil — para anunciar o início do espetáculo. Ele então subiu ao palco, mas, segundo a imprensa, foi "vaiado estrepitosamente", sobretudo ao declarar que Roberto Carlos, "o Pelé da nossa canção", estava começando ali uma "temporada permanente de três meses". Àquela altura, ninguém queria ouvir outra voz no palco que não a do próprio cantor.

Perto da meia-noite, as luzes do Canecão finalmente se apagaram. E outras se acenderam. O show *Roberto Carlos a 200 km por hora* ia começar.

O artista entrou em cena trajando calça de veludo vermelho, colete de camurça escura com franjas e cinturão de couro — visual hippie e moderno na época. O cenário procurava reproduzir um clima de pista automobilística no imenso palco do Canecão. Num canto estava estacionado um carro esporte vermelho (referência ao Jaguar), que foi efetivamente ligado no início do show, espalhando um cheiro de gasolina no ar. No alto do cenário, dois velocímetros simulavam a velocidade, aumentando ou diminuindo ao ritmo da orquestra. Um painel gigantesco mostrava uma cena do filme *Grand Prix*, de John Frankenheimer. Para completar o ambiente — criado pelo cenógrafo Marco Antônio Pudny —, a maioria dos músicos, inclusive o maestro, se exibia uniformizada de macacão. "Sou vidrado em tudo que anda, em tudo que caminha, em tudo que voa a 120... a 150... a mil por hora...", dizia Roberto Carlos ao abrir o show com um grande hit da Jovem Guarda: "Eu sou terrível / E é bom parar / De desse jeito / Me provocar..."

Ao longo do espetáculo, a banda RC-7, o Quinteto Villa-Lobos e a orquestra de jazz se exibiam juntos ou alternadamente, criando climas musicais diferentes para canções como "Eu te amo, te amo, te amo", "As flores do jardim de nossa casa" e "Ciúme de você". Roberto

Carlos se acompanha na guitarra no soul "Não vou ficar", toca gaita na instrumental "O diamante cor-de-rosa" e ganha um forte coro da plateia na valsa "Oh! Meu imenso amor". Depois as luzes se apagam e um único foco de luz mostra o cantor ao violão declamando a intimista "Não quero ver você triste", acompanhado do Quinteto Villa-Lobos. Mostrando sua faceta de intérprete maduro e eclético, Roberto Carlos interpretou em homenagem à sua mãe o clássico norte-americano "Laura", do repertório de Frank Sinatra. Ao cantar "Tutti frutti", lembrando a sua adolescência e o início do rock, ele dizia estar contente por Elvis Presley "voltar a fazer sucesso" — numa referência ao fato de a carreira de Elvis ter ganhado novo fôlego a partir de 1968 com o *Elvis NBC TV Special*, e o primeiro lugar, no ano seguinte, com a música "Suspicious minds".

Na parte final do espetáculo — que teve duração total de uma hora, tempo médio dos shows da época —, ele fez uma homenagem ao parceiro Erasmo Carlos. "Em todas as curvas e derrapagens que possa ter dado em minha carreira eu sempre tive um cara do meu lado. A gente vinha a mil por hora fazendo música e letra... Nós já percorremos muitos quilômetros juntos e, se Deus quiser, vamos percorrer muitos mais, tenho certeza que vamos, porque com esse bicho eu sei que posso andar em qualquer velocidade..." E Roberto Carlos então brindava o público com pulsantes interpretações de "120... 150... 200 km por hora" e "As curvas da estrada de Santos". E se mantinha em alta tensão até a última música, "Se você pensa". "Bicho, a minha caranga é máquina quente!", declarava em meio ao som de carros em alta velocidade, repetindo um verso de "Eu sou terrível". Ao término do espetáculo, segundo relato da revista *Veja*, "de pé, entusiasmado, o público aplaude talvez sem perceber que acabou de ouvir as mesmas músicas que costuma comprar nos discos. Ou talvez sabendo que reverencia um dos poucos mágicos da comunicação".

O camarim do artista ficou pequeno para tantos amigos e familiares que queriam cumprimentá-lo após a estreia. Um deles contou para a revista *Intervalo* que "a emoção de Roberto era muito forte" e que "muitas vezes ele teve de disfarçar as lágrimas, usando a toalha que passava nas costas nuas suadas". Sua esposa Nice, e sua mãe, dona Laura, demoraram em seus abraços ao cantor. "Esse show foi uma verdadeira surpresa para mim. Não pensei que meu marido estivesse tão amadurecido artisticamente. Prestem atenção quando ele cantar 'Laura'", comentou Nice. Emocionado, Erasmo Carlos abraçou o parceiro no camarim. "Bicho, foi a melhor coisa que aconteceu na sua vida." Elis Regina também o parabenizou pelo espetáculo. "Está demais, está demais!" Ela elogiou, inclusive, o desempenho do baixista Bruno Pascoal, do RC-7, que quase foi descartado do show pelo maestro. "Elis me deu um abraço e um beijo no camarim que fiquei até emocionado", lembra o músico.

A crítica reagiu de forma unânime. Da revista *Veja* ao *Jornal do Brasil*; de *O Globo* ao *O Pasquim* — todos elogiaram o espetáculo, pois foram lá ver o ídolo do iê-iê-iê e se surpreenderam diante de um intérprete à la Frank Sinatra. "Por melhor que o show estivesse ensaiado, bem montado, o que fez a diferença não foi previsto por nenhuma pessoa. Ninguém contava com o agigantamento de Roberto Carlos no palco. E ali ele se revelou um leão, bom pra cacete!", analisou Miele. O colunista Fernando Lopes, da *Tribuna da Imprensa*, foi taxativo: "Indiscutivelmente o espetáculo do Canecão é simplesmente sensacional. Roberto Carlos, acompanhado por excelente orquestra e mais o Quinteto Villa-Lobos, mostra um show feito com uma seriedade profissional impressionante. Tudo certinho, ensaiado, sem nenhuma improvisação, coisa difícil na noite carioca."

Luiz Carlos Maciel, de *O Pasquim*, afirmou que "o show de Roberto Carlos é tão bom que até o Canecão, quando ele canta, fica parecendo um lugar agradável — e olhem que isso é não só difícil, como particularmente difícil", observando ainda que o artista "está cantando melhor do que nunca e suas músicas, principalmente as baladas e as composições mais recentes, são boas demais". Alguns colunistas destacaram o ineditismo daquele show. O crítico Júlio Hungria, do *Jornal do Brasil*, por exemplo, elogiou o acompanhamento musical regido pelo maestro Chiquinho de Morais, "impecável nota por nota, [banda] justa, azeitada, e tocando como poucas vezes (ou nunca) se terá visto no Brasil". Big Boy também escreveu em sua coluna em *O Globo* que "Roberto Carlos é indiscutivelmente o rei e ele demonstrou isso, num Canecão lotado e em um ambiente super da pesada, até então inédito entre nós".

Pelos três meses seguintes, *Roberto Carlos a 200 km por hora* seria um programa obrigatório na noite carioca, atraindo mais e mais personalidades, como Vinicius de Moraes, Carlos Lacerda, Jorge Guinle, Tereza e Didu de Souza Campos, Silvia Amélia e Paulo Marcondes Ferraz, e até a cantora francesa Françoise Hardy, quando esteve no Rio para participar do Festival Internacional da Canção. A cantora Baby Consuelo (hoje Baby do Brasil), então com 18 anos, jurava da plateia: "Não morro sem comer Erasmo e Roberto." Em sua coluna, Zózimo disse que o espetáculo no Canecão era "para ser visto e, o que é mais importante, revisto". E foi o que fizeram muitas pessoas, inclusive da imprensa, como Sergio Marcondes, de *O Jornal:* "Uma segunda vez, fui ver o show de Roberto Carlos. Ainda o impacto, ainda o arrepiar..." Outro jornalista carioca também afirmou, em novembro: "Fui ver mais uma vez, a terceira, o show do Roberto Carlos..." Outros lamentavam não conseguir ingresso, como um colunista da revista *Intervalo*: "Tentei assistir ao show de Roberto Carlos no Canecão e tive de voltar da porta. Meu consolo é que aconteceu a mesma coisa a mais de 10 mil pessoas, até agora..." *O Globo* informava que "hippies na porta do Canecão para ver Roberto Carlos trocam seu artesanato pela entrada".

Na época, em São Paulo, agências de viagens anunciavam nos classificados "maravilhosa excursão" ao Rio de Janeiro com o "show de Roberto Carlos no Canecão". No primeiro fim de semana daquela temporada, o próprio prefeito da cidade, Paulo Maluf, compareceu ao show, acompanhado da esposa Sylvia e de uma comitiva. No dia seguinte foi a vez do então governador da Bahia, Luís Viana Filho. Era difícil resistir porque, além da propaganda boca a boca, a imprensa continuava comentando e indicando o espetáculo. Um cronista de *O Jornal* até provocava ao dizer que "quem não for ver Roberto Carlos no Canecão vai morrer com a boca cheia de borboleta". A única restrição ao espetáculo era em relação às falas do cantor, pequenos textos, alguns com palavras de duplo sentido e conotação sexual, que Ronaldo Bôscoli escrevera para ele dizer entre as músicas. Por exemplo: "Meu calhambeque tem uma história parecida com a do anão. É um carro muito velho mas com uma tara desse tamanho..." Luiz Carlos Maciel comentou em *O Pasquim* que "esse negócio de cantor dizer piadinha é insuportavelmente antigo". O cronista Sergio Bittencourt, de *O Globo*, indagou num tom ainda mais crítico: "Por que a grossura gratuita? O gesto fácil e geral? Por que o palavrão de graça? Para causar impacto? Despertar o antigo público? Ou conquistar outro?"

Algo de fato se movia. O artista não repetia mais as gírias e os gestos da época da Jovem Guarda. "É uma brasa, mora" cedeu lugar para "é isso aí, bicho"; e, em vez do dedo da mão direita apontando com o corpo curvado para baixo, agora eram os dois braços levantados e os dedos das mãos abertos em V — reproduzindo um símbolo da contracultura. Foi também nessa primeira temporada no Canecão que Roberto Carlos criou uma relação muito especial com o microfone. Não com um microfone qualquer, mas com aquele microfone inclinado, de haste dobrável, que ele mexe e remexe de um lado para outro várias vezes no palco. Até o fim da década anterior, ele cantava com um microfone comum, reto, como o que aparece na contracapa dos seus álbuns de 1966 e 1968. Mas, no período do ensaio para o Canecão, a produção encomendara um novo equipamento de som da Itália, e recebeu um microfone Semprini, de haste dobrável, que era mais usado por apresentadores de televisão. Como uma criança diante de um novo brinquedo, Roberto Carlos pegou aquele microfone e começou a regulá-lo para cima e para baixo, para dentro e para fora. Daí adquirindo o hábito de jogar o microfone para o lado quando canta. A brincadeira continuou para além dos ensaios e ele acabou se identificando com esse modelo, usando-o como uma espécie de apoio no palco. A ótima repercussão do show desde a estreia só contribuiria para o supersticioso Roberto Carlos adotar de vez o novo brinquedo.

A cristalização da imagem do artista com esse microfone inclinado ocorreu a partir da foto que ilustraria a capa de seu álbum, em 1970. Simples e moderna, a capa mostra Roberto Carlos no palco do Canecão, numa foto basicamente em preto e branco, sem tons médios; quase em alto contraste, o rosto, os cabelos revoltos e as mãos do cantor conduzindo o microfone. A imagem foi feita pela fotógrafa baiana Thereza Eugênia, que se iniciava na carreira fotografando estrelas da MPB como Maria Bethânia, Gal Costa e Maysa. Ela fora indicada à CBS por Ivone Kassu, então assessora de imprensa do Canecão. A gravadora queria o registro do espetáculo numa série de fotografias para divulgação. Thereza tinha uma máquina Pentax, com lente comum, mas quis usar uma meia teleobjetiva para puxar a imagem para mais perto. Pediu então emprestado a Manoel Priolli, produtor do Canecão, que percebeu a pouca intimidade dela com aquele modelo de câmara. "Kassu, como é que você manda uma pessoa que nem sabe segurar uma máquina direito fotografar o show de Roberto Carlos?", reclamou na véspera. No dia da estreia, Thereza Eugênia ficou numa mesa à beira do palco e dali fez uma sequência de fotos em vários ângulos. "Eu gostei daquele gesto dele e dei o click", recorda. Era um gesto que começava ali, naquele dia, e iria se constituir na imagem que mais traduz Roberto Carlos no palco. Ela entregou as fotografias na gravadora e um mês depois lhe avisaram que Roberto escolhera uma das fotos para a capa do disco. "Foi uma agradável surpresa. Eu não esperava. Fiquei radiante de alegria." De tão frequente a partir daí, essa imagem de Roberto Carlos com o microfone inclinado nas mãos tornou-se uma espécie de marca do artista, um logotipo, como a língua de Mick Jagger.

Sobre o significado daquela temporada para o próprio Canecão, o jornalista Fernando Lopes, da *Tribuna da Imprensa*, observou na época que "agora o sr. Mario Priolli deve ter chegado à conclusão que um espetáculo bem-feito, apesar de caro em sua produção, não dá susto ao empresário. O que arrasa uma casa é a improvisação, que, às vezes, chega a ser uma vaia na sensibilidade dos espectadores". O show de Roberto Carlos se tornou assim uma espécie de padrão, referência para os que seriam realizados depois naquele palco da zona sul carioca. Enfim, Mario Priolli arriscou tudo e ganhou, e a partir de então o Canecão se estabeleceria definitivamente como a mais mítica e famosa casa de shows do Brasil. A dupla de produtores Miele e Bôscoli — que começara fazendo *pocket shows* no Beco das Garrafas e depois se firmara com musicais para teatro e televisão — também sairia maior (e mais cara) daquela temporada. Eles se tornaram quase uma grife colocada nos cartazes dos espetáculos que seguiriam produzindo para Roberto, Elis Regina e outros artistas da música e da televisão brasileiras.

Os ganhos de Roberto Carlos foram muito além dos 900 mil cruzeiros que recebeu de Priolli. O espetáculo do Canecão imprimiria mais credibilidade e sofisticação à sua carreira artística. Na época, o diretor Roberto Farias até se queixou em conversa com amigos: "Fiz dois filmes sobre Roberto Carlos e a crítica pichou. Agora ele faz um show e todo mundo endeusa." Um colunista até ironizou esse fato ao listar "algumas bossas que estão na onda", citando, por exemplo, "botinhas para fora da calça" e "ir assistir ao último show de Roberto Carlos e sair dizendo que ele 'é genial'!". Um outro também comentou que "tem nego atacando de vidrado em Roberto Carlos. É charme. Complicar o rapaz chega a ser maldade. Que onda é essa? De repente o cara vira gênio? Tá faltando mito na paróquia?" Aquilo era realmente algo novo na carreira do cantor, que sempre atraíra certo desprezo ou oposição dos setores mais elitizados do país. Mas agora muitos deles pareciam ter perdido a vergonha de se proclamar seu fã. "Eu sou fixado, amo absolutamente Roberto Carlos, acho sensacional", disse, por exemplo, o jornalista Tarso de Castro, que também foi ver o show no Canecão. "Eu dava cada berro, gritava em pé: Roberto! Sabe o que é uma macaca [de auditório]? Era eu." Em seguida, esteve no camarim para cumprimentar o artista. "Seu show é sensacional, cara. Você é pra mim, o maior cantor do Brasil." "Pô, legal, obrigado, bicho", disse Roberto, apertando-lhe a mão. O cronista José Carlos Oliveira também viu o espetáculo, apesar de suas restrições à casa de Mario Priolli. "O Canecão me dá medo. Na mesa, não é nada. Mas ter que ir fazer pipi sozinho no Canecão é duro: são quilômetros de caminhada cercado de estranhos por todos os lados."

A canção-tema "120... 150... 200 km por hora" foi a última música daquele ciclo sobre automóveis iniciado por Roberto Carlos em 1963 com "Parei na contramão". A partir dali não se arriscaria mais nas curvas com suas canções. Parece que o cantor decidira obedecer à norma imposta na época pelo governo militar, que limitaria a velocidade máxima nas rodovias brasileiras a 80 km por hora. Foi quando também começaram a surgir mensagens de advertência nas estradas, tais como "Não corra, não mate, não morra" ou "Não faça de seu carro uma arma. A vítima pode ser você" — que usavam o mesmo estilo das frases de para-choques de caminhão. Roberto só voltaria ao tema catorze anos depois com o hit "Caminhoneiro", mas aí retratando um profissional da estrada, consciente ao volante, e que até se gaba disso na letra ao dizer que "Eu ando com cuidado / Não me arrisco na banguela". Registre-se que o carro que dirigia quando compôs "120... 150... 200 km por hora" também chegaria ao fim — e de forma inesperada, pouco tempo depois, em outubro de 1971.

Roberto Carlos deixara o Jaguar numa oficina em São Paulo para reparo no seu sistema de freios. Perto da meia-noite, alguns vizinhos avistaram uma grossa nuvem de fumaça que saía do interior da oficina. O incêndio começara no fio da bateria de uma Kombi estacionada ao lado do Jaguar. Os bombeiros foram chamados e apagaram o fogo, que praticamente destruiu a Kombi e atingiu apenas parcialmente o Jaguar. Porém, pouco depois de os bombeiros irem embora, novas chamas de fumaça foram percebidas ali. É que a alta temperatura aquecera o óleo do motor do Jaguar, que acabaria também pegando fogo. E dessa vez não teve jeito — o carrão vermelho que Roberto Carlos ganhara de presente da matriz da CBS ficou totalmente destruído.

O cantor estava no Rio colocando voz nas canções do novo álbum quando soube do fim do seu automóvel, que, para complicar, tivera o seguro vencido um mês antes. "Eu não renovei porque tinha ido para os Estados Unidos, em turnê", comentou na época, bastante aborrecido. "Se a oficina onde ele estava não pagar, vai ser um senhor prejuízo. Tanto financeiro como também estimativo, porque eu adorava aquele carro." A esposa dele, porém, recebeu com certo alívio a notícia, lembrando das derrapagens e falhas nos freios daquele veículo: "Eu tinha um pressentimento de que alguma coisa grave iria acontecer com o Jaguar quando o Roberto estivesse dirigindo. Pensando bem, e colocando de lado os aspectos sentimentais que ligavam meu marido ao carro, foi melhor assim."

ROBERTO CARLOS
narra
PEDRO E O LÔBO, OP. 67
PROKOFIEV
NEW YORK PHILHARMONIC
LEONARD BERNSTEIN, Regente

49

ANA

"Todo tempo que eu vivi,
Procurando o meu caminho,
Só cheguei à conclusão
Que eu não vou achar sozinho"
Do álbum *Roberto Carlos*, 1970

Uma chama incandescente cobre um mosaico de rostos ao som de um tema de Ennio Morricone. Em seguida, uma voz em off pergunta: "Roberto Carlos Braga, você jura dizer a verdade, somente a verdade, nada mais que a verdade?" Era o começo do programa *Quem tem medo da verdade?*, da TV Record, com a participação do cantor, em fevereiro de 1970. Dirigido e apresentado por Carlos Manga, o programa, estilo "mundo cão", expressava um tempo de radicalismos, e também, de certa forma, a personalidade do seu diretor. "Um dia, passeando de automóvel, achei que estava na hora da turma agredir alguém. Achei que todo mundo estava com necessidade de agredir, entende? Então eu disse: preciso fazer um programa que alguém possa discutir, possa omitir opiniões, que possa o pau quebrar." Os participantes — sempre pessoas famosas — eram então "julgados" por seu comportamento político, sexual, ético ou religioso. Como num tribunal de verdade, ali havia acusadores, defensores e um corpo de jurados, presidido pelo próprio Manga, que, pela primeira vez na carreira, aparecia diante das câmeras.

As "testemunhas" e os "advogados de defesa" eram também personalidades conhecidas do meio artístico. Silvio Santos, por exemplo, foi o advogado de Roberto Carlos; e o produtor João Araújo, uma das testemunhas. O "júri" era constituído de sete pessoas, chamadas de as "feras do Manga", em alusão às "feras do Saldanha", então técnico da seleção brasileira. Um deles, o locutor esportivo Silvio Luiz, tornou-se conhecido nacionalmente no *Quem tem medo da verdade?*, assim como o repórter policial Clécio Ribeiro, de ar professoral, moralista intransigente, que desenvolveu o cacoete de tirar e botar os óculos durante suas falas. "Achei que aquele negócio dele ia chamar a atenção. Que o zé-povinho ia ter curiosidade, ia se comunicar e se sentir agredido com aquela coisa e ia revoltar-se, e, ao se revoltar, ele ia ver o programa", explicou Manga, que por vezes era intimado a depor na Polícia Federal a respeito de determinadas declarações dos réus ou do júri. O programa era pré-gravado e submetido à censura antes de ir ao ar. E acontecia de determinados trechos mais picantes serem cortados pela tesoura do censor — como no julgamento de José Mojica Marins, o Zé do Caixão. Umas das perguntas, feita pelo jurado Silvio Luiz, foi como ele fazia para passar papel higiênico tendo unhas tão grandes.

Os integrantes do júri recebiam as perguntas prontas da produção, mas podiam formular outras no transcorrer do julgamento. Sem o menor pudor, eles se utilizavam de toda sorte de provocações e artimanhas para descontrolar o convidado, levando-o às lágrimas. E esse era o grande objetivo: fazer o réu chorar ou esbravejar diante das câmeras, em close, escandalizando o espectador. Dalva de Oliveira, por exemplo, foi acusada de continuar cantando quando deveria se aposentar; que sua voz já não era a mesma; que desafinava. Humilhada, a cantora acabou chorando. Seu filho, o cantor Pery Ribeiro, diria que isso só ocorreu porque na época ele estava fora do Brasil. O carnavalesco Clóvis Bornay também foi massacrado pelo júri, e chorou com o rímel escorrendo pelo rosto. "Choraram durante o programa, né?, mas faturaram muito depois", comentava Manga, se referindo ao cachê que pagava para o artista sentar naquela cadeira. Grande Otelo foi acusado de "alcoólatra", "profissional irresponsável" e "agressor de homens e mulheres", mas aceitou com resignação o veredicto do júri. "Deixa pra lá. Eu estou na minha e eles na deles. Além do mais, me rendeu a feira do mês. Eles me massacraram, mas pude testar minha popularidade. Nunca em minha vida recebi tantas manifestações de solidariedade. Gente que eu nunca desconfiei que existia me telefonava e me dava apoio."

Quem se saiu melhor no programa foram Carlos Imperial e Juca Chaves; o primeiro, pelo cinismo e cara de pau; o segundo, pelo humor debochado. Ambos não deram bola para as acusações e botaram o júri no bolso. "Me sacrifiquei, ganhando o maior cachê pago até hoje na televisão brasileira, o qual gastarei na Europa ao lado de Claudia Cardinale", ironizou Juca depois da gravação. Já Leila Diniz, julgada por falar muito palavrão e pregar "moral anticristã", não resistiu à pressão e chorou. O baque maior veio após ela declarar que o seu maior sonho era ser mãe. "A senhora é praticamente uma prostituta com o seu linguajar obsceno. Como sonhar com algo sublime como ser mãe?", atacou o jurado Clécio Ribeiro. "Ele ficou gritando no meu ouvido que família era dever, e eu gritando que família é amor. Foi horrível. Por isso, chorei", afirmou Leila, que ainda ouviu uma reprimenda do apresentador-promotor Carlos Manga: "Não adianta, que esses truques de atriz aqui não funcionam." Mas, ao contrário de outros participantes, Leila Diniz tinha uma rede de proteção na mídia, e Luiz Carlos Maciel saiu em sua defesa em *O Pasquim*. "Leila resistiu com bravura à boçalidade. Entretanto, feminina e sensível, deixou-se quebrar. Isso é lamentável. Pessoas civilizadas como ela deveriam ter o direito de só falar com pessoas igualmente civilizadas. Deveria haver uma lei que evitasse seu sofrimento nas mãos de moleques obtusos como os participantes do *Quem tem medo da verdade?*"

Leila Diniz participou porque aceitou o cachê oferecido pela emissora. Outros artistas recusaram. Jô Soares, por exemplo, foi convidado várias vezes para sentar ali como réu, integrante do júri ou advogado, mas jamais topou. O cantor Nelson Gonçalves também não. "Eu nunca iria, pois roupa suja se lava em casa", justificou na época. Mesma decisão de Maria Bethânia. "Não posso me dar ao desfrute de passar vexame.

Me respeito muito." A produção tentou também por várias vezes levar o pequeno Nelson Ned. "Esse programa só procura mostrar o que as pessoas têm de pior. Não iria lá nem por 50 milhões", descartou.

A maioria dos convidados era do elenco da própria Record. Mas depois de seis meses no ar, e com críticas cada vez mais duras na imprensa, foi ficando difícil atrair personalidades de fora para o programa. Subcelebridades até se ofereciam, mas a audiência era proporcional à fama do réu em julgamento. A direção da Record então apelou ao seu astro maior, Roberto Carlos, porque sua participação seria um aval ao programa e um incentivo a que outros artistas aceitassem aquele jogo. Roberto ainda tinha contrato com a emissora, mas se recusava a comandar um novo programa semanal. Nem ao menos aceitara participar do festival de 1969 — o último apresentado pela TV Record. Paulinho Machado de Carvalho pediu então que pelo menos ele colaborasse com o *Quem tem medo da verdade?* —, que era a principal audiência da emissora naquele momento de crise. Carlos Manga lhe fez o mesmo apelo, garantindo que não haveria nada de agressivo contra ele, sem forçar a barra para fazê-lo chorar. Meio a contragosto, mas também sentindo que já havia negado muitos outros pedidos da emissora, o cantor aceitou ir àquele julgamento televisivo.

Ali ele foi acusado de três "crimes". O primeiro, de caráter moral: influenciar negativamente a juventude brasileira com seus cabelos compridos e sua maneira de se vestir; o segundo, de caráter político: ter se recusado a liderar a juventude na luta por um mundo melhor; e o terceiro, de caráter ético: ser um "plagiador" de estilo e canções. A primeira acusação era ridícula, mesmo naquela época, e ninguém levou a sério. A segunda, mais consistente, era algo que apenas jornalistas politizados o cobravam; e a terceira, muito frágil, porque foi acusado de imitar João Gilberto — e aí teriam que condenar toda a MPB — e de plagiar a música "Vaya com dios" em "Sentado à beira do caminho"— acusação que fora feita pela cantora Maysa. O próprio cantor se defendeu da opinião dela. "Acho que um compositor só pode ser acusado de plágio por um maestro, ou um profundo entendedor de música, ou por um cara que conheça notas musicais e provar que uma nota está no mesmo lugar daquela, e assim por diante. Cantarolar e dizer o que ela disse é muito fácil. Desafio quem quer que seja para provar que 'Sentado à beira do caminho' seja plágio, mas tem que ser ali, parte por parte, contada nota por nota. Cantarolar, não aceito." No fim, ficou fácil para Silvio Santos fazer a defesa de Roberto Carlos e ele acabou sendo absolvido por seis votos a um. O único jurado que o condenou, o jornalista Arley Pereira, apelou para uma acusação extra e de caráter nacionalista: a de que Roberto devia conduzir a nossa juventude ao violão, em vez da guitarra; a uma canção "brasileira", em vez da música "alienígena" — retomando uma cobrança pré-tropicalista.

Para os padrões de hoje, o *Quem tem medo da verdade?* foi duro com ele, mas no contexto da televisão da época, e em comparação a outros convidados do programa, não passou grande aperto — embora Erasmo tenha dito que se sentira mal diante da televisão. Por vários momentos, em vez de chorar — como outros que estiveram naquela cadeira —, Roberto Carlos até ria das acusações. Esse tratamento diferenciado foi percebido por seu rival, Paulo Sérgio, que fora a julgamento meses antes. "Os jurados, sem exceção, usaram de dois pesos e duas medidas. Aquela história de que não há nada combinado, ninguém engole mais. Era de se ver o cuidado para não fazer perguntas indiscretas a Roberto Carlos. Comigo a coisa funcionou diferente." Roberto, por sua vez, afirmou que não tinha mesmo do que se queixar dos jurados ou da produção do programa. "Quando os enfrentei, compreendi que poderia contornar qualquer situação difícil com habilidade, e, aos lhes pedir para não abordarem certo assunto, me atenderam. Merecem, todos, nota dez."

Entretanto, essa percepção dele mudaria com o tempo. Em abril de 1980, então sócio da TV Record, Silvio Santos decidiu reapresentar o antigo *Quem tem medo da verdade?* em seu outro canal da televisão, a TVS, canal 11 (depois SBT). Para permitir a reexibição do programa de que participara dez anos antes, Roberto Carlos fez uma exigência: rever a fita e só autorizá-la com cortes. E assim como agiam os censores de filmes e novelas no tempo da ditadura, o próprio cantor sentou-se numa ilha de edição e foi determinando ao técnico quais trechos seriam cortados — segundo testemunho da jornalista Sonia Abrão. "Corta, bicho! Corta isso já!", foi uma das frases mais repetidas por Roberto naquela tarde. "Esse papo não é conveniente", dizia diante de outras cenas nas quais também mandava passar a tesoura. E assim o programa *Quem tem medo da verdade?* foi ao ar mutilado na reapresentação em 1980 — e é essa cópia reduzida que seria também reapresentada na série *Arquivo Record*, em 1993, e circula até hoje na internet.

O programa original, com duração de quase duas horas, foi muito mais picante. Uma das cenas cortadas pelo cantor foi a da pergunta e resposta sobre o hipotético plágio de "Sentado à beira do caminho" — já citado aqui. Outro assunto que não permitiu na reapresentação foi o de seu suposto romance com Maria Stella Splendore, que na época da gravação, recém-desquitada de Dener, era apontada como pivô de uma possível separação de Roberto e Nice. "Ouvimos muitas fofocas a seu respeito com Maria Stella Dener. O que há de verdade nisso?" "Só há mentiras", respondeu o cantor. "Acho que essa senhora usou e abusou do meu nome com o intuito de se promover. Não acredito em tanta maldade numa pessoa. Graças a Deus esses acontecimentos não nublaram minha vida conjugal." Perguntas sobre o rival Paulo Sérgio também foram cortadas. E, principalmente, uma em que, pela primeira vez na televisão brasileira, foi diretamente indagado sobre o acidente que o vitimou aos 6 anos, na linha do trem. "Por que você sempre se omitiu a comentar o acidente sofrido na infância? O que o leva a proceder assim?", quis saber o *Quem tem medo da verdade?* A resposta dele: "Sempre me omiti pelo mesmo motivo que vou omitir-me agora. É mórbido para mim, muito trágico, e sempre tive por norma na vida superar as tragédias e esquecer certas coisas tristes que se passaram comigo, até as coisas menos tristes. Além do mais, seria levantar o acontecimento que já apaguei da minha mente. Mais uma coisa, quando não falo desse assunto, não é que me sinta mal, é um fato que todo mundo sabe, não foi preciso que eu dissesse, as notícias correram, o que pra mim foi muito bom, pois acho não preciso entrar em mais detalhes. Portanto, não respondo porque é um assunto que já superei, e o público, tenho certeza, já o superou também."

Aquilo se tornou a última grande participação de Roberto num programa da TV Record, porque, ao longo de 1970, as coisas se precipitaram. Com a redução dos salários, a maioria dos astros deixou a emissora e a sua audiência minguava a olhos vistos. Os patrocinadores também debandavam porque perceberam que pagando um pouco mais à TV Globo poderiam anunciar seu produto em todo o Brasil, e não apenas para a praça de São Paulo, alcançada pela Record. Toda a linha de show da emissora foi desmontada e seu badalado festival não pôde mais ser realizado. Para a família Machado de Carvalho o sonho de uma televisão forte e dedicada aos musicais chegava ao fim. Aquela previsão do dono da Record — "Não dou vida longa a novelas. Vamos investir nos musicais" — se revelou, afinal, um erro estratégico, porque os musicais, de tão repetitivos, acabaram cansando o público. Já as telenovelas davam seu grande salto de audiência e modernização, tornando-se uma arte brasileira, especialmente a partir de *Beto Rockfeller*, de Bráulio Pedroso, na TV Tupi, e *Véu de Noiva*, de Janete Clair, na TV Globo — apresentadas entre 1968 e 1970.

Com a derrocada da Record, os olhos das outras emissoras se voltavam para o ídolo maior da música brasileira, que continuava lá. Porém, meses antes, a imprensa já noticiava que "muito sigilosamente, Roberto escuta as cantadas da Rede Globo". O empresário Marcos Lázaro procurou então a direção da Record para resolver de uma vez por todas a situação do cantor. Acabaram chegando a um distrato contratual amigável, pois Paulinho Machado de Carvalho compreendeu que não tinha mais condições de pagar a Roberto Carlos, e que seria injusto tentar segurá-lo em nome de uma amizade ou gratidão eterna dele. Essa notícia circulou rapidamente entre os profissionais de televisão, e a dupla de diretores da Globo, Boni e Walter Clark, logo procurou Marcos Lázaro com a proposta de um contrato de exclusividade com o cantor.

Em julho de 1970, os dois maiores salários do elenco da TV Globo eram os dos galãs Francisco Cuoco e Tarcísio Meira, este protagonista da então novela *Irmãos Coragem*, de Janete Clair, e o outro, de *Assim na terra como no céu*, de Dias Gomes. Os dois atores se projetaram na

TV Excelsior e se transferiram para a Globo ganhando quase o dobro do salário, que naquele momento girava em torno de 30 mil cruzeiros novos mensais. Pois bem: o empresário Marcos Lázaro comunicou aos diretores da emissora que Roberto Carlos não aceitaria negociar nenhum contrato com salário inferior a 60 mil cruzeiros novos por mês. Só que, diferentemente de Cuoco e Tarcísio, que gravavam novelas quase todo dia, o cantor queria receber aquilo por um programa mensal. Roberto estava disposto a voltar à televisão, sim, porém não como antes, se ocupando dela todo fim de semana. Para a TV Globo foi um susto. A emissora procurava reforçar seu elenco artístico, pagando cachês e ordenados maiores que os das concorrentes, mas tentava também se recuperar de um incêndio que atingira suas instalações em novembro de 1969. Só que Roberto Carlos não estava disposto a facilitar as coisas para a Globo.

Dias depois, Boni e Clark voltaram a procurá-lo, e até aceitavam pagar o que ele pedia, mas com o projeto de um musical semanal, aos domingos. Numa época pré-*Fantástico* e *Os Trapalhões*, os domingos da Globo tinham como grande atração o *Programa Silvio Santos*, a partir do meio-dia, e *A hora da buzina*, do Chacrinha, das 20 às 22 horas. A emissora queria colocar Roberto Carlos às 18 horas, ou seja, entre Silvio Santos e Chacrinha, para enfrentar seu principal concorrente no domingo, o *Programa Flávio Cavalcanti*, apresentado na TV Tupi, das 18 às 22 horas. Em São Paulo, Chacrinha ganhava dele na pesquisa do Ibope, mas, no Rio, Flávio tinha média de audiência de 52 contra 21 do Velho Guerreiro. A Tupi tinha a maior rede de emissoras do país, e o *Programa Flávio Cavalcanti* era transmitido ao vivo para todo o Brasil. Foi um dos primeiros programas a utilizar o satélite da Embratel, sistema de transmissão inaugurado durante a Copa do Mundo de 1970. Devido à grande audiência e ao alcance de seu programa, Flávio Cavalcanti era chamado de o "Senhor dos domingos". A ideia da Globo era usar Roberto Carlos para contra-atacar, a partir das 18 horas, mantendo o telespectador preso até as 20 horas, no a *Hora da buzina*, do Chacrinha.

Entretanto, o cantor descartou qualquer possibilidade de voltar a se ocupar tanto com televisão, ainda mais se metendo numa guerra fratricida pela audiência de conhecidos apresentadores da televisão. A espetacular vendagem de seu último álbum e a ótima repercussão de seus espetáculos davam ao artista a certeza de que ele devia se dedicar mesmo era a seus discos e shows. Televisão, no máximo, só uma vez por mês. Para a Globo era pagar ou largar. A emissora então avaliou que ter Roberto Carlos apenas uma vez por mês não resolveria seu problema dominical. Era um momento de ascensão da Rede Globo, mas com a liderança ainda não consolidada. Portanto, todo cuidado era pouco, e assim as negociações ficaram travadas.

A Globo tentava pelo menos contar com a presença dele no Festival Internacional da Canção, o FIC, promovido novamente pela emissora em 1970. Os compositores Fred Falcão e Arnoldo Medeiros indicaram Roberto Carlos para defender a romântica "Namorada". "É uma musiquinha feita para ele, para o seu estilo. Mas duvido que eu consiga", afirmava Fred Falcão, que criou com o parceiro uma letra bem criativa, sem incluir um único verbo. "Namorada, céu da minha estrada / Meu motivo e derradeiro abrigo / Meu infinito, sonho colorido / Teu carinho, meu paraíso perdido..." Roberto, de fato, não aceitou competir no festival, alegando já ter assumido outros compromissos para aquela data. "Namorada" foi então defendida no FIC em dueto romântico com Antônio Marcos e Vanusa, no contracanto. O maestro Orlando Silveira preparou-lhe um bonito arranjo com um naipe de metais de toque jazzístico. "Queremos trazer a Jovem Guarda para o lado da música popular brasileira", dizia o compositor Fred Falcão, que se não viu sua canção chegar à fase final do festival alcançaria com ela o seu primeiro sucesso nacional.

Sem acordo com a Globo, Roberto Carlos foi então procurado pelo principal concorrente dela, o próprio Flávio Cavalcanti, acenando com o que o cantor queria: um contrato de exclusividade para uma participação mensal no seu programa, na TV Tupi. Ou seja, Roberto nem teria que comandar um musical. Apenas se apresentar uma vez por mês com sua banda no programa de Flávio Cavalcanti. A rapidez das negociações surpreendeu a própria Globo, que veria seu principal concorrente ficar ainda mais forte nas noites de domingo, pois ele contrataria também Elis Regina e Wilson Simonal. Ainda por cima, de tempos em tempos, Flávio levaria atrações internacionais, como Sarah Vaughan, Stevie Wonder e Josephine Baker — o que ajuda a explicar por que ele desestruturava tanto a TV Globo nas noites de domingo.

Assim como outros apresentadores de sua geração, Flávio Cavalcanti começara no rádio para depois brilhar na televisão. Ele se firmou a partir de 1959 como o temível crítico que quebrava discos no seu programa *Um instante, maestro!*, na TV Excelsior. Era ainda no tempo das bolachas de 78 rotações, fabricadas com cera de carnaúba, facilmente quebráveis. Depois de 1964, com os discos todos em vinil, ficou mais difícil fazer a encenação. Mas Flávio não perderia sua fama de mau: passou a rasgar as letras das músicas que considerava ruins, sobretudo as da Jovem Guarda. "Não metam em músicas 'tijolinho', 'vá pro inferno', 'submarino amarelo', 'goiabão', 'negro gato', 'pode vir quente que estou fervendo'. Vocês não desconfiam que as palavras também têm música? Defendo a canção bonita. Aos gritos, aos berros, com unhas e dentes, aos socos e pontapés", radicalizava. Numa edição de seu programa, em 1966, ele homenageou o ator e compositor Mário Lago, parceiro de Ataulfo Alves em "Ai que saudade da Amélia". Durante a conversa, Flávio lamentou que "infelizmente, não temos mais compositores que façam músicas como 'Amélia'. Hoje, nossa música manda tudo para o inferno. É o fim".

Por tudo isso, surpreendeu a muita gente ver o apresentador cortejar Roberto Carlos, quando se anunciou que o cantor poderia deixar a TV Record. Depois de espinafrar pela milésima vez a programação radiofônica de então, repleta de hits estrangeiros, Flávio afirmou em um de seus programas: "Felizmente, Roberto, temos um compositor como você, um orgulho de nossa música popular." Era uma mudança de opinião e tanto — embora lembrando que isso ocorrera na época com outros críticos, que também passaram a ver o repertório de Roberto Carlos de forma positiva, especialmente depois de seu espetáculo no Canecão.

Mas, indagado sobre suas críticas anteriores ao cantor, Flávio procurou minimizar. "Algumas músicas dele, duas ou três, eu realmente não gostava. Pela barulheira, pelas guitarras. A guitarra me enerva tremendamente. Isso é um problema particular. Eu não fico preocupado porque eles desafinam. Tenho medo é de que morram eletrocutados."

Ao longo de quatro horas de duração, o *Programa Flávio Cavalcanti* entretinha o público com um desfile de atrações que incluíam cantores famosos, candidatos à "Grande Chance", concursos como o do Homem Mais Bonito, e a parte jornalística em "Flávio Confidencial", com entrevistas sempre polêmicas. Outro destaque era o júri, com personalidades como Márcia de Windsor, Leila Diniz, Erlon Chaves, Marisa Urban e Sérgio Bittencourt. Cada intervalo era precedido de seu gesto de erguer o braço direito junto com a frase "nossos comerciais, por favor!" — que se tornou uma marca de Flávio Cavalcanti. Assim como também o traje sempre a rigor e o hábito de tirar e botar os óculos nervosamente. Segundo sua biógrafa, Léa Penteado, esse gesto nascera de forma espontânea. "Era uma necessidade ótica. Ele precisava de óculos para enxergar de perto, e, quando tinha que olhar para o auditório, tirava os óculos. Anos depois, passou a usar óculos com lentes multifocais, não havendo mais essa necessidade. A marca, porém, ficou."

O contrato de exclusividade foi negociado numa reunião na casa de Roberto Carlos, em São Paulo. Flávio, que ainda não conhecia pessoalmente o cantor, saiu de lá se dizendo encantado com ele. Naquela mesma semana tudo ficou resolvido através da própria empresa do apresentador, a TV Estúdio Produções. Assim como Mario Priolli, dono do Canecão, Flávio Cavalcanti arriscou tudo para ter Roberto exclusivamente em seu programa. "Roberto Carlos é nosso!", vibrou na sua coluna em *O Jornal*, e explicando: "Não foi fácil, mas conseguimos e com grande orgulho. Roberto há muito tempo não quer saber de televisão na Guanabara. Foi um longo papo, a dificuldade maior não estava com o Roberto, mas em seus mil compromissos. Ficamos orgulhosos quando ele topou." A estreia ocorreu no domingo, 22 de novembro, direto do palco da TV Tupi, Canal 6, na Urca. Segundo relato da *Tribuna da Imprensa*, "uma multidão incalculável colocou-se em fila na porta do auditório da Tupi querendo entrar de qualquer jeito. Houve briga por lugar na fila e briga lá dentro por melhores lugares". Flávio também comentaria depois: "Estou envelhecido nessa história de apresentador de tevê, mas juro que não me lembro de ter visto auditório tão cheio e tão entusiasmado."

Em dezembro de 1970, o *Programa Flávio Cavalcanti* apresentou um especial de Natal, com as participações de Elis Regina, Wilson Simonal, além de uma atração internacional, o cantor chileno Lucho Gatica, vindo diretamente do México, onde residia. Mas quem levantou o público mesmo naquela noite de domingo foi Roberto Carlos, acompanhado da banda RC-7, para apresentar pela primeira vez na televisão as novas músicas de seu LP, recém-lançado. E uma delas logo se destacou nas paradas, a balada "Ana", composta por Roberto e Erasmo: "Todo tempo que eu vivi / Procurando meu caminho / Só cheguei à conclusão / Que não vou achar sozinho / Oh, oh, Ana, Ana, Ana / Oh, oh, oh, oh, Ana / Que saudade de você..."

"Ana" é uma exceção no repertório romântico de Roberto Carlos, pois ele não costuma citar explicitamente o nome de suas musas. Aliás, o cantor sempre considerou Tom Jobim ousado por nomear musas inspiradoras até no título das canções, como em "Lígia", "Luiza" e "Ângela". Para esta última, Tom escreveu em uma das estrofes: "Súbito eu vejo em minha frente Ângela / Misteriosamente Ângela / Enquanto nos surpreende o amor..." Nem de longe Roberto se imagina citando o nome de uma mulher com a qual teve uma transa casual, como também fez Caetano Veloso em "Vera gata", homenagem à atriz Vera Zimmermann: "Éramos fogo puro / O amor total / Padrão futuro / Éramos, éramos puro carinho e precisão..." Que Ivan Lins tenha cantado "Madalena", Dorival Caymmi, "Marina", Adoniran Barbosa, "Iracema", Ary Barroso, "Maria", ou Gilberto Gil, "Flora" — isso é problemas deles. Mais discreto, Roberto Carlos prefere tratar a todas simplesmente de "você", deixando a mensagem da canção aberta para o público identificar a pessoa que quiser — como no clássico "Como é grande o meu amor por você", feita para a sua musa Nice.

Registre-se que, na fase inicial da carreira, Roberto era menos rigoroso com isso e chegou a lançar quatro canções com nomes de mulher, ou melhor, com nomes de "brotinhos": "Susie", "Malena", "Rosinha" e "Rosita". Somente a primeira é de autoria de Roberto Carlos, e, como já vimos, a menina, na verdade, se chamava Tereza. Depois disso, o único exemplo até hoje em toda a discografia de Roberto Carlos é o da balada "Ana", faixa de abertura do álbum de 1970. "É uma das minhas canções favoritas", disse o cantor. De fato, é uma linda música, cuja melodia fora composta por Erasmo Carlos. A letra Roberto escreveu depois, durante um voo de São Paulo para o Rio, e, embora seja um tema romântico, sobre um amor perdido, fora inspirado no nome da sua enteada, conforme ele próprio revelou numa entrevista: "Ana Paula, minha filha, não tem nada com a história, mas o título foi uma homenagem a ela." Ana tinha então 6 anos, e a canção ajudou a solidificar a relação deles, porque ela vibrava ao ouvir no rádio aquele melodioso refrão: "Ana, que saudade de você..." "É o papai, como ele canta, mamma mia!", dizia por influência da mãe de origem italiana.

Foi também estimulado pela pequena Ana Paula que Roberto Carlos gravou sua participação no álbum da peça infantil *Pedro e o lobo*, de Sergei Prokofiev, tocada pela Filarmônica de Nova York, sob a regência do maestro Leonard Bernstein. Ali, Roberto Carlos narra a história em que cada personagem é representado por um instrumento ou naipe da orquestra. Prokofiev a criou em 1936 com o objetivo de ensinar e familiarizar as crianças com a música de concerto. "A peça sempre foi gravada nos moldes clássicos e a minha intenção é dar a ela um ritmo moderno com uma linguagem mais ao gosto da juventude", afirmou na época o cantor, que registrou sua versão antes de surgirem discos com as narrações de artistas como Sean Connery, Alec Guinness e David Bowie.

O novo LP de Roberto Carlos foi gravado a partir de setembro, em meio à temporada dele no Canecão. Por várias vezes o cantor ia direto de lá para a CBS, trabalhando no estúdio madrugada adentro, até as 8 horas da manhã. Dessa vez não contaria com os arranjos do maestro José Pacheco Lins, o Pachequinho, que fora demitido da gravadora, num episódio que ilustra as tensões e limitações daquele período. O maestro não tinha contrato de exclusividade, e, assim como outros músicos, fazia bicos para ganhos extras. O problema é que aceitou atuar para um concorrente que muito incomodava a CBS. Ao contrário dos LPs de Roberto Carlos, os de Paulo Sérgio, na Caravelle, traziam ficha técnica. No LP *Paulo Sérgio vol. 3*, por exemplo, lançado no fim de 1969, constam nomes como o do diretor musical Miguel Plopschi (iniciando-se na produção) e do técnico Marco Mazzola (iniciando-se na mesa de som), mas, estranhamente, dessa vez omitia o nome do maestro arranjador. Porém, quando o disco começou a tocar no rádio, além da voz do cantor, todos na CBS acharam a orquestração bastante familiar, sobretudo o hit "O amanhã espera por nós dois". Sim, era a mão do maestro Pachequinho, o "alfaiate da música", que não negou ao ser indagado por Evandro Ribeiro. Entretanto, o chefe achou demais tolerar um maestro da casa, arranjador do álbum *O inimitável*, que reforçava o "imitador Paulo Sérgio".

Roberto Carlos seguiria então com Alexandre Gnattali e seu novo maestro, Chiquinho de Morais, que criaram ótimos arranjos para o LP de 1970. Uma das faixas, "Minha senhora", também composta por Roberto e Erasmo — até ganharia nota dez do severo crítico Flávio Cavalcanti. Canção de leve romantismo, mistura de samba e rock, foi a última de uma série de baladas de gaita que Roberto gravou ao longo daquele período, às vezes com ele próprio soprando o instrumento: "Rosita" (1965), "Estou apaixonado por você" (1966), "Folhas de outono" (1967), "É meu, é meu, é meu" (1968) e o tema instrumental "O diamante cor-de-rosa" (1969). De letra progressista, "Minha senhora" é sobre o amor de um homem mais novo por uma mulher mais velha. "Juro que não sou culpado de nascer pouco depois / Mas recuperar o tempo é problema de nós dois..." Como observa Pedro Alexandre Sanches, "é um dos mais importantes manifestos de quebra de preconceito que ele [Roberto Carlos] se permitia veicular".

Para esse novo LP, o cantor recebeu músicas não apenas da turma do iê-iê-iê — que todo ano ia para a porta da CBS —, mas também de artistas da MPB, que começavam a disputar com eles um lugar nos discos do rei da música brasileira. Jards Macalé, por exemplo, mostrou-lhe a canção "Sem essa", tema de amor desesperado, que Roberto ouviu, mas não quis gravar. De Londres, Caetano Veloso também mandou-lhe uma música, "Como dois e dois". Essa sim Roberto gostou e até encomendou um arranjo ao maestro Chiquinho de Morais. Porém, o cantor decidiu adiar a gravação para o disco do ano seguinte, que seria realizado no estúdio da CBS, em Nova York. Ele comunicou isso num telefonema a Caetano Veloso e também justificou para a imprensa: "É uma pena não poder gravar a música que Caetano me mandou de Londres, para este LP. Mas ela chegou tão atrasada que não deu para ser incluída entre as doze faixas. Além do mais, não quero prejudicá-la com uma gravação malfeita. Eu a gravarei na primeira oportunidade." No lugar de "Como dois e dois" ele gravou a balada "Se eu pudesse voltar no tempo", composição de Pedro Paulo e Luiz Carlos Ismail — a única que assinaram juntos em toda a carreira. Evandro Ribeiro não queria incluir essa música no álbum; achava de pouco apelo comercial. Mas o cantor insistiu porque era um tema que ele ainda não tinha abordado, uma dura reflexão sobre o passado. "Pode ser que exista alguém no mundo pra contar / E pra dizer o que fez / Quando viu que teve tudo pra viver e não viveu…" Chiquinho de Morais preparou-lhe um arranjo com metais e flautas, como se ouvia em discos da Motown. "Roberto gravou 'Se eu pudesse voltar no tempo' para me ajudar financeiramente, apesar de ele ter gostado da música, porque ele só grava aquilo que gosta. Mas no fundo, no fundo, ele queria me ajudar", afirmou Luiz Carlos Ismail em depoimento ao autor.

O cantor não aproveitou a música que Helena dos Santos lhe mostrara para aquele LP. Estava ficando difícil sustentar a superstição de gravar uma canção dela por ano. Evandro Ribeiro reclamava disso, pois o repertório do astro da CBS se expandia, porém, alguns compositores continuavam produzindo como se fosse para seu disco de 1963. A música do amigo Edson Ribeiro também não foi aproveitada, mas nem ele nem Helena dos Santos ficariam de fora do novo LP de Roberto Carlos: o cantor compôs a canção "O astronauta", explorando a onda em torno da então recente chegada do homem à lua, e colocou em nome dos dois compositores. A letra descreve alguém desgostoso com o mundo — "Bombas que caem / Jato que passa / Gente que olha um céu de fumaça..." — e que anseia viver em órbita fora da Terra. "Um astronauta eu queria ser / Pra ficar sempre no espaço..." "Eu levei um susto", afirmou Helena dos Santos, "porque nunca havia me passado pela cabeça fazer uma música com esse tema. Imagine se naquela época eu ia saber o que era nave espacial, espaço sideral. Hoje eu tenho conhecimento, mas antes, não". Essa canção de Roberto dialoga com "Space oddity", primeiro sucesso de David Bowie, lançado no ano anterior. Inspirada no filme *2001: uma odisseia no espaço*, de Stanley Kubrick, a balada de Bowie é também sobre um astronauta imaginário que tem um fim trágico ao se desconectar e flutuar pelo espaço — exatamente o que almeja o personagem da música de Roberto Carlos: "E desligar os controles da nave espacial / E pra ficar para sempre no espaço sideral / Não vou voltar / Pra Terra, não, não, não..." Chiquinho de Morais preparou um ousado arranjo para "O astronauta", que começa e termina com um efeito espacial, obtido de um teclado eletrônico — como também se ouve no filme *2001*, de Kubrick.

"Ô, Renato, foi você mesmo que fez essa música?", indagou Roberto, em tom de brincadeira, ao ouvir "Maior que o meu amor", balada composta por Renato Barros, e que ele gravou com linda seção de cordas do maestro Alexandre Gnattali. Outra faixa do disco, "Preciso lhe encontrar", é de autoria do cantor Demétrius, a quem Roberto carinhosamente chamava de Dedé. Acompanhados das respectivas esposas, eles costumavam participar de pescarias na Represa Billings, em São Paulo. Demétrius já conhecia Nice — na adolescência, estudaram juntos num mesmo colégio paulista. Numa dessas pescarias, ele mostrou um tema romântico que fizera recentemente. "Quando olho em minha volta / Onde quer que esteja eu sinto a solidão / Vivo neste desespero / E você não vem por que razão?" Na hora Roberto lhe disse: "Dedé, deixa essa canção comigo." Demétrius o atendeu, especialmente porque três anos antes o outro gentilmente lhe oferecera a música "Não presto, mas te amo", que se tornou um dos maiores sucessos de sua carreira.

Depois daquela pescaria, passaram-se alguns meses sem que Demétrius soubesse se sua composição ia ser mesmo incluída no disco de Roberto ou não. Até que certo dia, no fim de 1970, recebeu um telefonema de Nice, que tinha acabado de ouvir a fita com as sessões de estúdio. "Demétrius, ficou bárbara a gravação de sua música", vibrou. "Eu morri de emoção quando ela me contou isso", disse Demétrius. "Preciso lhe encontrar" foi a faixa de abertura do lado B do álbum do cantor, e a gravação ficou realmente muito boa, em estilo folk no início, com a orquestra indo num crescendo, pontuando a solidão do personagem. O título original era "Preciso te encontrar" — a forma correta —, mas Roberto preferiu usar um pronome pessoal oblíquo da terceira pessoa, sacrificando o português por uma questão de sonoridade.

Das doze faixas do álbum de 1970, há apenas duas regravações: "Meu pequeno Cachoeiro", de Raul Sampaio, e "Pra você", do cantor e compositor mineiro Silvio César. Esta última fora lançada pelo próprio autor, em 1965, e logo depois também gravada pelos cantores Taiguara e Elizeth Cardoso. Era, portanto, uma canção relativamente nova e ainda pouco conhecida ao aparecer no álbum de Roberto Carlos. O cantor se identificara com "Pra você" desde a primeira vez que ouviu, e a decisão de gravá-la foi apenas uma questão de tempo.

Segundo Silvo César, o processo de composição dessa música reflete dois momentos bem distintos de sua vida. A inspiração surgira em 1963, quando estava recém-casado e feliz com a esposa. E a canção seria exatamente um tema de exaltação à felicidade do casal: "Pra você eu guardei um amor infinito / Pra você procurei o lugar mais bonito / Pra você eu sonhei o meu sonho de paz / Pra você me guardei demais, demais..." Mas, como às vezes acontece, depois de fazer a primeira parte, o autor acabou deixando a composição de lado. Só voltaria a trabalhar nela dois anos depois, quando já tinha mergulhado numa crise amorosa e seu casamento havia precocemente chegado ao fim — exatamente o que reflete a segunda parte da canção: "Se você não voltar / O que faço da vida / Não sei mais procurar alegria perdida / Eu não sei nem por que terminou tudo assim..." Ou seja, essa música é uma moeda de duas faces: por um lado está tudo bem; por outro, tudo vai mal. "A segunda parte de 'Pra você' eu escrevi com muita dor, com um punhal cravado no peito", afirmou Silvio, que fechou a letra com um achado poético, num dos versos mais marcantes da MPB: "Ah, seu eu fosse você / Eu voltava pra mim."

Se no começo daquele ano Roberto Carlos fora entrevistado no sensacionalista *Quem tem medo da verdade?*, no final, em outubro, chegava às bancas uma entrevista dele para o badalado jornal *O Pasquim*. Só que dessa vez não deu para controlar as perguntas e o cantor ouviu uma bem objetiva do jornalista Sérgio Cabral: "Você já comeu alguma fã?" O artista se surpreendeu com a indagação. "Pô! Mas que pergunta filha da puta!", exclamou, mesmo com o complemento do jornalista: "Antes de se casar, evidentemente." Essa era uma pergunta que Roberto temia ouvir de *O Pasquim*, e que nenhum outro jornal ou revista lhe tinha feito de forma tão direta. Por isso, ele pestanejou, refugou, enquanto a turma de *O Pasquim*, à sua volta, esperava a resposta: Sérgio Cabral, Tarso de Castro, Jaguar, Perfeito Fortuna, Martha Alencar, Flávio Rangel, Luiz Carlos Maciel... Ao perceber o desconforto do entrevistado, Maciel procurou amenizar: "Eu vou melhorar a pergunta. Você já namorou moças que eram suas fãs?" Mas Roberto não fugiu da pergunta inicial e então confessou: "Eu queria falar isso de uma forma diferente, mas acho que não existe outra forma. Comi fã sim!" Com essa declaração ele finalmente mostrava que era humano, de carne e osso, como qualquer astro da música pop. Bem diferente daquele Roberto Carlos do cinema, que nem sequer beijava no rosto as meninas. E, como já vimos, foi em consequência de um desses romances com uma fã que nascera Rafael Carlos, o primeiro filho dele — e que até ali ainda não conhecia o pai.

Pouco tempo depois do nascimento de seu filho, a mineira Maria Lucila se mudou com ele para São Paulo, atitude comum às mães solteiras na época: morar fora de seu local de origem. Pela imprensa, ela acompanhou a badalação em torno da inauguração do novo apartamento de Roberto Carlos, na rua Albuquerque Lins. Decidiu ir até lá com a criança, sendo recebida por Nichollas Mariano, que se lembrou dela porque estava junto de Roberto quando o cantor a conhecera em Belo Horizonte. Roberto não se encontrava em casa nessa primeira visita de Maria Lucila, mas, por telefone, autorizou Mariano a lhe dar dinheiro. Outras visitas sem aviso aconteceriam e, segundo Mariano, com "incidentes desagradáveis", porque Nice passara a praticamente morar com Roberto naquele apartamento. "Quando Lucila chegava, ele fazia os maiores malabarismos para que as duas não se encontrassem."

Mariano acabou ficando como um mediador entre Maria Lucila e o cantor, se comprometendo a ir entregar o dinheiro no endereço dela. "Apesar de Roberto não registrar a criança em seu nome, durante quase quatro anos eu levei mensalmente uma quantia em dinheiro para Lucila." Na verdade, foi metade desse tempo, pois, como já vimos, Mariano só trabalhou com Roberto até a véspera de seu casamento com Nice, em abril de 1968. A partir daí tudo ficou mais difícil para Maria Lucila, que, como tantas outras mulheres, foi à luta para criar seu filho sozinha.

Em 1970, quando Rafael faria 5 anos, ela se casou com um técnico em eletrônica, indo morar num apartamento de quarto e sala na Baixada do Glicério, no centro, área pobre da cidade, famosa pela violência e seus cortiços. Ali o primogênito de Roberto Carlos viveria pelos vinte anos seguintes, até o reconhecimento da paternidade.

50

JESUS CRISTO

"Olho pro céu e vejo uma nuvem branca
Que vai passando
Olho na terra e vejo uma multidão
Que vai caminhando"
Do álbum *Roberto Carlos*, 1970

"No mundo da música, o produtor de disco equivale a um diretor de cinema", disse o renomado engenheiro de som e produtor norte-americano Phil Ramone, explicando que "do mesmo modo que o diretor de cinema bem-sucedido ajuda um ator a se inspirar e a fazer uma interpretação primorosa, o produtor funciona como um filtro objetivo e ajuda o artista a dar vida a seus discos."

Seguindo na comparação, podemos então dizer que, no Brasil, Evandro Ribeiro foi um diretor de grandes sucessos de bilheteria com álbuns-filmes como *Jovem Guarda* (1965), *Roberto Carlos em ritmo de aventura* (1967), *O inimitável* (1968), mas que o público desconhecia, pois, como já vimos, o próprio diretor preferia o anonimato, exercendo seu ofício nas madrugadas, por trás de portas fechadas.

A omissão do nome dele intrigava a imprensa desde o início da Jovem Guarda. Na já citada análise do álbum *Roberto Carlos canta para a juventude*, em 1965, o crítico Romeo Nunes afirmava que "depois de ouvirmos este LP procuramos logo saber qual foi o seu produtor. Infelizmente, a contracapa não traz qualquer informe a respeito e por isso deixamos de citá-lo nominalmente, mas queremos cumprimentá-lo". Ou seja, o crítico percebeu que tinha a mão firme de um anônimo produtor por trás daquele álbum e que esse profissional merecia ser citado — como qualquer diretor de longa-metragem. Quando o novo LP de Roberto foi lançado, em dezembro de 1970, constatou-se que mais uma vez não havia crédito ao produtor, nem aos músicos ou arranjador. A capa trazia apenas o nome de Roberto Carlos. O crítico Arthur Laranjeira, da *Folha de S.Paulo*, reclamou que aquilo era um "defeito imperdoável da CBS".

Os álbuns dos Beatles, na EMI, por exemplo, destacavam o nome do produtor George Martin, por alguns até chamado de o "quinto beatle". Discos de Nara Leão e Edu Lobo na gravadora Elenco traziam o nome do produtor Aloysio de Oliveira; os de Elis Regina e de Jorge Ben Jor, na Philips, o de Armando Pittigliani; os de Chico Buarque, na RGE, indicavam Manoel Barenbein; os de Wilson Simonal e Agnaldo Timóteo, na Odeon, o do produtor Milton Miranda; e os de Nelson Gonçalves, na RCA, o de Alfredo Corleto. Enfim, as principais gravadoras davam créditos aos produtores dos discos de seus artistas — e alguns até com exagero, como no caso de Milton Miranda, que pouco entrava no estúdio da Odeon. Nesse sentido, a filial da CBS no Brasil era uma anomalia sob o comando de Evandro Ribeiro, e atingindo diretamente os discos do maior astro da nossa música popular. Isso, inclusive, levava muita gente a imaginar que Roberto Carlos produzia todos aqueles seus grandes hits sozinho sem ninguém por trás dele.

O trabalho de um produtor musical compreende todas as principais etapas da feitura de um disco, desde a escolha do repertório, dos músicos, dos arranjos, mais a gravação da base instrumental e da voz, até a mixagem e masterização final, quando o som é aprimorado e polido. Evandro Ribeiro atuava diretamente em todas essas fases a cada álbum de Roberto Carlos — incrível que ainda encontrasse tempo para administrar a filial da CBS, pois, como seu gerente-geral, tinha contas a prestar mensalmente à matriz norte-americana. Mas era também a sua expressão de aprovação ou não que o cantor esperava ver através do vidro da técnica, no momento da gravação. "Um produtor sabe quando uma canção deve ser alterada ou quando um vocal não está bom porque ele tem um distanciamento que falta ao artista", explica Elton John. "O conhecimento e a experiência que um produtor leva para a sala da técnica, quando um músico está tocando ou cantando do outro lado do vidro, são muito tranquilizadores."

Antes de começarem as sessões no estúdio, havia dezenas de coisas a ser feitas nos bastidores. Quais músicas gravar? Com quais tipos de arranjos? Evandro Ribeiro atuava junto com o maestro, analisando o tipo de orquestração: com mais ou menos violinos, talvez um órgão, uma passagem com flauta, um naipe de metais. "Seu Evandro tinha ouvido absoluto. Ele descobria um violino desafinado no meio da orquestra", afirmou o técnico Eugênio de Carvalho. Qual a sonoridade do disco? Como mixá-lo? Mixar quer dizer fazer a mistura — já que a gravação ocorre em canais diferentes, pelos quais são distribuídos os instrumentos, a voz do cantor etc. O piano ficará mais à frente ou colocado mais atrás? O mesmo em relação à percussão ou aos metais. "Na mixagem a gente equilibra os diferentes sons, o que é chamado de dinâmica. É o acabamento, o resultado final", afirma o produtor Marco Mazzola. Para Phil Ramone, "fazer uma mixagem é como preparar uma refeição especial: se os ingredientes forem da melhor qualidade e o chef souber como combiná-los, o resultado pode ser suntuoso. Como num prato gourmet, uma mixagem bem produzida permite que cada instrumento e cada solista brilhem ao mesmo tempo que complementam e reforçam o todo". Pois lá estava o chef Evandro Ribeiro, junto com Roberto e os técnicos Jairo Pires e Eugênio de Carvalho, mixando cada novo álbum do cantor.

Na mixagem se define também se a voz ficará mais à frente, no meio ou mais ao fundo dos instrumentos. Roberto Carlos sempre queria trazer sua voz mais adiante, enquanto Evandro procurava não a distanciar muito da base instrumental. Cuidava também de colocar a canção no lugar certo do disco, a escolha das faixas do lado A e do lado B, para que o álbum soasse coeso. E, nesse período, Evandro Ribeiro escolhia, inclusive, as capas dos discos de Roberto Carlos, como vimos no caso do LP *O inimitável*. Por isso é que se diz que um produtor pode construir ou demolir um ídolo com suas decisões.

O crítico Romeo Nunes — ele próprio um produtor musical — observava que "para manter um Roberto Carlos, há tanto tempo, liderando as vendas de discos no Brasil, é preciso muita dedicação e 'aquele trabalho' de produção, pois um mau disco na carreira de qualquer artista, mesmo um Roberto Carlos, pode fazer desabar qualquer mito". De fato. Mas, no caso de Roberto, o mito só subia sob a direção de seu anônimo produtor na CBS. Isso se confirmaria novamente com o lançamento do novo álbum de Roberto Carlos, em 1970 — mais um disco dele com um repertório de inspiração soul.

Naquele sábado, Roberto Carlos faria show em Cascavel, interior de Santa Catarina. O cantor se hospedou no último andar de um hotel na praça do Migrante, no centro da cidade. Sabendo da presença do ídolo, uma multidão de fãs se aglomerou no local cantando o estribilho de "Eu te amo, te amo, te amo", recente sucesso dele. O cantor dormiu até tarde naquele dia, pois chegara de madrugada, vindo de um show em outra cidade do Paraná. Após almoçar, Roberto finalmente abriu as janelas e se deparou com um lindo pôr do sol. Durante alguns minutos ele ficou na sacada do hotel sentindo os raios solares baterem diretamente no seu rosto. E, sob o impacto daquele crepúsculo, teve a inspiração para compor ali o refrão de uma nova música: "Jesus Cristo, Jesus Cristo, Jesus Cristo, eu estou aqui..." Enquanto repetia essa frase, Roberto olhava o sol, as nuvens no céu e o povo na praça gritando seu nome. Ele acenou para o público alguma vezes e, em seguida, foi se preparar para o show, mas com aquele tema fervilhando na cabeça.

Sua apresentação no Estádio Ciro Nardi, na região central da cidade, seguiu o roteiro previsto e, após o espetáculo, ele logo retornou para o hotel. "Apesar de cansado, sentia dentro de mim uma coisa esquisita, parecia angústia, sei lá, um negócio meio espiritual", lembra Roberto, que naquele hotel, agora no silêncio da noite, começaria a desenvolver os versos da nova canção: "Olho pro céu e vejo uma nuvem branca que vai passando / Olho na terra e vejo uma multidão que vai caminhando..." Na época ele comentou a ideia do verso com um repórter: "Você entendeu, não foi? Eu quis dizer que essa gente também é branca. Mas branca no sentido de pureza, sabe? Essa nossa geração é essencialmente pura, apesar de tudo, a esperança não se desfez." De volta a São Paulo, ele telefonou para Erasmo Carlos, explicou-lhe a inspiração da música e, animados, se encontraram para trabalhar na ideia. "Eu estava viciado no som de James Brown, que ouvia noite e dia. Queria fazer algo dentro do estilo soul", disse Roberto, que passou cerca de seis meses burilando a canção até considerá-la pronta.

Ressalte-que até o início dos anos 1970 o cantor ainda não era católico praticante. Ele pouco ia à igreja, ainda não havia se confessado e não era próximo de padres ou bispos. Era mais fácil vê-lo em companhia de líderes do espiritismo como o polêmico Zé Arigó, que dizia encarnar o espírito de um médico alemão chamado Adolf Fritz, morto durante a Primeira Guerra Mundial. Roberto Carlos o procurou no período da doença do filho. Ou seja: até aí ele seguia compartilhando daquele típico sincretismo brasileiro. "Não sou católico nem espírita. Talvez seja até as duas coisas, mas à minha maneira. Tenho um Deus, sim, liberal, amigo e livre", afirmava ele, sempre exibindo no peito aquele medalhão com a imagem de Jesus Cristo.

O parceiro Erasmo parecia ainda mais radical, pois atravessava uma fase de mudança na carreira e na vida pessoal que atingiria até sua concepção religiosa, resultando num período de descrença. "Acredito muito no que faço, no que penso, no que digo, e, se estiver precisando de alguma coisa e ficar rezando, não vou conseguir mesmo. Religião é falta de segurança das pessoas." Para Erasmo, no seu ofício de compositor não havia contradição entre ausência de fé e mensagem religiosa. "A música 'Jesus Cristo' pra mim foi um tema como outro qualquer. Se amanhã Roberto me pedir para fazer qualquer outra coisa que eu não sinta, tornaria a viver a situação. Eu faço música de fossa sem estar na fossa", justificou na época.

Essa nova canção de Roberto e Erasmo surgia num período em que vários outros artistas da música pop evocavam a imagem e o nome de Jesus Cristo, inclusive aqui no Brasil. Em 1969, por exemplo, o compositor Alberto Luiz lançou a balada "Oração de um jovem triste" (que seria depois regravada com sucesso por Antônio Marcos), cuja letra diz: "Cabelos longos iguais aos meus / Tu és o Cristo, Filho de

Deus / Tanta ternura em teu olhar / Tua presença me faz chorar..." Naquele mesmo ano os ingleses Lloyd Webber e Tim Rice criaram a ópera-rock *Jesus Christ Superstar*, que deflagraria toda uma onda no cenário internacional. "De repente o mundo inteiro falava no assunto, as músicas falavam de Cristo e naturalmente eu fiz parte desse acontecimento como um cara qualquer. Ouvindo, lendo, enfim, tomando conhecimento de tudo que acontecia, senti a mesma reação universal. Eu fui um da multidão que estava curtindo a mesma coisa", afirma Roberto Carlos. A diferença é que em hits internacionais como o tema de *Jesus Christ Superstar* há dúvida e questionamento na letra. "Não me interprete mal / Eu só quero saber quem você é, Jesus Cristo / Você é exatamente o que dizem a seu respeito? / Se você tivesse escolhido chegar em nossos dias teria atingido o mundo inteiro / Por que escolheu aquela época e aquela terra?" Já na canção de Roberto Carlos há a certeza de que "quem poderá dizer o caminho certo é você, meu Pai". Ele então comentou que sua composição tinha um caráter ecumênico: "Minha música é pura, escrita sem subterfúgios e sem qualquer implicação com religiões. 'Jesus Cristo' foi escrita somente para representar meu grito de desespero, num momento em que a humanidade caminhava sem direção."

Foi também em meio à sua temporada no Canecão, no Rio, que o cantor entrou no estúdio da CBS, em outubro de 1970, para gravar "Jesus Cristo". Com seu faro para o sucesso, o produtor Evandro Ribeiro já vislumbrava nela a faixa mais forte para o próximo álbum do cantor. O maestro Chiquinho de Morais, que acompanhava Roberto Carlos nos shows, também trabalhava no arranjo das novas músicas dele. Uma grande referência para aquele trabalho, além de James Brown, foi o grupo The Fifth Dimension, especialmente com o tema "Aquarius / Let the sunshine in", do musical *Hair*, com o qual levaram o Grammy de gravação do ano em 1969. Roberto explicou ao maestro que queria aquela mesma base funk e coro gospel em "Jesus Cristo". O problema é que os músicos brasileiros ainda não conseguiam reproduzir aquilo com desenvoltura, e os recursos técnicos da gravadora também não ajudavam.

Sabendo disso, Roberto Carlos tentou adiar a gravação de "Jesus Cristo" para o ano seguinte, pois já estava definido que a partir de 1971 seus discos seriam gravados no estúdio da CBS, em Nova York. O artista entendia que lá sim haveria todas as condições para gravar aquilo da forma que ele queria, como um autêntico gospel, no clima das canções protestantes norte-americanas. Entretanto, Evandro Ribeiro insistiu em gravá-la logo, ali mesmo, sob o argumento de que o tema já estaria muito gasto no ano seguinte. O produtor não podia adivinhar que "Jesus Cristo" seria apenas a primeira de uma série de canções de Roberto Carlos evocando o filho de Deus. Meio a contragosto, o cantor concordou com o chefe, mas daria trabalho para ele, pois tentaria ao máximo obter a sonoridade soul para a sua música.

A gravação da base foi relativamente tranquila — até o momento de acrescentar o piano. Então surgiu um impasse: Roberto Carlos queria determinado som de piano que ele ouvia na música negra norte-americana, mas que os pianistas da CBS — Lafayette, Robson Jorge e Mauro Motta — não conseguiram reproduzir. Ele então chamou o pianista Antônio Wanderley, do seu RC-7, músico excepcional, ex-Milton Banana Trio, que também não alcançou o resultado desejado. Evandro Ribeiro mandou alguém buscar o exímio pianista Fats Elpídio no Beco das Garrafas. Ele chegou, tocou, recebeu seu cachê, mas também não acertou naquela gravação. Na inércia do momento, Lafayette indicou um garoto de 16 anos que tinha recém-lançado seu primeiro LP: Lincoln Olivetti. Ele entrou no estúdio até meio assustado, tocou o piano, todos ali elogiaram, mas também não foi aprovado. E chamaram fulano, chamaram sicrano... chamaram todos os principais pianistas de música popular do Rio Janeiro, com exceção de Luiz Eça. Todos estiveram no estúdio da CBS tentando fazer o tal piano que Roberto queria em "Jesus Cristo".

A sessão de gravação foi exaustiva, tensa. Lá pelas tantas, o arranjador da música, o maestro Chiquinho de Morais, se manifestou, decidido a resolver o problema. "Roberto, acho que já sei o que você quer. Deixa isso comigo." Ele então encaminhou-se para o piano, sentou, regulou a distância do banco e começou a tocar "Jesus Cristo".

O resultado? "Ficou uma merda, pior do que os outros", admite o maestro. Parecia que só mesmo um Billy Preston ou Isaac Hayes resolveria o problema. Roberto Carlos insistiu novamente com Evandro que era melhor mesmo deixar a gravação de "Jesus Cristo" para o próximo ano, nos Estados Unidos. "Não, Roberto, vamos gravar agora, a hora é essa", retrucou o chefão da CBS. Mas o impasse continuava naquela gravação. Foi quando alguém se lembrou de que havia um pianista ainda não chamado: Dom Salvador, o paulista Salvador da Silva Filho, então com 32 anos, músico da noite, integrante do grupo Abolição. Ele estava tocando num bar ainda vazio na zona sul quando o garçom sussurrou-lhe no ouvido: "Salvador, ligaram da CBS chamando você para ir lá tocar numa gravação do Roberto Carlos." Com um bom cachê à vista, ele pegou um táxi na porta do bar e foi direto para lá.

De cabelo black power e beca invocada, o negro Dom Salvador parecia o próprio Billy Preston tocando "Jesus Cristo" naquele piano no estúdio da CBS. "É isso o que eu quero!", exclamou Roberto, para alívio de Evandro Ribeiro, de Chiquinho de Morais, do técnico Eugênio de Carvalho e de todos os demais músicos no estúdio. O cantor percebeu logo a intimidade de Dom Salvador com a sonoridade da música negra norte-americana. De fato, pouco tempo depois, o pianista foi para os Estados Unidos e se sentiu tão em casa que se estabeleceria definitivamente por lá.

Como um típico gospel, "Jesus Cristo" começa com a voz de Roberto Carlos à capela seguida de bateria, baixo, piano e um coro, que reuniu muita gente no estúdio da CBS: Malu Vianna, Luiz Carlos Ismail e integrantes do Trio Esperança e dos Golden Boys. No desfecho, o cantor grita, acompanhado pelo coro e pelas palmas, como num encerramento de culto das igrejas norte-americanas. Com essa gravação o artista inaugurava na sua discografia aquilo que ele mesmo chamaria de "canção-mensagem", que funciona como uma espécie de editorial dos seus álbuns: uma música expressando um pensamento religioso, ou pacifista, ou ecológico, ou de amizade e fraternidade. Isso não existia nos seus discos dos anos 1960, fase de maior descompromisso, focada em garotas, carrões, velocidade. Quase aconteceu com

"Preciso urgentemente encontrar um amigo" (de mensagem pacifista e de fraternidade), mas, como já vimos, a música ficara de fora de *O inimitável*. Portanto, o editorial surgiu mesmo a partir de seu LP de 1970, com "Jesus Cristo".

Essa canção subiu aos céus pela primeira vez na noite de sexta-feira, 27 de novembro, pelas ondas da Rádio Bandeirantes de São Paulo. Isso antes mesmo do lançamento oficial, num furo da emissora — mas que resultaria até num processo judicial movido pela CBS.

Como acontecia a cada fim de ano, a gravadora montara um grande esquema de divulgação para que as principais rádios do Brasil recebessem ao mesmo tempo o novo disco de Roberto Carlos. E a data já estava definida: dia 10 de dezembro — quando seriam também distribuídos cerca de 400 mil LPs já adquiridos antecipadamente pelas lojas de discos. A capa do disco seria mantida em segredo até o último momento. Entretanto, quatorze dias antes, uma fita cassete com as músicas do novo álbum chegou às mãos do radialista Celso Teixeira, da Rádio Bandeirantes, que a tocou naquela noite de sexta-feira. No dia seguinte, outras emissoras de rádio, como a Excelsior e a Tupi, também receberam cópias da fita, que foi logo incluída na programação. Isso desmantelava o esquema de divulgação montado pela gravadora, que mandou seus divulgadores pedirem pessoalmente a cada disc jockey para não executar o disco antes de 10 de dezembro. Porém, poucos atenderiam a solicitação; afinal, mostrar as novas canções de Roberto sempre dava muita audiência.

A CBS decidiu então subir o tom e, por carta registrada em cartório, fez o mesmo pedido aos diretores das rádios, alegando que a execução antecipada de uma fita clandestina prejudicava a estratégia de divulgação do novo LP, com possíveis prejuízos financeiros para a empresa e o artista. Alertava ainda que aquilo configurava roubo e que medidas judiciais seriam tomadas para esclarecer o caso e punir os responsáveis.

Era uma situação extravagante, inusitada — ainda mais considerando que dez anos antes, em 1960, quando Roberto Carlos gravou seu primeiro disco na CBS, com a bossa nova "Brotinho sem juízo", ele lutava para ouvir suas músicas no rádio. Agora a sua gravadora até ameaçava as emissoras para impedir que um álbum dele continuasse sendo tocado antes da hora.

Muita coisa realmente mudara na trajetória do artista e dessa vez eram os disc jockeys que se empenhavam e até se arriscavam para programar um disco de Roberto Carlos. Foi como uma reação em cadeia, e cópias daquela fita clandestina, já com qualidade inferior, passavam de um radialista para outro, que seguiam tocando as novas músicas do Rei, especialmente "Jesus Cristo", logo chamando a atenção de todos. Vendo a situação fugir ao controle a gravadora tratou de acelerar a prensagem do disco e distribuí-lo às lojas e às demais rádios.

Ao mesmo tempo, contudo, a CBS prestou queixa à polícia, e a Divisão de Roubos do Departamento de Investigações Criminais passou a investigar o caso. Disc jockeys e diretores de rádio foram então intimados a depor. "A CBS devia me agradecer, em vez de me processar. No ano que vem, darei o furo novamente", dizia Celso Teixeira, provocativo, e se negando a revelar quem lhe passara a fita, citando a Lei de Imprensa, que facultava ao repórter o direito de não revelar sua fonte.

Francisco de Abreu, diretor das Rádios Excelsior e Nacional, de São Paulo, ficou indignado com a intimação e determinou a seus disc jockeys que parassem de tocar não apenas o novo disco de Roberto Carlos, mas de qualquer outro artista da CBS. "Diariamente recebo dezenas de novas gravações, ora enviadas pelas próprias fábricas, ora enviadas pelos cantores ou prepostos. Agora mesmo estamos tocando discos novos de Vinicius de Moraes, Toquinho, Paulo Diniz, Simonal e Juca Chaves. A divulgação antecipada dessas músicas é de interesse mútuo, daí minha estranheza ao ser convocado para depor", reclamou Francisco na época. Ao final das investigações, a polícia descobriu que um funcionário da seção de embalagem do depósito da CBS, em São Paulo, vendera a fita para um intermediário, que a revendera para Celso Teixeira tocar com exclusividade na Rádio Bandeirantes. Todos acabaram indiciados pelo promotor da 10ª Vara Criminal de São Paulo em ação penal por furto e receptação. A gravadora de Roberto Carlos jogou duro no caso, pois queria impedir que algo semelhante ocorresse no lançamento dos próximos LPs do cantor.

Apesar dessa reação da CBS, a antecipação do álbum de 1970 não prejudicou seu desempenho. Além de "Jesus Cristo", outras faixas logo entraram nas paradas de sucesso — "Ana", "Meu pequeno Cachoeiro", "Minha senhora", "Vista a roupa, meu bem", "O astronauta", "Preciso lhe encontrar" —, obtendo execução e vendagem bem maiores do que a de qualquer outro LP lançado naquele ano no Brasil. Dessa vez o novo disco de Roberto Carlos foi bem-aceito até pela crítica. A revista *Veja*, por exemplo, afirmou que "a maioria das faixas tem uma linha melódica mais consistente e ela raramente se fixa no desenho linear e simplório comum aos discos anteriores de Roberto: é o caso do bem harmonizado soul 'Jesus Cristo', da bonita balada 'Ana' e das canções 'Uma palavra amiga' e 'Pra você'". Já Sérgio Cabral afirmava em sua coluna em O *Pasquim* que, em termos de repertório, esse disco "perde para o anterior, apesar de ter algumas coisas bacanas como 'Minha senhora'". Todavia, o que o crítico mais destacou foi a interpretação do artista: "Roberto está cantando cada vez melhor. Está cantando pacas, como dizem os paulistas."

Sim, quem ainda tinha dúvida das qualidades do cantor Roberto Carlos, depois do álbum de 1970 tornou-se seu fã, pois ele canta o fino ali. Na gravação, ele dera especial atenção ao fraseado, aprimorando cada nota e palavra. O curioso é que Roberto ia na contramão de uma tendência que ele próprio ajudara a consolidar. Tim Maia finalmente havia alcançado o topo das paradas em 1970, ano da explosão da soul music no Brasil, e vários outros artistas também se lançaram nesse estilo. Porém, com exceção de Tim, que cantava com a naturalidade de um astro da Motown, os demais se esgoelavam na tentativa de parecer um cantor negro norte-americano — por exemplo, Ivan Lins, nos hits "O amor é o meu país" e "Salve, salve"; Tony Tornado, em "Br-3", Dom & Ravel, em "A charanga"; e Paulo Diniz, em "Quero voltar pra Bahia".

Na época, Nelson Rodrigues ironizava tudo isso ao dizer que vira na televisão um jovem cantor, num "português intraduzível", sendo acompanhado ao piano. "Na verdade, ele dava murros no teclado. Por outro lado, querendo imitar o negro norte-americano, cantava latindo. Vejam vocês: latia o piano por um lado, latia o cantor por outro. E houve um momento em que tudo aquilo parecia um cachorro uivando a morte do dono." Pois lançado em meio a essa onda, o novo disco de Roberto Carlos o mostrava mais joão-gilbertiano do que nunca, cantando com a maior naturalidade, sem arroubos ou excessos, mesmo as canções de estilo soul. No futuro, Ivan Lins ficaria constrangido ao ouvir suas gravações daquele período. Já o álbum de Roberto Carlos era um exemplo do que uma boa direção artística pode fazer a um ídolo popular. Aliás, sempre que Roberto ia gravar uma canção de estilo soul, o produtor Evandro Ribeiro alertava: "Cuidado com esse tipo de música porque você não tem voz para isso."

Logo após seu lançamento, surgiu a primeira regravação de "Jesus Cristo", com a cantora Claudia, também sucesso imediato, ficando meses na lista dos mais vendidos na pesquisa do Ibope. Tínhamos então ao mesmo tempo a mesma música, com praticamente o mesmo arranjo e duas gravações de sucesso, muitos considerando a versão de Claudia ainda melhor do que a original. De fato, excelente cantora, ela interpreta "Jesus Cristo" com bastante suingue e sentimento, como uma Aretha Franklin brasileira. Esse sucesso inesperado da versão de Claudia, rivalizando com a do próprio Roberto Carlos, também incomodou o cantor e sua gravadora — tanto que, a partir do ano seguinte, decidiriam não mais autorizar a regravação de nenhuma nova música dele antes de decorridos seis meses do lançamento do álbum. Consta que, na época, Roberto reclamou com o parceiro, porque foi Erasmo quem liberou "Jesus Cristo" para Claudia gravar.

Contudo, a polêmica maior seria de outra ordem, porque junto com o enorme sucesso dessa canção veio também a repulsa dos setores mais conservadores, principalmente católicos. O problema para eles não era a letra de "Jesus Cristo" — que, a rigor, nada tem de conflitante com as mensagens da Igreja —, mas fundamentalmente o ritmo. Músicas anteriores do pop nacional como "Oração de um jovem triste", de Alberto Luiz, ou "Se eu pudesse conversar com Deus", de Nelson

Ned, não incomodaram, apesar de também evocarem Jesus Cristo e o Pai, porque são baladas românticas, num tom contrito, suave, como se cantadas no interior de uma capela. Já a canção de Roberto Carlos, além de trazer o nome de Jesus Cristo no título, é uma pulsante soul music, de ritmo acelerado, logo adotada em boates e demais pistas de dança, inclusive na televisão, em meio ao rebolado das chacretes. Isso chocou muita gente numa época em que, no Brasil, a música religiosa, mesmo a das igrejas protestantes, estava restrita aos templos. Ainda não tínhamos parada gospel nem padres-cantores em programas de auditório. Exigia-se certa liturgia ao abordar temas religiosos. Mas eis que de repente Roberto Carlos decidiu colocar Jesus Cristo na boca e no corpo do povo.

Alguns reagiram de forma radical. Por exemplo, o então deputado pernambucano Newton Carneiro, da Arena. Ele chegou a pedir o enquadramento de Roberto e Erasmo Carlos na Lei de Segurança Nacional por considerar um "desrespeito ignominioso invocar o nome do Salvador em ritmo do iê-iê-iê". O sucesso popular da música incomodava o deputado, que dizia ser uma afronta "o uso do nome de Cristo em gafieira, *rendez-vous*, cabarés, boates e baixo meretrício". Procurado pela imprensa, Roberto Carlos preferia não polemizar com seu opositor. "Não dá nem para responder. Como é que vai haver diálogo com um cara desses? Que não tem sensibilidade para entender uma canção de amor e de paz. Eu não sei qual é a dele, bicho." E o que dizer do colunista Antônio Guzman, do *Diário da Noite*, também radicalmente contrário à canção? Para ele, Roberto Carlos "deveria ir para o xadrez, até aprender a respeitar uma coisa sagrada de um povo 100% cristão". Em tom moralista, ele também criticava a cantora Claudia após ouvi-la interpretar a música num programa de televisão: "Cantando aquela coisa dos Carlos, ela rebolava lascivamente chamando 'Jesus Cristo, eu estou aqui', como um maldoso e tentador convite."

Lideranças religiosas se dividiam sobre o tema. Para o orador espírita Divaldo Franco, a canção de Roberto Carlos devia ser acolhida porque "refletia o seu estado de alma e o da juventude". Já o arcebispo paulista Dom Vicente Zioni, proibira os fiéis de cantar "Jesus Cristo" na sua arquidiocese sob a justificativa de que essa música "levava os ouvintes a um acompanhamento frenético e à formação de um ambiente psicologicamente excitante e prejudicial". Por sua vez, o cordelista alagoano Rodolfo Coelho Cavalcante afirmava que o próprio Filho de Deus teria criticado essa canção através do folheto "A carta de Jesus Cristo a Roberto Carlos", levada ao cantor pelo anjo Gabriel: "Você com essa música deixa a Terra enlouquecida / O meu nome profanando / Nas boates delirando com tanta gente perdida..."

E o que dizer quando chegou fevereiro do ano seguinte, e a música de Roberto Carlos, adaptada para o ritmo de samba e de marchinha, se tornou uma das mais tocadas no carnaval? "De cabo a rabo, em todos os salões", relatou um jornal gaúcho, com os foliões desavergonhadamente entoando a pleno pulmões "Jesus Cristo, eu estou aqui" — frase que era vista também em muitas camisetas molhadas de suor.

Para quem rejeitava um tema sagrado num ambiente profano, o horror dos horrores não tardou a acontecer, quando então a canção de Roberto Carlos desceu aos porões da ditadura militar. Uma vítima disso foi o padre Natanael de Morais Campos, integrante da Juventude Operária Católica (JOC), organização religiosa que militava contra o regime ditatorial. Em 2 de setembro de 1970, o padre e mais dois companheiros rodavam em uma Kombi cheia de panfletos, em Barra Mansa, interior do estado do Rio de Janeiro. Detidos numa blitz, foram levados para a sede do 1º Batalhão de Infantaria Blindada (BIB), naquela cidade, onde ficaram presos durante quatro meses. Nos fundos do batalhão eram frequentes as sessões de tortura que os militares dali, em tom de deboche, chamavam de "missa". Nus, padre Natanael e seus companheiros foram enrolados com fios elétricos, obrigados a carregar uma vela acesa e a cantar a canção "Jesus Cristo", recém-lançada. "Qualquer vacilo no canto e a eletrificação dos fios na vela produzia choques", relataria o padre anos depois.

Na época, o escritor dom Marcos Barbosa, do Mosteiro de São Bento, meditava: "O que pensou Roberto Carlos, ou o que pode pensar cada um, ao cantar o estribilho dessa canção?" Na explicação do próprio cantor, o "Jesus Cristo, eu estou aqui" seria um grito de quem quer segurar a mão do Cristo, que vai ao encontro dum náufrago ou de alguém que se sente arrastado por um vento irresistível. Dentro do mesmo sentido redentor é a interpretação da então colunista da *Folha de S.Paulo*, Helena Silveira, para quem a frase é um registro de humildade: "Tanta humildade que o cantor acha seu porte pequeno demais, todo ele pequeno demais. Por isso é necessário dizer 'Jesus Cristo, eu estou aqui', pois Jesus estará olhando para mares, montanhas, e, como ele é sofrido e modesto, pede à divindade apenas que o veja."

Atento à vida, o poeta Carlos Drummond de Andrade foi tocado pela música de Roberto Carlos e também divagou sobre o sentido daquela frase em uma crônica no *Jornal do Brasil*. "E se todos os cristãos erguerem braços e olhos para o céu, como eu agora estou erguendo, para anunciarem o recanto do globo onde se encontram no momento, que pensará Jesus Cristo?... 'Estão aí, e daí?' É o caso de o Senhor nos responder... Contudo, Jesus Cristo, permita-me dizer-lhe que estou aqui", conclui o poeta. Nelson Rodrigues fez esse mesmo apelo na época, mas num contexto completamente diferente do de Drummond. Com suspeita de uma insuficiência coronária, Nelson foi internado numa clínica cardiológica em Ipanema, no Rio. Antes do exame, para ver como o paciente reagia, o médico pediu para ele gastar um tempo subindo e descendo as escadas da clínica. "Nelson fez o que o médico mandou", relata o biógrafo Ruy Castro, "mas, depois de repetir a operação algumas vezes, rebelou-se. 'Não subo mais um degrau!' E, olhando para o teto, citou com voz súplice um sucesso em voga no rádio: 'Jesus Cristo, eu estou aqui!'"

Sucesso instantâneo, "Jesus Cristo" receberia um vaticínio certeiro do médico e dramaturgo Pedro Bloch: "Acho a música extraordinária, de grande valor em todos os aspectos, e se tornará um clássico." De fato, depois daquela primeira regravação da cantora Claudia, em 1970, vários outros artistas incluiriam esse tema de Roberto Carlos em seus discos. Por exemplo, Maria Bethânia, Simone, Benito di Paula, Erlon Chaves, Milton Banana Trio, César Menotti & Fabiano, Victor & Léo... Houve também versões estrangeiras, com a orquestra do francês Paul Mauriat, do norte-americano Al De Lory e uma curiosa versão na Dinamarca com o título de "Arquimedes" — isso sem esquecer que no Brasil surgira até uma gravação de "Jesus Cristo" em ritmo de umbanda com o cantor J. B. de Carvalho, em 1971, numa homenagem ao médium Zé Arigó, então recentemente falecido.

Numa manhã de domingo, em outubro de 1997, quando toda aquela polêmica já tinha sido superada, Roberto Carlos cantou a música para o papa João Paulo II, durante missa campal no aterro do Flamengo, com 2 milhões de pessoas. Era a terceira visita do sumo pontífice ao Brasil e a primeira vez que ele recebia o cantor brasileiro. No momento do refrão, o papa levantou-se e abençoou a multidão, que cantava junto com o artista: "Jesus Cristo, eu estou aqui!" Aquela cena parecia mais uma vez confirmar o que dissera anos antes o produtor Ronaldo Bôscoli: "Roberto Carlos é a contradição brasileira. É o único capaz de mandar tudo para o inferno e ser amigo de Jesus Cristo."

FONTES E BIBLIOGRAFIA

Depoimentos

Adelino Moreira (06/06/1997) I Adilson Silva (04/08/1999) I Agnaldo Timóteo (02/02/2004) I Albert Pavão (06/07/2004) I Alceu Valença (27/11/1992) I André Midani (06/05/2002) I Angélica Lerner (14/08/2004) I Antônio Aguillar (05/06/2004) I Antônio Lucena (22/07/2004) I Antônio Wanderley (16/04/2004) I Aristeu Alves dos Reis (08/02/1998) I Arlênio Lívio (23/10/1997) I Arlindo Coutinho (26/02/2004) I Armando Canuto (19/02/2017) I Armando Pittigliani (10/05/2006) I Arnaldo Niskier (12/04/2021) I Arnoldo Silva (01/09/1997) I Bernardino Pim (24/01/2006) I Beto Ruschel (22/01/1998) I Bob Nelson (28/01/1998) I Bruno Pascoal (09/05/2005) I Caetano Veloso (20/09/2004) I Carlos Imperial (08/05/1992) I Carlos Lyra (15/05/1992) I Cauby Peixoto (25/10/2005) I Chico Buarque (30/03/1992) I Chiquinho de Morais (18/04/2004) I Claudette Soares (30/08/2004) I Cláudio Fontana (06/08/1999) I Clécio Fortuna (RC-7) (21/11/2005) I César Sampaio (02/02/2004) I Cynira Arruda (01/08/2004) I Dalton Penedo (03/10/2005) I Darcy Trigo (05/11/2005) I Dedé (Anderson Marquez) (20/01/2005) I Demétrius (14/01/1998) I Djavan (12/09/1991) I Domingos Meirelles (10/06/2020) I Durval Ferreira (08/03/2004) I Ed Wilson (06/02/2004) I Edinha Diniz (14/08/2004) I Edson Ribeiro (17/09/1997) I Edu Lobo (25/05/1992)

| Eduardo Araújo (21/01/1998) | Edy Silva (14/02/2004) | Elaine Manhães (01/10/2005) | Emilinha Borba (12/06/1994) | Erasmo Carlos (05/07/1991) | Ernesto Bandeira Passaretti (08/12/2004) | Eugênio de Carvalho (06/06/2000) | Eunice Solino (03/05/2006) | Evandro Ribeiro (04/06/1993) | Evinha Correia (02/01/1993) | Fagner (23/11/2004) | Fausta de Jesus (03/10/2005) | Francis Hime (17/02/2016) | Francisco Carioca (06/08/2005) | Francisco Lara (03/02/1998) | Frederico Mendes (08/02/2021) | Gal Costa (02/04/2006) | Geny Martins (16/12/2004) | George Freedman (19/03/2021) | Geraldo Alves (30/07/2004) | Getúlio Côrtes (24/10/1997) | Gilberto Gil (10/12/1991) | Gilson Pim (04/10/2005) | Guiomar Yukawa (09/03/2021) | Haroldo de Andrade (26/01/2004) | Helena dos Santos (31/10/1997) | Hélio Justo (03/08/1999) | J. Maia (03/11/2005) | Jairo Pires (14/03/1998; 29/12/2020) | Jerry Adriani (18/01/1993) | João Bosco (05/11/1992) | João Donato (19/01/1994) | João Gilberto (23/07/1993) | João José Loureiro (27/01/1998) | Jonas Caetano (28/12/2020) | José Crisóstomo de Souza (19/04/2021) | José Messias (06/01/1998) | José Nogueira (02/10/2005) | Lafayette (20/07/2005) | Leno (02/04/2006) | Liebert Ferreira (12/05/2004) | Luís de Carvalho (28/02/1997) | Luiz Ayrão (19/12/1997) | Luiz Carlos Ismail (25/01/2005) | Luiz Carlos Miele (30/11/2005) | Luiz Melodia (09/11/1992) | Magda Fonseca (19/04/2006) | Maguinho (Magno D'Alcântara) (09/05/2005) | Manoel Carlos (15/09/2004) | Manuel Pollari Valença (29/01/2004) | Márcia Gonçalves (15/02/2021) | Márcio Antonucci (28/05/2000) | Marcos Lázaro (13/01/1998) | Maria Bethânia (26/08/2005) | Maria Emília Cardoso (18/12/2005) | Maria Helena Gonçalves (02/10/2005) | Mário Luiz Barbato (14/01/2004) | Mário Telles (07/01/1998) | Marlene Pereira (06/08/2006) | Martinha (20/10/2004) | Maurício Duboc (27/12/1997) | Mauro Motta (07/02/1998; 10/12/2019) | Mendel Rabinovitch (29/05/2021) | Miguel Plopschi (22/05/2002) | Nana Caymmi (19/03/1993) | Nelson Ned (17/10/1997) | Nelson Motta (30/01/2004) | Nenê Benvenuti (19/02/2005) | Nenéo (Nelson de Moraes Filho) (07/03/1998) | Nestico (Ernesto Pinto Neto) (22/09/2005) | Nichollas Mariano (17/02/1993; 18/11/2020) | Norival D'Ângelo (20/10/2004)

| Odair José (18/09/1999) | Otávio Terceiro (19/07/2005) | Othon Russo (28/03/1998) | Paulinho da Viola (07/10/1992) | Paulo César Barros (19/02/2004) | Paulo Gracindo (16/10/1991) | Paulo Machado de Carvalho Filho (07/12/2004) | Pedro Camargo (13/03/1998) | Pilombeta (Sebastião Ladislau da Silva) (18/12/1997) | Puruca (Francisco Fraga) (13/12/1997) | Pinga (José Carlos Mendonça) (14/07/2006) | Raul Sampaio (26/03/1996) | Reginaldo Rossi (10/05/1999) | Renato Barros (17/12/1992) | Renato Corrêa (10/12/1992) | Renato Teixeira (20/01/1998) | Rima Gabriel Pesce (31/01/2006) | Roberta Côrte Real (22/09/2005) | Roberto Farias (18/12/1997) | Roberto Menescal (28/09/1992) | Romir Andrade (09/03/2021) | Ronaldo Bôscoli (10/09/1991) | Ronnie Von (19/10/2004) | Rosa Maria Dias (04/07/2016) | Sérgio Lins de Barros (12/04/2006) | Sérgio Reis (19/02/2005) | Sergio Ricardo (31/07/1991) | Silvio Caldas (29/06/1996) | Silvio César (28/01/1997) | Silvio Di Nardo (30/04/2006) | Solano Ribeiro (19/04/2004) | Thereza Eugênia (15-08-1998) | Tim Maia (10/03/1992) | Tito Madi (28/01/2004) | Tom Jobim (06/03/1990) | Toni Pinheiro (05/04/2021) | Tony Campello (15/01/1998; 20/03/2021) | Umberto Contardi (26/03/1998) | Vera Marchisiello (17/11/2004) | Virginia Ribeiro (03/02/2004) | Walter D'Ávila Filho (12/04/2006) | Walter Marinho (01/10/2005) | Wanderléa (05/08/1992) | Wanderley Cardoso (11/06/2000) | Wando (15/03/2000) | Wilson das Neves (09/05/2006) | Wilson Simonal (21/02/1994) | Yassuo Ono (01/09/2004) | Zé Menezes (06/12/2004) | Zé Kéti (09/02/1994) | Zé Ramalho (03/12/2004)

Programas de rádio e de televisão

A Entrevista MTV. Apresentado por Chris Couto. São Paulo: MTV, 1995.

As canções que você fez pra mim. Apresentado por Dudu Braga. São Paulo: Rádio Nativa FM, 2005.

Câmera Record Especial. Apresentado por Luiz Fara Monteiro. São Paulo: Record TV, 2021.

Caetano Veloso – Circuladô (ao vivo). Rio de Janeiro: TV Manchete, 1992.

Especial Capital. Apresentado por Hélio Ribeiro. São Paulo: Rádio Capital, 1979.

Eu, o Rei e a Notícia. Apresentado por Almair Furtado. Cajazeiras: Rádio Alto Piranhas de Cajazeiras, 1966.

Fala Brasil. Apresentado por Marc Sousa. São Paulo: Record TV, 2015.

Globo Repórter. Apresentado por Sérgio Chapelin. Reportagem de Neide Duarte. Rio de Janeiro: TV Globo, 1995.

Jô Soares Onze e Meia. São Paulo: SBT, 1995.

Jovem Guarda – Especial 25 Anos. São Paulo: TV Record, 1990.

Luz, Câmera, Canção! Rio de Janeiro: Canal Brasil, 2004.

Nacional 80. Apresentado por Hilton Abi-Rihan. Rio de Janeiro: Rádio Nacional, 1980.

Noturno. Apresentado por Antônio Crisóstomo e Simon Khoury. Rio de Janeiro: Rádio Jornal do Brasil, 1973-1974.

O Rebu (novela). Rio de Janeiro: TV Globo, 2014.

Paulo Giovanni Show. Rio de Janeiro: Rádio Globo, 1975.

Pra frente, Aguillar. Apresentado por Antônio Aguillar. São Paulo: Rádio Gazeta, 1968.

Programa Amaury Jr. São Paulo: Rede Bandeirantes, 2018.

Programa do Jô. Rio de Janeiro: TV Globo, 2013.

Programa Francisco Barbosa. Rio de Janeiro: Rádio Globo, 2004.

Quem tem medo da verdade? Apresentado por Carlos Manga e outros. São Paulo: TV Record, 1970.

Roberto Carlos Especial. Rio de Janeiro: TV Globo, 1974, 1977, 1987, 1993, 1998 e 2007.

Roberto Carlos: um rei em sua casa. Apresentado por Homero Ferreira. São Paulo: Rádio Piratininga, 1978.

Show da madrugada. Apresentado por Washington Rodrigues e Hilton Abi-Rihan. Rio de Janeiro: Rádio Globo, 1996.

Tim Maia – Vale o que vier (especial em dois episódios). Rio de Janeiro: TV Globo, 2015.

Todas as vozes. Apresentado por Marcus Aurélio. Rio de Janeiro: Rádio MEC, 2017.

Filmes

A face oculta. Direção de Marlon Brando. Los Angeles: Paramount, 1961.

Help!. Direção de Richard Lester. São Francisco: Walter Shenson, 1965.

Minha sogra é da polícia. Direção de Aloísio T. de Carvalho, 1958.

O prisioneiro do rock. Direção de Richard Thorpe. Beverly Hills: Metro-Goldwyn-Mayer, 1957.

Os reis do iê-iê-iê. Direção de Richard Lester. São Francisco: Walter Shenson, 1964

Person. Direção de Marina Person. São Paulo: Dezenove Filmes, 2007.

Roberto Carlos em ritmo de aventura. Direção de Roberto Farias. Rio de Janeiro: Difilm, 1968.

Roberto Carlos e o diamante cor de rosa. Direção de Roberto Farias. Rio de Janeiro: Difilm, 1970.

Tim Maia. Direção de Mauro Lima. Rio de Janeiro: Downtown Filmes, 2014.

Uma noite em 67. Direção de Renato Terra e Ricardo Calil. Rio de Janeiro: VideoFilmes, 2010.

Jornais

A Época (ES) | *A Manhã* (RJ) | *A Noite* (RJ) | *A Notícia* (RJ) | *A Província de S. Paulo* (SP) | *A Tribuna* (SP) | *Correio Braziliense* (BR) | *Correio da Manhã* (RJ) | *Diário Carioca* (RJ) | *Diário da Noite* (RJ) | *Diário da Noite* (SP) | *Diário de Notícias* (RJ) | *Diário de Notícias*

(SP) | *Diário de Pernambuco* (PE) | *Diário de São Paulo* (SP) | *Diário do Paraná* (PR) | *Diário Popular* (SP) | *Extra* (RJ) | *Folha Capixaba* (ES) | *Folha da Manhã* (SP) | *Folha da Tarde* (SP) | *Folha de São Paulo* (SP) | *Folha Mineira* (MG) | *Gazeta de Notícias* (RJ) | *International Magazine* (RJ) | *Jornal da Tarde* (SP) | *Jornal do Brasil* (RJ) | *Jornal do Commercio* (PE) | *Jornal do Commercio* (RJ) | *Jornal dos Sports* (RJ) | *Jornal Soterópolis* (BA) | *Luta Democrática* (RJ) | *Notícias Populares* (SP) | *O Dia* (PR) | *O Dia* (RJ) | *O Estado* (SC) | *O Estado de São Paulo* (SP) | *O Fluminense* (RJ) | *O Globo* (RJ) | *O Jornal* (RJ) | *O Pasquim* (RJ) | *O Planeta Diário* (RJ) | *Pioneiro* (RS) | *Revista Nacional* (RJ) | *Sete Dias (ES)* | *Tribuna da Imprensa* (RJ) | *Tribuna do Norte* (RN) | *Última Hora* (RJ) | *Última Hora* (SP)

Revistas

A Cigarra (SP) | *A Noite Ilustrada* (RJ) | *Almanaque da Jovem Guarda* (SP) | *Amiga* (RJ) | *Bizz* (SP) | *Bondinho* (SP) | *Bravo!* (SP) | *Cartaz* (RJ) | *Cinelândia* (RJ) | *Contigo* (SP) | *Fatos & Fotos* (RJ) | *Filme & Cultura* (RJ) | *Glamurama* (SP) | *Intervalo* (SP) | *IstoÉ Gente* (RJ) | *Manchete* (RJ) | *Melodias* (SP) | *Na Poltrona* (SP) | *O Cruzeiro* (RJ) | *Playboy* (SP) | *Pop* (SP) | *Programa* (RJ) | *Radiolândia* (RJ) | *RC Emoções* (SP) | *Realidade* (SP) | *Revista do Rádio* (RJ) | *Revista do Rock* (RJ) | *Revista O Globo* (RJ) | *Rock – A História e a Glória* (RJ) | *Rolling Stone* (RJ) | *Sétimo Céu* (RJ) | *Status* (SP) | *TV Programas* (PR) | *Veja* (SP) | *Você+* (ES)

Referências de internet

ARQUIVO CORREIO DO BRASIL. Disponível em: <https://arquivo.correiodobrasil.com.br/>.

BLOG DO MILTON PARRON. Disponível em: <https://miltonparron.band.uol.com.br/>.

CPDOC DA FUNDAÇÃO GETÚLIO VARGAS. Disponível em: <http://cpdoc.fgv.br/>.

DIÁRIO DO CENTRO DO MUNDO. Disponível em: <https://www.diariodocentrodomundo.com.br/>.

DICIONÁRIO CRAVO ALBIN DA MÚSICA POPULAR BRASILEIRA. Disponível em: https://www.dicionariompb.com.br/>.

GRUPO UM MILHÃO DE AMIGOS. Disponível em: <http://www.gumarc.com/>.

HEMEROTECA DIGITAL BRASILEIRA. Disponível em: <https://bndigital.bn.gov.br/hemeroteca-digital/>.

INSTITUTO MEMÓRIA MUSICAL BRASILEIRA. Disponível em: <https://immub.org/>.

INSTITUTO MOREIRA SALLES. Disponível em: <https://ims.com.br/acervos/musica/>.

INSTITUTO QUESTÃO DE CIÊNCIA. Disponível em: <https://iqc.org.br/>.

JOURNAL OF LATIN AMERICAN CULTURAL STUDIES. Disponível em: <https://medium.com/@j_lacs>.

JOVEM GUARDA.COM.BR. Disponível em: <http://www.jovemguarda.com.br/discografia-jg-jovemguarda.php>.

PEDRA ROLANTE. Disponível em: <https://www.pedrarolante.com.br/#menu>.

PORTAL CLUBE DO REI. Disponível em: <https://clubedorei.com.br/>.

ROBERTO CARLOS – SITE OFICIAL. Disponível em: <https://www.robertocarlos.com/>.

SEDENTÁRIO & HIPERATIVO. Disponível em: <https://www.sedentario.org/>.

SÓ GEOGRAFIA. Disponível em: <https://www.sogeografia.com.br/>.

TELEDRAMATURGIA. Disponível em: <http://teledramaturgia.com.br/>.

VELHIDADE. Disponível em: <https://velhidade.blogspot.com/search?q=POP>.

W/CAST POR WASHINGTON OLIVETTO. Disponível em: <https://www.google.com>.

WE LOVE THE BEATLES FOREVER. Disponível em: <https://luciazanetti.wordpress.com/>.

Bibliografia

ABREU, Casimiro de. *As primaveras*. Porto Alegre: Martin Claret, 2014.

AGUIAR, Maciel de. *Roberto Carlos: as canções que você fez pra mim*. Vitória: Memorial, 2019.

AGUILLAR, Antônio; AGUILLAR, Débora; RIBEIRO, Paulo César. *Histórias da Jovem Guarda*. São Paulo: Globo, 2005.

ALEXANDRE, Ricardo. *Nem vem que não tem: a vida e o veneno de Wilson Simonal*. São Paulo: Globo, 2009.

ALONSO, Gustavo. *Cowboys do asfalto: música sertaneja e modernização brasileira*. Rio de Janeiro: Civilização Brasileira, 2015.

ALVES, Gerado. *O mestre das estrelas*. São Paulo: Edição do autor, 2016.

AMARAL, Ricardo. *Ricardo Amaral apresenta: Vaudeville — Memórias*. São Paulo: Leya, 2010.

ANDRADE, Romir Pereira de. *Memórias do baterista Canhoto*. São Paulo: Scortecci, 2016.

ARAÚJO, Eduardo. *Pelos caminhos do rock: memórias do Bom*. Rio de Janeiro: Record, 2017.

ARAÚJO, Paulo Cesar de. *Eu não sou cachorro, não: música popular cafona e ditadura militar*. Rio de Janeiro: Record, 2002.

_____. *Roberto Carlos em detalhes*. São Paulo: Planeta, 2006.

_____. *O réu e o rei: minha história com Roberto Carlos em detalhes*. São Paulo: Companhia das Letras, 2014.

BENEVIDES, Roberto. "Caetano de ouvir cantar". In. CHEDIAK, Almir (org.). *Songbook Caetano Veloso*. Rio de Janeiro: Lumiar, 1989.

BENVENUTI, Nenê. *Os Incríveis anos 60-70 – ... E eu estava lá*. São Paulo: Novo Século, 2009.

BÔSCOLI, Ronaldo. *Eles e eu: memórias de Ronaldo Bôscoli*. (Depoimento a Luiz Carlos Maciel e Ângela Chaves). Rio de Janeiro: Nova Fronteira, 1994.

BUENO, Tati. *Entrevistas de sempre*. Rio de Janeiro: Mundo Gráfica e Editora, 2001.

CABRAL, Sérgio. *ABC do Sérgio Cabral: um desfile de craques da MPB*. Rio de Janeiro: Codecri, 1979.

_____. *Quanto mais cinema melhor: uma biografia de Carlos Manga*. São Paulo: Lazuli, 2013.

CALADO, Carlos. *Tropicália: a história de uma revolução musical*. São Paulo: Editora 34, 1997.

CAMPOS, Augusto de. *Balanço da bossa e outras bossas*. São Paulo: Perspectiva, 1993.

CAMPOS JR., Celso de; LIMA, Maik Rene; LEPIANI, Giancarlo; MOREIRA, Denis. *Nada mais que a verdade: A extraordinária história do jornal Notícias Populares*. São Paulo: Summus Editorial, 2011.

CARLOS, Erasmo. *Minha fama de mau*. Rio de Janeiro: Objetiva, 2008.

CARLOS, Roberto. *Roberto Carlos em prosa e versos*. São Paulo: Formar, 1967.

CARVALHO, Marco Antonio de. *Rubem Braga: um cigano fazendeiro do ar*. São Paulo: Biblioteca Azul, 2013.

CASTRO, Ruy. *Chega de saudade: a história e as histórias da bossa nova*. São Paulo: Companhia das Letras, 1990.

_____. *Ela é carioca: uma enciclopédia de Ipanema*. São Paulo: Companhia das Letras, 1999.

_____. *O anjo pornográfico: a vida de Nelson Rodrigues*. São Paulo: Companhia das Letras, 1992.

_____. *A noite do meu bem: a história e as histórias do samba-canção*. São Paulo: Companhia das Letras, 2015.

CAVALCANTI FILHO, José Paulo. *Fernando Pessoa: uma quase autobiografia*. Rio de Janeiro: Record, 2011.

CHACUR, Fabian Décio. *Os ídolos do pop rock*. São Paulo: Event Editora, 2002.

CLARK, Walter; PRIOLLI, Gabriel. *O campeão de audiência: uma autobiografia*. São Paulo: Best Seller, 1991.

DANIKEN, Erich von. *Eram os deuses astronautas?* São Paulo: Melhoramentos, 1974.

DINIZ, Victor. *Marlon Brando: uma biografia cinematográfica*. São Paulo, Giostri, 2021.

DUNN, Christopher. *Brutalidade jardim: a Tropicália e o surgimento da contracultura brasileira*. São Paulo: Unesp, 2009.

FAOUR, Rodrigo. *Bastidores: Cauby Peixoto, 50 anos da voz e do mito*. Rio de Janeiro: Record, 2001.

_____. *Revista do Rádio: cultura, fuxicos e moral nos anos dourados*. Rio de Janeiro: Relume Dumará, 2002.

FARIAS, Sérgio. *Love is understanding: a vida e a época de Peter Tork e os Monkees*. Lisboa: Chiado, 2018.

FERNANDES, Ismael. *Memória da telenovela brasileira*. São Paulo: Brasiliense, 1997.

FRÓES, Marcelo. *Jovem Guarda: em ritmo de aventura*. São Paulo: Editora 34, 2000.

FUJISAKA, Ana Paula. *O familiar cuidador e o processo de fim de vida e morte de seu ente querido: uma compreensão fenomenológica*. (Tese de doutorado em Psicologia; orientadora Maria Julia Kovacs). São Paulo: USP, 2014.

FUSCALDO, Chris. *Discobiografia Mutante: álbuns que revolucionaram a música brasileira*. Rio de Janeiro: Garota FM, 2018.

GASPARI, Elio. *A ditadura escancarada*. São Paulo: Companhia das Letras, 2002.

GIL, Gilberto; ZAPPA, Regina. *Gilberto bem perto*. Rio de Janeiro: Nova Fronteira, 2013.

GOMES, Anita Ayres (org.). *Nara Leão*. Coleção Encontros. Rio de Janeiro: Beco do Azougue, 2014.

GUEDES, Tito. *Querem acabar comigo: da Jovem Guarda ao trono, a trajetória de Roberto Carlos na visão da crítica musical*. Rio de Janeiro: Máquina de Livros, 2021.

GUERREIRO, Antonio & PIMENTEL, Luiz Cesar. *Ronnie Von: o príncipe que podia ser rei*. São Paulo: Planeta, 2014.

HERDADE, Márcio. *Waldirene, a garota do Roberto: uma história dos tempos da Jovem Guarda*. Campinas: Pontes Editores, 2011.

IMPERIAL, Carlos. *Memórias de um cafajeste*. Rio de Janeiro: Companhia Editora Americana, 1973.

JACKSON, Andrew Grant. *1965: o ano mais revolucionário da música*. São Paulo: Leya, 2016.

JORGENSEN, Ernst. *Elvis Presley: a vida na música*. São Paulo: Larousse do Brasil, 2010.

KAPLAN, James. *Sinatra: o chefão*. São Paulo: Companhia das Letras, 2015.

LEE, Rita. *Rita Lee: uma autobiografia*. São Paulo: Globo, 2016

LEITE, Ivana Arruda. *Eu te darei o céu e outras promessas dos anos 60*. São Paulo: Editora 34, 2004.

LENHARO, Alcir. *Cantores do rádio: a trajetória de Nora Ney e Jorge Goulart e o meio artístico de seu tempo*. Campinas: Unicamp, 1995.

LOPES, Nei; SIMAS, Luiz Antônio. *Dicionário da história social do samba*. Rio de Janeiro: Civilização Brasileira, 2015.

MACIEL, Manoel Gonçalves. *Voltando ao Cachoeiro antigo*. Cachoeiro de Itapemirim: Gracal, 2003.

MARANHÃO, Carlos. *Roberto Civita, o dono da banca: a vida e as ideias do editor da Veja e da Abril*. São Paulo: Companhia das Letras, 2016.

MARIA, Julio. *Elis Regina: nada será como antes*. São Paulo: Masterbook, 2015.

MARIANO, Nichollas. *O rei e eu: minha vida com Roberto Carlos*. Rio de Janeiro: Edipan, 1979.

MARTINHO, Erazê. *Carlito Maia: a irreverência equilibrista*. São Paulo: Boitempo, 2003.

MARTINS, Lázaro (org.). *Roberto Carlos por ele mesmo*. Porto Alegre: Martin Claret, 1994.

MARTINS, Ruy. *A rebelião romântica da Jovem Guarda*. São Paulo: Fulgor, 1966.

MÁXIMO, João; DIDIER, Carlos. *Noel Rosa: uma biografia*. Brasília: UNB, 1990.

MAZZOLA, Marco. *Ouvindo estrelas: a luta, a ousadia e a glória de um dos maiores produtores musicais do Brasil*. São Paulo: Planeta, 2007.

MEDEIROS, Jotabê. *Roberto Carlos: por isso essa voz tamanha*. São Paulo: Todavia, 2021.

MEDEIROS, Paulo de Tarso. *A aventura da Jovem Guarda*. São Paulo: Brasiliense, 1984.

MELLO, Zuza Homem de. *A Era dos Festivais: uma parábola*. São Paulo: Editora 34, 2003.

MESSIAS, José. *Sob a luz das estrelas: somos uma soma de pessoas*. São Paulo: Medras, 2008.

MIDANI, André. *Do vinil ao download*. Rio de Janeiro: Nova Fronteira, 2015.

MILES, Barry. *Paul McCartney: many years from now*. São Paulo: Dórea Books and Art, 2000.

MONTEIRO, Denilson. *A bossa do lobo: Ronaldo Bôscoli*. São Paulo: Leya, 2001.

_____. *Dez, nota dez!: eu sou Carlos Imperial*. São Paulo: Planeta, 2015.

MONTEIRO, Denilson; NASSIFE, Eduardo. *Chacrinha: a biografia*. Rio de Janeiro: Casa da Palavra, 2014.

MONTEIRO, Karla. *Samuel Wainer: o homem que estava lá*. São Paulo: Companhia das Letras, 2020.

MORAIS, Fernando. *A Ilha: um repórter brasileiro no país de Fidel Castro*. São Paulo: Alfa-Ômega, 1976.

MOTTA, Nelson. *Noites tropicais: solos, improvisos e memórias musicais*. Rio de Janeiro: Objetiva, 2000.

_____. *Vale tudo: o som e a fúria de Tim Maia*. Rio de Janeiro: Objetiva, 2007.

MUGNAINI JR., Ayrton. *Roberto Carlos: esta é a nossa canção*. São Paulo: Nossa Sampa Diretriz Editora, 1993.

NAPOLITANO, Marcos. *Seguindo a canção: engajamento político e indústria cultural na MPB (1959-1969)*. São Paulo: Anna Blume/Fapesp, 2001.

NETO, Lira. *Maysa: só numa multidão de amores*. São Paulo: Globo, 2007.

_____. *Getúlio: do Governo Provisório à ditadura do Estado Novo (1930-1945)*. São Paulo: Companhia das Letras, 2013.

NORMAN, Philip. *John Lennon: a vida*. São Paulo: Companhia das Letras, 2009.

NOSSA, Leonencio. *Roberto Marinho: o poder está no ar*. Rio de Janeiro: Nova Fronteira, 2019.

PAVÃO, Carlos Alberto. *Rock brasileiro (1955-1965): trajetória, personagens e discografia*. São Paulo: Edicon, 1989.

PEDERIVA, Ana Barbara Aparecida. *Jovem Guarda: crônicas sentimentais da juventude*. São Paulo: Companhia Editora Nacional, 2000.

PENTEADO, Léa. *Um instante, maestro! A história de um apresentador que fez história na TV*. Rio de Janeiro: Record, 1993.

PILAGALLO, Oscar. *Roberto Carlos*. Coleção Folha Explica. São Paulo: Publifolha, 2008.

PILOMBETA, Misael. *Pilombeta: o marinheiro compositor*. Rio de Janeiro: Multifoco, 2011.

POUND, Ezra. *ABC da literatura*. São Paulo: Cultrix, 2006.

PUGIALLI, Ricardo. *No embalo da Jovem Guarda*. Rio de Janeiro: Ampersand, 1999.

RAMONE, Phil; GRANATA, Charles L. *Gravando!: os bastidores da música*. Rio de Janeiro: Guarda-Chuva, 2008.

RIBEIRO, Solano. *Prepare seu coração: a história dos grandes festivais*. São Paulo: Geração Editorial, 2002.

RODRIGUES, Nelson. *O remador de Ben-Hur: confissões culturais*. Seleção e organização de Ruy Castro. São Paulo: Companhia das Letras, 1996.

RONDEAU, José Emílio. "Roberto e Erasmo: traduzindo a própria cultura". In: *História da música popular brasileira – grandes compositores*. Fascículo Roberto Carlos & Erasmo. São Paulo: Abril Cultural, 1982.

SANCHES, Pedro Alexandre. *Como dois e dois são cinco: Roberto Carlos (& Erasmo & Wanderléa)*. São Paulo: Boitempo, 2004.

SANDFORD, Christopher. *The Rolling Stones: a biografia definitiva*. Rio de Janeiro: Record, 2014.

SAROLDI, Luiz Carlos; MOREIRA, Sonia Virginia. *Rádio Nacional: o Brasil em sintonia*. Rio de Janeiro: Martins Fontes-Funarte, 1988.

SEVERIANO, Jairo; MELLO, Zuza Homem de. *A canção no tempo: 85 anos de músicas brasileiras, vol. 2 (1958-1985)*. São Paulo: Editora 34, 1998.

SOARES, Jô. *O livro de Jô: uma autobiografia desautorizada – volume 1* (Depoimento a Matinas Suzuki Jr.). São Paulo: Companhia das Letras, 2017.

SOUZA, Percival de. *Autópsia do medo: vida e morte do delegado Sérgio Paranhos Fleury*. São Paulo: Globo, 2000.

SOUZA, Tarik de. *Sambalanço, a bossa que dança: Um mosaico*. São Paulo: Kuarup, 2016.

SPLENDORE, Maria Stella. *Sri Splendore: uma história de vida*. São Paulo: Edição do autor, 2008.

SUKMAN, Hugo. *Histórias paralelas: 50 anos de música brasileira*. Rio de Janeiro: Casa da Palavra, 2011.

TATIT, Luiz. *O cancionista: composição de canções no Brasil*. 2ª ed. São Paulo: Edusp, 2012.

TINHORÃO, José Ramos. *Pequena história da música popular: da modinha à lambada*. 6ª ed. São Paulo: Art Editora, 1991.

TRAUMANN, Andrew. *Os colombianos*. São Paulo: Contexto, 2018.

VELOSO, Caetano. *Verdade tropical*. São Paulo: Companhia das Letras, 1997.

VENTURA, Zuenir. *1968, o ano que não terminou: a aventura de uma geração*. Rio de Janeiro: Nova Fronteira, 1988.

VIOLA, Kamile. *África Brasil: um dia Jorge Ben voou para toda a gente ver*. São Paulo: Edições Sesc, 2020.

WANDERLÉA. *Foi assim: autobiografia*. Pesquisa e edição de Renato Vieira. Rio de Janeiro: Record, 2017.

WERNECK, Humberto. "Gol de letra". In: *Chico Buarque: letra e música*. São Paulo: Companhia das Letras, 1989.

WISNIK, Jose Miguel. *Sem receita: ensaios e canções*. São Paulo: Publifolha, 2004.

ZANETTI, Lucinha. *Renato Barros: um mito! uma lenda!: a história do líder da banda de rock em atividade mais antiga do planeta contada por ele mesmo*. São Paulo: Nelpa, 2019.

ZIMMERMANN, Maíra. *Jovem Guarda: moda, música e juventude*. São Paulo: Estação das Letras, 2013.

Obras de referência

Bíblia Sagrada. Antigo e Novo Testamento. Tradução de João Ferreira de Almeida. Rio de Janeiro: Alfalit Brasil, 1996.

CANÇADO, Beth (org.). *Roberto Carlos: as canções que você fez pra mim*. (Letras de todas as músicas com cifras.) Brasília: Corte, 1996.

Dicionário da TV Globo, vol. 1: Programas de dramaturgia e entretenimento. Rio de Janeiro: Jorge Zahar, 2003.

Enciclopédia da música brasileira: popular, erudita e folclórica. 2ª ed. São Paulo: Art Editora/Publifolha, 1998.

Erasmo Carlos – Esquinas do tempo 1960-2000. CDs em 4 volumes acompanhados de livreto escrito por Marcelo Fróes. Som Livre, 2001.

Erasmo Carlos – Mesmo que seja eu. Caixa acompanhada de livreto escrito por Marcelo Fróes. Universal Music, 2002.

História da música popular brasileira. Fascículo Roberto Carlos. São Paulo: Abril Cultural, 1970.

Nosso século (1945/1960). São Paulo: Abril Cultural, 1980.

Nosso século (1960/1980). São Paulo: Abril Cultural, 1980.

Nova história da música popular brasileira. Fascículo Roberto Carlos – Erasmo Carlos. São Paulo: Abril Cultural, 1977.

O som do Pasquim: grandes entrevistas com os astros da música popular brasileira. Organização e prefácio de Tárik de Souza. Rio de Janeiro: Codecri, 1976.

Roberto Carlos. Florianópolis: Toriba, 2014.

The Grammy Winners Book. Santa Monica: Naras, 1997.

WHITBURN, Joel (org.). *The Billboard Book of Top 40 Hits*. 6ª ed. Nova York: Billboard Publications, 1996.

ÍNDICE ONOMÁSTICO

#

"120... 150... 200 km por hora", 813, 814, 822, 828
"14 anos", 82
"2001", 683
007 contra a chantagem atômica (filme), 482
2001: uma odisseia no espaço (filme), 848
3º Festival da Música Popular Brasileira (álbum), 556

A

"A banda", 547, 678, 804
"A casa do sol nascente" ("The house of the rising sun"), 507
"A catedral" ("Winchester cathedral"), 507
"A change is gonna come", 361
"A charanga", 865
"A deusa da minha rua", 551
"A estação", 84
"A felicidade", 160
"A festa do Bolinha", 335
"A garota do baile", 357, 421
"À janela", 28
"A jardineira", 370
"A madrasta", 679
"A montanha", 21
"A mulher do meu amigo", 416
"A palavra adeus", 510
"A pescaria", 569
"A picture of me", 351
"A volta do boêmio", 178
"A volta", 325-326, 384, 743
"A voz do morto", 574
"A whiter shade of pale", 607, 688
"Abrázame así", 90
"Aceito seu coração", 757-758, 795
"Adiós", 95
"Adivinhão", 101
"Ai que saudades da Amélia", 551, 556
"Al di là", 598
"Alá-lá-ô", 370
"Alegria, alegria", 16, 539, 556
"Além do horizonte", 23, 764
"Alguém me disse", 171
"All of Me", 233 *ver também* "Disse alguém" ("All of me")
"Alô, xerife", 78
"Amada amante", 25, 416
"Amapola", 268
"Amigo", 24, 661
"Amor em chá-chá-chá", 205-206
"Amor proibido", 417
"Amor y más amor", 79
"Amor, paz", 545
"Amora", 678
"Ana" ("Anna (Go to him)"), 501
"Ana", 833, 844, 845, 865
"And I love her", 467
"Ângela", 844

"Anoiteceu", 541-542, 545, 546, 554, 628, 684
"Antonico", 209
"Aos pés da cruz", 551
"Apache", 255
"Aquarius / Let the sunshine in", 860
"Aquela casa simples", 89, 98-99, 100, 101
"Aquele abraço", 351, 754, 804
"Aquele beijo que te dei", 304, 306, 307, 319, 336, 463
"Ar de moço bom", 464
"Are you lonesome tonight?", 316
"Arquimedes" ("Jesus Cristo"), 870
"Arrombou a festa", 442, 591, 592
"As canções que você fez pra mim", 659, 661, 662, 664, 666, 668, 669, 685, 699
"As curvas da estrada de Santos", 12, 732, 751, 753-758, 760, 761, 762, 763-765, 803-804, 808, 813, 822
"As flores do jardim da nossa casa", 693, 700, 703-705, 760, 803, 704, 808, 821
"As tears go by", 526
"Assum preto", 700
"Atrás do trio elétrico", 715, 804
"Aventureira", 90
"Avôhai", 83
"Azul da cor do mar", 794
A bela da tarde (filme), 434
A face oculta (filme), 301
A força que nunca seca (álbum), 705
A história de um crápula (filme), 309
A história de um homem mau (filme), 308
A hora da buzina (programa de TV), 357, 392, 421
A inimitável Doris Day (álbum), 641
A lua me disse (telenovela), 512
A mulher que eu amo (filme), 109
A noviça rebelde (filme), 369
A onda é boogallo (álbum), 788
A pele do futuro ao vivo (álbum), 776

A primeira noite de um homem (filme), 702
A profecia (filme), 740
À vontade mesmo (álbum), 527
Abbey Road (álbum), 752, 307
Abdias no forró (álbum), 254
Abel Santana, 58
Abelardo Figueiredo, 180
Abílio Diniz, 23
Acústico MTV (Gal Costa, álbum), 776
Acústico MTV (Roberto Carlos, álbum), 747, 765
Adamo (Salvatore Adamo), 718
Adauto Santos, 553
Adelaide Chiozzo, 95
Adelino Moreira, 170, 218, 422, 462
Ademar Neves, 519, 578
Ademir (Ademir de Menezes), 77
Aderbal Guimarães, 634
Adilson Silva, 218, 252, 462
Adolf Fritz, 859
Adolfo Becker, 317
Adoniran Barbosa, 247, 678, 844
Adriana Calcanhoto, 417
Aérton Perlingeiro, 107
Affonso Romano de Sant'Anna, 29
Agnaldo Rayol Show (programa de TV), 581-582
Agnaldo Rayol, 252, 256, 434, 581, 772
Agnaldo Timóteo, 11, 82, 507, 561, 569, 593, 620, 626-627, 704, 732, 856
Agostinho dos Santos, 19, 138, 154, 171, 641, 730
Agustín Lara, 95, 357
Aída Curi, 402
Airto Moreira, 541
Al Bano, 602
Al De Lory, 869
Alain Delon, 717
Alan Campos, 99
Albert McCartney, 122
Albert Pavão, 315-316, 416

Albertinho Fortuna, 9, 92, 98
Alberto Caldeiro, 295
Alberto Cavalcante de Gusmão, 404
Alberto Curi, 478
Alberto D'Aversa, 477
Alberto Luiz, 859, 866
Alberto Máduar, 542
Alberto Rêgo, 131
Alberto Testa, 379
Alceu Nunes Fonseca, 313
Alceu Valença, 367
Alcione (Alcione Dias Nazareth), 777, 784
Aldir Blanc, 423
Alec Guinness, 845
Alédio Moreira, 99
Alegria de viver (filme), 125
Alessandro Porro, 564, 566
Alex Cohen, 627
Alex Viany, 616, 762
Alexandre Gnattali, 64, 525, 608, 703, 757, 814, 846, 848
Alfred Hitchcock 741
Alfredo Corleto, 856
Allan Kardec, 74
Almir Ricardi, 391
Almirante (Henrique Foréis Domingues), 76
Alô, alô, Carnaval (filme), 478
Alô, brotos (programa de TV), 225
Aloísio Muniz Freire, 820
Aloísio Teixeira de Carvalho, 125
Aloysio de Oliveira, 137-139, 148, 856
Altemar Dutra, 286, 308, 653, 704
Altivo Maia, 115, 782
Alto astral (telenovela), 719
Alziro Zarur, 370,
Amado Batista, 28
Amália Rodrigues, 58, 95
Ama-me com ternura (filme), 109
Ambrósio Azevedo, 24
Amélia Moreira (tia Amélia), 106
América (telenovela), 326
Amor (show), 395

Amor e traição (filme), 501
Ana Paula Rossi, 382, 588, 680, 694, 845
Ana Regina, 530
Anastácia, a mulher sem destino (telenovela), 489
Ancelmo Gois, 777
André Mazzini, 686
André Midani, 715, 763
André Penazzi, 305
Ângela Maria e as canções de Roberto & Erasmo (álbum), 777
Ângela Maria, 137, 159, 171, 233, 323, 437, 593, 653, 719, 777
Angélica Lerner, 199
Ângelo Santos, 91
Anísio Medeiros, 741
Anísio Silva, 10, 137, 171-174, 177, 241, 355
Anita Sabino, 44
Anna Luiza da Conceição (Don'Anna), 48
Antenor Moreira Fraga, 45
Antero de Mello Moraes, 249
Antoine de Saint-Exupéry, 397
Antonia Pellegrino, 790
Antônio Aguillar, 225-226, 240, 258, 330, 637
Antônio Carlos (colunista), 548
Antônio Carlos Brito, 649
Antonio Carlos e Jocafi, 765
Antônio Carlos Jobim e Fernando Cesar na voz de Agostinho dos Santos (álbum), 171
Antonio Carlos Martinelli, 382
Antônio Carlos Nascimento, 533
Antônio Claudio, 470
Antônio Cordeiro, 76
Antônio de Lima, 416
Antônio Guzman, 867
Antônio Ladislau da Silva, 511
Antônio Lucena, 248
Antônio Marcos, 19, 569, 660, 665-666, 704, 841, 859
Antônio Maria, 13, 14, 128, 132, 150, 51

Antônio Neves, 365
Ao balanço das horas (filme), 108, 109
Aracy de Almeida, 570, 574, 653
Aretha Franklin, 637, 866
Aretuza Nogueira, 485
Argemiro Bueno, 42, 43, 45
Aristeu Alves dos Reis, 713-714
Aristides Ticiano, 40
Aristófanes, 774
Arlênio Lívio, 110, 111, 114-115, 116, 118, 795, 796
Arley Pereira, 564, 677, 837
Armando Canuto, 51, 274, 317, 354, 471, 732
Armando Lara Nogueira, 593, 737-738
Armando Louzada, 233
Armando Pittigliani, 856
Armando Simões Neto, 513
Armindo Santana, 81
Arnaldo Cerdeira, 429
Arnaldo Niskier, 137
Arnoldo Medeiros, 841
Arquivo Record (programa de TV), 838
Art Blakey, 761
Arthur Hamilton, 174
Arthur Laranjeira, 719, 856
Arthur Moreira Lima, 395
Artur da Costa e Silva, 29, 609
Ary Barroso, 351, 844
Ary Marques, 79
Ary Vasconcelos, 728
As 14 mais (álbum), 307, 308, 609, 775
As 14 mais (volume 14), 307, 308, 309, 319
As 14 mais (volume 16), 356, 357
As 14 mais (volume 18), 439, 440, 441
As 14 mais (volume 19), 510, 512
As 14 mais (volume 20), 500, 501
As 14 mais (volume 21), 638, 639, 642, 743

As 14 mais (volume 22), 627, 737, 743, 744
As 14 mais (volume 23), 652, 653, 731, 732
As 14 mais (volume 24), 788, 814
As 14 mais (volume 28), 746, 747
As canções que você fez pra mim (álbum), 668
Às suas ordens (programa de rádio), 91
Assalto ao trem pagador (filme), 480
Assim na terra como no céu (telenovela), 839
Astor Silva, 174, 206, 219, 220, 236, 238, 240, 255, 275, 525
Astros do disco (programa de TV), 258, 330, 337, 582
Ataulfo Alves, 247, 550-551, 556, 678, 842
Athayde Julio, 268
Augusto de Campos, 29, 92, 370, 427, 551, 556, 617
Augusto Moreira, 36
Augusto Pinochet, 27
Aurélio Teixeira, 617
Aviso aos navegantes (filme), 95

B

"Babalu", 233
"Baby, meu bem", 240, 268, 626
"Baby", 12
"Balzaquiana", 217
"Band on the run", 20
"Banho de lua" ("Tintarella di luna"), 15, 260, 331, 507
"Barra limpa", 584
"Bastidores", 665
"Beautiful boy", 20
"Be-bop-a-lua", 273
"Beijinho doce", 95
"Bella ciao", 601
"Benvinda", 683
"Benzinho" ("Dear someone"), 499, 634

ÍNDICE ONOMÁSTICO

"Beyond the sea", 234
"Billy Dinamite", 20
"Bilu teteia", 591
"Bim bom", 126
"Biquíni de bolinha amarelinha" ("Itsy bitsy teenie weenie yellow polka dot bikini"), 173, 332
"Blue gardenia", 156
"Bolle di sapone", 601
"Bonita", 683
"Bop-a-lena", 110
"Br-3", 865
"Brasileirinho", 803
"Brigas nunca mais", 131, 157
"Brotinho sem juízo", 147, 154, 155, 158, 159, 160, 161, 162, 165, 170, 204, 217, 269, 443, 863
"Broto do jacaré", 268, 295
"Broto já sabe chorar", 217
"Broto legal" ("I'm in love"), 15, 178, 198, 250, 260, 331
"Brucutu" ("Alley-Oop"), 319, 507, 510
B. J. Thomas, 745
Baby (Luiz Fernando) Bocayuva Cunha, 173
Baby Consuelo (Baby do Brasil), 824
Baby Santiago, 260
Baden Powell, 141, 322, 396, 551, 556
Baiano (Manuel Pedro dos Santos), 213
Baile da saudade (programa de TV), 803
Banda Supersônica, 818
Bando da Lua, 139
Barão Vermelho, 689
Barbra Streisand, 234
Barnabé (João Ferreira de Melo), 287, 288
Barney Kessel, 174
Barriquinha (Edgard Cavalcanti), 130
Beat Boys, 556
Beatles for sale (álbum), 307

Beatles, 11, 15, 20, 83, 137, 192, 193, 203, 204, 206, 227, 238, 240, 241, 255, 259, 261, 274, 307, 314, 318, 342, 343, 352, 361, 366, 369, 376, 377, 379, 380, 396, 415, 423, 427, 428, 439, 454, 455, 463, 465, 467, 468, 471, 481, 482, 501, 523-526, 528, 529, 572, 589, 607, 617, 621, 622, 715, 727, 730, 752, 801, 802, 856
Beatniks, 362, 409, 410, 416, 475, 744
Bebeto (Roberto Tadeu de Souza), 790
Bee Gees, 715, 718
Belchior (Antônio Carlos Belchior), 11, 720
Ben-Hur (filme), 617
Benil Santos, 154, 305
Benito di Paula, 323, 869
Berilo Faccio, 724
Bert Berns, 202
Bete Mendes, 718
Beto (Alberto) Ruschel, 678-680, 681, 682, 683, 684, 685
Beto Rockfeller (álbum), 718
Beto Rockfeller (telenovela), 717, 718, 839
Bibi Ferreira, 349
Bill Caesar, 178
Bill Haley & His Comets, 108, 109, 117-119, 192, 422
Bill Haley, 108, 222, 241
Billy Blanco, 120
Billy Eckstine, 787
Billy Preston, 307, 862
Billy Stewart, 648
Billy Vaughn, 174
Biquíni Cavadão, 417
Blitz, 719
Blue Jeans Rockers, 305
Bob Crewe, 269
Bob Dylan, 232, 291, 307, 361,
Bob Marcucci, 175

Bob Nelson (Nelson Roberto Perez), 77-78
Bobby Capó, 79
Bobby Darin, 202-203, 206, 231, 232, 234, 238, 239, 241
Bobby Goldsboro, 713
Bobby Rydell, 439, 440
Bobby Solo, 606
Bola Sete (Djalma de Andrade), 130, 133, 143
Boni (José Bonifácio de Oliveira Sobrinho), 284, 839, 840
Booker Pittman, 132,
Booker T. & the MG's, 306
Borelli Filho, 215
Bossa Nova Modern Quartet, 394
Bossaudade (programa de TV), 330, 349, 582
Braguinha (Carlos Alberto Ferreira Braga), 136
Brasil 60 (programa de TV), 349
Brasil '65 — Wanda de Sah Featuring The Sergio Mendes Trio (álbum), 325
Bráulio Pedroso, 717, 777, 839
Brigitte Bardot, 414, 645
Bruno Lauzi, 717
Bruno Pascoal, 288, 348, 379, 529, 817, 823
Buck Rogers (seriado de rádio), 76
Burt Bacharach, 202, 394, 717
Byrds, 525

C

"Cabeça inchada", 260
"Cachaça mecânica", 20
"Café da manhã", 12
"Café Society", 173
"Camarim", 664
"Caminhoneiro", 20, 828
"Can't take my eyes off you", 269
"Canção do amor demais", 160
"Canção do amor nenhum", 160
"Cansado de esperar" ("Tired of waiting for you"), 409
"Canto de Ossanha", 509
"Canzone per te", 597, 600, 601-606, 608-609, 613, 684
"Capoeirada", 556
"Cara de pau", 315
"Carinho e amor", 176
"Carinhoso", 16, 90, 654
"Carnaval na onda", 442
"Casa bianca", 604
"Cavalgada", 12, 23, 764
"Chains", 203
"Chão de estrelas", 224
"Chega de saudade", 12-13, 126, 134
"Chore por mim" ("Cry me a river"), 174
"Chorei", 172
"Chove lá fora", 100, 176, 703
"Chuva", 502
"Ciao amore, ciao", 598
"Cielito lindo", 232
"Ciúme de você", 654-655, 685, 822
"Coimbra", 58, 95, 357
"Com muito amor e carinho", 638
"Come una foglia" ("Folhas de outono"), 495
"Como dois e dois", 847
"Como é bom saber", 319, 509
"Como é grande o meu amor por você", 16, 23, 25-26, 389, 392-396, 493, 569, 571, 702, 729, 775, 844
"Como vai você", 19
"Conceição", 126, 249
"Conversa de botequim", 130
"Convite de amor", 202
"Coração de cristal" ("Corazón de cristal"), 507
"Coração de luto", 82, 369
"Coração materno", 82
"Cry me a river" ver "Chore por mim" ("Cry me a river"), 174"
"Custe o que custar", 730-732
Cacá Diegues, 478, 616

Caetano Veloso, 10-13, 16-18, 19, 100, 127, 132, 218, 253, 297, 351, 426, 429, 430, 437, 512, 539, 549, 556-557, 568, 569, 574, 580, 629, 635, 647, 648, 677, 682, 684, 701, 710, 715-716, 719, 720, 751-753, 754, 755, 764, 776, 804, 844, 847
Canção do amor demais (álbum), 160
Canciones que amo (álbum), 95
Candelabro italiano (filme), 598
Canhoto (Américo Jacomino), 75
Canta Roberto Yanes (álbum), 254
Cantando na chuva (álbum), 177
Cantando na chuva (filme), 177
Canzone per te (álbum), 95
Cao Hamburger, 574
Carequinha (George Savalla Gomes), 136
Carl Gustav Jung, 169
Carla Ghermandi, 84
Carla Thomas, 796
Carlito Maia, 338-341
Carlo Donida, 598
Carlos Acioli Rodolfo, 433
Carlos Acuio, 433
Carlos Alberto Barbosa, 252, 276, 284, 291, 308, 470
Carlos Alberto Braga (Gadia), 35, 37, 102, 209, 413-414
Carlos Argentino, 641
Carlos Becker, 255, 353, 467
Carlos Cesar, 91
Carlos Colla, 19, 554, 665
Carlos Didier, 223
Carlos Drummond de Andrade, 29, 869
Carlos Galhardo, 75, 233, 321, 803, 804
Carlos Gardel, 95
Carlos Gonzaga, 260, 507
Carlos Imperial, 13, 14, 55, 100, 116-117, 118, 119, 125, 127, 133-142, 147-148, 150-151, 152, 153-165, 170, 171-172, 173, 175-176, 178, 180, 182, 183-184, 191, 200-202, 203, 208, 218, 259, 260, 267, 269, 288, 289, 302, 349, 401-403, 405, 406-407, 508, 540, 550-551, 570, 589, 745, 835
Carlos José, 137, 197, 256, 284, 470
Carlos Lacerda, 29, 824
Carlos Leonam, 443
Carlos Lindemberg, 40
Carlos Lombardi, 719
Carlos Lyra, 11-12, 150, 152, 154, 248
Carlos Manga, 125, 567, 578, 582-583, 585-586, 589, 615, 619, 633, 647, 781-782, 784, 792-793, 805, 807, 833, 835-236
Carlos Monteiro de Souza, 154
Carlos Prosperi, 339
Carlos Renato, 153, 182-184
Carmem Verônica, 180
Carmen Miranda, 271, 478
Carole King, 202-203
Cartas de amor (programa de rádio), 316-317
Cartola (Angenor de Oliveira), 368, 417, 551, 628, 774
Cascatinha e Inhana, 553
Casimiro de Abreu, 105
Cássia Eller, 28, 777
Cassiano (Genival Cassiano), 788
Catherine Deneuve, 415, 434
Cauby Peixoto, 16, 58, 99, 125-126, 156-157, 171, 222, 226, 237, 249-250, 252, 279, 308, 437, 447, 462, 629, 641, 703-704, 719
Cavalcanti Gusmão, 272
Cazuza (Agenor de Miranda Araújo Neto), 11, 23
Cecília do Rosário (professora), 62
Célia Villela, 353
Célio Borges Pereira, 541
Celly Campello, 15, 137, 147, 175, 198, 203, 216, 217, 226, 245, 246, 260, 330-332, 334, 336, 338, 339, 507, 508, 815
Celso Murilo, 305
Celso Teixeira, 863-864

Cely de Ornellas Rezende, 786
Cesar Camargo Mariano, 417
Cesar de Alencar, 97, 106, 164, 224, 283, 330
César Menotti & Fabiano, 869
Chacrinha (Abelardo Barbosa), 106, 107, 136, 141, 161, 171, 240, 333, 356, 397, 447-450, 635, 647, 660, 667, 697, 803, 840
Charles Aznavour, 130, 600
Charles Chaplin, 574, 700
Charles de Gaulle, 625
Charlie Calello, 122, 650
Chega de saudade (álbum), 131, 140
Chet Baker, 156, 162
Chianca de Garcia, 112
Chick Corea, 527
Chico (Francisco Aramburu), 77
Chico Anísio, 805
Chico Batera, 324
Chico Buarque, 11, 13, 83, 127, 132, 218, 351, 426, 437, 539, 541, 545-549, 554, 569, 580, 599, 601, 602, 609, 628, 635, 665, 677-678, 683-685, 701, 714, 716, 777, 786, 804, 856
Chico Feitosa, 150, 164
Chico Xavier, 74
Chil DeBerto, 638, 744
Chiquinho de Morais, 51, 89, 808, 814-820, 823, 846-848, 860-862
Chitãozinho & Xororó, 17
Chordettes, 185
Chove lá fora (álbum), 177
Chris Fuscaldo, 497
Chubby Checker, 191, 192-193, 204, 219, 223, 241, 467
Chuck Berry, 127, 237, 247, 306, 451
Chupeta (palhaço), 277-278, 696
Cidade ameaçada (filme), 480
Cidinha Campos, 562-563, 693, 695-696, 770
Circo dos horrores (filme), 174
Clara Nunes, 442, 551
Claude Debussy, 134, 267

Claudette Soares, 132, 140, 143, 164, 324, 394, 702, 705, 763
Claudia (cantora), 866
Claudia Abreu, 396
Claudia Cardinale, 835
Cláudio Fontana, 660, 665
Cláudio Moreno, 252
Claudio Paiva, 444
Cláudio Petráglia, 377
Clécio Ribeiro, 834-835
Cleia Marques, 132
Cleide Alves, 181, 315, 333, 334
Clementina de Jesus, 65, 366
Cliff Richard, 181, 253
Clint Eastwood, 304
Clodovil Hernandes, 562, 614, 623
Clóvis Bornay, 834
Clube do Rock (programa de TV), 115, 116, 117, 118, 349
Clube dos brotos (programa de rádio), 217, 236, 302
Coasters, 453, 454, 456
Cole Porter, 351
Colé Santana, 369, 444
Colégio de brotos (filme), 217
Columbia no mundo da música (programa de TV), 179
Connie Francis, 302
Copinha (Nicolino Copia), 140
Coutinho (Antônio Wilson Honório), 343, 590
Cream, 496
Crepúsculo de um ídolo (filme), 739
Cristiano Malgioglio, 608
Cunha Bueno, 429
Cynira Arruda, 485, 562, 620, 676, 695, 699
Cynthia Lennon, 396
Cyro Aguiar, 357, 404
Cyro Monteiro, 213, 218, 322, 330, 499-500

D

"Dama do cassino", 720
"De joelhos", 260

"Dê o fora", 315
"De que vale tudo isso", 569, 571, 614
"De tanto amor", 25
"Dear someone", 499
"Dear Yoko", 20
"Debaixo dos caracóis dos seus cabelos", 23
"Desamarre o meu coração" ("Unchain my heart"), 268
"Detalhes", 21, 26, 668, 712, 714
"Deusa", 96
"Devagar com a louça", 172
"Dia da graça", 683
"Diana", 178, 206, 260, 507
"Dio come ti amo", 598
"Disparada", 48, 541-542, 545, 546, 554, 600
"Disse alguém" ("All of me"), 233
"Divino maravilhoso", 677, 683
"Do outro lado da cidade", 759-760, 775
"Domingo no parque", 556
"Dominique" ("Soeur Sourire"), 261
"Don't be cruel", 218
"Don't pass me by", 307
"Dó-ré-mi", 171
"Dove credi di andare", 599
"Downtown", 324
"Dream lover", 206, 232
"Drip drop", 289
D. João VI, 585
D. Pedro I, 585
D. Pedro II, 116, 332
Dallas Frazier, 319
Dalton Penedo, 44, 46
Dalva de Oliveira, 16, 184, 803, 834
Damiano Cozzela, 618
Dançando o twist (filme), 205
Dance the bop! (álbum), 203
Daniel Cohn-Bendit, 625
Daniel de Oliveira, 777
Daniel Latorre, 638
Daniel Ortiz, 719
Daniela Mercury, 777

Daniele Pace, 513, 608, 653
Danilo (Danilo Alvim), 77
Danuza Leão, 820
Darcy Trigo, 572-573
David Bowie, 845, 848
David Havt, 481-482, 533-534
De vento em popa (filme), 125
Débora Duarte, 378-379, 718
Dedé (Anderson Marquez), 214-215, 276-279, 288, 342-344, 425, 437, 467, 528-529, 659, 661-664, 667-669, 784, 817-818
Dedé (Andréa Gadelha), 647, 648, 753
Dee Dee Bridgewater, 606
Delfim Netto, 444
Demétrius (Demétrio Zahra Netto), 205, 226, 332, 334, 336, 519, 569, 848-849
Dener Pamplona, 411, 415, 418
Denilson Monteiro, 134, 164
Denis Brean, 417, 542
Denise (Caymmi), 368
Dennis Hopper, 752, 814
Déo Rian, 324
Deu a louca no mundo (filme), 482
Deusa do asfalto", 170
Dia D (programa de TV), 770
Dias Gomes, 839
Dick Farney, 92
Didu (Carlos Eduardo) de Souza Campos, 173, 824
Dina Sfat, 442
Dindinha (Jovina Moreira), 35, 98
Diogo Pacheco, 653
Dion DiMucci, 207
Dionísio Pastor Bueno, 249
Dionne Warwick, 602, 625, 637
Dira Paes, 25
Dirce Alcântara, 62
Dirceu Ezequiel, 275
Discoteca do Chacrinha (programa de TV), 333, 447, 448
Disparada (programa de TV), 546
Divaldo Franco, 867

Dizzy Gillespie, 196
Djalma Ferreira, 172, 305
Djavan (Djavan Caetano Viana), 17, 52, 367
Do Ray para o rei (álbum), 81
Dolores Duran, 99, 130, 136, 249
Dom & Ravel, 865
Dom Agnelo Rossi, 371
Dom Jaime de Barros Câmera, 488
Dom Luiz Gonzaga Peluso, 676
Dom Marcos Barbosa, 868
Dom Salvador (Salvador da Silva Filho), 862
Dom Vicente Zioni, 867
Domenico Modugno, 598, 602, 605
Domingos de Oliveira, 478, 479
Domingos Meirelles, 564, 566-576
Don Costa, 206
Dona Mariana, 36
Donaldson Gonçalves, 437, 438
Donato D'Ângelo, 102
Donga (Ernesto Joaquim Maria dos Santos), 628
Dori Caymmi, 683
Dori Edson, 261
Doris Day, 156, 308, 641
Dóris Monteiro, 156, 171
Dorival Caymmi, 97, 351, 550, 678, 844
Dorival & Damasceno, 417
Doze homens e outro segredo (filme), 717
Du Bose Heyward, 648
Dudu Braga (Roberto Carlos Braga II / Segundinho), 20, 696-705, 729
Duetos (álbum), 776
Dulcinéa Campos Silva, 62
Durval Ferreira, 150-151, 162, 502
Dustin Hoffman, 702

E

"É meu, é meu, é meu", 641, 661, 699, 846
"E não vou mais deixar você tão só", 665-666
"E o destino desfolhou", 75
"É papo firme", 433, 439-443, 449, 627, 731
"E por isso estou aqui", 525, 569, 571
"É preciso saber viver", 737, 742-747
"É preciso ser assim", 248, 254
"É proibido fumar", 265, 268-270, 272, 275, 336, 380, 666
"È questa la mia vita" ("Só vou gostar de quem gosta de mim"), 512
"É tempo de amar" (È tempo di saper amare"), 501-502
"È tempo di saper amare" ("É tempo de amar"), 503
"É tempo do amor" ("Le temps de l'amour"), 507
"El choclo" ("Aventureira"), 90
"Emoção", 321
"Emoções", 12, 23, 489, 668
"Enamorado de quien me quiera" ("Só vou gostar de quem gosta de mim"), 512
"Era um garoto que como eu amava os Beatles e os Rolling Stones" ("C'era un ragazzo che come me amava i Beatles e i Rolling Stones"), 556
"Erva venenosa" ("Poison Ivy"), 507
"Escreva uma carta, meu amor", 224, 355-357, 462, 510, 511
"Espelho", 83
"Esperando você", 464
"Esqueça" ("Forget him"), 439-441
"Está chegando a hora", 232
"Esta noite eu queria que o mundo acabasse", 316
"Estou começando a chorar", 569
"Estúpido cupido" ("Stupid cupid"), 15, 178, 260, 331, 507-508, 510, 815
"Eternamente" ("Forever"), 175
"Eu amo demais", 627, 688, 731
"Eu amo tanto, tanto" ("Ti voglio tanto bene"), 507

"Eu daria minha vida", 499-501, 519, 608-609
"Eu disse adeus", 652-653, 731
"Eu e a brisa", 554
"Eu e você", 100
"Eu estou apaixonado por você", 380, 409
"Eu nunca mais vou te esquecer", 704
"Eu quero apenas", 23, 27
"Eu sou fã do monoquíni", 322, 443
"Eu sou terrível", 18, 28, 444, 561, 572, 574, 614, 648, 666, 820, 822
"Eu te adoro, meu amor", 354, 510
"Eu te amo, te amo, te amo", 633, 637-640, 642, 648, 685, 821, 858
"Eu te darei o céu", 375, 379-380, 409, 471, 608
"Everybody loves a clown", 713
"Everybody's twistin", 193
"Everybody'stalkin", 713
É proibido fumar (álbum), 254, 259, 265, 267-269, 272-276, 280, 283, 288, 290, 291, 295, 297, 471, 524
E que tudo mais vá pro inferno (álbum), 12
É tempo do amor (álbum), 338
Ed Lincoln, 172, 305
Ed Maciel, 417
Ed Wilson, 285, 308, 334, 401, 639
Edgar Morin, 17, 448
Edinha Diniz, 368
Edmundo Peruzzi, 286
Edmundo Rossi, 382-383, 397, 517, 588
Edson Bastos, 134
Edson Ribeiro (Edinho), 14, 19, 50, 174, 215, 217, 219, 252, 304, 421, 463, 498, 625-626, 730-732, 758, 847
Edson Trindade, 114, 118
Edu Lobo, 93, 127, 132, 540, 549, 554, 649, 677, 684, 856

Eduardo Araújo, 334, 401-403, 405-406, 443, 570, 638-639, 732, 744, 788
Eduardo das Neves, 213
Eduardo Lages, 324, 395, 593, 688
Edy Silva, 15, 256-258, 266, 284-286, 320-321, 343-344, 362, 619, 621-622, 636, 639, 641, 665, 714
Eileen Rodgers, 173
El Cubanito, 126
El inimitable Carlos Argentino (álbum), 641
Elaine Manhães, 42, 93
Eli (Eli do Amparo), 77
Eliana (Ely Macedo de Souza), 95
Eliana Pittman, 650
Eliana Printes, 512
Elis Regina in London (álbum), 648, 649
Elis Regina, 11, 199, 217, 233, 258, 284, 291, 329-330, 349, 376, 426-427, 437, 539, 541, 547-550, 579, 629, 648-650, 653, 677, 678, 684, 716, 763, 764, 790, 805, 820, 823, 827, 842, 844, 856
Elisabeth Pereira, 530
Elizeth Cardoso, 29, 136, 160, 329-330, 349, 582, 653, 777, 849
Ella Fitzgerald, 162, 625, 629
Elmar Passos, 391-392
Elton John, 746, 857
Elvis Presley, 9, 10, 11, 17, 108-110, 113, 116, 117-118, 121, 127, 133, 134, 139, 153, 187, 192, 193, 201, 206, 218, 219, 222, 232, 235, 237, 247, 253, 273, 316, 343, 415, 416, 599, 655, 730, 822
Ely Azeredo, 617
Elymar Santos, 732
Elza Soares, 174, 290, 553, 568
Em pleno verão (álbum), 763, 790
Emiliano Queiroz, 489

Emilinha Borba, 60, 97, 156, 170, 184, 193, 197, 206, 233, 249, 274, 284, 308, 397, 462, 641
Emílio Garrastazu Médici, 27
Emilio Pericoli, 598
Encurralado (filme), 265
Eneias Tavares Santos, 370
Enio Rocha, 316
Ennio Morricone, 255, 463, 833
Enquanto você espera (programa de rádio), 219
Enric Madriguera, 95
Enrico Simoneti, 286
Enzo Cannote, 793
Erasmo Carlos (álbum, 1967), 569, 570
Erasmo Carlos (álbum, 1968), 709
Erasmo Carlos (single, 1965), 329, 335
Erasmo Carlos (single, 1969), 709, 715
Erasmo Carlos (Tremendão), 14, 16, 18, 10, 20, 21, 60, 80-81, 100, 109-110, 111, 118-122, 125, 151, 183, 203, 215, 231-234, 238-239, 241, 247, 248, 259, 261, 268-270, 272, 276, 285, 289, 290, 305-306, 315, 319, 322-324, 329, 332-339, 343, 347, 350, 353, 354, 357, 362, 363, 376, 378, 379, 381, 389, 397, 401-406, 421-423, 435, 443, 453, 456, 477, 478, 484, 487, 509, 519, 524, 548, 549, 550, 556, 568-572, 580-585, 589-591, 605, 615, 624, 636, 637, 641, 642, 647, 648-653, 661, 662, 668-669, 677, 678, 688, 696, 703, 709, 710, 711-718, 719, 720, 724, 725, 728, 730, 731, 733, 738, 739, 740, 742, 743, 745, 746-747, 752, 753, 755, 757, 760, 762-764, 770, 782, 783, 786, 787, 791, 794-797, 802, 804, 822-824, 837, 844, 845, 846, 859, 866, 867

Erasmo Carlos 50 anos de estrada: ao vivo no Theatro Municipal (álbum e DVD), 747
Erasmo Carlos convida (álbum), 719, 746
Erasmo Carlos convida -Volume II (álbum), 324
Erich von Däniken, 725
Erico Verissimo, 383
Erlon Chaves, 763, 843, 869
Erly Muniz, 216, 219, 253
Ernédia Caliman, 676
Ernesto Che Guevara, 174, 623
Ernie Maresca, 205
Escala musical Columbia (programa de rádio), 179
Escolha você o melhor (programa de rádio), 235
Esquina sonora (programa de rádio), 202
Estranho triângulo (filme), 501
Eu transo... ela transa (filme), 501
Euclides Duarte, 220
Eugênio de Carvalho, 81, 198, 272-273, 275, 293-294, 310, 364, 455-456, 468, 487, 638, 640, 857, 862
Eumir Deodato, 93, 140, 305, 593
Eurico Silva, 413, 515, 544, 608, 651
Evaldo Braga, 676
Evaldo Ruy, 233
Evandro Ribeiro, 60, 65, 66, 67, 193-204, 206, 216, 220, 238, 248, 253, 256-257, 266, 268, 275, 284, 290, 295, 306, 316, 353, 356, 362, 364-365, 394, 410, 440, 452, 455, 468-470, 494-496, 500, 502, 510, 520, 525, 526, 547, 557, 568, 573, 574, 604, 619, 638, 640-641, 711, 729, 732, 743, 746, 760, 787-788, 814, 846-847, 855-857, 860-862, 866
Evinha (Eva Corrêa), 334-335, 348, 668
Ezra Pound, 22

F

"F... comme Femme", 718
"Faça alguma coisa pelo nosso amor", 519, 569
"Falando sério", 19
"Fale baixinho" ("Speak softly love"), 507
"Faroeste caboclo", 303
"Farofa-fá", 591
"Fascinação" ("Fascination"), 233, 803
"Feitiço da Vila", 130, 175
"Fera ferida", 668
"Festa de arromba", 329, 332-336, 343, 375, 422, 569, 591-592
"Fever", 219
"Fim de amor" ("Runaround Sue"), 205
"Fiquei tão triste", 501
"Flor do cafezal", 553
"Flor maior", 541-546, 684
"Flora", 844
"Florentina", 493, 494
"Florida twist", 192
"Folhas de outono", 493-494, 846
"Fora do tom", 134-136, 138, 140-142, 154
"Força estranha", 19
"Forever" *ver* "Eternamente" ("Forever")
"Frete", 678
Fábio (Juan Senon Rolón), 791
Fábio Jr., 395, 790
Fafá de Belém (Maria de Fátima Palha de Figueiredo), 367, 689
Fagner (Raimundo Fagner), 367
Falcão (Marcondes Falcão Maia), 676
Família Trapo (programa de TV), 378
Fantasma voador (seriado de rádio), 76
Fantástico (programa de TV), 113, 720, 840
Fatal Gal a todo vapor (álbum), 776
Fats Elpídio, 861
Fausta de Jesus (professora Maria da Conceição Ramos), 62-63, 619, 674, 675, 676
Fausto Wolf, 448
Federico García Lorca, 17
Férias de amor (filme), 236
Fernanda Montenegro, 29, 593, 820
Fernanda Porto, 719
Fernanda Takai, 52
Fernando Albuerne, 9, 79
Fernando Borel, 92
Fernando Cesar, 170-172, 786
Fernando Collor, 26, 791
Fernando Costa, 205, 207
Fernando Faro, 678
Fernando Lopes, 823, 826
Fernando Luiz, 239
Fernando Mendes, 17, 676
Fernando Morais, 22
Fernando Pessoa, 17
Fernando Sabino, 39, 820
Ferreira Gullar, 22
Festa de brotos (programa de rádio), 217
Fevers, 110, 255, 318, 401, 467, 507, 756
Fifinha (Eunice Solino), 40-42, 47, 48, 64, 94, 101, 138, 239, 414, 486, 784
Fifth Dimension, 860
Fina estampa (telenovela), 777
Flávio Cavalcanti, 67, 840-844, 846
Flavio Marinho, 512
Flávio Rangel, 741, 850
Floriano Faissal, 283
Fontana (José de Anchieta Fontana), 763
Francis Hime, 93, 541, 542, 554, 546
Francisco Alves, 91-92, 218, 233, 237, 357, 417
Francisco Carlos (El Broto), 90, 252
Francisco Cerruti, 694
Francisco Cuoco, 839
Francisco de Abreu, 864
Francisco Enoi, 442

Francisco Lara, 319-320, 493-495
Francisco Petrônio, 653, 732, 803
Françoise Forton, 512
Françoise Hardy, 824
Frank Pourcel, 602
Frank Sinatra Jr., 512
Frank Sinatra, 23, 132, 193, 232, 270, 290, 629, 808
Frank Slayer, 269
Frankie Laine, 156
Frankie Valli, 269
Franklin Silveira, 555
Franquito Lopes, 226
Franz Schubert, 316, 653
Fred Falcão, 841
Fred Jorge, 175, 316, 507-510, 624, 703, 713
Freddie Hubbard, 527
Frédéric Chopin, 134
Frederico Mendes, 488-489
Frente única: noite da música popular brasileira (programa de TV), 548
Friedrich Engels, 340

G

"Gabriela mais bela", 678
"Garota de Ipanema", 183, 294, 509
"Garota do meu melhor amigo" ("The girl of my best friend"), 416
"Garota do Roberto", 442, 443
"Garota zona norte", 183, 184
"Gatinha manhosa", 569
"Georgia on my mind", 795
"Gesù Bambino" ("Minha história"), 599
"Gosto do jeitinho dela", 354
"Got to get you into my life", 526
Gabriel Garcia Márquez, 27
Gagliano Neto, 76
Gal Costa, 11, 13, 19, 127, 132, 456, 458, 574, 580, 593, 629, 647, 650, 653, 668, 677-678, 684, 719, 764, 776, 826

Garota de Ipanema (filme), 442, 618
Garrincha (Manoel Francisco dos Santos), 331, 568, 593, 608
Gato (José Provetti), 436-437, 455, 529, 803, 817
GB (Carlos Roberto Barreto), 255, 292
Genaro Ribeiro, 91, 96-97
Gene Vincent, 273
Genival Barros, 769
Genival Melo, 256, 348, 659, 660, 664, 666, 667
Gentil Cardoso, 370
Geny Martins, 132, 149
George Freedman, 181, 226, 440
George Gershwin, 648
George Harrison, 227, 240, 314, 526, 727
George Lucas, 726
George Martin, 856
Geraldino dos Santos, 514
Geraldo Alves, 285-287, 377, 381-382, 413, 422, 500, 518, 577-578, 634-635
Geraldo Santos Pereira, 408
Geraldo Vandré, 48, 426, 541, 546-549, 601, 609, 609, 677, 683-684
Gercy Volpato, 90
Gerry Goffin, 202-203
Gerry Lewis, 713
Gerson King Combo, 451
Getúlio Côrtes, 19, 66, 261, 319, 450-456, 462-463, 495, 498, 686-687
Getúlio Vargas, 36, 451, 478
Getz/Gilberto (álbum), 294
Giane (Georgiana Morozini dos Santos), 261
Gianfrancesco Guarnieri, 477
Gianfranco Matarazzo, 340
Gianni Morandi, 598
Gigliola Cinquetti, 598, 602, 605, 606
Gil de Mattos, 69
Gilberto Freyre, 29

ÍNDICE ONOMÁSTICO 901

Gilberto Gil, 11, 18, 93, 127, 132, 351, 437, 539, 548-549, 556, 557, 569, 580, 677, 684, 701, 710, 719, 751, 752-754, 765, 804, 844
Gilberto Rochel, 205
Gilliard (Gilliard Cordeiro Marinho), 688
Gina Lollobrigida, 132
Giordano Giuseppe (Pino), 148
Giorgio Bertero, 600
Giuliano Gemma, 304
Giuseppe Verdi, 603
Glauber Rocha, 478, 741
Gláucio Gil, 480
Glória Francisca Costa, 607
Golden Boys, 261, 318, 348, 438, 439, 448, 453, 455, 463, 467, 500, 507, 627, 638, 760, 862
Gonçalves Dias, 57, 105
Gonzaguinha (Luiz Gonzaga Jr.), 11
Grace Lourdes, 530
Grand Prix (filme), 821
Gregorio Barrios, 9, 95
Grupo Rumo, 777
Guerra Peixe, 815
Guilherme Araújo, 580, 753
Guilherme de Almeida, 698
Guiomar Yukawa, 530
Gustavo Alonso, 754
Gwendolyne (álbum), 717

H

"Haroldo, o robô doméstico", 20
"Heartbreak Hotel", 109, 218, 273
"Help!", 20, 361, 428
"História de um homem mau" (Ol' man Mose), 28, 301, 302, 303, 304, 306, 307, 308, 309, 318, 319, 323, 336
"Hô-bá-lá-lá", 172
"Honey Pie", 20, 801-802
"Honey", 713-714 *ver também* "Querida" ("Honey")
"Hound dog", 117-118

Hamilton Di Giorgio, 354
Hamilton Silva, 91
Hana (modelo), 739
Hank Ballard, 191
Haroldo Barbosa, 233
Haroldo de Almeida, 197
Haroldo de Andrade, 636
Harry Belafonte, 117
Hebe Camargo, 769-770, 772
Hélcio Batista de Paula, 402
Helena dos Santos, 249, 250, 251, 257, 259, 268, 319, 354, 462, 463-464, 501, 509, 686, 758-759, 847-848
Helena Silveira, 869
Hélio Ansaldo, 582
Helio Beltrão, 29
Hélio Justo, 216, 219-220, 240, 253, 625-626, 730, 732
Helio Marcos Coutinho Beltrão, 29
Help! (álbum), 572
Help! (filme), 481, 482, 529, 727, 730
Henrique Pongetti, 449
Henry Corba, 194
Henry Ford, 698
Henry Jessen, 194
Henry Mancini, 681
Herb Alpert, 649, 650
Herbert Levy, 429
Hermes Santos, 77
Hernán Justiniano Chávez, 622
Heron Domingues, 444
Hervé Cordovil, 260
Hoje é dia de rock (programa de rádio e de TV), 255, 270-271, 341
Homem pássaro (seriado de rádio), 76
Hora da Boa Vontade (programa de rádio), 370, 371
Hora da buzina (programa de TV), 448-449, 840
Hubert (Hubert de Carvalho Aranha), 444
Humberto Teixeira, 217

I

"I love you", 805
"I should have known better", 455, 529 *ver também* "Menina linda" ("I should have known better)
"I started a joke", 715, 718
"I tuoi vent'anni", 601
"I want to hold your hand", 261
"I'm a loser", 20
"Ilegal, imoral ou engorda", 28
"In my life", 20
"In my life", 20, 526
"Insensatez", 509
"Io che amo solo te", 601
"Io che non vivo senza te", 599
"Io dissi addio" ("Eu disse adeus"), 653
"Io sono un artista" ("Só vou gostar de quem gosta de mim"), 513
"Io te darei il cielo" ("Eu te darei o céu"), 608
"Io ti darò di più", 379
"Iracema", 844
Ian Fleming, 482
Ibrahim Sued, 182, 340, 777, 821
Incrível, fantástico, extraordinário (programa de rádio), 76
Ipojucan (Ipojucan Lins de Araújo), 77
Ira!, 497, 719
Iraci da Silva, 511
Irina Sachejschwilly, 415
Irmãos Coragem (telenovela), 839
Isaac Hayes, 862
Isley Brothers, 193
Ismael Corrêa, 540
Ismael Silva, 209, 218, 368, 628
Isnard Mariano, 208
Isolda (Isolda Bourdot Fantucci), 19
Isto é sucesso (programa de TV), 225
It's concert (álbum), 193
It's Hollywood (álbum), 193
It's music (álbum), 193
Ivan Finotti, 44
Ivan Lins, 11, 844, 865, 866
Ivana Arruda Leite, 258
Ivete Sangalo, 790
Ivone Kassu, 826

J

"Jacaré", 305
"Jailhouse rock", 11, 116, 118
"Jesus Cristo", 16, 27, 855, 858, 859, 860-870
"João e Maria", 14, 125, 139-142, 154, 218
"Johnny B. Goode", 260
"Johnny Furacão", 20
"Jovens tardes de domingo", 577, 592-593
"Julia", 20, 83
"Jura-me", 268
J. Antônio D'Ávila, 101
J. B. de Carvalho, 870
J. Cascata (Álvaro Nunes), 465
J. Pereira, 207
J. Pirilampo (Francisco Imperial), 14, 135
Jacinto de Thormes, 182, 191, 340
Jacinto Silva, 470
Jacob do Bandolim, 83
Jacques Jover, 488
Jaguar (Sérgio de Magalhães Gomes Jaguaribe), 850
Jaime Araújo, 638
Jaime Bayle, 10
Jair de Taumaturgo, 101, 172, 182, 207, 255, 270, 322, 341-342
Jair Rodrigues, 329-330, 334, 349, 395, 427, 541, 545, 548-549, 554, 600
Jair Teixeira, 79, 91
Jairo Pires, 272-273, 275, 318, 364, 857
Jairo Severiano, 804
Jamelão (José Clementino Bispo dos Santos), 137, 249
James B. Conckling, 156

James Brown, 114, 637, 648, 797, 859-860
James Dean, 121, 185, 247, 276, 351, 477
James E. Myers, 108
James Jamerson, 638
James Kaplan, 193
Jan Worst, 699, 701-702
Janete Clair, 839
Jânio Quadros, 174, 202, 245
Janis Joplin, 648
Jannik Pagh, 488
Jards Macalé, 776, 847
Jean Manzon, 477-481, 614
Jean Mellé, 424-425, 429
Jean Pouchard, 173, 182-183
Jean-Claude Bernardet, 378, 381, 408
Jeanette Adib, 315
Jean-Luc Godard, 17
Jean-Paul Belmondo, 572
Jece Valadão, 309, 477
Jelly Roll Morton, 156
Jerônimo, o herói do sertão (seriado de rádio), 75
Jerry Adriani, 265-266, 417, 469, 507, 546, 578, 584, 756, 760
Jerry Lee Lewis, 127, 306
Jerry Leiber, 110, 453
Jesus Christ Superstar (álbum), 860
Jet Blacks, 203, 467, 527
Jim Mac's Jazz Band, 801
Jim McCartney, 801
Jimmy Smith, 306, 527, 649
Jimmy Wisner, 34, 81, 608
Jô Soares, 378, 381, 835
Joanna (Maria de Fátima Gomes Nogueira), 324, 497, 686
Joanna em samba-canção (álbum), 324
João Araújo, 13, 714, 834
João Bosco, 423
João Carlos Magaldi, 339
João da Baiana, 221
João de Deus Mena Barreto, 405

João Donato, 128, 130-131
João Francisco, 50, 215
João Gilberto, 9-12, 14, 15, 93, 99, 126, 127, 128, 130-138, 140, 142, 147, 151, 152, 157, 160, 161, 162, 166, 171, 172, 173, 177, 218, 233, 241, 367, 380, 547, 551, 552, 602, 628, 629, 637, 641, 678, 713, 757, 776, 802, 836
João Gordo (João Francisco Benedan), 368
João Goulart, 366
João Henrique (colunista), 335
João José Loureiro, 582, 756, 795, 796
João Leite, 136
João Máximo, 223
João Nogueira, 83
João Ramalho Netto, 153
João Roberto Kelly, 170
Joãosinho Trinta, 727
Joaquim Buller Souto, 404
Joaquim Ferreira dos Santos, 10
Joaquim Martinez Fraga, 294
Joaquim Moreira, 35
Joaquim Pedro de Andrade, 442
Joe Dolan, 81
Joe Turner, 204
Joel de Almeida, 138, 147-148
Joel e Gaúcho, 138, 139
Joel Pinto, 96
John Barry, 729
John D. Loudermilk, 289, 292-293
John Frankenheimer, 821
John Kennedy, 192, 267
John Lennon, 11, 20, 83, 109, 227, 240, 314, 352, 396, 397, 428, 439, 529, 616, 622, 623, 727
Johnny Alf, 128, 133, 173, 554
Johnny Holliday, 526
Johnny Mathis, 308
Jonas Caetano, 255, 291, 317, 354
Jonas Garret, 404-406

Jonathan Harris, 769
Joracy Camargo, 477
Jordans, 258, 334, 417
Jorge Amado, 383
Jorge Augusto, 92
Jorge Ben Jor, 11, 239, 284, 309, 376, 378, 443, 649, 719, 782-783, 804, 856
Jorge Drexler, 22-23
Jorge Guinle, 173, 824
Jorge Marão, 50
Jorge Poggi, 733
Jorginho da Flauta (Jorge Ferreira da Silva), 394
Jornal Nacional (noticiário de TV), 781
José Ari, 501-502
José Augusto, 666
José Azevedo, 47
José Carlos Capinam, 423
José Carlos Oliveira, 366, 539, 628-629, 806, 827
José Colagrossi, 820
José Crisóstomo de Souza, 22
José da Câmara, 593
José de Ribamar, 147
José de Souza Marques, 272
José Edward Chacon, 245
José Fernandes Braga, 35, 48
José Lewgoy, 482, 572, 723, 725, 742
José Lino Grünewald, 67
José Luiz Villamarim, 777
José Maria dos Santos, 21
José Mariano *ver* Nichollas Mariano
José Medeiros, 571, 617, 741-742
José Messias, 131, 204, 207, 234, 239, 253-254, 275, 321, 333, 462-463, 633, 635
José Miguel Wisnik, 367
José Pigianinni, 599
José Provetti (Gato), 436
José Ribeiro, 336
José Ricardo, 333-334, 626
José Roberto (China), 114, 729, 742, 760

José Roberto Bertrami, 729, 742
José Roberto Sá Costa, 760
José Scatena, 58
José Silva, 47
José Solino, 41
José Teles, 366
José Vasco Bravo, 573
José Vicente Faria Lima, 476
José Wolf, 741
Joseph Lacalle, 268
Josephine Baker, 842
Jotabê Medeiros, 90
Jovem guarda (álbum), 255, 347, 353, 354, 356, 357, 361, 369, 441, 452, 470, 471, 524, 675, 855
Jovem guarda (programa de TV), 15, 17, 339, 340, 341, 342, 343, 347-350, 353, 357-358, 371-372, 375, 376, 377, 383, 384, 389-391, 397, 398, 409, 412, 423, 427-428, 430, 435-436, 442, 443, 475, 484, 497, 499-500, 525, 527, 541, 565, 568, 580, 581-586, 588-592, 635, 659, 661-662, 709, 737-751, 770-771, 781, 782, 792, 794-795, 810, 816
Jovenil Santos, 253, 268, 320, 493, 495
Jovina Moreira (Dindinha), 35, 98
Joyce Moreno, 546
Juan Manuel Villarreal, 295
Juan Queirós, 884
Juanita Cavalcanti, 185
Juarez Araújo, 641
Juca Chaves, 134, 152, 835, 864
Juca de Oliveira, 377
Julie London, 174
Júlio Bressane, 627
Júlio Hungria, 823
Julio Iglesias, 717
Júlio Maria, 794
Julio Nagib, 174
Julio Rosemberg, 107
Juscelino Kubitschek, 153, 249

Juvenal Locatelli, 513-514
Juventude e ternura (filme), 617
Juventude trasviada (filme), 247, 276

K

Karim Rodrigues, 378
Kathleen (filme), 216
Keith Richards, 523
Ken Griffin, 177
Kid Abelha, 790
Kiko Nogueira, 798
Kim Novak, 236
King & queen (álbum), 796, 797
Kinks, 409
Koichiro Matsuo, 81

L

"L'appuntamento" ("Sentado à beira do caminho"), 717
"L'ultima cosa", 600, 608
"La ballata dell'ex", 601
"La chica del gorro" ("Broto do jacaré"), 295
"La donna di un amico mio" ("Namoradinha de um amigo meu"), 417, 599, 602
"La periferia", 601
"Lacinhos cor de rosa" ("Pink shoe laces"), 15, 217, 507
"Lady Laura" (de Joe Dolan), 81
"Lady Laura", 73, 80-85, 105, 122
"Largo da Segunda-feira", 126, 157, 197
"Largo tudo e venho te buscar", 743
"Larguem meu pé", 569
"Laura", 822
"Lay Lady Lay", 307
"Lembranças", 57, 68
"Let go" ("Canto de Ossanha"), 509
"Let it be", 83
"Let's do it", 351
"Let's twist again", 192
"Lígia", 844
"Like a Rolling Stone", 307, 361

"Linda", 173, 178, 182, 269
"Little darling", 115-116
"Lobo bobo", 131, 154, 165, 248
"Lobo mau" ("The wanderer"), 205, 354, 675
"London, London", 754
"Long tall sally", 114
"Look for a star", 174 *ver também* "Olhando estrelas" ("Look for a star")
"Louco não estou mais", 268-269
"Louco por você" ("Careful, careful"), 169, 173, 180, 182, 208
"Love is a many-splendored thing", 193
"Love me do", 227, 261, 439
"Love me tender", 218
"Loving you", 109
"Lucy", 206
"Luiza", 844
Lafayette (Lafayette Coelho Vargas Limp), 305
Lafayette apresenta os sucessos (álbum), 437
Lamartine Babo, 132, 260
Lana Bittencourt, 126, 157, 197
Laudo Natel, 371, 382
Laura Moreira Braga, 35-37, 40, 47, 49, 51, 60, 62, 63, 73-75, 78, 80, 81, 83-85, 93, 95-98, 101, 102, 111-113, 216, 122, 128, 138, 141, 209, 276, 376, 379, 414, 449, 450, 476, 486, 495, 515, 585, 605, 615, 619, 675, 696, 822, 823
Lauro César Muniz, 378
Lauro Maia, 247
Lauro Roberto Braga (Nain), 35, 37, 77, 102, 209, 486
LaVern Baker, 204
Léa Penteado, 843
Lee Pockriss, 173
Legião Urbana, 303
Leila Diniz, 119, 616, 820, 835, 843

Leila Pinheiro, 719
Lenin (Vladimir Ilyich Ulianov), 339, 340, 341
Leno e Lilian, 308, 334, 500-501, 507, 756, 761
Leny Andrade, 324, 719
Leny Eversong, 546
Léo Canhoto & Robertinho, 17
Léo Jaime, 688
Leon Hirszman, 442, 618
Leon Tosltói, 47
Leonard Bernstein, 845
Leonardo (Emival Eterno Costa), 666, 719
Leôncio & Leonel, 679
Leonel Azevedo, 465
Leonel Brizola, 271
Leônidas Bastos, 179
Let it be (álbum), 307
Let it be (filme), 528
Liebert Ferreira, 110
Lilian O'Meara, 121
Lincoln Olivetti (álbum), 861
Lincoln Olivetti, 720, 861
Linda Eastman, 562, 622
Lindolfo Gaya, 688, 719
Linha direta – Justiça (programa de TV), 565
Lira Neto, 36, 543, 545, 806
Little Richard, 108, 114, 117, 121, 127, 237, 241, 306
Lívio Romano, 197
Lloyd Webber, 860
Lô Borges, 391
Lolita (filme), 320
Lou Handman, 316
Lou Monte, 175
Louco por você (álbum), 169-179, 182, 183, 187, 200, 204, 235, 248, 254, 268, 271, 462
Louis Armstrong, 302, 329, 599, 600, 602
Loureiro (garçom), 352
Lucho Gatica, 844
Lúcio Alves, 99, 237
Lucio Dalla, 599

Ludwig van Beethoven, 134, 161, 267
Luigi Tenco, 598
Luís Antônio da Gama e Silva, 646
Luís Bittencourt, 154
Luis Buñuel, 434
Luís Carlos Paraná, 552-553, 556, 629
Luís de Carvalho, 184, 219, 220, 250, 402-403
Luis Nassif, 573
Luís Viana Filho, 824
Luiz Antônio Simas, 172
Luiz Ayrão, 19, 110, 221-223, 251-252, 461, 463-466, 468, 654-655
Luiz Bonfá, 160, 324, 628
Luiz Carlos Barreto, 616
Luiz Carlos Ismail, 215, 317, 402, 435, 452, 524, 569, 660, 847, 862
Luiz Carlos Maciel, 823, 825, 835, 850
Luiz Carlos Miele, 805
Luiz Carlos Sá, 742
Luiz Carlos Vinhas, 150, 164, 618
Luiz Claudio, 99, 156
Luiz Eça & cordas (álbum), 681
Luiz Eça, 128, 650, 681, 861
Luiz Fabiano, 627
Luiz Fernandes, 99
Luiz Fernando Vianna, 592
Luiz Gonzaga, 92, 260, 368, 700
Luiz Gustavo, 717-718
Luiz Jatobá, 478
Luiz Loy, 549
Luiz Melodia, 368, 456, 639, 687
Luiz Sergio Person, 375, 377, 379, 382, 401, 403, 408, 477
Luiz Tatit, 365
Luiz Vieira, 465-466
Lula (Luís Inácio Lula da Silva), 341, 791
Lula Branco Martins, 395
Lulu canta & toca Roberto e Erasmo (álbum), 12

Lulu Santos, 12, 17, 297, 497, 650, 719, 764, 790
Lupicínio Rodrigues, 218, 774
Luz del Fuego (Dora Vivacqua), 55-56
Luzes da cidade (programa de rádio), 183
Lyrio Panicali, 158, 159, 183-184, 324, 417, 512

M

"Macacos coloridos", 592
"Mack the knife", 232
"Madalena", 844
"Madrasta perversa", 679
"Madrasta", 673, 678-680, 683, 685
"Madrugada e amor", 253
"Madureira chorou", 138
"Mãezinha querida", 82
"Maior que o meu amor", 848
"Mal de amor", 68
"Malena", 191, 205-208, 214, 216, 220, 227, 253, 268, 269, 278, 320, 510, 845
"Mamãe eu quero", 370, 804
"Mamãe, estou tão feliz", 82
"Mané João", 20
"Manhã de carnaval", 19, 324
"Mar de rosas" ("Rose Garden"), 507
"Marcha de todo mundo", 544
"Marcianita", 15, 171, 198, 217, 260, 331
"Maria Bonita", 95, 357
"Maria, Carnaval e cinzas", 539, 552-555, 629, 683-684
"Maria", 844
"Marilyn Monroe, 11, 121, 247
"Marina", 844
"Mas que nada", 239
"Maxwell's silver hammer", 20
"Maybellene", 247
"Menina linda" ("I should have known better"), 455
"Menina moça", 157

"Menina triste", 704
"Meu anjo da guarda", 203
"Meu bem" ("Girl"), 428,
"Meu brotinho", 217
"Meu ébano", 784
"Meu grande bem", 268
"Meu grito", 561, 569, 627
"Meu nome é Gal", 752
"Meu país", 788
"Meu pequeno Cachoeiro" ("Meu Cachoeiro"), 19, 55, 57, 58, 60, 61, 64-70, 849, 865
"Meu pranto rolou", 57, 68
"Meu querido, meu velho, meu amigo", 24
"Meu romance", 465
"Meu rumo todo lugar", 679
"Mexerico da Candinha", 347, 351, 421, 527
"Mi cacharrito" ("O calhambeque"), 295, 296-297
"Mi va di cantare", 600
"Michelle", 468
"Midnight cowboy", 729
"Midnight cryin' time", 269-270
"Minha fama de mau", 569
"Minha história de amor", 268, 280, 462
"Minha história" (Gesú Bambino), 599
"Minha senhora", 846, 865
"Minha tia", 105, 106, 108, 120-122
"Minhas coisas", 788
"Moon river", 681
"Mother", 20, 83
"Mr. Businessman", 745
"Mr. Moonlight", 307
"Mr. Sandman", 185, 269
"Mrs. Robinson", 713
"Mulher de trinta", 172
"Multiplication", 232
Macedo Campos, 697
Maciel de Aguiar, 396
Macunaíma (filme), 442
Mada (Futeza/Norma), 37

Magaldi, Maia & Prosperi, 338-339, 371, 377, 401, 406-407, 519
Magda Fonseca, 234-236, 267, 313-315, 320-322, 324, 325, 352, 361, 363, 364, 384, 385, 565, 619, 620, 743
Maguinho (Magno D'Alcântara), 527, 701, 816
Malhação (seriado), 777
Mallu Magalhães, 468
Malu Vianna, 862
Mamas & The Papas, 525
Maneco (Manuel Marinho Alves), 77
Manito (Antônio Sanches), 225
Mano Brown (Pedro Paulo Soares Pereira), 28
Manoel Araújo, 638
Manoel Barenbein, 856
Manoel Carlos, 337-338, 349, 398, 548, 792
Manoel de Magalhães Neto, 272
Manoel Figueiredo Ferraz, 515
Manoel Moringueiro, 43
Manuel Bandeira, 155
Máquina mortífera (filme), 740
Marcel Camus, 160
Marcelino de Carvalho, 414
Marcelo Fróes, 715
Marcelo Leopoldo e Silva, 341
Márcia de Windsor, 843
Márcia Gonçalves, 529-531
Márcio Antonucci, 326, 581, 743
Márcio Morgado, 409-410
Marco Antônio Pudny, 821
Marco Mazzola, 846, 857
Marcos Emílio Gomes, 792-793
Marcos Frota, 326
Marcos Lázaro, 331, 518, 578-580, 586, 603-604, 615, 636, 649, 660, 695, 792, 805, 807, 809, 839-840
Marcos Moran, 253
Marcos Napolitano, 554
Marcos Resende, 650
Marcos Roberto, 261

Marcos Valle, 93, 132, 555
Marcus Pereira, 553
Margarida Maria, 47
Maria Bethânia, 11, 17, 68, 429, 468, 668-669, 705, 826, 835, 869
Maria Braga, 35
Maria da Conceição Ramos (irmã Fausta de Jesus), 63
Maria de Moraes Rattes, 62
Maria Diva, 120
Maria do Carmo Sodré, 398, 614
Maria Gladys, 119, 180, 350
Maria Helena Gonçalves, 93
Maria Imaculada Maia, 797
Maria Leopoldina de Abreu, 417
Maria Lucila Torres, 358
Maria Stella Splendore, 411, 415, 417, 623, 838
Maria Zilda Natel, 382
Mario Andreazza, 444
Mario Clavell, 90
Mário Corrêa, 334
Mário Lago, 137, 551, 842
Mário Luiz Barbato, 284, 636
Mario Marcos, 19
Mário Mendonça Filho, 406
Mario Pautasso, 148
Mario Priolli, 805-807, 809, 826-827, 843
Mário Telles, 322, 324
Marisa Corrêa, 638
Marisa Monte, 11, 29, 324, 456, 497
Marisa Sannia, 602, 604
Marisa Urban, 843
Maritza Fabiane, 785
Mariza Levy, 483, 529
Marjorie Estiano, 497
Marjorie Henderson Buell, 335
Mark James, 655
Marlene (Victória Bonaiutti de Martino), 397
Marlene Dietrich, 196
Marli Nereides de Moura, 23
Marlon Brando, 121, 247, 301
Marly Bruno, 679
Martha Alencar, 850

ÍNDICE ONOMÁSTICO

Martinha (Martha Vieira Cunha/Queijinho de Minas), 334, 391-393, 499-501, 519-520, 584, 609, 615, 647, 662-664, 667, 669
Martinho da Vila (Martinho José Ferreira), 804
Marvin Gaye, 114, 637
Mary Fontes, 137-138
Mary Quant, 441
Mastruz com Leite, 689
Matou a família e foi ao cinema (filme), 627
Maurício Baduh, 512
Maurício Duboc, 19, 553, 555, 665
Maurício Lanthos, 128-129, 143, 149
Maurício Nogueira Lima, 415
Maurício Rittner, 617
Mauro Celso, 591
Mauro Ivan, 542
Mauro Lima, 790-791
Mauro Motta, 273, 319, 627, 666, 760, 787, 790, 861
Mauro Salles, 481
Max C. Freedman, 108
Max Pierre, 668
Maysa (Maysa Figueira Monjardim), 58, 148, 154, 155, 157, 171, 543, 544, 545, 650, 806, 826, 836
Mazzaropi (Amácio Mazzaropi), 58, 478, 618
Meire Pavão, 334
Memo Remigi, 379, 599
Mendel Rabinovitch, 742
Meninos Cantores de São Paulo, 546
Mercedes Ayrão, 654-655
Mick Jagger, 109, 826
Miguel Arraes, 271
Miguel Azanza, 544
Miguel de Almeida, 51
Miguel Gustavo, 173
Miguel Plopschi, 846
Mike Henry, 572
Mike Stoller, 110, 453
Milena Salvador, 132

Miles Davis, 162
Millôr Fernandes, 39
Miltinho (Milton Santos de Almeida), 171-172, 173, 256, 290
Milton Banana Trio, 435, 436, 650, 732, 861, 869
Milton Coelho da Graça, 564
Milton Guedes, 730
Milton Hatoum, 764-765
Milton Miranda, 856
Milton Nascimento, 18, 539, 546, 555, 569, 684
Milton Parron, 624
Milton Temer, 564
Minerva Rossi, 588
Mingo (Domingos Orlando), 225
Minha sogra é da polícia (filme), 125-126
Mirabeau Souto, 405
Miriam Makeba, 608
Mister Eco (Eusthorgio de Carvalho), 14, 135, 148, 335, 449, 456
Moacir Borges, 91
Moacir Santos, 322
Moacyr Franco, 507, 660, 704, 713
Mogol (Giulio Rapetti), 598
Moisés Rabinovici, 624
Monkees, 501
Monteiro Lobato, 245
Moraes Moreira, 650
Moreira da Silva, 77
Moysés Weltman, 76
Mozart Cerqueira, 79, 91-92, 97
MPB-4, 437, 549, 580
Música para brotos (programa de rádio), 217
Mutantes, 437, 556, 591, 647, 683, 688, 710, 805

N

"Na lua não há", 250, 251, 254, 257, 462
"Nada tenho a perder", 758
"Nada vai me convencer", 789-790
"Namorada", 841

"Namoradeira" ("Runaround Sue"), 205
"Namoradinha de um amigo meu", 401, 409, 410, 416, 417, 469, 471, 527, 569, 583, 602, 613, 744
"Nanã", 322
"Não acredito" ("I'm believer"), 501, 507
"Não adianta", 758
"Não diga não", 100
"Não é papo pra mim", 354, 393
"Não é por mim", 171-172, 175, 176, 180
"Não há dinheiro que pague", 688-689
"Não me diga adeus", 570
"Não precisas chorar", 463, 498, 674
"Não presto, mas te amo", 519, 569, 848
"Não quero dinheiro (só quero amar)", 510
"Não quero nem saber", 787
"Não quero ver você triste", 15-16, 313, 315, 316, 317, 318, 319, 322, 323, 324, 336, 341, 384, 730, 822
"Não se esqueça de mim", 23
"Não tenho culpa de ser triste", 704
"Não vou ficar", 732, 781, 789, 790, 803, 822
"Naquela mesa", 83
"Nasci para chorar" ("Born to cry"), 268
"Negra", 665
"Negro gato", 19, 450, 453, 454-456, 471, 527
"Nem mesmo você", 686
"Neném, corta essa", 569
"Night and day", 129, 493-494
"Ninguém vai tirar você de mim", 613, 625-626, 699
"No dia em que parti", 634
"No tabuleiro da baiana", 351
"Noite de terror", 319, 450, 451, 452, 453, 462, 498
"Non hol'età per amarti", 606
"Nono mandamento", 57
"Nós queremos uma valsa", 321
"Nossa canção", 19, 396, 461, 464-468, 471, 654
"Nossa Senhora", 24
"Nunca mais te deixarei", 253, 320
Ná Ozzeti, 777
Nação Zumbi, 689
Nana Caymmi, 368, 468
Nancy Wilson, 629
Nara Leão, 12, 52, 82, 150, 155, 164, 165, 324, 329, 394, 468, 545-546, 549, 616, 629, 650, 719, 764, 856
Nasi (Marcos Valadão Ridolfi), 689
Nássara (Antônio Gabriel Nássara), 217
Nat King Cole, 156, 196, 329
Natanael de Morais Campos, 868
Nazira Rohr, 64
Neguinho da Beija-Flor, 719
Nei Lopes, 79, 172
Neil Diamond, 202
Neil Sedaka, 202-203, 206, 223, 235
Neli Dutra, 679
Nélio Marinho, 50, 215
Nelson Ayres, 681
Nelson Cavaquinho, 551, 628
Nelson Gonçalves, 9, 58, 90, 153, 170, 177, 218, 222, 249, 277, 278, 279, 291, 395, 422, 437, 835, 856
Nelson Motta, 18, 102, 162-163, 444, 616, 682, 683, 715, 763, 790
Nelson Ned, 22, 82, 660, 664, 676, 704, 715, 781, 804, 836, 866
Nelson Pereira dos Santos, 616
Nelson Riddle, 270
Nelson Rodrigues, 29, 82, 865, 869
Nenê (Lívio Bevenuti Júnior), 362, 409, 475-476
Nenéo (Nelson de Morais Filho), 461, 784-786

ÍNDICE ONOMÁSTICO   911

Neno (Demerval Rodrigues), 225
Nero (imperador), 39, 352-353
Nestico (Ernesto Neto), 527
Netinho (Luis Franco Tomás), 225
New Christy Minstrels, 606
Newton Carneiro, 867
Newton Mendonça, 134
Ney Matogrosso, 720
Neyde de Paula, 85
Nicanor Martinez, 640
Niccolò Paganini, 316
Nice (Cleonice Rossi), 382-384, 393, 394, 396, 397, 412, 422, 429, 484-487, 498, 499, 517, 527, 555, 561-568, 571, 585-588, 603-605, 614, 615, 619-628, 646, 650, 651, 659, 674, 680-682, 693-695, 696, 697-700, 702, 703, 729, 738, 751-753, 758, 759, 773-775, 778, 787, 788, 793, 794, 823, 838, 844, 848, 849, 851
Nichollas Mariano (José Mariano), 236, 267, 271, 276-279, 296, 354, 413-415, 428, 435, 544, 578, 619, 621, 622, 651, 850, 851
Nicolás Maduro, 26
Nicolau Maquiavel, 586
Nilo Sérgio, 233
Nilson Xavier, 718
Nilsson (Harry Nilsson), 713
Nilton Bastos, 97
Nina Ribeiro, 517
Nina Robert, 150
Niquinho (Amaury Nunes), 354, 464
No mundo da lua (filme), 480
Noel Rosa, 28, 97, 130, 175, 213, 218, 223, 225, 260, 271, 653
Noemi Flores, 267, 296
Nonato Buzar, 154-155, 161, 170
Norival D'Angelo, 409
Norma Bengell, 180
Norma Braga (Mada/Futeza), 35, 37, 41, 43, 93, 102, 116, 208, 414, 515

Norman Gimbel, 509
Nós, os brotos (programa de rádio), 235
Nosso romance (álbum), 197
Núbia Lafayette, 688

O

"O amanhã espera por nós dois", 846
"O amor é o meu país", 865
"O astronauta", 847, 848, 865
"O bonde de São Januário", 247
"O caderninho", 570, 709
"O calhambeque" ("Road hog"), 14, 15, 20, 24, 59, 268, 280, 283, 288, 289, 290-294, 295, 297, 336, 339, 380, 443, 584, 591, 675, 755
"O combatente", 554
"O diamante cor-de-rosa", 723, 728, 729, 730, 732, 742, 822, 846
"O divã", 33, 34, 37, 38-39, 43-44, 51-52, 59, 69
"O dono da bola", 569
"O ébrio", 213
"O feio", 495, 498, 686
"O gato e o canarinho", 222
"O gênio", 450, 453, 467, 498, 686
"O homem que matou o homem que matou o homem mau", 309
"O mundo é um moinho", 674
"O pequeno burguês", 804
"O portão", 26
"O progresso", 24
"O que é que a baiana tem?", 351
"O revólver do meu sonho", 769
"O ritmo da chuva", 332
"O sonho de todas as moças", 569
"O sósia", 498-499, 686
"O tempo vai apagar", 687-688
"O velho homem do mar", 354
"Ob-la-di, ob-la-da", 20
"Ob-la-di-ob-la-da", 20, 715
"Obrigado, mãe", 82
"Oh Carol", 206, 507

"Oh Yoko!", 20
"Oh! Meu imenso amor", 775, 801, 802-805, 822
"Oh! Suzana", 78, 623
"Ol' man Mose", 302 ver também "História de um homem mau" (Ol' man Mose)
"Olha", 23, 746
"Olhando estrelas" ("Look for a star"), 174
"Olhos nos olhos", 777
"Onde anda meu amor", 253, 626
"Oração de um jovem triste", 704, 859, 866
"Oração de um triste", 253-253, 462
"Os sete cabeludos", 322
"Os velhinhos", 320, 321
"Outra vez", 19
O ano em que meus pais saíram de férias (filme), 574
O caminho das nuvens (filme), 396
O cangaceiro (filme), 678
O caso dos irmãos Naves (filme), 377, 378
O corintiano (filme), 478
O dinheiro na música popular brasileira (álbum), 689
O dólar furado (filme), 304
O espírito do som – volume 1: segredo (álbum), 777
O feitiço de Áquila (filme), 740
O fino da bossa (programa de TV), 258, 330, 349, 427, 547, 548
O Grupo, 553-555
O homem do Rio (filme), 572
O inimitável (álbum), 18, 61, 613, 633, 640, 641, 645, 647, 652, 654, 659, 661, 665, 666, 673, 684-689, 695, 699, 825, 846, 855, 857, 863
O inimitável Juarez (álbum), 641
O inimitável Orlando Dias (álbum), 641
O Jeca e a freira (filme), 478
O pick-up do Pica-Pau (programa de rádio), 284

O poderoso chefão (filme), 507
O prisioneiro do rock'n'roll (filme), 109, 730
O Rebu (telenovela), 777, 778
O selvagem (filme), 121
O sombra (seriado de rádio), 76
O Tremendão (álbum), 569
O vingador (seriado de rádio), 76
Odair José, 11, 17, 461, 788
Oduvaldo Cozzi, 76
Odvan (Odvan Gomes Silva), 52
Olavo Bilac, 107
Olhos azuis, sentença de morte (filme), 717
Olmir Stocker, 570, 709
Orfeu negro (álbum), 160
Orfeu negro (filme), 160, 324
Organ sound / Um novo estilo (álbum), 729
Orlandivo (Orlandivo Honório de Souza), 139-140
Orlando Dias, 316, 641
Orlando Fassoni, 762
Orlando Silva, 14, 16, 68, 90, 153, 237, 329, 465, 551
Orlando Silveira, 841
Ornella Vanoni, 379, 604, 717
Orquestra Brasileira de Espetáculos, 52, 503, 526, 686
Orquestra Tabajara, 174, 638, 789
Os brotos comandam (programa de rádio), 161, 182, 184
Os caçadores da arca perdida (filme), 726
Os Caçulas, 546
Os Cariocas, 149, 164, 171, 544
Os fuzis (filme), 119
Os Incríveis (ex-The Clevers), 225, 325, 334, 343, 409, 556
Os Jovens, 582, 756, 795, 796
Os Olímpicos, 450
Os reis do iê, iê, iê (filme), 318, 380, 481, 529
Os Saltimbancos (álbum), 601
Os Trapalhões (programa de TV), 840

Os Tremendões, 709, 713
Os Vips, 321, 325, 376, 384, 401, 519, 569, 584, 639, 743-747
Oscar Camillion, 162
Oscar Niemeyer, 528
Oscar Rudolph, 205
Osvaldo Aude, 268
Oswaldo Guilherme, 417
Oswaldo Montenegro, 395
Otávio de Souza, 774
Otávio Terceiro, 112, 113
Othon Russo, 60, 65, 159, 161, 179, 197, 199, 200, 208, 256, 258, 353, 354, 362, 463, 464
Otis Redding, 114, 637, 796
Otto Lara Resende, 39, 820
Oziel Peçanha, 456, 640

P

"País tropical", 804
"Palhaçada", 172
"Papa's got a brand new bag", 361
"Para me livrar do mal", 209
"Para o diabo os conselhos de vocês", 634, 785
"Paratodos", 83
"Parei na contramão", 14, 245, 246-248, 255, 257-262, 267, 278, 286, 293, 314, 336, 342, 421, 422, 443, 464, 476, 487, 592, 620, 756, 828
"Parei... olhei", 319, 357, 510
"Pata pata", 608
"Pedro Pedreiro", 351
"Pega ladrão", 438, 450, 452-453, 686
"Pelo amor de Deus", 667
"Pelo telefone", 213
"Pensando nela" ("Bus stop"), 507
"Perché non dormi fratello", 601
"Perdoa-me pelo bem que te quero", 318
"Pernas", 248
"Please, please me", 439
"Ponteio", 554
"Por isso corro demais", 475, 487, 488, 493, 569, 571, 756
"Por você", 442
"Porta aberta", 514
"Positively 4th street", 307
"Pra não dizer que não falei das flores", 539, 609
"Pra ninguém", 685
"Pra que mentir", 130
"Pra você", 849
"Preciso lhe encontrar", 848, 849, 865
"Preciso urgentemente encontrar um amigo", 677-678, 688, 863
"Prelúdio nº2 (Paz do meu amor), 465
"Prelúdio para ninar gente grande" ("Menino passarinho"), 465, 466
"Professor de amor" ("I gotta know"), 253
"Promessa", 348
"Proposta", 12, 28, 764
"Prova de fogo", 570
Pablo Neruda, 667
Pachequinho (José Pacheco Lins), 525, 627, 655, 666, 689, 760, 761, 789, 845, 846
Paloma Rocha, 741
Papel carbono (programa de rádio), 98
Papo firme (programa de TV), 444
Parada carioca (programa de rádio), 235
Paschoal Perrotta, 760
Patrícia Andrade, 102
Patricia Carli, 606
Paul Anka, 206, 223, 602
Paul Mauriat, 869
Paul McCartney, 20, 83, 109, 122, 227, 240, 314, 352, 439, 465, 523, 526, 622, 638, 727, 801-802
Paul Vence, 173

Paula Toller, 764
Paulinho da Viola, 68, 82, 108,
Paulinho Machado de Carvalho, 258,
    329, 330, 331, 335-338, 341, 390,
    540, 542, 545, 552, 557, 562,
    578, 583, 586, 589-590, 628,
    770-772, 792, 804, 836, 839
Paulo Bob, 333
Paulo Cavalcanti, 791
Paulo César Barros, 238, 261, 265,
    274, 288, 318, 394, 497, 524,
    526, 529, 581, 638, 687, 760-
    761, 789-790
Paulo César Pinheiro, 83
Paulo Coelho, 591
Paulo Diniz, 864, 865
Paulo Gracindo, 97, 107, 572
Paulo Imperial, 402
Paulo Machado de Carvalho, 329
Paulo Maluf, 824
Paulo Marcondez Ferraz, 824
Paulo Mendes Campos, 478
Paulo Miklos, 776
Paulo Molin, 126
Paulo Queirós, 261
Paulo Ricardo, 18, 497, 627, 666,
    689
Paulo Rocco, 153
Paulo Rogério, 174, 225
Paulo Salomão, 564, 718
Paulo Sérgio (álbum), 633-634
Paulo Sérgio vol. 3 (álbum), 846
Paulo Sérgio, 17, 499, 501, 633-638,
    639, 640-642, 667, 676, 704,
    785, 837, 838, 846
Paulo Serrano, 154
Paulo Silvino, 125, 134, 139-140
Paulo Tapajós, 101
Peça bis ao Muniz (programa de rádio), 284
Peça bis pelo telefone (programa de rádio), 182, 270-271
Pedrinho Mattar, 702
Pedro Alexandre Sanches, 174, 700, 776, 846

Pedro Bloch, 869
Pedro Caetano, 55
Pedro Camargo Mariano, 764
Pedro Camargo, 501-503
Pedro Paulo Uzeda, 697
Pedro Paulo, 847
Pedro Pé Inchado (morador de rua de Cachoeiro de Itapemirim), 56
Peggy Moffitt, 322
Pelé (Edson Arantes do Nascimento), 29, 343, 590, 608, 619, 762-763, 821
Pensando em ti (álbum), 177
Pepe (José Macia), 343
Peppino di Capri, 175, 598
Percy Faith, 156
Perdidos na noite (filme), 729
Perdidos no espaço (seriado de TV), 769
Perfeito Fortuna, 850
Péricles Cavalcanti, 751, 753
Perigosas peruas (telenovela), 719
Pernambuco (Ayres da Costa Pessoa), 143
Pery Ribeiro, 834
Peter de Angelis, 175
Peter De Rougemont, 153, 195, 356
Peter Knight, 648
Petula Clark, 324
Phil Ramone, 291, 855, 857
Pilombeta (Sebastião Ladislau da Silva), 224, 354-356, 462, 510, 511-512
Pinga (José Carlos Mendonça), 810
Pino Donaggio, 599
Pinto-Pelado (morador de rua de Cachoeiro de Itapemirim), 56
Piotr Ilitch Tchaikovsky, 161
Pixinguinha (Alfredo da Rocha Vianna), 96, 221-222, 628, 654, 774
Plínio Gesta, 403
Poder jovem (programa de TV), 678
Por um punhado de dólares (filme), 304

Pra ver a banda passar (Programa de TV), 546
Primera fila (álbum), 765
Prini Lorez, 334, 343
Procol Harum, 307, 687
Procópio Ferreira, 514
Programa Cesar de Alencar (programa de rádio), 106, 107, 224, 225
Programa Cidinha Campos (programa de rádio), 562, 563
Programa Flávio Cavalcanti (programa de TV), 840, 843, 844
Programa Francisco Alves (programa de rádio), 91, 92
Programa Hebe (programa de TV), 411
Programa infantil (programa de rádio), 78, 79, 89, 90, 91
Programa Luís de Carvalho (programa de rádio), 184, 207, 219, 250
Programa Paulo Gracindo (programa de rádio), 107
Programa Silvio Santos (programa de TV), 583, 590, 840
Puruca (Francisco Fraga), 756-758, 795

Q

"Quando", 523, 524, 526, 527, 528-530, 535, 569, 584, 602, 614
"Quase fui lhe procurar", 686
"Quem eu quero não me quer", 58
"Quem te viu, quem te vê", 714
"Querem acabar comigo", 421, 423-424, 428-429, 430, 471, 569
"Querida" ("Don't let them move", versão de Rossini Pinto), 507
"Querida" ("Honey", versão de Fred Jorge), 713
"Quero beijar-te as mãos", 171
"Quero me casar contigo", 252, 462
"Quero que vá tudo pro inferno", 16, 17, 26, 352, 354, 361, 362-369, 370-372, 375, 379, 382, 384, 410, 422, 424, 427, 441, 466, 470, 476, 479, 480, 515, 579, 585, 653, 666, 674, 675, 680, 785, 842, 870
"Quero ter você perto de mim", 785, 786
"Quero voltar pra Bahia", 865
Qualquer coisa (álbum), 253
Quando setembro vier (filme), 232
Quarteto em Cy, 447, 546
Quem tem medo da verdade? (programa de TV), 833, 834, 835, 836, 837-838, 850
Quinteto Villa-Lobos, 818, 821-823

R

"Raindrops keep fallin' on mi head", 717
"Rapaz de bem", 173
"Rei da Brotolândia", 336
"Relembrando Malena", 253, 510
"Road hog", 268, 289, 290
"Roberto não corra", 765
"Rock around the clock", 108-109, 116
"Rocky Raccoon", 20
"Roda viva", 554
"Rosa da gente", 683
"Rosa", 16, 96, 774
"Rosinha", 268, 320, 845
"Rosita", 320, 493, 845, 846
"Rua Augusta", 260, 332
"Runaround Sue", 204, 205, 206 *ver também* "Fim de amor" ("Runaround Sue"); "Namoradeira" (Runaround Sue")
Raça Negra, 18, 654, 666
Radamés Gnattali, 456-457
Rafael Carlos Torres, 358, 850, 851
Raimundo Bittencourt, 553
Raimundo Nonato Amaral, 128, 143, 148, 149, 276
Ramão Gomes Portão, 425
Randal Juliano, 258, 330
Rascals, 307
Ratos do Porão, 368

Raul Caldas Filho, 275
Raul Cortez, 377
Raul de Souza (Raulzinho), 527, 528
Raul Sampaio, 19, 57-61, 64-68, 70, 849
Raul Seixas, 11, 109, 272, 368, 561
Ray Charles, 204, 329, 795
Ray Conniff, 81, 193, 200, 203, 308
Ray Leatherwood, 174
Ray Stevens, 745
RC-3, 288, 435
RC-4, 435-437, 526, 662
RC-68 (programa de TV), 619, 633, 771
RC-7, 214, 437, 467, 527, 528, 572, 584, 585, 615, 617, 647, 648, 661, 701, 760, 789, 803, 807, 816, 817, 821, 823, 844, 861
Red Wagner, 532, 535
Regina Corrêa, 334, 348, 638
Regina Duarte, 803
Reginaldo Farias, 488, 489
Reginaldo Rossi, 52, 417, 456, 676
Reinaldo (Reinaldo Figueredo), 444
Reino da juventude (programa de TV), 330
Renato Barros, 110, 111, 214, 238, 239, 261, 347, 452, 454-456, 495-497, 524, 529, 581, 627, 638, 687, 688, 729, 760, 761, 789, 790, 848
Renato Caravita, 111
Renato Corrêa, 261, 348, 438-439, 463, 627, 688, 731
Renato Côrte Real, 175
Renato e Seus Blue Caps, 203, 238, 239, 255, 261, 285, 308, 318, 333, 334, 347, 348, 353, 376, 394, 402, 451-455, 462, 467, 469, 496, 501, 524, 581, 639, 688, 689, 744, 756, 761
Renato Murce, 97, 98
Renato Russo, 11
Renato Spínola e Castro, 40, 43, 44, 74, 248-249, 347

Renato Teixeira, 678-681, 683-686
Revolver (álbum), 524
Rhapsodies (álbum), 727
Ricardo Amaral, 340-341
Ricardo Braga, 704
Richard Brooks, 108
Richard Donner, 740, 752
Richard Harris, 739
Richard Lester, 318, 481-482, 529, 617, 727
Rick Walkeman, 727
Rico ri à toa (filme), 480
Rinaldo Calheiros, 226
Ringo Starr, 227, 240, 315, 727
Rio Hit Parade (programa de TV), 322, 323
Rio Jovem guarda (programa de TV), 485, 566, 567, 582, 591
Risonho (Waldemar Mozena), 225
Rita Lee, 11, 272, 442, 574, 591-592
Rita Pavone, 234, 598
Ritmos para a juventude (programa de rádio), 225, 240
Riva Farias, 479, 534, 535, 571
Robert Day, 572
Robert Freeman, 471
Robert Gordon, 572
Robert Kategvic (Alemão), 467
Robert Livi, 501
Roberta Côrte Real, 180, 196, 439-440
Roberta Miranda, 719
Robertino Braga, 33, 35-38, 44, 47-49, 62, 73, 74, 77, 95, 97, 102, 111, 112, 113, 129, 138, 186, 209, 515, 585, 615, 619
Roberto Carlos (álbum, 1963), 231, 245, 249, 252-255, 257, 258, 626
Roberto Carlos (álbum, 1966), 375, 401, 409, 410, 421, 433, 447, 461, 463, 467, 470, 471, 510, 569, 825
Roberto Carlos (álbum, 1969), 61, 673, 693, 703, 711, 723, 732, 733, 751, 758-762, 769, 775, 781, 785, 786, 789-790, 801-803, 841

ÍNDICE ONOMÁSTICO

Roberto Carlos (álbum, 1970), 16, 55, 56, 813, 814, 825, 826, 828, 833, 845-849, 855, 856, 858, 860, 863-866
Roberto Carlos (álbum, 1971), 804, 805
Roberto Carlos (álbum, 1972), 33, 51
Roberto Carlos (álbum, 1974), 747
Roberto Carlos (álbum, 1976), 105, 122
Roberto Carlos (álbum, 1977), 80, 95, 577
Roberto Carlos (álbum, 1978), 73, 81
Roberto Carlos (álbum, 1981), 489
Roberto Carlos (álbum, 1986), 89
Roberto Carlos (álbum, 1988), 95
Roberto Carlos (álbum, 1993), 650
Roberto Carlos (álbum, 1994), 732
Roberto Carlos (álbum, 1996), 395
Roberto Carlos (compacto duplo, 1965), 322, 357, 369
Roberto Carlos (compacto duplo, 1966), 369
Roberto Carlos (compacto duplo, 1971), 67
Roberto Carlos (single, 1959), 125, 140, 141, 142
Roberto Carlos (single, 1960), 147, 159, 160, 170, 269
Roberto Carlos (single, 1961), 180
Roberto Carlos (single, 1962), 191, 204, 205, 206, 207, 2013, 2014, 216, 219, 220, 269
Roberto Carlos (single, 1963), 237-241, 248, 257, 259
Roberto Carlos (single, 1964), 294, 296, 297
Roberto Carlos (single, 1965), 306, 307, 322, 369
Roberto Carlos (single, 1966), 369, 441
Roberto Carlos (single, 1967), 512, 539, 556, 684
Roberto Carlos (single, 1968), 597, 608, 684
Roberto Carlos a 200 km por hora (show), 814, 820-827
Roberto Carlos a 300 km por hora (filme), 477
Roberto Carlos à noite (programa de TV), 618, 619, 635, 646, 674, 771, 795
Roberto Carlos Braga II (ver Dudu Braga/Segundinho)
Roberto Carlos canta a la juventud (álbum), 295, 297
Roberto Carlos canta para a juventude (álbum), 15, 259, 301, 313, 317-320, 322, 323, 357, 362, 452, 453, 855
Roberto Carlos de hoje e de ontem (compacto duplo), 627, 688
Roberto Carlos e o diamante cor-de-rosa (álbum), 742
Roberto Carlos e o diamante cor-de-rosa (filme), 477, 723-730, 732, 733, 737-743, 745, 747, 760, 762, 790
Roberto Carlos em ritmo de aventura (álbum), 18, 61, 389, 394, 475, 487, 488, 493-496, 498, 499, 501, 502, 507, 512, 523-526, 561, 569, 572-574, 584, 624, 666, 855
Roberto Carlos em ritmo de aventura (filme), 477, 482-484, 487-489, 497, 503, 524, 525, 527-532, 569-573, 613-618, 661, 727, 730, 741, 762
Roberto Carlos especial (programa de TV), 99, 100, 395, 668, 669, 776, 778
Roberto Carlos narra Pedro e o lobo (álbum), 747, 765
Roberto Colossi, 580
Roberto Corrêa, 584
Roberto Côrte Real, 155-159, 170, 177, 180, 193, 195-197, 199-200, 307

Roberto de Abreu Sodré, 398, 614
Roberto de Oliveira, 277-279, 476, 661
Roberto Farias, 138, 477-482, 484, 487, 489, 497, 498, 529, 532-536, 552, 571-572, 573, 613, 615-618, 723-724, 726, 727, 728, 730, 733, 740, 741, 742, 743, 752, 827
Roberto Frejat, 765, 790
Roberto Leal, 704, 732
Roberto Marinho, 179, 517
Roberto Menescal, 12-13, 93, 150, 152, 162, 164, 323
Roberto Muniz, 219, 253, 284
Roberto Rei, 302, 303, 354
Robson Jorge, 861
Rodolfo Coelho Cavalcante, 868
Rodolfo Valentino, 565
Rodrigues Filho, 141
Rogéria (Astolfo Barroso Pinto), 618
Rogéria Barros, 250
Rogério Duarte, 17
Rogério Duprat, 19, 618
Rogério Franzotti, 47
Rolling Stones, 361, 362, 523, 525
Romântico (show), 593
Romeo Nunes, 323, 394, 715, 855, 858
Romildo Gonçalves, 44, 46
Romir Andrade, 255, 291-293, 317, 319, 353, 467
Romy Schneider, 739
Ronald Golias, 615
Ronaldo Antonucci, 321, 743, 744
Ronaldo Bôscoli, 43, 150, 151-152, 162, 163-164, 248, 589, 805, 807, 808, 815, 818, 825, 870
Ronaldo Guilherme Castro, 402
Ronnie Cord, 226, 260, 332, 334, 336, 343
Ronnie Self, 110
Ronnie Von, 323, 427-428, 470, 485, 507, 540, 548, 681
Rosa Maria Dias, 751, 753-754
Rosa Passos, 719
Rose Passini, 483
Rosemary (Rosemary Pereira Gonçalves), 333, 334, 336, 338, 343, 368
Rosinha de Valença, 324
Rossana Podestà, 179
Rossini Pinto, 201-208, 253, 268, 306, 319, 334, 338, 354, 357, 466, 494, 507-510, 512-513, 519, 520, 714, 744-745
Roy Baker, 302, 308
Roy Orbison, 289
Roy Turk, 316
Rubber soul (álbum), 524, 526
Rubem Braga, 29, 39, 55, 57, 99, 216
Rubens Ewald Filho, 617, 741, 762
Ruth Vieira, 391, 499-500, 663
Ruy Castro, 13, 23, 119, 152, 794, 869
Ruy Guerra, 119
Ruy Ray, 80

S

"Sabe Deus", 260
"Salve, salve", 865
"Samba da bênção", 500, 551
"Samba não é brinquedo", 233
"Samba pra Endrigo", 602
"São, São Paulo, meu amor", 683
"Satisfaction", 361, 362, 523
"Se eu partir", 510
"Se eu pudesse conversar com Deus", 866
"Se eu pudesse voltar no tempo", 847, 866
"Se você gostou", 171, 172
"Se você jurar", 209
"Se você pensa", 12, 645, 647, 648-649, 650-651, 652, 653, 661, 685, 699, 746, 763, 775, 808, 822
"Se você voltar", 634
"Sei lá, Mangueira", 683
"Sem essa", 847

"Sentado à beira do caminho", 27, 709, 711, 712, 713, 714, 715, 716, 717, 718, 719, 720, 758, 836, 837, 838
"Sentimento", 788
"Ser bem", 157, 159, 173, 183, 428
"Sgt. Pepper's Lonely Hearts Club Band", 20
"She loves you", 241, 261, 439
"Silence is golden", 269
"Sinal fechado", 804
"Smile", 700
"Só por amor", 251, 254, 464
"Só você", 174
"Só vou gostar de quem gosta de mim", 507, 510, 512, 513, 520
"Soeur Sourire", 261 ver também "Dominique" ("Soeur Sourire")
"Solamente una vez", 95
"Solo per te", 175
"Solução", 68
"Somehow it got to be tomorrow today", 338 ver também "Ternura" ("Somehow it got to be tomorrow today")
"Sorri, meu bem", 634
"Sorrindo para mim", 354
"Space oddity", 848
"Splish splash", 14, 20, 203, 231, 232, 233, 234, 237-240, 241, 247, 248, 253-254, 268, 278, 289
"Strawberry fields forever", 20
"Stupid cupid", 203 ver também "Estúpido cupido" ("Stupid cupid")
"Sua estupidez", 746, 769, 773-778, 803
"Summertime", 648
"Susie", 14, 213, 216, 218-219, 220, 225, 226-227, 252, 268-269, 304, 315, 421, 443, 845
"Suspicius minds", 655
S'twist (álbum), 204
Sacha Distel, 602
Saint-Clair Lopes, 76

Salvador de Moya, 697
Salvatore Minelli, 529
Salvyano Cavalcanti, 617
Sam Cooke, 192, 361, 797
Samba esquema novo (álbum), 239
Sambalanço Trio, 527
Sammy Davis Jr., 451
Samuel Wainer, 182
San Remo 1968 (álbum), 609
Sandpipers, 509
Sandra Dee, 179, 180, 232
Sandra Gadelha, 753
São Paulo, sociedade anônima (filme), 377
Sarah Jane Morris, 606
Sarah Vaughan, 502, 629, 842
Scotty McKay, 269, 270
Sean Connery, 845
Sebastiana (cozinheira), 783-784
Sebastião Ladislau da Silva (Pilombeta), 224, 354-356, 462, 510, 511-512
Sebastião Neto, 324
Selva trágica (filme), 480
Sem destino (filme), 265, 752, 814
Sementes de violência (filme), 108
Sergei Prokofiev, 845
Sérgio Augusto, 617
Sergio Becker, 255, 291, 292, 317, 467
Sergio Berdotti, 600, 601, 602, 609
Sérgio Bittencourt, 83, 509, 825, 843
Sérgio Cabral, 18, 850, 865
Sergio Castilho, 208, 414
Sérgio de Freitas, 660
Sérgio de Lara Campos, 272, 274
Sergio Endrigo, 598, 599, 600, 601, 603, 604, 605, 609, 613, 619
Sérgio Galvão, 225
Sergio Leone, 304, 530
Sérgio Maciel, 23
Sergio Malta, 488
Sergio Marcondes, 823
Sérgio Mendes, 324, 325, 627, 629, 649

Sérgio Murilo, 15, 157, 171, 173, 178, 181, 198, 199-200, 207, 216, 217, 226, 241, 246, 250, 260, 308, 331-332, 334, 336, 339, 462, 502
Sérgio Noronha, 323
Sérgio Ornstein (Sérgio Milico), 562, 694, 695
Sérgio Paranhos Fleury, 390, 406
Sérgio Porto, 275, 411, 509
Sérgio Reis, 11, 136, 261, 334, 688, 732
Sérgio Ricardo, 164, 248, 540, 682, 683
Severino Araújo, 789
Shadows, 255
Sherlock de araque (filme), 125
Shirley Bassey, 602
Shirley Temple, 216
Show em Si...monal (programa de TV), 582
Sidney Magal, 11
Sidney Poitier, 413
Silvia Amélia, 824
Silvinho (Sílvio de Lima), 316
Silvio Caldas em pessoa (álbum), 254
Silvio Caldas, 97, 156, 170, 193, 197, 203, 213, 223-224, 237, 274, 284, 308, 553
Silvio César, 680, 849-850
Silvio Di Nardo, 425, 429
Silvio Luiz, 834
Sílvio Osias, 366
Silvio Santos, 397, 568, 590, 771, 834, 837, 840
Simão José Alves, 448
Simone (Simone Bittencourt de Oliveira), 764, 869
Sinatra's swingin' session!!! (álbum), 290
Sinhô (José Barbosa da Silva), 97
Sirlene Oliveira, 94, 95, 486
Skank, 272
Snakes, 203, 206
Só Pra Contrariar, 18

Só twist (álbum), 203
Solano Ribeiro, 539, 556, 647, 680
Som Três, 650
Songs to a swinging band (álbum), 302
Sonhos e memórias (álbum), 120
Sônia Abrão, 838
Sônia Braga, 530
Sônia Claridge, 132
Sônia Hirsch, 564
Sonny Rollins, 527
Sophie Charlotte, 777-778
Sounds and scores (álbum), 681
Sputniks, 114, 115, 116, 187, 782, 784, 787, 797
SSS contra a Jovem guarda (filme), 375, 377, 378, 379, 380, 401, 407, 477
Stanley Kramer, 482, 848
Stanley Kubrick, 301, 320
Stelinha (Stella Caymmi), 368
Stella Marinho, 517
Steve Bernardes, 305
Steve McQueen, 645
Steven Soderbergh, 717
Steven Spielberg, 266, 726
Stevie Wonder, 842
Superman: o filme, 740
Suplício de uma saudade (filme), 193
Supremes, 428, 429, 637
Sut Chagas, 140
Swinging Blue Jeans, 302
Sylvestre Vianna, 41
Sylvia Maluf, 824
Sylvia Telles, 16, 99, 171, 180, 322, 323, 730
Sylvio Son, 584
Sylvio Tullio Cardoso, 132, 170, 323, 369, 542

T

"Tarde fria", 703
"Taxman", 526
"Tenho um amor melhor que o seu", 569, 660

"Teresa", 501, 601
"Ternura" ("Somehow it got to be tomorrow today"), 338, 507
"Terror dos namorados", 305
"That's Rock", 125
"The ballad of John and Yoko", 20, 622, 623
"The girl of my friend", 416
"The house of the rising sun", 306 ver também "A casa do sol nascente" ("The house of the rising sun")
"The Spanish twist", 192
"The twist", 191
"The wanderer", 205, 354 ver também "Lobo mau" ("The wanderer")
"These are the songs", 786
"Things we said today", 463
"Three cool cats", 453, 454, 456
"Till there was you", 467
"Tired of waiting for you", 409 ver também "Cansado de esperar" (Tired of waiting for you")
"Tocando em frente", 678
"Todos estão surdos", 25
"Traumas", 39, 43, 44, 69, 105
"Trem das onze", 247
"Trem de ferro", 247
"Triste e abandonado", 216, 219, 220, 225, 227, 269, 626
"Tropicália", 17, 351
"Tudo outra vez", 720
"Tudo passará", 665, 715, 804
"Tudo que sonhei", 510, 511-512
"Turma da Tijuca", 110
"Tutti frutti", 109, 113, 118, 822
"Twist and shout", 193
Taiguara (Taiguara Chalar da Silva), 680, 684, 849
Tamba Quatro, 650
Tamba Trio, 164, 437
Tânia Alves, 395
Tânia Mara, 777
Tania Maria, 132

Tapete mágico (seriado de rádio), 76
Tarcísio Meira, 24, 839-840
Tárik de Souza, 14, 18, 139, 668
Tarso de Castro, 762, 827, 850
Tarzan e o grande rio (filme), 572
Tarzan e o menino da selva (filme), 572
Tavares de Miranda, 340, 341
Teixeirinha (Vítor Mateus Teixeira), 82, 369
Teletur (programa de TV), 112, 113,
Tempos modernos (filme), 574
Tenerá (morador de rua de Cachoeiro de Itapemirim), 56
Teresa Cristina, 28, 764
Tereza de Souza Campos, 806, 824
Tereza Souza, 544, 554
Terra em transe (filme), 478
The Age of Aquarius (álbum), 860
The Animals, 306, 307
The Band, 307
The Beatles ("Álbum branco"), 83, 307, 801, 802
The Bells, 334
The concert Sinatra (álbum), 290
The Doors, 307
The greatest twist hits (álbum), 204
Théo de Barros, 541
Thereza Eugênia, 826
Ti ti ti (telenovela), 777
Tico-Tico (José Carlos de Moraes), 624
Tim Maia (filme), 790, 791, 792, 794
Tim Maia, 11, 100, 110-111, 114-117, 121, 223, 348, 463, 510, 629, 642, 781-784, 786-798, 865
Tim Rice, 860
Titãs, 747, 776
Tito Guedes, 18
Tito Madi, 99-100, 114, 130, 148, 156, 157, 159, 160, 176-177, 274, 703
Tito Silva, 355-356, 462, 510-512
Titto Santos, 240, 710
To each his own (álbum), 177
Toda donzela tem um pai que é uma

fera (filme), 480, 484
Todas as mulheres do mundo (filme), 478, 479
Todos os jovens do mundo (programa de TV), 647, 770, 771, 772, 795
Tom Jobim, 92, 93, 126, 133-135, 147, 157, 160, 171, 183, 218, 233, 627-629, 649, 844
Tom Zé, 683, 765
Toni Pinheiro, 526, 529, 760-761
Toni Platão, 417, 666
Tonico & Tinoco, 679
Tony Bennett, 132, 629
Tony Campello, 181, 226, 330, 334, 343, 508
Tony Curtis, 645
Tony Hatch (Mark Anthony), 174, 439
Tony Tornado, 865
Toots Thielemans, 729
Toquinho (Antonio Pecci Filho), 68, 437, 580, 601-602, 864
Toquinho e Vinicius, 68, 602
Três homens em conflito (filme), 304
Trini Lopez, 343
Trio Bordô, 416
Trio Esperança, 334, 335, 348, 438, 447, 584, 638, 760, 862
Trio Irakitan, 174
Trio Los Panchos, 156, 171, 308
Tropicália (álbum), 19, 684
Tutuca (filho do ex-ferroviário Argemiro Bueno), 42
Twist (Renato e Seus Blue Caps, álbum), 203
Twist (The Jet Blacks, álbum), 203
Twist only twist (álbum), 306

U

"Última canção", 634, 636, 642
"Um beijinho só", ("One last kiss"), 440
"Um leão está solto nas ruas", 268, 280, 295, 510
"Uma loura", 260
"Uma palavra amiga", 66, 865
"Un león se escapó" ("Um leão está solto nas ruas"), 295, 297
"Upa neguinho", 649
Ubaldo de Carvalho, 283
Um instante, maestro! (programa de TV), 842
Umberto Contardi, 176, 272-273, 600

V

"Vaca Salomé", 78
"Valsa da despedida", 585
"Vapor barato", 776
"Vaqueiro alegre", 78
"Vaya com dios", 836
"Vem me ajudar" ("Get me some help"), 507
"Vem quente que estou fervendo", 405, 443, 570
"Vingança", 774
"Viola enluarada", 555
"Vista a roupa, meu bem", 804-805, 865
"Você deixou alguém a esperar", 498
"Você já me esqueceu", 510
"Você me pediu", 627
"Você não entende nada", 776
"Você não serve pra mim", 493, 495, 496, 497, 688, 789
"Você passa e eu acho graça", 551
"Você vai ser meu escândalo", 738
"Você", 788, 789
"Volare (Nel blu dipinto di blu)", 598, 605, 606
"Volver", 95
"Vou ficar nu pra chamar sua atenção", 739
"Vou fugir do mundo nos teus braços", 667
Vadico (Oswaldo Gogliano), 130-131, 175
Valdir de Oliveira, 91
Valéria Muller, 132

ÍNDICE ONOMÁSTICO

Vanessa da Mata, 468
Vanusa (Vanusa Santos Flores), 668, 845
Variedades José Messias (programa de rádio), 207
Vassourinha (Mário de Oliveira Ramos), 97
Vendaval de alegria (programa de rádio), 91
Vera Brasil, 545
Vera Fischer, 764
Vera Vianna, 378, 380, 484
Vera Zimmermann, 844
Véu de noiva (telenovela), 839
Vicente Amorim, 396
Vicente Celestino, 82, 213, 514, 803
Vicente Mangione, 66
Victor & Léo, 869
Victor Civita, 564
Victor Gomes, 138
Victor Lima, 125
Victor Manga, 157
Victor Nunes Leal, 407
Vilminha (Vilma Vianna), 41
Vilna Fraga, 224
Vincenzo Buonassisi, 600
Vinicius de Moraes, 14, 39, 68, 126, 133, 134, 135, 147, 157, 160, 164, 183, 249, 322, 396, 442, 500, 509, 541-542, 546, 550, 551, 554, 556, 601-602, 609, 628, 678, 824, 864
Violeta Ferraz, 125
Visconde de Figueiredo, 333
Viva a brotolândia (álbum), 217
Viva a juventude! (álbum), 455
Viva o festival da música popular brasileira (álbum), 546
Vladimir Nabokov, 320, 593
Volume dois (Titãs, álbum), 747

W

"Wave", 627-629, 649
"What do you want to bet?", 786
Wagner Moura, 396
Wagner Tiso, 776
Waldemar Ciglioni, 316
Waldick Soriano interpreta Roberto Carlos (álbum), 12
Waldick Soriano, 11, 12, 136, 323, 544
Waldir Azevedo, 803
Waldir Calmon, 305
Waldir Marinho, 140
Waldirene (Waldirene Fraraccio), 442, 443
Wally Salomão, 765, 776
Walmor Chagas, 377
Walter Clark, 378, 839
Walter D'Ávila Filho, 480, 760, 790
Walter D'Ávila, 480
Walter Rizzo, 453
Walter Sabino, 42, 44-45
Walter Santos, 544, 554
Walter Silva, 284
Walter Wanderley, 305, 815
Wanda Sá, 324
Wanderléa (Wanderléa Charlup Boere Salim/Ternurinha), 74, 184-186, 203, 207, 208, 221, 233-234, 276, 285, 308, 315, 333, 334, 336, 338-339, 343, 347, 353, 366, 376, 378-379, 381, 426, 435, 456, 468, 477, 484, 500, 501, 507, 570, 580, 582, 583-585, 589, 591, 605, 615, 617, 619, 639, 647, 719, 724-725, 730, 731-733, 737-740, 742-743, 745-746, 752-754, 760, 762, 764, 771, 790
Wanderley (Antônio Wanderley), 435, 467, 469, 526, 529, 816, 861
Wanderley Cardoso, 334, 348, 438, 447, 507-508, 659-660, 785
Wando (Wanderley Alves dos Reis), 366, 627
Warm (álbum), 650
Watson Macedo, 95, 125, 479, 618
Wellington Oliveira, 114-116
William Holden, 236

William O'Meara, 121
William Shakespeare, 316
Wilson Batista, 217, 247
Wilson das Neves, 175, 237, 650, 817, 818
Wilson Miranda, 254, 462, 553, 569, 580
Wilson Pickett, 602, 637, 797
Wilson Simonal, 117, 159, 162, 183, 200, 284, 290, 334, 369, 376, 403, 417, 422, 447, 548, 549, 552, 580, 650, 653, 677, 782, 783, 842, 844, 856, 864
Wilton Franco, 806
Wilza Carla, 453
With the Beatles (álbum), 471
Wolfgang Amadeus Mozart, 267, 316

X

Xande de Pilares, 28

Y

"Yellow submarine", 20
"Yesterday", 465, 468, 523
"Yo sólo quiero ("Un millón de amigos" / "Eu quero apenas")", 27
"You don't have to say you love me", 599
"You're the top", 351
Yardbirds, 496
Yassuo Ono, 775
Yoko Ono, 621-623
Youngsters (banda de estúdio), 306
Youngsters (ex-The Angels), 255, 259, 274, 290, 291, 306, 317, 318, 353, 354, 357, 364, 467
Yustrich (Dorival Knipel), 793

Z

"Zazueira", 649-650
"Zelão", 164
Zazá (telenovela), 593

Zé Arigó (José Pedro de Freitas), 859, 870
Zé Bodega (José de Araújo Oliveira), 638
Zé do Caixão (José Mojica Marins), 834
Zé Kéti (José Flores de Jesus), 549
Zé Maria, 130
Zé Menezes, 140, 141, 236, 237, 238
Zé Nogueira, 79, 91, 92, 93, 95, 97
Zé Ramalho, 17, 83, 367, 368, 468
Zé Renato, 497, 627, 688, 689, 732
Zé Trindade, 480
Zeca Pagodinho (Jessé Gomes da Silva Filho), 28
Zeferino Mota, 271
Zezé di Camargo, 28
Zilner Randolph, 302
Zimbo Trio, 437, 546
Zizi Possi, 719
Zizinho (Tomás Soares da Silva), 594
Zombies, 307
Zózimo Barroso do Amaral, 809, 820, 824
Zunga (Roberto Carlos), 37-38, 41-42, 43, 46, 47-51, 56, 58, 60, 62-64, 73, 74-78, 79, 80, 91-96, 98, 101-102, 112, 138, 515, 674
Zuza Homem de Mello, 14, 555, 804

Ouça as músicas que dão título aos
capítulos deste livro na playlist
ROBERTO CARLOS OUTRA VEZ (VOL.1)

Este livro foi composto na tipografia Sabon LT Std, em corpo 11/16, e impresso em papel offset 75g/m² na Gráfica Santa Marta.